MARKETING
AN INTRODUCTION
10th Edition

市场营销学

（原书第10版）

（美）　加里·阿姆斯特朗（Gary Armstrong）北卡罗来纳大学
　　　　菲利普·科特勒（Philip Kotler）西北大学　　著

赵占波　何志毅　译

机械工业出版社
China Machine Press

本书是两位著名营销学者菲利普·科特勒和加里·阿姆斯特朗教授成功合作的代表作，也是一本极其畅销的教材，简明、实用、易懂而有趣。另外，本书对新形势下出现的新型营销理念、方式进行了详细的阐述，能够帮助读者更好地把握经济趋势，在市场竞争中胜出。

本书适用于市场营销、企业管理等经济类专业的本科生以及相关专业的硕士生、MBA。

Gary Armstrong, Philip Kotler. Marketing：An Introduction, 10th Edition.

ISBN 978-0-13-610243-4

Copyright © 2011，2009，2007，2005，2003 by Pearson Education, Inc.

Simplified Chinese Edition Copyright © 2011 by China Machine Press.

Published by arrangement with the original publisher, Pearson Education, Inc. This edition is authorized for sale and distribution in the People's Republic of China exclusively（except Taiwan, Hong Kong SAR and Macau SAR）.

All rights reserved.

本书版权登记号：图字：01-2010-3266

图书在版编目（CIP）数据

市场营销学（原书第 10 版）/（美）阿姆斯特朗（Armstrong, G.），（美）科特勒（Kotler, P.）著；赵占波，何志毅译.—北京：机械工业出版社，2011.3

（华章教材经典译丛）

书名原文：Marketing：An Introduction

ISBN 978-7-111-33600-6

Ⅰ. 市⋯　Ⅱ.①阿⋯　②科⋯　③赵⋯　④何⋯　Ⅲ. 市场营销学　Ⅳ. F713.50

中国版本图书馆 CIP 数据核字（2011）第 032382 号

机械工业出版社（北京市西城区百万庄大街22 号　邮政编码100037）
责任编辑：刘　斌　　　　版式设计：刘永青
北京京师印务有限公司印刷
2012 年9 月第1 版第3 次印刷
214mm×275mm · 27.25 印张
标准书号：ISBN 978-7-111-33600-6
定价：68.00 元

凡购本书，如有缺页、倒页、脱页，由本社发行部调换
客服热线：（010）88379210；88361066
购书热线：（010）68326294；88379649；68995259
投稿热线：（010）88379007
读者信箱：hzjg@ hzbook. com

20 世纪国际营销界真正称得上大师的学者是菲利普·科特勒教授，他长期执教于美国西北大学凯洛格管理研究生院，凯洛格曾六次被《商业周刊》评为全美最佳商学院；科特勒教授的教科书以 20 种语言出版，在 58 个国家发行，发行量已经超过 300 万册。《市场营销学》（原书第 10 版）让学习和教授营销知识的过程变得更高效、更简单、更有趣。该书在内容深度和学习难易之间实现了微妙的平衡，并进行了全新设计（每章增加了综合导航图，以及贯穿全书的作者评论），这将会增强营销知识学习的趣味性。

《市场营销学》已被许多院校作为本科生和研究生的教材或重要的教学参考书，而且已经成为大量从事营销管理工作的企业管理人员和营销管理研究人员的重要参考书，同时受到许多管理咨询公司的关注。身为营销研究领域的开拓者，科特勒教授等人近年来更全身心地致力于营销管理的教学与研究。他们孜孜不倦，针对全球市场不断发生的巨大变化和竞争日趋激烈的市场环境，不断对自己的研究成果进行完善和更新，在重申过去的思想和框架，增添全新概念，加入敏锐新见解和更有说服力、更鲜活实例的基础上，于 2010 年再次修订出版了《市场营销学》（原书第 10 版）。我们及时把它翻译成中文，以飨读者。

《市场营销学》在涵盖知识的深度和学习的难易程度上精心地保持了平衡。这个版本为大家呈现了最新的营销思想，它建立了一个营销学的框架，将营销简单地定位于为客户创造价值并从他们那里获得价值回报的科学和艺术。它揭示了营销活动是如何同公司的其他部门——会计、信息技术、财务、运营和人力资源管理等，以及公司外部的营销伙伴一起为客户带来价值的。它无疑将成为一本好的教材和新的畅销书。

本书的翻译工作得到了北京大学软微学院管理技术系研究生们的积极响应，同学们非常认真、投入地参与了本书的初译工作。他们是毛艺霖、谢晗、刘博、黎洪彬、操群、张燕、曹恺路、兰颖、陶然、陈佳佳、李维维和孟子雯。我们两位对全书包括目录、前言和附录等进行了校对、修改和定稿。由于时间紧迫，再加上译者水平有限，本书译文一定有许多需要改进之处，欢迎读者批评指正，以便今后再版时改进。最后，我们要借此机会感谢全体参与本书翻译和校对工作的同学们，是他们的辛苦工作使本书及时出版成为可能；还要感谢机械工业出版社华章公司陈竹瑶女士、刘斌先生的鼓励、支持和辛勤劳动。

赵占波

北京大学光华管理学院营销学博士、经济学博士后

北京大学软件与微电子学院管理技术系副教授

北京大学光华管理学院博士后联合会副主席

何志毅

北京大学教授、博士生导师

中国企业家社会责任同盟秘书长

《北大商业评论》执行主编

2011 年 2 月

作者简介 About The Authors

加里·阿姆斯特朗（Gary Armstrong） 克里斯 W. 布莱克韦尔公司资助的本科教育的杰出教授，任教于美国北卡罗来纳大学教堂山分校的凯南-弗莱格勒商学院。他从底特律的韦恩州立大学获得管理学学士学位和硕士学位，并从美国西北大学获得市场营销学博士学位。阿姆斯特朗博士曾在一流杂志上发表过许多文章。作为一名咨询顾问和研究者，他曾和多家公司在营销研究、销售管理和营销战略上进行合作。但阿姆斯特朗的至爱却是教学，他所获得的布莱克韦尔杰出教授席位是授予在北卡罗来纳教堂山分校执教的杰出本科教师的唯一一个永久性荣誉教授席位。他积极参加凯南-弗莱格勒商学院的本科生教学和行政管理工作。他最近的行政职位包括市场营销系主任、商学本科课程副主任和商科荣誉项目的会长等。他和商学院学生团体密切合作，并多次获得全校和商学院的教学奖励。他是唯一一位三次获得全校备受关注的大学优秀教师奖的教师。

菲利普·科特勒（Philip Kotler） 美国西北大学凯洛格管理学院 S.C. 庄臣父子公司资助的杰出国际营销学教授，曾获得芝加哥大学经济学硕士学位和麻省理工学院经济学博士学位。科特勒教授是《营销管理》（*Marketing Management*）的作者，该书是商学院中应用最为广泛的教材，现在已是第13 版。他著有多本成功的著作，为一流杂志写过 100 多篇文章。他是唯一获过三次令人垂涎的"阿尔法·卡帕·普西奖"的学者，该奖专门授予发表在《营销学杂志》上最优秀年度论文的作者。科特勒教授获得的荣誉无数，其中包括美国营销协会授予的"保尔 D. 康弗斯奖"，表彰他对"营销科学做出的突出贡献"，以及奖励年度营销者的"斯图尔特·亨特森·布赖特奖"。他曾同时获得由美国市场营销协会（AMA）颁发的年度杰出营销专家教育奖和由保健服务营销科学院（*Academy for Health Care Services Marketing*）颁发的保健营销杰出人物奖，菲利普·科特勒是同时获得这两项大奖的第一人。他还获过"查尔斯·库里奇·佩林奖"，该奖每年授予一位营销领域的杰出领导者。在《金融时报》的一项全球 1000 名高管人员的调查中，科特勒教授荣膺 21 世纪"最具影响力商业作家/领袖"第 4 名。

科特勒教授曾担任管理科学机构营销学院院长、美国营销学会会长，还担任过美国及国际大企业的营销战略顾问。科特勒教授游历极广，访问过欧洲、亚洲和南美洲，为企业和政府机构提供全球性的营销实践和机遇。

开始营销学习之旅

《市场营销学》（第 10 版）让学习和传授营销知识的过程变得更高效、更简单、更有趣。它简洁而流畅的论述在内容的深度和学习的难易之间实现了微妙的平衡。第 10 版推出了全新的学习设计——为每章都配备了综合导航图，以及贯穿每章的作者评论——都将帮助读者增进理解。现在，系好你的安全带，让我们上路吧！

营销之旅：创造和捕获客户价值

优秀的营销人员都拥有一个共同的目标：把顾客置于营销的核心地位。今天的营销最关键的环节就是创造客户价值和建立起稳固的客户关系。它始于对顾客需要和需求的理解，决定组织最适合服务的目标市场，制定令人信服的价值主张，并以此来吸引、保持、获得更多的目标顾客。如果组织在这些方面做得足够出色，它就能收获市场份额、利润和客户资产。在书中你将看到客户价值（创造客户价值和捕获客户价值）是如何引导每个出色的营销战略的。

第 10 版更新

我们详细修订了上一版的《市场营销学》，以反映在这个客户价值和关系的时代影响营销的主要趋势及因素。以下是第 10 版中的主要变化：

- 推出了全新的学习设计！本书采用更积极、更综合的展示，包括新的每章学习提高，让你学习营销的过程更轻松。每章开始部分新设计的导航图帮你预习本章的关键概念，列出本章的学习目标。通过每章开头"第一站"案例故事，使得每章主题更为生动。主要章节部分的作者评论和图表帮助你简化和组织本章的内容。每章结束部分将总结重要的概念，并强调重要的主题，例如营销与经济、技术、道德和营销金融分析。总之，全新的设计能够增强学生的理解，使学习更便利。
- 在第 10 版中你会发现关于快速变化的顾客关系的本质和公司、品牌的内容。今天的营销人员意图创造更高的消费者投入以及围绕品牌形成一种社区感——使得品牌成为消费者谈话和生活中有意义的一部分。新的关系建立工具包罗万象，从网站、博客、现场事件、视频分享到在线社区，以及像 Facebook、YouTube、Twitter 这样的社交网络，或者公司自己的社交网站。

- 每章中新的内容都展示了在最近的全球金融危机之后，公司如何应对营销和动荡的经济。从第1章开始，讨论和案例分析贯穿全书。第10版展现了在今天的环境下，营销人员为什么比以往任何时期都更需要专注创造客户价值并优化其价值主张，以满足今天更节俭的消费者的需求。

- 修订后的第16章通过一个新的、意义重大的框架——可持续营销将营销整合在一起。第10版中其他部分的讨论展示了可持续营销为何需要对社会、对环境负责，以满足顾客、公司及人类社会当下和未来的需求。

- 逐渐地，营销已经发展成为消费者和品牌之间的双向对话。第10版中涵盖了有关消费者生成营销趋势的新内容。在这种令人兴奋的新趋势下，营销人员邀请消费者提出自己的见解，扮演更积极的角色（第4章）；塑造新的产品（第8章）；生成或传递品牌信息（第12章）；与顾客社区互动（第5、14章）以及其他参与形式。

- 与本书强调营销评测和管理营销回报率相一致，在每章末尾我们增加了金融和定量营销实践，让你能把分析思考应用到每章的相关概念中，并将每章的概念与本书创新性的附录B——营销算术联系起来。

- 第10版涵盖了爆炸性发展的整合营销传播、直销和网络营销的更新、更广泛的内容。它展现了营销人员如何利用大量新的数字和直销方式去建立和创造更具针对性、更个性化、更加互动的顾客关系。对于这些令人兴奋的新发展，没有书能比本书涵盖的内容更新、更全面了。

- 重新组织的关于定价的章节（第9章）提供了更新过的内容：在不确定的经济环境下的定价战略和策略。重新组织的关于产品、服务和品牌的章节（第7章）更有助于阐明服务在当今服务经济中的角色。

真实的旅行经验：营销实践

本书的特色之一就是通过深度、真实的例子和故事阐释概念，揭示现代营销艺术。在第10版中，每章都包括了第一站开篇案例故事和营销实践聚焦，提供了最新的现实营销实践的相关见解。学习分析：

- 网络销售商 Zappos 对于创造最佳用户体验的执著帮它带来令人艳美的忠诚顾客以及天文数字般的增长率。

- 高端折扣商塔吉特在最近的经济衰退之后逐步转变自己的战略，转向强调其口号"更少付出，更多期待"中的"更少付出"。

- 苹果公司以光速持续创新——创新是该公司 DNA 的一部分。

- 在竞争对手气喘吁吁的时候，耐克以客户为中心的使命和战略使得公司一路冲刺前行。

- 乔氏连锁超市独特的"平民美食家"价格－价值战略帮助它赢得了近乎狂热的忠诚追随顾客。这些顾客对以该价格买到的东西非常满意。

- 麦当劳，这个最为典型的纯粹的美国公司，如今在美国之外售卖的汉堡和薯条数量已经超过国内。

- 说到可持续性，当今世界上没有任何公司能比沃尔玛做得更好。对，就是那个又大、又差的沃尔玛。

- ESPN 建立起了一个全球的品牌帝国，就像可口可乐、耐克和亚马逊这样的超级品牌一样被人熟知、受人尊敬。

除了这些特色之外，每章都充满了大量真实、贴切和及时的例子帮助你加强对关键概念的理解，没有任何其他教材能像本书这样把营销融入生活之中。

　　每本书都不会仅仅是由其作者完成的。我们深深地感激那些为新版本能够得以面世而做出巨大贡献的人。我们要向 Keri Jean Miksza 致以特别的感谢，她在项目的每一个阶段都深入地参与到我们之中，做出了巨大的贡献，提出了珍贵的建议，还有她的丈夫 Pete 和小女儿 Lucy，他们的支持使得 Keri 能够在项目期间与我们共同工作。我们感谢德雷克大学（Drake University）的 Andy Norman，他精心编写了公司案例和视频案例，以及格林斯博罗市北卡来罗纳大学的 Lew Brown，他非常用心地帮助准备了书中的营销故事。我们还要感谢路易斯安那大学的 Laurie Babin，她为准备每章结束部分的内容和更新附录 B 营销算术付出了巨大努力；感谢太平洋联合学院（Pacific Union College）的 Michelle Rai 更新了第 10 版的附录 A 营销计划。

　　另外，其他学院和大学的很多参与校订的人都为第 10 版和之前的版本提出了宝贵的评论和建议。对于以下同僚的深刻见解，我们深表感谢。

第 10 版修订人员

George Bercovitz, York College

Sylvia Clark, St. John's University

Datha Damron-Martinez, Truman State University

Ivan Filby, Greenvilliage College

John Gaskins, Longwood University

Karen Halpern, South Puget Sound Community College

Jan Hardesty, University of Arizona

Hella Elona Johnson, Olympic College

Mark Newman, Hocking College

Vic Piscatello, University of Arizona

William M. Ryan, University of Connecticut

Elliot Schreiber, Drexel University

Robert Simon, University of Nebraska, Lincoln

John Talbott, Indiana University

Rhonda Tenenbaum, Queens College

Tom Voigt, Judson University

Terry Wilson, East Stroudsburg University

之前版本修订人员

　　我们同样对培生教育出版集团中帮助此书出版的相关人员表示感谢。责任编辑 Melissa Sabella 在

VIII

修订过程中提出了新的想法和支持。项目经理 Kierra Kashickey 为这次复杂的校订项目提供了珍贵的帮助和得力的管理。Janer Slowik 为第 10 版创作了出色的设计。我们还想感谢 Karalyn Holland、Anne Fahlgren、Karin Williams 以及 Judy leale。能与培生教育出版集团这些优秀的专业人士合作我们深感自豪。我们同样对策划编辑 Lynn Steines 和 S4Carlisle 出版服务的优秀团队深表感谢。

　　最后，我们对我们的家人深表感谢，感谢他们的支持和鼓励——阿姆斯特朗家族的 Kathy、Betty、Mandy、Matt、KC、Keri、Delaney、Molly、Macy 和 Ben，以及科特勒家庭的 Nancy、Amy、Melissa 和 Jessica，我们将本书献给你们！

菲利普·科特勒

加里·阿姆斯特朗

教学目的

本课程的教学目的在于通过课堂讲授和案例讨论，以及课后作业的完成，培养学生综合运用营销学和相关学科的理论与方法，以提高发现、分析和解决问题的能力。作为市场营销方向必修课，主要通过学习经典营销理论及模型，结合最新的营销案例及课程实践，最终使学生系统地掌握营销知识体系并达到学以致用的良好效果。

前期需要掌握的知识

管理学、微观经济学、财务管理等课程相关知识。

课时分布建议

知识单元	知识点	掌握程度	课时安排
第1章 营销：创造和获取客户价值	营销的核心概念	掌握	3
	营销观念的演变	掌握	
	营销管理过程	掌握	
	营销的地位与作用	了解	
第2章 公司和营销战略：建立 良好的客户关系	战略规划的目的和意义	掌握	3
	战略规划的步骤与内容	掌握	
	战略规划的主要分析模型	应用	
第3章 营销环境分析	微观营销环境	掌握	3
	宏观营销环境	掌握	
	企业对营销环境的反应	掌握	
第4章 营销信息的管理	营销信息系统	掌握	3
	信息的需求评估与开发	应用	
	处理与分送营销信息	应用	
第5章 理解消费者和 商业购买者行为	消费者行为影响因素	掌握	3
	消费者行为模型	应用	
	消费者购买决策过程	应用	
	消费者决策相关理论	掌握	
第6章 客户驱动型营销战略： 为客户创造价值	客户价值	掌握	3
	顾客满意	掌握	
	顾客忠诚	掌握	

（续）

知识单元	知识点	掌握程度	课时安排
第7章 产品、服务和品牌战略： 建立客户价值	品牌的内涵	掌握	3
	品牌资产	掌握	
	品牌定位	应用	
	品牌战略	应用	
	服务管理与服务营销策略	应用	
第8章 开发新产品和管理 产品生命周期	产品概念和产品生命周期	应用	3
	个别产品决策	应用	
	产品线策略	应用	
	产品组合策略	应用	
第9章 定价：了解并捕捉 客户价值	定价原则	掌握	3
	定价方法	掌握	
	新产品与产品组合定价	掌握	
	价格调整策略	掌握	
	价格变动	掌握	
第10章 营销渠道：传递客户价值 第11章 零售和批发	营销渠道及其成员	掌握	3
	营销渠道行为与组织	掌握	
	渠道设计与管理决策	应用	
	渠道冲突、合作与竞争	应用	
第12章 传播客户价值：广告与公共关系	营销传播的作用	掌握	3
	有效营销传播	掌握	
	营销传播组合决策	应用	
	管理整合营销传播过程	应用	
	广告、广告决策	掌握	
	公共关系	应用	
第13章 人员销售和销售促进	人员销售	掌握	3
	销售促进	掌握	
第14章 直销和网络营销： 建立直接的客户关系	直销	掌握	3
	在线营销	掌握	
	CRM	掌握	
第15章 全球市场 第16章 可持续营销： 社会责任与道德	全球市场发展趋势	了解	3
	营销发展趋势	了解	
	营销道德规范	掌握	
	企业社会责任	掌握	

说明：
在课时安排上，建议为MBA和本科生的课程讲授都安排42个学时，学期中间和期末安排两次案例讨论或者市场实地调研（共计6课时），以充分学习市场营销的知识。

Contents 目 录

第一部分 定义营销及过程

第1章 营销
创造和获取客户价值

概念预览

　　请系紧您的安全带！您将开始一段激动人心的营销学习旅程。在本章中，我们将从一个非常简单的问题开始——什么是营销？简而言之，营销就是建立盈利性的客户关系。营销的目的在于为客户创造价值并从他们那里获取价值作为回报。接下来，我们将围绕着营销过程的五个步骤来讨论——理解消费者需求，设计客户驱动型的营销战略，构建营销方案，建立客户关系以及从客户那里获取价值。最后，讨论一下在客户关系阶段影响营销的主要趋势和力量。理解这些基本概念并形成自己的看法，这将为你接下来的学习奠定坚实的基础。

学习目标

1. 给营销下定义并简述营销过程的步骤
2. 理解客户和市场的重要性，明确五个核心的市场概念
3. 明确客户驱动型营销战略的主要构成要素，并讨论指导营销战略的营销管理导向
4. 讨论客户关系管理，确定能为客户创造价值并从客户那里获取价值回报的营销战略
5. 描述在新的客户关系时代，那些正在改变营销面貌的主要趋势和力量

让我们首先从一个关于 Zappos 的营销故事开始我们的旅程。Zappos 是世界上增长最快的网络零售商之一。它成功的秘诀是什么？这并不是什么秘密。Zappos 公司满足了顾客的偏好，它拥有为客户创造价值和关系的激情。作为回报，顾客以自己的品牌忠诚和手中的钞票奖励 Zappos，你会看到，为客户创造价值和从顾客那里获得回报这样的主题将贯穿于整章和整本书中。

第一站

Zappos：拥有创造客户价值和关系的激情

想象一下，一家公司的客户服务非常好，以至于零售商希望它接管国内税收工作或开办一家航空公司。这听起来似乎是一种梦想，但这种情况对于已成立 9 年的 Zappos 公司来说是现实的。在 Zappos 公司，客户的体验确实是第一位的。Zappos 公司低调的首席执行官谢家华说："我们公司的整体目标是让 Zappos 成为最好的客户服务和客户体验品牌。"

Zappos 公司成立于 1999 年。作为一个网上零售商，它提供了绝对的最佳选择——在鞋的品牌、款式、颜色、大小等方面，现在还有很多其他类别的商品，如服装、手包及配件。从一开始，斗志旺盛的网上零售商的客户服务奠定了其网络营销的基石。因此，Zappos 已成长为拥有天文数字的公司——超过 1000 万的用户，商品的销售总额从 2000 年的 160 万美元增长到现在的 10 亿美元。现在，有 3% 的美国人在 Zappos 购物。尽管经济形势不好，Zappos 的销售额比 2009 年还是增长了超过 20%。

有趣的是，Zappos 公司没有在媒体广告上花费很多钱。相反，它依赖忠诚的客户，客户不仅自己来消费，也向他们的朋友推荐 Zappos。Zappos 公司超过 75% 的销售额来自回头客。"我们实际上赚了很多钱，我们将其他企业用于付费广告的费用转而投入到营造良好的客户体验中。"谢家华说，"我们一直致力于客户服务，即使它不能立马见效。"Zappos 公司业务发展和品牌营销总监亚伦·麦格尼斯补充道："如果我们能够把所有的钱投入到客户服务中，我们也觉得口碑对公司来说是有利的。"

免费送货、取货以及 365 天的退货政策一直是 Zappos 公司以客户为中心的方法的基石。Zappos 不仅要让顾客满意，还要让他们喜出望外，例如，公司承诺 4 天内送达，但在大多数情况下，顾客第二天就可以拿到货。

它的客户服务中心拥有 500 名充满活力的员工，一天接听 5000 个电话，这些客服人员的工资约占该公司工资总额的 1/3。"那些东西都是相当昂贵的，但我们认为这正是我们企业市场营销的方法，"谢家华说，"让现有的客户再次从你这里购买而不是试图说服新的顾客是很有价值的。"

Zappos 公司不断成长，但它一直坚定地以客户服务为重点。"他们已经把精力集中在客户服务上，并没有让自己被其他事情分心。"一位合作伙伴这样说。在经济衰退时，零售商尤其应该重点关注客户服务。谢家华指出，这通常是首先要做的事情。"对大客户服务，收益的获得可能需要一两年的时间。而建立一个伟大的企业文化可能是三四年的时间。"

在 Zappos 公司，好的客户服务根植于以客户为中心的深厚文化中。公司在其网站上宣布，"我们是一家服务公司，销售鞋或手袋，或衣物，或任何一切东西。"Zappos 的文化围绕着 10 个"核心价值观"，从"通过沟通来建立坦诚和真诚的关系"，"创造有趣且有点怪异的东西"到"用服务来感动顾客"。

为了找到热爱客户服务的员工，Zappos 会给主动离职的员工发"奖金"。每个新入职的员工——从首席执行官和首席财务官到儿童鞋的卖方——必须经过为期四周贯穿整个组织的客户忠诚度培训。事实上，Zappos 公司会淘汰不能全心全意为客户服务的人员。在客户服务培训的四个星期内，Zappos 公司为员工提供 2000 美元现金，外加如果他们离开公司的一次性付款。从理论上来说，愿意花钱经营并不是 Zappos 公司的文化。

谢家华说，最初是 100 美元，但数额不断上升，因为没有足够的人接受。平均来说，只有 1% 的人愿意拿钱走人，谢家华认为这太低了。Zappos 公司认为，每一个员工必须是一个与客户的接触点。"让顾客在 Zappos 感受到良好的服务必须成为很自然的事，"麦格尼斯说。"这是教不会的，你必须为它找到合适的人。"

在与客户打交道的过程中，Zappos 公司的员工必须找到最佳的顾客服务方式。如果一个购物者需要特定的鞋，但是 Zappos 公司没有存货，客服人员也要相应地回应顾客。客服人员会至少查找三个竞争对手的网站，并在发现合适信息后直接引导顾客进入竞争对手网站。"我的猜测是，其他公司没有这样做，"谢家华说，"对我们来说，我们愿意失去短期内的交易，而致力于与客户建立终生的忠诚关系。"

在 Zappos，客户关系意味着一切。谢家华和其他许多员工与客户直接接触，并与对公司感兴趣的几乎任何人保持联系。他们使用如 Facebook、Twitter 和博客社交网络工具来共享信息，无论信息是好的还是坏的。而该公司邀请客户在线提交坦率的评论。这种开放的措施可能会让一些零售商感到担忧，但 Zappos 愿意这样做。正

如麦格尼斯指出："你只需要担心你是否有什么要隐藏"，Zappos 公司似乎更青睐信息这种自由的礼物。

Zappos 公司已在该行业中设置了新标准，它在以消费者为中心的新方式中占据领先地位。"目前这些年轻的互联网公司，"零售专家说："我不知道究竟为何，可能是因为他们出生在不同时代，不同的领导者具有不同的世界观，他们有惊人的访问客户数据，并如同亲眼看到了客户所想，"他说，"看来，Zappos 公司是真正以消费者为中心的新时代典范。很多公司都喜欢说这样的话，但没有一个像 Zappos 这样认真对待。"

随着公司进入新的细分领域，如电子及家用产品等新类别，以客户为中心的理念为 Zappos 公司设计了它的成长阶段。"希望 10 年后，人们甚至不知道，我们开始于网上卖鞋。实际上已经有客户在询问我们了，"谢家华说，"如果我们启动航空公司，不排除 Zappos 的航空公司 30 年后会拥有最优质的服务。"

今天，无论是何种类型的成功企业都有一个共同之处：像 Zappos 一样，都强烈地关注客户并致力于营销，具有一种在选定的目标市场上理解并满足客户需求的激情。它们激励自己组织当中的每一个员工通过卓越的客户价值和客户满意来建立持久的客户关系。

在当今经济萧条时期，客户关系和价值尤为重要，消费者变得更加节省，他们削减开支，更加精打细算。一位营销专家说："我们所面临的挑战不仅仅是消费者更有价值意识，而是我们怎样和客户重新建立关系，这些客户更不愿意和那些无法同他们建立起牢固且更具价值的客户关系的公司打交道。"

1.1　什么是营销

与其他业务职能相比，营销的过人之处在于它要与客户打交道。我们很快就会接触到更为详细的营销定义，不过最简单的定义是：管理盈利性的客户关系。营销的双重目标在于，通过承诺更高的价值来吸引新顾客，同时通过传递客户满意来保持和发展现有客户。

例如，沃尔玛通过传递它的"天天低价"的承诺成为了世界上最大的零售商和第二大的公司。任天堂在电脑游戏市场直线飙升，依靠的是向它非常受欢迎的操作平台以及被各个年龄段所喜欢的日益增加的游戏及其附产品的使用者传递这样一种承诺——"Wii 想要玩"。苹果公司通过惊奇的客户导向的创新来实现它的承诺——"不一样的思考"，以抓住客户的想象力和赢得客户忠诚。它令人难以置信的成功——iPod 获得了超过 70% 的音乐播放器市场份额；它的音乐商店 iTunes 现在是世界上第二大音乐商店，无论是在网上还是在现实生活中（沃尔玛第一）。

作者评论

在学习营销前，暂时停下来思考一下你怎么回答这个问题。然后，在你学习完这章后看看你的答案是否有变化。

有效的营销对于每个组织的成功都至关重要，无论组织的规模大小，是营利性还是非营利性，是本土经营的还是全球化的。很多大型的营利性企业，如宝洁、塔吉特、丰田和万豪集团等必须进行营销，大学、医院、博物馆、管弦乐队，甚至教堂之类的非营利机构也同样离不开营销。

你对营销已经知道了很多——它就在你的身边，会通过各种有效的传统方式走进你的生活：你能够在附近的购物中心看到各种各样的产品，能够在广告当中看到营销，它们充斥着电视荧屏、占满了杂志版面或者填满了你的邮

箱。但是近年来，营销人员已经集合了很多营销方法，从充满想象力的网站和网上社区连接，到交互式电视和手机。这些全新的方法不仅仅是将信息爆炸似地传递给公众，它们能直接且安全地把信息传给你。今天的营销者希望自己能够成为你生活的一部分，并且用他们的品牌丰富你的经历——帮助你了解、熟悉他们的品牌。

在家里、在学校，在你工作和娱乐的地方，在你所做的每一件事情中，都能看到营销的影子。然而，营销并不仅仅意味着不期然地闯进消费者的视线。在营销背后是一个由各种各样的人和活动组成的巨大网络，竞相吸引你的注意力，激发你的购买欲。

本书将会就营销的基本概念和今天的营销实践进行更加完整、正式的介绍。在本章中，我们会从定义营销和营销过程开始。

1.1.1 营销的定义

"营销"这个词是什么意思呢？很多人观念当中的营销仅仅是卖东西和做广告，这毫不奇怪——每一天我们都受到电视购物、报纸广告、直邮目录、推销电话和网络广告的轮番轰炸。然而，卖东西和做广告却仅仅是营销这座冰山的一角而已。

今天，我们不能再像过去那样仅仅认为营销是把东西卖出去——"告知和推销"，而是应该采用一种"满足客户需求"的新视角。如果营销人员可以很好地理解客户需求，开发出能够提供更高的客户价值的产品，并有效地进行定价、分销和促销，那么，产品的销售将会变得轻而易举。事实上，根据管理大师彼得·德鲁克的说法，"营销的目标是将销售变得不必须"。因此，销售和广告仅仅是更大的"营销组合"（能够共同起到影响市场作用的一组工具）的一部分。

我们将**营销**（marketing）广义地定义为个人或群体通过创造并与他人交换产品或价值，以获得其所需所欲之物的一种社会过程和管理过程。在一个更狭窄的商业环境当中，营销包含了建立并管理与客户之间的盈利性的交换关系。因此，我们将营销定义为公司为顾客创造价值，通过建立强有力的客户关系从消费者那里获得价值的过程。

1.1.2 营销的过程

图1-1描绘了一个简单的五步营销模型。在前四个步骤当中，公司致力于理解客户、创造客户价值并建立强有力的客户关系。在最后一步中，公司则开始收获通过创造卓越的客户价值带来的回报。通过为客户创造价值，公司可以相应地以销售额、利润，以及长期客户资产的形式从客户那里获取价值回报。

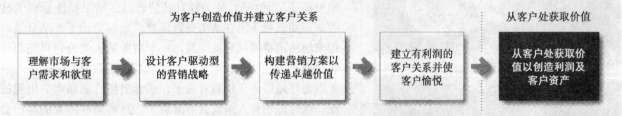

图 1-1 营销过程的简单模型

在本章和下一章中，我们将逐一审视这个简单营销模型中的各个步骤。在本章，我们会对每个步骤给出评价，但是会更多地关注客户关系的相关步骤——理解客户需求、建立客户关系和从客户处获取价值。在第2章中，我们将更为深入地剖析第二步和第三步——设计营销战略和构建营销方案。

作者评论

营销就是为消费者创造价值。因此，作为营销过程的第一步，公司必须完全理解它所服务的消费者和市场。

1.2 理解市场与客户需求

作为第一步，营销人员需要了解客户的需求和欲望，以及营销存在的市场。我们现在将了解营销领域的五个核心概念：①需要、欲望与需求；②市场供应品（产品、服务和体验）；③客户价值与满意；④交换和关系；⑤市场。

1.2.1 客户需要、欲望与需求

人类的需要是构成营销的最基本的概念。**需要**（needs）是一种感觉到被剥夺的状态。它既包括基本的生理需要，如食物、衣服、温暖和安全等，也包括对归属和情感的社会需要，还有对知识和自我表达的个体需要。这些需要并非是由营销活动所创造的，它们是人类天性一个基本的组成部分。

欲望（wants）是人类的需要经过文化和个体个性塑造呈现出的形式。一个美国人需要食品，他的欲望是一个汉堡王的汉堡、炸薯条和一杯碳酸饮料。而当一个毛里求斯人需要食物时，他的欲望却是芒果、大米、小扁豆和蚕豆。欲望是由一个人所处的社会塑造的，并由那些可以满足需要的目标物来描述。当有购买力支持的时候，欲望就变成了**需求**（demands）。在一定欲望和资源条件下，人们需要一种能给予其最大价值和满意度的产品。

杰出的营销公司竭尽所能地去学习和了解其客户的需要、欲望和需求。它们会开展消费者调研并分析大量的消费者数据。它们的各个层级的成员（包括最高管理层）都尽可能地接近顾客。例如，宝洁公司的 CEO 雷富礼实际走进消费者的家中以保证消费者的需求被很好地理解。零售商 Cabela's 的副总裁 James W. Cabela 每天早晨花好几个小时阅读顾客的意见并把它们亲手交到每个部门的手上，这就更加重视顾客的问题。在 Zappos，CEO 谢家华使用 Twitter 和顾客以及他的雇员们建立更私人的联系，大约 32 000 人享受谢家华的 Twitter 盛宴。

1.2.2 市场供应品——产品、服务和体验

消费者的需要和欲望通过**市场供应品**（marketing offer）来满足。市场供应品指提供给市场以满足某种需要和欲望的产品、服务、信息和体验的组合。市场供应品不仅限于实体产品，还包括用来销售的服务、活动或者所提供的利益。这些东西本质上是无形的，而且不会导致对于任何事物的所有权。这样的例子包括金融服务、航空、旅馆、纳税材料的准备，以及家庭维修服务等。

从更广义上说，市场供应品还包括一些其他的实体，如人、地点、组织、信息和观念等。例如，UNCF 强力推销这种观念："浪费心智是最大的不智！"美国历史最悠久、最成功的非裔教育辅助机构 UNCF 已经帮助 350 000 多名未成年学生从大学毕业。

很多销售人员错误地将注意力过多集中在他们提供的具体产品而非这些产品所能带来的利益和体验上，从而患上了"营销短视症"。他们太过关注自己的产品，结果只注意到了已有的欲望而忽视了潜在的消费者需要。他们忘记了产品只是一种用来解决消费者问题的工具。一个制造钻头的公司可能会认为客户需要的是钻头，但客户实际上需要的只是一个孔。当一种可以更好地服务于消费者需求，或者更便宜的新产品出现的时候，这样的销售人员就会有麻烦了，具有同样需要的客户会想要那些新产品。

聪明的营销人员的视角则超越了他们所销售的产品/服务的具体属性，通过将一些产品/服务协调结合起来，他们为客户创造了品牌内涵和品牌体验。例如，你不仅仅在看 NASCAR 比赛，你还沉浸在令人振奋的、新颖的 NASCAR 体验中。类似地，惠普意识到个人电脑不仅仅是电线和电子产品的集合，它更是一种强烈的个人使用体验。正如最近的惠普广告所说的，"没有什么东西比个人电脑更私人化，个人电脑是你的备用大脑，它是你的生活……这是你令人惊奇的战略、难以置信的提议以及眼花缭乱的盘算。这是你的自传，每天用上千字来记叙。"

市场提供物不限于有形产品，UNCF 强力地营销一种观念："浪费心智是最大的不智！"

1.2.3　客户价值与满意

消费者往往面临着多种可以满足其特定需求的产品和服务，他们将如何在其中做出选择呢？消费者的选择建立在他们所认知的所有产品/服务所传递的价值和满意度的基础上。他们形成对于营销供给的价值和满意度的预期并做出相应的购买选择。满意的顾客将会重复购买并将自己的良好体验告诉其他人，不满意的客户则会转向竞争者并向其他人散布这种产品的坏话。

营销人员必须非常小心地设定正确的期望等级。如果他们将期望设定得过低，虽然会使购买者感到满意，但往往无法吸引到足够的购买者；如果他们把期望抬得过高，购买者又会觉得失望。客户价值和客户满意是发展和管理客户关系的基石，我们将在本章后面部分重新回顾这些核心概念。

1.2.4　交换和关系

当人们决定通过交换满足需要或欲望时，营销就会发生。**交换**（exchange）是指通过提供某物作为回报，从别人那里获得所欲之物的一种行为。

从广义上来说，营销人员会尽力激起顾客对于产品的反应。这种反应可能不仅仅是购买或者交易产品，比如，一个参加竞选的政治家想要的是选票，一个教堂需要的是信徒，一个交响乐队需要的是观众，而一个社会行为团体需要的是他人接受他们的观念。

营销包含为了同目标受众建立并保持某种令人渴望的交换关系而采取的所有行动——这些人可能介入某种产品、服务和观念，或者抱有其他目标。营销的目标不仅是要吸引新客户并达成交易，还包括维系客户关系并提高客户与公司的业务量。营销人员希望通过持续传递卓越的价值与客户建立强有力的经济和社会联系。我们将在本章后面部分就"客户关系管理"这个重要概念展开详细的论述。

1.2.5　市场

由交换和关系的概念可以得到市场的概念。**市场**（market）是某种产品的现实及潜在购买者的集合。这些购买者具有某些共同的特定需要或者欲望，可以通过交换关系满足。

营销就意味着管理市场并带来能够产生利润的交换关系。然而，创造交换关系要花费很多心血。销售人员必须寻找购买者、明确他们的需要、设计恰当的市场供应品，并为它们设定价格，进行促销、仓储和分销。产品的研发、传播、分销、定价以及服务都是核心的营销活动。

尽管我们通常会认为营销是由销售人员来完成的，但是购买者同样执行营销活动。当消费者寻找他们需要的产品，和公司打交道，获取信息并做出购买决策时，他们就是在参与营销过程。事实上，今天的数字技术，从网站、在线社交网络到手机，使消费者拥有了更多的选择权，并使营销成为真正互动的事情。因此，除了客户关系管理，今天的营销者还必须有效地实施客户管理，他们不再仅仅问"我们怎样和消费者联系？"而且还要问"我们的顾客怎么和我们联系？"甚至还要问"我们的顾客怎么互相联系？"

图1-2描绘了一个现代的营销体系的主要元素。在通常的情况下，营销包括为一个由终端消费者构成的市场提供服务，同时面临对手的竞争。公司和竞争者调研市场并和消费者互动以了解他们的需求。公司与竞争者直接或间接地将各自的市场供应品及相关信息传递给消费者。系统当中所有的参与者都受到主要环境力量（人口统计因素、经济因素、物质因素、技术因素、政治/法律因素、社会文化因素）的影响。

系统中的任何一方都会为下一个阶段增加价值。所有的箭头都代表了必须发展和管理的关系。因此，一个公司能否成功建立盈利性的关系不仅仅取决于它自身的活动，还要取决于整个系统是否能更好地满足终端消费者的需求。如果沃尔玛的供应商不能以低价向它提供商品，它就无法兑现自己的"天天低价"的承诺；同样，如果福特的经销商不能提供杰出的服务，福特公司也无法将优质的汽车卖给购买者。

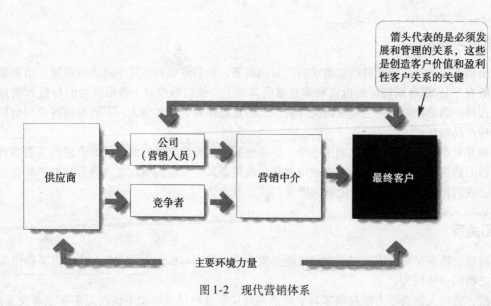

图 1-2 现代营销体系

1.3 客户驱动型营销战略

在透彻理解了消费者和市场之后，营销管理就能够设计出一套客户驱动型营销战略。我们将**营销管理**（marketing management）定义为选择目标市场并与之建立盈利性关系的艺术与科学。营销管理人员的目标就是通过创造、传递、传播优质的价值而保持和发展目标客户。

为了设计一个制胜的营销战略，营销经理们必须回答两个重要的问题：我们将服务于什么样的客户（我们的目标市场在哪里）？我们将如何为这些客户提供最佳的服务（我们的价值陈述是什么）？这里先对这些营销战略的概念进行简要的讨论，在随后的章中，我们会对它们进行更详细的讨论。

作者评论

如果公司完全理解消费者和市场，公司就必须决定它将服务于哪些消费者，并决定将带给消费者怎样的价值。

1.3.1 选择要服务的客户

公司必须决定为谁提供服务，它们通过将市场分割成不同的消费者群体（市场细分）并选择其中的某些群体进行仔细的市场培育（目标营销）来完成这个任务。一些人认为，营销管理的任务就是要找到尽可能多的客户并促进需求，但是营销经理们却知道他们不可能通过所有的方式为所有的客户提供服务。服务于所有的客户也许就会导致无法很好地为任何客户服务。因此，公司只会选择那些它们能够为之提供良好服务并从中获利的客户。例如，保时捷只将那些富有的职场精英作为目标，家庭美元商店（Family Dollar Store）则因为选择了那些比较困难的家庭而获利颇丰。

因此，营销经理们必须决定将哪一部分人群作为自己的目标，并决定需求的程度、时机及其特征。简而言之，营销管理就是客户管理和需求管理。

1.3.2 确定一个价值陈述

公司必须决定的还有如何为其目标客户服务：如何在市场中实现差异化和自己的定位。公司的价值陈述是它承诺传递给客户并能够满足客户需要的一组利益或者价值。在 AT&T，它的价值主张是"你的世界，被传递"。而对于 T-Mobile 来说则是家人和朋友"能够紧密联系在一起"。

正是这些价值陈述使一个品牌得以与其他品牌区别开来，它们回答了消费者的问题："为什么我要买你的品牌而不是竞争者的品牌？"公司必须设计一个强有力的价值陈述以使它们在目标市场上获得最大的优势。例如,在面对当今预算紧缩的经济时,卡夫/坎贝尔的价值主张是将公司的品牌建立在消费者排除其他备选品牌上。

1.4 营销管理导向

作者评论

营销管理希望设计一种能够同目标客户建立盈利性关系的战略,但指导这些战略设计的哲学是什么呢?特别是在这些利益互相冲突的时候,消费者、组织和社会之间的利益又将如何平衡?

有五种不同的观念指导着组织进行营销战略的设计和执行,它们是:生产观念、产品观念、销售观念、营销观念和社会营销观念。

1. 生产观念

生产观念(production concept)认为消费者更偏爱那些随处可得、价格低廉的产品。因此,管理者应该致力于改进生产和分销效率。这是指导销售人员的最古老的理念之一。

生产观念在某些情形下仍非常具有实用价值。例如,电脑制造商联想通过低人力成本、高生产效率和大型分销在激烈竞争、价格敏感的中国个人电脑市场占据主导地位。尽管在某些情况下依然适用,但生产观念可能会导致营销短视症。采用这种观念的企业一个最主要的问题是,狭隘地将注意力只放在自己的生产运作上,而忽视了其真正的目标——通过满足客户需要来建立客户关系。

2. 产品观念

产品观念(product concept)认为消费者更喜欢高品质、包含更多性能和属性特征的产品。

产品质量和改进是大多数营销战略的重要组成部分。但是,将焦点集中于公司的产品同样会导致营销短视。例如,一些制造商认为如果自己能制造出更好的捕鼠器,需要灭鼠的消费者就会踏破门槛。但是他们常常会受到无情的打击,因为消费者可能会寻找一个更好的办法解决灭鼠问题,而不一定要买一个更好的捕鼠器。解决之道可能是一种化学喷雾剂、一项专业的灭鼠服务,以及其他一些比捕鼠器更有效的方法。而且如果公司对捕鼠器的设计、包装和定价不能引人注意,不能使用便利的分销渠道进行分销,不能引起对它有需求的人的注意,并且无法说服人们相信它是一种更好的产品,公司还是无法获得很好的销售业绩。

3. 销售观念

很多公司奉行**销售观念**(selling concept),认为除非公司进行大规模的推销和促销,否则消费者不会主动购买足量的产品。这种观念在针对非渴求品的销售中非常典型——消费者不会自然而然地想到购买这种产品或者产生这种需求,例如保险或者献血。这些行业的营销人员要善于跟进预期顾客,并向他们宣传产品的好处。

然而,这种营销方式蕴涵着很大的风险,它专注于创造交易,而不是建立长期盈利性的客户关系。这种目标通常是销售公司制造的而不是销售市场所需要的。它假定消费者在被说服购买产品以后会喜欢上产品,或者即使不喜欢产品,他们也会忘记之前的失望,再次购买;但这些假设经常是不堪一击的。

4. 营销观念

营销观念(marketing concept)认为,组织目标的实现在于理解目标市场的需求和欲望,并且能够比竞争者更好地满足顾客期望。在营销观念的指导下,以顾客为中心和实现客户价值是销售和获得利润的途径。不同于产品观念的"生产并销售"的理念,营销观念采用一种以顾客为中心的"感知并响应"的指导思想。营销人员需要做的不是为自己的产品寻找顾客,而是为顾客寻找适当的产品。

图1-3对销售观念和营销观念进行了比较。销售观念以一种从内向外的视角,从工厂出发,以公司的现有产品为中心,并且需要用大量的推销和促销活动来获得盈利性销售。它致力于征服顾客——赢得短期销售而不关心谁买或者为什么买。

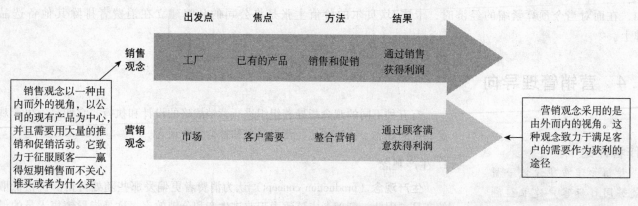

图 1-3 销售观念与营销观念的对比

相反，营销观念采用的是由外而内的视角。正如西南航空公司的首席执行官赫布·凯莱赫（Herb Kelleher）所说："我们没有营销部门，只有客户部门。"营销观念从一个定义明确的市场出发，以消费者需求为中心，整合各种营销活动来影响消费者，然后与适合的客户一起创造基于客户价值和客户满意的长期客户关系，并以此获得利润。

实施营销观念并不是简单地响应顾客表现出来的渴望和显著的需求。客户驱动型公司仔细研究当前的顾客以了解其需求，收集新的产品和服务创意，并检验已有产品的改进空间。当存在明确的需求或者消费者清楚地知道他们想要什么的时候，客户驱动型公司将会做得很好。

然而在许多情况下，消费者并不知道他们想要的是什么，甚至不知道什么是可能的。例如，20 年前有多少消费者想过要拥有笔记本电脑、iPhone、数码相机、24 小时网上经纪账户、私家车里的 GPS 呢？在这种情况下，就要实行客户驱动型营销——要比顾客自己更理解他们的需求，在现在和将来创造出产品/服务以满足客户现有的和潜在的需求。

就像 3M 公司的一位执行经理说："我们的目标就是在客户还没有弄清自己想去哪里之前就将他们带到他们想去的地方。"

5. 社会营销观念

社会营销观念（societal marketing concept）对营销观念提出了质疑，认为它可能忽视了客户的短期欲望与长期的福利之间可能存在的冲突。一家在短期内能够有效感知、服务并满足其目标客户的需要、欲望和利益的公司，在长期内对消费者和社会是否一定是有益的呢？社会营销观念认为，企业的营销战略应该以一种能够保持或增进消费者与社会福利的方式向其目标客户传递价值。这就需要持续性的营销，有社会和环境责任的营销在满足消费者和商业当下需要的同时也能保持或增强未来几代人满足自身需求的能力。

来看一下快餐行业，也许你认为今天的快餐连锁巨人们以合理的价格为人们提供便捷、可口和健康的食物。它的包装显示了原生态的湖泊和积雪盖顶的山脉的"绿色"印象。但是，制造、装载和运输这些数以亿计的塑料瓶产生了大量的二氧化碳排放，这对全球变暖有实质的影响。此外，这些塑料瓶产生了废品回收和固体废弃物处理问题。因此，尽管这些快餐业巨头非常成功地满足了消费者当前的需求，但从长期来看它们却有可能带来环保问题，这与社会的长期利益相冲突。

正如图 1-4 所示，社会营销观念要求营销人员在制定营销战略时考虑到三个方面的平衡：公司利润、消费者的需求和社会利益。

强生公司就是一个这样的实例：强生公司对社会利益的关注已经写进了公司的章程，被称为"我们的信条"，其中强调了诚实、正直，

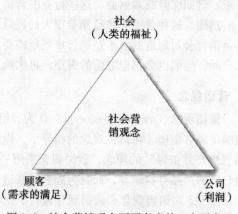

图 1-4 社会营销观念下要考虑的三个要素

以及将"人"放在利润之前。在这样的信条指导下，强生公司宁可承受较大的损失也不会让一批可能存在缺陷的产品出厂。

强生公司的管理层已经意识到做正确的事情可以使消费者和企业实现双赢。强生的前任 CEO 拉尔夫·拉森说："这个信条不应该被视为进行某种社会公益项目……它很明显是一种好的业务。只要我们坚持去做那些正确的事情，相信市场最终会回报我们的。"因此多年以来，强生公司致力于服务消费者和社会，它不仅使自己成为全美最受尊敬的企业，同时也是盈利性最好的企业。

1.5　构建整合营销计划和方案

公司的营销战略明确了公司要为之服务的客户，以及公司如何为这些客户创造价值。接下来，在营销战略的指导下，营销人员将会设计一组营销方案，从而把设计好的一组价值传递给目标客户。通过将营销战略转化为行动，将建立起与客户之间的良好关系。营销方案当中包含了公司的营销组合，这是公司得以实现其营销战略的一组营销工具。

这些主要的营销工具可以被划分为四个大类：产品、价格、渠道和促销，称为营销的 4P。为了传达其价值陈述，公司首先要创造一组可以满足需要的营销供给（产品）；还要决定索要多高的价格（定价）；对于其目标客户，公司要使这些产品触手可及（渠道）；最后，公司要针对其产品与目标客户进行沟通，使他们相信这些产品的优点（促销）。公司必须把所有这些营销组合工具整合成一个系统的营销项目来与目标顾客交流和传递价值。我们将在后面的章节中更为详细地探讨营销方案和营销组合。

1.6　建立客户关系

营销过程的前三个步骤——理解市场和客户需求、设计一个客户驱动型的营销战略，以及执行营销方案——都是为了实现第四个，也是最重要的一个步骤：建立和管理长期客户关系。

作者评论

做好营销过程的前三个步骤都是为了实现第四个：建立和管理长期客户关系。

1.6.1　客户关系管理

客户关系管理（customer relationship management，CRM）可能是现代营销学中最流行的概念了。一些营销者将客户关系管理仅仅定义成狭义的客户数据管理活动（一种习惯说法叫做 CRM）。根据这种定义，客户关系管理包括管理个人客户的详细信息，精心管理客户的"接触点"以使客户忠诚度最大化。我们将在之后的第 4 章中讨论这种狭义的客户关系管理活动。

然而最近，客户关系管理有了更广泛的含义。广义的客户关系管理是指通过传递超额的客户价值和顾客满意来建立并维护盈利性的客户关系的整个过程。它涉及获取、维系和发展客户的方方面面。

1. 建立客户关系的基石：创造客户价值和顾客满意

构建持久的客户关系的关键在于创造超值的客户价值和顾客满意。满意的客户更容易成为忠诚的客户，也更容易为公司带来更多的交易。

（1）客户价值。吸引与保留客户可能是一件非常困难的任务。客户经常要从大量令人眼花缭乱的产品和服务中做出选择。客户购买的产品或服务一定是提供了最高的**客户感知价值**（customer perceived value）——这是客户对每个市场供应品相对于其他的竞争市场供应品所带来的利益和成本之间差异的评价。重要的是，客户通常不能"准确"或者"客观"地评价价值和成本，他们的判断往往会基于感知价值。

对一些消费者来说，"价值"可能意味着以合理的价格获得合适的产品，这在最近的经济衰退中尤其突出。然而，对另一些消费者来说，价值可能意味着付出的越多得到的就越多。例如，尽管目前不断变化的经济环境，GE 公司最近推出了 Profile 新产品洗涤干燥一体机，零售价需要 2500 多美元。Profile 广告用吸引眼球的颜色（如草莓红）来显示时髦机器的特征，但是广告同样也强调现实中的实用性。他们将其定义为革命性的新的"衣服护理系统"，这种技术使每次使用水和肥皂的量得到最优分配，同时也省钱，这对衣服很小心呵护，延长了衣服的使用期限。和相对便宜一些的设备相比，Profile 洗涤烘干机值那么高的价格吗？这完全是个人价值观念的事情。对很多消费者来说，答案是否定的；但对于受风格影响的目标细分购买者来说，答案是肯定的。

（2）顾客满意。**顾客满意**（customer satisfaction）取决于产品功效与购买者预期的比较。如果产品的功效低于购买者预期，那么购买者就会产生不满；如果功效与预期一致，客户就会产生满意的感觉；如果产品功效超出了预期，客户就会有高度的满意和愉悦。

杰出的营销公司都竭尽全力来保证关键客户的满意。大多数研究表明高度满意的客户带来更高的顾客忠诚，这反过来提升公司的表现。关键就在于要使客户的预期同公司的表现相匹配。聪明的公司将目标定为取悦客户，它们仅仅承诺那些它们能够做到的，并努力传递超过它们承诺的价值。满意的顾客不仅会重复购买，而且会成为愿意购买的合作伙伴和"客户福音传播者"，他向其他人传播他对该产品的良好体验。

营｜销｜实｜践　1-1

iRobot 公司的 Roomba：使顾客愉悦带来的好处

当你还是个孩子，你可能不喜欢妈妈让你在家里用真空吸尘器清扫。这是一个吃力不讨好，似乎永无休止的工作。但有一群人不介意用真空吸尘器清扫。事实上，他们对此绝对感到高兴。他们是那些拥有 iRobot 公司 Roomba 的人，可爱的小机器人用真空吸尘器清扫，避开家具和其他障碍物，孜孜不倦地清理污垢、灰尘和狗毛。

人们爱他们的小 Roomba。他们给它们取名字，与它们交谈，甚至买下了第二个 Roomba 让第一个 Roomba 不会孤独。许多业主花更多的时间看他们小宠物似的机器人而不是自己在房间里吸尘。认识到 Roomba 强大的功能后，许多人对这些平易近人的小机器很有兴趣，iRobot 公司做一切可能让客户参与从产品开发到技术支持的过程，将其变成他们团队的营销合作伙伴。

20 世纪 90 年代，iRobot 公司为美军开发了称为 PackBots 的小型机器人设备，现在它成为简易爆炸装置，被用于伊拉克或阿富汗的山洞。在此基础上，该公司于 2002 年采用先进的技术推出了第一款 Roomba。10 磅（1 磅约为 0.45 公斤）的 Roomba 由 100 多个塑料部件、电机、控制器、传感器、刷子和垃圾桶组成，可以用于清理房间，以及桌下、椅子、沙发、床等。当它运行遇到障碍时，会分析出应如何进行清理。而当其充电电池快没电时，Roomba 能够及时发现，并自己插上插头，自动充电。公司还设计出更昂贵的机型以在没有人在家的一天或一天中的某些时候进行清理。

2002 年夏天，iRobot 公司与布鲁克斯等主要零售商签订分销协议，Roomba 的销售开始增长。不久，公司开始从诸如塔吉特、科尔士百货公司（Kohl's）和 Linens'n Things 主要产业链中得到发展的机会。iRobot 公司的工厂仅为满足当年的假日需求就生产了 50 000 个。

之后 iRobot 公司开始快速成长。由于 Roomba 提供了反馈服务，客户服务代表指出，许多客户需要人性化地定制他们的小机器人助手。事实上，消费者将 Roomba 送去维修时，他们有时会在机器上刻上他们的名字来表明是自己的机器人。"不知何故，他们担心一个新的机器人将会有不同的性格，"一位观察员说道。iRobot 公司不仅仅销售高科技家电，它似乎是发明了一种新的家庭宠物。销售代表说，他们的客户往往为 Roomba 绘画，给它们穿衣，把它们介绍给他们的朋友，并指明它们的姓名和性别。最流行的名字来自经典动画电视连续剧《摩登家庭》的机器人女仆。

很快，满意的 Roomba 消费者成为 iRobot 公司最好的营销伙伴。一个独立的网站 myRoomBud.com 成立，它提供 RoomBud 服装的变换，由"什么衣服也没有穿"到拥有讨人喜欢的服饰，如"Roobit 青蛙"、"Mooba 奶牛"，或"RoomBette 香格里拉法国女佣"。该网站甚至可以让 Roomba 爱好者为新电子宠物打印出看起来是官方开具的出生证明书。

数百名 Roomba 业主开始在 YouTube 张贴其视频剪辑。有的客户在他的 Roomba 上安装照相机并创建 RoombaCam，其他客户创建 Roomba 网站，设有新闻、聊天、产品评论和黑客的信息。

注意到客户拥有如此大的热情后，iRobot 公司开发方案，以加强社区组织和 Roomba 业主之间的联系。例如，它开设了编程接口，鼓励业主、机器人业余爱好者和其他人群拓展自己的想法，为广大 Roomba 爱好者使用。它还为教育工作者、学生和程序员定制和开发了 iRobot Create 可编程机器人，将声音、动作额外添加到他们自己的电子产品中。这些行动使 Roomba 业主形成一个业余爱好者的社区。客户自己开始为 iRobot 公司开发更好的功能。

通过与 Roomba 客户之间的互动，iRobot 公司能够发现产品的问题和额外的客户需求。因为机器经常被动物毛发堵塞而遭投诉，公司引进 Roomba 宠物模式，易于清洁，其毛发更容易去除。客户想要一个清洗地板的机器人，iRobot 公司推出了斯科巴地板清洗机——另一种配备了磨砂和刮刀，适用于油毡和硬木地板的个性小机械装置。客户抱怨难以清洗水槽，iRobot 公司开发清洗机器人，

"仅仅让它下到水池中，该清洗机器人就能将从地面到吃水线的水池都清洗干净！"而 iRobot Dirt Dog，能够高容量地清扫储藏箱、车库、地下室、天井和甲板上的大量污垢。客户现在正呼唤需要 Roomba 的割草机！

通过与客户的互动，iRobot 公司完善了原来的 Roomba。它现在更智能，可以不受任何干扰，包括地毯流苏和电源线，减少了一个小嗅探器释放的空间。新型号还内置了新用户的语音教程，说明 Roomba 的特点，开箱即用。

因此，iRobot 公司已经发现了让客户满意的奥妙。更重要的是，它正在通过客户的社区合作改善现有产品的功能，广泛宣传，并让新客户提供帮助。2009 年，该公司的销售额达到近 3.1 亿美元，与前两年相比增长了近 63 个百分点。在满意的客户的帮助下，iRobot 公司填补了真空吸尘器清扫的空白并实现了真正清理。

对于在满意顾客方面有兴趣的公司来说，额外的价值和服务成为全公司文化的重要组成部分。例如，丽兹－卡尔顿公司在每年的消费者满意方面都名列或者几乎名列榜首。这种使顾客满意的热情被总结在公司的信条中，这保证了其豪华酒店将提供一种真正值得回忆的体验——"感觉上有活力，养成良好状态，以及满足甚至是顾客无法表达的愿望和需要。"

住进全世界任意一家丽兹－卡尔顿酒店，你会因为自己最微小的需要都会被公司所预知并加以满足而感到惊讶。不用向你询问，他们似乎知道你房间里需要一张加长型的床，一个不会引起过敏的枕头，以及带不含咖啡因的咖啡的早餐。每天，酒店的员工——从前台到维修人员和仓库保管员——都需要谨慎地观察和记录哪怕是最微小的顾客偏好。于是，每天早晨，每个旅馆都会重温那些又一次入住酒店的顾客的资料，然后会据此提供令顾客感到惊喜的服务。

顾客满意：丽兹－卡尔顿公司使顾客满意的热情被总结在公司的信条中，这保证了它豪华的酒店将提供一种真正值得回忆的体验——"感觉上有活力，养成良好状态，以及满足甚至是顾客无法表达的愿望和需要"。

一旦他们记录了一种特殊的顾客需求，丽兹－卡尔顿酒店的员工会全力满足这种需要。例如，为了满足食物过敏顾客的需要，一个在巴厘岛的丽兹－卡尔顿主厨会将另一个国家一个小杂货店的特殊的鸡蛋和牛奶运送到酒店来。另一个例子，当酒店的干洗服务在顾客离开前还不能将顾客的衣服洗干净的话，酒店经理会亲自前往顾客的家中并送去相应的补偿。正是因为这样周到的顾客服务，高达 95% 的顾客回馈说他们在那里的确是一次真正令人难忘的体验。超过 90% 的丽兹－卡尔顿的满意顾客还会回来。

尽管以客户为中心的公司总是试图传递比竞争者更高的顾客满意度，但是它们并不会尽力使顾客满意度最大化。通过降低价格或提高服务质量，一个公司总能够让它的客户更满意，但是这同时会降低利润。因此，营销的目的是在盈利的同时创造顾客满意。这要求公司达到微妙的平衡：营销人员必须能够持续不断地创造客户价值和顾客满意，但他们不能"白送房子"。

2. 客户关系的层级和工具

根据其目标市场的特征，公司可以在很多层次上建立客户关系。一方面，那些拥有很多的低利润客户的公司可能只会建立一种基本的客户关系。例如，宝洁公司不会打电话给所有汰渍洗衣粉的用户以与他们建立私人化的关系，而是会使用品牌塑造的方法，如广告、销售促进、800免费电话，以及公司网站等。另一方面，当市场中的客户数目非常少，然而提供的利润却非常可观的时候，销售人员就会希望与关键客户建立全面的伙伴关系。例如，宝洁的客户关系小组就与沃尔玛、塞夫韦以及其他一些大型零售商保持紧密合作。波音公司的伙伴则包括美洲航空、达美和其他一些航空公司，波音为它们量身定制飞机以全面满足这些客户的需要。在这两种情况之间，一些中间的客户关系层级可能是更适宜的。

除了持续提供较高的价值和客户满意，营销人员还使用专门的营销工具来增强与客户之间的联系。例如，许多公司使用频繁购买计划来奖励那些频繁购买或者大宗购买的客户。航空公司就经常使用奖励频繁飞行客户的项目，酒店会给经常光顾的宾客更高档次的房间，超市也会向自己的VIP客户提供优惠折扣。

还有一些公司通过发起俱乐部营销来建立会员制的社区并向会员提供特殊折扣。例如，哈雷－戴维森发起了"哈雷车友会"，这让那些哈雷的车主们能以一种有组织的方式来分享他们的热情，"让哈雷－戴维森成为梦想的一种生活方式"。车友会的会员可享有相关的季刊杂志、紧急维修服务、特殊定制的保险项目、失窃后援服务、一个旅行中心，还有能够在度假时租用哈雷摩托车的"飞行与驾驶"项目。如今，这个全球的俱乐部已经拥有了1500多个各地分支俱乐部，并拥有100多万名会员。

1.6.2 变化中的客户关系的性质

公司与客户们建立联系的方法正在发生巨大的变化。过去的公司对所有客户实施大众营销，并与客户保持距离。今天的公司则与经过精心选择的客户建立更加深入、直接和持久的关系。下面介绍的是公司在建立客户关系方面的一些重要的趋势。

1. 与精心挑选出来的客户打交道

今天几乎已经没有公司还在真正地使用大众营销，即以标准化的营销方式向所有客户进行销售。今天的营销人员承认，他们并不愿意与任何客户都建立联系。相反，他们关注那些人数较少但能够产生较多利润的客户。一个分析员这样说："不是所有的顾客都值得你付出营销努力，服务一些顾客的成本比失去他们还要高。"另一个市场专家补充说："如果不能说出哪些人不是你的顾客，你很可能不知道哪些人是你的顾客。"

许多公司使用客户利润分析的方法拒绝或者舍弃那些不赚钱的客户，只关注有利可图的客户并对他们更加包容。一种方法是主动舍弃那些潜在不盈利的客户。前进保险公司（Progressive Insurance）在这方面做得很有效率。它要求有潜力的顾客回答他们的一系列问题来决定他们是不是公司的合适顾客。如果他们不是，公司很可能告诉他们："你可能想去的是好事达。"一个营销咨询师解释说："他们宁愿把业务送给竞争对手，也不愿花时间在一个不能产生盈利的顾客身上。"剔除一些不盈利的顾客让前进公司能够为那些有利可图的客户提供更好的服务。

但是对于那些没有利润的客户，公司应该怎么办呢？这些客户可能不可理喻，或者从他们那里获得的收益无法抵消成本，这时如果公司不能够将之转换为有利润的客户，就会考虑放弃这部分客户。另一个专家说："像耀眼的夜总会里的那些人一样，经理们将很可能必须'炒掉'那些消费者。"

斯普林特公司最近给大约1000个人寄了信通知他们已经被解雇了，但收信人是公司的顾客而非雇员。大约一年的时间里，无线电服务提供商已经跟踪了一组高维修率用户求助电话的数量和频率。斯普林特公司的一位发言人说："在某些情况下，他们一个月内会呼叫客户服务上百次以上，甚至在我们感觉问题已经解决的情况下，他们还是询问同样的问题。"最终，公司得出他们不能满足这些用户呼叫机的订阅者的账单和服务需求，因此，公司付给他们中止费并砍掉了这方面的业务。这种"顾客剥夺"实际被认为是一种异常情况，但新的细分方法和技术使聚焦于保留正确的顾客而将问题客户请出门变得更加容易。

2. 更深入紧密地联系客户

除了公司在服务客户时更加具有选择性外，对于被选中的客户，公司则采用一种更深入和更持久的方式来为他们提供服务。今天的营销人员会使用更多全新的互动方式帮助建立更具针对性的目标，双向消费者关系，而非使用单一的大众化的沟通手段。

新技术已经深刻地改变了人们互相联系的方法，新的工具关联每件事，通过电子邮箱、网站、博客、手机、网络和视频分享社区和社会网络，如 MySpace、Facebook、YouTube 和 Twitter。

变化了的交流方式也会影响公司及其品牌与客户的关联。新的交流方式使营销人员能够与消费者建立更紧密的联系，让其参与到品牌建设中来，使品牌成为消费者讨论和生活的一部分。"品牌成为消费者之间谈话的一部分，这比传统的广告交流方式更有力，"一位营销专家如是说，"品牌，通过沟通与其客户建立更强大、更信任的关系。今天人们希望在品牌体验时有发言权。"

然而，新技术为市场营销人员创造营销机会的同时，也对建立人际关系带来了挑战。消费者拥有更大的权力和控制权。相比从前，今天消费者获取了关于品牌更多的信息，他们有广阔的平台与其他消费者讨论和分享他们对于品牌的观点。因此，营销领域不仅包括消费者关系管理，还包括消费者管理关系。

若想更广泛地控制消费者，建立消费者关系，公司不能一味依赖于侵扰式营销。取而代之的是，营销人员必须积极从事引导式营销——创建市场提供物或信息去吸引消费者而不是打扰他们。因此，大多数的营销人员现在通过丰富组合直接的营销方式增加他们在大众传播媒介市场营销的影响，促进品牌与消费者的互动。

例如，很多品牌通过自己创造的或现有的在线社会网络与消费者对话，以补充其市场宣传活动，定期发布公司目前最新的广告和视频共享网站的网络视频。他们加入社会网络，发布自己博客、网络社区、消费者驱动评审系统，其目的就是使消费者更加个性化，提高互动水平。

例如，Take Twitter，包括戴尔、捷蓝航空公司、Dunkin' 甜甜圈、全食食品公司、芝加哥公牛队和洛杉矶消防部门等组织都开通了 Twitter 账户。有超过 6 000 000 用户在 Twitter 上使用 tweets 进行交流，处理客户服务问题，研究客户的反应，吸引流量的相关文章、网站、比赛、视频及其他品牌活动。例如，戴尔基于 Twitter 监控器讨论并很快回复个人的问题。Zappos 公司 CEO 谢家华，每天收到近千位客户消息，说 Twitter 让他与客户"更深入讨论我们所喜欢的和我自己个性"。另一个营销人员注意到公司能"使用 Twitter 以获得公司所听到过的最快、最诚实的研究——好、坏、愤怒——这些不会花一分钱"。

尽管它们近些年增长迅速，很多营销人员仍然学习如何使用有效的社会媒体。问题是要用介入其中的相关的品牌信息找到不显眼的方式进入消费者的社会对话。一个社会媒体分析师说："营销'历来是一种揭露性的和侵入性的实践——看透某人的表面，谈论品牌的特征'，这种方法一直越来越没有效率，在社会领域这是非常致命的。"此外，仅仅发表幽默的视频，创造社会网页，或者创建一个博客是不够的。成功的社会网络营销意味着对消费者对话做出相关和真实的贡献。一个网络营销执行官说："没有一个人想和一种品牌成为朋友。（作为一种品牌）你的工作是成为其他朋友谈话内容的一部分。"

作为新的消费者控制和谈话的一部分，消费者正在创造自己的品牌对话和信息。接着随之而来的是，公司甚至邀请消费者在形成品牌信息和广告方面扮演更加积极的角色。例如，菲多力、西南航空、VISA、赫兹公司以及其他许多公司都已经在举办消费者创意大赛，并在全美范围内播出。

2007 年超级碗大赛期间，菲多力的多力多滋品牌发起了一场"冲撞超级碗"的竞赛，这个比赛从消费者那里征集 30 秒的广告，最后产生了两个最好的。一个是球迷创造出的广告，被认为是比超级碗广告高出 67 个百分点的影响，这是通过在一个超市付款台的女孩和一个顾客非常轻松的交谈中民意测试出来的。另一个被选上的广告仅仅花费了 12.79 美元的制造成本（四个薯片包装袋的成本）但达到了 45 个百分点的影响力，展示的是一个年轻的司机正在吃多力多滋，并对一个漂亮的女孩调情。自此以后，多力多滋一直举办"冲撞超级碗"的挑战。2008 年，它提供 100 万美元给任何一个能让多力多滋的商业广告拿到《今日美国》超级碗广告首位的球迷。消费者提交了将近 2000 个参赛作品。其中一个消费者制作的广告——以"Doritos Free"命名并以贩卖粉碎雪球一体机为特征——声称在《今日美国》超级碗广告上拿到了第一的位置，接着超级碗愉悦地给出了这个奖项。另一个消费者自创的广告拿到了第五名。一位品牌营销副总说："这是我们所花过的最值的 100 万美元。"

然而，举办消费者竞赛是一个很消耗时间和成本的过程，公司可能发现从众多"垃圾"中找到一些亮点是很困难。例如，当亨氏公司征集消费者为它在 YouTube 网上的调味番茄酱提交家庭制作广告时，它最后筛选了 8000 多个参赛作品，其中邮寄的大约有 4000 个。有一些业余广告很有创意——极具娱乐性和潜在影响力。然而，大部分至多就是一般，其他一些水平还是很差的。一个广告中，一个参赛者将调味番茄酱咔嚓咔嚓地从瓶子里直接拿出。另一个广告中，可能是一个电影制造商用亨氏的产品刷牙、洗头发以及洗脸。

消费者产生的创意，无论是否被营销者所采用，都已经成为一种重要的营销力量。通过消费者制作的视频、博客和网站的丰富，消费者在形成自己和其他消费者的品牌体验中扮演着日益重要的角色。除了创造品牌交流（他们自己或者通过邀请），消费者对产品的所有方面，从设计、使用、包装、定价到分销具有着越来越多的发言权。

1.6.3 伙伴关系管理

今天的营销人员认识到，如果想要创造客户价值并建立强有力的客户关系，仅靠单兵作战是不行的，他们必须与各种各样的营销伙伴紧密合作。除了要善于客户关系管理，公司还要善于进行**伙伴关系管理**（partner relationship management）。主要的变化在于，营销人员开始与公司内部的其他部门或公司外部的合作伙伴紧密合作，共同为消费者创造更大的价值。

1. 公司内部的合作

传统意义上来说，公司需要理解客户的需要并将满足需要的任务分配给公司内部的各个部门。这种对营销的理解认为，营销工作仅仅是营销人员、销售人员和客户服务人员的工作。但是在今天这个联系的世界当中，已经不仅仅是营销职能在同客户发生互动了，每一个职能领域都可能同客户存在相互的交流，尤其是通过网络的方式。新的观念要求公司的每一个员工都要做到以客户为中心。惠普的创始人之一戴维·帕卡德（David Packard）曾经明智地说："营销工作是如此之重要，绝不能只把它扔给营销部门。"

今天的公司将所有的部门和职能整合在一起来为客户创造价值而不是让它们各行其是。它们成立了跨职能的客户团队而不是仅仅派出营销人员或销售人员到客户那里。例如，宝洁公司为每一个重要零售商客户都指派了"客户发展小组"。这些小组由销售和营销人员、运营专家、市场和财务分析人员，以及其他一些专家构成，他们协调宝洁公司很多部门的工作，并共同致力于让这些零售商取得更大的成功。

2. 公司外部的营销伙伴

营销人员同公司外部的供应商、渠道伙伴甚至竞争者之间的联系也正在发生很大的变化。今天的大多数公司都处于某个网络之中，它们非常依赖同其他公司建立的伙伴关系。

营销渠道包括分销商、零售商和其他一些将公司与其最终客户联系起来的组织。供应链则是一条更长的渠道，包括的范围从原材料和部件到传递给终端购买者的最终产品。例如，个人电脑的供应链当中就包括电脑芯片和其他一些元件的供应商、电脑制造商、分销商、零售商和一些其他销售者。

通过供应链管理，公司加强了它同供应链上所有企业之间的联系。公司知道利润不仅仅取决于它们自己做得有多出色，能否成功地建立客户关系同样取决于公司所处的整条供应链同竞争者的供应链之间的竞争状况。它们不是仅将供应商看做卖主，将分销商看做客户，而是将这两者都视为向客户传递价值的伙伴。例如，雷克萨斯一方面同经过精心挑选的供应商密切合作以提高产品质量和运营效率，另一方面同所有的连锁经销商一起打造顶级的销售和服务支持，从而吸引客户并留住他们。

作者评论

在营销过程的前四个步骤里，公司通过创造和传递超额的客户价值来建立客户关系。如果做得好，顾客会忠诚于公司并会重复购买，而公司也会从顾客那里获得价值。

1.7 从客户处获取价值

图 1-1 中，营销过程的前四个步骤包括了通过创造和传递超额的客户价值来建立客户关系。最后一个步骤则是从客户那里获取价值作为回报，形式可能是当期或者未来的销售额、市场份额或者利润。通过创造超值的客户价值，公司也获得了高度满意的客户，他们忠诚于公司并会重复购买。这反过来对公司意味着更高、更长期的回报。在这里，我们讨论创造客户价值的结果：创造客户忠诚度与客户保持度，提升市场份额与顾客占有率，以及建立客户资产。

1.7.1 创造客户忠诚度和客户保持度

卓越的客户关系管理能够使客户感到愉悦，而愉悦的客户会保持忠诚并对其他人讲关于公司和产品的好话。研究显示了忠诚度在完全满意客户、一般满意客户和不满意客户之间的巨大差异。即便是在完全满意的基础上略有下滑也会导致客户忠诚度的急剧下降。因此，客户关系管理的目标不仅是要创造客户满意，还要创造客户愉悦。

当经济紧缩时，顾客忠诚度和回头率变得更加重要。此时，顾客会流失，每个顾客的开支也会减少，所以企业需要紧紧抓住它们留下来的顾客。留住一个老顾客比赢得一个新顾客容易五倍。从经济的角度来看，当顾客的钱包变扁时，把注意力集中在保持老顾客的忠诚度和回头率上会更有作用。

近期的经济衰退给顾客忠诚度带来了很大的影响。例如，一项来自英国的研究显示，88% 的英国人承认，他们不再买他们喜爱的品牌。1/3 的购物者会在每周的消费中买更便宜的商品，并且 50% 的购物者会购买超市中私人标签的商品。更令人惊讶的是，37% 的购物者说经济衰退已经降低了他们对一线品牌的信任。因此，今天的公司必须更加小心地塑造它们的价值定位，并且更加周到地对待能给自己带来利润的顾客。

公司正在认识到失去一个客户不单意味着丢掉了一笔交易，而且意味着可能失去这个客户以后一生当中能带来的全部购买流。下面是关于**客户终身价值**（customer lifetime value，CLV）的一个有趣的例子：

斯图·伦纳德（Stew Leonard）经营着三家连锁超市而且获利颇丰。他戏称每当看见一个满面怒容的客户，他就看见 50 000 美元从他的商店飞走了。为什么呢？因为一个客户平均每周会购买 100 美元的商品，每年大约购买 50 次，大约会在这个地方住 10 年。如果这个客户有了不愉快的购物经历，他就有可能转到其他的超市去购买，这也就意味着伦纳德损失了 50 000 美元的收入。如果这个客户向其他客户说超市的坏话，并且导致他们也离开的话，损失还会更大。为了留住客户，伦纳德店面的工作人员全部装扮成卡通形象，安排了定期的娱乐项目，开设了一个宠物乐园，商店里到处都是电子动画合成的怪诞形象，《纽约时报》称之为"乳品店里的迪士尼乐园"。1969 年的时候，伦纳德只开了一家小小的乳品店，但是他发展的步伐快得惊人。现在他已经在那时的基础上扩张到 30 家分店，每周的客户超过 25 万人。如此众多的忠诚购物者基本都是因为商店里那种激情洋溢的客户服务方式而获得的。店里有两条原则，第一条原则：客户永远是对的；第二条原则：如果客户真的错了，那么参见第一条！

关注客户终身价值的不仅仅是伦纳德，雷克萨斯也估计到在一个满意并且忠诚的客户一生中，公司所能达成的交易值为 60 万美元。塔可钟（Taco Bell）的客户终身价值超过了 12 000 美元。因此，致力于保留和发展客户就顺理成章了。事实上，即使公司在一笔交易上可能亏钱，但是长期的关系将会使公司获益良多。这意味着公司应该在建立客户关系上制定更高的目标。顾客对品牌更多的是情感上的喜爱，而不仅仅是理性的偏好。正是情感上的喜爱使顾客再次购买。

这就意味着公司在建立客户关系的时候应该把眼光放得更远。客户的愉悦会使他们建立一种与产品或服务之间的情感关系，而不仅仅是一种理性的偏好。紧贴住客户是"最基本，也是最令人惊异的"，一位营销管理人员说："我们要找出客户想要的是什么，然后用一种超出预期的方式传递给他们。"

1.7.2 提升顾客占有率

优秀的客户关系管理不仅使公司可以留住那些有价值的客户并获得客户终身价值，还能够帮助营销人员提升

顾客占有率（share of customer），即公司的产品在顾客所购买的该类产品中所占的比例。很多营销人员现在减少了花在研究如何提升市场份额上的时间，相反，他们更加关注研究如何提高自己的客户份额。因此，银行更加关注"钱包份额"，超市和饭店想要提高自己的"胃口份额"，汽车公司想要的是"车库份额"，而航空公司则要增加"旅行份额"。

公司可以通过为现有的客户提供更加多样的产品，利用客户关系来提升客户份额。另外公司可以培训员工向上营销和交叉营销的技能，以向现有的客户销售更多的产品和服务。例如，亚马逊就非常善于利用它与其3 500万客户的关系来增加自己在每个客户购买数量中的比例。原本只是一家在线书店的亚马逊如今为客户提供各种音乐、录像、礼品、玩具、消费电子产品、办公室用品、服装以及在线拍卖等各种商品及服务。此外，根据每个客户的购买历史，公司会为他们推荐相关的或者他们会感兴趣的书籍、CD或者录像。通过这种方式，亚马逊获得了每个客户的休闲娱乐支出中的更大份额。

1.7.3 建立客户资产

我们已经知道了不仅要赢得客户，更要维护和发展客户的重要意义。客户关系管理的理念是趋向于长期的。如今，聪明的公司都不仅想要拥有可以带来利润的客户，而且还想保有他们的一生，获取客户终身价值，并在他们的购买当中获得更大的份额。

1. 什么是客户资产

客户关系管理的最终目标是建立更高的**客户资产**（customer equity）。客户资产是公司所有客户的终身购买价值的总和。很明显，能够给公司带来利润的客户越忠诚，公司的客户资产就越高。相对于现有的销售或者市场份额来说，客户资产也许是对公司绩效进行评估的更好方式。销售额和市场份额代表的是公司的过去，而客户资产则预示着公司的未来。来看凯迪拉克的例子：

在20世纪七八十年代，凯迪拉克拥有全行业最忠诚的客户。对于整整一代汽车购买者来说，凯迪拉克都是美国式奢华的代言人。凯迪拉克在高端轿车市场的份额在1976年占到了惊人的51%。从销售额和市场份额的角度来看，这家公司的未来一片光明。然而，如果从客户资产的角度来衡量，场面可能就多少有些凄惨了，凯迪拉克的顾客正在慢慢变老（平均年龄60岁），平均的客户终身价值正在降低。很多车主所开的都是他们的最后一辆车。因此，尽管凯迪拉克的市场份额表现不凡，它的客户份额却不大。让我们再来看看宝马。在一开始的市场份额之争中，年轻和活力的形象并没有为宝马带来太多优势，然而，它最终为宝马赢得了具有更高终身价值的年轻客户群。结果是，凯迪拉克现在仅拥有15%的市场份额，比宝马低很多。而宝马的客户资产却要比凯迪拉克高很多——它拥有更多的客户，同时每个客户的平均终身价值也更高。因此，市场份额并不是正解。我们不仅要关心今天的销售，也要重视未来的销售。客户终身价值和客户资产就是这场博弈的主题。认识到这一点后，凯迪拉克近年来试图使Caddy再次流行，它瞄准了年轻一代的消费者，推出了性能更好的车型，并推出了更加醒目的广告。目前愿意购买凯迪拉克的消费者一般都在36岁左右。

2. 与恰当的客户建立恰当的关系

公司应该精心管理自己的客户资产，它们应把客户看做财产，需要进行管理并使之最大化。但并不是所有的客户，甚至不是所有的忠实客户都是好的投资。这一点是非常令人惊奇的，有一些忠实客户甚至不能使公司盈利，而一些不那么忠实的客户却会带来非常多的利润。那么公司应该去获得和维系哪一部分客户呢？"在这个问题上，答案不言而喻：保留那些经常性购买和支出较多的客户，放弃那些买得很少又摇摆不定的人，"一位专家如是说，"但那些摇摆不定的大买主和那些不断购买却花钱很少的客户怎么办？我们经常不太清楚是不是应该维持与这些客户的关系，或者用多大的代价来维持。"

公司可以根据潜在的利润来划分客户等级，并相应地管理与他们之间的关系。图1-5根据客户的利润高低和预期忠诚度将所有的客户划分为四类，每个类别都需要不同的客户关系管理战略。

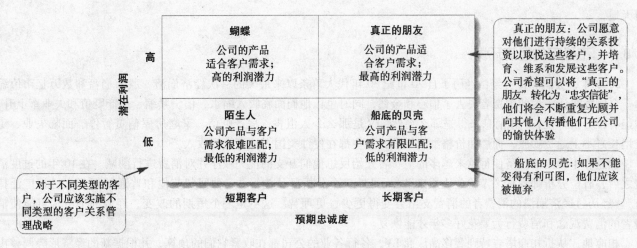

图 1-5　客户关系群组

"陌生人"表现出较低的利润率和预期忠诚度，公司的产品同他们的需要之间几乎不匹配。对于这一类客户的客户关系管理战略非常简单——不投入。

"蝴蝶"是那些利润很高但是不太忠诚的客户。公司的产品与他们的需求之间有很大的共同点，但是就像真正的蝴蝶一样，他们享受那种只在某处做片刻停留的感觉，然后很快就飞走了。股票市场上那些经常进行不同种类但很大数额交易的投资者就属于这种类型。他们乐于猎取那些最高的收益，却不会与哪一家股票经纪公司建立经常性的关系。试图将这类客户转变为忠实客户的努力通常很难奏效。因此，公司应该在这样的时候学会欣赏"蝴蝶"，应该用闪电快攻的促销方式来吸引这些客户，通过交易使对方满意、使自己获利，然后就停止进一步投入，直到下一轮交易的来临。

"真正的朋友"是那些既忠诚又有利的客户。他们的需求与公司的产品之间有非常好的匹配，公司愿意对他们进行持续的关系投资以取悦这些客户，并培育、维系和发展这些客户。公司希望可以将"真正的朋友"转化为"忠实信徒"，他们将会不断重复光顾并向其他人传播自己在公司的愉快体验。

"船底的贝壳"则是指那些高度忠诚但利润微薄的客户。公司的产品同此类客户的需求匹配程度有限。一个例子是银行的小客户，他们经常光顾，但是所产生的利润甚至无法弥补维持其账户的成本。他们就像那些黏在船底的贝壳，拖延了轮船的进程。这类客户往往是最令人挠头的。公司通过向他们推销、提高他们的费用或者减少对他们的服务来提高这部分客户的利润率，但如果不能奏效，就应该舍弃这些客户。

以上内容陈述了一个非常重要的观点：对于不同类型的客户，公司应该实施不同类型的客户关系管理战略，公司的目标就是要与适合的客户建立恰当的关系。

1.8　营销新视野

作者评论

营销不是凭空产生的。现在，我们将讨论营销进程中的五个步骤，让我们看看不断变化的市场如何影响消费者和为消费者服务的营销人员。

每天，营销领域都在发生翻天覆地的变化。惠普公司的理查德·洛夫（Richard Love）观察到："世界的变化如此之快，公司随之而变的能力如今已经成了一种竞争优势。"纽约扬基队的著名捕手约吉·贝拉（Yogi Berra）的总结更简单："世界和过去大不一样了。"技术的进步、全球化趋势、经济和社会的持续变革——所有这些都会导致整个市场的深刻变革。当市场变化时，服务于这些市场的营销者也必须顺应潮流。

在这一节中，我们来看一些正在让营销发生变化并对旧有的营销战略提出挑战的主要趋势和力量。我们来看五种主要的进步：数字化新时代、快速的全球化、对于更高的道德和社会责任的要求、非营利性营销的发展，以及营销关系的新天地。

1.8.1　不确定的经济环境

2008 年，美国和世界经济经历了自 20 世纪 30 年代大萧条以来最大的一次经济崩溃。股市崩盘和数万亿市值缩水。金融危机让震惊的消费者失去了信心和金钱，同时也让他们面临收入缩水、信贷紧缩、房产贬值和失业率上升。曾经有位分析师说，"坏消息来得是那么突然，又是那么令人沮丧，房产贬值、家庭房屋信贷暂停、面临失业、工资增长赶不上通货膨胀，而燃油价格继续飙升，这些都在侵蚀美国人的可支配收入。"

低迷和不确定的经济使得越来越多的消费者开始反思他们开支的优先顺序并对消费进行削减。在 10 年的过度消费之后，有位分析师宣称"节俭卷土重来"，而另外一个分析师认为："一种回归节俭和普通的新观念已被广泛持有"。经历过经济崩溃的消费者的消费支出会变得更少、更理智。这不是一个短期的改变，经济的下滑很可能使消费者的消费观念和消费行为要花好多年才能恢复。

相应地，从折扣商塔吉特到奢侈品厂商 LV，各行各业的公司都在收紧它们的预算，并根据新的经济形势调整市场战略。营销人员比以往更加强调价值在他们价值定位中的地位。这些定位集中在性价比、实用性、产品的耐久性和随处可见的分销网络。宝洁公司认为："价值真是个有魔力的单词，在目前的经济形势下，人们在购买前会更多地考虑价值，思考也会更加周详。所以现在，我们比以往更强调帮助消费者发现价值。"

举例来说，在过去，塔吉特更加注重"回报多"而非"付出少，回报多"的市场定位。但是现在，这样发生了变化。

长久以来，塔吉特努力培养的"高档品折扣商"的形象成功地和沃尔玛不讲情面的"最低价"市场定位区分开来。但是在目前严峻的经济形势下，很多消费者认为塔吉特时髦多样的产品和关系营销同样也意味着更高的价格，这造成塔吉特相比于沃尔玛来说业绩下滑。因此，塔吉特变得更强调标语中"更少付出"的一边。它正在确定自己的价格和沃尔玛在同一条线上，并且使顾客知道。虽然形势仍然严峻，塔吉特现在的广告明显带有低价和节约需求的特征。引用塔吉特 CEO 一段话"我们仍在定义和发现'更少付出，更多期待'中合适的平衡，目前的经济形势意味着市场定位的中心还是在'更少付出'这一方面"。

在严峻的经济环境下，公司必须更加强调价值在它们价值定位中的地位。塔吉特现在"更少付出，更多期待"的市场定位中强调的中心在于"更少付出"这一方面。

营 | 销 | 实 | 践 | 1-2

消费者节俭的新时代

节俭又回来了。在被最近经济动荡打击之后，美国人现在显现出一种对转变的热情，而这是近几十年未见的。这种行为变化并不单纯就是花费更少而已。新的节俭更为强调使用好每一美元。这意味着放弃时尚的购物商场，而选择廉价连锁店，买二手衣服和家具。消费者在斤斤计较每一美分，并尽量少用信用卡。一位分析家如是说：

　　行为的转变已经发生。在每个收入阶层的消费者都在对经济做出反应，那就是紧缩开支，推迟大笔的消费和当可能时减少采购。除此以外，他们在尽力挖掘金钱的最大价值。营销者需要采取不同的方法来接触这些越来越务实的消费者有闪光之前先证明你的商品物有所值。

不久以前，瑜伽教练桑德在波兰的诺德斯特龙购物，总是不假思索地在用餐时点一杯 30 美元的基安蒂（chianti）。但那是在她的丈夫，一名房地产经纪人，感到房屋销售下降之前的事情了。现在她在杂货店购买 10 美元一瓶的酒，在买二手衣服，并且计划接受母亲的建议，在冬天关闭恒温器。"这已经是很长一段时间了，"她说，"我们已经离开报价表很久了。"

这种节俭超过了单纯的经济衰退。"这是个全新的价值重估，"一名零售顾问说，"直到我们用完丢弃，我们才采购，并且消费和采购所有的物品。人们又开始学会说'不，不是今天'。"即使是那些可以负担得起他们消费的人也变得更加谨慎，开始在采购时讨价还价，还会推迟大额的支出。

这种消费趋向在收银机响还是不响时都是这么明显的。面对零售销售的全面下降，沃尔玛和 BJ 批发俱乐部却兴盛，但萨克斯和 Abercrombie&Fitch 处境艰难。同理，在日常连锁餐饮店，如 O'Charley's 和红龙虾中的顾客越来越少，麦当劳店中顾客越来越多，包括那些放弃了四美元一杯的星巴克咖啡而选择快餐店咖啡的。沃尔玛的发言人说，最近那些年收入超过 6.5 万美元的家庭顾客有一个明显的提升。

房产缩水、信贷收紧以及证券市场疲软都在蚕食着消费者的退休金账户和信心，而原本这些年来消费者生活在"预支未来"的哲学思想内，追求更大的房子、车子以及名牌。这种新的经济现状迫使家庭在收入与支出之间平衡，并且重新考虑哪些应该优先购买。"每个人都在试图'赶上琼斯一家'（与邻居进行攀比），并且在他们还不富裕时尽量变得富有。"艾润如是说，她是一个有两个在上学前班孩子的母亲，现住在犹他州普罗沃，并且开了一个名为"我节俭"的博客。"当你想要某物时，你没必要拥有任何东西，这一点都没错，"她说道，她的博客建议消费者"通过充分利用你所挣的每个美元来变得更加节俭"。

很难说这种反复还会持续多久，尤其是对于那些从来没有经历过如此大规模经济衰退的一代人来说。"那不是什么可怕的东西，信心总是个难以捉摸的东西"，一个经济学家如是说。一项最近的调查研究显示，超过一半的美国人说他们在近年削减了开支，也有一半人同意这种观点，那就是人们应该学会用更少的钱也能生活。另一项消费者调查显示，节俭使时尚的风气正在形成，有超过一半的受访者说他们为自己所想到的省钱方法而骄傲。"看起来这种趋势将继续下去，"一位消费者行为学家说，"这并不需要你丢掉工作，或者退休金账户用光来为了赶时髦而买那些看上去有些浪费的东西。"

在缅因州，辛迪卡说她丈夫的工作是安全的。但是，因为在这种不确定性的经济环境中他们有两个在大学学习的儿子，她尽力试图自己来修补已经穿了 20 年的衣服。这对于她的过去来说确实是个重大改变，过去她通常是直接将旧衣服扔进垃圾桶而买回新的。在一个家电修理网站的帮助下，她节省下了上百美元。"我们都需要用我们自己的方法来找到自己的生活，"她说。

这种新的回归基本的心理适用于各种类型的采购。事实上，与这种新的节俭相伴随的一些行为与美国人一贯来难以自持尝试奢侈品位相背离。唐娜（Donna Speigel）建立了一个辛辛那提地区的大规模寄售品商店，名为 Snooty Fox，目标顾客是那些仍然想要 LV 和安泰勒的品牌产品，但却希望价格远低于零售店的人群。销售额相对去年 10 月上升了 17%。在达拉斯郊区，凯恩·斯密尔仍然开着他的雷克萨斯，但是现在经过那些高价商店而直奔沃尔玛。"我现在对我买的每一件东西都认真思考过，"他说。

新节俭主义对于营销者意味着什么呢？不管是日常用品还是奢侈品，对于营销者来说都需要确切地描绘出它的价值构成：是什么使得这个牌子能使得消费者付出辛苦赚来的钱。这句名言一直都是如此。"卖掉牛毛，而非牛排"（sell the sizzle, not the steak），"是的，我认为这个市场上一直有太多的杂音，"一个奢侈品营销商说，"单纯的想象并不能卖掉任何东西，消费者想要知道的是他们的钱换来了什么。"

即使是珠宝商戴比尔斯（De Beers）也已经调整它长久以来坚持的"钻石恒久远"的价值观来迎合这个节俭的时代。一个最近播放的标题为"这边更便宜"的广告让下一次的钻石购买行为看起来更为实际些。"我们的生活中充斥着各种事物。那些我们拥有却不珍惜的东西将我们搞得筋疲力尽。东西我们买来了但却不喜爱。过几周就会将它扔进垃圾桶而非传给后代。也许现在我们将有所不同，也许现在对我们来说是个机会来重新审视哪些是最重要的。毕竟如果你买给她的东西在一夜之间消失，那她将会真正怀念什么呢？钻石恒久远。"

既然是富有的消费者现在也已加入这股节俭潮流中，随意的无度花费不再时尚。结果，即使是豪华品牌也开始强调其价值。一直以来，雷克萨斯强调其地位和性能。举例来说，它的圣诞节广告通常的形式是一对恋爱情侣给自己的爱人一辆包在红包里的新雷克萨斯。雷克萨斯仍然在使用这个广告，但它同样将宝押在这种类型的广告上：最低的拥有成本，来强调其节油，耐用和再售价值。"这确实是一个需要更为理性的时代，"雷克萨斯北美销售总监说。

在调整适应新经济形势的过程中，公司或许应该试图来大幅削减营销预算以便吸引日渐窘迫的消费者重新打开钱包。尽管减价和提供特殊折扣是经济低潮期的重要营销手段，但是，聪明的营销者懂得在错误的地点减价可能会损害长远的品牌价值和客户关系。因此，挑战就是在强化其长期利益的同时使品牌价值构成与当今时代之间取得平衡。

"低潮期同泡沫期一样有赢家和输家，"一名经济学家说，"当低潮结束，当世界重新充满希望，你在这个竞争世界的地位将取决于现在你如何处理。"因此，很多营销者不是削价，而是维持原价并解释为什么他们的品牌值这个价。同样，沃尔玛和麦当劳之类的公司甚至会增加其营销预算。事实上，一项针对不同行业超过650名营销者的调查显示，尽管经济低迷，超过半数受访公司依然会维持其营销预算水平，甚至增加。目标是在牺牲削减开支的竞争者的同时增加市场份额、强化客户关系。

糟糕的经济带来的并不全是威胁。举例来说，有超过四成消费者说他们减少了去参观的次数的事实对全程服务的参观来说是一个威胁，但这给快餐行业带来了机会。依靠其低价价值战略，麦当劳全球销售额2009年四季度增长了7.2%，盈利增长11%，同期星巴克则降低了9.6%。

同样，这股在家用餐的潮流给自有品牌食品制造商以机会，他们将自己定位为方便但不贵（相对于在餐馆用餐）。很多食品制造商不是降低价格，而是指出相对于外出用餐自己产品的价值所在。位于弗朗西斯科里纳尔迪（Francesco Rinaldi）的通心粉酱广告宣称，"现在你可以以不到十美元来养活一个四口之家。"卡夫Digiorno比萨使用"Digiorno更少"的广告来宣传其Digiorno版在家烘制的比萨只有外卖价格的一半。

1.8.2　数字化新时代

近些年来的科技进步创造了一个数字化的新时代。计算机、通信、信息、运输，以及其他技术的爆炸式发展对公司为客户传递价值的方式产生了巨大的影响。我们比以往任何时候都更紧密地与世界上的其他人和事联系在一起，无论远近，并且联系的方式是全新的，与以往不同。曾几何时，穿越整个美国就要花费数周甚至数月的时间，如今即使环绕地球的时间也仅仅需要用小时或者天来计算。过去可能需要数天或数周时间才能知道世界上发生的大事，现在通过卫星传播，我们可以看到实时的情况。过去要与一个远方的朋友联络需要几个星期，如今通过电话或互联网转眼之间即可实现。

技术的飞速发展为了解和跟踪客户提供了全新的方法，公司可以为客户提供量身定制的产品和服务。技术可以帮助公司以更有效的方法将产品传递到客户手中，也可以让它们与客户进行大范围或一对一的沟通。例如，通过视频会议，某公司纽约总部的营销人员足不出户就能够看到芝加哥或者巴黎的焦点小组的讨论情况。只要轻点几下鼠标，直销人员就可以利用在线的数据服务来了解你的很多信息，从你开的车、读的书到你喜欢的冰淇淋。通过功能强大的计算机，营销人员建立了详尽的客户数据库，并通过这些数据库来为其个体目标客户提供根据他们的特殊需要和购买方式设计的产品。

技术同时还催生了一大批新的广告和传播工具——移动电话、传真机、CD、互动电视购物，以及机场和购物中心的可视购物亭。数字化变迁意味着营销者不必再期望消费者自己来将产品找出，营销人员可以通过这些工具向那些瞄准好的目标客户提供有针对性的信息传播。通过电子商务，顾客们可以足不出户地了解和设计产品和服务，下订单并进行支付，然后通过神奇的快递服务，在24小时之内就能收到所订购的产品，而无论他们去哪里并与朋友一起分享。从使用虚拟现实演示来进行产品测试，到通过虚拟商店来销售产品，技术的进步正在改变营销的方方面面。

也许最为巨大的技术变化就是**互联网**（Internet）的产生。全球的互联网用户现在多达14亿，预计2015年达到34亿。今天人们花费比看电视多一倍的时间来上网——每周平均32.7小时。在一天内，58%的美国成年人查收其邮件，49%使用雅虎等搜索引擎检索信息，36%读新闻，19%使用Facebook来联系友人，16%在类似YouTube视频网站观看视频。专家认为到2020年互联网将可以通过手机以声音、触摸甚至意识来控制，这或将进入一个"思想控制的人机互动时代"。

第一代万维网让人和信息联系了起来；通过使用一系列快速发展的技术（如博客、社交网站和视频分享网站），第二代万维网（Web2.0）使人与人串联了起来。第三代万维网（Web3.0）则将所有这些信息和人连接起来，从而使得互联网体验更加相关、有用和有趣。

在Web3.0时代，可以通过移动终端获取的小型快速客户化的互联网应用将会带你进入一个可以放进口袋的虚拟世界。我们将随身携带我们的乐趣——最好的音乐集、视频集、最及时的新闻报道，所有这些都是按照我们的喜好来的，而且随时可以更新。我们与新一代万维网的联系如此紧密，以至于我们就像身在其中一样。Web3.0这种交互式特性使得我们可以将想法与消费者分享。

网络营销是当今增长最快的一种营销形式，现在几乎很难找到不大量使用万维网的公司。除了传统意义上的网络公司（只能点击浏览）外，很多传统的纯实体公司现在也正在向"网络加实体"的方式转变。它们开始尝试在网上吸引新客户并与现有的客户建立更强有力的关系。现在超过70%的美国互联网用户在网上购物。B2B电子商务的发展更为迅猛，看起来几乎每家公司都在网上开设商店。

可见，技术的进步正在为营销提供令人兴奋的全新机会，我们将在第14章仔细探索数字化新时代的影响。

1.8.3 快速的全球化

在重新定义本公司与客户和伙伴关系的同时，营销人员也在用一种新眼光看待自己与周围更为广阔的世界之间的联系。当世界变得越来越小，很多营销人员开始在全球范围内联系他们的客户和营销伙伴。

今天，无论大小，几乎每一家公司都在某种程度上参与了全球竞争。附近的花农可能从墨西哥采购花苗，一个在美国本土的大型电子产品制造商面对的是来自日本的竞争巨头。一个初创不久的互联网零售商发现自己一下子就收到了来自世界各地的订单，而一家美国的日用消费品制造企业将其新开发的产品推向发展中国家市场。

美国的公司即使在国内也会受到来自欧洲和亚洲的跨国公司卓越的营销技术的挑战。像丰田、西门子、雀巢、索尼和三星这样的公司经常在美国市场上超越本土的竞争者。同样，很多产业中的美国公司也在国外的市场上发现新的商机。通用汽车、埃克森-美孚、IBM、通用电气、杜邦、摩托罗拉，以及数十家美国企业真正实现了全球运营，在全世界范围内制造和销售它们的产品。麦当劳公司在全球100多个国家开有超过3万家餐馆，每天服务5200万消费者，超过66%的收入来自于海外。同样耐克在超过180个国家中开展经营，海外收入超过57%。今天，公司不单单是尽力在海外市场卖出更多本国生产的产品，还需要从海外寻找供应商。

因此，世界各国的管理者都在逐步采用更为全球化而不是本土化的视角来看待自己的产业、竞争者和商业机会。他们会问：什么才是全球营销？它与在本国营销有什么差别？全球的竞争者和各种力量将会如何影响我们的业务？我们应该实现何种程度的"全球化"？很多公司与国外的公司甚至竞争对手组成了战略联盟，这些外国公司可能会成为公司的供应商或者营销伙伴。在21世纪会胜出的公司很可能就是那些建立起最佳全球网络的公司。我们会在第15章中详细讨论全球市场的问题。

1.8.4 可持续营销：对社会责任的更高要求

营销人员正在重新审视他们与社会价值、社会责任，以及养育我们的唯一的地球之间的关系。随着全球消费主义和环保主义的日渐成熟，今天的营销人员要对他们的活动可能产生的社会和环境影响负起更大的责任。在几乎所有的行业中，公司的经营道德和社会责任都成了一个热点问题。没有哪一家公司可以忽视风头正劲的环保运动的要求。每家公司的行动都会影响到客户关系。

在消费者与他们所购买的品牌之间有未成文的契约。首先，他们希望公司能够提供如同广告宣传的产品。其次，他们希望与他们做生意的公司能够对他们表示尊重……公司所做的任何事都会影响消费者严重的品牌形象。例如，神圣调味料公司（Celestial Seasonings）招致的顾客愤怒（因为当其产品毒死了牧羊犬）之后，它忽略了其广告中公司环境监察的形象。

社会责任和环保运动在未来可能会对公司提出更为严格的要求。有些公司抵制这样的运动，只有在受到立法管制或者在面对客户的严正抗议时才会做出让步，然而很多有远见的公司迅速承担了它们对于这个世界的责任，将承担社会责任的行为看做一个通过做好事而获得好处的机会。它们寻求通过服务于客户和社会最佳长期利益而获得利润。

有些公司，例如本杰里、土星（Saturn），以及其他的一些公司，正在实行"关爱资本主义"，并将更加人性化的思维和关爱他人作为将自己与其他公司区别开的标志。它们建立了社会责任的原则并将之写入了公司的价值和使命陈述中。例如，本杰里是联合利华的一个品牌，它的使命对上自管理层、下至每个商店的冰淇淋制作人员的所有员工提出了挑战，要求他们在每天所做的决策中都要考虑到他人和社区的利益。我们将在第16章详细讨论关于营销和社会责任的问题。

1.8.5 非营利性营销的发展

过去的营销活动多数都应用于营利性的业务部门，然而近年来，营销同样成为了很多非营利组织战略的一个主要部分，如大学、医院、博物馆、交响乐团，甚至教会。现在，美国的非营利机构在获取资助和吸引会员时将面对越来越严峻的竞争。出色的营销可以帮助它们吸引赞助和会员加入。来看一下全美禁止虐待动物协会的营销努力吧。

全美禁止虐待动物协会从超过 100 万活跃支持者中获取活动基金。但是，像其他非营利性机构一样，吸引新的捐款者是有技巧的，这体现在作曲家萨拉的出现和他那首被业内人士称为"这个广告"的短片，这部短片由一个只有 12 人的加拿大公司 Eagle-Com 创作。这部两分钟的短片展现了令人心碎的图片——狗和猫围着屏幕转，而背景中则是响着萨拉的歌曲"Eagle"，萨拉仅仅是短暂现身呼吁观众给予全美禁止虐待动物协会以支持。这令人心痛的一幕感染了观众，并使他们打开自己的钱包。这则广告自从 2007 年开始广播为其带来了超过 20 万新捐款者和超过 3000 万的募款。这使得它成为非营利性机构募款的一个标杆，在这个行当如此大的金额是难以想象的。全美禁止虐待动物协会从这则广告中获取的收益使得其能够购买更好的全国性时间段广告，如 CNN，而这又为其带来了更多的收入。全美禁止虐待动物协会又推出了新广告来开始其新的募款行动。

政府机构也同样对营销表现出了越来越浓厚的兴趣。例如，美国陆军采用了一个营销计划来招募新兵，各种各样的政府组织都在设计社会营销运动来鼓励节约能源、关注环保，以及摒弃吸烟、酗酒和滥用毒品的恶习。即便是曾经非常低效的美国邮政服务也进行了营销创新来销售纪念邮票，促销它的快递服务，对抗竞争者，提升自己的形象。总之，美国政府是全国第 32 大广告主，每年广告预算超过 12 亿美元。

1.9 相关概念的整合

在本章的一开始，图 1-1 就介绍了一个营销过程的简单模型。现在，我们已经讨论过了其中的所有步骤。图 1-6 则给出了一个扩展的模型，使你能够将所有的概念串在一起。什么是营销？简而言之，营销就是一个通过为客户创造价值并从中获取收益，与客户建立盈利性关系的过程。

营销过程的前四个步骤关注为客户创造价值。公司从研究客户的需求和欲望入手，管理营销信息以对市场有一个全面的了解。然后公司要回答下面两个问题，并在此基础上设计一个客户驱动型的营销战略。第一个问题是："我们将服务于什么样的客户？"（市场细分和细分市场选择）。明智的企业知道它们无法通过所有方式为所有客户提供服务，因此需要将公司的资源集中于那些可以为其提供最佳服务并能够获取最多利润的客户身上。第二个有关营销战略的问题则是："如何最好地服务于我们的目标客户？"（差异化与定位）。在这里，营销人员要勾勒出一个价值陈述，它将说明为了赢得目标客户必须要提供什么样的利益和服务。

一旦决定了公司的营销战略，公司就开始构建其营销方案（包括四个营销组合要素，也就是 4P）将营销战略真正转化为客户价值。公司开发出其产品并为这些产品创造出强有力的品牌识别。它们为这些产品定价以创造真正的客户价值，进行分销使目标客户可以获得它们。最后，公司还要制定出促销计划以向目标客户传播其价值陈述并说服客户对其产品做出反应。

营销过程中最重要的步骤可能就是与目标客户建立一种"以价值为导向的盈利性关系"。通过这个过程，营销人员实施客户关系管理以创造客户满意和愉悦。然而杰出的企业都知道，在创造客户价值和建立客户关系的过程中，它们不可能单兵作战，必须与营销伙伴紧密合作，不论是在组织内部还是在外部的营销系统中。因此，除了良好的客户关系管理之外，公司还必须实施优秀的伙伴关系管理。

营销过程的前四个步骤是为客户创造价值，在最后一步中，公司就要从客户那里获取价值，收获这种强有力的客户关系的回报。向客户传递超额价值会使顾客感到满意，他们不但会买得更多，而且会重复购买。这就帮助公司获取了客户终身价值和更高的顾客占有率。最终的结果是为公司创造了长期的客户资产。

最后，在今天不断变化的营销环境下，公司还必须考虑其他三个要素。在建立客户关系和伙伴关系的时候，它们必须有效利用营销技术、全球的营销机会，并确保它们的活动符合伦理道德和社会责任。

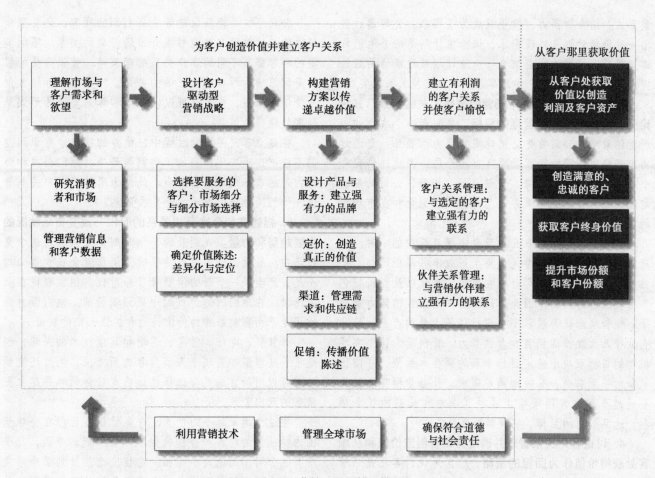

图 1-6　营销过程的扩展模型

图 1-6 为本书后面的章节提供了很好的框架。第 1 章和第 2 章介绍了营销过程，可能会更多地关注最重要的步骤——建立客户关系，以及从客户那里获取价值。第 3、4、5 章则重点描述了营销过程的第一个步骤——理解市场环境、管理营销信息，以及理解客户行为。在第 6 章中，我们更加深入地讨论两个主要的营销战略决策：选择服务于哪些客户（市场细分和细分市场选择）以及价值陈述的确定（差异化和定位）。第 7 ~ 14 章逐一分析营销组合的各个变量。最后的两章则探讨一些特殊的营销问题：全球市场和可持续性营销。

概念回顾

今天成功的公司——无论是大公司还是小公司，营利性还是非营利性，国内的还是国际型的——都聚焦于消费者并专注于市场，营销的目标是建立和管理客户关系。

1. 定义营销和概括营销过程的步骤。 营销定义为公司为顾客创造价值并建立强有力的客户关系，而后从消费者那里获得价值的过程。

营销过程包括五个步骤。前四个步骤为消费者创造价值。第一步，营销人员需要理解市场与顾客的需要和欲望。第二步，营销人员需要制定客户导向型营销战略，目标是获得、保持和发展目标顾客。第三步，营销人员构建真正传递超额价值的营销框架。所有这些步骤形成了第四步的基础，即建立有利可图的客户关系和创造顾

客愉悦。最后一步，公司从稳固的客户关系中得到回报——从客户那里获取价值。

2. 解释理解顾客和市场的重要性，并确定市场的五个核心概念。 具有优秀的市场营销策略的公司在获知和理解客户需要、欲望和需求方面做得很好。这样的理解能够帮助它们设计出能很好地满足欲望的市场供应物并建立更具价值的客户关系，通过该关系它们可以获取消费者的终身价值以及更大的市场份额。这样做的结果就是大幅提高公司的长期客户资产。

市场的核心概念是需要、欲望和需求，市场供应物（产品、服务以及经验），价值与满意、交换和关系，以及市场。需要是人类需求经文化和个体特性塑造后的承

载形式。结合购买力，欲望就成为了需求。公司通过提出一种价值计划来处理需求，该价值计划是一个他们许诺满足顾客需求的利益集合。价值计划通过市场供应物提供客户价值和满意、与顾客形成长期交换关系来实现。

3. 确定客户驱动型市场营销策略的关键因素，并讨论引领该策略的营销管理的目标。要制定一个成功的市场营销策略，公司首先必须确定它要为谁服务。它通过将市场分成不同的顾客层次（市场分层）并选择培育那个层次（目标营销）来实现该目标。接着，公司必须决定怎样来为目标顾客服务（怎样做到区别化和在市场中的自我定位）。

营销管理可以采取五种竞争市场目标中的一种。生产观念认为管理的任务是提高生产效率并降低价格。产品观念认为顾客喜欢那些能在质量、表现以及创新特色方面较出色的产品；因此，只需要一点点营销努力就行了。销售观念认为顾客不会自行购买大量的产品，除非企业投入大规模的销售和营销努力。营销观念认为实现机构的目标取决于确定目标市场的需要和欲望，并能比竞争对手更有效、高效地满足需求。社会营销观念认为要通过不断的营销策略生成顾客满意和长期的社会福利，达到公司的目标、实现其社会责任。

4. 讨论客户关系管理并确定为顾客创造价值和从顾客处获得价值作为回报的策略。广义地说，客户关系管理是通过传递优良的客户价值和满意度，以建立、维护重要的客户关系的过程。客户关系管理的目的是产生高质量的客户资产，即所有公司顾客所包含的其一生的客户价值。建立长期可持续的客户关系的关键是创造良好的客户价值和满意度。

公司不仅希望获取能带来高利润的顾客，还希望能建立维持这些顾客并能够提升市场份额的关系。不同类型的顾客需要不同的客户关系管理策略。营销人员的目的是同正确的顾客建立正确的关系。作为为目标顾客创造价值的回报，公司也可以以利润和客户资产的形式从顾客处获得价值。

在建立客户关系的过程中，优秀的销售者意识到他们不能把这项工作和别的工作割裂开来。他们必须和公司内外的市场伙伴紧密配合。此外为了搞好客户关系管理，他们同样必须善于伙伴关系管理。

5. 描述在如今这个"关系的时代"改变市场状况的主要趋势和力量。戏剧般的变化时刻发生在市场这个竞技场中。最近的经济疲软使得很多消费者金钱和信心均不足，产生了一个新的消费者节俭时代。销售者现在必须比以往在他们的价值计划中更强调价值。他们面对的挑战是平衡当前品牌的价值计划和扩张长期的权益。

计算机、电信、信息、运输和其他技术的兴起，创造了一些理解和关联个人消费者的新方法，同时还使销售者可以用新方法更有选择性地选定目标顾客并建立更紧密的双向关系。

在这个越来越小的世界，许多营销者已经在全球范围内被他们的顾客和合作伙伴联系在一起。今天，几乎所有的公司，无论大小都在一定程度上接触到了全球竞争。如今的营销者同样也重新审视他们的道德准则和社会责任。营销者正在被呼吁为他们的行为所造成的影响承担更多的社会和环境责任。最后，在最近这几年里，营销还成为许多非营利组织，如大学、医院、博物馆、动物园、交响乐团甚至是教堂的主要策略。

问题讨论

1. 解释一下营销如何创造有利可图的客户关系。

2. 营销之所以一直受到批评，是因为"它使得人们买他们实际上并不需要的东西"，这加剧或者支持了这种控诉。

3. 什么是客户驱动型营销策略？企业怎样才能设计出这样的营销策略？

4. 比较一下这五种营销管理目标，是不是其中一个目标是正确的，而其他的目标是错误的？为什么？

5. 在杂志行业中，《南方生活》拥有最高的更新率，创造了杂志产品相当可观的客户价值。什么是客户价值呢？用数字1至5代表客户关系群，解释一下哪个群体最好地描绘了《南方生活》杂志的订阅者。讨论一下《南方生活》为提高其消费者占有率所能提供的其他产品或服务。

6. 讨论一下影响市场营销的趋势，以及这些趋势在营销人员把价值传递给顾客过程中的意义。

问题应用

1. 由三四个同学组成一个小组，让小组的每个成员同其他五个不同年龄阶段的人谈论他们的摩托车。问一下他们，摩托车对他们来讲有什么价值以及制造商与经销商如何创造这样的价值。跟小组讨论一下你的发现，并将其归纳为一份简短的报告。

2. 研究一下以下这些品牌，并试着确定每个品牌提供的价值观念。

A. 恩特租车公司　　　B. 雷克萨斯

C. 干洗清洁剂　　　　D. iPhone

针对你所提问题的回答，写一个简单的报告，并解释为什么你愿意或不愿意在这个领域工作。

营销技术

仅在短短几年中，消费者产生的市场已成倍增加。它也被称为"受众自主媒体"和"消费者创造内容"。超过 100 万个网站包含用户生成的内容。如果你曾经张贴在博客上，回顾了在 Amazon. com 的产品，自己在 YouTube 上上传一个视频，从您的手机上向新闻网站发送一个视频，你可能就是一个贡献者。这种力量没有被营销人员忽视，这是有充足理由的。尼尔森，电视收视率的巨人，发现大部分消费者的信赖消费者发布到网上的意见。因此，精明的市场营销鼓励消费者发表评论。例如，可口可乐在 Facebook 上拥有超过 350 万球迷，母亲能在 Pamper's Village 上分享信息，在过去的几届超级

碗上，多力多滋因为消费者创造的广告很容易得分。苹果公司甚至鼓励 iPhone 用户开发它的手机应用。然而，消费者产生的市场并不是没有问题，只是检查了健怡可乐/曼妥思视频或只搜索"我讨厌（插入公司名）"在任何搜索引擎！

1. 找到关于营销支持"消费者创造内容"的两个例子（除讨论的其他查找在第 2 章），以及没有涉及产品的公司官方支持的"消费者创造内容"的两个例子。提供每个信息的网络链接，讨论如何影响你对所涉及的公司的态度。

2. 讨论"消费者创造内容"的优势和劣势。

营销道德

你今天开车了吗？使用笔记本电脑了吗？在商店购买产品了吗？如果是这样，你就在排放二氧化碳，并会创建一个碳足迹。我们每天都这样做。个人及公司在日常活动中都排放二氧化碳。许多消费者觉得做这个很糟糕，其他的人期望公司采取行动。答案是什么？减少二氧化碳排放量是一个解决方案，但另一个是通过购买碳排放和可再生能源证书（REC）等各种形式的"排放交易"来抵消你的碳排放量。个人消费者做到这一点，公司也纷纷为自己购买碳补偿或提供给其客户，估计每年 1 亿元的市场造成的。专家预测，随着未来几年的迅速增长。传统的航空公司会定期支付一些额外费用给 Fly-

ers 公司，以抵消自己的碳排放。例如，捷蓝航空公司推出了喷绿项目，使飞机的"碳中和"低至 2.00 美元。然后 Flyers 公司的捐款支持重新造林、风能开发和废物管理项目。

1. 了解更多关于碳补偿和讨论企业如何使用他们的 4 个例子。在你看来，这些公司具备社会营销观念吗？

2. 关于碳抵消的一个批评是，公司通过改变自己的行为没有真正起到保护环境的作用。相反，它们只买"环保赦免"。最近建议的法例，被称为"上限和贸易"，认为市场会造成污染减少。你认为碳补偿是一个负责任的解决环境问题的方法吗？

营销挑战

好时今天仍有一些东西是今天的消费者始终不愿放弃的，如巧克力。但与外出和购买衣服相比，它们的贸易在下降。这对于好时，美国最著名的巧克力制造商而言是件好事。多年来，在经济发展好的时候，高档巧克力的增长速度比价格较低的糖果产品快很多。慢慢跳到优质产品这辆花车时，由于德芙的存在，好时的市场份额比过去降低了，但作为消费者精打细算，优质巧克力品牌的销售额已经持平。同时，随着很多消费者在高端产品的消费量的上升，他们更喜欢好时的巧克力吧，Reese 的花生奶油杯和 Kit Kat 的威化饼，这使得好时的销售、利润和股票价格不断上涨。好时正使用诸如运营

新的广告这些技术来强调价值。好时通过削减产品的多样性（如好时 Kisses）来降低成本。随着分配给优质巧克力的货架空间越来越少，好时始终在考虑消费者在寻找喜欢的好时产品来满足他们的渴求和承受能力之间的平衡。毕竟，即使预算紧缩，人们也需要稍微放纵一点点。

1. 好时的复苏基于一种欲望或需要吗？

2. 基于消费者所感知的收益和成本，评价巧克力销售上的变化。

3. 因为新的消费者节约，对其他什么产品不利或者有利？

营销算术

如果你将为了你下半生的生活收购一个品牌，你支付给那公司多少钱才值得呢？许多营销经理正努力尝试解决这个问题，但这想要解决并不简单。想要计算顾客一生的价值十分复杂。然而，直观上一个相当简单的净现值计算都可以解决。计算一个基本客户一生的价值，每个利润流都被折现到当期，然后加总。计算净现值的基本等式是：

$$NPV = \sum_{t=0}^{N} \frac{C_t}{(1+r)^t}$$

式中，t 是现金流的时间；N 是顾客的整个生命期；r 是贴现率；C_t 是 t 时刻的现金（利润）流（0 时刻为获得一个顾客而花费的初始成本是负的利润）。

1. 假设一个消费者平均每周在当地一家杂货店购物消费 150 美元，零售商赚取 5% 的利润。如果该消费者在 10 年内一直保持忠诚，年利息率为 5%，并且获得该消费者无须付出初始成本，请计算该消费者的终身价值。

2. 讨论对商家来说，应怎样增加一个顾客的终身价值。

第2章

公司和营销战略

建立良好的客户关系

概念预览

在第1章中，我们探索了公司为客户创造价值以取得回报的营销过程。在接下来的探索学习中，我们深入挖掘营销过程的第二、第三步——制定客户驱动型营销战略并构建营销项目。首先，我们看看组织的总体战略计划，这些计划指导着营销战略和计划。接下来，我们讨论营销人员如何在战略计划的指导下和公司内外的其他人员紧密合作来为消费者创造价值。我们还会讨论营销战略和计划——营销人员如何选择目标市场、如何定位他们的市场供应品、如何发展营销组合，以及如何管理其营销方案。最后，我们学习评估和管理营销投资回报的重要一步。

学习目标

1. 解释公司营销战略及其四个步骤
2. 讨论如何制定业务组合以及发展增长战略
3. 解释在制定战略计划时的作用以及如何同合作伙伴一起创造和传递客户价值
4. 描述客户驱动型营销战略的要素和组合及其影响因素
5. 列举营销管理的功能，包括营销计划的要素，讨论评估和管理营销投资回报的重要性首先，我们来看看耐克公司。在过去的几十年间，耐克将自己迅速地发展成为世界最著名的品牌标志之一。耐克与众不同的成功不仅仅来自于制造和销售好的运动装备。它建立在以客户为中心的使命和战略上，这一战略和使命体现为耐克创造有价值的品牌体验以及和它的顾客们进行深度品牌交流。

第一站

耐克的目标

"嗖嗖"的耐克无处不在！通过革新的市场行动，耐克已经蹿升为世界上最知名的品牌之一。但是40多年前，当年轻的会计师菲尔·奈特和大学教练比尔·鲍尔曼共同创建了这个公司的时候，耐克仅仅是运动鞋产业中的一家毛躁的新兴公司。

在那些日子里，奈特和鲍尔曼靠简单的直觉来运作耐克。在1964年，他们每人投资500美元开办了蓝勋带体育。1970年，鲍尔曼用一块橡胶填充到他妻子的烘蛋饼铁模里作为鞋底开发出了一种新的运动鞋。"蛋饼训练者"迅速成为美国训练鞋中的热销产品。1972年公司更名为耐克，以希腊胜利女神命名，这是一位大学毕业生设计的。到了1979年，耐克已经拥有了美国50%的运动鞋市场。之后一切看起来都很容易了。运作继续，运动鞋很受欢迎，耐克公司也拥有了正确的产品。

在80年代，耐克革新了运动服市场。为了建立品牌形象和市场份额，耐克在知名人士代言、颇受好评的促销互动以及颇具争议的广告词"Just Do It"上奢侈地投入。撇开促销宣传，耐克最初的成功来自其在跑鞋和篮球鞋技术上的领先。到了今天，耐克靠研发支出引领着产业的发展。

但是耐克的顾客并不只穿耐克鞋，他们还感受着这些产品。正如在耐克的网页上所表达（www. nike.com）的："耐克总是知道这个真相——它并不只是一双鞋，还能带你到你想去的地方。"超越了鞋、服装和设备本身，耐克销售一种生活方式、一种运动文化、一种"Just Do It"的态度。菲尔·奈特曾经说："基本上，我们的文化和我们的方式将是一种叛逆。"公司是由一种真诚的体育激情、一种对传统的不屑以及一种努力工作和认真表现的信念构成的。

整个80年代和90年代，耐克都冲在竞争对手的前头。1988~1997年，耐克的年收入以每年21%的速率增长，投资者年均获得了47%的回报。耐克提升了品牌力量，进入了新的产品分类，诸如太阳镜、足球、棒球手套以及曲棍球棍。耐克的品牌已延伸到新的运动领域，包括篮球、高尔夫、冰球和曲棍球、滑板、攀岩，产品扩展到世界范围内的新市场。耐克亚太地区分部从1977年开始运作，当时在该区域销售运动鞋。1997年，两个主要的客服中心在首尔（当时的汉城）和东京开始运作，而中国对耐克来说则既是原料供应国也是一个重要的市场。从收入来说亚太分部是耐克的第三大区域，销量则位居第一。耐克在该区域的一半销量都来自运动鞋，其余部分则是运动服和设备。

然而，耐克的销量在90年代末出现下滑。一种户外鞋形式的"棕色鞋"风尚侵蚀了运动鞋的业务。此外，耐克的创新动力似乎变得干枯。当消费者寻找新款式而转向竞争者品牌时，耐克新设计的运动鞋因为太俗气，在零售柜台都蒙上灰了。更严重的是，耐克还面临血汗工厂的指责。

为求改变，耐克转向了其根本的出发点：产品创新和顾客关系。其新目标：耐克渴望将最新的灵感和创新带给每个运动员。由于资金雄厚，耐克可以像以前一样比竞争者获取更高的毛利。但是随着时间的推移，运动品商家开始创造一种新的顾客关系，一种更深入、更相关的客户关系。现在，耐克不再只是通过电视媒体和签约用动员与其顾客接触，而是使用营销工具来与其客户互动来建立其品牌体验和品牌交流。

耐克仍然每年花费巨资于创新性广告，但只有不到全部营销费用16.5亿美元的1/3被投入到电视和媒体广告，比10年前下降了10个百分点。这些年来，耐克发展起来了其一系列创新性的顾客关系工具。

通过数字技术和网络工具，耐克现在兴建其网络社区，在这里顾客不但可以同公司交流，还可以相互交流。一位耐克观察者说："耐克最新的方向是社会化网络，不管是线上还是线下。"无论是顾客通过什么渠道知道耐克，广告或者面对面交流、耐克俱乐部，或者网站，越来越多的人与耐克品牌体验结合在一起。考虑一下案例：

每周两次，在波特兰三十多个人会聚在耐克商店一起去跑步。然后大家可以一起去耐克俱乐部聊天。耐克员工会保存其记录，并恭贺那些超过 100 英里（1 英里约为 1609 米）的会员。这个是耐克客户关系管理的经典案例。

耐克认为这类活动有助于其在长期内与顾客互动并吸引更多客户。耐克网站可以让客户通过其 iPod 连接获取其实时的运动状况——距离、速度、时间、热量消耗等。客户可以上传其不同时间的状况，并与其他客户相比较，看看自己是否还可以接受挑战。

谈及品牌接触，耐克可以说是你的个人教练。耐克网站提供"耐克教练"，它可以为顾客提供建议和常识。当跑步时，如果你带着耳机，当每一英里结束时，都会有一个友好的声音告诉你已经跑了多远并计算最后的距离。如果达到了个人的记录，一首由你选定的充满动感的歌曲会在耳边响起并使你开始继续努力。回到家之后，上传自己的数据后，耐克会帮你对其进行分析。

由于耐克网络的贡献，耐克开发了新的顾客体验渠道。不止是购买物品，耐克产品重新成为顾客生活的一部分。结果耐克重新达到了它的顶峰。在过去的五年间，耐克销售增长了 75%，利润增长四倍。2008 年糟糕的经济使得运动品商家损失惨重，但耐克逆势增长 14%，并占据全球跑鞋市场过半份额。仅在过去三年，耐克跑鞋市场份额由 48% 增长到 61%。

实际上，耐克将经济危机时代看做是充分发挥其强大品牌优势的一次绝佳机会。在运动品竞争中，最强大、准备最充分的商家将是最后的胜利者。拥有来自客户关系的强大竞争优势，耐克再次密切地接触到了其客户。正如一名作家所说："耐克在品牌和体验之间恰到好处。"

像耐克公司一样，成功的营销组织运用客户驱动型营销战略和项目来创造客户价值和关系。这些营销战略和项目由更广泛的公司范围内的战略计划指导，然而，他们必须也是客户导向的。因此，为了理解营销的角色，我们必须首先理解组织的整体战略计划过程。

2.1 公司战略规划：定义市场营销角色

作者评论

公司范围内的市场营销战略指导了营销战略和计划。和营销战略相似，广义的公司战略必须是以客户为焦点的。

为了公司长期生存和发展而选择的公司整体战略被称为战略规划。每个公司必须寻找有利于自己的游戏规则从而有效地利用环境、机会、目标和资源。**战略规划**（strategic planning）即发展和保持公司目标和能力与不断变化的营销机会的战略匹配的过程。

战略规划是公司其他规划的开端。公司通常需要制定年度计划、长期计划和战略规划。年度计划和长期计划通常针对公司现有业务，制订方案保持它们。与此相反，战略规划需要公司不断调整以适应不断变化的环境。

在公司层面，公司通过定义整体目标和使命来开始战略规划过程（见图 2-1）。这个使命随后发展成详细的支持目标来指导整个公司发展。其次，公司高层管理者要决定公司采取怎样的业务组合，怎样的产品对公司最有利，对每一种产品应该给予怎样的帮助。最后，公司每一项业务和产品都有了详细的支持公司整体计划的营销计划和其他部门计划。从中我们可以看出市场营销计划发生在业务层面、产品层面和市场层面，它针对市场营销机会提供更加详细的计划以支持公司整体战略规划。

2.1.1 定义市场导向的使命

组织的存在是为了完成一些事情，这个目标必须被清楚地陈述。要形成合理的使命陈述，它需要回答以下的问题：什么是我们的业务？我们的顾客是谁？我们的顾客注重什么？我们的业务应该是什么样的？这些看似简单的问

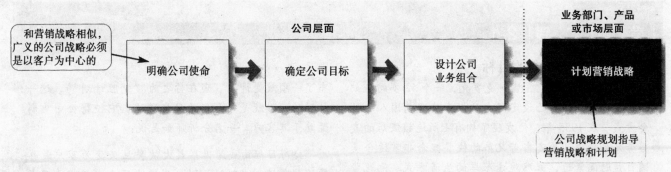

图 2-1　战略规划步骤

题实际上最难回答。成功的公司不断提出这些问题并仔细、完整地回答它们。

很多公司发展正式的使命陈述来回答这些问题。**使命陈述**（mission statement）关于组织目标的陈述，说明在宏观营销环境中组织需要完成什么任务。一个清晰的使命陈述就像一只看不见的手，指导组织内部人员的活动。

一些公司在使命陈述上具有短视性（如"我们制造和销售家具"或者"我们是经营化学品的公司"），而好的使命陈述应该是市场导向并以客户需求为中心的。产品和技术最终会变得过时，但是基本市场需求不会变。

表 2-1 为我们提供了产品导向和市场导向的业务定义的一些例子。

表 2-1　市场导向的业务定义

公　司	产品导向的定义	市场导向的定义
嘉信理财	我们是一个经纪公司	我们是顾客财务梦想的指导者
家得宝	我们销售工具、家庭修缮和改进用品	我们帮助消费者实现他们的家庭梦想
Hulu	我们提供网上音像服务	我们以人们何时何地需要以及他们怎么需要来帮助人们找到和享受世界杰出的音像内容——一切免费
卡夫	我们制造消费者食物和饮料产品	我们帮助全世界的人们更好地生活
耐克	我们销售鞋子和衣服	我们给全世界的每个运动员带来激情和创新（生命不止，运动不息）
露华浓	我们制造化妆品	我们销售生活方式和自我表达：成功、地位、记忆、希望和梦想
丽兹－卡尔顿	我们出租房间	我们创造丽兹－卡尔顿经历，在这里，人们感受到活力，享受安康，并且实现没有表达的愿望和需求
沃尔玛	我们经营折扣店	我们天天低价，给普通老百姓提供和富人买一样东西的机会，"省钱的好生活"

使命陈述应该有意义、具体，但还要有激励作用。它们应该强调公司在市场环境中的优势。很多使命陈述仅仅是为了满足公共关系的需要而缺乏明确的工作指导方针。杰克·韦尔奇说过：

很少有领导者真正理解使命的真实意义。使命陈述很大程度上成为定义宽泛的标语。几乎没有人能够理解他们所要表达的含义。这样公司多少忽略这些或者以模糊不清的语言来说明他们的使命，如"我们的使命是成为我们产业中最能弥补空白的公司"。（相反，韦尔奇建议公司的 CEO 们）应该决定你们的公司将如何获胜。请直言不讳地说！请记住耐克公司原先的使命："击败锐步！"这是直接正确的。这种目标陈述是有灵感的、可实现的，并为人们完全理解。

最后，公司的使命陈述不应该是创造更多的利润和销售额，即利润是承担一个有益活动的唯一奖赏。相反，使命应该聚焦于消费者以及公司致力于创造的顾客体验。因此，麦当劳的使命不是"成为世界最好而且最能盈利的快速服务旅馆"，它的使命是成为"全球最佳用餐地"。如果麦当劳完成这个顾客聚焦型的使命，利润就会随之而来。

营销实践 2-1

麦当劳：客户导向的目标

半个多世纪以前，雷·克罗克，一个52岁的牛奶设备经销商，给自己设定了个目标来改变美国人的饮食方式。在1955年，他发现了拥有七所连锁饭店的麦当劳兄弟，他认为麦当劳兄弟的快餐概念非常适合美国日益时间紧迫、家庭观念深厚的生活方式。他花费270万美元购买下了这家连锁店。

从那开始，克罗克宣扬新的口号：质量、服务、干净和价值。这些目标成为麦当劳客户导向目标的基本所在。基于这些价值，公司将快餐这一概念完美化：以可承受的价格提供方便高质的食物。

麦当劳很快成长为全球最大的快餐企业。这家快餐巨头在全球拥有超过32 000家连锁店，每天为5800万名顾客提供服务，年销售额达到600亿美元。"金色拱门"成了全世界最知名的标志。

然而在90年代中期，麦当劳的运气开始翻转。这家公司看上去与其目标和顾客远离了。美国人开始寻找更新的、口味更好的食物。他们同样在追求更健康的饮食选择。在这个健康至上和星巴克5美元的新时代，麦当劳似乎有点落伍了。一名分析师这样总结道：

麦当劳正在挣扎着在众多竞争者之中寻找其身份特征，并改变客户的口味。这家公司正在经历一个又一个失败的想法。它试图通过提供比萨、土豆色拉等来跟上时代步伐，不再顽固地坚持其原有的菜单。同时麦当劳继续开新餐馆，大约每年新开2000家。新餐馆有助于提升销售额，但因为公司无法提供足够的员工培训，导致客服质量和干净程度下降。同时麦当劳受到动物保护主义者、环境保护者的批评也越来越多，他们指责麦当劳加剧了疾病传播以及用免费礼物诱导孩子们购买套餐。

尽管麦当劳还是世界上最受欢迎的快餐巨头，但是一度辉煌的金色拱门不再那么闪耀。销售增长下滑，市场份额由1997年到2003年缩减了3%。2002年公司第一次爆出了季度亏损。面对客户变化的价值期望，公司迷失了其价值主张。"我们忘记了最最重要的事情：麦当劳要以最快、最方便、最有价值的方式提供热的高质量的食物，"公司现任CEO吉姆说。公司需要适应其目标。在2003年早期，饱受打击的麦当劳宣布了一项改变计划（现在称之为"制胜计划"），这一计划的核心就是一个新的目标陈述，它使得公司重新聚焦于其客户。一名分析师如是说：

公司目标由成为世界最大快餐巨头变为客户最喜爱的就餐地。"制胜计划"描述出了麦当劳想要变成什么样以及如何变化，所有的一切都集中于五个基本客户体验方面：人、产品、渠道、价格、促销。尽管这五个方面都存在，但是公司高层认为他们改变了麦当劳的方向和优先项。这一计划，及这一简单计划的变更，迫使公司及其员工聚焦于质量、服务和用餐体验，而非只是提供最便宜、最方便的食物给顾客。"制胜计划"被认为正适合公司现状，现在正在实施。

在"制胜计划"下，麦当劳回到了其最基本的商业出发点：照顾好其顾客。它放慢扩张速度，加大了在提高食物、服务、氛围以及营销方面的投入。麦当劳用干净简单更加现代化的材料重新装修了其店面，如无线接入，有线电视等。在很多新开的店面游戏区都有视频游戏。为了是鼓劲儿体验更加温馨，麦当劳的店面开业更早关门更晚，超过半数都是通宵营业。

重新修改过的菜单现在提供更多的选择和种类，包括更加健康的选择，如白肉做的鸡丁、低脂牛奶、苹果色拉等。在仅仅引入新菜单一年内，麦当劳就成为全球最大的色拉供应商。公司同样举行了一项大型教育运动——旨在强调饮食习惯和保持健康之间的关系。

麦当劳重新聚焦于客户价值。自从宣布了"制胜计划"后，麦当劳营收增长了50%，利润则是增长了4倍。在2008年，股市下跌超过1/3（大萧条之后最大的下滑）时，麦当劳股价上涨了6%，使其成为那个时期唯一上涨股价的两家公司之一。同年第四季度麦当劳单店收入增长5%，相比而言，星巴克下降了10%。2009年经济和餐饮业还在继续挣扎，麦当劳再一次胜出竞争对手。

因此，麦当劳现在似乎有了正确的时代目标。当你想到麦当劳时就能想到价值，不管你是一名买色拉的大学生，还是在意节约每一美分的职业妈妈。这就是顾客和公司所希望达到的目标——"我就喜欢"。

2.1.2　确立公司目的和目标

公司需要将其使命变成每个管理层的详细支持目标。每一位经理都应该有目标并设法达到它们。例如，科勒公司（Kohler）制造和销售相似的厨卫产品，包括从浴缸和厕所到厨房水槽的所有东西。但是科勒还提供其他产品和服务，包括家具、瓷砖和石材，甚至小型发动机和后备电源系统。它还拥有度假村，在美国和苏格兰的温泉。科勒在"为那些接触到我们产品和服务的人们提供更优雅的生活"的使命下将这个多样化的产品组合在一起。

这导致了广泛的任务目标层次，包括业务目标和营销目标。科勒的总体目标是通过质地优良、外型漂亮的产品（这些产品将更好地体现"优雅生活"）来建立有利可图的客户关系。这是通过投资于研发的代价。研发的成本是昂贵的，需要将增加的利润再注入研究计划中去。因此，提高利润成为科勒的另一个主要目标。利润的提高可以通过增加销售和降低成本实现。销售可以通过提高公司国内和国际的市场份额增加。这些目标则成为公司目前的营销目标。

市场营销战略和计划必须制定，以支持这些营销目标。为了提高市场份额，科勒可能增加通过交流来增强其产品的可用性，并在现有市场上推广、拓展业务。例如，科勒打算增加其在泰国生产的能力，更好地服务于亚洲市场。它还要在印度和中国投入新设施。

这是科勒的广泛的市场策略，每一个大的营销战略必须再进行更详细的界定。例如，增加了产品的推广可能需要更多的销售人员、广告、公共关系努力，如果是这样，这两个要求将需要阐明。这样，公司的使命是将一系列的目标变成适应现有阶段的。

2.1.3　设计业务组合

在公司使命陈述和目标的指导下，管理部门需要设计自己的**业务组合**（business portfolio）——公司的业务、产品的组合。最好的业务组合与公司优劣势及其环境机会相匹配。公司业务组合计划包含两个步骤：首先，公司必须分析现有的业务组合并决定应该增加或削减哪一项业务的投资；其次，必须根据发展或削减战略来重塑将来的业务组合。

1. 分析现有的业务组合

战略规划的主要活动是**业务组合分析**（portfolio analysis），即管理者对产品和业务进行分析。公司可以将资源投入到更具盈利性的业务上，减少对弱势业务的投入。

管理者的首要任务是决定公司的主要业务，它们通常被称为战略业务单元（SBU）。一个战略业务单元可以是公司的一个部门、部门内的一条生产线，也可以是单一产品或品牌。

业务组合分析的下一步需要管理者们评估不同的战略业务单元的吸引力，然后决定每一个部门应该投入多少。当设计业务组合时，增加和支持能够很紧密地与公司核心价值和优势相一致的产品/服务是很好的想法。

战略规划的主要目的是使公司能够充分利用自身优势和经营过程中出现的机会。标准的业务组合分析的方法是在以下两个维度上来评估战略业务单元——战略业务单元的市场或产业的吸引力和战略业务单元在那个市场和产业中所处的位置。最好的组合计划方法是由咨询行业的领头羊波士顿咨询公司发明的。

（1）波士顿矩阵。使用波士顿咨询公司发明的方法，一个公司可以根据如图 2-2 所示的**成长—份额矩阵**（growth-share matrix）划分所有的战略业务单元。在纵轴上的市场增长率评估的是市场吸引力。在横轴上，相对市场份额测量公司在市场中的优势。成长—份额矩阵定义了四种战略业务单元。

明星　明星业务是高成长、高份额的业务或产品，通常需要较大的投资来支撑较快的成长。明星业务最终成长会减慢，并转变成金牛业务。

金牛　金牛业务是低成长、高份额的业务或产品。这些成功的战略业务单元需要较少的投资来维持现有市场份额。因此，它们获得的大量现金可以为其他需要投资的战略业务单元所用。

问题　问题通常是低份额但是高增长的战略业务单元，需要大量的现金流来维持现有份额。管理者需要决定什么样的问题业务是他们想要重点投资以便日后发展成明星的，什么样的问题业务应该被淘汰。

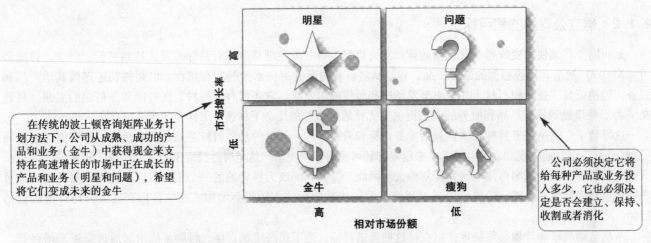

图 2-2   波士顿成长—份额矩阵

瘦狗   瘦狗是低增长、低市场份额的业务或产品，可以产生现金流来维持自己的生存，但不一定会成为大的现金流来源。

在成长—份额矩阵中的 10 个圆圈代表着公司 10 个现有的战略业务单元。这个公司有两个明星、两个金牛、三个问题业务和三个瘦狗。这些圆圈的面积和战略业务单元的份额是一致的。这家公司即使不是处于很好的状态也是很不错的。这家公司想要投资于有潜力的问题业务以发展它们成为明星。它同样需要保持明星以便产生足够的现金流。所幸公司有两个金牛业务，它们产生的现金可以为公司的明星、瘦狗和问题业务提供财务支持。公司同样需要对瘦狗和问题业务做出决策。

一旦公司划分完了战略业务单元，就需要决定该部门在未来扮演什么样的角色。每一个战略业务单元应该可以实施四种战略。公司可以对业务部门多投资来增加其份额，或者只投资足够的钱来保持现有的份额，可以使现有的战略业务单元获益。它也可以收割战略业务单元，不考虑长期效应的情况下将它的短期金牛业务挤兑出来。最后，公司可以通过出售或者停止经营来放弃战略业务单元，把资源用于别的地方。

随着时间的流逝，战略业务单元在成长—份额矩阵中的位置可能改变。很多战略业务单元以问题业务开始并一旦成功就最终变成了明星业务。如果市场增长放慢，它们还可能变成金牛，最终慢慢消失，或者在生命周期最后变成瘦狗。公司需要不断增加新产品和单位以使其中一些变成明星，并最终变为金牛，为其他战略业务单元提供资金支持。

（2）矩阵法存在的主要问题。波士顿矩阵和其他的一些方法为战略规划带来了突破性变革，但这些方法也存在一定的局限性。它们实施起来可能很难，或者需要的时间和资金过多。公司的主管们有时会发现很难去定义战略业务单元、评估市场份额和增长状况。除此之外，这些方法可能集中在划分现有的业务，而为未来规划提供的建议较少。

正式规划方法还可能将重点过分放在市场份额的增长或者通过进入有吸引力的新市场获得增长上。通过这些方法，很多公司可能开展了一些与主业无关的高增长业务，尽管它们并不知道应该如何管理这些业务。同时，这些公司过多地放弃、出售、榨取其成熟的健康业务。结果，过去过分多样化的公司正在缩减自己的业务，并且只选择一个或几个它们最有优势或最了解的业务。

由于以上存在的问题，现在很多公司不再使用标准的矩阵法，取而代之的是更加适应特定情况的定制化方法。此外，与原来的战略规划权通常掌握在公司高层管理者手中不同，现在的战略规划权已经分散化，市场一线的经理对战略规划越来越有发言权，公司越来越看重这方面的公司战略的责任。

例如，考虑迪士尼公司。大部分人认为迪士尼是主题公园以及整个家庭的娱乐。但是在 20 世纪 80 年代中期，迪士尼建立了一个强有力的集中的战略计划组来指导公司的方向和成长。在未来的 20 年间，战略规划组将迪士尼公司变成了一个媒体和娱乐业务组合的巨大的多种多样的集合。多元化发展的迪士尼成长为包含从主题休闲场所、电影制作、媒体网络，到消费者产品和航班上的游戏礼包。

转型后的迪士尼公司很难管理现有的业务并且业绩表现不佳。近来，迪士尼分散了它的中心战略计划单元，将这些功能分给迪士尼的部门经理。结果，迪士尼又重新回到了世界各大媒体的头条。尽管近来面临着"在我们生活中最低迷的经济期"，迪士尼业务广泛组合的合理战略管理使其在这个特殊时期表现优于竞争对手。

2. 增长和精简战略

除了评估现有的业务，设计业务组合还包括发现公司在未来应该考虑的产品和业务。如果公司想在未来更加有效地竞争，满足现有股东的要求，吸引优秀人才，就需要成长。"成长是空气，"公司经理说道，"这样我们才能创造有活力、充满热情的公司，在这里，每一个人都会看到机会。"同时，公司不能仅仅把成长作为自己的目标，公司的目标应该是利润增长。

市场营销的主要功能是帮助公司实现利润增长。市场营销必须识别、评估和选择市场机会，同时制定合适的市场战略。找到合适市场机会的一个有用武器是**产品/市场扩张矩阵**（product/market expansion grid），如图 2-3 所示。我们将这一方法应用于运动品生产商安德玛（Under Armour）的分析中。仅仅在 13 年前，这家公司引入了它的创新性产品：防潮衬衫和运动服。从那时开始，公司在这一利基市场成长迅速。在截至 2007 年的五年内，公司年增长率达到了 65%。即使是在经济形势严峻的 2009 年，公司仍然增长了 20%。但长远看来，公司依然需要寻找新的模式来保证以后的公司成长。

首先，公司应该考虑是否公司可以在不变更现有产品的情况下完成更高的销售额，即达到更大的市场渗透。其方法包括：改变营销工具，改变产品设计、广告、定价、渠道。例如，公司可以在现有产品线增加更多样式和颜色的产品。同时公司最近增加了营销费用投入于确立其"高效和真诚"定位。在 2008

管理业务组合：大部分人认为迪士尼是主题公园以及整个家庭的娱乐，但是在过去的两年间，它成为一种媒体和娱乐业务的集合，这需要大师级的战略规划。

年耗资 440 万美元的超级碗广告的基础上，今年安德玛公司发动了更大规模的广告宣传——"运动员跑"。它也增加了直销渠道，包括自购店面销售、网购、电话购物。直销收入增长了 47%，占到了总收入的 11%。

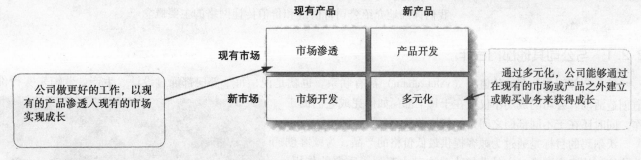

图 2-3 产品/市场扩张矩阵

其次，安德玛公司还应该考虑**市场开发战略**（market development），即为目前的产品识别和开发新的市场机会。安德玛公司必须识别新的人口统计学细分市场。例如，公司最近强调女性消费者："运动员跑"活动包含一个 30 秒的"只有女人"的环节。安德玛公司的管理层还可以识别新的区域市场。例如，这一品牌已经公开了它全球扩张的战略，将它的产品带给全世界更多的运动员。

第三，管理者们还可以考虑**产品开发**（product development），即为现有市场提供新的或经过改进的产品。2009 年，安德玛为了使自己从一个利基者成为一个主流品牌，以一系列多功能训练鞋进入 190 亿美元容量的运动鞋市场。虽然这会让公司和行业巨头（如耐克和阿迪达斯）直接竞争，但也提供了巨大增长的可能性。事实上，在今年经济不景气的情况下，安德玛预期它的大部分增长都来自于跑鞋的新产品线。

最后，安德玛可以考虑**多元化**（diversification），在现有的产品和市场外开发新的产品和市场。例如，安德玛可以进入从未涉足的休闲服装或者开始从事成套装备的生产、销售。一旦决定实施多元化，公司必须小心不能超出它的品牌定位。

公司不应该仅仅靠增长战略来增加业务组合，同时还应该学会精简业务的战略。公司可能会有很多理由来放弃产品或者市场，这些可能发生在市场萧条或者强大竞争者存在的情况下，还可能因为成长过快而进入自己缺乏经验的领域。当公司没有经过仔细的市场调研就进入外国市场或者提供并不能为顾客创造良好价值的产品时通常会发生以上情况。市场环境时刻变化，使得一些产品或市场利润减少。例如，在经济困难时期，很多公司削减竞争力不强利润较少的产品和市场以把自己有限的资源放在最具优势的产品上。最后，一些产品或业务部门会过时并最终消失。

当公司发现产品或业务不再盈利或不再适应现有战略时，必须小心地调整或放弃它们。较弱的业务通常需要管理者特别注意。经理们应该集中精力开发有潜力的发展机会，而不是花费力气来挽救过时的产品。

2.2 营销规划：建立良好的客户关系

公司战略规划决定了公司将会开展什么业务，以及公司的目标是什么。随后，每一个业务单元制定出详细的规划。每个单元中的各主要职能部门，如财务、营销、会计、运营、信息系统、人力资源等都必须互相配合来完成战略目标。

作者评论

单靠市场营销是不会为顾客创造价值的。在公司战略计划下，营销人员必须与其他部门紧密合作以为顾客提供有效的价值链。同时，他应该与营销系统中的其他公司紧密合作来建立优越的价值传递网络。

营销在公司战略规划中起了重要的作用。首先，营销提供了一个指导准则——一种营销理念：公司战略应该集中在与能带来最多利润的顾客群建立良好的关系。其次，营销可帮助战略规划者识别市场机会和评估公司抓住这个机会的潜力。最后，在单个业务部门内，营销者设计策略来达到业务目标。一旦业务部门的目标被确定，接下来的任务就是付诸行动，达到盈利的目的。

客户价值是营销活动成功元素中不可缺少的部分。然而，正如我们在第1章中所说的，单靠市场营销是不会为顾客创造价值的。虽然起着指导性的作用，但营销仅仅可以吸引、抓住和保留顾客。除了客户关系管理，营销人员同样要进行合作者关系管理。他们必须与合作者紧密合作以为顾客提供有效的价值链。同时，他应该与营销系统中的其他公司紧密合作来建立优越的价值传递网络。下面我们详细地介绍公司价值链和价值传递网络的主要概念。

2.2.1 与公司其他部门合作

每一个部门与公司的**价值链**（value chain）都有联系。也就是说，每个部门都通过设计、生产、营销来实行价值创造活动。公司的成功不仅仅在于每个部门如何完成它们的工作，同时还在于不同部门之间是如何协调的。

沃尔玛的目标是通过为顾客提供最低价格的产品，为顾客创造价值、使客户满意。它的营销人员在其中起到了重要的作用。他们了解顾客最需要什么，并且提供尽可能低的价格。他们同样准备广告和一些促销措施。通过这些活动，沃尔玛为顾客创造了价值。但是，营销部门同样需要其他部门的帮助。沃尔玛有能力以低价提供合适的商品取决于公司的采购部门能够找到合适的供应商并以低成本采购商品。与此相类似，沃尔玛的信息技术部门必须提供每个产品在其他店里的价格的准确信息，运营人员必须提供有效的低成本解决方案。

公司的价值链也很脆弱，在沃尔玛，如果不能在供应商处取得最低价格，或不能达到最低运营成本，营销部门就不能像自己所说的那样提供低价。

价值链：沃尔玛通过保持在较低的价格而提供合适的产品能够帮助你实现"省钱的好生活"，这取决于该公司所有部门的人的努力。

公司的不同部门应该协调合作来为顾客创造价值。但是在实际中，它们之间的关系充满了矛盾和误解。营销部门从顾客角度看待事情，但是当营销人员试图使客户满意时，可能使其他部门处于不利境地。营销活动可能增加购买成本，扰乱公司的生产日程，增加库存成本，导致预算过高。因此，其他部门有时对营销活动有抵触情绪。

但是营销者们可以想出办法来使公司的所有部门以顾客的角度思考问题并且建立平滑的功能价值链。杰克·韦尔奇，通用电气公司声名卓著的前任首席执行官，强调指出：所有 GE 人，不论他在哪个部门，对客户的满意度和忠诚度都有影响。另一位营销专家这样认为："真正的市场化并不意味着成为市场主导，它意味着在为客户创造价值，并将自己视为定义、创造、交流和传递其目标客户价值的一系列过程，而自己也能从中获得利润。每个人无论功能或部门都必须做营销"。因此，无论你是一名会计、业务经理、财务分析师、IT 专家或人力资源经理，你需要了解营销和自己在创造客户价值过程中的作用。

2.2.2　与营销体系的其他伙伴合作

为了创造客户价值，公司不应该仅仅关注自己的价值链而应该深入公司供应商、渠道管理者和最终顾客的内部。考虑一下麦当劳的例子，它拥有遍布全世界的 3 万家分店，每天接待 4600 万位顾客，占领了快餐市场 43% 的份额。人们去那里不仅仅是为了汉堡，事实上，它家汉堡的口味在另外两家竞争者之下。在全世界，麦当劳拥有优越的服务系统，可以为顾客提供高质量的服务。麦当劳的成功在于它可以与自己的特许经营店、供应商和其他伙伴一起合作来为顾客创造卓越价值。

很多公司通过与供应链上的其他伙伴合作来提高顾客**价值传递网络**（value delivery network）的价值。例如，化妆品生产商欧莱雅知道和它的广泛网络供应商建立密切关系的重要性，这些供应商供应一切从聚合物、喷雾罐和包装上的生产设备和办公用品：

欧莱雅是全球最大的化妆品制造商，旗下包括 25 个品牌，其中就有著名的美宝莲和兰蔻。而该公司的供应商网络，则是其成功的关键。因此，欧莱雅将其视为尊重合作伙伴的供应商。一方面，欧莱雅在设计创新、产品质量等方面与供应商进行了密切合作，并会根据社会责任的标准定期评估其表现；另一方面，欧莱雅会向供应商提供技术支持，帮助其能够达到自己严格的标准。通过和供应商建立长期互利、共同成长的关系，使欧莱雅成为了世界上最受尊敬的公司之一。

在当今市场上，竞争不仅仅发生在单个竞争者之间，它发生在由这些竞争者构成的整个价值传递网络中。最终，丰田打败了福特。尽管丰田现在生产最好的汽车，但如果福特的网络系统可以提供更多令顾客满意的产品和服务，它也可能打败丰田。

2.3　营销战略和营销组合

战略规划决定了公司整体使命和目标。营销的角色和主要活动在图 2-4 中都有介绍。

以顾客为中心，目标是建立强大的和盈利性的客户关系。然后是**营销战略**（marketing strategy），即公司希望用以达到营销目标的营销逻辑。通过市场细分、目标市场营销和市场定位，公司决定什么样的市场应该是目标市场并且应该以何种方式进入。它确定整个市场，然后把市场划分成不同的细分市场，选择最具潜力的市场，最后集中满足这些顾客的需求。

公司以营销战略为基础设计营销组合——产品、价格、渠道和促销。为了找到更好的营销战略和组合，公司进行市场营销分析、计划、实施和控制。通过这些活动，公司不断观测和调整以适应环境变化。我们简要地介绍一下每一项活动。然后，在随后的章节中，我们将详细介绍每一个概念。

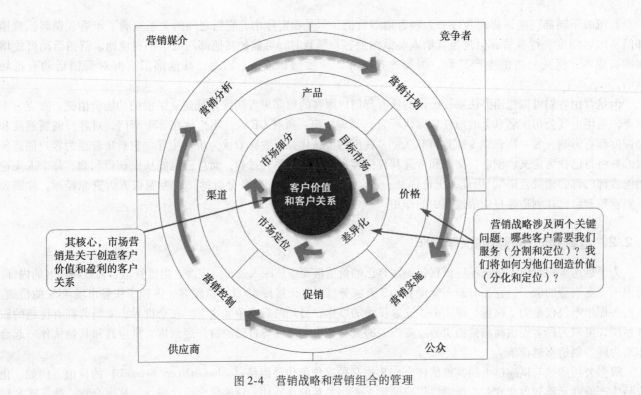

图 2-4 营销战略和营销组合的管理

2.3.1 以顾客为中心的营销战略

正如我们在第1章中所讨论的，为了在竞争市场中获胜，公司必须以顾客为中心。它们必须从竞争者手中赢得顾客，然后通过提供更好的价值来留住他们。但在使客户满意之前，公司必须首先了解他们的需求。因此，好的营销需要仔细的顾客分析。

公司知道它们不可能满足市场上的所有顾客，至少不可能以一种方式来满足所有顾客的需要。每位顾客的需要都不尽相同。大多数公司都只在一些细分市场上有优势。因此，公司应该细分整个市场，选择最好的细分市场，选择最优战略。这个过程包括以下三个步骤：市场细分、目标市场营销和市场定位。

1. 市场细分

市场包括不同的顾客、产品和需求。营销者们需要决定什么样的细分市场提供了最好的市场机会。可以根据地理、人口、心理和行为等因素来对顾客进行划分。根据顾客需求、特性或行为而将市场划分成不同的群体并且每一个群体都需要单独的营销项目或产品，这样一个营销过程被称为**市场细分**（market segmentation）。

所有的市场都可以细分，但并不是所有的细分都是有效的。例如，泰诺将使用止痛药的男性和女性消费者进行了细分，但收效甚微。一个细分市场包括所有对营销努力做出相似反应的消费者。在汽车市场上，选择大而舒适的汽车且不考虑价格的车主构成了一个**细分市场**（market segment）。而主要考虑实用性和价格的顾客则构成了另外一个细分市场。设计出一种能满足两个市场需要的车型并不是一件容易的事。公司应该根据两个市场的不同需求设计不同的车型。

2. 目标市场营销

公司在进行了市场细分后，可以进入其中的一个或几个细分市场。**目标市场营销**（target marketing）指的是评估每个细分市场的吸引力并选择进入一个或多个细分市场的过程。公司应该选择可以产生最大顾客收益的市场。

资源有限的公司可以选择其中的几个市场或是缝隙市场。缝隙市场通常是大的竞争者所忽视的地方。一个资源有限的公司可能会决定只成为一个或几个特殊领域的"市场利基者"。这种"市场利基者"是这样一种公司，其专门为被主要的竞争对手忽视或忽略的顾客服务。举例来说，法拉利每年在美国以非常高的价格销售其中的极高性能汽车，更大开眼界的是，其 F430 F1 Spider 超级跑车的天价 229 500 万美元——它只在赛道出现过（在美国每年通常卖 10 架）。大多数利基者并不是很奇特。白波——丝乐克豆浆机制造商，发现其作为全国最大的豆奶生产的利基。虽然罗技公司的规模只是巨头微软的一小部分，但通过成熟的小的市场利基点，罗技公司主宰了 PC 鼠标市场，而微软屈居亚军。

营销实践 2-2

罗技小的利基点：飞速发展的小鼠标

在大的科技公司之中，微软公司是市场领导者。在巨人微软面前，再强的竞争对手都甘拜下风。但是，当涉及到特定的市场时，整体规模并不总是最重要的决定因素。例如，在高科技丛林中，罗技国际公司有自己的一席之地——飞速发展的小鼠标市场。在其利基市场，小而强大的罗技公司是无可争议的市场领导者。

罗技侧重于所谓的"个人电脑导航、网络通信、家庭娱乐系统、个人外围设备，以及游戏和无线设备市场"。罗技迅速扩大产品组合，现在包括从无线鼠标和键盘到游戏控制器的一切，以及摄像头、电脑音箱、耳机、笔记本电脑随时遥控器和冷却垫。但是，这一切开始于电脑鼠标。

罗技鼠标，使一切想象成为可能。多年来，它提供了近百万种的鼠标，成为了一个鼠标世界，包括左撇子的人使用的鼠标、无线鼠标、旅行鼠标、小鼠标、三维鼠标，孩子真正喜欢的老鼠形状一样的鼠标，甚至是"空中鼠标"，使用其动作感应器可以让你浏览你的计算机，也可以让你远程操作计算机。

在个人电脑市场中，罗技正面与微软竞争。这乍一看起来是一个不公平的竞赛。微软的销售额超过600 亿美元，是罗技的 25 倍——其销售额只有 24 亿美元。但是，当涉及鼠标和其他外设时，罗技有自己的优势和知识深度，这是世界上其他公司包括微软都无法相比的。鼠标和其他接口设备对于软件制造商微软公司而言几乎为副业，几乎就是分心的事情，而它们则是罗技的主要着眼点。因此，罗技的每个新设备是真正的艺术与科学的工作。例如，罗技的鼠标受到了专家评审，以及用户的一致好评，其设计师也很受观众喜爱。

一位商业分析师为我们提供了一个在罗技的深层设计和开发实力幕后的外观：

一位工程师——绰号"特富龙"，花了 3 个月驶入远东寻求真正的不粘涂料和消声泡沫。另一个花了几个小时拆开风力玩具，其他密切关注着豪华宝马摩托车的轮廓，或寻找婴儿床以观察其设计。他们是一个最不寻常的团队，在过去两年里花了几千个小时为一个单一的目标：设计一个更好的鼠标。其结果是：罗技的 MX 革命，新一代鼠标冲击两年前的消费电子货架。它代表了公司最雄心勃勃的尝试——塑造成以一种电脑鼠标为控制中心的个人电脑主机的应用程序。各种程序被神奇地塞进一个手掌大小的设备，通常拥有约 420 个元件，包括一个微型马达，其汇聚了来自世界各地的近 40 名工程师、设计师和营销人员。

罗技公司产品发展战略的一部分是防御性战略。在过去的五年里，一旦 PC 厂商使用自己的名字设计鼠标和其他外围设备，罗技便将品牌的附加设备直接销售给消费者。罗技现在年度销售收入的近 90% 来自于零售。罗技还定期提供改进设备和新设备以吸引新顾客的购买。

"我们知道鼠标非常简单，"一位行业分析师说，"但一个漂亮精湛的技术战，便证明了什么是鼠标可以做的。"罗技最新的尖端魔力壮举之一是它的 MX Air，这将改变计算机的鼠标定义，与传统的鼠标相比，它更像是空中遥控器，你可以上网、玩游戏，甚至在 30 英尺外控制你的家庭影院、个人电脑。还有一个重要的起作用的因素，即挥舞的 MX Air 像极了艺术作品。

对于罗技，它不再只是鼠标了。罗技现在利用其创新技术，创造时尚、美观、功能完善的设备，这不仅能增强你的 PC 体验，而且还帮助你充分利用今天数字家庭的一切新工具包括最重要的互联网导航。例如，罗技的家庭和谐先进的通用遥控器可以帮助新手驯服甚至挑战技术复杂的家庭娱乐系统。

鼠标和其他外围设备的选育使罗技具有很好的小的利基市场。例如，由于它致力于创造未来最好的鼠标，罗技鼠标已经主宰世界市场，巨头微软屈居亚军。虽然罗技不如微软大，但从单位投入来看罗技获得了更多的利润。过去 6 年来，尽管个人电脑和消费电子行业处于经济困难时期，但罗技的销售额和利润仍增加了一倍多。展望未来，以其个人外设作为利基点，罗技能很好地渡过最近的经济风暴，并比以往任何时候都强大。

"我们的业务存在于人与技术之间的最后一步，"罗技首席执行官格瑞诺德·卢卡解释说。

没有其他一家公司在这最后一步的跨越上优于罗技。下次你浏览你的电脑，收听下载的网络音频或观看视频内容——这是一个相当不错的选择，或拿起一个娱乐系统遥控器——使用你的罗技设备，这也是一个不错的选择，你会很喜欢它的工作方式和使用时的感觉。一个罗技项目负责人说："我们的目标是创造可感知的性能和全新的感受，并向消费者传递这种体验。"

3. 市场定位

在公司决定进入哪些细分市场后，它们必须决定在市场中占有什么样的位置。产品定位是指相对于竞争对手而言，本公司的产品在消费者心目中处于什么样的地位。营销人员应该为自己的产品设计不同的定位。如果公司的产品与市场上其他的产品类似，顾客可能就没有理由去购买它。

市场定位（market positioning）是指为本公司的产品寻找一个清晰的、独特的、合理的、与竞争者相区别的位置。正如一位市场专家所说的那样，定位就是说明为什么消费者会为你的品牌多付钱。因此，营销主管会为产品寻找和竞争者产品不同的定位并在产品目标市场上争取最大战略优势。

在对产品进行定位时，公司必须首先确定产品的竞争优势。为了赢得竞争优势，公司必须为顾客提供最大价值。公司可以通过低价或者索取较高的价格但是为顾客提供更多的利益来实现。但如果公司宣称自己可以为顾客提供比竞争对手高的价值，就必须为顾客传递更高的价值。因此，有效的定位应该有效区分公司的营销活动从而为顾客提供更多的价值。一旦公司确定了产品定位，就必须真正为顾客提供自己宣称的价值。公司所有的营销活动都必须支持选定的定位战略。

2.3.2 发展营销组合

一旦公司决定了自己的营销战略，公司就应该开始设定自己的营销组合。**营销组合**（marketing mix）指的是一系列可控制的战术性营销工具，公司用以获得期望的目标市场反馈。市场营销组合包括公司可以做的一切影响顾客对产品的需求的工作，通常称做"4P"：产品、价格、渠道和促销（见图2-5）。

产品指的是公司为目标市场提供的产品和服务的组合。因此，福特的金牛型产品包括火花塞、活塞、车灯等一系列的部件。同时福特提供了不同的款式和可选择的特性，还采取了全方位的服务和全面保险。

价格是顾客为了得到产品而支付的钱。福特公司为不同的车收不同的费用。它很少设定固定的价格而是与顾客进行沟通，提供折扣、补贴和信贷。这种措施使得公司可以根据现在的竞争地位来调整价格。

渠道指的是使产品到达消费者的一系列活动。福特与不同的独立实体合作来销售自己的不同车型，还仔细选择自己的零售商。不同的零售商拥有福特的不同车型，向潜在的顾客介绍，进行价格沟通，并提供售后服务。

促销指的是向顾客介绍自己产品的特性并说服顾客购买。福特每年都会投入24亿美元的广告费。交易厅的销售人员也会说服顾客购买。福特公司还提供了一些特殊的促销措施，如折扣、现金返还等鼓励顾客购买。

有效的营销组合将以上的四个组成部分结合在一起为顾客提供价值，以达到自己的目标。营销组合还包括为在目标市场上建立强大的地位而实施的策略。

一些批评者认为，现有的营销组合少了一些重要的东西，如服务。但支持者认为，一些行业（如银行业、航空业和零售业等）的服务就是产品，我们可以称之为服务产品。但是包装呢？营销人员可能认为包装是产品决策的一部分。正如图2-5中所示，很多被忽视的营销活动可能是这四个组合因素的一部分。

但是仍然存在另外一种担忧。现有的营销组合仅仅是采取了卖者的观点，不是买方的观点。从买方来说，4P应该被以下4C所代替：

4P	4C
产品	顾客解决方案
价格	顾客成本
渠道	舒适
促销	沟通

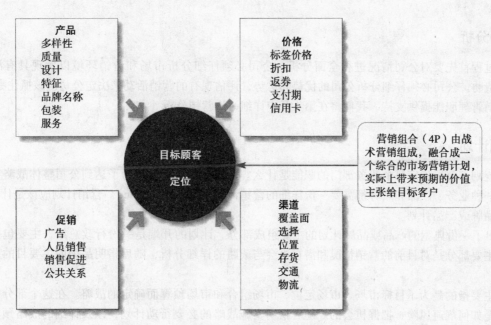

图 2-5 营销组合的 4P

因此，尽管营销人员认为自己在卖产品，但顾客则认为自己在购买价值或者为自己的问题提供解决方案。顾客不仅仅对价格感兴趣，而且对为获得、使用产品而付出的成本感兴趣。顾客希望产品或服务很容易得到。最后，他们需要双方交流。营销人员首先应该将 4C 考虑清楚，然后在这个平台上设计 4P。

作者评论

到目前为止，我们已经把精力集中在营销管理上的"营销"。现在，让我们谈谈"管理"。

2.4 管理营销活动

在营销管理中除了要做好营销，也要做好管理。管理营销过程需要图 2-6 中四个营销管理职能——分析、计划、实施和控制。公司首先决定公司整体的战略，然后把它分解成营销计划和其他计划。通过实施，公司把计划变成行动。控制指的是测量和评估营销活动的结果并采取正确的措施。最后，营销分析提供了营销活动的所有信息，并进行评估。

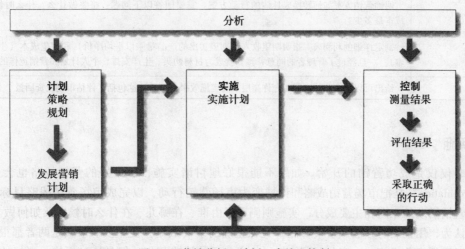

图 2-6 营销分析、计划、实施和控制

2.4.1　营销分析

营销管理过程首先要对公司情况进行全面分析。公司必须仔细分析市场和营销环境以发现具有潜在价值的机会、避免环境威胁。公司必须仔细分析公司的优势和劣势，评估现有的营销活动来决定公司应该抓住哪种营销机会。营销为其他营销管理职能提供支持，我们将在第4章中详细讨论营销分析。

2.4.2　营销计划

通过战略规划，公司确定每个业务部门的职能是什么。营销计划包括所有为了达到公司整体战略目标而采取的营销活动。每一种业务、产品和品牌都需要一份详细的**营销计划**（marketing plan）。营销计划应该是什么样的？我们主要集中讨论品牌或产品计划。

表2-2指出了一份典型的产品或品牌计划的主要组成部分。计划的开端是一份行政总结，主要包括评价目标和建议。计划的主要部分是对目前的营销情况和潜在机会与威胁的详细分析，随后指明品牌的主要目的并确定主要营销战略。

营销战略主要指的是为了目标市场、市场定位、市场组合和市场预算而确定的战略。在这个部分中，计划者阐明了现有战略是如何规避风险、把握机会的。随后指明实施战略的必要行动计划，以及详细的战略预算。最后是对整个过程的控制、监督以及必要时采取正确的行动。

表2-2　营销计划的组成

组成部分	目标
行政总结	主要目标和建议，帮助管理层快速发现计划的要点
目前的营销努力	描述目标市场和公司在其中所处的位置，包括市场描述、产品状况、竞争状况和渠道状况。具体如下： ● 市场描述：定义市场和主要细分市场，了解顾客需求和影响顾客购买的环境因素 ● 产品状况：显示销售额、价格、产品线上主要产品的毛利润 ● 竞争状况：评估主要竞争者的市场地位、产品质量、价格、渠道和促销战略 ● 渠道状况：评估现有的销售趋势和主要分销渠道的发展
威胁和机会分析	评估产品面临的主要威胁和机会，帮助管理者预见可能会对公司和公司战略产生影响的趋势
目标	指明公司的长期发展目标以及影响公司发展的因素。例如，如果目标是获得15%的市场份额，这个部分将详细解释如何获得
市场战略	指明业务部门达到目标的方式、目标市场、市场定位和市场预算。指明了营销组合战略，以及营销组合的每一个部分是如何规避风险和抓住机会的
行动方案	明确营销方案如何转换成具体的行动方案。需要回答以下问题：将要做什么？什么时候做？谁对此负责？成本是多少？
预算	制定详细的利润表。指明期望收入（期望卖出的产品量乘以平均净价）和期望成本（生产、分销和营销成本）。一旦经过了管理者的同意，预算就成为材料购买、生产安排、个人计划和营销运作的基础
控制	给出可以用来监控进程和允许高层审阅实施效果的工具，这包括了评估市场投资回报

2.4.3　营销实施

制定好的战略仅仅是成功营销的开始。如果不能很好地付诸实施，一个好的营销战略也会失败。**营销实施**（marketing implementation）是把市场营销战略和计划变为市场营销行动，以完成市场营销战略目标的过程。营销计划主要强调的是营销活动的原因和主要成分，实施则侧重于由谁、在哪儿、在什么时候以及如何做。

很多管理者认为，用正确的方法做事（实施）比做正确的事（战略）更重要。事实是两者都很重要，通过有效的实施，公司可以赢得竞争优势。一家公司可能与另一家公司的战略相似，但是通过更快、更好的实施，它可以打败对手。但实施不是一件容易的事：制定好的营销战略是相对容易的，但实施起来也很难。

在联系日益紧密的今天，营销系统中所有的人必须紧密配合来实施营销战略和计划。在百得，营销实施需要公司通过内外人员每天的决定和行动才能完成。营销经理决定目标市场、品牌、包装、价格、促销和渠道。他们和公司的其他员工合作以支持自己的决策。他们还要与公司制造人员沟通，以确定产品设计、生产、库存水平、资金和现金流。他们同样与外部人员（如广告公司）进行合作来确定公司的广告方案。销售人员与沃尔玛、家得宝和其他零售商合作来销售百得的产品。

成功的营销实施取决于公司如何将员工、组织结构、决策、奖惩系统和公司文化进行整合以形成支持行动战略的整体。在所有的层次上，公司必须选择那些有特定技能、动力和特质的员工。公司正式的组织结构在实施营销战略的过程中起着举足轻重的作用，决策和支持系统也是一样。例如，如果公司的奖惩系统仅仅为了短期利润而奖励经理，那么公司的管理层很少会有动力来为公司长期目标而努力。

最后，为了成功地实施战略，公司战略必须与企业文化相匹配。一项针对美国最成功公司的研究发现，这些公司在企业文化方面都有共性。比如，在沃尔玛、戴尔、微软、宝洁和迪士尼，"所有的员工都知道在自己的公司中什么是最需要的"。

2.4.4 营销部门

公司必须建立营销部门以方便实施营销战略和计划。如果公司很小，一位员工便可以做所有的营销工作，如研究、推销、广告、客服等。随着公司的扩张，需要有一个营销部门来计划和实施所有的营销活动。在大的公司中，这个部门包括很多专业人员。它拥有产品和市场经理、销售人员和销售经理、营销调研者、广告专家和其他的专业人员。

为了建立这样一个大的营销组织，很多公司都新设了首席营销官（CMO）这一职位。CMO领导整个公司的营销运作，并代表营销部门参与公司高层管理团队。CMO这一职位使得营销部门和其他部门一样处于平等地位，如首席执行官（CEO）和首席财务官（CFO）。

现代营销部门可以通过很多方式来设立。最常见的方式是建立功能组织。在这种组织形式下，不同的营销活动由功能专家来制定——销售经理、广告经理、市场研究经理、客服经理和新产品经理。拥有多国业务和国际业务的公司通常设立地域性组织，不同的国家、区域和地区采用不同的销售和营销人员。这种地域性组织使得销售人员可以扎根某一市场，更好地了解顾客，并且可以节省时间和差旅成本。有多种产品和多个品牌的公司通常采取产品管理组织。使用这种方法，产品经理为某一种产品或品牌发展并实施战略和营销活动。

只依靠一条产品线而面向很多具有不同需求的顾客和市场进行营销的公司，通常采取市场或客户管理组织形式。市场管理组织和产品管理组织有一定的相似之处。市场经理主要发展市场战略和市场计划。这种组织形式的主要优势在于公司是按照特定的顾客细分市场来组织的。很多公司现在将营销活动集中在主要顾客身上，例如，宝洁、百得等公司都有专门的顾客服务机构。

生产不同产品并销售给不同地区细分市场和消费者市场的大公司通常采取功能、地域、产品和市场组织形式的联合。这种形式保证了不同的功能、产品和市场都能得到一定的关注。

营销组织近年来得到了广泛的关注。现在很少有公司将注意力集中在产品、品牌和地域上，而是更多地集中在客户和客户关系上。越来越多的公司从以品牌管理为中心转换向以客户关系管理为中心——将以产品和品牌盈利性为中心转向以客户盈利性和客户资产为中心。

2.4.5 营销控制

在实施营销方案时，会出现很多意外，营销部门必须采取**营销控制**（marketing control）。营销控制包括评估现有营销战略的结果并采取必要的正确行动来保证实现目标。营销控制采取四个步骤：管理部门首先设定特殊目标，然后评估市场表现及实际表现和期望表现存在差距的原因，最后，管理者应该采取正确的措施来缩小实际表现与期望表现之间的差距，这需要改变行动方案甚至改变目标。

操作控制包括将现在绩效与计划相对照，并且在必要时采取合理的行动。其目标是保证公司达到销售额、利润和其他的一些在计划中明确的目标。它同样包括决定不同产品、市场和渠道的利润率。战略控制包括评估现有营销战略和机会是否一致。营销战略和行动很快会变得不适用，每一个公司都应该定期评估。战略控制的工具主要是**营销审计**（marketing audit），即对公司的环境、目标、战略和活动进行综合的、系统的、独立的定期检查，以确定问题和机会，并对行动计划提出建议来提高公司的市场营销绩效。

2.5 评估及管理营销投资回报

营销经理必须确定他们花费的每一个美元都能发挥作用。过去，很多营销主管在大规模营销活动中的花费都很随意，却不认真思考其回报。他们认为营销产生的是无形效果，无法测量具体效果。但是现在的紧缩经济情况下，这一切正在改变：

这些年来，企业营销人员就像串门一样参加预算会议，他们无法说明他们花的钱有哪些具体作用。他们只是想要更多的钱去进行电视广告、大型活动，以此建立公司品牌。但是这种盲目预算的日子已被新的理念所取代：评估和财务考核。过去营销人员无法用财务考核，一位专家如是说，现在巨大的压力使得他们试图对这种影响进行评估。另一位分析师说的更直接："营销需要停止过去追星式的行为，而变得更加关注效果。"

按照最近的一项调查，随着经济形势趋紧，营销者开始将营销投资回报作为仅次于经济形势的第二大关注点。"营销人员越来越关注他们所花费的费用，"一位营销主管说，"我们需要越来越灵活地知道我们在品牌塑造方面的效果。"

与此相对应，营销者正在开发更好的营销回报测量工具。营销活动的投资回报率（ROI）是营销投资净收益除以营销总成本，它能够评估营销活动所带来的利润。

营销回报很难测度。在测度 ROI 时，无论是回报还是成本都用单位元来度量，但是至今尚未有统一的 ROI 定义。"评估这些费用非常困难，"一位分析师说，"你可以想象一下购买一件设备，然后度量这次购买能给你的生产效率带来的效用。但在营销中，你很难度量广告的每一分价值。"

一项最近的调查显示尽管有 2/3 的公司说它们在使用 ROI，但仅有 1/3 认为在使用中取得了好的效果。另一项针对首席财务官的调查显示 93% 表达了对测度 ROI 的无能为力。最大的问题是用什么样的方法获取这些测度所需要的数据。

公司可以通过一些标准市场表现指标估计其营销回报，如品牌感知、销售、市场份额等。很多公司正在使用一系列这种指标来评估其营销表现。正如同汽车仪表盘会告诉驾驶者他们的汽车表现如何一样，市场营销的"仪表盘"会告诉营销人员详细的指标来评估和改正其营销策略。但是现在除了标准绩效指标，越来越多的基于客户的指标正在使用中，如获取新客户，保留客户，客户生命周期和客户价值。这些指标不仅仅测度了当期的市场表现，而且还能预测这种基于良好客户关系的未来市场表现。许多公司开始将营销开支视为一项投资，可以以更有利的客户关系的方式实现的回报。营销投资能带来更高的客户价值和客户关系，后者又可以提高客户吸引力和吸附力。这增加了单个客户生命周期价值和公司整体的客户回报。这种增加的客户价值，相对于整个营销投资，就产生了营销投资回报。

不管营销投资回报如何被定义和测度，它都是存在的。"营销会计革命需要继续，"一位营销者说。"在现在这种需方市场环境中，公司需要明白去营销投资的效果，"另一个营销者说，"这要求你必须可以测度。"

概念回顾

在第 1 章，我们定义了营销并给出了营销过程中的几个步骤。在本章中我们探讨了公司层面的战略计划和营销在组织中的角色，并深入了解了营销策略和营销组合，以及营销管理的主要功能。所以你现在应该对现代营销有了一个更好的了解。

1. 解释公司层战略计划及其四个步骤。战略计划是公司整体计划的基础。营销有助于战略计划，并且整体

的计划决定了营销计划的角色。

战略计划包含开发一种战略用于公司长期的生存和发展。它包含四个步骤：①定义公司的使命；②设定目标和任务；③设计业务组合；④开发功能计划。使命陈述应该以市场为导向，应该是现实、具体、激励性的，并且与市场环境相适应。使命然后被转化成可操作的详细目标和任务，这用来指导公司的业务组合决策。然后

每一个产品线都需要开发其详细的市场计划来适应公司的战略规划。

2. **讨论如何设计业务组合和开发增长战略。** 在公司目标的指引下，管理层计划其组成公司的业务组合或产品线。公司试图拥有最能适应外部环境的业务组合。为此，它必须分析和调整其现有组合，为将来组合制定增长或收缩战略。公司可以使用正式的组合计划方法，但很多公司现在正在设计更客户化的业务计划以更好适应环境。

3. **评估营销在战略计划中的地位，了解营销人员如何与其他合作者共同为客户创造价值。** 在战略计划中，主要的功能部门包括营销、财务、采购、运营、信息系统、人力资源，它们需要合作以完成战略目标。营销在其中扮演重要角色，它可以提供市场机遇的营销哲学。在单个业务单位，营销设计战略来实现单位目标并使其盈利。

营销本身并不能给客户更高的价值，必须实行客户关系管理，与利益相关者一起努力来实现客户价值，必须通过更有效、更有竞争力的交付来实现。

4. **描述客户驱动型营销战略组成和影响因素。** 客户价值和关系是营销战略和计划的核心。通过市场细分、市场定位、差异化，公司将市场细分为更小的区隔，挑选其可以服务的市场，并决定如何为客户提供价值。然后设计一体化营销组合来满足市场所需。营销组合由产品、价格、渠道、促销组成。

5. **列出营销管理功能，包括营销计划部分，讨论测度营销投资回报的重要性。** 为了找到最好的战略和组合，公司需要营销分析、计划、实施和控制。主要的营销计划组成有高层总结、现有营销状况、威胁与机会、目标、营销战略、实施、预算和控制。制定好的战略比实施简单得多。为确保成功，公司必须在实施中做到有效，在市场营销战略转变为营销行动中。

营销部门可以以一种或多种方式组合：职能型、地理组织、产品线或市场组合。在客户关系阶段，越来越多地公司正在改变其组织重心，从产品导向转向客户导向。营销组织执行营销控制，包括实施控制和战略控制。

营销经理需要确保每一分营销费用物有所值。在紧缩的经济环境中，现在的营销者需要面对以更少的成本提供尽可能多的客户价值的压力。相应地，营销者开发了能够更好地测度营销投资回报的工具。他们越来越多地使用基于客户的营销测度方法用于其营销决策。

问题讨论

1. 解释基于市场的目标描述意味着什么以及讨论有效目标描述的特征。
2. 定义四种产品和市场扩张战略并给出例子。
3. 解释为什么所有的部门（营销、财务、运营、人力资源）都需要为客户着想，为什么即使不是营销部门的员工也必须这样？

4. 解释营销组合如何异于营销战略。
5. 讨论营销组合的每一个要素所代表的成分，以及4C可以给公司带来什么样的启示。
6. 描述一下公司营销功能的组合方式，哪个组织方式是合适的？

问题应用

1. 在一个小组织中开发一套 SWOT 分析。在其中，给出营销战略和营销组合建议。
2. 登录 www.pg.com 学习宝洁公司的品牌。挑选多品牌之中的一个看看公司为每个品牌的定位如何，然后去一家店铺询问一下价格。写一份关于此次活动的简述。在这些定位之中有差异吗？价格差异呢？
3. 解释首席营销官的角色。学习更多的这些高层的职位信息，并寻找一篇刻画其重要性的文章，或关于有效 CMO 的特质的其他相关信息。

营销技术

手机营销被看做是下一个最大的事件，它使得可以通过客户最私人的媒介——手机来连接客户。技术进步使得营销者不但可以发送文本文件还可以发送视频。在日本，QR 原先只是为了制造业开发的，现在则被放在户外及其他媒体广告中以便客户可以直接看到这些画面，直接得到这些手机网址。尽管还没有大规模应用，很多营销者积极介入手机营销。例如，Jaguar 使用手机新营销在一月内销售了 1100 部产品。VISA 在中国鼓励消费者使用手机营销来传播商业信息。尽管还有技术困难阻碍这种技术的迅速扩展，但很多专家都宣称营销者最好使用这项技术。

1. 浏览手机营销联盟网站 www. mmaglobal.com，并点击"资源"和"案例学习"，讨论这一案例并描述你认为手机营销成功所需的要素。

2. 手机技术的飞速进步对营销者既带来了机遇又有威胁，探讨这两种影响。

营销道德

　　对儿童的营销活动总是充满争议。在 70 年代，联邦贸易委员会（FTC）考虑禁止一切针对儿童的广告。联邦政府也考虑过这一问题。随着美国儿童肥胖率在短短数年超过 20%，监管者正给所有的营销者，尤其是食品营销者以压力，使得他们不再针对儿童做广告。2008 年 FTC 报告国会有 44 家公司超过 16 亿美元的针对儿童的广告。2009 年奥巴马总统签署法令成立一个小组调查此事。这个小组将给国会提供建议，关于向 17 岁以下儿童广告营销的问题。随着儿童本身花费以及对父母的影响，这正成为营销者一个重要的细分市场。

1. 研究显示儿童每天看到超过 20 种食品广告，超过九成都是高汤高脂肪产品。营销概念关注客户需求，某些营销者是否越过了这条线，当其试图满足年幼顾客的需求时，尤其当这些产品违背其父母意愿并且是不健康的时候？

2. 营销者需要采取何种行动来负责任地进入这一市场？讨论行业初衷，这些可以帮助营销者更负责任地对儿童进行营销。

营销挑战

　　随着越来越多客户紧缩开支，恐怕没有一个行业像航空业这样备受煎熬。即使是西南航空，曾经在 36 年间一直盈利的公司，现在也出现了收入、利润、股价下跌。那么西南航空将如何应对呢？西南航空现在将业务扩展到了其现有的 65 个城市以外，并试图通过提供美酒和咖啡以及 WiFi 服务来争抢客源，但有一件事它并没有去做：增加费用。其他航空公司从收取基本费用（如行李费、座位费等）中获取大量收入，但西南航空坚持不收费。西南航空另外一些试图增加需求的措施包括使用鼓励客户旅行的广告以及公司团购票价优惠等。西南航空希望这些努力能够遏制收入下滑的趋势。

1. 考虑西南航空所使用的每一项遏制收入下滑的措施，评价这些在实现公司目标上的效用。

2. 公司现有努力已经足够了吗？公司是否可以在现有经济形势下独善其身？

营销算术

　　附录 B 讨论除了营销投资回报率以外其他评估营利性的方法。下边是一家公司利润表，回答一下问题：

1. 计算公司的净营销毛利。

2. 计算收入营销回报和投资营销回报，公司是否做得不错？

销售收入	800 000	千美元
销售成本	(375 000)	千美元
毛利	425 000	千美元
营销费用		
销售费用	70 000	千美元
促销费用	30 000	千美元
	(100 000)	千美元
一般管理费		
工资费用	10 000	千美元
待摊费用	60 000	千美元
	(70 000)	千美元
税前纯利	255 000	千美元

第二部分　理解市场和消费者

第3章　营销环境分析

概念预览

在本书的第一部分（第1章和第2章）中，我们已经学习了市场营销的基本概念以及与目标客户建立良好关系的营销过程。我们将在本书的第二部分中探讨营销过程的第一个环节——了解市场和顾客的需求。在本章中，我们发现营销是处在一个变化莫测的复杂环境中。这一环境中的其他角色（供应商、营销中介、顾客、竞争者、公众和其他人）都在不同的程度上与公司进行合作或竞争，主要的环境因素（人口、经济、自然、技术、政治和文化因素）形成机会和威胁并影响公司为顾客提供服务及建立良好关系的能力。为了制定有效的营销战略，我们首先应该更好地了解营销运作的环境。

学习目标

1. 描述影响公司向客户提供服务能力的环境因素
2. 掌握环境中的人口和经济因素是如何影响营销决策的
3. 确定公司自然和技术环境的主要趋势
4. 了解政治和文化环境的主要变化
5. 了解公司对营销环境的反应情况

我们先来看一个美国的品牌——施乐。半个世纪以前，正是因为这家令人尊敬的公司掌握了不断变化的技术，从而开创了一个全新的产业——复印业，并且几十年来都在这个行业占据着主导地位。但大家是否知道，就在十年前，施乐曾经处在了破产的边缘？请不要担心，现在施乐又重获新生且运作良好。但施乐的痛苦经历则成了一个警示案例——描述了当一家公司无法适应不断变化的市场环境时所发生的悲惨故事，即使该公司是占据统治地位的市场领导者。

第一站

施乐：适应动荡的市场环境

50年前，施乐发明了可以使用普通白纸的办公复印机。在接下来的几十年里，公司凭借其发明的全速复印机统治了它所开创的产业。"施乐"几乎成为了复印的通用名称，如"我马上为你施乐这些东西"。施乐在数年里击退了竞争对手一轮又一轮的进攻，并在竞争激烈的复印行业中成为了领导者。施乐公司1998年的利润增长率达到了20%，公司的股价也在快速增长。

但接下来，施乐的发展状况却越来越糟。这个极具传奇色彩公司的股票和时运都急转直下。仅仅在18个月里，施乐公司市场价值的损失就高达380亿美元。到了2001年中期，公司的股价从1999年的近70美元降到了不足5美元。曾经占据统治地位的市场领导者发现自己已经处在破产的边缘。到底发生了什么？这种状况是环境变化造成的，还是施乐没能及时适应快速变化的市场环境所造成的？世界正在迅速地实现数字化，但施乐没能跟上这种变化。

在全新的数字环境中，用户不用再依赖施乐的旗舰产品——独立复印机来共享信息和文档。用户可以制作电子文档并通过电子化的方式进行共享，而不是取出并分发一沓又一沓的黑白文档。或者用户还可以通过就近的网络打印机获得复印件。从更广义的层次上讲，当施乐正忙于改进自己的复印机时，用户们正在寻找更为先进的"文件管理解决方案"。客户所希望的系统是可以帮他们在法兰克福浏览文档，在圣弗朗西斯科对文档进行彩色排版并形成初稿，并按照需求在伦敦进行打印——改变美式的拼写方法。

随着数字技术的日益发展，施乐的用户和竞争对手都发生了变化。公司试图为那些高级信息技术管理者开发和销售文件管理系统，而不仅仅是把复印机卖给那些设备销售经理；施乐不再与复印设备的竞争对手进行正面交锋，如夏普、佳能、理光，而是与那些信息技术公司相竞争，如惠普、IBM。

施乐庞大的资深销售团队不具备全新数字文档解决方案的相关知识，也尚未有效地掌握相关技能，团队成员大部分是由那些穿着有墨粉、色粉污渍的衬衫且擅长销售、维修复印机的人员组成。施乐作为标志性的"复印公司"没能很好地融入这一全新的数字世界。在众多相似的办公室中，施乐公司渐渐发现自己的产品被冷落在了布满灰尘的"复印机角落"，失去了往日活力。

在这些濒临崩溃的灰色日子里，施乐公司对自己进行了重新的思考、定位和创新。施乐公司采取了具有标志性意义的变革，而不再把自己定位于"复印公司"这一角色。事实上，公司也不再制造独立复印机；取而代之的是施乐把自己定位于"全球文件管理技术和服务企业的领导者"。据施乐公司的最新年报称，"施乐公司最近完成的任务是帮助企业和个人更好地管理他们的文件"。

以前，文件和沟通就意味着白纸黑字。而现在，沟通是指浏览、发送、搜索、归档、合并，以及设计个性化的页面——这往往通过不同的颜色来表现。无论是纸质版还是电子版的文档都可以交叉进行或重复利用。因此，当施乐谈到自己的使命是帮助人们更巧妙地处理文档时，也就意味着为人们提供了一系列的工具及技术来捕获、组织、帮助和提高人际间的沟通。

施乐公司的变革是以对客户的全新聚焦为起点。在开发新产品之前，施乐的研发人员成立了许多客户聚焦小组。公司的首席技术官Sophie Vandebroek认为这是"构想客户"。她认为这一活动的目的是"将熟悉技术的专家与了解市场需求的客户紧密地联系起来……创新的最高境界也就是让客户在使用产品的过程中感到轻松愉悦"。新施乐相信理解客户与了解技术同样重要。

为了实现公司的使命，施乐的高层管理者会每天轮流当值客户代表。首席执行官这样说道："在你作为一名客户代表的日子里，你也许会在总部接到客户的电话。可以想象，这其中有许多不满意的顾客。你在当值时期的任务就是：聆听客户的倾诉、解决客户的问题，并对问题产生的原因负责。"

作为一种新型思维的结果，施乐目前提供了一系列客户需要的产品、软件和服务，这些都可以帮助客户管理文件和信息。在近三年中，施乐引进了100多款创新产品。目前公司提供的数字产品和系统既包括网络打印和多功能产品，也包括彩色打印机和发布系统、数字出版，以及"图书工厂"。公司还向客户提供一系列咨询和外包服务，这些服务可以帮助企业开发在线文件归档，发行内部文件和收发邮件，分析如何能最有效地实现员工文件共享和知识共享，以及开展基于网络平台的个性化直邮、单据开发和画册宣传。

目前施乐占据了整个托管印刷服务市场，帮助大客户在这经济不景气的时代里更为有效地管理印刷业务。比如，最近宝洁公司将庞大的打印和复印业务通过一纸合约外包给了施乐公司，预计在未来的几年里合约的金额将超过1亿美元。

施乐在改变了自己的经营模式之后，目前公司又着手改变自己的企业形象。受到公司全新标识的启发，施乐拥有了全新的品牌标志。

施乐撤换了已经使用了40年的标志——红色大写字母X和大写的XEROX。取而代之的是"能反映现在的施乐品牌标识"，新品牌标识左边是鲜红的小写字母"xerox"，旁边是一个红色的球体，球体内由两条相交的线勾勒出一个X。施乐选择球体来寓意前进和整体公司，以及公司与客户、合作伙伴、产业环境和创新之间的联系。施乐新标识中的小写字母更显亲近，而更深的红色和粗体可以在网络和高清电视中显得更加突出。新标识取其精华去其糟粕，保留了可靠性和稳定性的寓意，去除了古板和墨守成规的形象，更重要的是融入了时尚、创新和灵活等元素。

施乐公司总裁安妮·麦卡伊归纳说："我们将施乐的商业模式变革为与消费者联系更加紧密且内容丰富的数字市场。公司的新品牌反映了我们是谁、我们所要服务的市场，以及使我们在产业内与众不同的创新。我们拓展新市场、开展新业务、掌握新技能，以及开发新技术和开创新产业——以便顾客可以更轻松、便捷、经济地分享信息。"一位施乐的主要客户非常赞同："施乐由一家复印机、打印机公司转变为能够帮助企业更好管理信息的商业合作伙伴公司，这种管理既包括数字化也包括纸质化或者二者兼备，我亲眼见证了这一变化过程。目前施乐是一家名副其实精通科技、善于创新的企业，事实上，这也是公司目前的现状。"

因此，施乐不再是一家古板守旧的公司得益于符合实际且效果显著的转变，从而使得施乐又一次在行业内牢牢地站稳了脚跟。事实上，《财富》杂志最近将施乐列为全球计算机行业中最受尊敬的企业；2008年施乐获得了超过230项的突出成就奖，这些奖项来自全球范围内的主流行业出版物和独立调查研究公司。但是，警示信息也是清晰明确的。即使占主导地位的企业在面对激荡多变的市场环境时也会显得异常脆弱。熟悉并能很好地适应其所处环境的企业便可以取得成功，反之则会使自己处于危险之中。

营销环境是由能够对企业建立、维持与目标客户之间良好关系的，存在于营销活动之外的因素和力量。像施乐一样，企业必须时刻关注不断变化的环境，并努力使自己与其相适应。

不仅仅是公司的其他部门，营销者也必须是环境变化趋势的跟随者和市场机会寻求者。尽管组织中的每个管理者都需要观察外部环境，但营销人员还有两项特殊的职能。他们用专业的方法——营销情报和市场调研——来收集营销环境信息。他们还应根据消费者和竞争对手所处的环境进行研究。在仔细研究了营销环境之后，营销者通过调整企业战略来接受挑战、抓住机会。

营销环境包括微观环境和宏观环境，**微观环境**（microenvironment）是指营销公司为消费者提供服务且与公司有密切关系的因素，包括公司本身、供应商、中间商、消费者、竞争对手和公众。**宏观环境**（macroenvironment）指的是影响微观环境的更大的社会因素，包括人口统计、经济、自然、技术、政治和文化。

3.1 公司微观环境

营销管理者的作用是通过创造客户价值和满意度来与顾客建立良好的关系。但是，营销管理者仅仅完成这些工作是不够的。图 3-1 表明了营销微观环境的主要组成部分。营销的成功取决于与公司的其他部门、供应商、营销中介、顾客、竞争者和各种公众之间的关系。彼此之间的关系构成了公司价值链的传递网络。

> **作者评论**
>
> 微观环境包括所有与公司密切相关的行动者，他们对公司的为顾客创造价值和建立客户关系的能力具有正面或负面的影响。

3.1.1 公司

在制定营销计划时，营销管理者需要公司其他人员和部门配合，其中包括公司的高层管理者、财务部门、研发部门、采购部门、运营部门和会计人员。所有这些人员和部门组成了公司的内部环境。高层管理者确定了公司目标、使命、战略和政策。营销经理们则针对高层管理者提出的战略和策略做营销决策。

我们在第 2 章中已经讨论过，营销部门必须与其他部门进行紧密合作。公司中的其他部门会影响到营销部门的计划与行动。在营销概念中，公司所有职能部门在制定决策时都必须"考虑到消费者"。施乐公司的首席执行官麦卡伊说，为了提供更好的用户体验，公司必须"找出顾客所面临的环境——存在的问题与机遇。每个职员都必须承担起这份责任，包括那些不经常与顾客进行直接接触的个人和部门，如财务部门、法律部门和人力资源部门。"

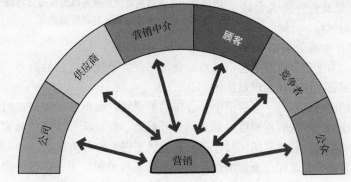

图 3-1　微观环境的参与者

3.1.2 供应商

供应商在公司整个价值链传递系统中起着十分重要的作用，他们提供了生产高质量产品所必需的资源。同时供应商还对营销具有一定的影响作用。营销主管应当监控公司的供应能力与成本、供货短缺或延迟、开工情况，以及会在短期内影响销量、在长期内影响顾客满意度的其他事件。供应成本的提高会导致价格上升，进而影响产品的销售量。

如今，许多营销者都把供应商看做是公司创造和传递客户价值的主要合作者。比如，丰田公司非常清楚与供应商建立密切关系的重要性。事实上，"实现供应商的满意度"这一目标也包含在公司的使命陈述之中。

丰田公司的竞争对手经常通过采取自我服务和高压手段的方式来应付供应商。据一位供应商所述，美国的汽车制造商"每年都要为他们所购买的部件设立降低成本的目标并竭尽所能地去实现这一目标。尽管他们对供应商实施了严格的控制，但实际结果却是一年比一年糟。"与之相反，丰田不仅从其供应商的手中购买产品，而且还与之进行合作并帮助他们实现较高的预期，丰田会主动了解供应商所处行业的状况，帮助他们培训员工，提供日常的业绩反馈以及积极地寻找供应商所关注的问题，甚至还在公司每年的表彰大会上奖励那些表现出色的供应商。供应商的满意度越高就意味着丰田可以依靠供应商来提高公司产品质量、降低成本并及时开发新产品。总而言之，创造满意的供应商可以帮助丰田公司降低生产成本、提高汽车质量，进而增加满意顾客的数量。

3.1.3 营销中介

营销中介（marketing intermediaries）是帮助公司向最终顾客促销、出售和分销产品的商业单位，包括转销商、实体分销商、营销服务机构和金融中介。转销商是指那些帮助公司寻找最终消费者并向他们销售产品的分销渠道，包括先购买再销售的批发商和零售商。选择与转销商合作并不是一件容易的事情。现在，制造商面对的不再是可供选择的、小型且独立的转销商，而是那些大型且不断成长的组织，如沃尔玛、塔吉特、家得宝、好市多、百思买，这些公司都有足够的能力决定合约条款甚至从大市场中关闭那些小厂家。

实体分销公司帮助公司存储货物和将公司的物品运到目的地。营销服务机构包括那些可以帮助公司在正确的市场上确定目标并推广产品的市场调研公司、广告公司、媒体公司和营销咨询公司。金融中介包括银行、信贷公司、保险公司和其他金融机构，帮助企业完成金融交易及分散购买和出售货物的风险。

丰田公司与其供应商不仅是合作伙伴的关系，而且还帮助他们实现较高的期望。创造满意的供应商可以为丰田公司降低生产成本和提高汽车质量，反过来，这也会产生更高的顾客满意度。

与供应商一样，营销中介也是公司整个价值传递系统的重要组成部分。为了创造满意的客户关系，公司不仅需要优化自己的服务，而且还必须与公司的营销中介进行有效合作，从而使得公司的整体表现最优化。

因此，现在的营销经理们已经认识到了与营销中介合作的重要性，而不是仅仅把它们看做是帮助企业销售产品的渠道。例如，可口可乐就作为一些快餐连锁店（如麦当劳、温迪、赛百味）饮料的独家供应商这一问题，与它们订立了相应的合同条款。公司在提供软饮料的同时，还向其提供了强大的营销支持。

为了更好地理解每个零售合作商之间业务的细微处，可口可乐公司派出了一些多功能团队。公司开展了一系列基于饮料消费者的研究，并与它的合作者分享这些信息。可口可乐通过分析美国邮政编码地区的人口来帮助其合作者确定公司旗下的哪个品牌在这一地区较受欢迎。公司还研究了快餐菜单设计的合理性，目的是为了更好地理解什么样的布局、字体、字母的大小、颜色和视觉效果会促使消费者购买更多的食物和饮料。基于这一理解，可口可乐餐饮服务集团制定了相应的营销计划和产品工具来帮助零售合作商提高饮料的销量和利润。例如，可口可乐通过Ponle Mas Sabor Con Coca-Cola（西班牙语）这一项目来帮助其零售合作商充分利用西班牙市场快速增长的机会。公司的餐饮服务网站（www. CokeSolution.com）向零售商提供有价值的信息、商业解决方案和促销建议。如此高强度的合作努力使得可口可乐在美国软饮料市场上遥遥领先。

3.1.4 竞争者

营销理念认为要想在市场上取得成功，公司必须向顾客提供比竞争对手更大的客户价值并使客户满意。因此，营销者不仅要满足目标客户的需求，还必须通过完全不同于竞争产品在消费者心中位置的产品定位来获得竞争优势。

没有一种竞争战略是万能的。每个公司都必须考虑自身规模和所处的行业地位，并与其竞争者进行比较。在某一行业中处于优势地位的大公司可以采取小公司无法使用的竞争战略。但仅仅拥有较大规模是不够的，因为大规模既可以是公司的优势策略，也可以成为公司的劣势。同样，与大公司相比，小公司也可以制定能够为它们带来更高回报率的公司战略。

3.1.5　公众

公司营销环境中包括不同的公众。**公众**（public）是任何对组织实现其目标的能力具有影响的群体，主要有以下 7 种：

（1）金融公众。金融公众会影响公司获得资金的能力，银行、投资商和股东是公司主要的金融公众。

（2）媒体公众。媒体公众提供新闻、报道和评论，主要有报纸、杂志、广播和电台。

（3）政府公众。管理部门必须考虑政府的影响。营销者必须向公司法律顾问咨询产品安全、广告真实性和其他一些相关问题。

（4）市民组织公众。营销决策可能会遭到消费者团体、环保主义者、少数族裔等一些群体的质疑，公共关系部门可以使顾客和这些群体保持联系。

（5）当地公众。该群体包括邻近的居民和社区组织。大公司通常授权给团体关系部门，来让它们与社会团体进行沟通，出席会议，回答问题并为那些有价值的事情做出贡献。例如，雅芳基金会的"雅芳乳腺癌防治活动"，这一努力使得人们意识到了社区公众的重要性。

（6）普通公众。公司需要知道大众对自己产品和行动的态度，公众的印象会影响顾客购买。

（7）内部公众。内部公众包括员工、经理、志愿者和董事会。大公司经常使用时事通迅和其他方式来告知并激励自己的内部公众。当雇员对自己的公司感觉良好时，他们的正面态度会影响外部公众。

公司可以为这些主要公众和顾客市场制定营销计划。如果公司想要从大众那里得到某些反馈，如良好的祝愿、正面口头宣传，或贡献时间和金钱，公司还应当采取一定的行动来刺激公众并使他们产生购买的欲望。

3.1.6　顾客

我们一直强调，营销环境中最重要的因素是顾客。整个价值链传递系统的目的在于向目标客户提供服务并与他们建立强有力的客户关系。公司需要仔细研究五种顾客市场：消费者市场包括为了个人消费而购买产品和服务的个人和家庭；企业市场指的是为生产过程需要而购买产品和服务的市场；转销商市场是为了再次销售而购买产品和服务的市场；政府市场指的是为了公共服务或者将产品/服务转换到需要的人手里而购买产品/服务的政府机构；最后，国际市场指的是其他国家的购买者，包括消费者、生产者、转销商和政府。每种市场都有自身的特点，这就要求销售商对这些特征进行仔细的研究。

3.2　公司宏观环境

宏观环境是指影响微观环境中行动者更广泛的因素。公司和所有其他角色都是在一个更大的宏观环境中进行运作，并且这种宏观环境因素形成了公司所面临的机会与威胁。图 3-2 显示了构成宏观环境的六种因素。我们在本章接下来的部分中对每种因素进行详细讨论，并说明它们是如何影响营销计划的。

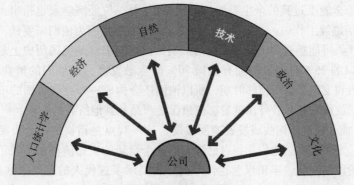

图 3-2　公司宏观环境的参与者

3.2.1 人口因素

人口统计学（demography）研究人口的数量、密度、所在地、年龄、性别、种族、职业和其他的统计变量。人口环境因素是营销者关注的重点，因为它包括人，以及由人组成的市场。世界人口呈爆炸性增长趋势。现在世界人口总量已经超过了 68 亿，预计在 2030 年将会突破 80 亿。大规模且高度多样化的人口为公司的发展带来了机遇和挑战。

世界人口环境的变化对行业发展具有重要意义。以中国为例，为了抑制人口的飞速增长，中国政府于 30 年前制定了一个家庭只能生一个孩子计划生育政策。因此，1980 年以后出生的中国年轻人——称之为"80 后"或被长者所称的"以自我为中心的一代人"——用吸引注意力和使用奢侈品的方式来彰显个性，从而导致了众所周知的"小皇帝"综合症。在多达六个成年人的家庭中，父母亲、祖父母和外祖父母非常溺爱家里唯一的孩子并尽可能去满足他们的任何需求。这类成年人的数量达到了 6 亿（几乎是美国总人口的 2 倍）。现在，每个独生子女父母平均花费收入的 40% 来养育自己的孩子。

以自我为中心的这一代中国人——年龄介于 0 ~ 20 岁之间——对市场的多个方面都产生了影响，从婴幼儿产品到金融服务，手机服务和奢侈品。例如，星巴克的目标客户是中国以自我为中心的这一代人，并把公司定位成一个非正式且放纵的聚会场所。

中国的计划生育政策产生了新一代人，父母和祖父母对他们非常纵容，并且他们本身也喜欢采用各种方法进行放纵的购买。这些年轻人拥有许多个性特质，他们并不完全相信中国传统的集体目标。星巴克大中华区的总裁说："这一代人认为世界是多样化的，而且他们也不曾经历过我们这一代所受过的苦难。基于这一理解，星巴克向他们提供了个性化的饮料、服务和原创音乐专辑。"

因此，营销者应该仔细追踪人口的变化趋势并在国内外市场上进行发展。同时营销者还应关注家庭结构的变化、地理人口变化、教育背景和人口密度。这里我们主要讨论一下美国主要的人口趋势变化。

1. 人口年龄结构变化

到 2008 年年末，美国人口超过了 3.05 亿，预计到 2030 年将会突破 3.64 亿。美国最重要的人口发展趋势是人口年龄结构的变化。美国人口包含了几个群体。在这里，我们将主要讨论三个最大的年龄群体——"婴儿潮"一代、X 世代和 Y 世代，以及他们对当今营销战略的影响。

（1）"婴儿潮"一代。第二次世界大战后的**"婴儿潮"一代**（baby boomers）有 7800 万人，主要出生在 1946 ~ 1964 年间。从那时起，"婴儿潮"一代成为了影响营销环境的最主要因素。现在，"婴儿潮"一代人中最年轻的也已经有 45 岁了，最老的也将近 60 岁且已经到了退休的年龄。成熟的人们开始重新审视自己的目标、工作价值、责任和关系。

在经过几年的繁荣，高消费和低储蓄之后，最近的经济衰退给婴儿潮这一代人带来了沉重的打击，尤其是那些提前退休人员。股价和房价的暴跌已经影响到了他们的储蓄存款和退休前景。因此，如今许多人在消费时更加谨慎并打算工作更长的时间。一位经济学家指出："婴儿潮一代人中有一大群提前退休的人，并且他们中的许多人会问到'仅靠储蓄和社会保障金能度过我的余生吗'这一问题。"另一位经济学家也指出："45 ~ 70 岁的美国人中有将近 70% 的人计划在退休后继续工作……一方面为了享受，另一方面是因为他们需要钱。"

尽管现在婴儿潮这一代人可能感受到了经济衰退的影响，但他们仍然是美国历史上最富的一代人。今天，婴儿潮这一代人只占美国总人口的 25%，但他们拥有美国 70% 的金融资产，而他们的消费水平大约是总消费水平的 50%。因为这一代人的收入和支出都处于顶峰时期，所以他们还会构成一个有利可图的市场，这一市场可以是金融服务、新住房和家庭装修、旅游和娱乐、外出就餐、健康保健产品和其他所有的一切。

"年长的婴儿潮一代可能会被逐步淘汰或发展速度缓慢"这一观点是错误的。今天婴儿潮一代人无论自身的实际年龄多大，都认为自己是个年轻人。他们觉得自己进入了一个全新的生命阶段而不是正在被淘汰。例如，丰田公司意识到了这一代人生命阶段的变化。丰田汉兰达汽车的广告展示了这代人的空巢家庭并声称"为了新自由。"同样，曲美健身中心的目标客户是在婴儿潮这一时期出生的女性。该健身中心的一位专家指出："公司的老顾客希望自己身强体健。他们只是不想去金吉姆健身俱乐部，被氨纶一般的芭比娃娃所包围。"

与其他行业相比，金融服务行业的公司更热衷于把婴儿潮这一代人作为自己目标市场。总的来说，这一代人的总收入高达 3.7 万亿美元，比上一代人收入的两倍还多。在父母去世后，他们还会继承价值高达 7.2 万亿美元的遗产。因此，尤其是在经济衰退之后，这代人会需要更多的理财服务。阿默普莱斯金融公司的完全市场定位是通过向那些大龄人群提供稳健金融理财服务来帮助他们实现提前退休计划和退休梦想。

阿默普莱斯金融公司在对"新的退休心愿"进行大规模的研究之后，推出了"梦幻手册"这一策划指南来帮助婴儿潮这代人挖掘他们的退休梦想并为退休制定相应的生活策略。这一手册是公司开展"梦想—计划—追踪"理财计划的第一步。公司开展了"永不退休的梦想"这一广告活动，并承诺帮助他们确立可以控制风险的新战略和机会以便能开心地退休。在一则商业广告中，20 世纪 60 年代的偶像名星丹尼斯·霍普沉痛地指出在这个经济不确定的时代退休的真正含义。霍普提议："当你处在交通干道的十字路口时，你会感到迷茫。你认为退休这条路是高速公路吗？因为没有目的地，所以你的旅程无法开始。亲爱的朋友，此时此刻你需要的是一份计划。"当然，解决方案需要与公司的咨询师讨论。据公司的首席执行官所述，公司已经"开始了解顾客的梦想"，并且"梦想永不退休。"

（2）X 世代。继"婴儿潮"之后人口的出生率开始下降。在 1965～1976 年间又出生了 4900 万名婴儿，作家道格拉斯·库普兰把他们称做 X 世代（Generation X），因为他们出生在"婴儿潮"之后并缺乏自己独特的性格特征。

人们从共同的经历和年龄来定义 X 世代。日益上升的离婚率和妈妈们的高就业率使他们成为第一代独处儿童。尽管在努力地追求成功，但他们并不是物质主义者，而且他们重视的是过程而不是结果。对 X 世代中的许多人来说，最重要的是家庭（包括孩子和年迈的父母亲），其次才是职业。从营销的观点来说，X 世代更是一个持怀疑态度的群体。他们会在了解产品后再考虑是否购买，并且他们关注的是质量而非数量。他们很难接受刻意的市场宣传。

他们曾经被称为"MTV 一代"，喜欢在身体上穿孔且抱怨没有前途的懒鬼。现在的他们已经长大并取得了主导地位，"婴儿潮"这代人的生活方式、文化和价值观也在逐渐被取代。迄今为止他们是受过良好教育的一代人，并占据了购买力的大部分。尽管如此，与婴儿潮一代相似，X 世代现在也面临不断上升的经济压力。他们也和其他人一样在选择更加谨慎地消费。

尽管存在大量不确定性，但许多公司还是把 X 世代作为企业的一个重要目标市场。例如，与把婴儿潮一代人作为目标客户的阿默普莱斯金融公司不同，嘉信理财公司则开展了针对 X 世代目标客户的专项活动。

大多数的 X 世代人对退休攒钱这一情形感到难过甚至担忧。仍然有将近一半的 X 世代人说，他们连债务和紧张预算的生活都承担不起，就更别说退休储蓄了。在意识到这种压力后，嘉信公司开始向他们提供与退休储蓄有关的解决方案。如公司把账户的最低额降到了 1000 美元，为他们提供高回报，且与佣金有关的活期存款账户。公司的一位营销总监指出："如果顾客的初始账户是活期的话，他们在任何时候都可以投资。"

公司没有用"分散投资"或"自由贸易"的字样来吸引 X 世代的注意，而是开展了一项"与查克谈话"的广告活动，内容关注的是人们的日常生活，如家庭存款或偿还大学贷款。通过以 X 世代人的说话方式与他们进行交谈之后，嘉信公司为这些"储蓄人"提供了可行的投资方案。这一活动并没有通过金融服务广告商惯用的传统行业和金融出版物来进行宣传，而是把注意力放在了涉及父母、家庭、健康和时尚方面的生活方式出版物。数字媒体也集中于生活方式这一平台。随着机场无线上网技术和 MSN 远程信息交流平台的发展，公司把广告投放在了许多网站上，包括以 X 世代为导向的旅游和娱乐空间雅虎和美国在线。国家电视广告和公司网站（www. schwabmoneyandmore. com）非常支持这一整体通信活动。最终，在经过了六个月的广告活动之后，公司新的年轻投资者人数比前几年增长了 118%。

（3）Y 世代。婴儿潮和 X 世代总有会被 Y 世代（Millennials）（亦称千禧一代或回波婴儿潮）所控制。生于 1977～2000 年间，婴儿潮一代人的子女数量已经达到了 8300 万，比 X 世代的人口多，也比婴儿潮一代形成的市场要大。这一代人分为三个不同群体——儿童（9～12 岁），青少年（13～18 岁）和成年人（19～32 岁）。Y 世代形成了一个极具吸引力的大市场，这一市场上的总购买力将超过 7330 亿美元。

Y 世代人有一个共同的特点就是表达流畅且熟悉数字技术，它们不仅仅包括技术还包括一种生活方式。Y 世代是随着电脑、手机、卫星电视、iPod 和社交网络的发展而成长起来的第一代人。最近一项研究调查表明 Y 世代中上网的人数高达 91%，占所有美国上网用户的 23%。另一项研究表明，这一代人中有 77% 经常登录社交网站，71% 使用即时通信。一位雅虎负责人说："这一代人对技术非常熟悉，但把他们说成是由技术形成的一代人更为贴切。对于他们来讲，技术并不是一种能够同他们割离开来的事物。相反，技术正是由他们所创造出来的。"

各行业的营销者都把Y世代人当做自己的目标客户，从汽车制造商到政治活动。因此，这一代人受到了来自各方面营销信息的狂轰滥炸。除了受大量的营销信息推动外，他们更喜欢搜索信息并对品牌进行比较。因此，在信息达到饱和之后，消费者就会需要一种创新的营销方法。思考一下巴拉克·奥巴马在总统竞选活动中是如何通过这一群体获得成功的？

美国《新闻周刊》的一位记者说："像营销那些高端消费者品牌一样，巴拉克·奥巴马是第一位采取营销策略的总统候选人。"他那旭日的标志反映了百事可乐，美国电话电报和苹果公司这一个世界的形象。但是，奥巴马竞选活动对Y世代——美国最年轻的选举人——的巨大吸引力真正使得这一活动更加引人注目。像名为"我的奥巴马"的网站这些尖端社会媒体是这次竞选活动的优势，并充分利用了Y世代的吸引力。一位营销专家说："对于Y世代的人来说，新的代名词是'我'和'我的'。年轻人欲掌控他们与品牌之间的关系。而且，他们想要的是定制化和个性化。"在奥巴马竞选网站上，人们只要留下姓名，就能在讨论区进行讨论，上传照片和其他互动性的活动。

此外，奥巴马通过社交网站征募了800万名志愿者，在聚友网上吸引了200万人，同时还通过在YouTube网上的视频演说又吸引了9000万名的观众。在总统竞选当天，奥巴马团队发送信息给成千上万名的支持者。与大多数的选举活动不同，这次的竞选不仅使用了年轻的志愿者，同时还产生了一种独特的竞选活动。这种竞选活动由今天的Y世代通过使用其所依赖且信任的沟通工具——快乐科技设计来的。那么结果是什么样的呢？一组民意调查数据显示，有66%的年轻人都支持奥巴马成为总统，而且在几个关键州人们也都纷纷转向支持奥巴马。

（4）时代营销。营销人员是否应该就不同时代的人群采取不同的市场营销策略？一些专家提醒营销人员每次在转移时代对象时应当格外小心，并且要求他们所精心设计出的产品或信息能够对另一时代的人群产生足够的吸引力。另一些专家认为，每个时代人们都持续经历了几十年的时间并处在不同的社会阶层。例如，营销人员通常将"婴儿潮"一代分为三个小群体——首批"婴儿潮"一代、主要"婴儿潮"一代和后续"婴儿潮"一代。每个群体都有自己的信念和行为。同样，他们也把Y世代分成了孩子、青少年和成年人三个不同的群体。

因此，营销人员必须在每个小群体内找到更加精确的年龄细分市场。与按年龄细分相比，按生活方式、生命阶段或在寻找欲购产品时所拥有的共同价值观来对市场进行细分似乎更为有效。接下来我们将在第6章中讨论几种不同的市场细分方法。

2. 变化的美国家庭

传统意义上的家庭包括丈夫、妻子和孩子（有时还包括祖父母）。但是，最近美国人曾经梦想拥有两个孩子和两辆车的城市家庭结构正在逐渐消失。

现在的美国，结婚并有孩子的夫妇仅占1160万个家庭总数的23%，已婚但没有孩子的父母占29%，单身父母占16%。有32%的家庭是不完整的——单身或同居。现在，离婚、不婚、晚婚，或者结婚但不要孩子的人越来越多。营销人员必须考虑这些非传统家庭的独特需求，因为它们的增长速度远远超过了传统意义上的家庭，每一个群体都有不同的需求和购买习惯。

在美国，职业女性的数量在大幅上升，从1950年不足劳动力的40%上升到了现在的59%。父母双方都拥有工作的家庭占所有已婚家庭的52%。同时，在家里看孩子、做家务的男性也越来越多，而他们的妻子则在外工作。根据一项人口普查表明，自1994年以来待在家里爸爸们的数量已经上升了18%——大约有1.59万的爸爸们待在家里。

大量的女性工作者促进了保姆行业的发展，同时还增加了对女性职业装、金融服务和便捷食品与服务的消费。以网上零售公司的领导者——豆荚公司为例。通过豆荚公司，那些日益繁忙的爸爸妈妈们不用去实体店，就可以在公司的网站上轻易地购买到他们所需要的日用品，也无须担心会遇到交通堵塞或排队等候的问题。公司提供了800多种商品的虚拟选择并把顾客所订的商品送他们家门口。豆荚公司说："我们能把全世界的商品送到你家门口。"——这为人们繁忙的生活方式提供了一种解决方案。迄今为止，公司成功交易的订单量超过了1000万份，更重要的是公司为它忙碌的顾客节省了原本要花在去商店路上的1000多万个小时。

3. 人口地理的变动

这是一个在世界各个地区内移民的时期。例如，美国每年的流动人口是其常住人口的13%。在过去的20年中，美国的人口向阳光地带迁移。美国西部和南部人口的也有所增长，但是中西部和东北部的人口却在急剧降低。营销人员对这种人口移动非常感兴趣，因为不同地区人们的购买习惯有所不同。例如，研究发现在西雅图买牙刷的人数要比其他城市的多，盐湖城的人吃更多的糖果，迈阿密人更喜欢酸梅汁。

一个多世纪之后，美国人开始从乡下、郊区渐渐转移到了大都市。在 20 世 50 年代，他们又从城市迁到了郊区。今天，迁往郊区的热潮仍在继续。越来越多的美国人又开始向"小都市"、小型城市迁移。这些小城市远离了拥挤的大都市，像蒙大拿州的波兹曼市、密西西比州的那切兹和康涅狄格州的托灵顿。这些小城市在工作、饮食、娱乐活动和社区组织等方面比大都市更具有优势，同时又没有交通拥挤、高犯罪率和高房产税等问题。

居住环境的变化会改变人们的工作环境。例如，向小城市和郊区的迁移使得通过电信交流的人数激增——这些人可以在家中或者安静的办公室里工作，他们通过电话、传真、互联网与公司交流。反过来，这一趋势也创造了迅速发展的 SOHO 市场（小型办公室/家庭办公室）。在家工作人数的不断增长促进了便捷电子产品的发展，如个人电脑、手机、传真机、掌上电脑设备和快速上网设备。根据最近的一项研究调查，美国 40% 的行业都支持各种各样的远程办公计划。

许多营销者正在积极寻找一个有利可图的远程控制市场。例如，思科旗下的一个在线会议部门 WebEx 克服了经常伴随远程技术隔离区的障碍。无论人们在哪个地方工作，都可以使用 WebEx 来进行在线会议和合作。一位公司负责人说："为了提高在线会议的效率，你还需要一个浏览器和一部电话。"在任何地方工作的人们还可以通过 WebEx 与他人或一个小群体取得联系，作报告、交换文档、共享桌面和进行录音与全动作视频。WebEx 的核心服务 MeetMeNow 从桌面（微软 Office 软件）和即时通信软件（如 MSN）上下载。MeetMeNow 服务可以自动找到并为用户安装网络摄像头，这样会议主持人就可以在与会者的视频流服务间进行转换从而形成一个虚拟会议桌。每天参加 WebEx 会议的人数高达 220 万。

4. 受过高等教育的白领专业人群

现在，美国人的教育文化程度普遍较高。例如，在 2007 年，超过 25 岁的美国人有 84% 具有高中以上学历，且 27% 已经读完了大学，这与 1980 年的 69% 和 17% 形成了鲜明的对比。此外，有将近 2/3 的高中毕业生选择进入大学深造。高学历人才数量的急剧上升也提高了人们对高质量产品、书籍、杂志、旅游、个人电脑和网络服务产品的需求。

白领阶层的数量也在上升。在 1983 ~ 2007 年间，劳动力中管理者和专业人士的比率从 23% 上升到了 35%。工作增长为专业人士带来好处的同时也给那些制造工人带来了坏处。从 2006 ~ 2016 年，专业人士的数量预期会增长 23%，同时制造工人下降的数量会超过 10%。

5. 日益多样化

国家由不同的种族和民族构成。日本是一个极端的例子，这里几乎所有的人都是日本人；而另一个极端则是美国，这里的人来自世界各地。人们通常把美国称为一个熔炉——来自许多国家和文化的不同群体混合成了一个单一且更加和谐的整体。相反，美国似乎变得更像一个"色拉盘"：尽管各种各样的民族混合到一起，但他们仍然通过保留并重视不同民族与种族间的区别来维持自身的多样性。

营销人员现在面临着国内外市场的日益多样化，运营视野也应当变得具有国际化。美国人口中有 65% 是白人，15% 是拉美后裔，而美国黑人的数量则小于 13%，亚裔人口的总数大约是总人口的 4.5%，剩余的 2.5% 则由美洲印第安人、爱斯基摩人、阿留申人和别的民族组成。此外，在美国生活的 3400 多万人都出生在其他国家，这一数量超过了总人口的 12%。在未来的几十年中，国家的种族人口还会呈现出爆炸式的增长趋势。到 2050 年，预计拉美裔人会超过总人口的 24%，黑人的数量保持 13% 不变，而亚裔将达到原来的两倍（9%）。

现在，许多大公司把以上群体中的一个或更多当成企业的目标市场，并通过独特的产品、广告和宣传设计来实现这一目的。这些大公司包括宝洁、西尔斯、沃尔玛、好事达保险、美国银行、李维斯和通用磨坊公司。

超过了 6000 万的残疾人群体是另一个极具吸引力的多样化细分市场——超过了非洲裔和拉美裔两个市场之和，而且每年这一市场的购买力都超过了 2000 亿美元。大多数的残疾人都是市场上的活跃消费者。例如，最近一项研究发现，在过去的两年中有超过 2/3 的成年残疾人为工作和娱乐都出去旅行过至少一次，其中至少订购过一次机票的人占 31%，在酒店度假的人数占一半以上，甚至还有 20% 的人选择租车旅行。75% 的残疾人每周外出就餐的次数至少一次。

公司应该采取什么样的措施才能满足残疾消费者的需求呢？现在，许多营销者已经认识到残疾人和非残疾人的世界是一样的。像麦当劳、韦里逊通信、西尔斯、耐克和本田公司的营销人员都把残疾人作为他们主流广告宣传的对象。塔吉特公司在销售周期中突出了残疾人专用模具这一特色，耐克公司则与残疾运动员签订了代言合同。

其他公司也通过特殊的目标媒体来进入这一细分市场。Disaboom. com 网提供与聚友网具有相同特征的社交网络——涵盖了从医疗新闻到职业规划，数据资源和建议的一切相关信息，从而进入残疾人这一目标市场。许多大公司的营销人员——像强生、安飞士、通用集团和福特——成为了 Disaboom. com 网站营销合作伙伴并签订了相关合同。福特在这一网站上强调它的移动汽车项目。此外，这一项目还对每个购买新车的用户提供 1000 美元的补贴来弥补由辅助装置（如轮椅或踏板升降器、踏板扩展器和方向盘手柄）所增加的成本。福特公司的一位总经理说："在 Disaboom. com 网站上做营销对我们来说是一个全新的概念。迄今为止，我们对这一营销项目的结果感到非常满意。"

随着美国人口多样化趋势的不断扩大，成功的营销者可以对其营销方案进行不断的调整，以便在快速增长的细分市场上抓住机会。

3.2.2 经济环境

市场是由人和购买力组成的。**经济环境**（economic environment）指的是那些影响顾客购买力和购买方式的因素。营销人员必须密切关注国内外市场上的主要变化趋势和消费者的购买方式。比如，最近世界经济的崩溃对消费者的消费和购买方式产生了重大的影响，并且在未来的几年内我们都可以感受到这种消费和购买方式。

不同国家在收入分配和层次上的也有很大的差异。一些国家发展的是工业经济——不同种类的产品都有丰富的市场。而另一个极端是自给自足经济——它们消费了大量自己所生产的农业和工业产品而提供少量市场机会。位于这两者之间的则是发展中经济——为生产合适种类的产品提供了良好的市场机会。

在印度，过去只有那些精英人士才能买得起汽车。事实上，现在拥有汽车的人数也只占印度总人口 1/7。但是近几年来印度的经济发生了翻天覆地的变化，从而导致了中产阶级的人数不断上升。现在为了满足新的需求，欧洲、北美和亚洲的汽车制造商纷纷向印度市场推出了廉价小汽车。要想取得成功，它们就必须找到一种新的营销方式来与印度塔塔汽车公司相抗衡。由塔塔公司推出且冠有"人民汽车"之称的塔塔 Nano 是这个市场上最便宜的汽车，仅售 10 万卢比（约合 2500 美元）。这款汽车可乘坐 4 人，每加仑油能跑 50 英里而且最高时速可以达到 60 英里。设计低成本的汽车的目的是要让印度的 T 型车打入发展中国家的市场。对于那些起步者而言，塔塔希望公司汽车的年销量达到 100 万辆。

经济环境：为了占领印度不断增长的中产阶级，塔塔汽车公司推出了小型且廉价的 Nano 汽车，并设计成了印度 T 型汽车——可以在发展中国家投放的汽车。

下面是美国一些重要的经济趋势。

1. 收入和消费的改变

近些年来，在收入增长的刺激下，股票市场一片繁荣，房价迅速增长，其他经济形势也大好，美国消费者无节制地花费。他们毫无节制地购物，负债水平不断上升。然而，随着全球金融危机的到来，这种无节制的花费和高预期彻底破灭了。一位经济学家说："对于家庭拥有的股票已经取代个人储蓄的一代来说，在无争议的 1/4 个世纪的繁荣之后，经济的瓦解给这一代人精神上造成了很大的困扰。"

然而，在过去十年过度消费的人们现在采取回归简单的节俭生活方式和消费模式。他们购买减少，即使确定需要的时候，他们也会选择更有价值的商品。因此，价值营销已经成为营销人员的口号。除了在高价时提供高质量服务或者以低价提供低质量产品，营销人员应该为现在越来越谨慎的人们提供更大的价值——高质量产品和服务，以及公道的价格。

营销人员应该关注收入的分配以及平均收入。在过去的几十年中，富人变得更富，穷人变得更穷，中间阶层正在萎缩。收入靠前的 1% 的美国人赚取了国民总收入的 21.2%，前 10% 的工薪层获取了 46.4% 的国民总收入。作为对比，底层的 50% 的工薪阶层获得了 12.8% 的国民总收入。

这种收入分配创造了一个阶层市场。许多公司（如诺姆斯特龙）积极地走向富裕阶层。而其他公司（如普通美元和家庭美元商店）用更加温和的方式走向富裕阶层。事实上，这种美元店现在是全美增长最快的零售店。仍然有其他公司调整自己的市场产品来适应更大范围的市场阶层，从富裕到不富裕的。例如：许多曾经把自己的设计产品以天价卖给那些可以承受得起的人的高端时尚设计师现在也开始以大众可以承受的价格出售商品。

2. 顾客消费模式的变化

食品、住房和交通用掉了大部分收入。但是，收入不同的人消费模式有所不同。一些不同已经被一个世纪前的恩格尔发现了：随着家庭收入的增加，花在食品上的费用的百分比减小了，生活开销则是一个常数（除了煤气费、电费和公共服务等支出有可能下降外），用于其他消费和储蓄的比例增加。恩格尔定律被后来的研究结果所证实。

主要经济变量如收入、生活成本、利率、存贷款体系的改变都对消费模式有重要影响。公司通过经济预测来观察这些变量。企业不一定会在经济萧条时陷入低谷，或者在经济繁荣时忙得不可开交。通过适时的监控，它们可以利用环境变化。

3.2.3　自然环境

自然环境涉及营销人员需要投入要素，或者被营销活动所影响的自然资源。在过去的 30 年中，环境问题已经被广泛关注。在世界上的很多国家中，空气污染和水污染已经达到了很严重的程度。环境的恶化使得人们担心会在人类自己制造的垃圾中毁灭。

营销人员现在已经注意到自然环境的几个趋势。

首先是原材料的匮乏。空气和水曾经是不会枯竭的资源，但现在也面临着危险。空气污染威胁着很多大城市，缺水也是美国和世界其他国家现在面临的一个严重问题。到 2030 年，全球超过 1/3 的人口将没有足够的水饮用。可再生资源（如森林、食物等）也必须合理利用；不可再生资源（如石油、煤炭、各种矿产等）面临严重的问题，需要这些资源的公司现在面临着成本上升的压力，即便一些资源还是可以得到的。

第二个趋势是污染增加。工业已经极大破坏了自然资源。化学物品和核物品的不合理使用对海洋造成了污染；土壤和食物供给受到化学污染；一些不可降解的瓶子、塑料和其他的包装废弃物大量产生。

第三个趋势是政府加大自然资源管理干预度。不同国家为了营造一个干净环境所采取的努力有所不同。如德国政府特别关注环境质量。其他较穷的国家政府很少关注环境状况，它们可能缺乏资金或决心。即使富裕一点的国家也缺乏大量的资金和政府加大改善全球环境的一致努力。全世界的公司应该更加关注自己的社会责任并减少和控制环境污染。

在美国，1970 年建立的环境保护机构制定环境标准并且进行环境污染研究。在将来，美国的公司仍将受到来自政府和一些群体的压力。除了实施限制，营销人员还应该采取措施来减少环境面临的问题。

对环境的关注使得人们掀起了绿色运动。今天，很多开明的公司为保护环境做出了许多努力。它们通过制定合理的环境战略来支持环境的可持续性——努力创造一个我们这个星球能永续支持的世界经济，通过生产更加环保的产品来满足顾客的需求。

比如，为了一个创造更好的世界，通用电气公司运用绿色创想来创造产品，其中包括汽车引擎清洁器、清洁机车、清洁燃料技术等。例如，通用在全世界范围内生产的风力发电机所产生的能量可以供 240 万个美国家庭使用。并且在 2005 年，通用开发了一系列的进化机车和柴油发动机，相比去年的机车建设，它们可以使能源消耗减少 5%，尾气排放降低 40%。通用下一站的成功在于"够酷"：像普锐斯一样，通用的柴油电混合动力机车能够从刹车中获取能量并可以使里程再改善 10%。

其他的公司也在发展可循环、可以生物降解的包装，可循环的材料和组件，更有效的污染控制以及更节能行动。例如百事公司正在努力减少自身对环境的污染。

百事公司销售数百种产品，它们的产品在全球生产和消费。生产和分发这些产品需要水、电和燃料。在 2007

年，百事公司设定一个在 2015 年实现每单位产品水消耗减少 20%，电消耗减少 20% 以及燃料消耗减少 25% 的目标。现在，它们已经步入实现这个目标的良好途径中。在印度的 Mamandur 的百事可乐饮料企业，一个风力涡轮机供给的能量超过 2/3。在外面的包装上面，百事可乐公司最近生产 500 毫升的瓶装的立顿冰茶、康纳果汁、阿夸菲纳 FlavorSplash、阿夸菲纳活力饮料相比原来的包装减少了 20% 的塑料使用率。从 2002 年开始，阿夸菲纳的瓶装塑料用量已经缩减到 35%，每年减少了 5000 万磅的塑料使用量。

现如今，各种公司除了做这些好的行为外也在寻求做更多努力。此外，它们也认识到健康的生态系统与健康的经济之间的关系。它们了解对环境负责的行为同时也是一种良好的商业行为。

3.2.4 技术环境

技术环境是形成我们现在生活最重要的因素。技术成长创造了很多奇迹，如抗生素、有机食品、计算机和网络，也带来了一些噩梦，如化学武器、导弹，同时还产生了一些让人喜忧参半的产品，如汽车、电视机和信用卡。

我们对技术的看法取决于我们更看重奇迹还是噩梦。例如，如果你所买的每件产品都被嵌入一个精密的转换器，这个转换器可以跟踪产品从生产到使用到丢弃的整个过程，你会怎么想？一方面，它可以为买卖双方提供很多便利；另一方面，它也有点吓人。无论如何，它已经发生了：

设想一下这个世界的每一样东西都有一个精密的转换器。当你在超市里逛的时候，拿起自己喜欢的一种饮料。货架探测器知道了你的选择并计入你的购物单。当你到达洗发水的货架时，电子扫描器发现你没有选择原来经常选用的品牌。"你是不是忘掉了洗发水？"它将会提示你。当你的购物车装满以后，扫描器可能会发现你没有为晚上的聚会买东西，它会提示你购买啤酒。在购物完成后，扫描器将会计算你花费的总金额并且用信用卡结算。回家后，阅读器将会记录这次的购物过程并自动刷新购物单。为了星期天的聚会做准备，你可以扫描刚刚购买的火鸡，内嵌的转换器自动显示火鸡的烹调方式，你可以将火鸡放入微波炉中并按照指示进行烹调。

很遥远吗？也不是。实际上，由于无线射频识别转换器（RFID）可以嵌在你买的产品中，或许，它很快就可能变成一个事实。RFID 除了对消费者有好处，也可以给生产厂商和零售厂商提供一个惊人的新方式来电子跟踪其产品。自动的，不论何时、何地，从生产厂商到仓库，再到零售架，最后回到回收中心。许多大公司给 RFID 增加了新的功能。例如，沃尔玛要求所有供货商把产品送到山姆俱乐部分配中心，给他们的托盘贴上 RFID 标签。如果他们不同意，沃尔玛替他们做，每一个托盘收费 2 美元。山姆俱乐部计划到 2010 年秋天给每一个托盘、事例、条目都使用 RFID 标签。一项研究发现，通过使用 RFID，沃尔玛可以使盘存清点准确率提高 13%，由此每年可节约数千万美元费用。

技术环境飞速改变。那些在 100 年前甚至 30 年前根本想象不到的产品现在已经变成了现实。林肯不知道汽车、飞机、收音机和电灯。伍德罗·威尔逊不知道电视机、煤气罐、抗生素、空调、洗碗机，罗斯福不知道静电印刷术、合成杀虫剂、收音机、避孕药和地球卫星，肯尼迪不知道个人电脑、DVD 和万维网。

新技术带来了新的市场机会，但是每一种新技术都会代替一种旧技术。交换器代替了真空管，静电印刷术代替了碳墨技术，汽车代替了铁路，移动硬盘代替了电话记录。当旧技术被新技术打败时，它们的生意就开始冷清了。因此，营销人员必须仔细地观察技术环境。没有赶上技术改变步伐的公司将会发现自己公司的产品过时了，它们同时将会丧失新的产品和市场机会。

美国在研发上处于世界领先地位。研发费用在 2003 年达到了 3840 亿美元。政府是最大的研发投资者，投资达990 亿美元。现在科学家正在研究一系列有前景的新产品和服务，如太阳能技术、电动汽车，以及可以折叠随身携带去任何地方的强大的笔记本电脑等。

现在的研究通常由研究团队来完成，而不是由像爱迪生、富尔顿、贝尔等独立的发明家来完成。很多公司吸纳营销人员到自己的研发团队中来保证公司的营销导向。科学家们也会设想一下令人吃惊的商品，如会飞的汽车、三维电视和太空移民。这些挑战不仅仅是技术上的，同时是商业上的——要创造现实的、顾客可以承担得起的产品。

随着产品和技术变得越来越复杂，公司需要知道自己是不是安全的。因此，政府机构开始调查和取缔潜在的不安全的产品。美国食品和药品管理局采取了严密的措施监控新药。消费者食品安全委员会为检测新药设定了复杂的管理条例。这种管制将导致较高的成本并推迟了新药从研发到生产的时间，营销人员在应用新技术或者开发新产品时必须关注这些限制。

3.2.5 政治和社会环境

营销决策同时受到政治环境的影响，政治环境由法律、政府机构和影响、制约各种组织及个体的压力集团构成。

1. 法律管制业务

在完全自由的经济中，是不需要管制的。好的管制可以鼓励竞争并且保证产品和服务的公平交易。因此，政府制定公共政策——各种各样限制商业行为的法律和管制措施——来指导商业活动。几乎每一项营销活动都会受到法律和管制的约束。

（1）增长的法律管制。法律对于公司的影响近年来有所增加。美国已经颁布了多项法律法规，涉及竞争、公共交易、环境保护措施、公共安全、广告真实性、顾客隐私、包装、命名、价格和其他的一些重要领域。欧洲委员会建立了涵盖竞争行为、产品安全、产品负债和商业交易等的一系列法律。

了解公共政策对于营销活动的影响不是一件容易的事。在美国，法律在不同的层次上制定，如联邦、州和地方，并且这些管制有时是重合的。在达拉斯销售的阿司匹林受到联邦商标相关法案和得克萨斯州的广告法案的限制。此外，管制甚至是不断变化的：去年禁止的现在不一定禁止，过去允许的现在可能被禁止。营销者必须了解这些变化。

对公司采取管制基于以下原因：

首先是保护公司。虽然公司鼓励竞争，但在竞争对自己有威胁的时候，公司会试图阻止竞争。法律可以定义和阻止不公平的竞争。在美国，这样的法律由联邦贸易委员会等机构制定。

第二个目的是在不公平的商业活动中保护顾客。如果不进行管制，一些公司可能会进行虚假广告，通过包装和价格欺骗消费者，制造虚假产品。各种各样的机构都限制了不公平的商业行为。

第三个目的是保护社会利益。营利性的商业活动不一定总能创造高质量的生活，管制保证了公司在生产产品的同时兼顾社会利益。

（2）不断变化的政府机制管制。国际市场通常会遇到很多的机构制定法律来限制交易政策和进行管制。在美国，建立联邦管制的机构包括联邦交易委员会、食品和药品管理局、联邦通信委员会、联邦能源限制委员会、消费者食品安全委员会和美国国家环境保护局等。由于这些政府机构在制定法律方面有酌处权，因而它们对公司的营销表现有影响。

政府还会继续颁布新的法律和强制措施。公司管理层在开发新产品和制定营销战略时必须关注相关法律的发展情况。营销人员还必须了解关于保护竞争、消费者和社会的主要法律，同时还需要清楚不同层面的法律法规。

2. 强调道德和社会责任

成文的法律并不能避免所有潜在的营销滥用，而且现有的法律实施起来也非常困难。然而除了现有的法律法规外，公司业务还会受到社会责任和职业道德规范的约束。

（1）社会责任行为。有远见的公司鼓励管理层遵守法律并只做"正确的事情"。这些富有社会责任感的公司通过积极地寻找各种方法来保护消费者和环境的长远利益。

最近大量关于商业丑闻和环境保护的事件创造了基于道德和社会责任问题的新利益。几乎营销的每个方面都会涉及这些事情。但是，由于这些问题通常会与公司利益发生冲突，所以那些好心人士并不赞同在特定情况下采取正确措施这一做法。因此，许多行业和专业贸易协会建议公司应当遵守道德标准。现在更多的公司正在积极制定各种政策、指南以及其他反应措施来应对复杂的社会责任问题。

迅速发展的网络营销又引起了一系列新的社会和道德问题。一些评论家对在线隐私问题感到非常担忧。网上存在着大量可供使用的个人数据信息，而这些数据中的部分内容是由用户自己提供的。他们主动把一些隐私信息放到了社交（如聚友网）和相关网站上，任何人都可以轻易地从这些网站上找到相关的信息。

尽管如此，公司开发出了大量的系统信息。这些信息主要用于了解它们的客户，而不会涉及处在这一微观环境下的消费者。那些合法公司把信息记录程序安装到消费者的个人电脑上，并从消费者自己制作的网站上来收集、分析和共享这些数字数据。评论家注意到公司已经知道了许多顾客信息，而一些公司有可能通过这些数据信息对消费者的利益实施侵害。虽然大多数公司对其网络隐私政策是完全开放的，且通过使用这些信息可以为顾客带来利益，但是还会发生信息滥用的情况。因此，消费提倡者和政策制定者应当采取一定的措施来保护消费者的个人隐私。

在这部分中，我们介绍了"工作营销"内容——阐明了与主要营销决策相关的公共政策和社会责任问题。这些内容讨论了营销人员需要了解他们所面临的法律问题和共同的道德社会问题。在第6章中，我们还会深入探讨一系列关于社会营销的问题。

（2）公益营销。为了履行社会责任和建立良好的企业形象，许多公司都积极地与那些有意义的活动相联系。现在，几乎每件产品都与慈善联系在了一起。从厨房帮手公司每购买一套石竹家具套装，你就对乳房癌的研究工作做了一份贡献。每从星巴克购买一瓶 Ethos 水就能给的世界上的儿童带来洁净水。只要购买一件史泰博轻松按钮，公司办公用品的零售商就会为美国俱乐部的孩子们捐助 5 美元的资金。乐事网上的"欢乐时光"共享和百事可乐的乐事品牌都会给"愿望成真基金会"捐款。用某些信用卡购买产品，你就可以支持当地的文化艺术或帮助预防心脏病。

事实上，一些公司把自身的使命定位慈善事业。在"价值导向"或"关怀的生财之道"的理念下，它们的使命是通过商业活动让世界变得更好。例如，汤姆斯鞋业是一个营利性公司——想通过卖鞋来赚钱。但现在公司还有一个与之同等重要的非营利性目标——让世界上需要鞋子的孩子们有鞋可穿。从汤姆斯公司每购买一双鞋，公司就会以你的名义把另一双鞋子送给需要的孩子们。

营｜销｜实｜践 3-1

汤姆斯鞋业：欲变世界，先变其身

假如世界只是一个拥有 100 人村庄，100 人中会有 14 个人是文盲、有 20 个人会营养不良、有 23 个人会喝不到洁净的水、有 25 个人会居无定所、有 33 个人会用不到电，而有 40 个人没有鞋子穿。当 Blake Mycoskie 于 2006 年旅行至阿根廷学习马球、练习探戈和从事一些社区服务工作时，上述事件深深地触动他的心灵，特别是最后一件。在这里，随处可见因为贫穷而光着脚的儿童，这些都使他感到震惊。

于是在 2006 年 5 月，Mycoskie 用自己的 30 万美元创办了汤姆斯鞋业，创办理念：顾客每购买汤姆斯一双鞋子，公司便会为全球有需要的孩子捐赠一双鞋子。Mycoskie 先期已经开办了 5 家以盈利为目的的企业。但是他谈道，"我已经准备做一些更有意义的事情，我过去常常想帮助别人，现在正是我做一些不仅仅以盈利为目的的事情的时候了。"Mycoskie 想到了圣雄甘地的名言："欲变世界，先变其身。"

"行善"是汤姆斯使命的重要组成部分，但是有些企业认为盈利、投机才是"行大善"。然而对于汤姆斯，两种使命是并行的。除了在社会上被人们广泛称颂，"买一捐一"的理念也是很好的商业主张。这不仅满足了 Mycoskie 帮助他人的心理，而且他认为："时机的选择也正适合美国的消费者，目前人们的社会和经济意识逐步提升且经济处于低谷，人们正试图

寻求创新和可以支付得起的方式来使世界更和谐。"

带着对"行善"和"行大善"的思考，他结束了阿根廷之旅。回到家后，他雇用了一名实习生，在位于加利福尼亚圣塔莫尼卡的阁楼中着手制造了 250 双鞋子。然后他提着一个塞满鞋子的粗绒袋子回到了阿根廷的那个村庄并对每个孩子分发了一双鞋子，这也是雏形汤姆斯公司的第一次"赠鞋"之旅。Mycoskie 回到家中后在《洛杉矶时报》某版块的头版中发现了描述自己项目的文章。仅仅在两周后 TOMS 创办了起来，在截至到成立当天下午通过他自己的网站收到了 2200 双订单。

到 2006 年 10 月，TOMS 已经销售了 1 万双鞋子。为了实现公司"一对一"的诺言，汤姆斯进行了第二次赠鞋之旅。带着自己的新头衔"汤姆斯鞋业首席赠鞋官"，Mycoskie 同 15 名雇员和志愿者重新回到了阿根廷，在这里他的足迹遍布学校和村庄，又赠送了 1 万双鞋子。

Mycoskie 认为："我们并不仅仅简单地如活动名字所描述的，把鞋子送出去；我们通过把每双鞋子都穿到孩子们的脚上来与他们建立联系，这也是我们品牌的重要组成部分。我们希望孩子们能够感受到爱心、关怀和体验。同样，当我们送出鞋子时，也能够体验到这些感觉。"

"一对一"的创意很快火了起来。随着汤姆斯的传播，一个名为"汤姆朋友"的非营利组织成立了，目的是为"每个人能够体验汤姆斯的使命而提供便利"，参与赠鞋活动并且使工作能够在他们的社区和生活环境中更好地开展。时尚杂志和其他主流出版商撰稿描述 TOMS 的经营哲学和良好业绩。在 2007 年 11 月，TOMS 的雇员和志愿者开展了第三次赠鞋活动，他们来到了南非为 5 万多名儿童穿上了鞋子。

接下来，汤姆斯鞋业将注意力转向了埃塞俄比亚，在那里有 1.1 亿人处于患象皮症的风险中，这是一种由火山土壤中矽土所导致的疾病。儿童们的赤脚吸收矽土会导致象皮病，以及腿部和脚部的严重肿胀，病情的发展需要外科手术的治疗。最简单的预防方法是什么呢？鞋子。作为 2008 年圣诞季活动的一部分，TOMS 提供一份礼品包，内含一双鞋子的证明和一张描述 TOMS 故事的 DVD。活动的目标是在 30 天内为埃塞俄比亚的儿童赠送 3 万双鞋子。

汤姆斯也关注美国的贫困儿童，着手帮助那些还未从路易斯安那州所遭受的卡特里娜飓风中恢复过来的孩子们。同样是在美国，TOMS 开展了针对草根阶层的营销活动，名为"TOMS 漂泊者"。由 TOMS 追随者组成的巡回团驾驶着装满了汤姆斯鞋子的大篷车在全国范围内游历，所到之处他们还帮助学校和社区组织活动。漂泊者活动的目的是唤醒人们对 TOMS 理念的共识、销售鞋子，以及激发更多人参与公司的活动。漂泊者活动被记录于汤姆斯在聚友网的页面（www.facebook.com/TOMSVagabonds），汤姆斯的博客（www.tomsshoesblog.com）和微博（http://twitter.com/tomsshoes）。

截至 2009 年中期，汤姆斯已经销售了超过 15 万双鞋子，也因此额外赠送了相应数量的鞋子。公司营业额超过了 800 万美元，实现了盈利且呈几何级增长。Mycoskie 希望 2009 年能够分别销售和赠送超过 30 万双鞋子。诸如诺德斯特木、城市户外，甚至是天然食品等零售商在全美范围内的 400 多家网店销售汤姆斯的产品。事实上，天然食品是汤姆斯公司最大的客户。

汤姆斯的快速成长是由购买者将汤姆斯的故事告诉他们朋友而引起的。其他的制售鞋企业需要花费 20%的销售额来做传统的广告和促销，而汤姆斯一文也不用花，因为没有这个必要。Mycoskie 认为，"是顾客最终驱动了我们的成功，赠予不仅会使你感觉良好而且也是一种非常好的商业策略，特别是在这个年代，客户会成为你的营销人员。"

此外当汤姆斯获得成功，消费者也会感觉良好。新近的全球调查显示 71%的消费者认为尽管处于经济衰退时期，他们依然为自己认为有价值的理由付出了同样多的时间和金钱。55%的受访者表示如果某品牌可以提出充分的理由，他们可以支付更多的金钱。

汤姆斯是公益营销策略成功的典范，因"行善"而达到"行大善"。Mycoskie 希望他的企业可以激励人们从不同的角度对商业进行思考。他说："我的角度是 TOMS 可以体现企业家们不需要再在赚钱和改变世界之间进行选择，商业与慈善或公共服务之间并没有排外性。事实上，当把它们结合起来时力量是非常强大的。"

资料来源：Quotes and other information from Stacy Perman, "Making a Do-Gooder's Business Model Work," *Business Week Online*, January 26, 2009, accessed at www.businessweek.com/smallbiz/content/jan2009/sb20090123_264702.htm; Blake Mycoskie, "Shoes for a Better Tomorrow," Presentation made March 13, 2009, accessed at www.clintonschoolspeakers.com/lecture/view/toms-shoes-better-tomorrow. Also see Michael Bush, "Consumers Continue to Stand by Their Causes During Downturn," *Advertising Age*, November 17, 2008, p.4; "TOMS Shoes," *Obesity, Fitness & Wellness Week*, December 13, 2008, p.2937; Patricia Sellers, "Be the Change You Want To See in the World," HuffingtonPost.com, October 11, 2008; and information found at www.tomsshoes.com and http://friendsoftoms.org/, accessed November 2009.

公益营销已经成为公司募捐的一种主要的形式。它通过把购置公司的产品或服务和为有价值的慈善事件或慈善机构募捐联系起来，让公司做善事来提高形象。现在公司每年都赞助很多与慈善相关的市场活动。许多都有巨额的预算和丰富的市场活动补给做支持。例如，宝洁公司"潘婷美丽长发"的活动，2009 年因为是最好的公益营销健康活动而获得了公益营销论坛的金灵光奖。

"潘婷美丽长发"活动包含了广泛的营销努力，包括一个活动网站，公众服务电视，印刷广告和促销活动。宝洁让代言人著名影星戴安·琳恩在《今天秀》节目中为募捐剪掉头发，开始了"潘婷美丽长发"的活动。自那时开始，活动在主流出版物，电视节目和网站上积累了超过 7 亿的媒体展现量。目前为止，活动收到了 24 000 多条捐赠的马尾辫，3000 多免费的假发通过美国癌症社区的全国性网络分发出去。和"爱之锁"慈善团体在过去 10 年中创造的假发相比，"潘婷美丽长发"也已经为 EIF 妇女癌症研究基金捐赠了超过 100 万美元，为千千万万受到癌症困扰的妇女和她们的家庭提升了基金的数量，提高了意识。

公益营销也引起了一些争议。批评者担心公益营销不仅仅是一种奉献的策略，更多的是一种销售的策略——公益营销实际上是慈善剥削的营销。因此，实施公益营销的公司可能会发现自己走在一条介于增加销售提升形象和面临剥削指控的警戒线上。

可是，如果处理得当，公益营销可以给公司和慈善事业带来巨大的利益。公司在建立更加积极地公众形象的同时，得到一个极为有效的市场工具。慈善机构或者团体获得更高的关注度和积累基金及支持的重要的新资源。在美国，在公益营销的花费从1990年的只有1.2亿美元猛增到2009年超过15.7亿美元。

3.2.6　文化环境

作者评论

文化因素会对人们的想法和消费产生强烈的影响。因此，营销者应当对文化环境予以特别的关注。

文化环境由能够影响社会基础价值、观念、喜好和行为的制度和其他组织力量构成。人们在一个塑造他们基本信仰和价值观的特殊社会中成长。他们接受这种规定和他人关系的世界观。下面的文化特征能够影响营销决策的制定。

1. 文化价值的持续性

特定社会中的人们持有很多信仰和价值观，其核心信仰和价值观有很高的持久程度。例如，大多数美国人相信工作、结婚、为慈善捐款和为人诚实是有意义的，这些信仰又以更多的特殊态度和行为展现在每日的生活中。核心信仰和价值观从父辈继承给后辈，并通过学校、宗教、商业和政府加以强化。

亚文化和价值观则更加善变。信仰结婚是一种核心信仰；信仰人应该尽早结婚是一种亚文化。营销人员可以有机会改变亚文化，但是几乎无法改变核心信仰。例如，计划生育的推广者应该更多地提倡晚婚，而非不婚。

2. 亚文化价值观的转换

虽然核心价值观相当持久，但文化的改变还是存在的。比如流行音乐组合、电影角色和很多名人对年轻人的发型和衣着的影响。通过预测文化转移，营销人员能发现新机遇或威胁。几家公司提供在这种连结关系上的未来预测。例如，Yankelovich Monitor对消费者价值趋势做了数年的跟踪。它的消费者报告的年表分析并解释了塑造消费者生活方式和他们的市场互动的力量。一个社会的主流文化价值观，在人们对自己及他人的看法，以及对组织、社会、自然、宇宙的看法中表达。

（1）人的自我观。在服务自己和服务他人的侧重点上，人们各不相同。一些人追求个人愉悦，追求享乐，改变和逃避。另一些人通过宗教、娱乐或是事业狂热的追求或其他人生目标，来寻求自我实现。一些人视自己为分享者和参与者；另一些人视自己为个人主义者。人们使用产品、品牌和服务作为自我表达的方式，并且购买那些符合自我评价的产品和服务。营销者应该基于这些自我评价来定位他们的产品和服务。例如，汤姆斯的鞋对那些视自己为更加宽广的世界社区一员的人们有吸引力。与之形成对比，Kenneth Cole的鞋则对时尚的个人主义者更具吸引力。在它的广告中，公司宣称，"每个人的鞋都是不同的"，并且声称Kenneth Cole代表"非均匀思考的25年"。

（2）人的他人观。在过去的几十年里，观察者指出几个人们对于他人态度的转变。例如，最近，许多趋势跟踪者发现一种"保护措施"或者"筑巢"的新浪潮。部分由于对经济衰退的逾期，人们变得较少和别人一起出门，而更多地待在家里。一个观察者称其为"保护措施2.0"，就是说人们最近倾向于健康和家庭的简单欢乐。另一个说，"经济的动荡使消费者产生了不确定感，并且这种不确定使得他们对于待在家里和想方设法省钱更加关注。这是一种传统价值观的回归，就像在家做饭。"

更多保护措施的趋势暗示了对于去剧场、旅行、外出就餐和新车的需求下降，但是对于在家做饭、家庭工程和家庭娱乐产品的需求增加。例如，在过去的休假季节里，像Michaels，Jo-Ann和Hobby Lobby这样的工艺商店销售量增加，因为更多的人转向通过在家制作假期礼物来省钱。"整个国家，人们更多地用手工制作，"Craft&Hobby社团的发言人说，"由于经济衰退，人们在寻找省钱的方式，医生将其称为减轻压力的一种主要方式。"

疲软的经济和蜗居的增长，也给例如高档咖啡制造商和大屏幕电视之类的家庭应用带来增长。消费者电子产品连锁店百思买甚至发布一则广告，称购买一个60寸纯平高清电视不是自我放纵的行为，而是一种为爱付出的行为，一种其他娱乐形式的使用替换。

广告的内容是：一个男人为了结婚卖掉了许多张他先前购买的足球赛季门票，在这之后他仍然可以观看一项大型比赛。他的新娘对此感到十分的惊讶。一位友善的销售员总结说："百思买的另一个爱情故事是在中部可以购买一台 60 寸的电视。"三星电子的营销员说："人们仍然需要生活。即使在经济困难时期，人们也不可能购买一台 62 寸的电视。但是他们可能会购买一台 42 寸的高清电视，因为他们想购买的是可以和家人一起观看的家用电视，并花上 5 美元来在家租电影看，而不是花上 40 美元去电影院看场电影并吃上一顿 80 美元的大餐。"

（3）人的组织观。人们对公司、政府机构关、交易团体、大学和其他的组织的态度不尽相同。总的来说，人们都愿意在那些大公司中任职，同时又期望他们反过来能为自己带来社会福利工作。

在过去的 20 年中，人们对美国的商业政治或组织机构的信任感和忠诚度出现了大幅度的下降。工作中，人们也整体降低了对组织的忠诚度。公司的裁员浪潮滋生了人们的怀疑与不信任。仅仅在过去的 10 年中，由与近期经济衰退而引起失业周期，安然公司、世通公司和泰科公司的丑闻，华尔街银行家的贪婪和不称职所导致的金融危机以及其他不确定的活动进一步降低了人们对于大公司的不信任感。人们不再把工作当成满意的来源，而开始将其看成一种用来享受闲暇时光的赚钱工具。这些趋势意味着组织需要通过一些新的方式来重新赢得顾客和雇员信任。

（4）人的社会观。人们对社会的态度也不尽相同：爱国者想拥护它，改革者想改变它，抱怨者想离开它。人们对他们所处社会的熟悉程度会影响到自己的消费方式以及对市场的态度。在过去的 20 年中，美国爱国者的数量急剧上升。但是，"9·11"事件之后恐怖袭击和伊拉克战争的次数也在急剧上升。例如，在伊拉克战争开始后的第二年夏天，访问美国历史名胜古迹的人数也逐渐增多，从华盛顿、纪念馆、拉什莫尔山、葛底斯堡战场和美国宪法号军舰（"老铁甲"）到珍珠港和得克萨斯州的阿拉莫。顶峰时期过后，美国爱国人员的数量仍然居高不下。最近一项基于"民族骄傲"状况的研究调查表明，在 17 个被调查的民族中美国高居榜首。

为了积极响应爱国产品和促销活动，营销人员可以向消费者提供各种各样关于爱国主题的产品，从爱国花束到爱国服饰。虽然大多数关于爱国主题的营销努力非常雅致且容易被人们所接受，但是在制定与国旗有关的营销活动时应当慎之又慎。以下情况除外，公司把自身的产品销量与慈善捐款挂钩时候，关于国旗的促销活动被看做是一种胜利或悲剧的尝试。因此，在涉及强烈的爱国情绪时，营销人员应当给予更多的关注。

（5）人的自然观。不同的人对自然界的看法也各不相同。一些人感觉到自己受到了自然的控制，另一些人认为人类可以与自然和谐相处，还有一部分人则试图主导和控制自然。长期的趋势是人们通过科学技术来逐渐控制自然，而且坚信自然是取之不竭、用之不尽的。但是，最近人们已经意识到自然是非常脆弱且有限的，它可能会被人类活动所摧毁。

这种新型的对自然界的爱已经创造了拥有 6300 万名追随者、重视健康和环境、崇尚可持续发展的生活方式（LOHAS）的新市场，那些寻求一切事情从自然、有机且营养的产品到节能汽车和非传统医学。每年这些产品仅在这一细分市场的购买力高达 2150 亿美元。

（6）人的宇宙观。最终，人们改变了关于宇宙起源和相关问题。这些年，尽管绝大多数美国人常规的宗教、宗教信仰和习惯在逐渐的改变，一份民意调查显示，15% 的美国人认为他们没有宗教，近乎 30% 的人认为早在 18 年前他们就没有了。

然而，人们迷失于宗教的事实并不意味着放弃了他们的信仰。一些未来学家认为重建精神家园，可以作为更广领域研究的一个新的内在目的。人们正在从物质主义和狗咬狗式的野心中寻找更永恒的价值观——家庭、社会、地球、信念——一种更为确切的对与错领会。有的学者指出："人们的信仰正在发生改变，许多人的精神寄托已经不再是传统宗教了。"这种精神上的改变影响着那些通过看电视和书购买自己想要的商品和服务的人们。

作者评论

除了简单的观察和反应之外，公司还应当对营销环境采取积极的行动。

3.3　对营销环境的反应

有人曾经指出："有三种公司类型，让事情发生的公司、观察事情发生的公司和期望事情发生的公司。"许多公司都把营销环境看成一种不可控的因素，并必须努力去适应它。公司只是被动地接受营销环境而不去试图改变它。他们通过对环境因素进行分析来制定相应的战略，以避免环境带来的威胁并利用其提供的机会。

其他公司对营销环境都采取了积极主动的态度。这些公司通过特定的行动来影响公众和营销环境中的各种因素，而不是简单地对营销环境进行观察及回应。他们通过雇用一些游说者来影响与其所处行业有关的法律。同时他们为了获得好的媒体覆盖率而举行了许多媒体活动。他们利用"社论式广告"（对广告发表社评）来引导公众的舆论。他们通过提起诉讼和文件投诉来使竞争者遵守竞争规则，通过合同来更好地控制分销渠道。

有些公司经常通过采取行动来克服那些似乎不可控制的环境因素。例如，一些公司认为网上的谣言是不可控的，但有些公司则会主动出击阻止或应对那些恶意的谣言。

营销管理者不可能控制了所有的环境因素。在许多案例中，公司只能对特定的环境做出简单的关注和反应。例如，一家想要影响人口地理的变动、经济环境和主流文化价值的公司成功的几率微乎其微，但这也不是完全不可能的。那些聪明的营销管理者会对营销环境采取积极的前瞻性活动，而不是被动地回应。

营|销|实|践 3-2

网站：**YourCompanySucks. com**

互联网被众多营销人员奉为伟大的新媒体。企业可以通过网络来吸引顾客，了解他们的需求，以及创建客户社区。相对应地，顾客可以通过网络与企业及他人分享品牌经历。这种双向互动既有助于企业，也有助于顾客。但是有时这种互动非常令人不愉快，请考虑下面的例子：

MSN 投资频道的专栏作家斯科特·伯恩斯谴责家得宝是消费者时间的"一贯肆虐者"。文章发布后的数小时内，MSN 的服务器因对家得宝不满意的顾客投出的 14 000 多封批评邮件而崩溃，评论区中充满了愤怒的顾客，他们认为家得宝应该改进相当多项目。这个事件也是 MSN 投资频道有史以来反响最强烈的事件。

博主杰夫·贾维斯在他的博客 BuzzMachine 中发表了一系列令人愤怒的信息，这些信息是关于他的戴尔电脑以及就该电脑与戴尔客户代表之间的恼人经历。该文章迅速引起国内的关注，杰夫给戴尔创始人迈克尔·戴尔的公开信曝光后更成为博客圈中点击量第三高的博文。杰夫博文的题目，"戴尔地狱"，成为势单力薄博主对受人信任企业有力一击的缩影。

系统工程师迈克尔·华福清晨醒来后发现自己心爱的苹果笔记本 Macbook 不能正常使用，幸好这台笔记本还没有过保修期限。华福带着这台笔记本来到当地苹果经销商处，柜员很亲切地将该台笔记本返厂修复。然而华福随后收到了苹果客户服务代表的电话，声称他送修的笔记本是由于"溅洒液体"损坏的且这种损坏方式并不在保修范畴内，如果需要修复必须额

外支付 774 美元。华福解释道："我并没有在电脑上溅洒任何液体啊。"可苹果客服代表说："很遗憾。" Macbook 被退了回来且没有得到任何维修。但是事情并没有结束且远非如此，不久之后华福在 YouTube 公布了一段视频（www. youtube. com/watch? v = hHbrOqrgVgg）。视频描述了表面上看似理性的华福平静地在高尔夫球棒、斧子和剃刀间挑选着工具，最后他选中了长柄大锤作为工具将已经失去功能的 Macbook 砸成了碎片。超过 475 000 人在 YouTube 上点击并观看了这段视频，很快该视频被无数的博客和网站转载。

这些是极端事件吗？不，Web2.0 颠覆了传统企业与顾客间的关系。在卖家主导市场的年代里，不满意的顾客至多向企业的客服代表大吼几句，或者在店外的某个角落来发泄他们的抱怨。而现在仅仅通过电脑和宽带连接，消费者便可以将他们的不满公之于众；他们可以在博客、聊天室和在线社区中发牢骚，甚至可以在网上为最不喜欢的公司投票。

企业到底应如何应对网络指责呢？被指责企业的真正困惑是估计出自身在多大尺度内反应，既可以维护自己的形象也可不再进一步激发顾客已有的怒气。众多专家同意的观点是：企业千万别试图以牙还牙地报复。一位分析师认为："这并不是回应最初指责者的最好方式，明智的方法应该是先发制人地回应、承担应有的责任和得体的正式交涉"。

一些企业试图通过诉讼来压制这些指责，但是几乎没有企业能够成功。法庭倾向于将这种批评视为一种观点，进而将其作为受保护的言论。

一般来说，试图限制、反击和消除批评言论都是目光短浅的行为，这种指责往往是来源于顾客现实中所关心的问题和未解决的苦恼。因此解决问题的上策或许是预先监控这些网站并对顾客所述的内容做出回应。一位咨询师建议道："商家最应该做的是与顾客倾心协商并努力解决问题，而不是掩耳盗铃。"

比如说，当家得宝首席执行官弗朗西斯·布雷克留意到 MSN 投资频道中所表述的猛烈抨击并及时做出积极的回应，他的行为就赢得了赞誉。弗朗西斯诚心实意地发表了一封回信，他在信中对斯科特·伯恩斯的批评表示了谢意，且向恼怒的顾客致歉，并承诺公司以后会做得更好。在 YouTube 公布相关视频一月之内，苹果公司承认自己行为欠妥并且为迈克尔·华福更换了笔记本电脑。华福说："我现在非常开心，苹果公司又重新赢得了我的信任，我想我最后引起了他们的注意"。

目前许多企业已经建立了专家团队来监控网络言论并对不满意的顾客承担责任。自"戴尔地狱"事件后，戴尔成立了由 40 名成员组成的"社区与社交团队"，他们深入到微博中与广大博主进行交流沟通。西南航空的社会媒体小组包括一位首席微博官、网络代表和其他成员，首席微博官的工作主要是追踪微波

评论并监视聚友网的访客们，网络代表的主要工作是查清事实并与博主们进行沟通，其他成员的主要工作是了解出现在诸如 YouTube、Flickr、LinkedIn 等网站涉及公司的事件。

因此通过监听并对现实环境中不可控事件的及时回应，企业可以防止消极事件进一步扩散，甚至可以将其化为积极事件。如果沃尔玛正确地做出回应，www.WalMart-blows.com 也许会变成 www.WalMart-rules.com。也许哪天又会变回来，这谁也不清楚。

资料来源：Quotes, excerpts, and other information from Michelle Conlin, "Web Attack," *Business Week*, April 16, 2007, pp. 54-56; "Top 10 Service Complaint Sites," *Time Out New York*, March 8, 2007, accessed at www.timeout.com; Jena McGregor, "Consumer Vigilantes," *Business Week*, March 3, 2008, p. 38; Christopher L Marting and Nathan Bennett, "Corporate Reputation; What to Do About Online Attacks," *Wall Street Journal*, March 10, 2008, p. R6; Carolyn Y. Johnson, "Hurry Up, the Customer Has a Complaint," *Boston Globe*, July 7, 2008; and "Corporate Hate Sites," New Media Institute, accessed at www.newmedia.org/cate-gories/Hot-Topics-&-lssues/Corporate-Hate-Sites/, April 2009.

概念回顾

在本章与接下来的两章中，你将会学到检查市场营销的环境以及企业如何分析这些环境来更好地理解市场与消费者。为了发现机遇跟避开威胁，企业必须持续关注和管理好营销环境。营销环境包括所有影响企业有效同目标市场进行商业交易能力的推动因子跟阻力因子。

1. 描述影响企业服务客户能力的环境力量。 企业的微观环境包括有关企业的其他因素，这些因素一起形成企业的价值传递网络以及影响它服务客户的能力。当它影响营销决定的形成，微观环境包括企业内部的环境（它的一些部门与管理层）。营销渠道公司（供应商和营销中介，包括转销商、物流公司、营销服务中介还有金融中介）合作来创造客户价值。五类客户市场包括消费者、商家、转销商、政府以及国际市场。企业相关的竞争者在一定程度上是为了更好地服务客户。最后，各种公共机构对企业达到目标的能力有着实际或潜在的兴趣和影响。

包含更大社会力量的宏观环境影响着整个微观环境。组成企业宏观环境的六大力量包括人口统计、经济、自然、技术、政治和文化力量，这些力量向企业展示着机会和威胁。

2. 解释人口统计跟经济环境的变化如何影响营销决策。 人口统计学是研究人口特征的科学。今天的人口统计环境显示出一个变化的年龄结构、一个变化的家庭轮廓、地理上的人口转移、一个更好教育和更多白领阶层以及多样化的增加。经济环境包含影响购买力和购买模式的因素。经济环境正在以更多消费者考虑价值和消费者消费模式的转型为特征。今天的消费者正在寻找更大的价值——就是良好的质量和服务与合适的价位的组合。收入分配也在转变：富人变得更富，穷人变得更穷，中产阶级正在萎缩，导致一个双层的市场。

3. 识别企业在自然和技术环境中的大趋势。 自然环境显示三个较大的趋势：一些原材料的不足、污染的加剧以及更多自然资源管理上的政府干预。对环境的担忧为警觉的企业创造营销机会。技术环境在创造机会的同时也会带来挑战，无法跟上技术改变的企业会错过新产品和营销机会。

4. **解释政治和文化环境上的关键变化**。政治环境包含影响和限制营销行为的法律、机构和组织。政治环境已经遭受影响世界范围营销的三次变化：商业管制法规的增长，强大的政府机构执法以及对道德和对社会负责的行为的注重。文化环境由影响社会价值、观念、偏好和行为的制度和因素组成。环境显示趋向茧茧状，制度信任的降低，爱国情绪的增加，更好地享受自然，唯心论的转变以及对更高、更持久价值的追求。

5. **讨论企业能怎么样对营销环境做出反应**。企业可以被动地接受营销环境，将它看成是它们必须适应的一个不可控因素，规避威胁、利用机会。或者它们可以采取一个主动的立场，努力改变环境而不仅仅是随着它反应。不管什么时候，企业都应该尝试主动而不是被动反应。

问题讨论

1. 比较一个企业的微观环境和宏观环境。
2. 描述影响企业营销环境的各类公共机构。
3. 讨论营销者必须意识到的经济环境趋势，然后对于各种趋势的反应提供企业案例。
4. 讨论营销者必须意识到的自然环境趋势，然后提供应对这些趋势的企业案例。
5. 讨论一个企业会雇用华盛顿说客的主要原因。同一个企业在自己州内雇用说客是不是有意义，为什么？
6. 营销人员应该如何面对变化的环境。

问题应用

1. 企业一个重要的宏观环境力量是社会/文化环境，尤其是国际市场。在一个小组里，选择一个国家，至少讨论三种跟美国不同的文化环境元素，以及它们是如何影响企业经营的。
2. 公益营销在最近十年大幅增长。访问 www. causemarketingforum. com，学习因精彩的公益营销项目获得 HALO 奖的企业，在班上展示一个得奖案例。

营销技术

假如你认为开着丰田普锐斯每加仑油开 50 公里不错，那么 230 公里怎么样，或者 367 公里？好吧！你将会看到来自大大小小汽车制造商的新品种汽车兜售这个层次的水平。2010 年，寻找通用汽车公司的沃特和日产的聆风，但是还有来自诸如 V-Vehicle 的不知名的新厂商，一个加利福尼亚的电动车公司，该公司由亿万富翁 T. Boone. Pickens 支持。这些汽车从混合（汽油跟电力的组合）到纯电动汽车。然而，这种表现水平需要付出很高的代价。虽然消费者会因为购买这些车而收到意料中的 7500 美元的税务减免，但是沃特 40 000 美元的价格仍然吓人。而且，公共充电站的缺少也带来了重大的挑战，尤其对于诸如聆风的全电力汽车，它们每 100 公里就需要充电。而且有人可能会质疑所宣称的效率，特别是环保署依然采用公里耗油量作为评估指标的情况下。

1. 营销环境中的什么因素对汽车制造商展示了机会或威胁？
2. 诸如 V-Vehicle 的新汽车制造商跟类似福特、通用、克莱斯勒、丰田、本田、日产、沃尔沃、现代、宝马、奔驰等老牌汽车制造商有竞争的可能吗？营销环境中的什么因素会带来或阻止竞争者？

营销道德

你可能听过诸如血管成形术以及血管内支架经常在成人中实施的心脏手术，但是这样的心脏手术技术、装置以及相关的医药并没有在婴幼儿中使用，尽管美国每年有几乎 40 000 个新生儿需要它们，通常他们生来就有心脏缺陷需要修补。对于很多幼小的病人来说这是一个生死攸关的境况，然而医生必须临时准备那些为成人设计跟测试的装置。比如说，医生对婴儿的心脏使用一个成人肾脏球就是因为对于新生儿的动脉瓣来说这是合适的尺寸。然而，手术中这种装置是不允许的。为什么为心脏动脉市场开发的特定装备和医药不用在孩子上呢？这是经济学上的问题，婴幼儿患者的数量太少。一位前沿的心脏病专家将这种不一致归咎于孩子市场和成年人市场心脏病治疗的获利差距。对企业来说这倒是有经济上的意义，但是对于这些婴幼儿患者的家长来说毫无安慰可言。

1. 讨论作用在医疗装置和制药企业并使得它们拒绝满足婴幼儿市场部分需求的环境力量，这些企业拒绝满足这部分需求是错的吗？
2. 提出这个问题的一些解决方法。

营销挑战

当经济发展把费用全附加在零售行业时，阳光却照耀在 Netflix 公司上。这个公司业务发展如此好以至于在最后期限的几周前就完成了最近的订户目标。在 2008 年总共有 180 万名电影观众加入了 Netflix 公司，比前些年增长了 24%。显而易见，所有这些新消费者对公司的财务增长是有好处的。消费者或许就像他们总是说得那样列出一些他们选这个公司的原因，包括：不用出家门就可以很方便地租到影碟、有超过 100 000 种 DVD 目录可供选择、月费用低。但公司最近的好运气或许也有因为消费者在寻找不太贵的娱乐方式导致。这也甚至或许是因为消费为了逃避财务损失和糟糕的经济形势而带来的忧郁情绪。不管怎样，Netflix 公司显示出了经济衰退之势。

1. 评估促使 Netflix 公司近几年成功的宏观环境趋势。
2. 你认为什么趋势最有可能是使 Netflix 公司在经济衰退中成长的原因。

营销算术

许多市场营销的决定最终归结于数据。一个重要的问题是：在一个给定的市场领域中什么是市场销售潜力。如果一个市场的销售潜力不足以证明可以促使形成那个市场，那么公司就不会为那个市场提供产品和服务，即使它们认识到这里存在市场需求。考虑一下上一章中讨论过的婴幼儿市场领域，很明显，它需要药物产品来挽救孩子们的生命。然而，那些公司还是不会去开发这个市场。

使用附录 B 中描述的连锁比率方法：用数据市场营销估计用以满足婴儿和儿童市场领域需求的心脏导管插入术产品的市场潜力。假设每年有 40 000 儿童有心脏缺陷、60% 的儿童可以从这类产品中得到好处并且他们的家庭中只有 50% 有经济来源获得这种治疗。而且假设一个设备的平均价格为 1000 美元。

研究医学设备市场并比较不同设备的市场销售潜力，那些公司放弃婴儿和儿童市场领域是正确的吗？

第 4 章

营销信息的管理

概念预览

　　本章中，我们将继续探讨营销者如何了解客户和市场，学习公司如何开发和管理关于重要市场因素——顾客、竞争者、产品和营销计划的信息。为了在现在的市场中取得成功，公司必须知道如何把大量的营销信息转化为最新的客户洞察，进而向顾客传递更有用的价值。

学习目标

1. 解释获取关于市场和客户洞察信息的重要性
2. 定义营销信息系统并讨论其组成部分
3. 描述营销研究的过程
4. 解释公司如何分析和使用营销信息
5. 讨论营销研究者所面临的问题，包括公共政策和道德问题让我们先来看看宝洁公司对市场的调研和顾客的洞察情况。宝洁公司是全球最大和最受尊敬的销售公司之一。宝洁创建和销售着许多消费类品牌，包括汰渍、佳洁士、帮宝适、品客、吉列、玉兰油、封面女郎、潘婷、金霸王，以及其他数以百计的品牌。公司的目的是提供产品以"改善全球消费者的生活"。宝洁的众多品牌也的确为消费者解决问题提供了价值。要想与消费者建立富有内涵的关系，企业首先必须理解他们，并知道他们是如何与公司的品牌产生联系的。

第一站

宝洁：长远的客户关系得益于对消费者的深度洞察

创造客户价值、建立长远的客户关系，这些听起来都是比较长远的目标，特别是对于像宝洁这样的公司，销售着一些消费者涉入程度较低的日常用品，如洗洁剂和洗发水、牙膏和织物柔顺剂，以及卫生纸和纸尿裤。公司可以在消费者和洗衣粉之间建立一种长远的关系吗？对于宝洁公司，这个响亮的答案是：完全可以，但公司必须首先很好地了解它的客户。

六十多年以前，宝洁公司的汰渍品牌对行业进行了变革，首次使洗衣粉采用合成化合物，而不是肥皂配方来清洗衣物。汰渍洗衣粉真正地使衣物变得洁净。几十年间，营销人员将汰渍品牌定位于效果出众的洗涤产品，并通过用力敲打衣物的广告来展现清洗前后的对比。但是当新产品问世后，汰渍的功效就不仅仅是清洗掉旧牛仔裤上的草渍。

因此，近几年来宝洁一直坚持自己的客户调研使命，即深入发掘和培育消费者与公司产品之间的关系。该战略背后潜藏着一个现实，也就是其他竞争者很快可以复制产品的优势，如洗涤能力，然而，他们不能轻易地复制消费者对品牌的感觉。因此，宝洁真正的强大之处在于公司建立的品牌与顾客之间的关系。

在这种规律的作用下，汰渍的营销团队认为品牌需要展示一些新的信息。虽然汰渍的品牌份额依然很大，但是近些年已经停滞不前。同样作为用力敲打衣物广告的结果，消费者认为汰渍品牌骄傲自大、固执己见并且非常男性化。汰渍品牌需要重新获得主流女性消费群体的重视和关注。

营销团队开始着手对经常清洗衣物的女性进行更深入理解。宝洁的营销管理者、营销战略规划者和公司的长期广告代理商盛世长城决定在更深的层面上进行调研，而不是仅仅进行常规的焦点小组和营销调查。他们进行了为期两周的顾客全接触式调研。他们在密苏里州的堪萨斯和北卡罗来纳州的夏洛特选择了部分女性，同她们待在一起，无论她们工作、购物还是出去办什么差事，调研人员都伴其左右旁听她们的谈话以了解什么对她们重要。

汰渍的营销管理人员认为："我们的调研进行得非常深入和私人化，我们希望能够明白洗衣在她们生活中所扮演的角色"。但是盛世长城广告公司的一名研究调研效果的策略家补充认为："非常重要的一点是我们并没有与消费者谈论关于她们的洗衣习惯和行为等问题，而是与她们探讨生活、探讨她们需要什么、探讨作为女性的感觉，因此我们获得了许多以前没有发掘出来的丰富素材。"

全接触式调研使公司掌握了许多典型的消费者内在见解。汰渍的营销人员得知虽然汰渍和洗衣都不是消费者生活中最重要的事情，但女士们对自己的衣着却是非常感性的。比如说一位体态丰韵的离异女士认为，当她穿着一套非常简洁又特别性感的套装时，如果能得到男友的欣赏，她会感到非常开心。宝洁的一份报告认为，"女性生活中的日常织物承载着许多内涵并且通过多种途径来触动她们。女士们喜欢细心呵护她们的衣服和织物，因为这些衣物中饱含着情感、故事、情绪和回忆。她们生活中的织物，无论是牛仔裤还是被褥单，都能够表达她们的个性、态度，表达她们作为女性的多面性。"

为了与没有参加这次旅程的汰渍团队成员以及盛世长城中富有创造力的广告人员分享此次调研活动，代理商对本次全接触式调研进行了录音并准备了书面材料，而且聘请女演员在时长一小时名为"她的片段"的舞台剧中再现消费者。盛世长城的主管认为："她们的确是非常优秀的演员，她们展示了生活中女性的方方面面。有时很难激励这些创意人员，但对这出舞台剧的反应却是令人难以置信的，有欢笑也有泪水，你可以在他们以后的作品中看到这些。这才是与女性消费者真正的接触。"

市场调研要影响到阻碍品牌发展的各个方面。营销人员认为汰渍不仅仅只是解决女士们关于洗衣的问题，它可以使女士们真正关心的方面变得与众不同，也就是与她们生活相接触的织物。

基于这些观点，宝洁和盛世长城公司启动了一次极具针对性的广告活动，活动建立围绕的主题是"汰渍最知衣物"。广告主要不再是以前那种冷酷的洗衣效果证明和并排式的洗衣效果对比，新的广告活动采用了丰富的视觉图像和更具内涵的情感联系。"汰渍最知衣物"的口号很少体现洁净的含义，而是表达出汰渍可以让女性更多地关注生活中重要的事情。一名汰渍营销人员认为："我们重新树立的一句口号就是从洗衣篮中解放出来投入到生活中去"。

最初"汰渍最知衣物"的广告只是情感联系和感受型广告的结合。在一则电视广告中，一名怀孕的妇女将冰激凌滴到了她仅剩一件合体的衣服上，是漂白型汰渍解决了问题，于是可以认为"您的衣服战胜了您的欲望"。另一则广告展现的是母亲第一次抱着孩子然后很浪漫地拥抱自己丈夫的动人场景，并且始终伴随着歌曲"我的宝贝"的动人旋律。纺必适型汰渍的广告体现的是"妈妈的气息与女性的气息之间的不同"。

在第三则广告中，一位母亲和她的女儿在公园中游玩，而她却穿着办公室中白色宽松的便裤，这体现了她对漂白型汰渍的信任。广告画外音总结道："你的工作服，你的休闲服。对！是同一套衣服。漂白型汰渍：看起来更闪亮，这是儿童的游戏。"总之，"汰渍最知衣物"的活动向女士们展示了汰渍的确可以使与生活紧密相关的织物与众不同。

因此，回到最初的问题：你可以与洗衣粉品牌建立关系吗？来自宝洁全接触式调研的答案是这样的关系不仅仅是可能，而且是不可避免的。确切地明白并形成这种关系的关键是为消费者创造真正的价值，汰渍品牌在创造客户关系方面是最成功的。在竞争激烈且错综复杂的洗衣粉市场中，宝洁公司的旗舰品牌占据了令人难以置信的43%的市场份额。在这43%且依然增长的市场份额中，有7%是来自"汰渍最知衣物"的活动开展之后。

如果你向前宝洁全球营销负责人及顾问詹姆斯·斯坦格尔询问公司的经验，他会告诉你成功来自对消费者深入的了解和接触，这也是宝洁所有品牌的生命。这样的理解来自深入的市场调研，不仅仅是产品和营销手段等方面，更多的是核心客户需求和品牌经历等方面。斯坦格尔认为："这不仅是告知和销售，而是你所做的一切可以带来客户关系体系。"一个公司需要"从消费以外的角度去考虑……并且真正了解角色和品牌存在的意义"。

正如宝洁的故事中给我们的启示一样，好的客户信息是公司生产优质产品、制定合理营销计划的起点。公司还需要充分了解关于竞争者、转销商和其他活动者的信息，以及市场上的其他因素。然而对于那些营销主管而言，他们不仅要收集信息，还需要通过这些信息来获取强大的客户和市场洞察。

4.1 营销信息和客户洞察

作者评论

营销信息本身并没有什么价值，而真正的价值在于从这些信息获取客户洞察以及如何运用它们来做出更好的营销决策。

为了给客户创造价值并与之建立良好的客户关系，营销人员首先必须及时并深入地了解客户的需求和需要。公司可以使用这些客户洞察的信息去发展竞争优势。一位营销专家指出："在今天充满竞争的世界里，竞争优势的比赛实际上是一场获取客户和市场洞察的比赛。"良好的营销信息是获取这种洞察的来源。

尽管客户和市场洞察对创造客户价值和建立客户关系非常重要，但是这些洞察信息的获取却非常困难。通常，顾客的需求和购买动机不是很明显——消费者通常不能准确地告知他们需要什么以及为什么购买这些产品。营销人员必须从大量的资源中有效地管理市场信息，从而获取更好的客户洞察。

今天的营销者能够轻而易举地获得大量的市场信息。同时，由于信息技术的爆发，公司现在可以生成大量的信息。事实上，大多数的营销管理者——大部分人——经常会由于数据过多而感到非常沮丧。以一件关于信息环境的惊人事实为例：

据估计，《纽约时报》一周内所承载的信息量已经超过一名 18 世纪居民一生所能遇到的信息量。新技术信息的数量每两年翻一番，假如一名学生现在开始修读一个四年制的技术学位，他在第一学年前半年所学到的内容将会在第三学年成为过时信息。日本通信业巨头日本电报电话公共公司成功地测试了一种光纤电缆，这种电缆的一根光纤每秒能传递 14 万亿比特。这相当于 2660 张 CD 或每秒 2.1 亿部电话所承载的信息量。目前这个信息容量有望每六个月提升三倍，并且在接下来的 20 年中都有望以该速度增长。

虽然营销管理者能够获取大量的信息，但他们还是经常抱怨说自己所需要的信息不够充分。他们需要的不是"更多"的信息，而是"更好"的信息，并且还能充分利用已有信息。另一位信息专家指出："对于数字时代的营销人员而言，最大的挑战是如何将今天大量的、不断增加的消费者信息转化成可行的营销洞察力。"

因此，营销研究和信息真正的价值在于如何使用——所提供的客户洞察。一位营销信息专家说："那些致力于搜集、传播并能有效地使用客户洞察的公司可以为它们的品牌赢得强势、盈利且持续的竞争优势。"基于这一考虑，现在许多公司正在对其营销研究和信息的功能进行重新调整和命名。它们创立了一个由公司各职能部门代表组成的"客户洞察小组"，该小组从海量的资源中收集消费者和市场信息——从传统的营销研究报告到混合研究报告，从观察消费者到监控消费者关于公司及其产品的网上评论。然后，他们再使用营销信息来开发重要的客户洞察，从而能为其客户创造更多的价值。例如，联合利华公司的客户洞察小组称他们的使命非常简单，即"更好地了解消费者并满足他们的需求。"

尽管如此，公司在收集并使用客户洞察时，一定要谨慎小心不能太过夸张了，否则就会变成客户控制。这并不意味着向消费者提供他们所需要的一切，而是理解消费者真正的想法，并提供他们所需要的东西——一种能为公司获取利益并为消费者创造价值的方式。

iPod 并不是第一款数字音乐播放器，但苹果却是第一家可以把它做得非常好的公司。苹果公司的研究显示了消费者希望购买什么样的数字音乐播放器，他们希望把所有的歌曲都载入播放器并且希望个人音乐播放器比较素雅。这个观点得出了两个重要的设计目标：将播放器设计得如一副牌一样大小，使播放器可以存 1000 多首歌。苹果产品在设计上增加了视觉冲击效果和实用性，这是其取得巨大成功的秘诀。iPod 不断扩大的产品线目前已经获得了超过 75% 的市场份额。

关键客户洞察，再加上独特的设计与魔幻的使用方法使得 iPod 成为风靡全球的热门产品。现在，其市场占有率已经超过了 75%。

因此，公司必须设计出有效的营销信息系统——能在正确的时间，以正确的方式向经理们提供正确的信息，从而帮助他们通过使用这些信息来创造客户价值并建立强大的客户关系。**营销信息系统**（marketing information system，MIS）是由人和一系列过程组成的，这一过程包括评估信息需求，开发有用的信息，帮助决策制定者使用这些信息，进而产生并确定可行的顾客和市场洞察。

图 4-1 表明了营销信息系统开始和结束都是信息的使用者——营销经理，内部和外部的合作者和其他那些需要营销信息的人们。首先，营销信息系统和这些信息的使用者进行沟通来评估信息需求。其次，它通过与营销环境进行沟通，并从公司的内部数据库、营销情报和营销调研中得到自己所需要的信息。最后，营销信息系统可以帮助信息使用者分析并使用这些信息来发现客户洞察，制定营销决策，以及管理客户关系。

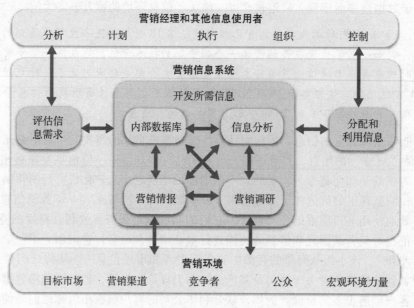

图4-1 营销信息系统

4.2 营销信息需求的评估

营销信息系统主要是为公司营销和其他经理们服务的。但是,它同样为其他的外部合作者提供信息,如供应商、转销商和其他的营销服务机构。例如,沃尔玛的零售链系统就向其关键供应商提供关于顾客购买方式和存货等信息。同时,戴尔公司专门为他们的大客户定制了网站——第一网页,这些客户可以通过这一网站接触到有关产品设计、订购情况,以及产品支持和服务的信息。在设计营销信息系统时,公司必须考虑所有信息使用者的需求。

一个好的营销信息系统必须能够平衡那些信息使用者真正需要的信息和可以获得的信息。公司还要通过与管理者面谈来得知他们真正需要哪些信息。一些管理者可能在还没有考虑清楚自己需要什么样的信息时,就给出了答复。信息过多或过少对公司来说都是非常有害的。

其他管理者可能会忽视那些自己已经知道的信息,或者他们本身也不知道自己到底需要哪些信息。例如,人们经常在博客和社交网站上讨论某公司的品牌,因此管理者需要知道这些有利或不利消费者论坛的讨论情况。如果管理者对此一无所知,那么他们就不知道应该提出怎样的问题。为了能更好地了解顾客并制定有效的营销决策,这就要求营销信息系统必须能监控营销环境,进而为决策制定者提供他们需要的信息。

有时,公司不能提供其所需的信息,原因可能是信息的可获得性较差,或者营销信息系统有问题。例如,一位品牌经理想要知道竞争者明年将会如何改变自己的广告预算以及这些变化如何影响行业的市场份额。通常公司是不可能获得这些预算信息的,即便知道了预算信息,公司的营销系统也没有先进到可以根据竞争对手预算的变化来预测市场份额的变化。

最后,获得、处理、存储和传递信息的成本十分昂贵。公司必须确定从附加信息中所获得的洞察收益是否高于其为此所支付的成本,并且很难估算出这类信息的收益和成本。营销信息本身是没有价值的,它的价值来源于其用途——提供客户洞察和影响决策制定。因此,营销者就必须在获取更多信息所带来的收益与为此所付出成本之间进行仔细地衡量。

4.3　营销信息的开发

营销人员可以从公司的内部数据库、营销情报和市场调研中获得他们所需要的信息。

4.3.1　内部数据库

很多公司都建立了强大的**内部数据库**（internal databases），即从公司内部数据信息源中获得关于消费者和营销的电子信息集合。营销主管可以通过使用这些信息来识别市场机会与威胁、制定项目计划和评估企业业绩。内部数据库可以为公司提供强大的竞争优势。一位市场分析师指出："与自身记录紧密联系在一起的能力是一项重大但尚未得到开发利用的资产，这是其他竞争对手所无法比拟的。"每家公司都拥有一座"现有数据库的金矿——这是一座拥有巨大潜力但还尚未被人们意识到的金矿。"

数据库中的信息有许多来源。营销部门提供关于顾客人口、心理、销售交易记录和网站访问量的信息；客户服务部门记录关于顾客满意和服务问题的信息；会计部门提供财务报表并详细记录公司销售额、成本以及现金流的信息；运营部门提供关于生产计划、发货状况和存货的信息；销售部门记录转销商的反映状况和竞争对手的行为；同时，营销渠道合作商则提供关于销售网点的交易数据。每家公司都可以充分利用以上这些信息来提升自身的客户洞察和竞争优势。

以美国纽约的高级零售商巴尼百货商店为例。巴尼百货商店发现了顾客浏览量和购买数据中所包含信息的价值。据一位商业记者所述：

垃圾邮件是大多数在线零售商没有及时更新其顾客记录的铁证。也就是说，目前我的垃圾邮箱中有 Petco. com 关于猫窝的广告（我是一个爱狗的人），Staples. com 关于视窗软件的广告（我是一个喜欢苹果机的女孩），四则关于伟哥的广告。但是来自巴尼百货网站的邮件却是大不相同。巴尼百货商店知道我喜欢珠宝和瑜伽，最近的巴尼百货邮件写道："喜欢吗？詹妮弗·梅耶·奥姆项链。"我的确喜欢它，巴尼百货是怎么知道的呢？它是通过分类数以百万计点击公司网站的匿名人群并预计谁有可能在什么时候、以何种价格购买哪一款产品得出结论的。

深入地发掘这些数据有助于对消费者的购买行为提供可行的观点。巴尼百货获取顾客是基于他们全方位的习惯，比如"时髦人"就是那些新产品发烧友，"底部供养者"就是那些经常购买打折商品的人，还有那些化妆品狂热者。巴尼百货网络营销负责人认为："我们甚至知道消费者什么时候用完了洗发水，因此我们可以及时地发送提醒邮件。"顾客并未感到被暗中窥探而是觉得兴奋，因为这条信息是有用的。

良好的目标选择有助于减少无效的营销努力。一名销售负责人说："我们过去花 9 万美元在《纽约时报》上做整版广告。然而通过网络，我们可以通过一封邮件向 10 万名顾客介绍朗万的箱包，其中的 9 万名顾客也许并不知道什么是朗万箱包。"目前只有那些被巴尼百货识别为箱包忠实者才会得到这样的邮件，并且回应率增长了 10 倍左右。巴尼百货目前正考虑将这种分析扩展至它的商店，像追踪顾客一样追踪商品，将店内的商品和在线销售结合起来。

与其他信息资源相比，内部数据库的获得可能会更加快速、廉价，但是也存在一些问题。因为内部数据库是由于其他原因建立起来的，因此对于营销决策而言，这些信息可能不完整或不正确。例如，公司财务部门的销售和成本数据是为公司财务报表准备的，公司可以利用这些信息来评估具体客户细分的价值，企业销售能力或营销渠道的绩效。数据往往很快就会过时，不断更新数据就变得非常重要。除此之外，一家大公司就能产生海量信息。因此，为了方便管理者有效地使用这些信息，公司必须具有很好整合数据库中信息的能力。同时，这些数据信息的管理对公司的设备和技术提出了很高的要求。

4.3.2 竞争营销情报

竞争营销情报（competitive marketing intelligence）是对市场营销环境中关于顾客、竞争者以及发展状况这些公开且有用的信息进行系统的收集和分析。竞争营销情报的目标是改善战略决策的制定，其方法包括了解消费者环境，跟踪和评估竞争对手的反应以及提供关于市场机会和威胁的前期信号。

随着窃取市场情报、窥探竞争对手行为的公司越来越多，营销情报的搜集也在迅速增长。搜集营销情报的手段包括从关注网络话题或直接观察消费者到考察公司的员工，分析竞争对手的产品，研究互联网信息，监视产业展示会，甚至还可以从竞争对手的垃圾箱中发现有用的信息。

好的营销情报可以帮助营销人员了解消费者对公司产品的看法，他们是如何同其品牌建立联系的。许多公司派出多个由受过专门培训的观察者所组成的团队，让他们在与顾客的交往中来搜集顾客使用和谈论公司产品的情况。其他公司则经常通过像尼尔森在线或 Radian6 这类监控服务机构的帮助来密切关注消费者的网上聊天情况。例如，Radian6 可以帮助公司跟踪几乎所有的在线聊天记录：

社会媒体使人们比以前更容易去分享、去交谈、去表达他们的观点、需求、想法和不满。人们通过数以百万计的博客、微博、视频和日常评论来实现。企业面临的严峻任务是精确地找到所有关于他们公司品牌的谈话。Radian6 的网页给企业提供了网络平台，使公司可以在整个社群网络中倾听和知晓客户、分享和参与到客户中去。Radian6 的网络仪表盘提供了实时监控，包括消费者在数以百万计的博客、视频、论坛、图片分享和微博更新中对公司、公司品牌、相关事件和竞争对手的提及。戴尔的客户服务团队通过使用 Radian6 监控和回应顾客关于公司产品和售后问题的言论。时尚用品零售商 Pacsun 通过 Radian6 在网络世界中追踪重要的时尚潮流并及时对消费者做出回应。

同时，公司还需要积极监控竞争对手的行为。公司可以通过竞争营销情报来获取关于下列活动的早期信号，像竞争对手的行动和战略，新产品的发布，新的或变化的市场以及潜在的竞争优劣势。竞争对手的许多情报可以从公司的内部人员中获得——高层管理者、工程师和科学家、采购部门和销售团队。公司还可以从供应商、转销商和关键客户那里获取重要的情报信息。又或者通过观察竞争对手并监控他们所发布的信息来搜集有用的情报信息。

竞争对手可能通过年度报告、商业出版物、商业展览、新闻发布会、广告和网页泄露了自己的情报信息。互联网已经成为一个可以提供竞争者信息的无价资源。通过网络搜索引擎，市场营销人员可以搜索到竞争者具体的名称、时间和趋势，还可以看到出现了什么情况。在跟踪消费者关于竞争对手品牌谈话的同时经常可以追踪到消费者对公司自己品牌的谈话。很多公司如今在它们的网页上放置了大量的信息，并提供详细的内容以吸引消费者、合作伙伴、供应商、投资者和特许经营商的眼球。这些都可以为公司提供关于竞争对手战略、市场、新产品、基础设施和其他事件等方面的有用信息。

营销情报的寻求者还可以从成千上万的在线数据库中收集信息，其中有些数据库是免费的。今天的营销人员只需按个键就可以获得大量与竞争对手有关的信息。

营销情报信息是一个双向博弈。面对竞争对手坚决的市场情报的努力，许多公司正在积极地采取措施来保护自己的信息。例如，联合利华正在进行广泛的竞争情报培训。公司雇员不仅要知道如何搜集情报信息，而且还要知道如何保护自己公司的信息。据公司的一位前任员工所述："我们被告知竞争对手派来的间谍可能就是我们常坐的出租车的司机。"联合利华甚至还经常对内部安全进行随机检查。一位前任员工说道："在一次内部营销会议上，当公司找了一名演员来对我们小组进行渗透时，我们中了圈套。这样做的目的是为了考验谁会和他说话，会告诉他多少信息以及需要耗费多长时间才能意识到并没有人认识他；结果这个演员在那里待了很长一段时间。"

营销情报信息使用的不断增长引发了一些道德问题。虽然现在所使用的很多技术都是合法的，但还是有些技术被认为具有强烈的竞争性，且有些会涉及道德问题。显然，公司应该学会充分利用公共可用信息。尽管如此，这些公司不应当为了收集营销情报而屈服。当所有的合法情报信息都具有可获得性时，公司就不必再通过违反法律或者违背公认道德标准的方式来获得情报。

4.4　市场调研

除了关于普通消费者，竞争对手和市场的营销情报信息外，营销人员还经常需要做一些更为正式的研究，以便为解决某些特定情况及营销策略的制定提供依据。例如，百威啤酒想知道在美国超级碗大赛中将哪些诉求表现在广告中才是最有效的，或者三星电子想知道有多少以及哪类的消费者愿意购买公司下一代的大屏幕电视。在这种情况下，营销情报并不能提供与这方面有关的详细信息。因此，管理者需要进行专门的市场调研。

作者评论

营销情报是指积极地扫描整体市场环境，而市场调研则会涉及更多的集中性研究，目的是获得与独特营销决策相关的客户洞察。

市场调研（marketing research）是指系统地设计、搜集、分析和提交关于一个组织的具体营销情况的数据报告。公司在很多情况下都要用到市场调研。比如说，市场调研可以帮助营销者理解客户的购买动机，购买行为和客户满意度；评估市场潜力和市场份额；衡量定价、产品、渠道和促销行为的效果。

一些大公司都有自己的市场调研部门，并且该部门与营销经理一起进行市场调研。像宝洁公司、通用电气以及其他的商业巨头都是这样进行市场调研的。一些小公司则通常雇用外部专业的市场调研公司与管理部门一起解决特定营销问题并进行市场调研。有时，一些公司则简单地通过购买外部公司收集的数据来帮助制定营销决策。

市场调研过程包括四个步骤（见图 4-2），包括界定问题及调研目标，制定调研计划，实施调研计划，分析并报告调研结果。

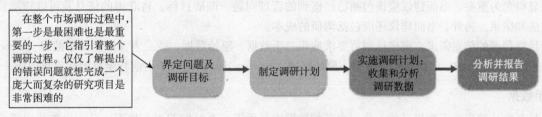

在整个市场调研过程中，第一步是最困难也是最重要的一步，它指引着整个调研过程。仅仅了解提出的错误问题就想完成一个庞大而复杂的研究项目是非常困难的

界定问题及调研目标　→　制定调研计划　→　实施调研计划：收集和分析调研数据　→　分析并报告调研结果

图 4-2　市场调研过程

4.4.1　界定问题及调研目标

市场部门经理和调研人员必须通过紧密的合作来共同定义问题，并在调研目标上达成一致。营销经理必须知道在制定决策时最需要什么样的信息；调研者则必须了解市场调研并知道如何获得这些信息。定义调研问题和调研目标通常是调研过程中最难的一步。管理者可能知道什么地方错了，但却不知道问题发生的真正原因。

在问题被仔细界定之后，经理和调研人员必须制定调研目标。一个市场调研计划可以包含以下三种目标当中的一种。首先，**探索性调研**（exploratory research）的目标是搜集原始数据，这些数据有利于定义问题和提出假设。其次，**描述性调研**（descriptive research）的目标为了更好地描述市场营销的问题，比如一个产品的市场潜力或消费者的人口统计特征或产品购买者的态度。最后，**因果调研**（causal research）的目标是用来检验因果关系假定。比如，把私立大学学费下调 10% 是否会导致入学率的升高从而最终抵消由于学费下降所带来的损失？管理者经常从探索性调研开始，到了后期就变成了描述性调研或者因果调研。

问题和调研目标的陈述指导着整个调研过程。管理者和调研者必须将这些问题和调研目标记录下来，从而确保他们能够就调研目的和期望的调研结果达成一致。

4.4.2　制定调研计划

在调研问题和目标都确定下来之后，营销人员必须决定自己需要的信息，制定能够有效收集信息的调研计划，并将该计划提交给公司的相关部门。市场调研计划概述了现有数据的来源并清楚地指出具体的调研方法、联系方式、取样计划以及营销者用来收集信息的主要工具。

公司必须把调研目标转化成具体的信息需要。以红牛饮料公司为例。假如公司欲进行一个市场调研，想要知道消费者对于红牛旗下所销售的几种不同口味的新型维他命水有什么反应。如今，红牛已成为全球功能型饮料市场的领导者。尽管如此，公司还在除能量饮料之外的其他市场进行营销，并引入了一种名为"红牛可乐"的饮料（红牛公司说："为什么不这样做呢？"这种可乐像最初的红牛能量饮料一样，更加强调健康与自然）。这一新型功能型饮料的生产线——类似于 Glaceau 品牌下的维他命水——可以帮助红牛公司巩固其品牌定位。这项研究可能需要如下具体信息：

- 现有红牛饮料顾客群体的人口特征，经济以及生活方式特征。（现有客户也购买这类功能型饮料产品吗？这类产品与他们的生活方式一致吗？或者公司需要寻求新的目标客户群体吗？）
- 关于功能型饮料使用者更广泛的人口特征以及使用方式：他们需要和期望什么样的产品，从哪里购买，什么时候使用，如何使用，现有品牌中哪个品牌最受欢迎以及产品在哪一价格下销量最多？（红牛的新产品需要在拥挤的功能型饮料市场上进行强势且相关的定位。）
- 零售商对这一新产品线的反应：他们会采购并支持这种产品吗？会把该产品陈列在商店的货架上吗？（零售商的不支持态度可能影响这种新型饮料的销量。）
- 对红牛的新产品以及现有产品的销量进行预测。（这种新型功能型饮料会产生新的销量，或者只是简单地从现有产品中争夺一部分市场份额？这种新产品能提高公司的整体利润吗？）

红牛公司的市场营销者需要以上这些类似及许多其他类型的信息，从而来决定是否以及如何推出新产品。

调研计划将以书面计划的形式进行陈述。当一项调研计划规模庞大、复杂或者需要外部公司去执行的时候，书面的建议就显得尤为重要。书面建议应该包括已经提到的管理问题、调研目标、将获得的信息及可以帮助管理者制定决策的方法和结果。另外，书面建议还应包括调研的成本。

为了满足管理者的信息需求，调研计划将要求搜集二手数据、原始数据，或二者兼顾。**二手数据**（secondary data）是出于其他目的收集的、已经存在的数据。**原始数据**（primary data）是出于当前特定目的而收集的第一手资料。

1. 收集二手数据

调研人员经常从搜集二手数据开始。公司内部的数据库提供了一个好的起点。然而，公司也能找出很多种类的外部信息资源，包括商业数据服务和政府资源。

公司可以从外部供应商那里收集二手数据报告。例如，尼尔森公司提供来自 27 个国家 250 000 多个固定家庭消费者样本组的数据信息，包括试用和重复购买的方式、品牌忠诚度以及购买者的人口统计特征。益百利消费者研究中心（Simmons）则对外销售 450 类产品中 8000 多个品牌的信息，包括可以用于评估产品的详细消费者资料以及与他们生活方式、态度和媒体偏好相一致的品牌。

使用**商务在线数据库**（commercial online database），市场调研者可以进行他们自己的二手数据研究。一般数据服务，如一般对话、全文资料库、律商联讯数据库，是把令人难以置信的海量信息交给营销决策制定者。除了商务网址提供的有偿信息外，几乎每个行业协会、政府机构、商务出版物、新闻媒体等提供的都是免费信息。如果使用者愿意，都可以找到它们的网址。有这么多网站提供数据信息，所以获得正确的信息几乎成为一件必然的事情。

尽管在线搜索引擎对确定二手数据的位置具有很大的帮助。但是，这种方式也可能缺乏效率，不能为我们提供帮助。例如，红牛的营销者在雅虎上输入"功能型饮料"并点击后会出现 256 000 条搜索结果。不过，结构优质、设计良好的搜索网站为任何营销研究项目提供了一个好的开始。

与原始数据相比，获得二手数据的速度更快、成本更低。二手资料有时可以提供一些仅靠个人公司不能提供的信息——那些既不能直接获得的或是需花费太多的信息。比如，对于红牛饮料公司而言，为了找到与市场份额、价格、竞争者品牌陈列有关的信息而去寻找一些零售商店进行调查，这一费用是非常高的。但公司可以从信息资源公司那里购买扫描信息服务，该资源公司提供了从国内市场上的 34 000 个零售商那里收集到的基于扫描和其他数据的信息。

二手数据同样也存在一些问题。需要的信息有时可能根本不存在——市场调研者不可能从二手数据那里得到自己需要的所有信息。例如，红牛公司不可能从现有的信息中找到关于消费者对尚未上市的新型功能饮料的反应情况。

即使找到了相关的数据，这些信息也不具有可用性。调研人员必须对二手数据进行仔细评估，从而确认它们具有相关性（满足调研目标的要求）、准确性（搜集和提交过程可靠）、及时性（对于现在决策来说更新得足够快）和客观性（客观地搜集和提交）。

2. 原始数据的收集

二手数据是市场调研过程的开端，并经常帮助我们界定研究的问题与目标。在很多情况下，公司还必须收集原始数据。正如调研者仔细分析二手数据的价值一样，在原始数据的收集过程中，调研者也必须谨慎小心。同时，他们需要确保所收集到的数据具有相关性、准确性、及时性和客观性。表4-1表明了原始数据收集过程所需要的一系列与调研方法、联系方式、取样计划和调研工具有关的决策：

表 4-1　原始数据搜集计划

研究方法	联系方法	抽样方法	研究工具
观察法	邮件	抽样单位	调查问卷
调查法	电话	样本量	机械仪器
实验法	人员	抽样过程	
	网络在线		

3. 研究方法

搜集原始资料的研究方法包括观察法、调查法和实验法。接下来，我们将对每种方法进行逐个讨论。

（1）观察法。**观察法**（observational research）是通过观察相关人员、行为、状况来搜集原始资料。比如，一家银行可以通过交通图、邻居状况、竞争性对手的选址，来评估自己可能的新分行的选址。

研究者经常通过观察消费者的行为来收集信息，而这些信息并不能通过对消费者进行简单的提问就能获得。比如，费雪公司设立了一个实验室，专门用于观察当孩子们得到新玩具时的反应。费雪的游戏实验室布置得阳光明媚而且屋内到处都是玩具，在这里幸运的孩子们可以提前玩到费雪公司新开发的玩具模型，与此同时那些想要知道哪些玩具可以使孩子们成为玩具狂的设计者也获得了相应信息。同样地，吉列公司的观察者通过使用高科技数码相机和其他设备在实验室里对那些女性的剃毛动作以及使用情况进行观察，从而设计出了新款的吉列剃须刀和剃毛刀。

金佰利公司旗下的哈吉斯品牌甚至还让那些父母在家的时候带上装有摄像机的"眼镜"，从而来观察他们在给孩子更换尿布时的情景。除此之外，哈吉斯的营销人员还了解到父母给孩子更换尿布的地方非常随便——床上、地上和洗衣机上——经常是那些非常尴尬的地方。同时，研究者们还发现父母在清洗马桶时非常吃力而且两手并用。据此，公司设计出了带有单手按钮分配器的清洁包装和仅用一只手就能握住并挤出液体的洗涤剂和洗发水瓶。

营销人员不仅要观察消费者的行为，而且还要观察消费者的言论。这如我们前面讨论的那样，营销人员经常从博客、社交网站和一些网页上来倾听消费者的声音。通过观察这些自然的反馈意见，营销人员可以从中获得相关的建议，而那些结构化且正式的研究方法并不能提供这些信息。

观察法可以获得一些人们不愿意或者不能提供的信息。相反，有些事情就不能简单地被观察出来，比如人们的情感、态度、动机或者个人行为。由于长期或不频繁的行为很难被观察到，因此研究者经常把观察法和其他的数据搜集方法结合起来一起使用。

一些公司现在采用**人种学研究方法**（ethnographic research）来进行观察实验。人种学研究包括派遣那些受过专门培训的观测者去观察消费者在自然状态下的消费活动。

观察法和人种学研究方法经常能够提出一些具体的细节问题，而这些问题并不会出现在传统的调查问卷或焦点小组中。传统的定量研究方法是用来测试那些已知的假设问题并寻找出能够给更好地定义产品和战略问题的答案；而观察法则可以产生一些新的客户和市场洞察。一位研究专家指出："人种学研究的内涵在于它可以帮助公司明确其客户尚未表达清楚的需求。"另一位研究专家对此非常赞同并说道："传统的市场研究方法对问题的理解不够深入，不能真正掌握那些人们尚未想到或表达清楚的需求。正如亨利·福特所说的那样，'当我问人们他们想要什么的时候，他们的回答是比马跑得更快。'"

移动电话制造商诺基亚希望在这个十年末能增加20亿新用户。为了达到这个目的，公司在人种学研究方面投入巨大，特别是那些新兴经济体。诺基亚人种学研究团队在诸如中国、巴西和印度等巨大市场中深入地研究移动电话使用者的行为习惯。通过与当地人共同生活，包括从索韦托简陋的小屋到首尔寝室中精通科技的少年，诺基亚从细微处洞悉当地文化之间的细微差别。比如说，诺基亚最先发现全球50%的女性将她们的手机放在包中并因此错过20%的电话，以及大部分早期亚洲移动电视使用者忽视它的移动性并在家中收看节目。

一项关于贫困农村地区的人们如何克服一些日常障碍来交流的研究取得了一个巨大的发现。令人惊奇的是虽然移动电话通常被认为是个人拥有的物品，但由于成本问题移动电话在这些地方通常是属于整个家庭甚至是整个村庄。基于这个发现，诺基亚设计出型号为1200和1208的移动电话，这两款产品将共享使用的特性放在首位。这款价格实惠的电话具备许多实用且耐用的特性，它们经久耐用适合不同的人一起使用。比如说，它们配备了长寿命电池和复合型通信录，这样就可以把家庭或村庄每个成员的联系人和号码与别人区分记录。

人种学研究：诺基亚公司的人类学家团队在对一些新兴经济国家调研时，与当地的居民一起生活了一段时间，目的是为了观察每个不同地区之间其文化之间的细微差别。

（2）调查法。**调查法**（survey research）是搜集原始资料的最普遍方法，也是最适合搜集描述性信息的方法。如果一家公司想要知道人们的知识、态度、偏好或者购买行为等信息，经常会通过直接的询问方式来获得。

调查法的主要优点是灵活性——它能被用来在不同的场合获取各种各样的信息。人们可以通过电话、邮件、面谈和网络的方式来调查任何的营销问题或制定营销决策。

然而，调查法也存在一些问题。有时人们无法准确地回答问题可能有以下几种原因：记不住或者从没有想过他们做了什么以及为什么要那么做；或者不愿意回答陌生访问者的提问；又或者他们认为这些都是个人隐私。为了使反馈者看起来比较聪明或更有见识，他们可以在自己甚至不知道答案的情况下来回答调查问题。或者受访者可能以提供调查者所喜欢的提问方式来帮助调查者。最后，繁忙的人们可能没有时间，或者不喜欢访问者闯入他们的私人空间。

（3）实验法。观察法适用于探索性调研，调研法适用于描述性调研，而**实验法**（experimental research）则最适用于收集因果调研信息。实验法包括选择与主题相匹配的被试组，给定不同的条件，控制不相关的因素并检查各组对象的反应差异。因此，实验法是一种用来检验因果关系的研究方法。

例如，在决定是否应在菜单中增加三明治前，麦当劳首先通过实验法来比较两种不同价格下的销量。它可能在推出同样的新三明治的两座城市采用不同的价格。如果城市之间彼此相似，并且针对该三明治的所做的营销努力也都一样，那么两个城市销量不同可能与价格差异有关。

4. 联系方式

我们可以通过邮件调查、电话访问、人员访谈、网络市场调研的方式搜集信息。表4-2列举了各种联系方式的优缺点。

表4-2　沟通方法的优势和劣势

	邮件调查	电话访问	人员采访	网络市场调研
灵活性	不好	好	很好	好
搜集资料的数量	好	一般	很好	好
采访者影响的控制	很好	一般	不好	一般
样本控制	一般	很好	好	很好
资料搜集的速度	不好	很好	好	很好
反馈率	不好	不好	好	好
成本	好	一般	不好	很好

（1）邮件、电话访问和人员访谈。邮件调查问卷可以用较低的成本获取大量的信息。与面对一个陌生的采访者或者通过电话访问的方式相比，邮件调查方式下的回访者在私人问题上可能会给出更诚实的答案。并且，采访人员一般不会对反馈者的答案形成理解上的偏差。

尽管如此，邮件调查问卷的方式的灵活性较差——所有的反馈者都是按规定的顺序回答同样的问题。邮件调查需花费更长的时间去完成，答复率（完成调查问卷并反馈的人数比）通常比较低。最后，调研人员几乎无法控制邮件问卷的样本。即便有一个非常好的邮件地址列表，仍旧不能控制到底哪些人会填写这些邮件问卷。正是由于以上这些缺陷，现在越来越多的营销者正在寻求一种更快、更灵活且成本更低的在线调查方法来进行问卷调查。

电话访问是快速搜集信息的最好方式，而且它比邮件调查具有更大的灵活性。在受访者回答问题时，调查人员可以对较难的问题进行解释，也可以跳过一些不重要的问题或者深入探讨其他问题，而且电话访问回答率通常要比邮件调查高。访谈人员可以选择有良好特征的人来回答问题，甚至可以通过名字来筛选受访者。

然而，电话访问方式下的人均反馈成本比邮件或在线调查问卷要高。同时，人们可能不愿意与调查者就私人问题进行讨论。这种方式同样牵涉到调查人员的偏差——他们的交谈方式、提问方式，或者其他可能影响到受访者回答问题的因素。最后，不同的调查人员可能对受访者的答案做出不同的理解和记录，并且迫于时间的压力，一些访谈人员甚至可能在没有与潜在的受访者进行交流的情况下就直接记录下了问题的答案。

人员访谈有两种形式——个人访问和小组访谈。个人访问包括与他人在他们的家里、办公室、街道上或者商场里进行交谈。这种形式的采访通常比较灵活。受过专门培训的采访者可以引导受访者，向他们解释困难问题并挖掘出特定情况下可能产生的问题。他们可以通过展示实际的产品、广告、包装来观察消费者的反应和行为。但是，个人访问成本通常是电话访问的 3~4 倍。

小组访谈是邀请 6~10 人组成一个小组，在训练有素的主持人指导下，就产品、服务或者组织进行交流讨论。参与者通常都会获得少量金额的报酬。主持人会鼓励自由、轻松的讨论，期待小组的互动可以产生一些真实的想法和感觉。同时，主持人负责关注讨论主题，所以这种方法又被称为**焦点小组访谈**（focus group interview）。

调研者和营销人员通过单向玻璃来观察焦点小组讨论，评论内容被以书面或录像形式记录下来以备日后学习。今天，焦点小组访谈可以通过视频会议和网络技术让距离很远的营销人员进行实时的焦点小组活动。通过使用摄像机和双向声讯系统，在远程会议室的管理者可以看到彼此并能够听到谈话的内容。通过远程控制可以任意拉近镜头局部观察，或是摇动镜头扫视全体成员。

同观察法一样，焦点小组访谈已经成为获取消费者内心想法和感觉的一种主要的市场定性研究方法。然而，焦点小组访谈也存在着一些问题。为了确保在规定的时间和成本下完成，焦点小组访谈通常只采用少量的样本，因此要想从访谈结果中得出结论还具有一定的困难。此外，在面对其他成员时，焦点小组中的消费者不能开放、诚实地表达出他们真正的情感、行为和意图。

因此，尽管焦点小组依然被广泛地使用，但许多研究者在设计焦点小组访谈时显得毫无章法。例如，一些公司偏爱"渗透小组"——产品设计者与几个消费者进行直接、非正式的交谈。而与焦点小组不同的是，渗透小组并没有专业的主持人。其他研究者则努力把焦点小组访谈与催眠术结合在一起，目的为了更加深入且清晰地了解消费者。我们来看看下面的例子：

沃尔沃就等于安全。在连续不同的焦点小组中，参与者都讲述着同样的事情。但是为了检验这些发现，沃尔沃邀请了一位催眠者。焦点小组的成员们被要求试驾一辆车，试驾结束后马上被催眠并被询问他们对品牌的感受。结果并不是很好：许多人同样认为沃尔沃就意味着中年驾驶者。一名沃尔沃的研究者认为："这种暗示令人感到窒息，催眠使人们避免了陈词滥调，我们需要在更深入和感性的环境下进行谈话。"

还有一些研究人员正在试图改变焦点小组的工作环境。为了帮助消费者营造轻松并能够引起消费者更多真实反应的环境，研究人员使用了更为舒适且与被研究产品相关的布景。例如，为了更好了解女性消费者是如何剃除腿毛的，加拿大的舒适刀片公司开发了一种可以携带的"慢刮式刀片"。

在这慢慢品尝的会期中，与会者聚集在当地咖啡厅慢慢地喝着咖啡和茶水或津津有味品尝着点心。会议建制和形式都是比较松散的，惬意的场景有助于女士们敞开心扉地分享她们的个人美容经历，在更为正式的场合这些经历也许是比较敏感的。这种让人感到舒适的会议产生了许多全新的客户见解。比如说，研究人员发现以前所得到的关于女士款舒适卡特罗剃毛刀的信息都过于技术化，纵然卡特罗拥有四刀片技术。女士们并不关心剃刀里的电机而是关心剃毛效果。因此，加拿大舒适公司将卡特罗重新定位于平滑且耐用的剃刀。作为附属优点，与会者参加会议都希望可以多逗留几天，她们都成了舒适营销人员的移动宣传板和舒适产品的"品牌大使"。

因此，在最近几年中，许多公司不再采用那些传统的、正式的、以数据为依据的研究方法和联系方式。相反，越来越多的公司开始使用新的研究方法来倾听消费者的声音，而不涉及传统调查问卷的格式。一位营销人员指出："长期以来市场营销行业通常采用数字处理和统计分析方法来进行研究。因此，营销研究人员需要把他们的注意力转向列示重要的新想法，而远离'培养十进制的怪物'的想法。"研究人员除了进行调查和追踪品牌度量学外，还需要聘请一些具有软件技能的人员。

（2）网络市场调研。互联网的发展对市场营销研究的方法产生了巨大的影响。同时，越来越多的市场调研人员开始通过**网络市场调研**（online marketing research）的方式来搜集原始数据，其中包括网络调查、在线专家小组、实验、在线焦点小组访谈等形式。据估计，2008年美国花在网络市场调研上的费用大约为21亿美元，而且年均增长率达到了15%～20%。

网络市场调研可以通过多种形式得以实现。公司可以将网站作为其市场调研的媒介，把调查问卷放在其网站上，并且通过某种奖励机制来鼓励人们完成问卷；或者通过电子邮件、网页链接或网页弹出窗口来邀请人们回答问题。公司同样可以发起一个在线聊天室并实时提出反馈信息，或者进行实时讨论，或者实施在线焦点小组。

研究人员不仅可以在网上进行调研，还可以在网上进行实验研究。通过在不同网站或不同时间段内制定不同的价格、使用不同的标题或者提供不同的产品，可以帮助公司了解不同组合的效果。或建立一个虚拟的购物环境并对新产品和营销计划进行测试，这样公司就可以通过追踪顾客访问网站，或转换到其他网站时产生的点击量来了解在线顾客的行为。

互联网尤其适用于定量研究——进行市场调研和收集数据。美国网民数是其总人口的3/4，这为实现更广泛的消费者横截面研究形成了良好的渠道。随着传统研究方法答复率的下降和成本的升高，互联网很快地取代了邮件和电话联系方式，成为了主要的数据收集方法。如今，在美国所有的调研方法中其中一半采用的是网络营销研究。

市场调研拥有传统的电话和邮件调研所没有的优势，其最显著的优势是速度快和成本低。通过网络调研的方式，研究人员可以快速且方便地通过电子邮件或在网络论坛上发帖的方式同时对多个受访者实施网络调研。这种访问是瞬间就可以完成的，因为受访者一旦登录该网站，那些研究人员立刻就能见这些信息制作成表格，进行检查并与他人一起分享这些调研数据。

与邮件、电话和人员访谈相比，网络调研的成本通常比较低。网络调研可以省去大部分其他方法所需要的邮寄、电话、人工和印刷成本。正是由于上述原因，网络调查的成本比邮件调查低15%～20%，比电话访问低30%。此外，样本量的选择不会对成本产生太大的影响。一旦调查问卷被设计好之后，无论是对网络中的10个还是对1000个受访者进行调查，在成本方面并没有明显的差异。

因此，无论大公司还是小公司，网络营销研究都能为它们带来极大的好处。事实上，一位市场调研管理者指出："如今，互联网把那些曾是高成本的专业人士变成了拥有需求的特殊人群。"现在，即使那些规模很小的公司也可以利用网络资源在很短的时间内发布自己的调查结果。

与传统的电话或邮件调研相比，基于互联网的市场调研不仅速度快，成本低，而且互动性和吸引力更强，更加容易完成，还不会侵犯到个人隐私。因此，这种调研方法的回答率通常较高。要想与那些难以了解的复杂群体进行沟通,互联网是一个很好的媒介选择。这类复杂群体通常包括难以琢磨的青少年、单身人士、富人和受过高等教育的观众;而且还可以与在职妈妈和那些生活繁忙的群体细心地沟通。这些群体成员的代表性强,而且可以在自己的空间内或他们方便的时候做出回应。

正如营销研究人员急于通过互联网进行定量研究和数据收集一样,他们现在也正在采用各种基于互联网的定性研究方法——如在线深入访谈、焦点小组、博客与社交网站。网络为获取定性的客户洞察提供了一种快速且低成本的方法。例如,AB 公司把互联网——正式的与非正式的——作为可以提供广告创意的研究"测试实验室"。

AB 公司正在通过增加网络方式来传播和调整公司的广告。该网络允许公司使用一些前卫的内容,而这些在过去的电视广告中因怕引起反感是不敢使用的。"粗话存钱罐"的奇妙历程,这则广告描述的是为了净化办公室语言氛围,成员每爆一次粗口就会被罚 25 美分。这些钱被用来购买清爽型百威——而整个计划的效果却与预想的背道而驰。虽然电视广告语言有些粗俗,但却可以把它放在网上进行测试。人们将它上传至视频网站,尽管没有在电视上出现,但是其在网上的点击量已经超过了 370 万。AB 公司的媒体主管认为,"数字空间是创意的孵化器。"通过网络来测量非常规的广告可能比传统方法更加宽泛、便捷——通过一个单向窗户来偷偷观察被试小组在观看新电视商业广告时的情形。这位主管指出"该网站提供了即时可信度或反对意见。"

一种原始的基于互联网的定性研究方法是在线焦点小组。在线焦点小组拥有许多传统焦点小组所不具有的优势。那些参与者可以从任何地方登录——他们所需要的仅仅是一台笔记本电脑和网络连接。因此,互联网可以把世界各地的人们很好地联系在了一起,尤其是那些没有时间访问公司官方网站的高收入人群。其次,研究人员在任何地方都可以实施并监控在线焦点小组的讨论情况,从而免去了传统焦点小组讨论所花费的差旅费,住宿费以及其他服务费用。最后,在线焦点小组也需要制定计划进度表,但其结果在进度安排完成后就能实现。

网络焦点小组调研可以采取多种形式来进行。大多数情况下,在真实的时间内,参与者和主持人坐在网络聊天室的一个虚拟办公桌周围交换意见并进行讨论;或者,受访者可以连续几天或几周在研究人员创建的网络信息论坛上讨论访谈的内容。参与者也可以登录该论坛并就焦点小组访谈的主题做出评论。

虽然网络焦点小组具有成本低且速度快的特点,但并不具有人际交往方式动态性的特征。网络世界常常缺乏人们之间的眼神交流、肢体语言和直接人际交流,而这些却是传统焦点小组的重要组成部分。网络格式很大程度地限制了受访者的表达,这些网络格式包括进行注释以及在线情绪(在线情绪是指标点符号可以表达情绪,如: -)表示开心)。网络这一不受个人情绪影响的特点阻碍了人们之间的互动交往和对某种观念的兴奋感。

为了克服这些缺点,一些研究人员在他们的焦点小组访谈会议上安装了实时音频和视频通信程序。例如,网络调研公司 Channel M2 就把焦点小组的参与人员聚集在了一个"人性化的虚拟面试房间"内,并对他们的"背部接触状况进行网络调研"。

通过传统方法招聘参与者,然后发给他们一个网络摄像头,这样他们的语言和肢体回应都可以被记录。参与者可以通过电子邮件收到指令,包括一个来自 Channel M2 在线访谈室的链接和一个可以拨打的免费电话会议号码。在指定时间当参与者点击链接或接入电话,他们就可以开始工作并能够看到访谈室,通过其他参与者的实时视频、文字聊天、屏幕、边栏和电子白板来完成工作。一旦焦点小组开始后,问题和答案便显示在显眼位置的"实时"栏中。参与者同步的评论,通过口头、书面或两者兼有来表达。研究人员可以在任何地方参加焦点小组,看到或听到每个受访者,也可以在以后回顾访问记录。

尽管网络市场调研的使用量在迅速增长,但是那些基于互联网的定量和定性研究却存在着许多的问题。其中最主要的问题是无法控制网络样本。因为没有见过当事人的真面目,所以很难确定他们到底拥有什么样的背景。因此,为了克服样本及其背景方面的缺陷,许多网络调研公司开始采用许可进入社区和被调查小组的方式来进行网络调研。例如,Zoomerang 提供了一个可以由 500 多种属性来表示在线消费者和商业小组。同时,许多公司则选择开发并使用它们自己的客户社交网站来获取顾客信息和洞察。

或许,在网络调研中所面临最棘手的是顾客的隐私问题。有的评论家害怕那些缺乏职业道德的研究人员会在调查完成后,使用其通过调查所搜集到的个人信息来销售商品,以及在未经受访者同意的情况下擅自使用信息技术来搜集个人信息。如果处理不当的话,这些问题可能会导致顾客的愤怒、不合作以及政府过多的介入。尽管存在以上问题,大部分的业内人士预计网络市场调研仍然会朝着健康方向发展。

营｜销｜实｜践｜ 4-1

客户社群网络：德尔蒙特解读爱狗人士的观点

德尔蒙特是与 Kibbles'n Bits、Gravy Train 和 Milk-Bone 齐名的狗粮品牌。当德尔蒙特食品公司计划推出全新早餐狗食时，公司会向一个名为"我爱狗狗"的宠物狗主人在线社区发送信息，询问他们早晨希望喂爱犬些什么食物。调查的结果是熏肉和鸡蛋调制的食物。结果德尔蒙特引入了 Snausages Breakfast Bites，这是基于一些细心的宠物狗主人喜欢与他们的爱犬共享假日时光和进餐时间而推出的。Snausages Breakfast Bites 是由熏肉和鸡蛋制成的风味食品，同时也加入了维他命和矿物质，宠物狗主人认为这些也是非常重要的。

"我爱狗狗"在线社区不是随意的聊天室，也不是关于爱犬人士的网站，而是由德尔蒙特与调研公司 MarketTools 共同创建的客户社区网络。这个私人社群网络中的 400 名成员是由公司精心挑选的，帮助公司推出产品、检验营销活动以及宣传产品。德尔蒙特高级客户经理加莱·阿姆鲁认为，"公司意图是打算与客户建立关系……开展广告调查并获得反馈。如果某位品牌经理拥有了一个新的产品构想或差异化定位，无须只是举行内部的头脑风暴会议，或者说在把金钱投入到真正的研究之前，我们可以在内部社区讨论它。"

这种在线网络目前已经很快地扩展至许多公司，包括可口可乐、宝洁、迪士尼的 ABC 电视演播室。这样通常比电话调查或传统的焦点小组更加实惠和有效，因为公司可以比线下场景用更宽泛、更深入的方式来吸引参与者。

德尔蒙特发现传统的市场调研技术无法提供非常深入的客户洞察。类似人种学和焦点小组等传统定性方法既耗时又比较肤浅。调查法和其他定性方法虽然能够有助于回答特定问题，但是不能够实现交互式探究。相比而言，顾客爱犬网络可以使德尔蒙特持续地观察并与重要客户互动以掌握可靠且有深度的见解。

"我爱狗狗"网站和其他客户网络同其他在线社群网络有着相似之处，其他在线社群网络中的成员可以创建个人页面以及在讨论版发帖。公司通过它们可以发起投票、与顾客实时聊天，甚至是邀请成员到店试验指定产品。公司与在线社区的快速切换有助于从本质上缩短产品开发周期，产品开发周期从产品概念的产生到货物的上架通常需要一年甚至更长。

对于 Snausages Breakfast Bites，产品开发周期只用了六个月。在此之间，德尔蒙特公司与"我爱狗狗"的社群成员交流了许多次，这既包括小组交流也包括单独交流。公司也同样向社群成员咨询了他们对其他产品的见解，其中包括最新上架的 Pup-Peroni。阿姆鲁说："这并不仅仅是三个小时的焦点小组会议，你正在与这些宠物主人建立关系。"

与社群网站相比，这些非公开网站面临着成员厌倦的风险并且最终会选择退出。为了使这些非公开网站有一定的转变并且保持成员的数量，公司为它们赋予了许多附加游戏和其他特性，并伴随着优惠券、赠品和新产品提前暗中展示等活动。然而通过恰当的管理，类似"我爱狗狗"的网站有助于通过使人们准确地理解品牌来消除一些营销猜测，这往往是通过对他们的问题给予更多的关注来实现的。

基于"我爱狗狗"社群网络的成功，德尔蒙特公司正在与 MarketTools 合作开发另外一个顾客网络，这将是一个由 10 200 位妈妈形成的网络。公司打算通过

德尔蒙特公司"我爱狗狗"的顾客社交网站使得公司可以连续对一些重要客户进行观察并与之交流，目的是可以从中获得更加真实且深入的客户洞察。

这个"妈妈观点网络"搜集建议并且共同发展品牌和退出新产品。妈妈网络已经搜集了一个非常重要的观点，也就是妈妈们不再像以前那样信任专家，她们更对处于同样情况下其他母亲的言论感兴趣。这个发现使"妈妈观点网络"更加重要，在这里不仅可以从母亲见获得深入的观点而且可以在德尔蒙特的品牌环境下将她们彼此联系起来。

阿姆鲁对德尔蒙特的顾客社群网络寄予了很高的期望。他认为，"在线社区网站为我们提供了关于目标顾客群难处和需求的大量信息，为我们提供了开发和理解他们态度和行为的平台。它有助于识别和把握机会，它可以使我们与目标市场相联系以开发真正满足需求的全新解决方案。这与接收调查报告时不同的，

这需要时间去走入社区并倾听。"

资料来源：Portions adapted from Emily Steel, "The New Focus Groups: Online Networks," *Wall Street Journal*, January 14, 2008, p. B6; with quotes and other information from Abbey Klaassen, "Del Monte to Take Its Cues from Moms," *Advertising Age*, July 2, 2007, accessed at pl; "Del Monte Foods Turns to Dog Owners to Unleash Innovation," MarketTools Case Study, May 2008, accessed at http://www.markettools.com/CaseStudies/; Lisa Braziel, "Social Media marketing Example #4: Del Monte Foods," October 20, 2008, accessed at www.ignitesocialmedia.com/social-media-marketing-example-4-del-monte-foods/; and Andrew McMains, "Customers Deliver Brand Insights Online," *Adweek*, April 20, 2009, accessed at www.adweek.com.

5. 抽样计划

市场调研经常从消费总体中抽取少量的样本并对其进行研究，从而得出关于消费总体的结论。**样本**（sample）是指从市场调研总体中抽取出来的，可以代表整个群体的集合体。在理想状态下，样本应该具有很强代表性，并且调研人员可以通过这些样本来精确推断出能够代表总体的想法与行为。

在样本设计的过程中需要做出三个决策。

第一，采访对象是谁（抽样单位是什么）？这个问题的答案通常是不明显的。比如说，为了研究家庭手机消费的决策制定过程，调研人员应该采访丈夫、妻子、其他家庭成员、销售人员还是所有的这些人？调研人员必须决定需要哪些信息以及谁最可能拥有这些信息。

第二，应该包括多少人（样本量是多少）？通常大样本比小样本的结果具有更高的可信度。然而，大的样本量通常意味着更高的成本，为了得到可靠的结论而把整个目标市场或者过大的比例作为研究样本也是不必要的。如果选取得当，即使样本量不足总体的1%也可以得出可信度较高的结论。

第三，如何选择样本中的人员（抽样过程是什么）？表4-3描述了几种不同的抽样类型。在采用概率抽样时，每个成员被抽中的概率是相同的，并且调研人员可以预测样本误差的置信区间。但由于概率抽样的成本太高或者花费时间过长，因此市场调研人员通常采用非概率抽样法，即使很难预测这种方法的抽样误差。不同的抽样类型在成本、时间限制、精确度和统计性质存在着很大的差异。究竟哪种方法更为有效，这取决于研究项目的需要。

表 4-3　抽样类型

抽样类型		描　　述
概率抽样	简单随机抽样	总体中的每个成员被抽中的概率都是相等且已知的
	分层随机抽样	把总体分成几个完全相互独立的层级（比如按年龄分层），并从每个层级中进行随机抽样
	聚类抽样	把总体分成彼此独立的小组（比如按街区划分），调研人员从中选取一个小组进行整体访问
非概率抽样	便捷抽样	市场调研人员从最容易获取信息的成员那里进行抽样
	判断抽样	市场调研人员根据自己的判断来选取那些最容易提供准确信息的个体作为样本
	配额抽样	市场调研人员从几个不同的类别中找到并选取特定数量的成员进行采访

6. 研究工具

在搜集原始数据时，有两种主要的调研工具供研究人员选择——调查问卷和机械化工具。

（1）调查问卷。调查问卷是目前为止最常用的一种工具，其可以通过个人、电话或互联网的方式来进行。调查问卷通常具有很强的灵活性——有多种提问方式。封闭式问卷通常包括所有可能的答案，受访者只需要从中选择即

可，像一些多选题和量表题。在开放式问卷中，受访者可以用自己的语言来回答问题。在一个对乘客进行调研的项目中，美国西南航空公司可能会问："您对西南航空公司有何看法？"或者它可能让人们完成一个句子："当我在选择航空公司时，最主要的考虑因素是……"与封闭式问题相比，这些以及其他类似的开放式问题通常能够揭示更多的答案，因为受访者不会被局限在已经给定的答案中。

当研究者试图发现人们在想什么，而不是人们用什么样的方式进行思考的时候，开放式问题在探索性调研中就显得尤为重要。但是另一方面，封闭式问题又向我们提供更容易解释且能够制成列表的答案。

调研人员在设计问题时要谨慎使用措辞和逻辑顺序。其所设计出的问题应当简单、直接而且没有歧义。同时，问题还要按照一定的逻辑顺序进行排列。如果可能的话，第一个问题要具有一定的吸引力，然后，把那些不易回答或者私人性的问题放到最后，这样被访问者才不会产生抵触心理。

（2）机械化工具。尽管调查问卷是最普遍的调研工具，但调研人员也会使用机械化工具来监测消费者的行为。尼尔森媒介研究把电视收视纪录仪与其所选家庭的电视机、有线电视盒与卫星系统连接在了一起，目的是为了记录哪家在看什么节目。零售商通过 RFID 技术来记录消费者的购买状况。

其他的机械仪器还可以用于测量人们的生理反应。例如，广告商使用眼部摄像机来研究人们在观看广告时的眼球活动状况——观众最先关注的是什么以及其在广告特定部分所停留的时间。IBM 的 BlueEyes 技术通过追踪瞳孔、眉毛和嘴部的动作来记录和解释人们的面部反应情况。这项技术在市场营销中还具有许多潜在的用途，例如能够"了解人们情感"及其反应的营销仪器。当一个老年人斜视银行 ATM 机的屏幕时，屏幕中内容的字体就会立即放大两倍；而当一位女性站在商场的一体机前微笑地观看旅行广告时，机器就会立刻打印出一张旅行优惠券。

还有一些研究人员则使用测量大脑活动的"神经营销学"来了解消费者的情绪和反应。运用核磁共振成像对受访者进行扫描，营销科学家们揭示了"强势品牌在大脑中的快速活动与人们的自我认同、积极的情绪和奖励刺激有着密切的关系"。像 EmSense，NeuroFocus 和 Sands Research 这样的高科技公司现在开始帮助别的公司来观测其客户大脑和情感的内部活动状况。

据一位研究者所述："研究结果表明：耐克的'swoosh'不仅是一个感觉良好的品牌标志。事实上，它还能够照亮您的大脑。"同样，在最近的美国"超级碗"大赛期间，研究人员为了衡量广告效果对受访者喝饮料的频率进行了电极负荷图的测试，结果发现当他们看到一些广告时大脑活动就会增多，而看到另一些广告时则会下降。事实上，在超级碗决赛前，可口可乐就已经同 EmSense 一起合作了，并聘请它们来帮助公司确定哪个广告的效果更好：

在超级碗决赛前几周，可口可乐针对可能投放的位置制作了十几则新广告并在 EmSense 的帮助下做出了正确选择。EmSense 装置的形状类似一条薄的塑料头巾，它可以读出脑电波并监控呼吸、心率、眼睛眨动频率以及体表的温度，而且该装置还可以衡量出消费者在看完广告后的情感和认知反应。连续不断的测试可以帮助研究人员解读消费者对每则特定广告的感觉和反应。可口可乐北美区首席营销官认为这个装置不仅可以减少投放地点的列表，还可以对选定的广告进行调整并修补广告中认知薄弱的部分。例如，一则广告中的音乐应该进行适当的调整，即与原来的广告相比，其音乐应随着比赛的进行而逐渐升高。一位可口可乐的高管指出，"神经营销学可以提供更加自然且真实的反应，而通过强迫被试者说出他们在看完广告后还记得什么或有什么感受的方式所获取的认知循环则无法做到这一点。这是一种全新的研究工具。"

虽然神经营销技术可以测量出消费者每时每刻的脑部相关活动及情感反应状况，但却很难解释大脑为什么会做出这种反应。因此，为了得到消费者更加完整的大脑活动图像，研究人员通常把神经营销技术与其他研究方法结合起来一起使用。

4.4.3 实施调研计划

调研人员下一步要做的是把市场调研计划转变为实际行动，具体包括搜集、处理和分析信息。数据搜集工作可以由公司的市场营销人员或者外包公司来完成。在这一阶段，研究人员必须对其进行密切关注以确保调研计划的正确实施。为了防止出现其他问题，他们还必须与受访者进行交流，确保参与者的回答质量，而且还要与那些出现错误或想走捷径的访问者进行沟通。

调研人员必须对所搜集到的数据进行处理分析，从而找出重要的信息和洞察。他们的任务是核对数据的准确性、完整性，并进行编码以备日后分析。然后，调研人员再将结果制作成表格并计算出相关的统计信息。

4.4.4　分析并报告调研结果

营销研究人员现在要做的是解释调研结果，得出结论并把它们呈报给企业的管理者。调研人员不可以把大量的数字和花哨的统计方法直接提交给管理者。相反，他们应该向管理者提交能够帮助其制定出主要决策的重要结论和内在信息。

然而，解释方面的问题不能只留给调研者去考虑。调研人员经常是调研设计和统计分析方面的专家，但是市场营销管理者更加熟悉哪儿会出现问题以及应该制定什么样的决策。如果经理只是盲目地接受研究人员的解释而不加以考虑的话，那么再好的结果也没有用。同样地，管理者还可能带有个人偏见——他们可能更倾向于接受他们期望的调研结果，而拒绝那些不希望看到的结果。在很多时候，调研结果可以用不同的方法来解释，而且研究人员和管理者之间的讨论可以帮助我们找到更适合的解释方法。因此，在解释研究结果的时候，管理者和研究人员必须进行密切的配合，并共同为调研过程和最终决策制定承担责任。

4.5　分析并使用营销信息

作者评论

在这里，"客户关系管理"（CRM）是指范围更窄的数据信息管理。它会涉及从所有资源中获取并使用客户信息，目的是管理客户互动并建立客户关系。

从内部数据库、营销情报系统以及市场调研过程收集到的信息往往需要更进一步的分析。此外，为了获得可以提高营销决策的客户和市场洞察，营销人员还需要把这些信息应用到具体实践中。这就需要采用复杂的统计分析方法来获得更多数据信息间的关系。信息分析可能会用到一些分析模型，而这些模型可以帮助营销人员做出更好的营销决策。

在信息收集和分析完成后，营销人员就必须据此在适当的时机做出正确的营销决策。接下来，我们将对营销信息的分析和使用进行更加深入的探讨。

4.5.1　客户关系管理

如何更好地分析和使用顾客个人数据是公司现在所面临的一大难题。许多公司都拥有大量的客户信息。事实上，那些聪明的公司经常从每个可能的顾客接触点来获取信息。这些可能的顾客接触点是指顾客与公司之间每次接触的机会，具体包括消费者的购买过程、与销售人员接触、客户服务电话、浏览公司的网站、调查顾客满意度、客户信用和偿付过程以及专门的市场调研。

不幸的是，这些信息往往是分散在整个组织中的，并且深藏在相互独立的数据库和公司不同部门的记录中。为了解决这些问题，现在许多公司开始利用**客户关系管理**（CRM）来管理详细的顾客个体信息和顾客接触点，以实现顾客忠诚度的最大化。

客户关系管理第一次被提到企业战略的高度是在 21 世纪初。许多公司都轻率地采用并实施雄心勃勃的 CRM 计划，其结果都令人非常失望，甚至还有许多公司以失败告终。尽管如此，最近许多公司都在非常谨慎地继续使用并实施那些真正起作用的客户关系管理系统。2008 年，全球公司在客户关系管理系统的花费已经达到了 78 亿美元，比前年增长了 14.2%，这些公司包括甲骨文、微软、Salesforces 网站和斯堪的纳维亚航空公司。预计到 2012 年，公司在这上面的花费将会达到 133 亿美元。

客户关系管理由一些复杂的软件和分析工具组成，这些软件和工具可以用于整合各种来源的顾客信息，进行深入分析，并利用分析结果来建立更稳固的顾客关系。客户关系管理结合了公司的各个方面，包括销售、服务以及营销团队，这些部门可以帮助公司充分地了解个人客户并从全方位角度来管理客户关系。

客户关系管理分析师通过建立**数据仓库**（data warehouse）和使用复杂的**数据挖掘**（data mining）技术来发现隐藏在顾客数据背后的价值。数据仓库是指一个可以在全公司范围内详细记录顾客信息的电子数据库，它有待于进一步筛选并从中汲取精华。建立数据仓库的目的不仅是为了集中信息，更是为了把它置于一个核心且易获取的位置。

在数据仓库把所有信息都集中起来之后，公司接下来就可以使用功能强大的数据挖掘技术，对海量数据进行筛选，并从中发掘出与顾客有关的重要信息。

这些结果通常能为企业提供大量的营销机会。例如，沃尔玛的大型数据库就为企业的营销决策提供了深刻的洞察力。一位营销观察员说，几年前飓风伊万袭击了佛罗里达海岸线，这一零售巨头"就清楚地知道在飓风袭击路线上的商店里，应该在货架上摆放什么样的商品———一种带有草莓馅的小圆饼。沃尔玛对其近几年的销售数据库（在飓风来袭之前）进行了深入挖掘，结果发现顾客喜欢购买大量带馅的小圆饼———而这些圆饼是不可以冷藏或烹饪的。"

为了深入挖掘从客户优惠卡中所获得的信息，美国的百货连锁店克罗格决定与数据挖掘公司 Dunnhumby———该公司与著名的英国乐购公司拥有共同的投资者———进行合作。据此所获得的客户洞察可能会影响到企业的各个方面，从向目标市场发放优惠券到店面的选址以及库存状况：

丽莎·威廉姆斯从来不喜欢对优惠券进行分类，她再也不需要对克罗格公司的优惠券进行分类。每隔几个星期，来自克罗格已经分类好的定制化优惠券就会送达威廉姆斯位于肯塔基州伊丽莎白镇的邮箱中，优惠券包括她经常购买的货物：为两个孩子购买的可沛利饮料、雷诺兹食品包装箔、好乐门的酱汁。当95%的邮件在描写祝福语时，克罗格提升了客户忠诚度，而威廉姆斯也节省了在众多优惠券中找寻的时间。虽然近期的经济衰退使人们的手头变紧，但是全美依然只有1~3成的纸质优惠券得到兑换。相比而言，克罗格送出的一半优惠券都被使用。

许多零售商都实行客户忠诚卡，一些零售商基于顾客的购买习惯在结账时提供"及时优惠券"。但是克罗格从其5500万购物卡中深入发掘信息，并能够比其他零售商更多样化地使用信息结果。克罗格使用信息发掘结果和与客户面谈信息指导其定制促销、定价和渠道策略，甚至在门店与门店之间实行差异化。克罗格认为通过为客户创造更多价值并使他们感到受尊敬的个体化区别对待可以形成客户忠诚度。根据一项行业分析，克罗格将信息转化为观点的能力创造了客户忠诚度并驱动了盈利性销售。克罗格的首席执行官补充道："这种级别的定制化可以直接与我们的客户相联系，美国其他零售商是无法匹敌的。"

为了更好地理解客户，公司可以利用客户关系管理来提高客户服务水平并发展更深层次的顾客关系。公司还可以利用客户关系管理识别出高价值的顾客，并将其作为更有效目标客户，交叉销售公司的产品以及根据客户的具体要求来定制产品。

客户关系管理在为企业带来更高收益的同时也伴随着更高的风险或成本，这存在于原始顾客数据的收集，维护和挖掘各个环节中。客户关系管理中最常见的错误是公司只将其作为一种技术或软件解决方案，但仅靠技术并不能为企业创建盈利的客户关系。一位客户关系管理专家指出："客户关系管理不是一项技术解决方案———不会取得成功……仅仅通过简单地点击一些软件就想提升客户关系。"事实上，客户关系管理只是有效的全面顾客关系管理战略的一个组成部分。这位专家建议，"企业应该把注意力集中于'关系'。切记，关系是客户关系管理的一切。"

在客户关系管理发挥较好时，公司从中所获取的收益远远高于其成本和风险所带来的损失。基于思爱普的一项研究表明，那些使用 mySAP 客户关系管理软件的客户使得公司的顾客保留率提升了10%，并增加了30%的销售机会。总的说来，90%的受访企业认为客户关系管理软件的使用增加了企业价值，并且其回报远大于投资。研究的结论表明："使用客户关系管理的公司是可以取得成功的。"

4.5.2　传播并使用营销信息

营销信息只有在被用于获取客户洞察和改进营销决策的时候才具有价值。因此，营销信息系统必须能够让信息快速地到达管理者和其他需要这些信息的人们手中。在某些情况下，这就意味着需要向管理者进行日常绩效报告、情报更新状况以及研究结果报告。

但是，营销管理者在一些特殊的情况下和需要做现场决策时，可能还需要一些非日常信息。例如，当一个大客户存在问题的时候，销售经理可能就需要参考该账户去年的销售额与盈利总结报告；又或者一个零售店经理在畅销产品卖完之后，就想要知道其他连锁店现有的存货情况。因此，信息传播最近都涉及到把信息录入数据库并能够及时方便地使用它们。

许多公司都利用**内部网**（intranet）来实现这一过程。同时，内部网还为获取以下这些信息提供了一个快速且便捷的方式，这些信息包括研究信息、存货报告、共享工作文件、顾客和其他利益相关者的通讯录以及将其他更多的相关信息。例如，有些公司把客户服务部门的最新电话记录同即时更新的客户在线和电子邮件购买信息结合在了一起。在与顾客电话交谈的过程中，客服代表就可以通过内部网来获取上述信息，并将其同顾客过去的购买状况和交谈记录结合在一起，从而对他们有一个全方位的了解。

除此之外，企业逐渐开始允许关键顾客和有价值网络的成员通过**外部网**（extranet）来获得公司的财务信息、产品信息以及其他与需求有关的信息。为了改善顾客服务质量，供应商、顾客、转销商以及其他网络成员都可以通过公司的外部网来更新自己账目记录，安排购买，并根据存货水平来检查其订单情况。例如，潘世奇物流公司的客户可以从其外部网站（MyFleetAtPenske.com）上获取某个地方所有车队的数据信息，同时该网站还提供了一系列的工具和应用方法来帮助车队的管理者管理其财务，进而实现效益最大化。同样地，塔吉特的零售供应商/合作者则通过公司的外部网——塔吉特合作商在线——来审核其现有的销售量、存货、运输状况以及预测数据等信息。塔吉特及其供应商和客户可以用这些共享的信息来评估其供应链的绩效。

随着现代科技的发展，今天的营销管理者无论何时何地都可以直接接入公司的信息系统。在家庭办公室、酒店客房或当地的星巴克咖啡店里，他们都可以通过无线网络进入该系统，并从中直接快速地获取所需要的信息，进而满足自己的需求。在任何地方，他们都可以从公司的内外部数据库中获取信息，用统计分析软件去分析这些信息，准备并进行分析报告，以及直接与网络上的其他人员进行交流沟通。

4.6 营销信息的其他问题

这一部分在两种特定情境下讨论营销信息：小公司及非营利组织的市场调研和国际市场调研。最后，我们再来关注一下市场调研中的公共政策和道德问题。

作者评论
审查完三个独特的营销信息主题后，我们也就完成了本章的学习旅程。

4.6.1 小公司和非营利组织市场调研

像那些大公司一样，小公司同样需要营销信息及其提供的客户和市场洞察。刚成立的公司需要关于其潜在客户、行业、竞争者、为满足的需求以及市场对于新产品的反应等信息。而现存的小公司必须追踪顾客需要和需求的变化、新产品的反应状况以及竞争环境的变化。

小公司和非营利组织的管理者总以为只有那些大公司才能在较高的研究预算支持下进行市场调研。的确，大规模的市场调研所花的费用远远超过了小公司的预算。然而，小型组织也可以采用本章所讨论的其他调研工具，以一种非正式、低成本甚至免费的方式来进行市场调研。试想一下，一家小公司的管理者在正式开张前，是如何使用小额资本来进行市场调研的：

在当地干洗店中体验了一连串恼人经历后，罗伯特·拜尔利决定开办一家自己的干洗店。但是在创办之前，他进行了一系列的市场调研。他需要一个关键的顾客观点，也就是如何使他的干洗店能够与众不同。刚开始，拜尔利在图书馆和网络上泡了一个星期研究干洗业。从潜在顾客处获得信息并求助于营销公司，拜尔利通过焦点小组来获得公司名字、形象识别和宣传册。他还将衣服送至城里最好的15家洗衣店中清洗，并邀请焦点小组成员对洗衣效果进行点评。基于以上调查，他列出了新商业模式的一些特点。所列的第一项是质量，这将是他商业模式的生命线。没有列出的是便宜的价格，创造完美的干洗模式并不适合折扣式的经营。

在调查完成之后，拜尔利开创了Bibbentuckers，这是一家高端干洗店，定位于高质量的服务和便利性。它拥有类似银行的免下车路边递送服务。由电脑操控的条形码系统可以识别出顾客的洗衣偏好并能够在洗衣过程中全程跟踪衣物。拜尔利增加了其他的差异化，如装饰性的遮雨棚、电视机和小吃（甚至是小朋友的糖果和一些老顾客所需的狗粮）。他说："我希望这个地方既拥有五星级的服务和质量又看起来不像一个干洗店。"市场调查起了作用。如今，Bibbentuckers已经达到三店连锁经营。

一位为中小企业提供服务的咨询师指出："许多小型企业的管理者不具有专业的营销思维模式。想想宝洁公司在推出新产品之前是怎么做的，他们首先要做的是确定其目标客户以及竞争对手。"

因此，小公司和非营利组织可以对少量的便捷样本进行观察或非正式的调研，从而获得较好的营销洞察。其次，许多协会，当地媒体和政府机构也会为它们提供特别帮助。最后，小公司不仅能够从网络上以较低的成本收集到大量的信息，还可以浏览竞争者和顾客的网站，并且利用在线搜索引擎对一个具体公司或就某一具体问题进行研究。

总的来说，小公司也可以用少量预算去有效地应用各种调研方法——二手数据收集法、观察法、调查法和实验法。虽然这些非正式的方法相对简单且成本低，但公司在使用这些方法时还是要谨慎小心。管理者应当仔细考虑调研的目的，形成深入的调研问题，认识到由少量样本和非专业的研究人员所导致的误差，对调研过程进行系统性指导。

4.6.2　国际市场调研

在过去的几十年里，国际市场调研的数量在大幅增长。1995 年，世界上前 25 家全球调研公司的总收入是 57 亿美元，其中有 45% 都来源于其他国家。至 2007 年年末，这些公司的总收入已经达到了 175 亿美元，而国外收入所占的比重超过了 57%。

国际市场调研与国内调研遵循相同的步骤，从界定调研问题到制定调研计划再到分析并报告结果。然而，国际市场调研者往往还面临着更多不同于国内调研的问题。国内调研处理的是一个国家里几乎是同质市场的问题，而国际市场调研处理的则是在不同国家内不同市场的问题。这些市场通常因为该国经济发展水平、文化、顾客和购买方式的不同而有所差异。

在许多国外市场上，国际市场调研者很难找到优质的二手资料。虽然美国的市场调研者可以从众多国内调研服务机构中获取可靠的二手资料，但是在许多国家，他们几乎没有任何的研究服务机构。于是，一些大的国际研究服务机构开始在多个国家实施市场调研。例如，尼尔森公司（全世界最大的营销研究公司）在 100 多个国家都设有办事处，从美国伊利诺伊的绍姆堡到中国香港、尼科西亚、塞浦路斯。尽管如此，仍然有许多研究公司只对某些特定的国家实施研究调查。因此，即便有时我们可以得到可靠的二手数据，这些数据也可能是从不同国家收集到的，无法整合而且不具有可比性。

某些大的调研服务机构都拥有庞大的国际组织办事处。尼尔森公司在 100 多个国家都设有办事处，上图是其在德国和日本的办事处。

由于缺乏优质二手资料，国际调研人员必须自己去搜集原始数据。例如，美国的研究者发现很难找到一个好的样本，于是从电话簿、人口普查资料、邮件地址或其他社会经济资料数据库中选取样本。尽管如此，仍然有许多国家缺乏这样的数据信息。

一旦样本确定后，美国的市场调研人员往往通过电话、邮件、互联网或上门拜访的方式就能与他们取得联系。

在某些国家，与样本进行联系是一件非常困难的事情。在墨西哥，调研人员不能使用电话、网络和邮件进行数据收集——大部分数据是通过人员上门访谈方式收集的，或在三四个大城市中进行集中调研。在一些国家，那里的人们很少使用电话或个人电脑。例如，在美国，每 100 个人中有 72 个是网民，墨西哥有 22 个，而在肯尼亚却只有 8 个。而且在很多发展中国家，由于路面状况和交通系统较差，使得研究人员很难到达那些地区而且费用也非常昂贵。

国与国之间的文化差异为市场调研者提出了新的挑战。语言是最大的障碍。例如，首先以某种语言设计调查问卷，然后再翻译成被调研国家的语言。为了分析和解释结果，研究者又必须把问卷的回答翻译成初始的语言。以上这些步骤都增加了调研成本和出错概率。

将调查问卷由一种语言翻译到另外一种语言也非常困难。许多习语、词句和陈述在不同文化中其含义也各不相同。例如，一位丹麦的经理说道："在不同的翻译人员一句英语翻译成其他语言之后，你再把它重新翻译成英语并进行检查。你就会对你翻译出的句子感到非常吃惊。我记得一个例子其原来的意思是'没有远见，就没有头脑'在经过几次翻译后就变成了'看不见的东西就是疯子。'"

不同国家的消费者对市场调研的态度也不尽相同。一些国家的人可能非常愿意回答问题，而在另外一些国家中，不愿回答问题就成了一个严重的问题。不允许同陌生人讲话是某些国家的风俗；而在某些特定的文化中，调查问题被认为涉及过多的私人问题。例如，在很多拉美国家，在与调研者讨论自己选什么样的洗发水，香水或个人护肤产品时，人们会感到非常尴尬。

尽管存在着上述问题，随着国际营销的快速增长，那些全球公司除了进行国际市场调研外别无选择。虽然国际市场调研的成本很高而且在其他方面仍然存在很多问题，但是由于不进行国际营销使得机会丧失或发生错误所带来的成本可能会更高。一旦意识到了这些，国际市场调研中存在的大部分问题都是可以被克服或避免的。

4.6.3　市场调研中的公共政策和调研问题

大多数的市场调研对公司和顾客双方都有好处。通过市场调研，公司可以更加深入地了解顾客的需求，从而为他们提供更好的产品和服务并与之建立稳固的客户关系。然而，市场调研使用不当会伤害和骚扰到消费者。两个主要的公共政策和道德问题是对消费者个人隐私的侵犯以及研究结果的滥用。

1. 对消费者个人隐私的侵犯

许多顾客对市场调研具有很好的印象并认为它非常有用。一些人甚至还非常享受被调查和给出自己观点的过程。但是，有些人却不喜欢或不相信市场调研。他们不喜欢被人打扰，并对营销者所建立的充满顾客个人信息的大型数据库感到非常担忧。或者害怕调研者可能使用高科技手段来探测他们内心最深处的想法，偷看购买的商品或偷听谈话内容，然后再利用这些信息来操纵他们的购买行为。

很难找到一个能够完全解决市场调研和隐私问题的答案。例如，营销人员可以追踪和分析消费者网站的点击量并基于顾客浏览行为的信息针对消费者个人投放相关的广告，这或许是件好事也可能是件坏事。许多公司为了获得更多的反馈信息，往往对消费者在 Youtube、Facebook、twittrer 或其他公共社交网站所发表的言论实施监控，我们应该欢迎还是讨厌这些公司？还记得本章中前面所提到的 Radian6 和戴尔的例子吗？

不久前，加拿大人卡门·皮利在博客中对戴尔开始通过沃尔玛销售电脑的决定进行了质疑。鉴于戴尔先前直销模式的成功，皮利认为通过沃尔玛销售电脑并不是一个明智的策略，而且他也不怯于表达自己的想法。令他没有想到的是他竟然在博客的评论中收到了戴尔代表的回复，其中详细地解释了戴尔为什么会与沃尔玛合作。皮利印象深刻地回忆道："在发表之后的几个小时里，我收到了戴尔公司的回复。这里是位于得克萨斯州圆石城的戴尔总部，正与位于新斯科舍省哈利法克斯市的博主进行交流……"

戴尔将追踪和回应大众媒体谈话视为参与互动谈话的机会。然而，一些惶恐不安的消费者也许会将类似皮利的经历视为对隐私的侵犯。虽然戴尔只追踪公开论坛，但公司并不告知消费者并且也不征得他们的同意。有趣的是，一些消费者并不介意这样做。消费者常常抱怨企业不倾听他们的声音，或许监听在线论坛可以为这个问题提供答案。

营|销|实|践 4-2

在网络上追踪客户：明智的定位？有点恐怖的定位？

在当今的网络时代，大家都知道你是谁。事实上，大量的网络公司同样知道你的性别、年龄、你居住的地方、你喜欢的小卡车、你的花销、你的言论，甚至是1月份的某个雨天你在某个宠物爱好者网站停留了3小时43秒。无论你访问了网络的哪个角落，所有这些信息通过了电脑网络，在那里信息经过了分类、归档、分析，然后被用于定向为客户递送广告。这被称为行为定位，也就是追踪顾客的在线浏览行为，然后根据它为客户递送广告。

当消费者划过广阔的网络，他们的行为信息对于广告商都是非常宝贵的，包括他们所做的搜索、访问的网站、购买的商品。类似雅虎、微软和美国在线等公司都忙于攫取这些信息，这些有助于广告商定位广告，其基础是消费者在网络上的每个举动。在线广告商目前推行了全新的超级智能及定位功能的展示广告以适应个体网络浏览行为。

通过电子标签来记录人们的网络浏览信息被称做信息记录程序，营销人员拥有惊人数量的用户信息。所有的浏览数据与其他在线用户信息相结合有助于营销人员预测消费行为并有助于更精确地传递信息。假如你在雅虎的汽车页面花费一定的时间基于燃油经济性挑选车型，之后你又去雅虎的环保中心阅读可替代能源，然后在eBay上查看车辆（eBay是雅虎的合作伙伴）。雅虎便可以预测出你下一步的行动。事实上，雅虎宣称公司有75%的把握知道雅虎汽车频道每月30万访客中哪些人会在近三个月里交易一辆汽车。下次你访问雅虎体育或财经频道时将会看到混合动力汽车的广告。

为了从更广阔的视角了解顾客在想什么以及在线做什么，这些机构通过多家网站联合追踪消费者行为。一位分析人士认为："这些公司事实上是追踪顾客浏览网络后的点滴痕迹信息，然后分析这些信息以把握消费者的下一步行动意向。"

这可以使他们将某一网站的访客信息与其他网站所投放的广告融合起来。因此如果你浏览了某个家庭草坪或花园的网站，当你再访问Weather.com时看到一些关于施可得草坪产品的广告时，请不要感到惊讶。如果你在亚马逊网站上将一部手机放入了购物车但没有购买，当你再访问最爱的ESPN网站查看最新赛况时，将会看到同类型手机的广告。

但是消费者隐私何在？你无疑已经考虑了这个问题，但它已经成为高速增长行为定位的负面影响和最大风险。当这种行为越来越通行时，它面临着消费者的强烈反对。一位观察家将此称为"行为广告定位的黑暗"，也就是在消费者不知情的情况下进行偷偷地监听。一位消费者私人权利组织负责人认为，"当你开始了解细节时，这将会比你的猜想可怕得多。我们记录的是喜欢、希望、担忧和恐惧"。

事实上，政府部门早已着手保护消费者远离这些愈演愈烈的广告。联邦贸易委员会新近颁布了自愿指导方针建议，敦促采用行为定位技术的网站需要通过简洁明了的公告向访客声明他们将会做什么并为访客提供简单的退出选择。指导方针还建议企业对所储存的消费者信息的时长加以限制。

大多数采用行为定位的企业愿意遵循指导方针。比如说，有些公司会对广告加以标记，这样人们就可以通过点击这些标签找出公司是如何传送它们的。公司还提供了一个名为广告偏好管理器的在线工具，通过它人们可以综合操作浏览、删除、增加兴趣目录和选择退出定位广告信息记录程序。雅虎也提供了同样的选择。为了进一步保护消费者隐私，两家公司都同意将个人识别信息的最长时限确定为90天。

尽管涉及隐私问题，支持者认为行为定位广告对消费者的利大于弊。这些定位信息来自于客户的网络浏览行为，并且反馈广告与他们的需求和兴趣是密切相关的。

虽然这些广告可能对于一些消费者是有害的，但对于广告商也是一样的。据估计对于实现恰当时间到达正确顾客的合适广告投资，行为定位所产生的回报只相当于投资的37%。行为定为广告商蓝锂宣称37个定位广告所产生的效果相当于337个未定位的。而且当在个人定制化和隐私之间寻找平衡时，维持客户的信任并不是很容易。随着越来越多的公司采用行为定位广告，一些变通策略的名声变得更加糟糕。

　　一位行业负责人说："我们有一些全新且实力强大的东西，有一些人可能滥用它。"不管是滥用还是受益，这对消费者而言都是一种强行推销。最近一个调查显示当问及行为定位广告是否令你感到舒服，只有 28% 的受访者给出了肯定的答案，超过一半的人认为不舒服。正如一位分析人士观察指出，在线跟踪消费者并且通过广告追踪他们，这令人感到有点恐怖。

　　资料来源：Based on information found in Robert D. Hof，"Behavioral Targeting：Google Pulls out the Stops，"*BusinessWeek*，March 12，2009，accessed at www. business-

week. com；Brian Morissey，"Aim High：Ad Targeting Moves to the Next Level，"*Adweek*，January 14，2008，pp. 49- 50；Brian Morissey，"Limits of Search Lead Some to Web Behavior，"*Adweek*，March 27，2006，p. 11；Steve Smith，"Behavioral Targeting Could Change the Game，"*EContent*，January-February 2007，p. 22；Louise Story，"To Aim Ads，Web Is Keeping a Closer Eye on You，"*New York Times*，March 10，2008；and Stephanie Clifford，"Many See Privacy on the Web As Big Issue，Survey Says，"*New York Times*，March 16，2009.

　　还有一些消费者以前可能经历过所谓的"市场调研"，最后却发现那些研究人员只是想向他们推销产品。另外，有的消费者则把正式市场调研当成了促销，营销人员还没开始就遭到了拒绝。然而，更多的消费者只是反感，他们不喜欢邮件、电话或网络调查问卷太过冗长的、涉及更多的私人问题，或者在他们不方便的时候进行调研。

　　消费者不满情绪的不断上升已经成为调研行业的主要问题，同时，也导致了近年来较低的调查反馈率。公司面临的问题不仅包括发掘新价值和潜在的客户敏感信息，而且还包括维持消费者的信任。同时，消费者也开始纠结于个性化与隐私问题之间的平衡。虽然消费者愿意把自己的个人信息同获取免费服务，提高信用、折扣、升级和其他的报酬进行交换，但随着在线身份盗用数量的不断增多，他们对此还是感到非常担心。最近的一项研究调查表明，一家监测网络隐私事件的公司发现有超过 90% 的受访者把在线隐私看做是一个"真正"或"某种程度"的重大问题。还有超过 75% 的人认为"网络的规范性较差，而且那些初级用户可以很容易地从中获得好处。"因此，今天的消费者不愿意在网上填写自己的个人信息是可以理解的。

　　市场调研行业正在考虑应对这些问题的方案。例如，营销研究协会举办了两项活动——主题为"您的经验"和"权利答题卡"，其目的为了告诉消费者市场调研的好处以及如何把市场调研与电话销售、数据库的建立区分开来。该行业已经制定出了一项更广泛的且基于国际商会的国际营销编码和社会研究实践的法规。这一法规明确规定了研究人员对受访者和公众的责任。例如，其中的一项是指，在调研时，调研者必须向受访者提供自己的姓名和地址，同时禁止公司开展那些演示性的活动，如数据编辑或销售/促销性质的调研。

　　现在许多大公司——包括 IBM、Facebook、花旗集团、美国运通和微软——都有一位"首席隐私官"（CPO），其主要任务是确保公司顾客的隐私不受侵犯。IBM 的首席隐私官说道，这项工作要求她必须具有"多种思维方式和态度"。为了保护顾客的隐私，她还需要把公司各个部门紧密地联系在一起，从技术，法律和财务部门到营销和公关部门。

　　美国运通公司作为一家处理大量消费者信息的公司，长期以来一直非常重视客户的隐私问题。该公司在 1991 年制定了一系列涉及隐私问题的正式原则，并于 1998 年成为首批在其网站上公布隐私政策的公司中的一员。这则网络隐私声明采用清晰的措辞告知消费者，美国运通公司会搜集什么样的信息、如何使用和保护这些信息，以及公司将如何把这些市场信息传递给顾客，同时也说明了选择退出的方式。

　　最后，如果研究者在获取信息的同时能够提供一些有价值的东西，消费者将会欣然地提供个人信息。比如说，当消费者得知亚马逊公司在建立顾客购买产品记录的数据库后，可以为他们以后购物提供建议时，他们对公司搜集个人信息的行为并不介意，因为这样既可以节省时间又可以提供客户价值。同样地，瑞特的用户非常乐意在公司销售网站上完成相关的调查，因为他们可以参考他人的评价状况来制定自己的购买决策。但对于研究者而言，最好的方法就是只向顾客提问自己需要的信息，用这些信息向客户提供价值，并且避免在未经客户同意的情况下与他人进行分享。

2. 研究结果的滥用

　　调研结果是一种具有很强说服力的工具，公司可以把这些结果运用到广告或促销活动中。尽管如此，今天许多公司只把调研结果作为企业产品促销的载体。事实上在某些情况下，精心筹划的市场调研只为了达到预期的效果。广告商不会公开地操纵调研计划或是公然捏造调研结果；大多数调研结果的滥用只是稍微地"延伸"了一下实际的调研结果。

调查问题的选择或措辞的使用会对最终结论产生很大影响。例如，黑旗调研项目中有一个问题是这样的，"一个灭虫板……致使一只蟑螂中毒了。这只快死的蟑螂爬回了自己的巢穴，并且死后它的尸体会被其他蟑螂吃掉。反过来，这些蟑螂也会慢慢中毒而死。您认为这个灭虫产品的效果怎么样？"其中有79%的人说效果很好，出现这样的结果一点也不奇怪。

意识到一些公司可能会滥用研究结果，一些组织——包括美国营销协会、营销研究协会和美国调查研究组织委员会（CASRO）——制定了一系列的调研道德规范准则。例如，在CASRO针对调查研究所制定的道德规范中指出研究人员必须对受访者负责，其中包括保密、隐私和不被打扰。同时，规范还指出他们的主要责任是向客户和公众报告研究结果。

最后，仅靠法律法规并不能消除不道德或滥用的行为。尽管如此，每家公司还必须为市场调研的监控过程和结果承担相应的责任，从而来保护消费者和公司自身的利益。

概念回顾

为了给顾客创造价值并与之建立良好的客户关系，公司营销人员首先要从他们的需要和需求中获取最新且深入的客户洞察，而这些洞察则来源于有效的营销信息。最近，随着营销研究工具的不断发展，公司可以轻易地获取大量信息，有时甚至是过量的。最大的挑战是如何将今天海量的客户信息转化为动态的客户和市场洞察。一个公司的营销研究信息系统不应当只收集大量的信息，营销研究和信息的真正价值在于如何使用它们来找到更深层次的客户信息。

1. 解释获取关于市场和客户洞察信息的重要性。 营销过程以完全了解市场与消费者的需要和需求为起点。因此，公司需要获取可靠的数据信息以便向顾客提供更高的价值以及满意的产品与服务。同时还必须了解关于竞争者、转销商和其他活动者的信息，以及市场上的其他因素。此外，营销者不仅要把这些信息看做是更好地制定营销决策的来源，还应当把其作为公司一项重要的战略资产和营销工具。

2. 定义营销信息系统并讨论其组成部分。 营销信息系统（MIS）是由人和一系列过程组成的，这一过程包括评估信息需求，开发有用的信息，帮助决策制定者使用这些信息，进而产生并确定可行的顾客和市场洞察。用户一个好营销系统的起点和终点。

营销信息系统的过程包括以下几个。首先，评估信息需求。MIS主要是向公司的营销人员以及其他管理人员提供服务，同时，也可以向外部合作者提供相关信息。其次，从内部数据库、营销情报活动和营销研究中开发信息。内部数据库提供的是与公司内部运营和部门有关的信息。公司不仅可以轻易地以较低成本获取这些信息，

而且还可以把它们运用到营销决策中去。营销情报活动提供了关于外部营销环境每日的发展状况。营销研究则需要收集那些与公司所面临特殊问题有关的信息。最后，营销信息系统可以帮助用户分析并使用这些信息，目的是为了发现客户信息，制定营销决策以及更有效地管理客户关系。

3. 描述市场调研的过程。 市场调研可以分为四个步骤：第一步，界定研究问题和目标，其目标可以是探索性研究，描述性研究或因果性研究。第二步，为收集原始数据和二手数据制定调研计划。第三步，采用收集、处理和分析数据的方法来执行调研计划。第四步，解释并报告研究结果。其他的信息分析可以帮助营销主管更好地应用这些信息，而且还向他们提供了能够得出准确研究结果的复杂统计过程和模型。

无论是来自内部还是外部的二手数据资源都可以提供比原始数据更快且价格更低的信息，有时甚至还能提供一些公司自己无法收集到的信息。尽管如此，二手数据中也可能缺乏公司需要的信息。因此，调研者必须对二手数据的有效性、及时性和客观性进行评估。

在收集原始数据时，调研人员也必须评估这些数据有效性、及时性和客观性。每种收集原始数据的方法——观察法、调查法和实验法——都有各自的优缺点。同样地，各种联系方法——邮件、电话、人员访谈和在线调研——也存在着不同的优点和缺点。

4. 解释公司如何分析和使用营销信息。 从内部数据库、营销情报或营销研究中收集到的信息通常需要做进一步的研究分析。这可能会用到复杂的统计分析方法和模型，而这些方法和模型可以帮助营销人员做出更好的

决策。为了分析个人客户的数据信息，许多公司以及采用或开发出了一些独特的软件分析技术——称为客户关系管理（CRM）——用于整合、分析并使用数据库中大量的个人客户信息。

营销信息只有在用于做出更好的营销决策时才能体现自身价值。因此，MIS 必须能够向管理者或其他人员提供有用的信息从而帮助他们制定营销决策或处理与客户之间的关系。在某些情况下，MIS 需要提供常规的报告并及时更新；而在另一些情况下，为了特殊状况和做出即时决策，MIS 则需要向他们提供一些非常规的信息。许多公司通过内部网和外部网来实施这一过程。由于现代科技的发展，今天的营销管理者无论在何时何地都可以进入公司的管理信息系统。

5. 讨论营销研究者们所面临的问题，包括公共政策和道德问题。 营销者调研中可能会遇到一些特殊的问题，如在小公司，非营利性组织或者国际环境下进行调研。这些小公司和非营利性组织也可以在有限的预算下实施有效的市场调研。国际市场调研与国内调研遵循相同的步骤，但是还面临着许多不同于国内调研的问题。所有的组织都必须承担起调研中的主要公共政策和道德问题，包括侵犯消费者个人隐私和滥用研究结果。

问题讨论

1. 讨论营销研究与营销信息的真正价值，以及如何获得这些价值。
2. 讨论内部数据来源，以及内部数据的优势和劣势。
3. 简要描述市场调研过程的四个步骤。
4. 讨论当设计问卷时，需要做哪些决定。
5. 客户关系管理如何帮助公司发展客户洞察并传递超值的客户价值？
6. 在其他国家与国内市场进行行为研究有什么相似之处与不同之处？

问题应用

1. 利用网页的工具，设计一个关于你所在地区的娱乐机会的五个问题的调查。将问卷发给 10 个好友，查看问题的答案。你如何认为网上调查方法？
2. 分组座谈在探索性研究经常应用。小组座谈需要集中一群人来讨论一个具体的主题。在一个小组中，研究如何引导一个小组座谈，然后由一个与其他几个学生讨论学校能够提供哪些服务来更好地满足学生需要。分派你们小组的一个人来作主持，其他同学观察和解释小组座谈的参与者的反应。展现一个关于你在这个研究中学到的东西的报告。

营销技术

想象一下你自己头部挂着电线或者磁控制管使得你能够看见你脑部内部。你一定是在做医疗检验，是吗？再想一下，这是营销研究！营销研究在营销学新的领域神经营销学正在变得越来越像科幻小说，神经营销学利用科技就如磁共振现象，来观察顾客大脑，来理解顾客对营销刺激的认知和情感反应。一个公司，Thingkingcraft，用一种叫做"neurographix"的方法来帮助营销人员提供与顾客想法一致的信息。奥姆尼康广告公司用"神经计划"来决定合适顾客的媒介组合。一项研究发现顾客在盲测品尝中，顾客喜欢百事可乐胜过可口可乐，但是在他们能够看到品牌的时候尝试，他们更喜欢可口可乐。这两种情况下（知道品牌和不知品牌），大脑的不同部位被刺激，说明营销者使我们相信的比自己亲身体验的更有说服力。

营销道德

营销信息有助于对更好地满足顾客需要提供洞察，获得营销情报收集是这些信息的一部分。竞争情报（CI）已经发展到成熟的行业，公司宝洁，埃克森-美孚石油，强生设置了 CI 部门。但并不是所有的竞争情报收集都是伦理的或者合法的——甚至在值得尊敬的巨人，宝洁。在 1943 年，一个宝洁员工行贿一个利华兄弟（现在的联合利华）来获得天鹅肥皂的信息，这个肥皂将被开发，来改善它的象牙品牌。宝洁处理此案，为专利权侵权通过付给联合利华高达 600 万美元（现在的 6000 万美元）——一个象牙品牌成功的很小的价格。在 2001 年，宝洁由于利用联合利华办公室的垃圾获取情报的案子支付了 1000 万美元，这次侵权是被宝洁公司自己报道的。美国情报机构估计在知识产品盗窃中员工犯罪高达 75%。然而，这种威胁不仅仅是内部的。FBI 追踪大约

20 个国家的在美国公司的间谍。

1. 找出另一个公司间谍的例子，并且对这一事件写一个简单的报告。犯罪的一方是否进行了赔偿，或者服刑

牢狱？讨论在公司间谍的案件中什么惩罚应该承担，如果有的话。

2. 公司应该如何保护自己不受公司间谍侵害？

营销挑战

过去 10 年间，哈拉斯娱乐公司在博彩业获得的客户关系管理技巧使得它变得更大，收益更多。它成功的基础是整体薪酬回报方案，一个顾客忠诚维持系统，它集中了顾客信息的主脉，并且挖掘信息来识别重要的顾客并通过给他们个性化的经历来满足他们的具体需要。但是目前，哈拉斯娱乐公司发现顾客正在慢慢流失。不仅仅是顾客来的次数少了，以前花 50 美元的客人现在只消费 25 美元了。结果是，哈拉斯的收益下降了 13%，利润下降了 29%。哈拉斯并不是唯一一面临这种情况的，随着人们变得更加节省，或者把钱花在必需品而不是娱乐上，行业的其他公司也都遭受损失。哈拉斯的客户关系

管理努力一直聚焦在使每一个顾客高兴。这个公司宣称，顾客如果有好的经历则会多付 24%。但是甚至拥有能够预测哪些顾客能被演出票，房间升级，或者免费薯条怪诞能力的哈拉斯也没能够使得自己在经济衰退中全身而退。

1. 在经济下滑情况下，哈拉斯的业务下降是不可避免的，还是哈拉斯能够找到联系顾客的新的方式？你有什么建议？

2. 遇到经济危机时，哈拉斯努力让人们在博彩上花更多的钱是合理的吗？

第5章 理解消费者和商业购买者行为

概念预览

在第4章里，你已经学习了营销人员是如何获取、分析和使用信息来发掘市场机会、评估营销项目的。在本章，你将继续营销之旅，更加详细地讨论营销环境中最重要的组成部分——消费者。营销的目的是影响消费者对组织及其销售品的看法和反应。但是为了影响购买行为的内容、时间、方式，营销者首先要明白为什么会产生这样的购买行为。我们将首先探讨终端消费者购买行为的影响因素和购买过程。接着，考察商业购买者的购买行为。你会发现，理解消费者的购买行为是一项必要但又十分艰巨的工作。

学习目标

1. 理解消费者市场和影响消费者购买行为的主要因素
2. 识别和讨论购买者决策过程的各个阶段
3. 掌握新产品的采用和传播过程
4. 定义商业市场并识别影响商业购买行为的主要因素
5. 能够列举商业购买决策的步骤并进行定义

为了能够更好地体会到理解消费者行为的重要性，让我们首先来看看苹果公司。是什么令苹果的用户拥有如此狂热的忠诚度？究竟是什么促使他们购买一台 Mac 电脑、一部 iPod、一部 iPhone 手机又或者全部苹果产品呢？也许一定程度上是因为这些产品的功能。然而最为关键的原因在于，这个品牌本身已经成为他们自我展现和生活方式的一部分，成为这些苹果忠诚顾客的一部分。

第一站

苹果："酷"是一种信仰

几乎没有哪个品牌能够像苹果一样在其核心顾客群中激发如此强烈的忠诚感。无论是拥有一台 Mac 电脑、一只 iPod 随身听或者一部 iPhone 手机，这些苹果热爱者们磐石般地忠实于这个品牌。他们当中的一些是怡然自得的 Mac 机用户，他们使用自己的 Mac 机发邮件、写博客、浏览网页、购物以及参与社会活动。然而在另一个极端还存在一群 Mac 狂热分子，即所谓的"苹果脑袋"或者"麦霸"（Macolyte）。都市词典对"麦霸"的定义是，一个狂热地痴迷于苹果产品的人，正如人们会说"他是个'麦霸'，想都别想在他面前提到微软"。

如果你碰巧认识一个这样的"苹果脑袋"那就好极了。或许你正是其中之一。这些顽固分子购买一切最新的苹果产品和配件，以便最大化他们的苹果生命。他们几乎已经住到了当地的苹果专卖店里。他们当中的一些人甚至会去买两部 iPhone 手机——一部自己用，另一部用来拆开看看里面是什么样子，或者说只是惊叹一下苹果如何将这么多东西塞进一只精巧的小盒子的特异功能。

每一位苹果的消费者都至少有一点"苹果脑袋"。Mac 爱好者们把苹果公司的创始人史蒂夫·乔布斯视为科技领域的沃特·迪士尼。在 Mac 粉丝面前一提到"苹果"这个词，他们就会沉浸在一片对该品牌优越性的盛赞当中。把两个"苹果脑袋"放到一起就别想让他们住嘴。一些"苹果脑袋"甚至把苹果的商标纹在自己的身上。据一位行业观察家所言，一台 Mac 或者 iPhone "不仅是一部盒子里的机器，而且带来了一个完整社群"，这个社群里的人秉承着同类的信仰。苹果用户当中的狂热信徒身处前沿，见证了苹果公司新近的个人电脑复兴以及 iPod、iTunes、iPhone 帝国的壮大。

是什么使得苹果的购买者如此忠诚？为什么他们购买 Mac 而不是惠普或者戴尔，购买 iPhone 而不是诺基亚或摩托罗拉？去问那些真正的信徒，他们会简单地告诉你苹果产品做得更好、更多，或者说它们更方便使用。但是苹果的购买者行为有着更为深入的根源。苹果公司将理解消费者和弄清其内心的真正需求置于首要地位。它知道对于苹果的购买者，一台 Mac 电脑或一部 iPhone 手机远不止是一件电子装备。它是购买者自我表达和生活方式的一部分——是他们自身的一部分。当你拥有一台 Mac，你就是非主流，你是独立的思想者、革新者，超凡脱俗。

苹果公司把对这一深层购买需求和动机的理解应用于一切产品。存在着这样一种说法：

苹果是酷的化身——这家公司因以某种手段为其所接触的一切领域注入新的活力而引起宗教般的狂热追捧。从光洁的笔记本电脑到更为光润的 iPhone，苹果产品是充满想象、桀骜不驯的，令人赏心悦目。它们使用起来充满乐趣，并带给其竞争的对手以灾难性的打击。苹果表现出了"一种营销和创造的天赋，一种进入消费者内心向往的罕见能力，并且懂得如何俘获他们的心。"一位分析家称，苹果公司"迷恋于研究苹果用户的体验"。

苹果公司对理解消费者的迷恋以及深化他们产品使用体验的行为体现在方方面面。例如，一趟前往苹果专卖店的探访远不止是一次简单的购物之旅。苹果专卖店是极具魅力的场所。店面装修简洁，随处渗透着与 iPod 或者 iPhone 一致的格调。店员会邀请购物者稍作停留，然后运用那些设备来给他们感受所有这些令人兴奋的新科技：

现在是凌晨两点，然而在曼哈顿市中心地下的零售圣地——它的另一个名字是苹果商店——就像是在下午三点。圣诞节前夕的深夜里，推婴儿车的父母，等待登机的游客和夜行的纽约人混杂在一起，点击着 iPod 的播放菜单，通过 Mac 笔记本在互联网上漫游，或者在 iPhone 的触摸屏上探路。兴高采烈的店员们整夜忙碌着，一边在付款台前拨打着顾客的电话，一边还在手持设备上接连不断地进行交易操作。

这家公司不仅把其许多店铺变得像个集会场所，并且凭借炫目的灯光、强烈的音乐打造出一种蜂鸣效应，使得消费者感觉自己更像是在参与一项重大活动。毫无疑问，苹果商铺鼓励大规模的购买。但是他们同时也主张拖延——好几小时连续不断地全速运转着几十台电脑、iPod 和 iPhone，就是为了让顾客体验。这一政策甚至使一些商店，尤其是城镇中的苹果店铺看上去就像一个社区的中心。你不是在逛一家苹果商店，你是在感受它。

苹果对消费者和他们需求的敏锐感知使其拥有了凝聚狂热信徒的核心成分。最近一次的美国消费者满意指数给苹果打出了"领导市场消费者满意度" 85 分的高分——个人电脑行业有史以来的最高分。另一项调查则表明，在众多个人电脑品牌中，苹果用户具有最强的再次购买意愿——81% 将苹果当做家中主要电脑的家庭有再次购置一台苹果的计划。

反过来，这场消费者和苹果之间的爱恋带来了令人惊羡的销售额和利润。尽管遭遇了 2008 年的经济崩盘，苹果当年的销售额直冲 325 亿美元的纪录，比前一年增长了 35%，是四年前的四倍。在 2009 年，尽管经济衰退严重削弱了电子产业，苹果公司 iPod 和 iPhone 的销售额依然维持着健康比率的上升。仅仅去年一年，该公司就售出了将近 1200 万台 iPhone 以及 5500 万台 iPod。苹果公司宣称其占有美国个人电脑市场 14% 的份额——在惠普和戴尔之后名列第三，并且占据了它所创造的 iPod 和 iTune 市场的 70% 以上。

"光说苹果热是不公平的，"一位观察家说，"苹果热得冒烟、热得烫手、热得冒泡，更别提后面还跟着一堆附加的新潮产品了。全世界的电脑器械迷们已经加冕苹果成为酷这种信仰的教主。"不信就去问问你的"麦霸"朋友们。事实上，别费事了，他们很可能已经把它捧上天了。

苹果公司的案例说明了很多层面的因素都会影响消费者的购买行为。购买行为绝不简单，但理解它是营销管理的一项基本任务。首先我们来探讨一下消费者市场和终端消费者购买行为。然后，我们研究商业市场和商业购买过程。

5.1　消费者市场和消费者购买行为

作者评论

在某种程度上，个人消费者市场与商业市场是相同的，但在某些地方，它们又是完全不同的。

消费者购买行为（consumer buyer behavior）——为满足个人消费需求而购买产品和服务的个人及家庭——的购买行为。所有的终端消费者合起来构成了**消费者市场**（consumer market）。美国的消费者市场由 3 亿以上的人口构成，他们每年消费价值 14 万亿美元的产品和服务，使美国成为世界上最具吸引力的消费者市场之一。世界消费者市场由 68 亿以上的人口构成，他们每年大约消费掉价值 70 万亿的产品和服务。

全球的消费者在年龄、收入、受教育水平和品位方面存在巨大的差异。他们也购买种类多得让人难以置信的产品和服务。这些不同类型的消费者如何与其他人及世界上的其他因素相连接，这将影响他们对不同产品、服务和公司的选择。现在我们来考察这些能够影响消费者行为的因素。

5.1.1　消费者购买模型

消费者每天都会做出大量消费决策。许多大型公司都通过更为详细的调查分析消费者买什么、在什么地方买、怎么买、买多少、什么时候买和为什么买等问题对消费者的购买决策进行研究。营销者可以通过研究消费者的实际购买行为了解他们买什么、在哪里买和买多少。但是，要了解购买的原因就不那么容易了，因为问题的答案通常深藏在消费者的心智中。

通常消费者自己也并不能准确地知道影响他们的购买行为的因素。"人的大脑并不是线性工作的，"一位营销专家这样说道，"有人认为人类的思想就像是一台有着存储设备的电脑，在存储设备中存放着品牌、商标又或者其他可识别的包装，这些信息通过写在上面的广告和商业信息被分成几个文件夹，但这样的说法明显是站不住脚的。"相反，大脑中盘旋、混杂着大量的神经元细胞，它们相互碰撞并且持续产生新的概念和思想，以及与他人相互之间的感应。

营销人员要了解的最核心的问题是，消费者对公司可能采取的各种营销手段将会有什么反应？研究的起点是图 5-1 展示的刺激–反应模型。这幅图表明，营销刺激和其他刺激因素进入消费者的"黑匣子"，然后产生某些反应。营销者必须找出消费者"黑匣子"里面的内容。

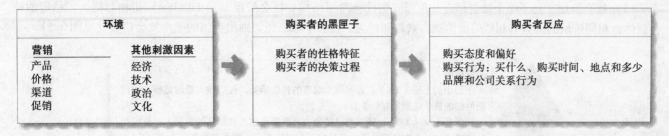

图 5-1　购买者行为模型

营销刺激因素包括 4P：产品、价格、渠道和促销。其他因素包括消费者所处的环境中一些重要的外部力量和事件：经济、政治和文化。所有这些因素进入消费者的"黑匣子"，然后转换成一系列可观测的消费者反应：产品选择、品牌选择、经销商选择、购买时间和购买量。

营销者想要知道这些刺激是如何在"黑匣子"里面被转化成消费者反应的。"黑匣子"由两部分组成：第一，购买者的特征影响其观察这些刺激因素的方式并做出反应；第二，购买者的决策过程本身也影响购买者的行为。我们首先看看消费者的特征，然后讨论购买者的决策过程。

5.1.2　影响消费者行为的特征

消费者的购买行为受到文化、社会、个体和心理特征的强烈影响，如图 5-2 所示。这些因素大部分是营销者无法控制的，但必须把它们列入考虑范围之中。

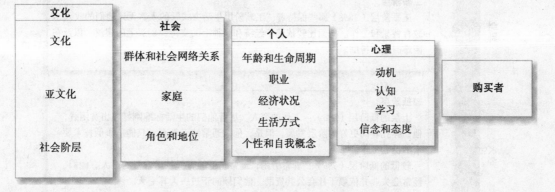

图 5-2　影响消费者行为因素

1. 文化因素

文化对消费者购买行为有着广泛而深刻的影响，营销人员需要了解购买者的文化、亚文化和社会阶层在购买行为中所起的作用。

（1）文化。文化是一个人产生需要和行为的最基本动因。人类的行为很大程度上是后天习得的。一个孩子在社会中成长，从家庭和其他重要的机构中学习基本的价值观、观念、需要和行为方式。每个群体或社会都有自己的文化，而且文化对购买行为的影响可能在国家之间存在巨大差异。不能很好地适应这种差别会导致市场营销活动缺乏效率或产生令人尴尬的错误。

营销人员总是试图把握文化变迁来发现市场需要的新产品。比如，更加关注健康和健美的这样一种强烈的文化变迁，形成了健康美体服务、健身器材和服装、低脂天然食品的巨大产业。追求"随意"的风尚带来了对休闲服装和简易家具的更多需求。

（2）亚文化。每一种文化下面都包括更小的亚文化，即由于相似生活经验和精力而具有相似价值体系的群体。亚文化包括了国籍、宗教、种族和地理区域。许多亚文化群体都构成了重要的细分市场，营销者通常会设计满足他们需要的产品和营销活动。

（3）社会阶层。几乎每个社会都有某种形式的社会阶层结构。**社会阶层**（social class）指相对持久、稳定的社会群体，相同阶层的人具有相似的价值观、兴趣和行为。社会学家已经识别出美国的七个社会阶层（见图5-3）。

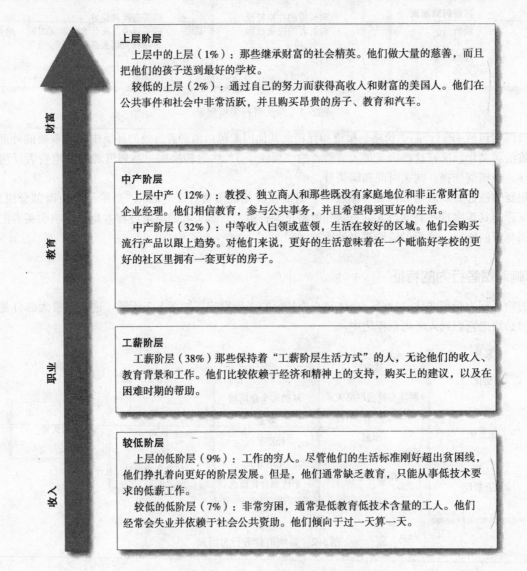

图 5-3 美国社会的主要阶层

社会阶层不是由单个因素（如收入）决定的，而是由一系列包括职业、收入、受教育状况、财富状况和其他变量的因素决定的。在一些社会系统中，不同的社会阶层的成员扮演特定的角色，并且无法改变他们的社会位置。在美国，不同的社会阶层之间的界限并不是固定、僵化的，人们可以上升到一个更高的阶层，也可能掉到一个更低的阶层。

营销者之所以对社会阶层感兴趣是因为在一个给定的社会阶层之中通常会呈现出相同的购买行为。不同的社会阶层之间在服装、装修、休闲活动和汽车等方面的选择体现出迥异的产品和品牌倾向。

2. 社会因素

一个消费者的购买行为也受社会因素的影响，如消费者所属的群体、家庭、社会角色和社会地位。

（1）群体和社会网络关系。一个人的行为受到许多**群体**（group）的影响。对群体成员有直接影响的群体称为**成员群体**。相反，参考群体在形成人的行为态度方面起着直接（面对面）或间接的比较和参考作用。人们通常会受到那些他们并不隶属的参考群体的影响。例如，当一个年轻的篮球运动员希望有一天能够像勒布朗·詹姆斯一样在 NBA 打球一样，志愿群体就是一个个体希望去加入的群体。

群体影响的重要性因产品和品牌变化而变化。当产品可以接触到购买者所尊重的群体时，群体影响最强烈。受到强烈群体影响的产品和品牌制造商，必须找出能够接触到**意见领袖**（opinion leaders）的途径。意见领袖是在一个群体内，由于具有特殊的技能、知识、性格或者其他特征而对其他个体产生影响的那些人。

许多营销者试图为他们的产品找出目标市场的意见领袖，并向意见领袖开展营销努力。因此，他们运用蜂鸣营销，通过征募甚至是制造意见领袖的方法来宣传他们的品牌。许多公司正在尝试通过品牌形象大使项目向他们的日常消费者传达福音。

宝洁已经建立一个庞大的口碑营销队伍——Vocalpoint——拥有 350 000 位母亲。这批自然形成的蜂鸣者利用人与人交流的力量来传播品牌言论。Vocalpoint 招募了"联系人"——他们有着巨大的朋友网络和闲扯的天赋。他们不仅仅为宝洁公司制造蜂鸣，也同样为其他客户公司服务。宝洁最近利用 Vocalpoint 的网络来发布它的新产品 Pur Flavor Options 过滤器——在他们的过滤水中加入水果口味的 Pur faucet 或者 Pitcher 过滤器。宝洁不会为此向妈妈们付费或者告诉她们怎么说。它只会简单地向传播者提供样品，并介绍这些产品，然后希望他们和"我们或者其他女性朋友分享最真实的感受"。相反，这些 Vocalpoint 妈妈们为新产品做了上百万次的个人推荐。

在过去的几年中，一项新型的社会互动行为被发现了——网络社区。网络社区是一个人们通过互联网交流信息和意见实现社会化的社群。在线社会网络媒介从博客到社交网站——Facebook 和 Youtube 到整个虚拟世界，例如 Second Life 和 Gaia 在线。这种高科技蜂鸣的新形式对营销者有强烈的重大启示。

人际联系——通过文字、图片、视频和音频的传递是新网络上的生活。这种生活带来了数以千万的博客写手，1.75 亿活跃的 Facebook 用户和超出百万的单独使用的社会网络——人们在这里分享同一类型的东西，比如 Flickr（照片）、YouTube（视频）……怎么评价这些新的网络科技对商业造成的影响都不过分：它们引领潮流，掀起对某些产品的热情的巨浪。它们为广告商提供了巨大的目的性强的受众。它们利用业余人士的忠诚边缘化了旧媒体。它们不费吹灰之力为营销者提供了精细得有些夸张的数据。新的社会网络科技所提供的真实的，对等的交流渠道比任何广告要可信得多。

营销人员的工作就是利用这些新型社会网络的力量去推荐他们的商品，建设更为亲密的客户关系。他们希望能够利用社会网络去和消费者互动并成为他们交谈和生活的一部分，而不是把单向的商业信息扔给对广告缺乏好感的消费者。

例如，从汉堡王到芝加哥公牛的品牌都在 Twitter 上宣传。耐克通过建立一个社交网站（http://nike6.loopd.com）和运动员们联系在一起，从滑雪者到冲浪者再到小轮自行车手。吉普通过与 Flickr、Facebook、Myspace 等社交网络的链接联系着客户。西北航空的雇员之间和顾客一起在博客上分享着故事。星巴克在"我的星巴克点子"网站的网页上上传想法——"简单的或者革命性的"——为了他们自己或其他人想从星巴克得到的。经过其他顾客投票选出的最好的点子会被公司采纳。

但是营销者在进入社会网络时必须当心，因为结果很难衡量和控制。而且，用户会控制其内容，因此社会网络营销很有可能适得其反。我们将在第 14 章的营销工具中对社会网络营销进行深入挖掘。

营｜销｜实｜践 5-1

品牌形象大使：请真正的消费者说出他们想说的话

人们喜欢谈论那些令他们高兴的事物——包括他们最喜爱的产品和品牌。你真的很喜欢捷蓝航空——他们具有那种将你舒适地搭载到目的地并收取合理费用的天赋。或者你非常喜欢新买的索尼GPS相机——它太酷了。在过去，你可能只是和朋友或是家人聊一下这些品牌。但是现在，多亏了现代科技，只要有一架摄像机、笔记本或一部电话，任何人都可以将关于产品和品牌经历的言论传播到成千上万的消费者那里。

作为对策，营销者也正在努力去利用新出现的这种日常购买者的沟通力量，把他们转化成具有影响力的品牌大使。捷蓝航空、索尼、微软和麦当劳等公司正在开发新的品牌大使项目来激发消费者对消费者关于品牌的互动。这些项目雇用热心的日常消费者来扮演公关代理人、销售代表以及福音传播者的角色。

营销者会依据对品牌的喜好程度和社交圈子的大小，非常仔细地选择他们的品牌大使。他们有时搜索博客和网络社区去寻找那些已经具有品牌宣传功能的人。一旦选定，品牌大使们就会接受真正品牌知识的训练然后展开独自的宣传。大使们通过个人谈话、博客、生活经历和在线社会媒介深入到朋友、家庭、组群和更广阔的受众范围当中去。

对于大使们而言，这更像是心甘情愿去做的事情而不是一项工作。奖励通常是免费试用装、小礼物、折扣和象征性的现金报酬。或许对于许多品牌的忠实顾客而言，更为重要的是，他们在工作中得到了更深层次的公司信息，比如新产品或者服务。

品牌大使项目带动了对等交流的力量。消费者从其他像自己一样的人那里得到产品和品牌的经验，而不是从商家营销的途径。"它的价值在于有人想要和你谈谈产品和特性，"一位品牌大使说，"这不完全是

销售，这是信息的分享。如果你以一种积极的相关的方式从事它，它（对双方）就是积极的经验。"

索尼运用品牌大使推动了新的GPS相机的发售。这是一款高科技装置，利用卫星的跟踪技术记录你每一张照片的精确位置。索尼选择那些喜爱旅游、拍照和写博客的大使。"这是一款应用新技术的产品，我们真的需要让消费者看到人们在使用它，"索尼数码影像部的主管说。

索尼从2000多名在线申请者中挑选了25位品牌大使。这些大使得到了一台免费的相机以及其他相关设备并能够免费学习如何使用它们。他们被鼓励去向自己的朋友、伙伴和其他任何问起的人展示这部相机，分发折扣礼券，每周发布拍摄旅游照片的经历到一个精致的索尼微型网站上。

品牌大使方式也受到了一些批评。例如，一些人认为这不太光明磊落，是欺骗性的观点。但是，为了避免欺骗的指责，大多数公司都建议他们的大使表明自己代表的身份。其他人担心品牌大使会被认为像叫卖小贩一样，他们说产品好是因为得到了好处——或者更坏的是，就像恼人的传教士叫人恨不得躲得远远的。"正相反，我们的品牌大使在他们的同学们看来是具有企业家精神、充满创意的人。"一位RepnNatin的主管说。

他补充说，他们不是校园中超级酷的孩子。"我们曾经设想最好的代表应该是任何群体中最酷的人，但是我们认识到大多数孩子并不酷。如果营销者想要消费者感到和他们大使的联系并且觉得大使平易近人，那么他们必须不能是最酷的消费者，"尽管通常他们被认为极具影响力的人。"最好的大使，"他说，"应该是友好、愿意和其他人交流的品牌忠实者。"

（2）家庭。家庭成员会极大地影响购买行为。家庭是社会中最重要的消费者购买组织，而且对这一群体营销者已经做了广泛的研究。营销者关心的是家庭中丈夫、妻子和孩子在购买不同的产品和服务时所发挥的影响。

丈夫或妻子的购买主导程度依据产品种类和购买过程中阶段的不同而变化。购买角色也随着消费者生活方式的演变而变化。但是，随着越来越多的女性要在外面工作和丈夫们也愿意承担起更多的家庭采购任务，购买角色和生活方式也已发生了变化。最近一项研究表明，65%的男性会经常去百货商店，并在一周中准备至少一餐的食物。与此同时，现今的女性在所有的汽车购买中拥有着65%的影响力，在新房屋购买中影响力为91%，以及假期购买中的影响力为92%。综合来讲，女性做出了家庭85%的购买决策，花费了国家GDP的2/3。

这些变化表明那些只销售男性或者女性专用品的营销者，现在正在积极讨好另外一种性别的消费者。例如，现今女性已经占到了50%的科技产品购买量。所以，消费类电子品正逐渐将产品设计得更易使用，对女性购买者更具

吸引力。

由于越来越多的女性购买消费类电子产品，工程师和设计师们引入了更适合女性品味的产品，而历史上绝大多数产品是根据男性的品位、习惯和要求制造的。设计将变得更加"女性化和柔软"，而不再是过于男性化和有棱角的。而且这些新格调往往都显得很精细，如索尼超便携式笔记本电脑按键之间的宽大空间，容得下女性较长的指甲。

孩子们也会对家庭购买决策产生很大的影响。全美 8～12 岁的孩子有 3600 万，他们可任意支配的收入有 300 亿美元。他们同样也影响着其家庭花费在他们身上的额外的 1500 亿美元，如食物、衣服、娱乐和个人护理。一项研究表明，孩子们对家庭任何东西的决策都有着重要的影响，从去哪里度假到买哪款汽车。

因此，汽车产品、全方位服务旅店、手机和旅行的营销者现在也为像定位于家长一样，把小孩当做目标群体。例如，Firfly Mobile 以移动电话和通话计划定位于家庭市场，同时吸引孩子和家长。这些电话的款式非常时尚，功能特点也对孩子和青少年充满着吸引力。同时，它们还包括了固定控制让家长们能够限制打进和打出的电话，以及在没有额外费用的情况下限制信息。所以，这款电话同时满足了作为使用者的孩子们和作为付款人的家长的需求。

（3）角色和地位。一个人在社会中属于许多群体——家庭、俱乐部和各类组织。个人在每个群体中的位置可以用角色和地位来定义。一个角色由一个人周围的人期望这个人履行的所有职责构成。每个角色都传递一种地位，反映出社会给予此人的尊重程度。

人们总是会选择与他们的角色和地位相适应的角色。来考虑一个工作妈妈的几种不同的角色。在公司里，她扮演者品牌经理的角色；在家里，她又要承担妻子和母亲的角色；在她最爱的运动中，她又是一位狂热的粉丝。作为一个品牌经理，她会购买那种能够反映出自己在公司里的角色和地位的衣服。

家庭购买：家庭购买角色正在改变。例如，65％的男性开始经常性地逛杂货铺，而女性影响着 50％的新技术购买。

3. 个人因素

购买者决策也受个人特点的影响，比如像年龄和所处的生命周期、职业、经济状况、生活方式、个性和自我概念。

（1）年龄和生命周期。人们在一生中的不同阶段购买不同的产品和服务，对食物、服装、家具和娱乐的品位都是与年龄相关的。购买行为也受家庭生命周期的影响——家庭随时间成长而经历的阶段。营销人员通常以生命周期阶段来定义他们的目标顾客市场，并对每个阶段开发适合的产品和营销计划。

在消费者的一生当中，会经历许多生命阶段的改变。当他们的生命周期阶段改变时，其行为和采购偏好也会改变。能够利用这些数据去理解消费者在生命周期改变的时机和所需要的补给的营销人员，会比竞争者更具有优势。

（2）职业。一个人的职业影响他所购买的商品和服务。蓝领工人倾向于购买结实耐穿的服装，而管理人员则更多地购买商务套装。营销人员试图识别出那些对自己的产品和服务比一般人有更多兴趣的职业群体。一个公司甚至可以专门制造满足特定职业群体所需的产品。

（3）经济状况。一个人的经济状况会影响他对产品的选择。收入敏感型商品的营销者需要观察个人收入、储蓄和利率的趋势。如果经济指标指出一定的衰退，营销者就可以紧跟着采取措施来重新设计、重新定位以及重新定价他们的产品。

（4）生活方式。来自相同文化、社会阶层和职业的人们可能有着完全不同的生活方式。生活方式是一个人的生活模式，可以通过他的心理图标表现出来。心理图标衡量了消费者的主要的 AIO 维度——活动（工作、爱好、购物、运动和社交）、兴趣（食物、时尚、家庭和娱乐）以及观点（自我、社会实践、商业和产品）。生活方式可以捕捉到除了人的社会地位和个性以外更多的内容，它描绘了个体在这个世界上活动和接触的全貌。

当生活方式的概念被很好地应用时，它能够帮助营销人员更好地理解正在改变的消费观以及它们是如何影响购买行为的。消费者购买的不仅仅是产品，而是购买产品所代表的价值观和生活方式。例如，宝马不是出售敞篷车，而是出售敞篷车生活方式。一位营销者说："人们对产品的选择变得越来越像对价值观的选择。不是'我喜欢这水，它尝起来的方式'，而是'我喜欢这车、这表演，它更能反映我是谁。'"

（5）个性和自我概念。每个人独特的个性影响着他的购买行为。**个性**（personality）指的是一个人独特的心理特征，这些特征能对一个人对其所处的环境产生相对稳定和持久的反应。个性通常以性格特征的形式来反映出来，例如自信、主导性、交际能力、自我约束能力、自我保护能力、适应能力和进取心。个性对分析消费者对某些产品或品牌的选择行为是非常有用的。

品牌也是具有个性的，并且消费者总是倾向于选择那些与其个性相匹配的品牌。**品牌个性**（brand personality）是指某个可以赋予特定品牌以人类性格特征的组合。一位研究者识别出五个品牌的个性特征：真诚（实际、诚实、安全、乐观），激动（勇敢、充满活力、想象力丰富、时尚），能干（可靠、聪明、成功），精细（高档且迷人），粗犷（结实且适合户外运动）。

大多数著名的品牌都与某个特定的特征紧密联系在一起：李维斯牛仔服与"粗犷"，MTV与"激动"，CNN与"能干"，坎贝尔与"真诚"。因此，这些品牌将吸引那些与这些性格相似的人。

许多营销者都使用同一个与个性相关的概念——一个人的**自我概念**（也称做自我形象）。自我概念的基本假设前提是人们占有的财产形成并反映了他们的身份，也就是说"我们就是我们所拥有的一切"。因此，要理解消费者行为，营销人员必须先理解消费者的自我概念和其财产之间的关系。

4. 心理因素

一个人的购买选择进一步受四个主要的心理因素的影响：动机、感知、学习及信念和态度。

（1）动机。每个人在任何时间都有许多种需要。一些是生理需要——来自于一些紧张状态，如饥饿、口渴或是不适；另外一些是心理因素——来自于对认可、尊重或归属感的需要。当一个需求上升到更为强烈的状态时就变成了动机。动机是一种迫使人们去追寻满足感的需要。心理学家已经发展了人类动机理论。其中最流行的两个理论——弗洛伊德和马斯洛的理论——对于消费者分析和营销有着很不相同的意义。

弗洛伊德假定人们在大部分情况下对实际影响他们行为的心理力量是无意识的。他看到在人逐渐长大的过程中不断地压抑欲望，这些欲望从来就没有消失过或受到很好的控制。它们在睡梦中出现，在不经意的时候说出，在神经质的行为中表现出来，或者最后从精神病人身上体现出来。

弗洛伊德的理论表明一个人的购买决策受到潜意识动机的影响，也许购买者本身也并不了解这些潜在动机。因此，一个婴儿潮出生的人，购买了一辆宝马330Ci跑车可能会被简单地解释为他喜欢风掠过头发的感觉。从一个更深入的层次来考虑的话，他可能希望给他人留下成功的印象。如果再深入，他购买这辆车可能是希望自己可以找回年轻、独立的感觉。

"动机研究"一词指的是一种定性研究，被设计来探寻消费者隐藏在潜意识中的动机。消费者通常都不清楚或者不能描述产生他们行为的原因。因此，动机研究者利用大量的探寻技术来揭晓消费者对于品牌和购买状况的内心情感和态度。

另一个激励理论是由马斯洛提出的。他试图解释为什么人们会在特定的时间被特定的需求所驱使。为什么有些人在追求个人安全上花大量时间和精力，而有的人却花在如何获得别人的尊重上。马斯洛的答案是：人们的需求呈现出如图5-4所示的金字塔状，从低端最迫切的需求到顶端最不迫切的需求，包括生理的需求、安全的需求、社交的需求、被尊重的需求和自我实现的需求。

一个人总是首先试图满足最重要的需求。当这个需求

图5-4 马斯洛需求层次

被满足以后，它就不再是这个人的行为动机，而这个人就试图满足下一个最重要的需求。比如，一个饥饿的人（生理需求）对艺术界最新发生的事件毫无兴趣（自我实现），也不在意是否受到他人的注意和尊重（被尊重的需求），甚至不会在意空气是否新鲜（安全需求）。但是，当一个重要的需求被满足后，下一个需求就会随之产生。

（2）感知。一个目的明确的人随时准备行动。这个人如何受到他对所处环境的感知的影响，都是通过五种感官来获得信息的：视觉、听觉、嗅觉、触觉和味觉。然而，我们每个人都用各自不同的方式来接受、整理和理解这些感官信息。感知是人们为了对世界形成一个有意义的图像而选择、整理和理解信息的过程。

人们对相同的刺激可以形成不同的感知，这是人们应该经历的三种感知过程：选择过程、选择性曲解和选择性保留。人们每天都暴露在大量刺激之下。比如，分析学家估计人们每天会接触到 3000～5000 个广告。一个人对所有这些刺激都关注和留心是不可能的。选择性注意——意味着营销人员必须极其努力来吸引消费者的注意力。

即使那些显著的刺激也不总是以预期的方式起作用。每个人都用一种固定的思维方式来处理接收到的信息。选择性曲解是指人们总是倾向于以一种能够支持他们已有观点的方式对信息进行理解。人们会将所学的大部分遗忘，而倾向于保留那些支持自己态度和观点的信息。因为选择性保留，消费者比较容易记住他们所喜欢的品牌的优点，而忘记竞争品牌的优点。由于存在选择性注意、选择性曲解和选择性保留，营销人员必须为传达信息做出巨大努力。

（3）学习。当人们活动时，他们就会学习。学习是指由经验而引起的个人行为上的改变。学习理论学家认为，人类的大多数行为都是通过学习得来的。一个人的学习是通过驱动力、刺激、暗示、反应和强化的交互影响而产生的。

驱动力是指一种要求行动的强烈的内在刺激。当驱动力指向一个特定的刺激源时，驱动力就变成了动机。例如，一个人自我实现的驱动力可能会激励他去考虑购买一台数码相机。消费者对于购买相机这一想法的反应是以周围的暗示为条件的。暗示是那些微小的刺激源，决定着一个人在什么时候、什么地点和如何做出反应。例如，这个人可能在商店橱窗中看中了几种相机品牌，听到一个特别的促销价格，或者和一位朋友讨论过相机，这些都是可能影响消费者对于购买产品兴趣反应的因素。

假设消费者买了尼康数码相机。如果这次经历是成功的，消费者将很可能越来越频繁地使用它。他对相机的反应将被强化。当再次购买相机、望远镜或是其他类似产品时，他继续选择尼康的可能性将增大。对于营销人员来说，学习理论的现实意义在于，通过将它同强烈的动机联系起来——使用促成暗示或提供正面强化，营销人员能够提高对一种产品的需求。

（4）信念和态度。通过实践和学习，人们获得信念和态度。反过来，信念和态度又都会影响人们的购买行为。信念是一个人对某些事物所持的描绘性的想法。这些信念可能基于实践经验、观点和信仰，也可能包括情感因素。营销人员对人们关于特定产品和服务形成的信念很感兴趣，因为这些信念组成了产品和品牌形象的一部分，并且影响着购买行为。如果有些信念不正确并阻碍购买行为，营销人员就会发起活动进行更正。

人们对宗教、政治、服装、音乐、食物……几乎所有东西都持有态度。态度是人们对某个事物或观念所持的一致的评价、感受和倾向。态度使人们喜欢或是讨厌、亲近或是疏远某一事物。我们的数码相机购买者可能持有一些态度，例如"购买最好的产品"、"日本人生产世界上最优质的产品"，或者"创造力和自我表达是人生中最重要的两件事情"。如果是这样的话，尼康相机就和消费者现有的态度非常契合。

态度是很难改变的。一个人的所有态度形成一种模式，要改变一种态度可能需要对其他态度做出调整。因此，一个公司应该将自己的产品同现存的态度相契合，而不是试图改变态度。例如，今天的饮料营销人员在迎合人们对于健康和福利的新态度，它们的产品不仅仅是味道好或者让你不再口渴，而是可以做得更多。

我们现在可以识别出许多消费者的影响因素。消费者的选择是文化、社会、个人以及心理因素综合作用的结果。

5.1.3　购买者决策过程

我们已经看到了购买者受到的那些影响，我们已经做好准备来看看消费者是如何做出购买决策的。图 5-5 显示了购买者决策过程的五个阶段：需求识别、信息搜集、可供选择方案评估、购买决策和购后行为。显而易见，这个过程早在真正的购买之前就开始了，并在之后很长时间还在继续。营销人员需要关注整个购买过程而不仅仅是关注购买决策。

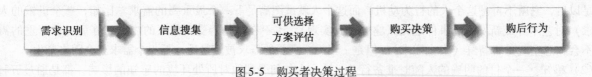

图 5-5 购买者决策过程

图 5-5 说明消费者在每次购买中都会经历这五个阶段。但是，在一些更加常规的购买中，消费者通常会跳过或是颠倒其中的某些阶段。正如一位购买自己经常使用的牙膏品牌的女性会首先识别需求，然后越过信息搜集和评估阶段而直接到达购买决策阶段。然而，我们仍然采用图 5-5 中的模型，因为它显示了当一个消费者面临一项崭新、复杂的购买情境时所有需要思考的事项。

1. 需求识别

购买过程从**需求识别**（need recognition）开始——购买者认识到一个问题或一种需求。这种需求可以由内部刺激引起，例如当一个人的基本需求（如饥饿、干渴和性欲）上升到一定程度而成为一种驱动力时。一种需求也可以由**外部刺激**（external stimuli）引发。例如，一则广告或者一次与朋友的讨论可能会让你考虑购买辆新车。在这个阶段，营销者必须对消费者进行研究以发现出现了哪些需求或问题，这些需求和问题是由什么产生的，以及它们如何驱使消费者购买特定产品。

2. 信息搜集

一个有兴趣的消费者可能会也可能不会搜集很多的信息。如果一个消费者的购买动机很强烈，同时令人满意的产品触手可及，那他很可能就会购买这个产品。否则，消费者就会在记忆里储存购买需要，或者与这个购买需要搜集到的相关信息。例如，一旦你决定需要一辆新车，至少，你会花费更多的注意力在汽车广告、朋友们的车以及与车有关的社交活动上。或者，你会积极地浏览相关网站、与朋友交流，或者用其他方式来搜集信息。

消费者可以从多种渠道获取信息。这些渠道包括个人来源（家庭、朋友、邻居和熟人），商业来源（广告、销售人员、零售商、包装或展销），公共来源（大众媒体或消费者组织），亲身经历来源（处理、检查或使用商品）。这些信息来源的相对影响会随着产品和购买者变化而变化。

总的来说，消费者从商业来源那里获得的产品信息最多，那些被营销人员掌握的信息来源。然而，最有效的信息来源是个人来源。商业信息来源通常只能告知购买者，而个人信息来源则为购买者评估商品。一项近期研究显示了消费者从论坛、博客、在线预览网站和社会网络中了解到的资讯，比从电视广告之类的传统营销手段在促成购买决定时要有效得多。

当更多的信息被收集到一起，消费者对已知品牌的认识和知识大大增长了。在搜寻汽车信息的时候，你大概了解到了一些已知品牌。这些信息可能帮助你从考虑中剔除一些选择。在设计营销方案时，公司必须让自己的品牌知识被人们识别。鉴别消费者信息来源和每条来源的重要性必须要仔细。

需求识别能够被广告触发吗：Time for a snack?

3. 可供选择方案评估

消费者如何在各种可供选择的品牌之间进行选择呢？营销人员必须知道**可供选择方案评估**（alternative evaluation），即消费者是如何处理信息而做出品牌选择的。不幸的是，在所有购买情境中，消费者并不是采用一种简单且单一的评价过程。相反，几个评价过程会同时起作用。

消费者通过一些评估程序形成了对不同品牌的看法，那消费者在个体消费和特定的购买情境中是怎样来评估其他可供选择的方案呢。在一些情况下，消费者会进行详细的计算和逻辑思考。另外一些情况下，相同的消费者做很少计算或不做计算；相反，他们会冲动购买或是依靠直觉。有时，消费者自己做出购买决定；有时，他们向朋友、导购人员或者是销售人员咨询。

假设你已经将备选汽车缩小到三个品牌，并且假设你主要对四个特性感兴趣——款式、经济性、保修和价格。到目前为止，你已经对每个品牌在每种特性上的表现形成了自己的理解。很明显，如果某个品牌在这四个方面都是最好的话，我们可以预测你会选择它。然而，这些品牌毫无疑问会各有千秋，你也可能只以一种特性为基础来决定自己的选择，这样你的选择就很容易预测。如果你更注重款式，就会购买你认为款式最好的汽车。但绝大多数购买者会考虑多个特性，并且每个特性有着不同的重要性。如果我们知道你心目中四个特性的权重，就可以更为可靠地预测你最终的选择。

营销人员应该研究消费者以发现他们究竟是如何评估可替代品牌的。如果营销人员知道评估过程是如何进行的，就可以采取一些措施去影响消费者的决定。

4. 购买决策

在评估过程中，消费者会给品牌排名次并形成购买意图。一般来说，消费者的**购买决策**（purchase decision）应该是购买最喜欢的品牌，但有两个因素会出现在购买意向和购买决策之间。第一因素是他人的态度。如果某些对你来说重要的人认为你应该购买价格最低的汽车，那么你购买豪华汽车的可能性就会降低。

第二个因素是突发情境因素。消费者可能会以预期收入、预期价格和预期产品利益为基础形成一个购买意向。然而，突发事件可能会改变购买意向。例如，经济可能会衰退又或者一个强势的竞争者可能会降低价格。因此，偏好甚至是购买意向也不一定会形成实际的购买决定。

5. 购后行为

产品卖出以后，营销人员的任务并没有结束。购买产品以后，消费者将会觉得满意或者不满意，并且会开始采取同营销人员利益相关的购后行为。什么因素决定了消费者对一次购买的满意度呢？答案在于消费者的期望和产品的感知表现之间的关系。如果产品没有预期，消费者就会失望；如果能同预期相符，消费者就会满意；如果超过预期，就会给消费者带来惊喜。预期和表现之间的差距越大，消费者就会越不满。这就要求销售人员必须在产品实际性能的基础上进行诚实的宣传，这样消费者才会满意。

几乎所有大型购买都会导致**购后失调**（cognitive dissonance）——由于购买后冲突引起的不适。在购买后，消费者会对所选择的品牌的利益感到满意，同时对避开了没有选择的品牌的缺点感到高兴。但是，每个购买行为都包含着妥协。消费者会对所购买品牌的缺点和失去了没有选择的品牌的优点而感到不安。因此，消费者会在每次购买后多少会感到一些购后失调。

为什么顾客满意如此重要？顾客满意是建立起与顾客的长久关系的关键——保持和增加顾客、获取顾客终身价值。满意的顾客会再次购买产品，与别人谈论对产品有益的话，很少注意竞争品牌和广告，并且购买公司的其他衍生产品。许多营销人员超越了单纯地满足顾客的期望——他们的目标是令顾客感到惊喜。

一个不满顾客的反应就完全不同。坏评价会比好口碑传得更快更远，并且可以迅速破坏顾客对公司和产品的态度。不能仅仅指望那些不满意的顾客会主动向公司说明他们的不满。大多数不满意的顾客不会告诉公司他们的问题。因此，一家公司应该经常测试消费者的满意度。公司应当建立鼓励消费者投诉的系统，利用这种方法，公司可以了解它做得怎么样以及如何改进。

通过研究整个购买者决策，营销人员或许可以找到帮助消费者通过购买过程的方法。例如，如果消费者不打算购买一个新产品——因为他们对这种产品没有需求，市场营销可以通过广告来引发这种需要，并展示这种新产品是如何解决消费者的问题的。如果消费者了解这一产品却不打算购买——因为他们对该产品缺乏好感，那么营销人员就必须找出改变产品或者改变消费者观念的方法。

5.1.4 新产品的购买决策过程

我们已经学习了购买者在尝试满足自己购买需要所要经历的几个阶段。他们或快或慢地经历了这些阶段，或者有些阶段直接被忽略掉。这些主要取决于购买者、产品或者购买情景的具体情况。

现在我们来看看购买者如何完成对一种新产品的购买。新产品就是被一些潜在消费者感知为是新出现的商品、服务或创意。它可能已经存在一段时间了，但我们关心的是消费者是如何首次了解到这些产品，并决定是否采用它们的。我们将采用过程定义为"一个人从最初听到一项创新到最后采用它所经历的心理过程"，而采用定义为一个人成为这种产品的经常使用者的决定。

1. 采用过程的几个阶段

消费者在采用一种新产品的过程中要经历五个阶段：

- **知晓**：消费者认识到一项新产品的存在，但缺乏关于它的信息。
- **兴趣**：消费者寻求关于这种新产品的信息。
- **评估**：消费者考虑尝试这种新产品是否有意义。
- **试用**：消费者小量地试用这种新产品，以完善他对产品价值的评估。
- **采用**：消费者决定全面、经常性地使用这种新产品。

这个模式建议新产品的营销人员应当思考如何帮助消费者经历这些过程。一个高档汽车生产商可能会发现，许多潜在消费者知晓并对它的新产品感兴趣但是并没有购买，原因在于对产品好处的不确定和价格过高。为了打开市场，生产商可能会出台"带回家体验一周"的促销活动，即促成交易过程并引导他们购买。

2. 革新性的个体差异

人们在敢于尝试新产品方面存在很大不同。在每种产品领域中，都存在着"消费先锋"和早期采用者。其他人则要更晚一些才采用新产品。人们可以被划分为不同的采用者类别，如图5-6所示。在一个缓慢的开始之后，越来越多的人开始采用新产品。采用者的数量到达顶峰后，随着剩下的非采用者数量越来越少，采用者人数会开始下降。革新者被定义为采用一种新创意的前2.5%的购买者（那些超过平均接纳时间两个标准差的人群）；接下来的13.5%是早期采用者（在超过平均接纳时间两个标准差至一个标准差之间），如此等等。

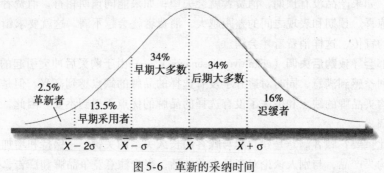

图5-6 革新的采纳时间

这五个采用者群体具有不同的价值观：革新者通常具有一点冒险精神，愿意为尝试新的创意而冒一些风险。早期采用者则受到尊重感的引导，他们是社区的思想领袖，接纳新观念很早也很谨慎。"早期大多数"是经过深思熟虑的，虽然他们很少是领袖，但他们比一般人更早地采用新观念。"后期大多数"则是怀疑论者，仅仅当大多数人都尝试过之后他们才会采用一项革新。迟缓者是被传统束缚的人，他们对变化存有疑虑，并且只有当它已经成为传统的一部分时才会采用这项革新。

这种对采用者的划分暗示着一个革新的公司应该研究如何征服革新者和早期采用者，并针对他们开展营销努力。

3. 产品的特征对采用率的影响

一项新产品的特征会影响到它的采用率。一些产品几乎一夜之间就流行起来，如iPod和iPhone。但另一些则需要很长时间才能被接受，例如最早的高清电视在20世纪90年代就被引入美国，然而在2009年仅有25%的美国家庭拥有高清电视。

在影响一项革新产品的采用率上，五种特征显得异常重要。例如，我们来看看高清电视与采用率相关的特征：

- 相对优势：与现存的产品相比，革新产品的优越程度。消费者越能感受到使用高清电视的相对优势（如画面质量和舒适的外观），高清电视就越快能被采用。
- 相容性：革新产品与潜在消费者的价值观及个人经验相符的程度。例如，高清电视与白领阶层的生活方式更相容一些，然而，它与目前提供给消费者的电视节目程序设计和播出系统不是很相容。
- 复杂性：该项革新理解或使用的难易程度。高清电视不是非常复杂，因此，一旦有节目播出并且价格下调，高清电视就会比其他复杂的创新更迅速地进入家庭。
- 可分割性：该项创新可以被有限使用的程度。高清电视仍然很昂贵，这将降低采用的比率。
- 可传播性：使用该项革新的结果能够被观察到或向其他人描述的程度。因为高清电视本身就是对自己的展示和描述，所以它的使用效果会在消费者之间快速传播。

其他特性也会影响采用率，例如最初和后续的成本、风险和不确定因素以及社会认可度。新产品的营销人员在研发新产品以及制定营销计划时，必须对所有这些因素进行研究。

5.2 商业市场和商业购买者行为

大多数大公司通过一种或多种途径向其他组织销售产品，如杜邦、波音、IBM、卡特彼勒等许多大公司经常向其他商业机构出售产品。哪怕是面向终端客户的大型消费品制造商，也要首先向其他公司卖出产品。例如，为了销售哈根达斯冰激凌，通用磨坊公司必须首先将其卖给代理商和零售商，因为那些人直接服务于消费者。

商业购买者行为（business buyer behavior）指购买那些用来生产其他产品和服务的组织的购买行为，这些生产出来的产品和服务用于出售、租用或是提供给其他人。商业购买者行为还包括零售商和批发商的行为，他们获取货物的目的是转售或者出租给其他人并从中盈利。在**商业购买过程**（business buying process）中，商业购买者首先决定组织需要购买哪些产品和服务，然后在备选的供应商和品牌中寻找、评估并做出选择。从事 B2B 业务的营销者必须尽最大努力理解商业市场和商业购买行为。然后，像销售给终端购买者一样，他们必须通过较高的客户价值与商业客户建立利益关系。

5.2.1 商业市场

商业市场是巨大的。事实上，商业市场涉及的资金和项目远远超过消费者市场。例如，想想在一系列固特异轮胎的生产和出售中所涉及的大量商业交易。各类供应商卖给固特异橡胶、钢铁、装备和其他在生产过程中需要的商品。接着固特异把生产好的轮胎卖给零售商，零售商又卖给消费者。于是，许多商业采购只是为一个消费者采购进行的。另外，固特异把成型轮胎卖给制造者，用以安装在新的汽车上，或者卖给各类汽车修理公司。

商业市场和消费者市场存在着某种程度上的相似性，两者都涉及为满足需要而承担购买角色并做出购买决策的人。然而，商业市场和消费者市场还是存在着很多不同。最大的不同在于市场结构和需求、购买单位的性质以及所涉及的决策类型和决策过程。

5.2.2 商业结构和需求

与消费者市场相比，商业市场的营销人员通常要与数量少得多、规模大得多的购买者打交道。甚至在大型商业市场中，常常是少数购买者占据大部分的购买量。例如，当固特异将替换轮胎卖给终端消费者时，它的潜在市场包括世界上所有的汽车拥有者。但是，固特异在商业市场的命运取决于从屈指可数的一些大型汽车制造商那里拿到的订单。商业市场在地理区域分布上也更加集中。

商业市场的需求是**衍生需求**（derived demand）——最终来源于消费品的需求。惠普和戴尔购买英特尔微处理器芯片是因为消费者购买个人电脑。如果消费者对个人电脑的需求下降，那么电脑芯片的需求也会下降。因此，商业市场营销人员有时直接向终端消费者促销产品以提高商业市场的需求。例如，英特尔通过大量的广告活动将英特尔处理器的优点传递给电脑的购买者。来自英特尔最近的广告将人们定位为"明天的支持者"——仅仅是那些想要把芯片放在电脑里的人。对英特尔芯片的需求推动了对含有这种芯片的个人电脑的需求，也使英特尔和它的商业伙伴获得了成功。

很多商业市场的需求是非弹性的，也就是说，价格变化对商业产品总需求的影响不大，尤其在短期内更是如此。皮革价格下降并不能使皮鞋制造商购买更多的皮革，除非皮鞋的价格也由此下降，从而使消费者对皮鞋需求增加。

最后，商业市场具有更多的波动。对许多商业用品和服务的需求往往比消费用品和服务的需求变化更频繁，而且变化要快得多。消费品需求增加很小的百分比，就可能导致商业需求大量增加。有时，在下一阶段，在消费者需求上仅有10%的增长会引起商业需求上200%的增长。

营│销│实│践 5-2

通用电气：建立 B2B 的顾客伙伴关系

没有比通用电气更让人们亲切的品牌了。130 多年来，我们用通用电气的产品包装我们的家——从灯泡、电冰箱、多炉炉灶、洗衣机和烘干机、微波炉、洗碗机、咖啡机、空调，到数以百计的其他印有 GE 商标的产品。公司的消费者财务单元——GE 理财帮助消费者通过信用卡、贷款、分期付款等金融方式实现购买。GE 甚至会为我们提供娱乐节目：它的 NBC 广播电视平台提供了多种有线电视台、网络、娱乐电影甚至主题公园等一系列服务。一句话，GE 提供了巨大数量和种类的消费品和服务。

但有一个令大部分消费者感到吃惊的现实。你知道吗，通用的消费品对该公司总共 18.3 亿的销售额的贡献率仅达到 1/3？令很多人吃惊的是，通用大部分的生意都来自于覆盖了广阔领域的商务和企业客户，而不是终端消费者。除了电灯泡和电器，通用销售从医疗成像技术、水处理系统、大功率设备安全处理器、飞行器引擎到柴油机车等种种商品。

在一般意义上，对医疗成像科技产品和柴油机车的销售就像是把冰箱卖给终端消费者。它需要对顾客需求的深入理解和以顾客为导向的营销策略。但那里就是相似之处的终结。在它商业市场，通用销售给少量但是需求巨大的客户，而不是向小购买者销售大量商品。尽管一个想买冰箱的顾客选择了竞争对手是令人沮丧的，但失去一个商业客户则可能意味着数百万美元的损失。

同时，通用公司商业客户的购买决策要复杂得多。一般来说一位冰箱的购买者会在网上做些调查然后去当地的百思买比较一下具体型号就买了。相反，购买一批喷气式引擎涉及曲折漫长的购买过程。几十甚至几百名来自购买机构各层级的决策者会受到来自方方面面的影响。

一桩近期的设计数百辆通用机车的大宗国际生意证实了一些 B2B 决策的潜在的重要性、范围和复杂程度。

通用运输近期得到了一项价值 6.5 亿美元涉及向哈萨克斯坦国家铁路提供 310 辆进化机车的合同。这项合同是有史以来向北美以外输送机车的最大的订单。为了配合这家公司以及这个国家的重要性，这单生意由哈萨克斯坦驻华盛顿大使签字，通用的高级行政官员和 KTZ 的主席都签了字。

这项购买决策基于很多因素。KTZ 想得到最好的技术，通用的进化机车很好地满足了这项需求。但是这项生意也与很多同引擎表现没什么关系的因素相关。例如，国际经济和政治也非常重要。但是最初的 10 辆机车在通用美国基地组装，其余将在新建的哈萨克斯坦基地组装。

通用机车可能在你看上去不那么迷人，但是对于那些购买和使用它们的人来说它们是一群漂亮的野兽。在这个市场上，GE 真正的挑战是通过建立日复一日年复一年以高级产品和亲密合作为基础的伙伴关系赢得买家的生意。

最终，这项合同不是一时冲动的一锤子买卖。它代表了多年以来两个组织每一小步进展累计的高潮——GE和KTZ从20世纪90年代以来长期关系最近的体现。这个关系在2003年通用赢得了一些更新KTZ机车合同时被拉近了。"我对通用和KTZ拉近了关系感到非常骄傲，"通用运输部的首席主管说，"通用和哈萨克斯坦在共同工作方面有了长期且成果卓著的历史。"

幸亏有像这样的故事，通用运输在世界铁路机车工业领域占据了大部分市场，现在是80%的市场份额。更广阔范围内，通用组织上下的人们都知道公司对公司市场的成功会涉及比开发和卖出优质产品更重要的东西。商业顾客的购买决策是在一个战略架构中做出的。"我们喜欢客户问题带来的挑战，"通用在其运输部网站上说道，"为什么，这是一次真正合作关系的机会。我们享受意见的交换，无论是在开发新技术还是在将已有技术应用到新的途径中去。我们致力于帮助客户成功。"

"客户关系在通用和绿色科技创想中处于核心，"通用电气的CEO伊梅尔特在最近的一封致股东的信中写道，"我们被全世界的客户看做是科技伙伴。"

5.2.3　购买单位的性质

与消费者购买相比，一项商业采购往往涉及较多的决策参与者和更专业的购买行为。通常，商业采购由经过专业训练的采购代理商完成。当购买复杂时，多人会参与到决策制定过程。在购买主要产品的过程中，购买协议由技术专家和高层管理者共同协商是非常普遍的。由于商业市场营销者面临着新型的购买者，必须对供应管理者和销售人员进行训练，以使其能更好地应对这样的购买者。

5.2.4　决策类型和决策过程

商业购买者往往比消费购买者面临更加复杂的购买决策。采购通常涉及大量的资金、复杂的技术和经济方面的问题，并且需要与购买方的多个层级上的人打交道。商业购买过程比消费者购买更标准化。大型的商业采购往往要求详细的产品说明书、书面的采购程序、认真的供应商搜寻以及正式批准。

最后，在商业购买中，买卖双方通常更加依赖对方。商业市场的营销人员可能在购买过程的各个阶段都要与他们的顾客紧密合作——从帮助顾客定义问题，到寻找解决方案，到售后支持。他们还经常根据每个顾客的需求提供定制的产品和服务。从短期看，销售都流向那些能够满足购买者对产品/服务的即时需求的供应商。从长期看，商业市场营销人员通过满足消费者的需求、与他们合作、帮助他们解决问题来保持对一个顾客的销售。

多年来，顾客和供应商的关系已经从对抗变成了紧密合作。很多客户公司实施了**供应商发展**（supplier development），系统性地建立了供应商网络从而确保产品和材料的可靠供应，这些产品和材料用来制造他们自己的产品或者转售给其他人。例如，沃尔玛不再设立"采购部"，而是有一个"供应商发展部"。瑞典家居用品零售商巨头宜家（IKEA）不是简单地从供应商处进行采购，而是将他们深入到客户价值创造的过程中。

宜家，作为全球最大的家居用品零售商，是一个典型的受全球追捧的品牌。从北京到墨西哥、到俄亥俄州的顾客聚集到36个国家将近300家大型斯堪的纳维亚零售商的价值270亿美元的商店，他们纷纷被宜家时尚而又简单实用的家居用品和可承受的价格所吸引。但发展的最大障碍不是开设的新商店，也不是如何吸引顾客，而是缺乏足够的供应商去帮助设计和制造价值数十亿美元的顾客可承受的家居用品。宜家现在依赖54个国家的约1400个供应商去填充它的货架。宜家不仅仅依赖在需要时可以及时提供供给的现货供应商，而是开发了一个牢固的供应商合作伙伴网络，可以稳定提供超过9500种材料。宜家的设计者从一个基本的客户价值定位开始。于是，他们寻找主要供应商，并与他们进行紧密合作，将这种主张带到市场上。因此，宜家不仅仅是从供应商处进行采购，而是让他们也参与到整个设计和生产过程中，以制造时尚、价格合理的产品来保持顾客的回头率。

5.2.5　商业购买者行为

在大多数基本层次上，营销人员希望知道商业购买者会如何对各种营销刺激做出反应。图5-7是商业购买者行为的模型。在这个模型中，营销刺激和其他刺激影响购买组织并产生一定的购买者反应。这些刺激进入组织内部并转化为购买者反应。为了设计有效的营销策略，营销人员必须掌握组织内部发生的事情，并将这种刺激转化为采购反应。

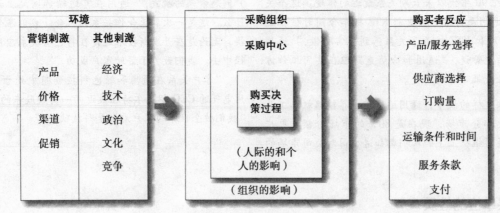

图5-7　商业购买者行为

在组织中，购买活动包含两大部分：由所有参与购买决策的人组成的采购中心和购买决策过程。这个模型表明采购中心和购买决策过程受到组织内部的、人际和个人因素以及外部环境因素的影响。

图5-7中的模型对商业购买者行为提出了四个问题：商业购买者做出的购买决策是什么？谁参与了购买过程？影响购买者的主要因素是什么？商业购买者如何做出购买决策？

5.2.6　购买情况的主要类型

有三种主要的购买情况类型：

（1）直接购买。在这种购买情况中，购买者不做任何修改地重复购买某些商品。常常是由采购部门根据常规做法处理的。基于过去购买的满意程度，购买者简单地从其名单上的多个供应商中选择。"名单内"的供应商努力保持产品和服务的质量。他们经常使用自动重购系统，以便节省采购代理商的重购时间。"名单外"的供应商试图提供新产品，或是利用采购的不满意情况使购买者将他们列入考虑范围。

（2）修正重购。这种情况下，购买者希望修改产品规格、价格、条款或是供应商。修正重购往往比直接重购涉及更多的决策参与者。名单内的供应商会感觉到紧张和压力，他们会尽全力保住订单。名单外的供应商会将修正重购的情况视为一次提供更好产品和获得新业务的机会。

（3）新任务重购。当一家公司首次购买某种产品和服务时，它面临的是新任务。在这种情况下，成本或风险越大，参与决策的人数就越多，他们收集信息也会付出更多的努力。新任务的情况是营销人员最大的机会和挑战。营销人员不仅试图尽可能地去影响关键购买因素，还要提供帮助和信息。在直接购买中购买者做出的决策最少，而在新任务重构中最多。

许多商业购买者更喜欢从一个销售商那里购买针对一个问题的成套解决方案。购买者可能会要求供应商提供所有零件并将其组装成包系统，而不是分别购买然后再将所有部分组合在一起。销售人员常常寻求那种为满足顾客需要和解决实际问题而提供整套解决方案的公司。这样的**系统销售**（system selling）就是一种常见的赢得和维持订单的关键的商业市场营销战略。

因此，UPS所做的不仅仅为它的商业顾客提供运送服务。它提供的是运输和物流问题的整体解决方案。例如，UPS为尼康的顾客产品供应链提供支持的整套服务（包括物流、运输、货运和顾客佣金服务）打包到一个有效运行的系统里。

当尼康进入数码照相机市场时，意味着它需要一个全新的完整分销策略。所以它要求物流运输业巨头UPS设计一套完整的系统，用于将整个电子产品线从亚洲工厂搬迁到全美的、拉丁美洲和加勒比海的零售店。现在，产品从尼康的亚洲生产中心到美国的零售店货架只需要两天时间，这之间只需要UPS处理好一切。UPS首先通过空运和海运将尼康的产品从韩国、日本和印度尼西亚送到路易斯维尔、肯塔基州的运营中心。在那儿，UPS 可以要么将尼康的配件组装成商品，如电池、充电器，要么重新包装成在货架上展示的样子。最后，UPS 将这些产品分销到全美上千家零售商，或者将其运到拉丁美洲或者加勒比海的零售商和分销商处。通过这种方式，UPS 可以跟踪产品，将供应链的快照提供给尼康，以便尼康可以及时通知零售到货时间，在需要的时候进行调整。

5.2.7　商业购买过程的参与者

商业组织所需价值数百亿商品和服务的采购由谁来完成？一个购买组织的决策制定单位称为**采购中心**（buying center），即所有参与商业购买决策制定过程的个人和单位。这个小组包括产品或服务的实际使用者、购买决策影响者、实际购买者、购买决策制定者以及购买信息的控制者。

购买组织中的采购中心不是一个确定且正式形成的部门，它是由各种进行不同采购的购买角色人组成的。在组织内，采购中心的规模和构造依据不同的产品和采购场景而不同。对于某些采购路线，一个人（或采购中介）可以设定所有采购中心的角色，作为一个角色为整个采购决策服务。对于更复杂的采购情况，采购中心包括来自组织内不同级别和部门的二三十个员工。

采购中心的概念向营销提出了一个重大的挑战。商业市场营销人员必须知道谁参与了决策，每个参与者的相对影响力，以及每个决策参与者使用的评估标准。

采购中心通常包括一些显而易见的参与者。例如，是否为公司购买一架直升机的决定要涉及公司的 CEO、主要飞行员、采购中介、几个法律职员、部分高层管理者和其他要为采购决定负责的人员。同样，也包括一些不太明显的、非正式的参与者，他们中的某些人员也会对采购决定产生有力影响。有时，甚至采购中心的工作人员都不知道所有的参与者。例如，为公司采购哪个品牌的直升机的决定会被某位懂飞行且了解飞机品牌的董事会成员所影响。许多采购决定最终会被不断变动的采购中心参与者的复杂接触所影响。

5.2.8　商业购买者的主要影响因素

商业购买者在做购买决策时会受到很多因素的影响。一些营销人员假定主要的影响因素是经济因素。他们认为购买者会青睐那些提供最低价格、最好质量，或最多服务的供应商。他们将重点放在向购买者提供巨大的经济利益上。但是，实际上商业购买者会同时对经济因素和个人因素做出反应。商业购买者并不都像人们想象中的那般冷酷、算计，他们既带有个人性也带有社会性，他们的反应会受到情感和理智的影响。

图 5-8 列举出了各种对商业购买者产生影响的类别——环境、组织、人际关系和个人。商业购买者受环境因素的影响较大，如经济、技术、政治、竞争性和社会、文化的发展。例如，经济衰退期，像消费者一样，商业购买者节省预算和开支，同时在他们的每一项购买中寻求最大价值。现在，不同于以往，商业市场营销者必须细化其价值定位并帮助顾客找到高效的解决方案。"任何说经济没有挑战性的人都是错误的，"一位商业市场营销专家说，公司"需要找到顾客的需要，是顾客、顾客、顾客的！"

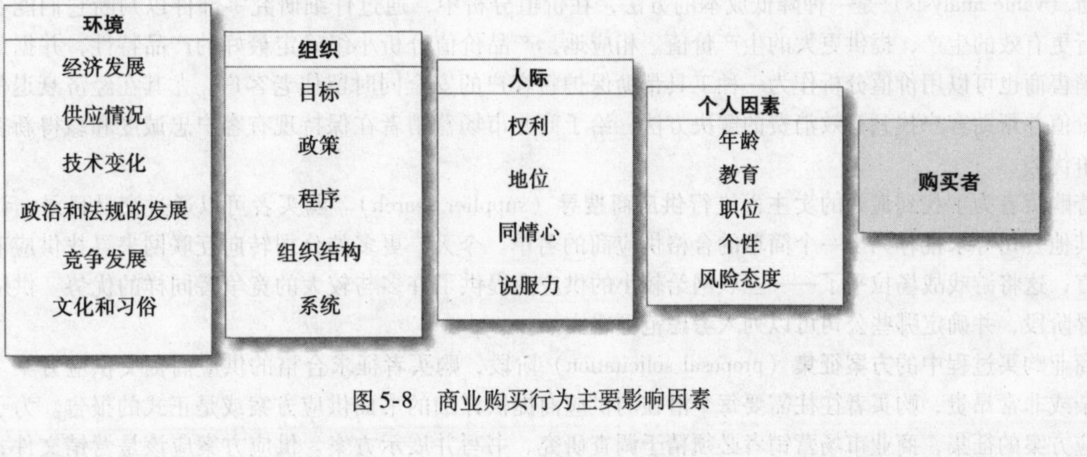

环境	组织	人际	个人因素	
经济发展	目标	权利	年龄	
供应情况	政策	地位	教育	购买者
技术变化	程序	同情心	职位	
政治和法规的发展	组织结构	说服力	个性	
竞争发展	系统		风险态度	
文化和习俗				

图 5-8　商业购买行为主要影响因素

组织因素同样重要。每一个购买组织都有自己的目标、政策、流程、结构和系统，商业市场营销者必须很好地理解这些因素。提出的问题诸如：在购买决定中涉及了几个人？都是谁？他们的评估标准都是什么？公司关于购买者的政策和限制是什么？

采购中心往往由很多相互影响的成员组成，因此人际关系的因素也会影响商业购买过程。但是，评估这些人际因素以及小组的动态性常常是很困难的。购买中心成员不会贴上标签写明"决策制定者"或者"不重要的人"。同样采购中心成员中地位最高的人并不总是影响力最大的人。参与者影响购买决策也许是因为他们掌控奖惩，拥有特殊的专业技术，又或是与其他重要的参与者有特殊关系。人际因素往往是非常微妙的。在任何可能的情况下，商业市场营销者必须试着理解这些因素，并在设计营销策略时考虑进去。

商业购买决策过程中的每个人成员都会带入他们各自的动机、感知和偏好。这些因素受到个人特征的影响，比如年龄、收入、教育、专业文凭、个性以及对待风险的态度。而且，购买者具有不同的购买风格。有些技术类型的，他们在选择一个供应商之前会深入分析各种竞争提议。有些购买者可能是直观型的谈判者，他们擅长使卖主们相互竞争，自己则坐享渔翁之利。

5.2.9 商业购买过程

图 5-9 列举了商业购买过程的 8 个步骤。面临新的购买任务的商业购买者通常需要经历整个过程的所有阶段。进行直接购买或者修正购买的购买者可以跳过中间的一些步骤。我们将通过典型的新任务购买情景来学习这些步骤。

图 5-9 商业购买过程的各个阶段

购买过程开始于问题识别——当公司中有人认识到某个问题或需要可以通过获得一种特定的产品或服务得到满足时，购买过程就开始了。问题识别可以由内部或外部刺激引起：商业营销者通过他们的销售能力或者广告来引起顾客对潜在问题的注意，并向他们展示产品提供的解决方案。

认识到某种需要后，购买者接下来需要准备一个一般需求描述，说明所需项目的特性和数量。对标准项目而言，这个过程几乎不存在问题。但是，对负责项目来说，购买者需要与其他人——工程师、用户、咨询人员——进行合作来对该项目做出定义。

一旦购买组织定义好了需要，接下来要制定项目的技术产品规格，往往在一个价值分析工程小组的协助下进行。**价值分析**（value analysis）是一种降低成本的方法，在价值分析中，通过仔细研究零部件以判断它们能否被重新设计以进行更有效的生产，提供更大的生产价值。相应地，产品价值分析小组确定最好的产品特性，并据此进行详细说明。销售商也可以用价值分析作为一种工具帮助保护新客户的安全同时留住老客户。尤其在经济衰退的时候，提高客户价值并帮助客户找到有效消费的解决方法，给予商业市场营销者在保持现有客户忠诚度和赢得新客户方面重要的竞争优势。

接着购买者为了找到最好的卖主而进行**供应商搜寻**（supplier search）。购买者可以通过交易目录、计算机搜索或致电其他公司寻求推荐列出一个简单的合格供应商的名单。今天，更多的公司转向互联网来寻找供应商。对营销人员而言，这将游戏战场拉平了——互联网给较小的供应商提供了许多与较大的竞争者同样的优势。供应商的任务理解搜寻阶段，并确定哪些公司可以列入考虑范围之内。

在商业购买过程中的**方案征集**（proposal solicitation）阶段，购买者征求合格的供应商提交供应方案。如果项目过于复杂或非常昂贵，购买者往往需要每个潜在的供应商提供详细的书面供应方案或是正式的报告。为了回应购买者对供应方案的征集，商业市场营销者必须精于调查研究、书写并展示方案。供应方案应该是营销文件，而不仅仅是技术文件。陈述报告应该能激起买方的信任，并能使公司从竞争中脱颖而出。

接着采购中心的成员重新审核供应方案并从中选出一个或一组供应商。在**供应商选择**（supplier selection）过程中，采购中心往往会草拟一列出所需供应商的属性及其相对重要性的清单。这些属性包括产品和服务质量、声誉、即时送货、公司的道德行为、诚实的沟通，以及有竞争力的价格。最后，他们会从清单中挑选一个或几个供应商。今天的供应商发展部经理常常需要开发一个完整的供应商合作伙伴网络，它可以帮助公司带给顾客更大的价值。

现在购买者需要准备一个常规购买的**手续规定**（order-routine specification）。它包括购买者与所选择的供应商之间的最后订单和列举的条款，如技术规范、数量需求、期望的交货时间、返还政策和担保。一些大的购买者会实行**供应商管理库存**（vendor-managed inventory），他们将订单和库存责任转交给了供应商。在这样的系统下，购买者与重要供应商分享销售和库存信息。供应商则监督库存并在需要的时候自动补充存货。

商业购买过程的最后一个阶段是供应商的**绩效评估**（performance review），在这个阶段购买者对供应商的绩效进行评价并提供反馈。例如，家得宝发布了一系列供应商指引和政策，并且根据质量、运输和其他绩效变量进行了评估。向供应商发放在线绩效评分卡以提供持续的反馈从而帮助它们改进绩效。供应商的绩效审查可能导致购买者继续、修正或者放弃计划。销售者的工作就是要监控购买者所关注的共同因素以确保实现顾客满意。

八阶段购买过程模型给出了新任务购买状况下商业购买的简单概况。而真实的情况通常会复杂得多。在修正重购或者是直接重购状况下，其中的一些阶段将被压缩或者跳过。每个组织都以自己的方式进行采购，每个购买情景也都有特定的要求。

不同购买中心参与者可能会涉及过程中的不同阶段。尽管特定的购买过程步骤通常会发生，但购买者并不总是遵循同样的顺序，又或者会增加新的步骤。购买者通常会重复过程中特定的阶段。最后，顾客关系会涉及一定时期内不同的购买类型，以及过程中的不同阶段。销售者必须管理好整体客户关系，而不仅仅是单次的购买。

5.2.10　电子采购：在网上采购

在过去的几年里，信息科技的进步已经改变了 B2B 营销过程的面貌。在线采购，常被称为电子采购，发展得非常迅速。在不到一个世纪的时间，现在在线采购对于大多数公司来说已经是一个标准化的过程了。电子采购为商业购买者提供了接近新的供应商的渠道，降低了采购成本，并且加速了订单处理和运输。接着，商业营销者可以在线与客户进行联系，分享营销信息，向他们销售产品和服务，提供顾客支持服务，维持长期的客户关系。

公司可以通过很多方式进行电子采购，它们可以进行**逆向拍卖**（reverse auction），在上面可以放上他们的采购要求，邀请供应商投标。或者它们还可以参加在线的贸易交换，通过与其他公司的共同合作来使贸易过程变得更为简单。

公司也可以建立自己的公司采购网站来进行电子采购。比如，GE 运行的一个公司交易网站，在网站上公司可以发布它的采购需求，邀请投标，协商条款以及下订单，并且公司还能够创造与主要供应商的外部链接，这样公司的采购人员就可以通过采购账户采购设备、原材料和物资。

B2B 营销人员可以通过制作设计美观、方便使用的网站，来帮助希望在线采购的客户。比如，B2B 杂志经常将思科——网络硬件、软件和服务的市场领导者，归入"十佳 B2B 网站"。

为了刺激增长，思科近期将重点放在了中小规模的业务上（SMB）。它的新 SMB 网站很简单，以拍卖为主，让其他企业能够参与，其中对于 SMB 采购商给予优势通道。在最基本的层面，顾客可以找到并下载众多思科产品和服务的信息。在深入一些，网站上装载了有用的视频内容——从推荐书到"如何使用"的视频到信息化、教育功能的定制化模块。

B2B 市场的电子采购带来很多好处。首先，电子采购削减了交易成本，从而为购买者和供应商都带来了更有效的采购。电子采购减少了订购和交付之间的时间。一个网上采购项目可以省去传统的申请和订购手续所需的文书工作，并且帮助组织更好地跟踪所有购买。最后，除了时间和成本的节约，电子采购使采购人员获得了解放，从而能够更加关注于战略性的问题，比如寻找更好的供应商资源，与供应商一起合作来降低成本和开发新的产品。

由于电子采购应用的迅速发展，一些问题也随之而来。例如，网络在使供应商和顾客分享商业数据甚至合作设计产品成为可能的同时，也会损害数十年形成的顾客与供应商关系。很多购买者如今利用网络的力量来使供应商之间形成竞争，以及寻找更好的交易、产品和周转时间。

本章是旨在理解消费市场和消费者的三章中的最后一章。在这里，我们仔细考察了消费者和商业购买者行为。美国的消费者市场由3亿消费者构成，他们每年消费额达到数万亿美元。比起消费者市场，商业市场会涉及更大的消费额、更复杂的关系。理解购买者行为时营销者面对的最大挑战之一。

1. 理解消费者市场和影响消费者购买行为的主要因素。 消费者市场包含所有为个人消费购买或获取商品和服务的个体和家庭。最简单的消费者购买行为模型是刺激-反应模型。根据这一模型，市场营销刺激（4P），和其他的主要因素（经济、技术、政治、文化）进入到消费者的"黑匣子"之中，产生出相应的反应。这个黑匣子包含两个部分，即购买者特征和购买者决策过程。一旦进入到黑匣子中，这些投入就会产生可观察到的消费者反应，如购买态度与偏好以及购买行为。

消费者购买行为被四组关键的购买者特征所影响：文化的、社会的、个人的和心理的。了解这些因素可以帮助营销人员来识别感兴趣的购买者从而改变产品和形象以更好地满足顾客需求。每个因素都为了解购买者的黑匣子提供了不同的视角。

2. 界定和讨论购买者决策过程的各个阶段。 当完成一项购买时，购买者要经历一个由需求识别、信息搜集、可供选择方案评估、购买决策和购后行为组成的决策过程。在需求识别阶段，消费者意识到一个问题或者一种需求，这一问题或需求也许能被市场上的产品或服务所解决或者满足。一旦需要被识别出来，消费者就会被激发而去寻找更多的相关信息，从而前进到信息搜集阶段。有了信息之后，消费者进入到可供选择方案评估阶段。在这个阶段，信息被用来评估选择集中的品牌。从中，消费者做出了购买决策，并购买了该产品。在购买决策过程的最后阶段——购后行为阶段，消费者根据满意或是不满意来采取行动。营销者的任务就是理解每个阶段购买者的行为以及对他们起作用的影响因素。

3. 描述新产品的采用和传播过程。 产品采用过程包括五个阶段：知晓、兴趣、评估、试用和采用。新产品的营销者必须考虑如何帮助消费者来通过这些阶段。谈到新产品的扩散，消费者以不同的速率做出反应，这取决于消费者的个性和产品的特征。消费者可能是革新者、早期采用者、早期大多数、后期大多数或者迟缓者。每个群体可能要求不同的营销方法。生产商尽力使他们的新产品引起潜在的早期采用者的注意，尤其是那些意见领袖。

4. 定义商业市场并界定影响商业购买行为的主要因素。 商业市场包含不同的组织，它们以盈利为目的，为了出售或者出租又或者用于生产其他产品和服务而购买产品和服务。与消费者市场比较，商业市场通常有着较少但更大的购买者，并且更具地理上的集中性。商业市场需求是衍生需求，而且商业购买决策通常涉及更多更为专业的购买者。

商业购买者根据三种类型的购买情况做出不同的购买决策，它们是：直接重购、修正重购和新任务。采购中心，由在购买决策中扮演众多不同角色的许多人组成，是一个购买组织的决策制定单位。商业市场营销者需要知道：谁是主要的采购中心中主要的参与者？他们在哪些决策中施加影响？他们影响的相对程度有多大？每个决策参与者使用的评估标准是什么？商业市场营销者同样需要理解购买过程中的主要的环境的、组织的、人际的和个人的影响。

5. 列出并定义商业购买决策过程中的步骤。 商业购买决策过程本身可以用八个基本阶段来表示：问题识别，一般需求描述，产品规格，供应商搜寻，方案征集，供应商选择，常规购买的手续规定和绩效评估。面临新任务购买情况的购买者通常会经历购买过程所有的阶段。修正重购或直接重购的购买者可能会跳过其中的一些阶段。公司必须管理好整体客户关系，通常包括在购买决策过程中不同阶段的不同购买决策。近期信息技术的发展促成了电子采购的诞生，通过电子采购商业购买者在线就能进行商品和服务的采购。商业市场营销者依旧越来越多地在线与客户进行联系，分享营销信息，向他们销售产品和服务，提供顾客支持服务，维持持久的客户关系。

1. 讨论社会对消费者的影响，举例说明这些因素是怎样影响产品和服务的购买的。
2. 讨论影响购买者行为的个人因素，哪些因素对你的购买行为影响最大。
3. 讨论购买者决策过程的阶段并描述你或你的家庭是

如何利用这一过程进行购买的。
4. 描述新产品的五种采用者类型，哪种类型最好地描述了你或者你的家庭对高清电视的接受态度？
5. 商业市场和消费者市场在市场结构及需求上有什么区别？

6. 解释商业购买行为中的购买中心的含义并讨论为什么

这对商业市场营销者而言是个重大的挑战。

问题应用

1. Hemopure 是从牛身上提取出来的一种人类血液替代物。Biopure 公司的该产品仍处于临床试验阶段，但该公司一款类似的产品 Oxyglobin 已经在兽医市场获得了 FDA 的许可。访问 www.biopure.com 来了解 Hemopure 以及产品的相对优势、适应、兼容性、复杂性、可分割性和可传达性，这些都将影响该产品获得 FDA 许可之后的采用率。

2. 营销人员通常定位于在触发事件之前、进行中或者是

之后的消费者——触发事件，也就是在一个人的一生中触发改变的事件。例如，在生完孩子之后，那些新父母就会增加对于婴儿家具、衣服、尿布、车辆座椅和许多其他婴儿相关的产品。那些从不将注意力放在针对特定产品的营销活动的消费者现在也可能会开始关注一些与他们生活改变相关的产品。讨论其他触发事件，这些触发事件可以为在正确时间定位于正确购买者提供了机会。

营销挑战

Detroit 正在遭受困难并且众所周知。新汽车的销量计划估计会降到只有 2009 年的 43%。但是 Detroit 的失去却成了 AutoZone 的收获。DIY 汽车部件零售商的销量和利润朝着 Detroit 相反的方向进行。一个原因是 AutoZone 的传统顾客已经掌握了复杂的 DIY 汽车修理工作，并且会更为频繁地访问零售店。但零售商还是看到了顾客显著的增加，因为一年的收入超过了 10 万美元。

在更为节约的经济社会中，所有类型的驾驶者都希望通过自己来做修理和维护来节约费用。汽车的使用年限越长，就越需要维修。AutoZone 早早地就看到这一趋

势，并建立了漂亮的工业店铺，配备以友好的销售员工。足球妈妈们正像纳斯卡粉丝一样步入这个舒适的乐园。相信美国较为浪费的消费习惯正在成为过去，这也是 AutoZone 计划之中的。

1. 考虑汽车部件购买决策过程。对于新 AutoZone 的顾客这个过程有什么变化？经济又是如何影响这一变化的？

2. 访问 www.autozone.com。是否能够看出公司在竭力帮助新的缺乏相关知识的顾客？基于你的观察，你会对 AtuoZone 做出怎样的评价？

营销算术

消费者可以通过这样一种方式来评价可选方案：确定一些重要的属性，然后评价可购买产品在这些属性上的表现。让我们来考虑下购买一台笔记本电脑。每个属性，如电脑内存，赋予一个权重来反映对于消费者的重要程度。然后，消费者评价每个被选方案在每个属性上的表现。例如，在下面的表格中，内存（权重为 0.5）对于这位消费者而言是最为重要的笔记本购买属性。

备选品牌

属性	权重（e）	A	B	C
大小	0.2	4	6	2
内存	0.5	6	3	7
凭证	0.1	5	5	4
价格	0.2	4	6	7

这位消费者认为品牌 C 在内存上表现最佳，得 7 分（高的评分意味着好的表现），品牌 B 在这一属性上表现最差（得 3 分）。大小和价格是接下来最为重要的属性，凭证是最不重要的。

每个品牌的得分可以通过每个属性的重要性与该品牌在这一属性上的表现的乘积计算得来。这些权重得分可以加总来得到品牌的总得分。例如，品牌 A 的得分 = $(0.2 \times 4) + (0.5 \times 6) + (0.2 \times 5) + (0.2 \times 4) = 0.8 + 3.0 + 0.5 + 0.8 = 5.1$。这位消费者将选择得分最高的品牌。

1. 根据品牌 B 和 C 的得分，消费者会选择哪个品牌？

2. 为了做出购买决策而对备选方案进行评价时，讨论消费者可能采用的一些其他规则。

第三部分 设计客户驱动型营销策略和整合营销

第6章 客户驱动型营销战略
为客户创造价值

概念预览

到目前为止，你已经了解了营销是什么，以及理解消费者和营销环境的重要性。以此为基础，你现在已经做好了深入研究营销战略和战术的准备。本章讨论几个关键的客户驱动型营销战略决策——如何把市场划分为有意义的客户群（市场细分），选择服务的客户（目标选择），创造最能满足目标客户的产品（差异营销），并在消费者的心智中进行定位（市场定位）。之后，本章将继续探讨战术性营销工具——4P，有了这些工具，营销人员才能将战略转化为行动。

学习目标

1. 了解定位设计客户驱动型营销战略的主要步骤
2. 列举并讨论细分消费者市场和商业市场的主要依据
3. 能够解释公司如何识别具有吸引力的细分市场并选择一种目标营销的策略
4. 理解公司如何实现差异化并定位其产品在市场上的最大竞争优势

为了开始关于市场细分、目标选择、差异营销和市场定位的详细情形的讨论，让我们来看看美国最大的消费电子产品零售商百思买。百思买知道它不可能一直让所有客户都满意，于是，它对市场进行了细分，并将精力集中于更好地服务其最佳客户。

百思买：拥抱天使，抛弃魔鬼

永远不存在差劲儿的客户，对吗？客户越多，越开心，是这么回事吧？毕竟，更多的客户意味着钱柜里更多的钱。然而结果证明很多情况并非如此。最近，许多营销者发现了一个新的事实：一些客户对公司来说要坏得多——就像没有盈利。试图去服务他们当中的某些或所有意味着没有服务好其中的任何一个。相反，公司需要确定它们在为正确的客户服务，并且是以一种正确的方式。它们需要决定哪些是自己的最佳潜在客户，哪些不是。

很少有公司在这方面做得比美国最大的消费电子产品零售商百思买更好。五年前，百思买着手实施"客户中心化"战略，从此开始辨识自己的最佳客户，并且通过为他们提供更好的服务赢得他们的忠诚。同时，百思买区分出较小吸引力的客户并开始将这些包袱甩给沃尔玛或者其他竞争者。

百思买于 1966 年从明尼苏达州一座小型的车载音响销售点起家。从那时起到现在，它已经发展成为拥有 925 家盈利店铺、身价 400 亿美元的超级零售商。今天的百思买商店是巨型的、仓储式的商场，货物像宝藏一样堆积陈列，从消费电子产品、家庭办公设备、到软件、CD 和 DVD 等器材，全部是低折扣价格。十年前，百思买目睹了新涌入的竞争对手侵蚀了它有利可图的消费电子产品市场。一边是沃尔玛——世界最大的零售商、目前排名第二的店铺消费电子产品销售商；另一边是快速成长的网上和直接零售商骨干，包括电脑制造商戴尔和网络巨头亚马逊。

为了更好地把自己在日益嘈杂的市场中区分出来，百思买需要圈定它自己的市场范围——辨识其最佳客户，并以零折扣竞争者或网上竞争对手能做到的方式为他们服务。百思买的管理层认为：与其试图让所有客户满意，不如细分市场，缩窄目标市场，并强化定位。这

种方式就是：客户中心化。

客户中心化战略的依据是哥伦比亚大学名誉商学教授 Larry Selden 顾问的研究成果。Selden 认为，公司应当将自己视为一个客户的文件夹，而不是产品生产线。他的研究定义了两种客户的基本类型：天使和魔鬼。天使客户是盈利性的，反之，魔鬼客户实际上有可能让一家公司付出的比从他们身上得到的更多。事实上，Selden 宣称，服务于魔鬼会抹去从服务于天使中所赚取的利润。

顺着这个逻辑，百思买分派了一个项目团队来分析其客户的购买习惯。果然，分析者发现了天使和魔鬼两类顾客。天使包括 20% 的百思买客户，这些人创造了利润的大部分。他们抢购高清电视、便携式电器和新发行的 DVD 而不会等到降价或者打折。相反，魔鬼们构成了一大群"喜欢讨价还价的，打定主意要榨干大零售商的每一分积蓄的购物者。他们甚至会利用网店的价格来要求百思买履行其价格最低的承诺。"百思买 CEO 布拉德·安德森称，这些魔鬼客户占了百思买每年 5 亿顾客当中的 1 亿。"他们能够造成极为严重的财务损失，"他说。

进一步的市场细分分析显示天使在典型的百思买购物者中分为八组，例如"巴利"——高收入男士；"吉尔"——郊外的母亲；"布兹"——男性的科技狂热者；"雷"——节省费用的年轻已婚男士；或者"查理和海伦"——手头宽裕的厮守空巢者。每一组顾客都有独特的需求和消费习惯。比如"雷"，他"不是普通的客户"，一位分析家指出。"他热爱百思买，中坚型'技术娱乐'爱好者，他们是公司的'衣食父母'，占据了零售商 20% 以上的销售额。"尽管"海伦"是"无论任何意义上的百思买的老客户，但是她正在重新发现'自我时间'，因此敞开接受令她和社区保持联系的高科技。"

基于这些市场细分的发现，百思买开始拥抱天使和

抛弃魔鬼。为了吸引天使，零售者开始采购更多的商品并为他们提供更好的服务。比如，它建立数码照片中心和"网虫小队"，这个组织为高价值客户在店铺或者家中提供一对一的帮助。它设置了荣誉地带（Reward Zone）忠诚度项目，在其中老顾客能够通过积分在未来的购买中获得打折优惠。为了劝阻魔鬼，百思买从它的营销单子上移除了他们，减少了激励措施和其他能够吸引他们的营销手段，并且设置了15%的退货费。

按照客户中心化方法，百思买梳理了客户数据库并且重新打造每家店铺，以便整合其商品和服务，据此反映该店铺的核心细分客户的成分。在客户中心化商店，销售人员会受到长达数小时的培训，这些培训可以帮助他们通过购物喜好和行为来鉴别那些值得拥有的客户。

百思买的客户中心化战略运行得如何？非常好。在初期客户中心化的店铺痛击了百思买的传统店铺，其到账销售额比传统形式的店铺高出三倍以上。自从五年前全面铺展这项新战略，百思买的总销售额和利润几乎同步翻番。尽管近期经济低迷，像 Circuit City，TigerDirect 和 CompUSA 这样的竞争对手一败涂地或者经历着重大结构重组的时候，百思买在美国零售消费电子产品销售额中的占有率飞涨了将近21%。根据一项最近的调查，百思买被美国35%的消费者列为青睐的消费电子产品购物地，而名列第二的沃尔玛仅为20%。

"我们从如何看待我们客户的需求当中的不同开始了这场'客户中心化'的旅程，之后是了解怎样满足这些需求，"CEO 安德森说。客户中心化意味着"倾听以便了解这些客户打算如何使用那些从我们这里购买的产品，丰富他们的生活……而不是只为如何购买产品担心。"百思买希望关注到每位客户的个体需求——成为"值得他们信任且有能力帮他们按梦想的方式应用科技的顾问，"安德森说，"那为我们开启了众多成长机遇。"

现在企业纷纷意识到它们不可能对市场中的所有购买者产生吸引力，或者至少用同一种方式对所有购买者产生吸引力。购买者的数量太庞大，种类太分散，他们的需要和购买实际有太多的不同。此外，企业本身为市场中不同细分客户提供服务的能力也各有不同。正如百思买，一家公司必须辨别市场中它能最好地服务并且最大获利的那部分客户。它必须设计客户中心化营销战略，从而和正确的客户建立正确的关系。

因此，大多数公司已经从大众市场营销转移到了目标市场营销——辨识出细分市场，选择其一或者其中更多的，开发为他们量身定做的产品和营销项目。不同于分散其营销努力（霰弹枪方式），公司正关注于那些和它们所创造的最好价值更有关系的购买者（步枪方式）。

图6-1显示了在设计客户驱动型营销战略时的四个主要步骤。在前两步中，公司选择它将服务的客户。**市场细分**（market segmentation）涉及依据客户不同的需求、个性或者购买行为，按照一定的营销战略或者营销战略组合将市场划分为更小的细分市场。公司采用不同的方式来细分市场并且让这些产生的细分市场的特色突出。目标市场选择（或者目标选择）包括评估每一个细分市场的吸引力并选择其一或多个细分市场来进入。

在后两步中，公司决定了价值定位——它将通过怎样的方式为目标客户创造价值。**差异化营销**（differentiation）创造出色的客户价值。**市场定位**（positioning）包括使产品在目标客户的心智中形成清晰、独特、富有魅力的印象，而不是在产品上竞争。下面我们依次来讨论这些步骤。

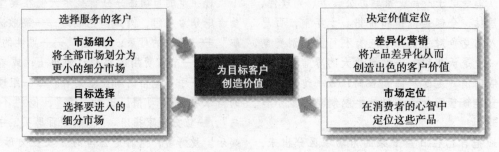

图6-1 设计一项客户驱动型营销战略

6.1 市场细分

任何市场中的购买者都会因其需要、财力、位置、购买态度和实际购买行为的不同而不同。通过市场细分，公司将巨大、非均匀的市场划分为较小的细分市场，这样就可以通过和它们独特需求相匹配的产品更加高效地实现营销。在这一节里我们将讨论四个重要的市场细分话题：细分消费者市场，细分商业市场，细分国际市场和有效市场细分的要求。

6.1.1 消费者市场细分

市场细分的方法不止一种。营销者必须去尝试使用一种细分变量或组合多种变量进行市场细分，来寻找观察市场结构的最佳途径。表6-1列出了在细分消费者市场中可能被用到的主要变量。这里我们来看一下主要的地理变量、人口统计变量、心理变量、行为变量。

1. 地理细分

地理细分（geographic segmentation）需要依据国家、地区、州、县、城镇，甚至居民区等不同地域间隔来细分市场。一家公司可以在一个或几个地理区域内开展业务，或者在全部地理区域内开展业务，但是要注意需求和偏好方面的地理差异。

现在，很多公司都将它们的产品、广告、促销和销售策略本地化来适应一个地区、城市甚至居民区的需求。例如，沃尔玛到处都在营业，然而它针对地理位置的不同类型量身定制了特别的形式。在得克萨斯和亚利桑那的西班牙裔社区，沃尔玛正在尝试西班牙式的大超市。这些沃尔玛店里面的布局、标识、产品组合以及会讲两种语言的员工，使当地的西班牙裔顾客感到更加亲切。在无法实现标准规格的超级店铺的市场，沃尔玛开设了具有超市风格的边缘市场百货店。这些百货店在规模上是其他沃尔玛小型商店——社区超市的1/3，也是大型沃尔玛超市的1/10。

2. 人口统计细分

人口统计细分（demographic segmentation）依据年龄、性别、家庭人口、家庭生命周期阶段、收入、职业、受教育程度、宗教、种族、年代和国籍将市场进行细分。人口统计因素是最常用的消费者细分基础。一个原因是消费者的需求、偏好和使用率的不同和人口统计变量密切相关。另一个原因是，人口统计变量比起其他大部分的变量更容易计算。即便营销者首次进行细分市场时利用其他变量，例如所寻求的利益或行为来定义，他们也必须了解该细分市场的人口统计学特征以便评估目标市场容量和有效率地触及这个市场。

（1）**年龄和生命周期阶段**（age and life-cycle stage）消费者的需求和偏好会随年龄而变化。一些公司使用年龄和生命周期细分，即给不同年龄和生命周期阶段的群体提供不同产品或采用不同的营销策略。例如，针对孩子，Oscar Mayer 提供 Lunchable——一种对儿童充满吸引力的有趣的手抓食物。针对年长的顾客，它推销 Deli Creation——一种"微波一分钟便可出炉的新鲜可口的三明治"。

也有些公司集中关注于某一年龄或者处于某一生命周期阶段的群体。例如，迪士尼海上巡航线将目标锁定为有孩子的家庭。它在设计大多数目的地和船上活动时将家长和孩子都考虑了进去。它的广告或网页几乎全都是一家人笑容洋溢的脸庞。相反，Viking 是提供在世界著名河流上巡游的奢华航线，主要的目标是夫妻或者单身成年人。你不会在 Viking 的广告或者网页上发现一个儿童。

营销者在应用年龄和生命周期阶段进行细分市场的时候，要避免生搬硬套。尽管一些80岁的老人是颤颤巍巍的，但是也有一些还在打网球。与此类似，一些40多岁的夫妇正准备把他们的孩子送进大学，而另外一些才刚刚开始组建新的家庭。因此，年龄通常不是判断一个人的生命周期、健康、工作或家庭状态、需求和购买力的可靠指标。公司针对成熟消费者的营销经常使用积极的形象和吸引手段。例如，一条嘉年华巡航线在为其娱乐船只打广告时，让一个成年人和一个孩子一同滑下水滑梯，并且解说道："欢乐没有年龄界限。"

（2）**性别**。**性别细分**（gender segmentation）很早就被应用于服装、化妆品、美容护肤和杂志行业。例如，宝洁公司第一个推出了一种专门为女性设计的化学用品的品牌 Secret，并通过包装、广告来强调该品牌的女性特质。

近年来，许多主营女士化妆用品的公司已经开始采用了面向男士的营销路线。妮维雅向男士推销其产品，"一条包含了丰富的护肤品和剃须后润肤用品，针对活跃、健康的男士生活方式特别设计的卓越营销路线"，并且为完美的男士护理提供了四个步骤的指导。

从消费电子产品到摩托车的市场空间，性别细分被忽视了，如今这些市场上产生了新的机遇。例如，过去一直将它的产品设计和营销的目标确定为 35~55 岁的男性市场。女性大多数情况都是在一旁凑凑热闹，但现在不是这样了。

女性客户是摩托车消费中增长最快的细分市场。哈雷－戴维森摩托车的女性拥有者的数量在过去的 20 年中翻了三倍，女性购买者在新哈雷－戴维森的购买力当中占了 12%。因此这家公司正在努力将女人从车子的后座拉到驾驶座上。它推出了一些更适合女性的产品，对摩托车的造型加以改进以使其符合女性较小的身形，并且提供指导手册和课程来教给女人如何处理她们的车子。以女性为目标的广告以及其他营销材料迎合了这个品牌确定的力量感，只是又多了较为柔和的边边角角。

与传统的女性形象不同，哈雷－戴维森倡导的是"喜欢接受挑战和冒险感觉的强大、独立的女性"，公司的女性业务拓展经理说。一段近期的广告炫耀着这样的大标题"不再是定局：弱势性别"。一家女性的微型网站鼓励女人们和其他人分享她们激动人心的骑行经历。为了开始女骑手月，哈雷－戴维森近期为"赞美数百万通过车把手把握住人生的女性"设计主办了一些特别的骑行活动。

在对女性的营销中，哈雷－戴维森忠于其经得起实地检验的硬汉形象。"我认为我们不希望在公路上看到任何粉红色（哈雷－戴维森摩托车），"一位分析家说。"他们不一定要添加更大的镜子以便女人们来化妆……他们不是想把哈雷摩托车卖给女人，而是要把它们卖给想驾驶哈雷的女人"。

（3）收入。**收入细分**（income segmentation）很早以前就被营销者应用在汽车、服装、化妆品、理财服务和旅游业上。很多公司将富有的消费者作为奢侈品和便利服务的目标顾客群。例如，奢侈酒店以一定的价格提供便利服务来吸引某些富有的游客群。

在芝加哥四季酒店，顾客可以购买包括儿童房费在内的城市套餐而只需每晚 520 美元的价格，并且享受到的服务不仅限于冰激凌人的到访——他携带所需的一切装备，能够为孩子们制作想要的任何一种混合口味冰激凌。在亚利桑那州斯科茨代尔的一座温泉浴场里，充满期待的父母可以购买"惊喜连连"喜悦套餐，这里面包括主厨的 24 小时服务，夫妻双人按摩以及在床上的早餐。纽约的本杰明酒店则设有"梦想狗狗"项目，该项目为宠物狗提供各种不同风格的床铺和浴衣，犬屋服务，DVD 播放以及宠物 SPA 水疗按摩和宠物灵媒。

然而，并非所有运用收入细分的公司都把富人当做目标市场。比如，许多零售商店就将中低收入群体作为自己的目标市场。

这些商店的核心市场是收入在 3 万美元以下的家庭。当 Family Dollar 房地产的专家物色新店铺的地址时，他们找寻社会下中层人士的社区，那里人们穿着廉价的鞋子并且开着不断漏油的旧汽车。在他们低收入战略的指导下，这些商店是美国增长速度最快的零售商。

近期令人烦恼的经济状况对营销者提出了挑战，无论他以哪个收入群体为目标。各个收入层次的消费者——包括富有的消费者——均削减了他们的开支并且要在购物中寻求更大的价值。在很多时候，以高收入消费者为目标的奢侈品营销者极难触及他们的市场。哪怕是那些有能力负担奢侈品的消费者也表现得将要终止他们的购买。"这显然是无可非议的，"一位经济学家称，"富人仍然拥有财富，（但）你在糟糕的经济中表现出的形象相当于在你的朋友或者同事有可能失去他们的生意的时候开一部好车。"

3. 心理细分

心理细分（psychographic segmentation）依据社会阶层、生活方式或个性特征将购买者划分为不同的消费群体。

那些人口统计变量相通的消费者，在心理变量构成方面可能完全不同。

在第 5 章中我们已经讨论过消费者购买的产品是如何反映他们的生活方式的。因此，营销人员通常按照消费者的生活方式来细分市场，并且以表现出的生活方式来制定营销战略。例如，尽管 Dunkin' Donuts 和星巴克都是咖啡店，但是它们提供完全不同的产品组合和店面氛围。不过每次成功都因为它为其顾客生活方式的唯一组合创造了刚好正确的价值主张。星巴克以文化修养较高的年轻专业人士为目标客户群，而 Dunkin' Donuts 则以 "普通大众" 为目标（见营销实战 6-1）。

营销人员也使用个性特征变量来细分市场。例如，海上巡航线将那些寻求冒险经历的人视为目标。皇家加勒比（Royal Caribbean）通过数百种例如攀岩、滑冰等活动来吸引充满活力的情侣或家庭。它在广告中鼓动旅行者 "宣告自己的独立性，并且成为其王国的一名公民——皇家加勒比，'为什么不呢' 的国度"。相比较而言，瑞迪生游轮（Regent Seven Seas）航线以更为安静、更喜欢思考的冒险者为目标，比如寻求更为优雅气氛和异国情调的成熟夫妇。瑞迪生邀请他们来参与 "奢华的冒险"。

4. 行为细分

行为细分（behavioral segmentation）根据消费者的知识、态度、产品使用率或对产品的反应把市场分为不同的细分部分。很多营销者认为，行为因素是建立市场细分的最佳起点。

（1）时机。根据购买者何时有了购买的想法、实际购买的情况或使用产品的情况，可以把购买者划分为不同的群体。**时机细分**（occasion segmentation）能够帮助公司增进产品的使用率。例如，大多数消费者在早晨喝橙汁，但橙子种植者已经推广其作为一种清凉、健康的提神饮料而适合人们在一天当中任何时间饮用。相比较而言，可口可乐公司的 "早上好" 运动广告试图通过促使健怡可乐成为清早的提神饮料而增加其销量。

一些节日，比如母亲节或者父亲节，一直以来都是商家促销糖果、鲜花、贺卡以及其他一些小礼物的好机会。很多营销者为节假日准备了特别的产品和广告。例如，PEEPS 为复活节制作了不同形状的毛茸茸的棉花糖，这占据了其销售量的大部分，而给人 PEEPS "总是正当时" 的印象的广告又适时地增加了它在像情人节、万圣节、圣诞节等其他节假日的需求。

（2）追求的利益。一种很有效的市场细分方法是将消费者按他们购买产品时追求的不同利益划分为不同的群体。**利益细分**（benefit segmentation）要求找出消费者购买商品大类时所追求的主要利益，追求每种利益的人群特点，以及能够实现每种利益的主要品牌。

冠军运动服饰（Champion Athletic Wear）根据不同的消费者想要从他们的运动服中得到的利益来将市场进行细分。例如，"健美并且优雅" 的消费者在功能性和风格性之间寻求一种平衡——他们为了一定的目的运动，并且希望在锻炼身体时看上去漂亮。"严肃的体育竞技者" 从事高强度的锻炼，长期穿他们的运动服而且以此为乐——他们追求运动服的性能和功能性。相反，"寻求利益的母亲们" 对运动的兴趣和运动服装的涉入程度都较低——她们为家庭成员购买产品，关注耐用性和价值。因此，每个细分市场都在寻找一种不同的利益组合。"冠军" 必须以它能最好地服务和最有利可图的利益细分市场为目标，运用能够最大限度满足每一个细分市场利益偏好的营销手段。

（3）使用者状况。市场可以被细分为从未使用者、曾经使用者、潜在用户、首次使用者和经常使用者几部分。营销者希望强化和维系经常使用者，吸引从未使用者，恢复与曾经使用者的关系。

潜在使用者群体中包含了一些面临生活变动的消费者——比如新婚人士和初为父母——这些人可以被转变为大量使用者。例如，高端厨房和烹饪用具零售商 Williams-Sonoma 主动将新近订婚的伴侣设定为自己的目标。

插在《新娘》杂志中的 8 页 Williams-Sonoma 广告展现了一对年轻伴侣徜徉在花园中或是在厨房拿着一杯酒亲密地交谈的美好场景。那个准新娘会问，"现在我已经找到了爱情，那么我还需要什么？" Wiliams-Sonoma 牌刀具组合、烤面包机、玻璃器具以及水壶和锅具提供了明确的线索。该零售商当然还提供了新娘注册服务，然而它将这项服务延伸到更远。通过一个名为 "全店你做主" 的项目，它在下班后依然开门营业，根据预约仅限一对情侣的到访并让他们列下自己的梦想清单。这个细分市场对 Williams-Sonoma 来说非常重要。注册者中大约有一半的人是首次接触这个牌子——他们未来将需要购买大量的厨房和烹饪用具。

（4）使用率。市场还可以被细分为少量使用者、中度使用者、大量使用者几个群体。大量使用者通常只是占市场中很小的一部分，但是占商品消费总量的比重很大。例如，汉堡王以那些所谓的 "超级粉丝" 为目标，年轻（18～34

岁）、吃相狼吞虎咽的男性占连锁店顾客的18%，但是在消费量上占了将近一半。他们一个月里吃汉堡王的数量平均达到了16次。汉堡王以这些超级粉丝为目标，公然在广告中宣扬它的怪物汉堡——肉、奶酪，更多的肉和奶酪使这些汉堡的馅都翻到外面了。

（5）忠诚度。市场还可以根据消费者的忠诚度来进行细分。消费者可能忠诚于某些品牌（汰渍），某些商店（塔吉特），或者某些公司（丰田公司），购买者可以根据忠诚度被划分为不同的组群。

有些消费者是绝对的忠诚——他们总是买一个牌子的东西。例如苹果公司，正如我们在上一章中讨论过的，它拥有一批宗教信徒般追随的忠实用户。其他一些消费者是中度的忠诚——他们对于特定的产品忠于两三个品牌，或者喜爱一个品牌只是有些时候会购买其他品牌。也有一些购买者对任何品牌都缺乏忠诚度，他们要么是想在每次购买时尝试不同的东西，要么是什么打折就买什么。

公司可以通过分析市场中的消费者忠诚度模式收获很多东西。它们应该首先从研究自己的忠实消费者开始。例如，通过研究Mac机的爱好者，苹果公司能够更好地指出它的目标市场并且展现其营销吸引力。通过研究缺乏忠诚度的购买者，公司能够发掘哪些品牌是最具竞争力的对手。通过观察从自己品牌流失的客户，公司能够了解自己的营销弱项。

5. 运用多种细分基础

在进行市场细分的时候，营销人员从不局限于运用一种或几种变量。在研究范围更小、说明更详细的目标群体时，营销人员越来越多地运用多种细分基础。因此，一家银行不仅仅满足于细分出了一个已退休的富裕群体，而且还要在这个群体内，根据个人目前的收入、资产、储蓄、风险偏好、住房情况和生活方式来做进一步的细分。

如此的市场细分为各类营销者提供了有力的工具。它能够帮助公司区分和更好地理解关键客户组群，更有效率地确定目标，针对他们特别的需求量身定制市场供应品和信息。

营销实践 6-1

Dunkin'Donuts：目标锁定平民大众

Dunkin'最近付给几十个芝加哥凤凰城和北卡罗来纳夏洛特城的忠实顾客每星期100美元，让他们去星巴克买咖啡。同时，No-Frills咖啡连锁付钱给星巴克的顾客让他们做相反的事情。在后来听取两组顾客陈述的时候，Dunkin'说它发现他们是如此的不同以至于公司的研究者以"部落"来为其冠名——每个部落都厌烦让另一个部落保持对他们的咖啡店的忠诚。Dunkin'粉丝认为星巴克是自命不凡的和好赶时髦的，反之星巴克的忠实者认为Dunkin'是无知的和缺乏创造性的。"我不明白，"一个Dunkin'的常客在去过星巴克后告诉研究者，"如果想坐沙发，我在家里坐不就行了。"

William Rosenberg于1950年的时候在马萨诸塞州的昆西开了第一家Dunkin'Donuts。当地居民每天早晨云集在他的店门口购买咖啡和新鲜的油炸面圈。Rosenberg开始授予特许经销权，连锁店在美国中西部和东南部迅速成长起来。然而在20世纪90年代早期，Dunkin'的早餐销售受到了麦当劳和汉堡王的早点三明治的冲击。星巴克等高端咖啡馆开始涌现，引入了更多的竞争。公司销售业绩在公司坚持其成打销售油炸糖面圈战略的同时不断下滑。

但是，在20世纪90年代中期，Dunkin'将注意力从油炸面圈转移到咖啡，希望对一种更频繁消费的产品的促销能够促进店铺的经营。咖啡推手起作用了。咖啡现在构成了销售额的63%。其余的37%销售是烘焙产品和小点心，比如多纳圈、白吉饼、饼干和热三明治。现在，在遍布34个州的将近6400家店铺里，Dunkin'每年供应超过十亿杯的咖啡。Dunkin'的销售额在过去四年里的增长超过了40%。在近期成功的基础上，Dunkin'正满怀豪情的计划着将自己扩展成全国规模的咖啡连锁店，并能够与星巴克分庭抗礼。

但Dunkin'不是星巴克。事实上，它也不想成为星巴克。为了成功，Dunkin'必须在想要服务于哪些顾客（确定细分市场目标）和怎样服务（呈现何种价值定位）方面上具有自己明确的目标。Dunkin'和星巴克的目标客户群具有完全不同的生活方式，那些人想从他们最喜爱的咖啡店里得到的东西是完全不同的。星巴克清晰地将自己定位于一种高文化修养的"第三种场所"——在家和办公室之外的——标志性的沙发、精选音乐、无线上网和艺术泼洒的墙壁。Dunkin'则果断地走了更为低起点、"任何人皆可"的路线。

Dunkin' 通过为工薪阶层顾客提供简单的饮食成就了自己。而今，为了扩大自身的吸引力和扩充发展动力，这家连锁店向更高级推进了——只是一点。它修饰了店面，在菜单上增加了新的条目，比如拿铁咖啡和扁面包三明治。但是，在一点点升级的过程中，它小心避免着疏远传统的顾客基础。新打造的店面里不会有沙发。在有顾客抱怨说"帕尼尼"这个名字太精美后，Dunkin' 将一款新三明治重命名为"stuffed melt"（塞满且多汁）。"我们正在走（一条美好）路线，"连锁店主管消费者内在需求开发的副总裁说。"Dunkin' 部落的问题在于，他们看穿了夸大其词的广告。"

Dunkin' 的研究结果显示，尽管忠实的 Dunkin' 顾客想要一个更好的环境，但还是被星巴克的气氛搞得晕头转向，失去了兴趣。他们抱怨说成群的笔记本电脑用户搞得他们都没有位置坐。他们不喜欢星巴克将小杯、中杯和大杯用"tall"、"grande"、"wenti"这样的隐语来称呼。他们也不懂为什么人们会花那么多钱来买一杯咖啡。"几乎就像是一群在谈论地球人的火星人，"一位 Dunkin' 广告代理的主管说。那些由 Dunkin' 请来的经常在星巴克消费的顾客在 Dunkin' 的店里同样感到不自在。"星巴克的顾客不能忍受他们不再与众不同了，"这位广告主管说。

如果考虑了人口统计特征和生活方式上的不同，这两家店顾客的截然相反的感受就不那么令人奇怪了。Dunkin' 的顾客中更多的是中等收入的蓝领和白领工人，他们跨越了各个年龄、种族和收入等人口统计因素。相反，星巴克以高收入和更为专业化的人群为目标。但是 Dunkin' 的研究者认为将两个阵营分开的原因是理念，而不是收入：Dunkin' 阵营的成员想成为人群中的一份子，而星巴克阵营的成员想成为人群之外的个体。"你可以在星巴克的旁边开一家 Dunkin'Donuts 并且得到完全不同类型的消费者，"一名零售专家说。

根据这些发现，Dunkin' 的主管做出了几十个大大小小的关于重新设计店面的决定，内容涵盖了从哪里放置浓咖啡机到保留多少其标志性的粉色和橘色的图案，再到新烤制的货品的陈列。方形的扁平的桌子将被圆形的仿大理石的桌面和光滑的椅子取代。Dunkin'

将店铺的墙壁粉刷成浓咖啡色并减少了粉色和橘色的色调。主管们安装无线网络的考虑由于顾客"感觉上不像是 Dunkin'Donuts 了"的缘故而搁置了。

为了抢占更大的市场份额，Dunkin' 在早点之外将它的菜单拓展至了可以代替肉类的香甜可口、令人垂涎的点心，比如 Smoothy 和个人比萨。克利夫兰城外的一家雏形店的销售额实现了当地其他同类店的三倍，一部分的原因是美食家饼干和扁面包三明治吸引了更多的顾客在上午 11 点之后光临。尽管顾客喜欢扁面包三明治和 Smoothy，他们却在塞满各种馅料的风车型小面团前止步。一些顾客认为"它们看上去像精致的鸡尾酒会上的什么，"路易斯这样说，他们觉得它不够实在。

在重新定位方面，无论发生什么，Dunkin' 计划坚持遵循 Dunkin' 阵营的需求和偏好。"Dunkin' 不是星巴克的跟屁虫"，一位分析家说，它"追随的是平民大众"。到目前为止还不错。在三年的经营中，Dunkin'Donuts 在一项主导的顾客忠诚度调查中名列第一，超过了星巴克。根据这项调查，Dunkin'Donuts 是持续满足甚至是超过客户预期的顶尖品牌。

Dunkin' 的目标和价值取向非常好地在其流行的广告口号中得到了概括："Dunkin' 让美国持续运转"，还有一句是它最新的活动标语——"你能行"。Dunkin' 的广告展现了普通的美国人依靠它的连锁店度过了他们的一天，特别是在低迷的经济环境中。

"你能行"推广活动浓缩了 Dunkin'Donuts 的精神，这个品牌能够理解大众每天需要什么来保持自在运转。"战胜每天的挑战应该获得承认和感激，特别是在艰难的日子里"，Dunkin'Donuts 的营销总监说。"'你能行'活动将努力工作的美国人的成就拉到了聚光灯下，同时强调了 Dunkin'Donuts 会一如既往地为他们忙碌的生活补充能力、增添乐趣，同时回避了他们正在节衣缩食的真相。"哪怕是在充满挑战的日子里，这项活动提醒那些维持美国运转的普通大众，他们可以承担起任何任务，以此来为他们打气。一大杯热气腾腾的 Dunkin'Donuts 咖啡能够帮你度过工作日，你能铲掉车道里的积雪，你能完成那些案头工作。Dunkin' 让美国持续运转——它让许许多多的普通人做完每天他们应该做的事。

6.1.2 商业市场细分

很多用来细分消费市场的变量同样可以用来细分商业市场。商业购买者可以用地理变量、人口统计变量（行业、公司规模）、追求的利益、用户状态、使用率以及忠诚度来进行细分。但是，商业市场营销人员还可以使用更多的变量，如顾客的经营特征、采购方式、情境因素和个性特征。

很多用来细分消费市场的变量，同样可以用来细分商业市场。企业购买者可以用地理因素、人口统计因素（对应行业、公司规模）、追求的利益、用户状态、使用率以及忠诚度来进行细分。不过，对商业市场进行细分还有更多的变量，如经营因素、采购方式、情境因素、个性特征。公司对整个市场做进一步的细分，并向其所服务的细分市场传递适当的价值定位，从而获得更多的价值回报。

几乎每个公司都选择向多个商业市场提供服务。例如，前面所谈到美国运通公司（"我的生活，我的卡"）是向最终消费者提供信用卡。但是该公司还把以下三个市场作为目标市场——零售商、大公司和小企业，并根据不同细分市场的特征制定不同的营销方案。

在零售市场中，美国运通公司致力于让新零售商接受这种信用卡并对已有的零售商客户进行关系管理。运通则为那些大公司客户提供商务卡计划，包括大量的雇员支出和差旅管理服务，同时还提供全面资产管理、退休计划和金融教育服务。

最后，针对那些小企业，美国运通公司创立了关于小企业一切活动的网站——OPEN。小企业的持卡者登录该网站可以获取如下信息：财务和成本管理软件，为小企业提供专业建议，而且客户还可以通过该网站与其他小企业的所有者取得联系，分享观点并获得建议。

在一定的目标行业和顾客规模中，公司应该通过购买方式和标准来细分。与在消费者市场上一样，很多营销人员认为购买行为和利益是细分商业市场的最好基础。

6.1.3 国际市场细分

大多数公司既没有足够的资源，也没有意愿在全球所有国家，哪怕是大部分国家开展经营。尽管一些像可口可乐或者索尼这样的大公司在全世界200多个国家销售产品，大多数跨国公司还是侧重于更小的市场。在很多国家同时运营对公司提出了许多新的挑战。不同的国家，即使地理位置相近，在经济、文化和政治结构上都可能迥然不同。因此，正如在国内市场中一样，国际公司需要对世界市场按照不同的购买需要和行为进行细分。

公司可以根据一个或者几个变量的组合来细分国际市场。它们可以根据地理位置，或者根据区域划分国家，如西欧、太平洋地带、中东地区和非洲，来进行市场细分。地理细分假设相邻的国家具有许多相同的生活特征和行为。尽管通常情况下是这样，但是也有许多例外。例如，美国和加拿大有许多相同之处，但在经济上和文化上，它们和邻近的墨西哥有许多不同之处。甚至在一个区域之内，消费者也有很多不同之处。例如，一些美国营销者只将所有美国中南部地区作为一块来考虑。然而，多米尼加共和国与巴西就像意大利和瑞典一样迥然不同。许多中南部美洲人甚至不会讲西班牙语，包括1.92亿说葡萄牙语的巴西人和在其他地区说各种印地安方言的上百万人。

全球市场可以基于经济因素进行市场细分。所有国家可以按照普遍人口收入水平或者整个经济发展水平进行划分。一个国家的经济结构形成了它的人口产品、服务需要和由此所提供的市场机会。例如，许多公司以金砖四国——巴西（Brazil）、俄罗斯（Russia）、印度（India）和中国（China）——为目标拥有快速增长的购买力的发展中国家。

所以国家也可以按照政治和法律因素进行市场细分，这些因素包括政府的类型和稳定性、对国外公司的接受程度、货币政策和官僚机构数量。文化因素也可以被应用，根据普遍使用的语言、区域、价值观和态度、风俗和行为模式进行市场细分。

基于地理、经济、政治文化和其他因素进行的国际市场划分假设的市场细分都是包括国家族群。然而，当新的通信工具使世界各地的消费者联系越来越紧密的时候，如卫星电视和网络，营销者可以定义和研究具有相同特征的消费者，而忽略他们所处的地理位置。跨市场细分，指将具有相同需要和购买行为的顾客归于一类进行研究，即使他们位于不同的国家。例如，雷克萨斯以全球精英为营销目标，无论他们在哪个国家。可口可乐以全球十几岁的青少年为目标客户，核心产品是它的软饮料。还有瑞典家居行业巨头宜家以全球中产阶级为目标客户，它出售全世界普通客户都能够承受起的高质量家居用品。

6.1.4 有效细分的要求

显然，细分市场的方式有很多，但并不是所有的细分都是有效的。例如，食盐的购买者可以细分为金头发和深色头发的。但是，很显然头发的颜色并不会影响对食盐的购买。而且，如果所有的食盐购买者每个月购买食盐的数量相同，而且相信所有的食盐都是一样的，愿意付相同的价钱，那么公司将不能从市场细分中获利。

为了保证细分市场的有效性，必须做到以下几点：

- **可衡量性**：细分市场的规模、购买力和分布必须可以衡量，有些细分变量是很难衡量的。比如，世界上有许多左撇子，然而很少公司把左撇子这一细分市场作为目标市场。主要问题是很难对这一市场进行衡量，而且人口统计上也没有左撇子的数据。
- **可接近性**：即能有效地到达市场并为之服务。假如一家香水公司发现其大量消费者是那些晚归或社交很多的单身男女，除非这个群体在固定的地方生活或购物，以及接触固定的媒体，否则很难接近这些消费者。
- **足量性**：即细分市场的规模大到足够盈利的程度。一个细分市场应该是值得为之设计一套营销规划方案的尽可能大的同质市场。例如，专门为身高超过 1.85 米的人生产汽车，对于汽车制造商来说是不合算的。
- **差异性**：细分市场在观念上能被区别，并且对于不同的营销组合因素和方案的反应不一样。如果已婚和未婚女性对香水销售的反应基本相同，那么该市场就不应该被细分。
- **行动可能性**：即为吸引和服务细分市场而系统地提出有效计划。例如，尽管一家小航空公司能够划分出 7 个细分市场，但是员工太少，不能为每个细分市场提供不同的营销方案。

6.2　目标市场营销

市场细分表明了公司市场的细分机会。公司需要评价不同的细分市场然后根据自身情况判断应该为哪些细分市场提供服务，我们现在就来讨论公司如何评估和选择细分市场。

6.2.1　评估细分市场

在评估不同的细分市场的过程中，公司必须考虑三个因素：细分市场的大小和成长性，细分市场的结构吸引力，以及公司的目标和资源。公司必须首先搜集关于目前该细分市场的销售状况、成长比率，以及期望的利润率水平等数据并进行分析。公司应当将兴趣放在那些规模适当并具有良好成长性的细分市场。

但"适当"是一个相对的概念。最大、发展最迅速的细分市场未必对每个公司来说都是最具吸引力的细分市场。小型公司很可能因为缺乏相应的技术和资源而不能满足较大的细分市场，又或者它们可能会认为这样的细分市场竞争过于激烈了。从直观上来看，这些公司会选择较小、吸引力相对较低的细分市场作为目标，因为这样的细分市场对于它们来说却具备着更多潜在的利益。

公司同样需要考察细分市场的一些影响长期运营吸引力的主要结构因素。例如，如果一个细分市场已经拥有了许多强大和激进的公司，那么这样的细分市场就显得不那么有吸引力了。许多现存的或者潜在的替代品也会对产品的价格和利润产生影响。相关购买者的溢价能力也同样影响着细分市场的吸引力。如果购买者相对于销售商具备更强的议价能力，那么购买者就会迫使价格的降低、要求更多的服务，这势必引发同行间更激烈的竞争——所有的一切都将导致销售商利润的降低。最后，高议价能力的供应商也会降低细分市场的吸引力，因为它们能够控制价格并降低预定产品的质量和数量。

即使一个细分市场具备了合适的规模和成长性，同时在结构上也非常具有吸引力，公司还必须考虑自身的目标和资源。一些具有吸引力的细分市场可以很快地被去除，因为它们不符合公司长期的目标，又或者公司会因为缺乏一些技术和资源而无法在某个细分市场取得有利地位。例如，在给定现有的经济状况下，汽车市场的经济型细分市场非常巨大并且仍在不断增长，但是从目标和资源的角度来考虑，这对于高档汽车制造商宝马来说将没有任何意义。公司应当进入那些公司有能力创造卓越客户价值并相对于竞争对手占据优势的细分市场。

6.2.2　选择目标细分市场

在评估过不同的细分市场之后，公司必须选择公司将定位于哪个或者哪几个目标市场。一个目标市场包括一系列拥有共同需求和特性并且公司决定为之服务的顾客。目标市场可以从几个不同的层次进行考虑。图 6-2 表明公司可以定位宽广（无差异营销），非常细小（微观营销），又或者介于两者之间（差异化营销或者集中性营销）。

图　6-2

1. 无差异营销

如果公司选择使用无差异营销战略，那么它将决定忽略细分市场之间的区别，将一个产品或服务定位于整个市场。这样的大市场战略将专注于消费者需求的共同点而不是其中的不同。公司将设计能够吸引最多数量购买者的产品和市场计划。

正如在本章开头部分所提到的，大多数的现代营销者对这一战略表示出了强烈的质疑。问题在于如何培育一个能够满足所有消费者的产品或者品牌。其次，面向大市场的营销者经常会在与更为专注的公司进行竞争时遇到麻烦，因为那些公司在满足某个特定细分市场时做得更好。

2. 差异化营销

如果公司选择使用差异化营销战略，那么它将决定定位于一些细分市场并且设计为每个细分市场提供不同的产品或服务。丰田公司生产不同品牌的汽车——从塞恩到雷克萨斯——每个品牌都面向特定的细分市场的顾客。宝洁公司有 6 个不同的洗衣粉品牌，它们在货架上构成了相互的竞争。VF 公司提供了柜子，柜子里有超过 30 个优质生活方式品牌，每个品牌都旨在满足特定细分市场中消费者对于时尚、地位和富有的渴望。

VF 公司是全球第一的牛仔裤制造商，品牌包括 Lee、Rider、Ruslter 以及 Wrangler，但牛仔裤并不是 VF 唯一关注的。公司品牌被严格地细分为五个领域——牛仔服饰、工装、户外服、运动服以及现代流行品牌。"北脸"就是户外类别中的一部分，为那些户外运动狂热者，特别是那些喜欢严寒活动的人们提供一流的装备和服装。

通过针对目标市场提供产品和采取营销措施，公司希望能够获得较高的销售额并且在每个细分市场都占据相对有利的位置。在不同的细分市场内形成相对有利的位置相对于无差异营销可以为公司带来更多的销售总额。VF 公司的整合品牌给公司带来了相对于任何一个单独品牌更丰厚也更为稳定的市场份额。就单单四个牛仔裤品牌就占据了整个美国牛仔裤市场份额的 1/4。类似地，宝洁的多个洗衣粉品牌获取的市场是最大竞争对手联合利华的四倍。

但是差异化营销策略也同样增加了经营的成本。一家公司通常会发现为 10 个不同的细分市场研发和生产 10 个不同的产品要比为 100 个细分市场提供 1 种产品需要更多的费用。为不同的细分市场制定不同的营销计划需要更多额外的营销研究、预测、销售分析、促销计划以及渠道管理。利用不同的广告策略来达到不同的细分市场的过程中必然也增加了促销的成本。因此，公司在决定是否采取差异化营销策略时，必须衡量增加的销售额和增加的成本。

3. 集中性营销

公司采取集中性营销战略，那么它会追求一个相对较小的细分市场中的大比例，而不是追求大市场中的小比例。例如，全食食品超市（Whole Foods Market）只有大约 275 家店和 79 亿美元的销售额，而其他大型的如克罗格（3600 家店和 700 亿美元的销售额）和沃尔玛（7250 家店和 3790 亿美元的销售额）。但是较小的高端零售商相对大的竞争对手有着更快的增长和更多的利润。全食公司通过迎合那些沃尔玛不能满足的顾客得到生存，向他们提供"有机、自然和美食，顾客在世界地球日享受所有的服务。"事实上，一个典型的全食公司的顾客很可能会抵制当地的沃尔玛而不会在那里购物。

通过集中化营销，公司对所服务的细分市场上的消费者需求会产生更深刻的理解，并因此形成特殊的声誉，从而获得更好的市场地位。根据精心定义的细分市场，调整产品、价格和营销计划可以使得该市场变得更为有效。而针对那些公司有能力为之提供满意服务并且可以获得最多盈利的消费者制定特定的产品、渠道和沟通规划，会使市场变得更有效率。

相对于利基市场，细分市场一般都较大并会吸引多个竞争对手，而利基市场则更小但可能只吸引一个或者很少的竞争对手。利基使得较小的公司能够将有限资源用于服务特定的顾客群，而这些可能对较大的竞争者并不重要甚至忽视。许多公司都是从利基市场开始，在规模大、资源丰富的竞争者面前获得了自己的立足点，然后再逐步发展成更强大的竞争者。例如，西南航空开始时只服务于那些得克萨斯州内的、不要求额外服务的顾客，而现在已经成为全美最大的航空公司。

对比而言，伴随着市场的变化，一些行业巨头会形成利基产品来促成销售额的增长。例如，最近一些年，由于消费者的健康意识不断增强，碳化软饮料的需求逐年下降，对于能量饮料和果汁的需求则不断增加。碳化软饮料的销售额在去年一年就下降了 2.3%；而能量饮料则增长了 26%。为了满足这种变化的需求，主流的可乐营销者百事可乐和可口可乐都研发或者获取了它们自己的利基产品。百事可乐推出了 Amp 能量饮料并且购买了 SoBe 和 Izze 的品牌来推广它俄水和果汁。类似地，可口可乐推出了沃特饮料，并购买了 Vitaminwater 和 Odwalla 的品牌。百事可乐北美营销部门的负责人这样说道："大品牌时代在很久以前就已经结束了。"

而如今，在网上建店的低成本使得服务于更小的利基市场显得更有利可图了，一些小规模贸易能够通过服务于网络上的一些空白领域来实现利润。

Esty 是一个可以进行手工制品的在线交易市场，它最初是在四年前由三个纽约大学的学生发布的。这个网站通过三种方式赚钱：每个产品 20 美分的清单费，每笔交易 3.5% 的销售费用，以及为那些想要进行产品促销的卖家提供广告位。这种模式已经与旧日流行的街边跳蚤市场大不相同。正因为网络的实现和巨大的力量才使得 Etsy 现今能够拥有 180 万的会员以及遍及 150 个国家 200 万的产品目录。2008 年，Etsy 将它的总销售额扩展到了 2007 年的三倍，达到了 9000 万美元。随着不断的发展，Esty 已经成为类似于社区的网站而不仅仅是一个电子商务网站。Esty 的主要目的是什么？根据 CEO Maria Thomas 的说法，他们正在帮助人们通过做他们所热爱的事情而谋生。

集中性营销可以获得很高的盈利。同时，它也包含着高于正常水平的风险。将所有业务放在单个或者很少几个细分市场的公司，一旦市场情况恶化，它们将受到巨大的冲击，而且更大的竞争对手可能会决定凭借更多的资源进入相同的细分市场。正因为如此，很多公司都倾向于服务于多个细分市场。

6.2.3　微观营销

差异化和集中化的营销者设计产品和营销计划来满足不同细分市场和利基市场的需求，但与此同时，他们并没有针对每个个体顾客提供定制化的产品或服务。**微观营销**（micromarketing）是这样一种行为，营销者设计产品和营销计划来适应每个特定消费者和地区的品位。与其说把每个个体看成是消费者，不如把每个消费者看成是个体。微观营销包括本地化营销和个性化营销。

1.　本地化营销

本地化营销（local marketing）是指涉及品牌和促销计划来满足本地顾客群体的需求和需要——城市、邻居甚至是某家店铺。例如，沃尔玛定制化它的连锁店来满足当地购物者的需求。零售商的店铺也会根据附近居民的特点来创造新的店铺样式——例如，在园区办公室附近的店铺会为忙碌的人们提供准备好便捷的食物。然后，利用每个店里日常销售所获得的丰富的客户数据，沃尔玛设计个性化的店。例如，它设计了超过 200 种的精心调整的货架图（货架计划）来将汤的品种与每家店的需求特性相匹配。

通信技术的发展促成了一种新型的高科技模式下的区域营销的诞生。移动电话和 GPS 的结合使得很多营销者目前正致力于为告知顾客周围的产品以及帮助他们寻找他们所想获得的产品提供定位服务。

位置、位置、位置，这是房地产行业的关键，而且这个可能会快就能够实现了。一个营销专家说道："基于位置的技术允许（营销者）能够找到正在移动且接近他们的店铺并打算做决定的顾客。"当顾客获得信息——甚至是广告信息——关于他们的位置，研究表明那通常被接受为价值附加信息，而不是广告。例如，星巴克最近推出了一种移动设备服务的店铺搜寻服务，这项服务可以帮助人们利用手机和汽车里的 GPS 系统寻找

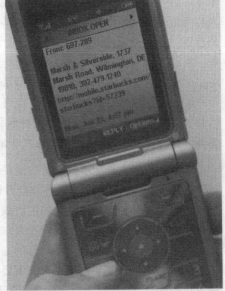

本地化营销：GPS 设备的结合使得很多营销者目前正致力于为告知顾客周围的产品以及为其提供产品定位服务。

附近的星巴克。顾客发送文本信息到"MYSBUX"（697289），包括他的邮政编码。10秒之内，星巴克会回复至少三个附近的咖啡店位置。星巴克机会扩展这项服务，包括一系列与当地顾客进行交流的文本信息，这将"展示星巴克作为一个品牌是怎么正确倾听的"。如此基于地理位置的市场营销将会伴随着GPS设备的销量而快速增长。

本地化营销也存在一些弊端：它将降低销售的规模从而提升生产和营销的成本；它会引起物流方面的问题，因为公司需要满足不同地区和本地市场的众多需求。再者，品牌的整体形象会因为在不同地区产品和信息的差异性而淡化。

但是，尽管公司面临越来越细分的市场，随着辅助技术的发展，本地化营销的好处总是大于坏处的。本地化营销帮助一家公司在面对已知的在人口统计和生活方式方面地区和当地的差异性来更有效地进行营销。它同样满足了公司第一线顾客的需求——零售商——他们更喜欢为附近的居民提供特定的产品。

2. 个性化营销

再极端一些，微观营销就演变成了**个性化营销**（individual marketing）——设计产品和营销计划来满足个体顾客的需求和偏好。个性化营销同样也被称为一对一营销和个体营销。

大众营销的传播隐藏了这样的事实——过去的几个世纪消费者都是以个体的形式接受服务的：裁缝根据顾客定制服装，鞋匠为个人设计鞋子，细木工根据订单来生产家具。现今，新技术也使得公司回归顾客定制化营销成为可能。更为西化的数据库、自动化的生产以及灵活的制造系统和交互式的沟通媒介（如移动电话和互联网），这一切整合在一起促成了"大众化定制"的诞生。大众化定制是通过与公司所面临的大规模顾客中的每一位顾客进行一对一的沟通，并根据每一位顾客的需求设计产品和服务。

戴尔电脑公司给每个顾客配送的电脑装有定制的硬件和软件。曲棍球制造商Branches曲棍球公司让消费者从20多种选项中进行选择，包括球棍的长度、棍刃的样式和棍刃的弧度。根据这些信息在五天之内可以制成一根定制的曲棍球球棍。耐克网站的访问者可以定制化他们的运动鞋，他们可以从几百种的颜色中选择他们期望的颜色，也可以在鞋上印上自己喜欢的图案。

营销者也可以开发一些新的方式个性化宣传用语。例如，被放置在大型购物超市的等离子显示屏，可以分析购物者的面部，基于他们的性别、年龄和种族来显示广告。

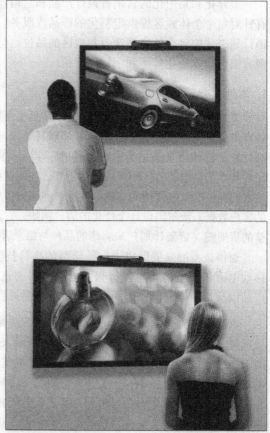

观察大型超市、健身中心和杂物店的Video显示屏上的广告，你会发现越来越多的广告也在盯着你看。小型照相机被安装在显示屏的内部或者周围，捕捉看广告的人并记录他们看的时间。令人称奇的是，这种方式可以准确地知道观看者的性别、大致的年龄范围（某些情况下包括民族），然后相应改变显示的广告。于是，对于男士可以显示汽车广告，对于女士可以显示化妆品广告，对于十几岁的青少年可以显示Video游戏的广告。或者，对于一群男士可以显示摩托车广告，当有女士和小孩加入时，便可以切换到小型面包车广告。"这是种积极主动的营销策略，"一位媒体主管如是说，"你是这种弹性广告的目标人群。"

B2B的营销者也能够找到新的途径来定制化他们的供给。例如，强鹿公司设计了可以制造作200万种不同的个性版本的设备。设备可以根据某种序列在单独的生产线上一次生产一种产品。大众化定制提供了一种区别于竞争者的方式。

批量生产方式忽略了人际交流的必要性，而一对一营销则将于顾客的联系提升到了前所未有的重要地位。就像大规模生产是过去世纪的营销原则一样，交互营销已经成为21世纪的营销准则。世界呈现了一种循环式的发展趋势，从旧时代将每个个体都视之为一个顾客，到后来不关注个性需求的大规模生产，而现在又回归到的旧时代的模式。

向个性化营销的发展折射出消费者自我营销的趋势。逐渐地，个体消费者将为他们购买产品和购买体验担负更大的责任。由于这种向交互沟通增加和营销统一性减少的趋势不断深化，营销者需要采取新的方式来影响消费者的购买过程。他们需要将消费者融入到产品研发和购买过程的所有阶段，从而增加购买者进行自我营销的机会。

6.2.4　选择目标营销策略

在选择目标营销战略的时候，公司需要考虑很多方面的因素。究竟哪个是最佳策略取决于公司的资源。当公司的资源有限时，集中性营销策略最好。最优的策略还取决于产品的可变性。无差异营销更适合于同质产品，如葡萄柚或者钢铁，而在设计上变化多样的产品，如相机或汽车，则更适合采用差异化市场营销或集中性市场营销。

同时公司还应该考虑产品的生命周期阶段。当公司推出一种新产品时，仅投放一种产品比较实际，这时无差异营销或者集中性营销最有意义。然而，在产品生命周期的成熟阶段，差异化营销更有意义。另一个需要考虑的因素是市场的可变性，如果大多数购买者的品位相同、购买数量相同、对营销努力的反应也相同，则无差异营销很合适。最后，竞争者的营销策略也很重要。当竞争者采用差异化策略或者集中性策略时，公司采用无差异营销简直是自取灭亡；相反，当竞争者采用无差异营销时，公司采取差异化营销或者集中性营销则可以赢得优势。

6.2.5　对社会负责的目标营销

明智的目标市场选择可以帮助公司更准确、有效地集中于能提供最好服务、最有利可图的细分市场上。选择目标市场也可以通过量身定制的产品迎合不同消费群的需要使消费者受益。然而，有时目标营销会引起争议和关注，最大的问题通常涉及向一些处于弱势或容易受到伤害的消费者销售有争议或者有潜在危害性的产品。

例如，在过去那么多年中，从玩具、快餐到时尚产品的营销者因直接面向儿童进行推销而受到了严厉的抨击。批评者担心，超值的产品、用可爱的动物展示、强大的广告攻势会使孩子们毫无抵抗力。

当成人产品的营销活动大量溢入儿童细分市场时，无论是有意的还是无意的，都会引发很多问题。例如，"维多利亚的秘密"将其年轻、时尚、性感的 Pink 产品线定位于 18 ~ 30 岁的年轻女性。在不到五年的时间里，Pink 获得了超过了 10 亿美元的销售额。但是，批评者认为它要为 11 岁女孩的变化负责任。作为对于"维多利亚的秘密"的设计和营销信息的反馈，青少年们成群地进入它们的店里并购买 Pink 的产品，不管有没有母亲的陪伴。其他零售商，如 Abercrombie 和 American Eagle，也进入了蓬勃发展的面向年轻购买者的胸衣和贴身服装的市场。更为广泛地，批评家担心从首饰、服装到芭比娃娃的所有的营销者都直接或间接地将挑逗意味的产品定位于年轻的女孩子，促销着为时过早的性感和美貌。

FTC 和市民活动群体指控卷烟和啤酒公司将未达到抽烟和喝酒年龄的孩子们作为目标。一项研究发现根据人均超过 1/3 的酒精广播广告相对于成人更容易被未达年龄的收听者听到。为了鼓励进行负责任的广告活动，儿童广告审查联盟，作为一个广告产业的自律性机构，发布了大量的儿童广告规则来帮助识别儿童观众的特殊需求。然而，批评者认为做得还远远不够。甚至有人认为应该严令禁止对儿童做广告。

网络和其他直接媒体的快速成长对可能出现的目标市场选择滥用提出了新的挑战。网络使得目标受众更加明确，反过来使得目标市场的选择更加精确。这可能会使问题产品的制造上商或欺骗性的广告商更容易危害最弱受的受众群。恣意的营销者现在可以将定制的欺骗性的信息直接发送到数以百万的信任他们的消费者的电脑中。

然而不是所有在小孩、少数族裔和其他特殊的细分市场上的营销努力都会遭到批评。实际上，大多数公司为这些目标消费者提供了利益。例如，高露洁公司为孩子们提供多种牙刷款式、牙膏口味和包装，如高露洁 Barney 淡水果味泡沫牙膏、高露洁 Pokeman 和迪士尼怪兽人物牙刷。这样的产品让刷牙变得更为有趣，使孩子们更愿意刷牙。

因此，在目标市场的选择上，问题不在于瞄准谁，而在于怎样瞄准和为什么瞄准。当营销者企图牺牲目标市场的利益而获利时——当他们不公平地将弱势消费群体作为目标市场时，向这些消费者推销有问题的产品或采取不正当的营销手段时，他们就会受到抨击。对社会负责的营销活动要求市场细分和目标选择不仅要为公司的利益服务，还要考虑整个目标市场的利益。

6.3 差异化和定位

在决定定位于哪个细分市场之后，公司需要决定一个价值主张——如何为细分市场创造差异化的价值以及公司想要在细分市场中占据什么位置。产品定位是消费者从几个重要的属性所定义的产品的方式——相对于竞争产品在消费者心目中的位置。一位产品定位专家说："产品是在工厂中创造的，而品牌则是在人们的心智中建立的。"

汰渍被定位成一种强力的多用途家庭洗衣剂；象牙雪被定位成一种可用于清洗需精洗的衣物及婴儿服装的温和洗衣剂。在汽车市场上，日产 Versa 和本田飞度定位于经济型，梅赛德斯和凯迪拉克定位于豪华型，保时捷和宝马定位于高性能，而沃尔沃则强调自己强大的安全性。丰田汽车定位于节油，合作生产的普锐斯是针对能源短缺的一种高科技的解决方案，它问道："保护地球，你做出了多大的贡献。"

在寻求如何对品牌进行定位时，营销人员应当知道消费者经常被过度地灌输产品和服务的信息，他们不可能在每次做购买决策的时候都重新评估产品。为了简化购买过程，消费者把产品、服务和公司在心目中进行分类和定位。产品定位是相对于竞争产品而言，消费者对该产品的一套复杂的感知、印象和感觉。

无论有无营销人员的努力，消费者都会对产品做出定位。但是营销人员并不想让运气来决定其产品定位，因此他们必须筹划定位，使得产品在目标市场上赢得最大的优势，并且通过设计营销组合来打造筹划中的定位。

6.3.1 定位图

在设计差异化和定位策略时，营销人员通常会准备感知定位图，它能够显示与竞争产品相比顾客对他们的品牌在一些重要的购买维度上的感知。图 6-3 是美国大型豪华 SUV 市场的定位图。图中圆圈的位置显示了品牌在两个维度——价格和导向（豪华性或性能）方面的感知定位。每个圆圈的大小显示了品牌的相对市场份额。

正像图中显示的那样，顾客认为悍马 H2 性能较高但有些奢侈。市场领导者凯迪拉克 Escalade 定位于略偏高价格并做到价格和性能的平衡。凯雷德定位于城市豪华型，在这种情况下，性能可能更多地意味着动力和安全性能。你会发现在凯雷德的广告提及野外的冒险。

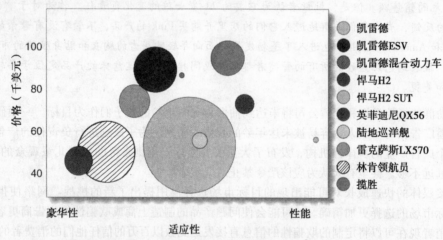

图 6-3 丰田的陆地巡洋舰保留了冒险和高性能的地位，但却增加了豪华型的定位

对比而言，揽胜和陆地巡洋舰也定位于豪华型，但是却强调野外的性能。例如，丰田的陆地巡洋舰创始于 1951 年，以四轮驱动，吉普般的设计战胜了世界上最复杂的地形和气候。在最近这些年，陆地巡洋舰保留了冒险和高性能的地位，但却增加了豪华型的定位。在它的网站上赞美为"野外性能的传奇"，拥有着诸如下坡辅助控制和动态中止系统这样的野外技术。"在有些地区，这是必要的。"尽管它很粗犷，但是公司也指出，车上配有蓝牙免提技术、DVD 娱乐设备和豪华的内部设施，这一切让陆地巡洋舰变得更为柔和。

6.3.2 选择差异化和定位策略

一些企业觉得选择定位策略很容易。例如，如果在新的细分市场上关心质量的顾客足够多，一个在某些市场上以质量著称的公司会在这个细分市场上选择相同的定位。但在很多情况下，两个或更多的企业会选择同样的定位，那么它们必须通过某些方式来把彼此区分开。每个公司必须通过建立一组独特的、能够在细分市场上吸引大量消费者的利益组合来区分自己的产品。除了以上这些，品牌的定位必须要满足目标市场的需求和偏好。

差异化和定位包括三个步骤：

- 辨认所有可能的顾客差异点并且这些差异点能为企业带来具有竞争优势的定位。
- 选择合适的竞争优势和整体定位策略。
- 有效地向市场传播和确立企业定位。

1. 辨别可能的价值差异和竞争优势

与目标顾客建立有利可图的关系，营销人员必须比竞争对手更了解顾客的需求，并能够向顾客传递更多的价值。公司通过提供优越的客户价值实施差异化和定位的能力，决定了公司所具备的竞争优势。

但坚定的价值定位绝不能只是一纸空谈。如果一家公司将它的产品定位于提供最好的质量和服务，那么它必须提供所承诺的质量和服务来真正地把自己的产品和竞争者区分开来。公司不应该仅仅停留在广告口号和标签上的大肆宣扬，而应该做得更多，它们必须让口号变成现实。例如，当史泰博的调研发现它应当基于"更简单的购物体验"进行差异化时，这个办公用品零售商放缓了"史泰博：那很简单"的营销活动，并重新设计了店铺来真正地传递承诺的定位。

仅仅几年前，一些事情对于史泰博并不是如此容易——或者对于它的顾客。在史泰博零售店，顾客的抱怨与赞美的比例达到可怕的8:1。几周的集中式调研得出结论：顾客想要一个更容易的购物体验。这个简单的发现引起了近代历史上几次最成功的营销活动之一，打出了现在非常熟悉的品牌标语"史泰博：那很简单"。但是史泰博的定位改变不是简单地拿一句新的口号炮轰顾客。在给顾客一个更轻松的购物体验的承诺之前，史泰博必须已经具备这种能力。首先，它必须使口号得到证实。

所以，史泰博在改进顾客购物体验上花了一年多的时间。它重新装修了它的商店，流水线化了库存，重新培训员工，甚至简化了与顾客的交流。只有当所有的顾客体验材料准备妥当，史泰博才开始与新的目标客户进行交流。这场"史泰博：那很简单"重新定位活动取得了轰动的效应，使得史泰博在办公用品零售中取得绝对的领导地位。同时这场活动的简单按钮已经成为大众化的文化徽章。毫无疑问，这是高明的营销起到的推动作用。但是没有顾客实际的营销体验做后盾，营销承诺难以说明问题。"在商店里发生的一切，更多的是驱动了史泰博品牌，而不是世界上其他的营销活动，"史泰博营销部副总裁说道。

为了找到差异点，营销人员必须思考顾客与公司产品或服务进行接触的整个过程。一家聪明的公司可以在与顾客的每一个接触点上实现差异化。一家公司可以采用怎样的方式来使自己的产品区别于竞争对手的呢？可以在产品、服务、渠道、人员或形象方面进行差异化。

通过产品差异化，品牌可以通过特征、性能，或者款式和设计进行差异化。因此，博士将它的音响通过打动人的设计和音质特征进行定位，通过获得美国心脏协会将产品定义为健康生活方式的有效渠道，赛百味将自己成功差异化为健康快速食品的选择。MBT的鞋子也不仅仅是一双鞋子：它们是舒适的使者，通过降低关节、大腿、胃和其他肌肉来永远地改变你的生活。

除使实物产品差异化之外，公司还可以使附加产品的服务差异化。一些公司通过快捷、便利和周到的送货服务来获得差异化优势。例如，得克萨斯第一便利银行提出"为真实的人提供真实的时间"——它保持一周七天、每天24小时营业。另一些公司通过高质量的客户服务进行差异化。雷克萨斯制造优质的汽车，但它更为大家所熟知的可能是其服务质量为顾客创造了卓越的拥有体验。

公司可以通过改进渠道的范围、专业性和性能的方式来获得竞争优势从而实现差异化。亚马逊和GEICO通过顺利运作的直接渠道区分开来。公司也可以通过人力资源的差异化来获得竞争优势——招募和培训更好的工作人员。迪士尼世界的工作人员以友好和乐观而著称。新加坡航空之所以享有很好的声誉，很大程度上是因为优雅的空服人员。人员差异化要求公司精心选择与顾客接触的人并进行充分培训。例如，迪士尼会对主题公园的工作人员进行彻底的培训以确保他们是胜任的，确保他们的行为举止是礼貌且友好的——从旅店登记人员，到单轨铁路的司机，再到骑马的服务人员以及那些清扫美国主街的清洁人员。每个雇员都会接受精心培训使他们能够了解顾客并"使人们开心"。

即便竞争对手提供的产品看似一样，购买者仍然可以通过公司或者品牌的形象差异性获得不同的感受。一个公司或者品牌形象应当传递出产品独特的好处和定位。形成强烈和独特的形象除了创造性，还需要大量艰苦的工作。一个公司不可能仅仅通过少量的广告在一夜之间在公众的头脑中建立起好的形象。如果丽兹-卡尔顿代表着品质，那么这个形象一定是由公司所有所做和所说的支撑起来的。

符号——比如麦当劳的金色拱门、红色的旅行者雨伞、耐克的旋风——可以提供强烈的公司或者品牌的认知和形象的差异化。一个公司可以通过一个名人来建立一个品牌，如耐克所做的乔丹篮球鞋和老虎·伍兹的高尔夫产品。一些公司甚至会与特定的颜色建立关系，如 IBM（蓝色）、UPS（棕色），还有可口可乐（红色）。被选择的符号、人物和其他形象元素必须通过传递公司或者品牌个性的广告与外界进行交流。

2. 选择合适的竞争优势

假定一家公司很幸运地挖掘出多个潜在的竞争优势，那么它必须决定选择以哪些优势来建立定位策略，并选择以多少或哪些差异点来进行促销。

（1）选择多少个差异点进行促销？许多营销人员认为公司应该只向目标市场强调一个利益点。例如，广告巨人罗莎·李维斯曾说过，一家公司应该针对每一个品牌发展一个独特的销售主张并一直坚持下去，每一个品牌应该选择一个属性并宣传在这个属性上是"第一"的。尤其是在信息过度宣传的今天更应如此，因为购买者往往只会记得位于"第一"的品牌或公司。因此，高露洁牙膏持之以恒地宣传防蛀牙功能，而沃尔玛则总是进行低价促销。

其他营销人员认为公司可以在多个差异点上进行定位，特别是当两个或更多的公司在相同的属性上都声称自己最棒时，这一点显得尤为重要。今天大众市场正在被分解成为多个很小的细分市场，公司也试图通过拓宽定位策略来吸引更多的细分市场。例如，联合利华推出三合一的固体香皂——Lever 2000——集清洁、除臭和滋润于一身。显然，许多购买者都想同时拥有这三种功能。诉求点的不断增多会为公司带来不信任和定位模糊的风险。

（2）对哪些差异点进行促销？并非所有的品牌差异点都是有意义或者有价值的，并非每个不同点都可以变成好的差异点。而每个差异点在创造顾客利益的同时，也会潜在地增加公司的成本。因此，公司必须谨慎地选择差异点，使之与竞争对手相区别。从某种程度上讲，一个有价值的差异点必须满足下列标准：

重要性：即可以给目标购买者让渡很高的价值。

区别性：即该差异化是其他竞争者所没有的，或者公司可以在这一点上更加与众不同。

优越性：即该差异化明显优于通过其他方式而获得相同的利益。

可沟通性：即对于购买者而言，是可传递的和可见的。

领先性：竞争者很难模仿该差异化。

可支付性：购买者可以支付购买该差异化。

盈利性：公司可以通过该差异化而获利。

一些公司曾经推出过不符合上述一个或多个原则的差异点。例如，新加坡的威信史丹佛酒店宣传自己是世界上最高的宾馆，然而对于游客而言，这一差异点并不是很重要，事实上正是由于公司的这一定位导致了许多顾客绕道而行。因此，在定位产品或服务时，选择适当的竞争优势异常困难，而这一选择很可能是企业成功与否的关键。

因此，在选择产品和服务定位的基础上进行竞争优势的选择是非常困难的，但这个选择对于成功却是至关重要的。选择合适的差异点可以帮助一个品牌从众多的竞争者中突显出来。例如，当汽车制造商日产推出它的个性小房车 Cube 时，没有根据与竞争产品共有的属性进行定位，如可承受性和定制化，它将 Cube 转化成了更像"移动设备"的东西。

3. 选择总体定位策略

品牌的**价值主张**（value proposition）是指一个品牌的完全定位——基于差异化和定位的利益矩阵，并回答了

"为什么顾客要购买你的品牌"这一问题。沃尔沃的价值主张强调安全性，但同时也包括可靠性、舒适性和时尚性，即使价格比普通定价高，但在利益矩阵中却又是合理的。

图 6-4 显示了所有可能的价值主张，这是公司产品定位的基础。图中最深色的 5 个方格代表优胜的价值主张，即能给公司带来竞争优势的差异化和定位；次深色的方格表示失败的价值主张，而中间浅色方格充其量只能表示边际主张。下面我们将讨论 5 种优胜价值主张，公司会基于这些价值主张来定位产品：高质量高价格、高质量中档价格、中档质量低价格、低质量低价格以及高质量低价格。

（1）高质量高价格。高质量高价格定位指提供高质量的产品或服务的同时，制定高价格来维持高成本。丽兹－卡尔顿酒店、万宝龙文具、梅赛德斯－奔驰汽车都以优胜的质量、工艺、耐用性、性能或款式为诉求点，同时收取高价格。它们不仅供应高质量的产品，同时为消费者赢得很好的声誉。象征着地位和生活方式的高贵，但是通常价格差异超越了质量上存在的差异。

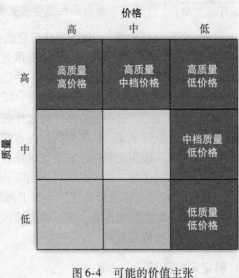

图 6-4 可能的价值主张

只提供"最好产品"的销售者存在于每类产品和服务中，从酒店、餐厅、食物到新款汽车和新式家具。当一个新的竞争者进入一种产品类别并且收取高价时，消费者有时会感到非常新鲜，甚至兴奋。星巴克咖啡以昂贵品牌的身份进入一个相当大的商品类别。

总的来讲，公司应该注意是否有机会在一些不发达的产品或服务类别中推出"高质量高价格"的品牌。然而"高质量高价格"品牌策略是很脆弱的，它们往往会招来声称有相同质量但价格比较低的模仿者。在经济发展较好时，奢侈品的销量也很好，而当经济衰退时可能存在着很大的风险，因为此时消费者花钱都比较谨慎。

（2）高质量中档价格。公司可能会通过推出高质量但是价格较低的品牌来攻击竞争者的高质量高价格定位策略。例如，与梅赛德斯和宝马相比，丰田则以"高质量中等价格"的价值主张引进了雷克萨斯产品线，它的宣传横幅上写着："可能是有史以来第一次以 36 000 美元的价格购买的价值 72 000 美元的车。"通过汽车杂志进行评论，广泛分发对雷克萨斯和梅赛德斯－奔驰做比较的录像带，以及调查研究，均表明雷克萨斯经销商比梅赛德斯经销商向顾客提供了更好的销售服务，丰田向消费者传递了雷克萨斯质量好的信息。许多梅赛德斯的拥有者都转向了雷克萨斯，而雷克萨斯的重复购买率（60%）是行业平均水平的 2 倍。

（3）中档质量低价格。中档质量低价格策略是一个很强大的价值主张——每个人都喜欢便宜的价格。例如，以更低的价格提供同等质量的戴尔电脑和沃尔玛，它们提供与百货商店或专卖店相同的品牌，但强大的购买力和低成本运作使得它们能以很低的价格出售。很多公司企图通过建立模仿性强且低价的品牌，从市场领导者手中抢夺市场。例如，AMD 设计出了一款比市场领导者英特尔的微处理器芯片价格更低的芯片，中国的华为公司出售与思科产品类似，且成本更低、性能更稳定的转换器和路由器等。

（4）低质量低价格。低质量低价格的产品也有市场，很少人在所购买的产品上都需要、想要或者能够支付"最好"来换取低价位。例如，很多旅游者在住宿时，都不愿意支付那些在他们看来不必要的东西，如游泳池、附属饭店或者枕头上的薄荷香味。像华美达这样的高级连锁酒店由于不再向顾客提供这些便利设施而降低了收费标准。

低质量低价格的定位意味着以低得多的价格来满足消费者对性能和质量的低要求。例如，家庭美元和通用美元商店以非常低的价格提供更多可支付得起的产品。山姆会员店和好市多仓储连锁店供应较少的商品种类，以及低水平的服务。因此，它们只收取最低的价格。西南航空公司是全美盈利性最好的航空公司，它也实施了这种"低质量低价格"的定位策略。

从一开始，西南航空就将自己牢牢地定位为没有装饰、低价格的航空公司。西南航空的顾客已经适应了在不那么舒服的环境中旅行。例如，航班不提供膳食，只有小点心。它也不提供头等舱，在航班所有的座位中只有三个头等座位。在西南航空公司的航班上没有预留座位这回事。但是，为什么那么多的乘客喜欢西南航空呢？可能最重要的是，西南航空公司能够将乘客送到他们想去的地方并且很准时，它们在这些基础工作上做得很出色。除了这些基础工作之外，西南航空还提供了令人震惊的低价。事实上，西南航空的票价是如此之低，以至于当它进入一个市场时，会吸引本来可能会自己开车或者乘公车的顾客而提高整体的航空运量。没有装饰和低价格并不意味着受苦。西南航空的员工们想尽办法使乘客感到愉快、惊讶，甚至在某种程度上娱乐顾客。一个行业分析家这样总结西南航空公司的定位："它并不奢华……但是它便宜并且有趣。"

（5）高质量低价格。当然，"高质量低价格"的策略会是主流的价值陈述。很多公司都声称能够做到这一点。例如，戴尔声称在一定的性能水平能提供更好的产品和收取更低的价格。宝洁公司宣称其洗衣剂能够提供强大的清洁功效并保持天天低价。短期而言，一些公司确实可以达到这么高的定位。例如，在家得宝刚刚开业的时候，可以断定它拥有最好的产品、最优质的服务，以及比竞争对手更低的价格。

但是长期而言，公司会发现保持这种在两个方面都做到最好的定位十分困难。提供得更多通常需要更高的成本，很难达到低价位的承诺。试图做到这两者的公司通常会输给定位更集中的对手。例如，面对来自劳氏商店的激烈竞争，家得宝商店现在必须决定它要通过什么来进行竞争，是卓越的服务还是较低的价格。

正如大家所说的，每个品牌应该采取一个定位战略，来迎合目标市场的需求和欲望。"高质量高价格"会吸引一个目标市场，"低质量低价格"会吸引另外一个目标市场，等等。因此，在任何一个市场上不同类型的公司都有生存的空间，每类公司都能占据一席之地。重要的是，每个公司必须制定自己的优胜定位战略，使自己在目标消费者心目中成为独特的公司。

4. 制定定位陈述

公司和品牌定位都应该被总结在一份定位陈述中。**定位陈述**（positioning statement）应该遵循下面的形式：对（目标市场或需求）而言，我们的（品牌）是（定位概念），即（独特之处）。例如，"对想保持井然有序而又很忙的专业人士而言，黑莓作为一个无线连接解决方案可以使你在外出时可以更为简单、可靠的方式与外界保持联系。"

记住定位首先要明确产品所属的类别（无线连接解决方案），然后展示它与这个产品类别中其他产品的差异点（更为简单，更可靠的数据连接方式）。把品牌置于一个特定的类别中意味着这个品牌与该类别中的产品具有一些相似性。但是品牌差异点能够说明这个品牌的优越性。

6.3.3 传播和实现所选择的定位

公司一旦确定了自己的定位，就必须坚定地向目标消费者传播，并努力实现这种渴望得到的定位。公司的所有营销努力都必须支持这个定位策略。

公司定位需要确定具体的行动方案，不只是说说而已。如果公司选择定位于更卓越的质量和服务，它就必须先确定这种定位的实现方案。设计营销组合——产品、价格、渠道和促销——设计制定出定位策略的具体战术措施。因此，一个采取"高质量高价格"策略的公司要清楚它必须生产高质量的产品，收取高的价格，通过高质量的经销商进行分销，要在高质量的媒体上做广告；它必须雇用和培训更多的服务人员，与在服务方面具有高声誉的零售商合作，通过销售和广告信息来传播它出众的质量。只有这样才能建立一致、可信的"高质量高价格"定位。

公司通常会发现制定一个好的定位策略比实施起来容易得多。建立或改变一个定位通常需要更长的时间。相反，花很长时间建立起来的定位会很快被摧毁。一旦公司建立了希望得到的定位，它必须通过一致的表现和宣传小心维持这种定位。公司必须随时间的推移紧密监控和调整定位情况，使其适应消费者的需求和竞争者的策略变化。然而，公司应该避免突发性的变化，防止改变消费者的感知。一个产品的定位应该在不断变化的市场环境中逐步发展。

营|销|实|践 6-2

日产的魔方：它不仅仅是一辆汽车，它是一个"移动设备"。

你大概知道鲁比克魔方，那个3D难题需要通过扭转、旋转和平移几十个小的带颜色的多面体，直到魔方的每个面都是同样的颜色。汽车制造商日产现在正在面临一个魔方的难题。它正在推出一款新车——Cube，小巧、城市化，有着时尚外表的汽车。就像古老的鲁比克魔方一样，日产想要成功，就必须将魔方所有复杂的营销策略整合成一种可以使其获胜的方案，这种方案可以与其他竞争对手实现差异化。

一般情况下解决这个营销难题都会显得非常困难。但是日产在 2009 年的中期推出了这款新车，当时也正好是汽车销售低迷的时候，这个挑战就像要一个孩子玩鲁比克魔方。但同时，尽管魔方几年来在日本都有着很大的影响力，但是日产却迟迟没有进入北美小型车、城市车的市场。本田和丰田早在六年前就已经通过四四方方的本田元素和看似古怪的丰田继任者 XB 进入了这个利基市场。在日产推出魔方之前，市场已经塞满了各种小型汽车，从宝马的 MINI 到本田的飞度、丰田的雅力士、起亚的 Soul、福特的锐界以及雪佛兰的 HHR。在推出魔方之前，日产需要解决怎么样使它的汽车变得独特的问题。日产如何使魔方从后方凸显出来？

魔方和它的公司主要定位于 mid-Millennials，18～25 岁的驾驶者，对于他们来讲这会是他们的第一辆车或者至少是第一辆新车。许多这样的购买者还仍在读大学，或者刚从大学或者高中毕业后开始他们的事业，所以并没有很多的钱。这些年轻的 Millennials 都是善于表达的、非常有创意的人，他们尝试着做一些事情来表达他们自身的独立。他们对存在事物的价值判断主要是从自己的角度出发，并给自己留了很多个性化的空间。最终，这些年轻购买者将伴随着网络、博客、电话、短消息和社区网站一起长大。他们是一个独特的社会群体，精通并且需要能够随时随地与外界保持联系的科技，他们会频繁地进行交流。

因此，魔方的年轻目标购买者需要一种能负担得起的汽车，而且这辆汽车要能够表达出他们的个性。魔方有着许多共有特质。最基本的款式定价 13 990 美元，而且日产会帮助购买者贷款。购买者可以从 40 多个辅件中进行选择或者定制。以为作家将魔方比作是"一张激发个性的画布。"但是许多魔法的竞争者也提供了这些特性，许多公司的基础价格甚至还比魔方的要低，而其他的个性化特征则作为他们的价值陈述。例如，丰田塞恩最初的定位口号是："个性化从这里开始——什么打动了你？"

因此，要从众多的产品中凸显出来，日产需要更多的特性，一些确实独特的地方。答案是：将魔方定位为不仅仅是另一辆小型汽车，而是一部个人的移动设备——类似于那些能够提升年轻人的个性的东西。日产决定将魔方呈现为如一位分析员所说的"作为有趣、忙碌生活的一部分，这种生活方式可以定制化和个性化，就像改变手机的铃声和网页一样简单"。日产的广告中心的创意主管说道："我们决定不将它仅仅认为是一辆车。"相反，日产设计魔方使其能让年轻人聚在一起——就像他们所拥有的所有其他移动设备一样。

于是，魔方成为了年轻人可以与朋友连接在一起的移动空间。它同样也是他们自己的空间，就像 Facebook 的主页，在那里他们可以展现和创造。根据一则魔方早期的广告，魔方提供了一个新的充满可能性的世界。向魔方打个招呼将是极其美妙的事情。让它变得个性化，与它一起分享，与它建立联系。

在脑子里形成这个定位之后，日产将形成一个营销组合来传递希望的价值陈述。首先，就是车子本身。如它的名字所传达的，魔方看起来有点像一个魔方，但是它不是一个通常意义的魔方。它的环绕型的后窗使得它在外观上就突显了出来。它拥有着四个活跃的气缸，122 马力的引擎，在享受驾驶快乐的同时每加仑的汽油却可以跑 29 英里。尽管车子很小，但魔方感觉上去却有着宽敞的内部空间，以及舒适的椅子和给乘客特别是后排乘客让他们感觉就像坐在屋子里一样的高车顶，而不是一辆汽车里面。总之，正如一位分析员所说的，凭借着独特的设计，魔方更像一个工作室阁楼而不是一辆经济型汽车。

魔方的促销行为支持和延伸它的目标市场和创造性定位。为了吸引 Millennials 进入日产的陈列室，公司没有选择通常的老套的汽车广告，而选择了非传统媒体，如 iPhone 的手机游戏、电脑桌面、文字信息、Facebook 的网页和下载的 MP3。即便传统媒体的广告被设计成"全屏幕视频"，并且可以在从电视、电脑到手机和电影院屏幕的所有地方观看。

日产解决了鲁比克魔方的营销难题了吗？它创造出重要的、独特的、可承受并有利可图的差异化了吗？唯有时间才能告诉我们答案。无论结果如何，魔方代表了在过度自我的细分市场中的一种创造性的差异化和定位策略。公司认为它们已经获得了一次成功。尽管经济相对低迷，但公司仍计划在进入美国市场的第一年销售 40 000 辆魔方。一位日产的副总裁说道："为了魔方我们将再次充满热情——它是独特的、有趣的、多功能的，它将再次成为方的尾部。"它不仅仅是一辆汽车。在魔方里面，你将感受到舒适和移动的酷感。

概念回顾

本章主要介绍的是客户驱动型营销策略的主要因素：市场细分、目标市场、差异化和定位。营销人员知道不可能在市场上吸引所有的购买者，或者至少不能以同样的方式吸引所有的购买者，因为购买者太多、太分散，并且他们的购买需要和行为很不相同。因此，今天的公司开始实践目标营销——即辨认市场细分区域，选择其中的一个或更多细分市场,开发产品和制定营销组合来迎合每个所选的细分市场。

1. 定义设计客户驱动型营销策略的步骤:市场细分、目标市场、差异化和定位。 消费者驱动的营销策略以选择企业所有服务的顾客并确定能够向目标客户提供最好服务的价值主张为起点。包括以下4个步骤:市场细分是指把一个市场分为不同的购买群体,这些群体有不同的需求、特征和行为,并可能要求不同的产品营销组合;企业在确定各个细分市场并对它的吸引力进行评估后,选择出一个或多个市场作为企业的目标市场,目标市场还包括制定与目标客户建立适当关系的战略;差异化涉及的是能够创造出超额客户价值的差异化产品;定位是指确定企业产品在目标消费者心目中的地位。

2. 列出和讨论细分消费者市场和商业市场的主要变量。 细分市场的方式并不唯一,因此营销人员可以通过不同的变量来细分,看看哪个变量可以发现最好的营销机会。对于消费者市场而言,主要的细分变量有地理因素、人口统计因素、心理因素和行为因素。地理细分要求把市场分为不同的地理区域单元,如国家、地区、州、县、城镇或者街道;人口统计细分是将市场按人口统计学变量,如年龄、性别、家庭人数、家庭生命周期、收入、职业、教育、宗教、种族、代沟和国籍为基础,分为不同的群体;在心理细分中,根据社会阶层、生活方式和个性特征的不同,把市场划分为不同的群体;在行为细分中,根据消费者的知识、态度、使用状况和对产品的反应,把市场分为不同的群体。

许多用来细分消费者市场的变量,同样可以用来细分商业市场。商业市场可以通过企业购买者的人口统计因素(如行业、公司规模)、经营因素、采购方式、情境因素和个性特征来细分。细分市场分析的有效性取决于细分市场的可衡量性、可接近性、足量性、差异性和行动可能性。

3. 解释公司怎样辨认有吸引力的细分市场,并且选择目标营销战略。 为了辨认出最好的细分市场,公司首先要评估每个细分市场的规模、成长特征、结构吸引力以及与公司目标和资源的相容性。公司可以从4个目标营销战略中选择一个——从目标选择非常广泛到非常狭窄。销售人员可以忽视细分市场的不同,把目标市场定得很广泛,即无差异营销,这时需要以相同的方式大规模地生产、分销和促销相同的产品。或者销售人员可以采取差异营销——为每个细分市场开发不同的产品和营销策略。集中性营销(利基营销)要求仅集中于一个或几个细分市场。最后,微观营销指针对某一细分个体或某一特定群体的需求和需要而定制产品或营销计划的做法,包括本地化营销和个性化营销。哪个目标化战略最好,取决于公司的资源、产品的可变性、产品的生命周期阶段、市场的可变性和竞争对手的营销战略。

4. 讨论公司如何在市场上定位其产品,来获取最大的竞争优势。 一旦公司决定进入哪些细分市场之后,就必须决定企业的差异化和营销定位策略。差异化和定位的任务包括三个步骤:辨认出一切可能为企业带来竞争优势的差异点;选择合适的竞争优势;确定一个整体定位策略。一个品牌的完全定位称为品牌的价值主张——即在定位基础上的利益矩阵。总而言之,公司可以从5个优胜的价值主张(高质量高价格、高质量中档价格、中档质量低价格、低质量低价格和高质量低价格)中进行选择,来定位其产品。公司和品牌定位归纳在定位陈述中,定位陈述阐明了目标市场细分及其需要、定位理念和差异点的独特之处。公司必须将所选择的定位有效地传播到市场。

问题讨论

1. 列举并简述设计客户导向营销策略的四个主要步骤。
2. 讨论用于细分购买者的行为变量,并针对每个行为变量举例。
3. 解释公司是如何细分国际市场的。
4. 列举出有效的市场细分的特征并描述。
5. 比较本土化营销和个性化营销的异同。
6. 在市场环境下,什么是"产品定位"?营销人员是如何知道的?

营销技术

当想到混合动力汽车或电动汽车时,你可能不自觉地联想到跑车。但是菲斯克·卡玛将打破这种传统。它被称为性感的混合动力汽车,并常常被拿来与奔驰的跑车进行比较。在 haughty 的 Rolex Monterey 动力车比赛期间,它被视为环绕加利福尼亚的蒙特雷最省油之行,媲美于法拉利和兰博基尼。在新一代电动汽车日渐增多的今天,菲斯克汽车希望以很多款式的高性能生态车开拓一种市场定位。创造者,Henrik Fisker,是阿斯顿马丁的前主设计师。菲斯克·卡玛汽车在六秒之内速度能够从0提到60迈,每小时能够跑125英里,当以电量作能源时每小时跑 50 英里，当混合电力和汽油作能源时每小时能跑 300 英里。所有的车型和性能不会便宜。价格是从 87 900~106 000 美元。公司已经从 1400 个购买者那里收到了订单。如果以上这些车型都不满意，不用担心——公司承诺，在未来几年将以大规模营销方式向其他顾客推出低价位汽车。

1. 菲斯克汽车细分市场的依据是什么？公司用的是单一细分法还是组合细分法？对其进行解释。
2. 菲斯克汽车是如何选择目标市场的？公司是如何使自己的汽车具有差异化的，采用的价值主张是怎样的？

营销道德

2009 年，AB 公司推出了 Bud Light "Fan Can"，宣称它的金属罐组合了大学团队中的 27 种不同的颜色。举例而言，在路易斯安那州立大学的学生可以买到紫金色罐子的 Bud Light。AB 公司发起了 "Team Pride" 的运动，与返校学生保持一致，与足球赛季的开球保持一致。一些学校，如威斯康星大学、密歇根大学、艾奥瓦州立大学、科罗拉多大学，极力反对。结果，AB 公司在这些市场上停止了活动。这项推广活动也引起了联邦贸易委员会的注意。联邦贸易委员会和大学办公室注意到，大量的未成年人在校园狂饮。一些学校办公室也密切关注商标侵权事件，注意到他们支持百威的活动。当批评纷至沓来的时候，AB 公司撤销了这项活动，宣称它并不是鼓励未成年人饮酒——它只是想要为球迷创造更多的乐趣。尽管公司在出现反对声音的大学区域内停止了这项宣传活动，但关于这个宣传活动的争论依然出现在全国性的报纸和电视上。

1. AB 公司采用了怎样的目标市场选择策略推广 "Team Pride" 活动？
2. 这是一次正确的营销推广吗？

营销挑战

产自波特兰香草自行车公司的手工制作的自行车标价从 4000 美元到 12 000 美元。现在，运营九年之后，Sacha White 停止了接受订单——不是因为业务枯竭，而是还有一个五年期的订单尚未完成。White 和他的三个同事每年只能生产四五十辆自行车。自行车的支架用国外的金属制造，用银合金焊接，轻至 30 盎司。没有两辆香草自行车是一样的。每一辆都是根据用户定制，并且它的特点是复杂的金属雕刻和一幅工匠的绘画作品。令人惊奇的是，这些定位高端的脚踏车大部分都卖给了中产阶级的顾客。然而，订单并未因为经济衰退而减少。事实上，香草自行车的产量显著增加，且抢购一空。然而，White 宣称那样会损害属于顾客所认为的艺术作品的特性。香草自行车如此特别，以至于波特兰自行车导购描述一些很酷的事物时，他们会习惯性地说"太太太香草了。"

1. 根据本章节讨论的细分变量，拟定一份关于香草自行车目标市场选择的概述。
2. 在经济衰退时，大多数奢侈品销量减少，但为什么香草依然如此成功呢？

营销算术

参考有关菲斯克·卡玛跑车的信息。该公司至今已经筹集了 1 亿美元的资金，但它需要更多的资金去开发低价位产品，所以通过美国政府的高级技术汽车生产项目申请 250 亿美元的一部分就显得非常关键。如果没有获得这笔资金，菲斯克过几年才能推出低价位的产品。公司可以将销售高价位卡玛跑车的盈利投入到低端产品中，但在将这种产品推向市场之前，需要评估一下产品的潜在市场。

1. 探讨一下，在评估高性能菲斯克·卡玛跑车的潜在购买者数量时，菲斯科汽车公司将考虑的因素。
2. 用在附录 B 里面描述的连锁比率法，估计菲斯克·卡玛跑车的市场潜力。网上搜索到有根据的数据，论证在之前的问题里鉴别出来的因素。假设每一个购买者只能采购一辆汽车，市场上汽车的平均价是 100 000 美元。

第7章 产品、服务和品牌战略

建立客户价值

概念预览

既然你已经全面了解了客户驱动型营销战略，下面我们将更深入地探讨营销组合——营销人员用来实施战略和传递卓越的客户价值的战术工具。在本章和下一章中，我们将研究公司如何发展和管理它们的产品和品牌。然后，在接下来的几章中，我们将研究定价、分销和营销传播工具。产品通常是人们在市场营销过程中需要考虑的第一个，也是最基本的因素。我们从一个看似简单的问题开始：什么是产品？但最终结果证明，这个问题的答案并不简单。

学习目标

1. 定义产品以及主要的产品与服务分类
2. 描述公司关于单个产品和服务、产品线以及产品组合的决策
3. 识别影响服务营销的四个特征和服务所需的其他营销条件
4. 讨论品牌战略——公司在建立和管理品牌时做出的决策

在开始进入本章之前，让我们先看一个有趣的品牌故事。市场营销是所有关于建立品牌从而与消费者深入联系的活动。所以，让你想一想顶级品牌时，哪些品牌会第一时间出现在脑海中呢？也许是一系列的大品牌，如可口可乐、耐克或麦当劳。但是，如果我们让你集中于体育娱乐时，你可能会列举 ESPN。当涉及到你的生活和运动时，ESPN 可能已经涵盖了所有内容。

第一站

ESPN：Every Sport Possible—Now

当你想到 ESPN 时，你可能不会认为它是一个"品牌"。你可能认为它是一个有线电视网、一本杂志，或是一个网站。ESPN 是这一切东西的集合。更重要的是，ESPN 是一种品牌体验——消费者生活中一个有意义的部分，这远远超出了有线电视网、出版物，以及它包括的其他实体。对消费者来说，ESPN 如同体育娱乐，不可避免地与他们的运动记忆、现实和期望联系在一起。

1979 年，企业家 Bill Rasmussen 实现了大胆的飞跃，创立了 24 小时的体育频道"娱乐与体育节目电视网"（ESPN：Entertainment and Sports Programming Network）。两年后，乔治·博登海墨（George Bodenheimer）获得了一份 ESPN 收发室的工作。正如他们所说的，这都已成为历史。尽管有很多的早期怀疑者，但博登海墨（他一级级地晋升，于 1998 年成为 ESPN 的主席）目前掌管着这个价值数百亿美元的体育帝国。

如今，ESPN 不仅获得了承认，还被尊为像可口可乐、耐克这样的标志性大品牌。无论你是谁，机会都非常好，因为 ESPN 会以一些有意义的方式和你联系在一起。也许你是电视节目"体育中心"（SportsCenter）的一名忠实观众，需要每天收看 ESPN 以追踪最新的体育新闻和比分。或许你是"March"俱乐部 500 多万支持 NCAA 男子篮球锦标赛的球迷中的一员。或许你依靠 ESPN 电台了解最新的比分，并在工作时或在车里收听知识性的体育谈话节目。无论是什么体育运动，无论在哪举行，ESPN 似乎都能第一时间出现在现场。

以下是对 ESPN 品牌下各种令人难以置信的实体的简要介绍。

电视： 从最初的具有开拓性的有线电视网——ESPN 现在为 9800 万户家庭提供服务——ESPN 品牌已经孕育了另外 5 个电视网——ESPN2、ESPN 经典频道、ESPN 新闻频道、ESPN 大学体育频道、ESPN Deports 频道（西班牙文），以及 ESPN 国际频道（运用世界各地的 34 个国际电视网为各大洲的 200 多个国家的球迷服务）。ESPN 还在美国广播公司（ABC）的频道上制作体育节目，被称为"ESPN 在 ABC"，它还举办了 NBA 总决赛、纳斯卡大赛（NASCAR）、大学橄榄球赛、大学篮球赛、世界杯足球赛、印第 500 英里大赛（IndyCar 500）、少年棒球联盟世界大赛，等等。

作为高清晰度电视广播的先驱者之一，ESPN 在竞购中击败了主要的广播电视网，夺得了 2011 年 NCAA "冠军碗系列赛"（Bowl Championship Series , BCS）的转播权。为此，ESPN 支付了 5 亿美元。ESPN 解决了长达 10 年的争论——有线电视是否有必要支持大型体育赛事。

广播电台： 体育电台蓬勃发展，ESPN 经营着最大的体育广播网，它在美国有 750 个分支机构，以及 350 多个昼夜广播电台，加上在主要市场推出的西班牙文的 ESPN Deports 频道。在海外，ESPN 已经在 11 国家建立了电台和辛迪加广播节目。

网站： ESPN. com 是世界上领先的体育网站之一。而且 ESPNRadio. com 是收听人数最多的在线体育终端，它每周会推出 35 个富有独创性的播客。宽带体育频道 ESPN360. com 能够让球迷从附属服务提供商那里获得免费的高速网络连接，每年提供 3500 多个体育赛事的直播。它还提供来自 ESPN 其他网络的点播视频，以及独家内容和视频游戏。ESPN 还通过美国所有主要的无线运营商提供移动体育视频——包括实时比分、统计分数、最新的新闻、视频点播和体育赛事直播。最近，ESPN 通过与 YouTube 达成的协议，推出一个播放广告支持的体育视频片段和最精彩场面的 ESPN 频道，从而进一步延伸了品牌。

出版物：ESPN 在 1998 年首次出版《ESPN 杂志》（*ESPN The Magazine*）时，评论家认为与强大的《体育画报》（*Sports Illustrated*）比起来，它毫无机会。然而，由于其醒目的外观、明亮的色彩和非传统的版式设计，ESPN 的出版物目前为超过 200 万的订阅者提供服务，而且订阅人数持续增长，而《体育画报》的订阅人数一直保持在 330 万。ESPN 还通过它自己的出版社出版图书，包括 2009 年出版的六本新书。

这一切似乎还不够，ESPN 还经营比赛项目，包括极限运动比赛（X Games）、冬季极限运动比赛（Winter X Games）。它还推出了以 ESPN 命名的消费品和服务品牌，包括 CD、DVD、视频游戏，甚至高尔夫球学校。如果阅读这一切使你饿了，你可以去 ESPN 地带（ESPN Zone），包括体育主题餐厅、互动游戏，并销售与体育有关的商品。

现在，你会在机场和飞机上，在健身俱乐部，甚至在加油站发现 ESPN 的节目。"现在，当你为汽车加油时不会感到无聊，ESPN 为加油站赋予了新的内涵，使之成为一个全方位的服务站，"博登海默说，"在飞机上，人们为了看我们的节目，都不想下飞机了。"

世界各地的体育迷都很喜欢 ESPN。这些体育迷偏爱 ESPN 品牌，这让 ESPN 对营销人员具有很大的吸引力，因为它可以作为一个接触顾客的传播媒介。在最近的广告排名中，ESPN 连续第五年居于第一位，因为它拥有吸引人的受众的人口统计数据，提供创造性的营销和推广的机会，并具有正面的品牌形象和吸引人的节目环境。来自有线电视分公司的收入分成，加上在其电视网上购买广告时间的广告商的收入，使 ESPN 拥有了与传统体育节目广播网进行竞争的财力。

因此，无论你想看什么体育比赛，无论你在哪儿，ESPN 品牌可能都起到了显著作用。对世界各地的体育迷来说，ESPN 意味着体育。娴熟的技术、创造性、完善的管理、不断延伸的品牌为 ESPN 持续创造着有意义的客户体验和关系。如果它与你的生活和运动有关系——或大或小——无论你在哪儿，ESPN 都能一周 7 天、一天 24 小时为您服务。

ESPN 的主席乔治·博登海默指出：ESPN 的旗舰节目《体育中心》（*SportCenter*）制作了本土的 13 种语言和 5 种世界各地的语言版本。他自豪地说，"在《体育中心》，太阳永不落。"也许公司应该为 ESPN 重新命名，以象征"Every Sport Possible——Now"。

ESPN 的例子表明，在寻求建立客户关系的过程中，营销人员必须创建和管理连接顾客的产品和品牌。本章从一个看似简单的问题开始：什么是产品？回答了这个问题之后，我们将介绍产品在消费品市场和工业市场的分类方法；然后，我们会讨论营销人员针对单个产品、产品线以及产品组合所需要制定的重要决策；接下来，我们会考察一种特殊形式的产品——服务的特点和在营销方面的独特要求；最后，我们会研究一个非常重要的问题——营销人员如何建立和管理品牌。

7.1 什么是产品

作者评论

"什么是产品"，这个看似简单的问题却拥有非常复杂的答案。例如，回想一下开篇 ESPN 的故事。什么是 ESPN 的"产品"？

我们将**产品**（product）定义为任何能够提供给市场供关注、获得、使用或消费，并可以满足需要或欲望的东西。产品不仅仅包括像汽车、电脑或手机这样的有形商品。广义而言，产品包括物理形体、服务、事件、人物、地点、组织、创意或上述实体的组合。在这里，我们广泛地使用"产品"这个词来囊括这些实体中的任何一项或全部。因此，一部苹果的 iPod，一辆丰田凯美瑞汽车，一杯星巴克的摩铁咖啡是产品，一次拉斯韦加斯旅行，Fidelity 在线投资服务和家庭医生的建议也是产品。

考虑到服务在世界经济中的重要地位，我们将给予它特别关注。**服务**（service）是这样一种形式的产品，它包括本质上是无形的且不会带来任何所有权转移的可供出售的活动、利益或是满意度。举例来说，有银行、宾馆、航班、零售、无线通信和家居维修服务。在本章的后面，我们会更详细地讨论服务。

7.1.1　产品、服务和体验

产品是**市场供应品**（marketing offering）的一个关键因素。营销组合计划开始于形成一个供应品，使之能够为目标顾客带来价值。这个供应品成为公司建立有利可图的客户关系的基础。

一个公司的市场供应品往往同时包含有形的商品和无形的服务。在一个极端下，供应品可能由纯粹的有形商品组成，比如香皂、牙膏或者食盐——没有与产品相关的服务。另一个极端则是纯粹的服务，其供应品主要是由服务构成，例如医生对病人的治疗和金融服务。然而，在这两个极端之间，存在着多种商品和服务组合的可能。

今天，随着产品和服务越来越商品化，许多公司正在进入一个为它们的顾客创造价值的新阶段。为了在简单地制造产品和传递服务之上更进一步差异化其供应品，他们创造并管理顾客对其产品或企业的体验。

体验对有些公司的营销是非常重要的。迪士尼长期以来通过它的电影和主题公园给人们留下了深刻的记忆。耐克公司一直宣称，"我们带给您的不仅仅是鞋。"但是在今天，各种类型的公司都在改造原有的传统产品和服务来为消费者创造体验。例如，访问 Umpqua 银行不仅仅是为了存款和贷款：

大多数顾客绝不会将银行交易描述为令人满意的灵魂，但是位于俄勒冈州的 Umpqua 银行绝不是普通的银行。Umpqua 银行给人的感觉更像是一个咖啡馆——认为银行像是当地的星巴克咖啡厅。Umpqua 银行的"商店"旨在使银行业务成为一种愉快的经历，这样可以让客户停留并购买东西。客户坐在一个舒适的咖啡吧，一边啜饮 Umpqua 品牌的咖啡，一边阅读晨报，还可以观看大屏幕上的投资新闻，通过 WiFi 接入在线支付账单，并戴上耳机在银行的在线音乐商店试听当地乐队的音乐。像鼓励金融活动一样，鼓励电影、针织和瑜伽课程这样的业余活动。把银行服务变成一种有益的体验为 Umpqua 的业务带来了很多好处。该公司的资产从 1994 年的 1.4 亿美元增加到 88 亿多美元。"顾客不仅仅是……在 Umpqua 银行进行交易，"一位分析师说，"他们支付会费加入一个俱乐部——它提供能满足灵魂的东西。"

创造体验：Umpqua 银行的"商店"旨在使银行业务成为一种愉快的经历。"顾客不仅仅是进行交易……他们支付会费加入一个俱乐部——它提供能满足灵魂的东西。"

进行体验营销的公司意识到，消费者真正购买的不仅仅是单纯的产品和服务——他们购买的是那些供应品能够带来的体验。一位营销主管说："一个品牌、产品或服务不仅仅是物质的东西，与品牌相连的人为其增加了意义和价值。"另一位营销主管补充道："成功地管理顾客体验是终极目标。"

7.1.2　产品和服务的层次

产品计划者需要在三个层次上考虑产品和服务（见图 7-1），每个层次都增加了更多的客户价值。最基础的层次是**核心利益**（core benefit），它解决了购买者购买的究竟是什么的问题。当设计产品时，营销人员必须首先定义这个核心，即顾客寻找的解决问题的利益或服务。一位购买口红的女士不仅仅是购买唇膏的色彩。露华浓的 Charles Revson 早早地预见到这一点："在工厂，我们制造化妆品；在商店，我们出售希望。"购买黑莓手机的人不仅仅是购买无线移动电话、电子邮件、网页浏览器或个人记事本，他们购买的是自由，以及能够随时随地连接人与资源。

在第二个层次，产品计划者必须将核心利益转变为实际的产品。他们需要开发产品或服务的特色、款式设计、质量水平、品牌名称和包装。例如，黑莓就是一个实际的产品，它的名称、零部件、款式、特色、包装和

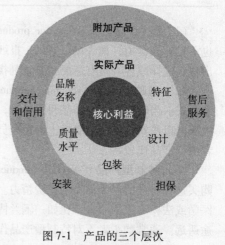

图 7-1　产品的三个层次

其他属性都被精心地组合在一起来传递核心利益——保持联系。

最后，产品计划者必须通过提供附加的客户价值和利益，围绕核心利益和实际产品建立一个**附加产品**（augmented product）。黑莓提供的不只是一种通信设备，它为消费者的移动连接问题提供一个完整的解决方案。因此，当消费者购买一部黑莓手机时，公司及其经销商必须对其零部件和工艺做出担保、提供如何使用的详细说明书、在顾客有需要时提供快捷的维修服务、提供顾客在遇到困难时可以免费拨打的电话号码和可查询的网站。

消费者将产品视为满足他们需求的复杂利益组合。当开发产品时，营销人员必须首先识别产品将要满足的核心的消费者需求。然后他们必须设计实际的产品，并找到附加价值，以创造出能够最大限度满足消费者需求的利益组合。

7.1.3 产品和服务分类

根据使用产品和服务的消费者类型，产品和服务被分为两大类——消费品和工业产品。广义上而言，产品还包括其他可供出售的实体，如经历、组织、人物、地点和创意。

1. 消费品

消费品（consumer product）是由最终消费者购买用于个人消费的产品和服务。营销人员经常根据消费者如何购买将这类产品和服务进一步分类。消费品包括便利产品、选购型产品、特制型产品和非渴求产品。这些产品在消费者购买方式上是不同的，因而它们的销售方式也不同（见表7-1）。

表7-1 消费品的营销考虑事项

营销事项	消费品类型			
	便利产品	选购型产品	特制型产品	非渴求产品
消费者购买行为	购买频率高，很少计划，很少做比较或为购物费精力，低消费者参与	购买频率较低，大量的计划并为购物花费较多的精力，比较不同品牌的价格、质量和款式	强烈的品牌偏好和高度忠诚，为购买付出特别努力，很少比较品牌，价格敏感度低	很少的产品知晓度和知识（或者即使知晓，也没有什么兴趣或唯恐避之不及）
价格	低价	较高的价格	高价	不确定
渠道	大范围的分销、便利的地点	在较少的店面里有选择的分销	每个市场区域内只在一个或几个店面里独家经销	不确定
促销	制造商大规模促销	制造商和分销商的广告和人员销售	制造商和分销商更加谨慎的有目标的促销	制造商和分销商激进的广告和人员推销
例子	牙膏、杂志、清洁剂	大家电、电视、家具、服装	奢侈品，如劳力士手表或高档钻石饰品	人寿保险、红十字献血

（1）**便利产品**（convenience product）是消费者经常、即时购买的产品和服务，而且购买时几乎不做什么比较，也不费什么精力，如香皂、糖果、报纸以及快餐。便利产品通常定价较低，而且营销人员会将它们放在很多销售点出售，这样顾客一旦有需要就能立刻找到。

（2）**选购型产品**（shopping product）是购买频率较低的消费品和服务，消费者仔细地比较适用性、质量、价格和样式。当购买选购型产品和服务时，消费者花费大量的时间和精力收集信息并进行比较，如家具、时装、二手车、大家电以及宾馆和航班服务。营销人员往往通过较少的渠道分销选购型产品，但会提供更深入的销售支持帮助消费者进行产品比较。

（3）**特制型产品**（specialty product）是具有独特个性或品牌识别的消费品和服务，有相当一部分购买者愿意为购买这种特殊的产品而特别花费精力。例如特定品牌和款式的汽车、昂贵的摄影器材、设计师量身定做的服装以及医学或法律专家的服务。比如一辆兰博基尼就是一件特制型产品，因为购买者通常为了买到一辆兰博基尼而不顾路途遥远。通常购买者不对特制型产品作比较，他们只把时间用于寻找自己想要的商品。

（4）**非渴求产品**（unsought product）是消费者不知道或者知道但是不曾想过购买的产品。大多数新发明在消费者通过广告了解它们之前都是非渴求的。非渴求产品的经典例子是人寿保险和红十字会的献血活动。非渴求产品的特定本性，决定了它需要大量的广告、人员推销和其他营销努力。

2. 工业产品

工业产品（industrial product）是用于进一步加工或用于商业运营的产品。因此，消费品和工业产品的区别就在购买产品的目的。如果一个消费者购买割草机是在家里使用的，那么这个割草机就是消费品；如果该消费者购买相同的割草机是用于美化环境的生意中，那么它就是一个工业产品。

工业产品和服务有三组类型：材料和部件、资本项目以及供应品和服务。材料和部件包括原材料以及制成品和部件。原材料包括农产品（小麦、牲畜、水果、蔬菜）以及天然产品（鱼、木材、原油、铁矿石）。制成品和部件包括构成材料（铁、棉纱、水泥、电线）和构成部件（小发动机、轮胎、铸件）。大多数制成品和部件直接卖给工业使用者。价格和服务是主要的营销因素，品牌和广告显得不那么重要。

资本项目（capital items）是在购买者的生产和运作过程中起辅助作用的工业产品，包括主要设备和附属设备。主要设备包括大宗采购，例如建筑物（厂房、办公室）和固定设备（发电机、钻床、大型计算机系统、电梯）。附属设备包括轻型制造工具和设备（手动工具、起重卡车），以及办公设备（计算机、传真机、办公桌）。它们比主要设备的使用寿命短，在生产过程中仅仅起辅助作用。

最后一组工业产品是**供应品和服务**（supplies and services）。供应品包括操作供应品（润滑油、煤、纸、铅笔）以及维修和维护物品（油漆、图钉、扫帚）。供应品是工业领域的便利产品，因为采购它们通常很少花费精力或进行比较。服务包括维护和维修服务（清洗窗户、计算机修理）以及业务咨询服务（法律、管理咨询、广告）。这些服务通常根据协议提供。

3. 组织、人物、地点和创意

除了有形的产品和服务，最近营销人员扩大了产品的概念，将其他市场供应品——组织、人物、地点和创意——也包括进来。

（1）组织常常举办活动来"销售"自己。**组织营销**（organizations marketing）包括一系列旨在引发，维持或是改变目标顾客对组织的态度和行为的活动。营利性组织和非营利性组织都在进行组织营销。商业公司通过赞助公共关系或是公司的广告活动来美化它们的形象。例如，食品、农业和工业产品巨头 Cargill 公司向公众营销自己，将自己作为与企业客户密切合作的公司——从农民和渔民到快餐店和家具制造商——为世界生产从有益心脏健康的牛奶和无脂肪薯条，到家具和用可再生资源制造的寝具的一切东西。它在广告中说，"这是 Cargill 与客户合作的方式：'合作 > 创造 > 成功'。"类似地，非营利性组织，像教堂、大学、慈善团体、博物馆以及表演艺术团，都在营销它们的组织以筹集资金，吸引成员或是赞助人。

（2）人物也可以看成是产品。**人物营销**（person marketing）包括一系列旨在引发、维持或是改变对特定人物的态度和行为的活动。从总统、企业家到体育人物以及专业人员，如医生、律师、会计师和建筑师等，都通过营销自己来建立良好的声誉。商业组织、慈善团体以及其他组织都在使用人物营销，培养名人或与名人合作往往可以使这些组织更好地达到它们的目标。比如，有十几家不同的公司，包括耐克、埃森哲、EA 体育、美国运通、吉列、佳得乐和苹果电脑等，每年支付超过 9000 万美元与高尔夫球巨星老虎·伍兹合作。

营销的熟练应用可以将一个人的名字变成一个强大的品牌。精心管理和著名的名字如奥普拉·温弗瑞、玛莎·斯图尔特和商人唐纳德·特朗普现在装饰着从运动服装、家居用品和杂志，到读书俱乐部和赌场的一切东西。特朗普形容自己是"地球上最热门的品牌"，他巧妙地把自己的生活变成了一个不间断的媒体事件。一位朋友说，"他是一个熟练的营销人员，而他推销的就是他的名字。"

这种著名的、营销做得好的名字拥有巨大的品牌力量。考虑一下 Rachael Ray：

Rachael Ray 已经成为一种女性营销现象：在不到十年的时间里，她从无足轻重的小人物变成了一个流行文化偶像。从最初出版的《30 分钟快餐》烹调书籍，到随后推出的 Food Network 电视节目，Ray 通过揭开烹饪的神秘面纱和给予人们许多的能量，走进了美国人的心中。由于其活泼的个性，Rachael Ray 已远远超出了快餐。与她的名字有

关系的不仅仅是 12 本最畅销的烹饪书籍（最新的一本是 *Yum‐o! The Family Cookbook*），一本关于生活方式的月刊，还有三档 *Food Network* 电视节目，一档辛迪加脱口秀节目，一系列的宠物食品。最终，Ray 的品牌影响力来自她代表的一切东西。她的品牌"开始于食物，并迅速传递到食物带给我们的情感、社会和文化利益。"

（3）**地点营销**（place marketing）包括一系列旨在引发、维持或是改变对特定地点的态度和行为的活动。城市、地区和国家相互竞争来吸引游客、新居民、会议以及公司的办公楼和工厂。得克萨斯州宣称自己"完全像是另外一个国家"，而加利福尼亚敦促你"在这里寻找你自己。"中国国际旅游交易会（CNTO）邀请来自世界各地的游客"发现中国！"（"Discover China now!"）。中国国际旅游交易会有 15 个驻海外办事处，其中两个在美国。随着越来越多的游客来探索中国古代文明的瑰宝和高楼耸立的现代大都市，如上海和北京，中国的旅游业蓬勃发展。在它的网站上，中国国际旅游交易会提供关于国家和景点的信息、旅游提示、旅游经营者的名单，以及更多能让人更容易地对中国旅游说"yes"的信息。

（4）**创意**（ideas）也可以营销。从某种意义上说，所有的市场营销都是在营销一个创意，不管它是一个关于刷牙的一般性想法，还是一个具体的理念，例如，佳洁士"每天为您带来微笑"。然而在这里，我们将重点放在社会观念上。这个领域被称为**群体营销**（social marketing），美国群体营销协会对其的定义如下：在设计对个人行为施加影响的活动以提高他们和社会的福利时使用的商业市场营销的概念和工具。

群体营销项目包括减少吸烟、吸毒和过度饮食的公众健康活动。其他的群体营销活动包括保护野生动物、清洁空气、节约能源的环保运动。还有一些活动议题包括计划生育、维权活动和种族平等。

但群体营销包含的不只是广告——群体营销协会鼓励使用多种营销工具。"群体营销不仅仅只是对营销组合中 4P 的使用，还需要包括其他因素才能够达到它改变社会的目标。"群体营销协会的执行主管说道。

7.2　产品和服务决策

营销人员在三个层次上做出产品和服务决策：单个产品决策、产品线决策和产品组合决策。我们将逐一加以讨论。

7.2.1　单个产品和服务决策

图 7-2 展现了在开发和营销单个产品和服务时应该做出的重要决策。我们将重点关注产品属性、品牌、包装、标签和产品支持服务的决策。

> 不要忘记图7-1！所有这些决策的重点是创造核心的顾客价值

产品属性　➡️　品牌　➡️　包装　➡️　标签　➡️　产品支持服务

图 7-2　单个产品决策

1. 产品和服务属性

开发一个产品或服务涉及定义它将要提供的利益。这些利益由产品的属性，如质量、特征、风格和设计传达出来。

（1）产品质量。**产品质量**（product quality）是营销人员的主要定位工具。质量对产品和服务的表现有直接影响。它与客户价值和满意度紧密相连。从最狭义的定义看，质量是"远离瑕疵"，但是大多数以客户为中心的公司所做的远远超出了这个狭义的定义，它们从消费者满意的角度来定义质量。美国质量协会（American Society for Quality）将质量定义为：与满足现实或潜在顾客需要的能力相关的产品和服务的特征。与此类似，西门子公司这样定义质量："质量是让客户重复购买而产品无须返修"。

全面质量管理（total quality management，TQM）是一种所有员工致力于持续改进产品、服务和业务流程质量的方法。大多数顶级公司以顾客为导向来保证质量，已经成为一种经营方式。今天，公司正在采用一种"质量回报"的方法，将质量视为一种投资，将质量工作的努力保持在达到要求所需的底线水平。

产品质量有两个维度——质量水平和一致性。在开发产品的过程中，营销人员必须首先选择一个质量水平（quality level）以支持产品在目标市场上的定位。在这里，产品质量意味着它的性能质量（performance quality）——产品实现其功能的能力。例如，一辆劳斯莱斯比雪佛兰提供更高的性能质量——它有更平稳的减震器，更易于操纵，而且更加经久耐用。公司很少追求提供最高的性能质量水平——因为鲜少有消费者需要或者支付得起像劳斯莱斯或是劳力士这类高质量的产品。相反，公司往往会选择一个能够与目标市场的需求和竞争水平相匹配的质量水平。

除了质量水平，高质量还意味着高水准的**质量一致性**（consistency）。这里，产品质量意味着它的**一致性质量**（conformance quality）——没有瑕疵，而且始终一致地提供目标性能水平。所有的公司都必须尽力保持高水准的一致性质量。就这个意义而言，一辆雪佛兰可以像劳斯莱斯一样好。尽管雪佛兰的性能可能不及劳斯莱斯，但它能够持续地传递消费者为之支付并期望的质量。

（2）产品特征。一件产品可以带着不同的特征提供给市场。其起点是一个不带任何附加物的基本原型。公司可以通过增加更多的特征来创造更高水平的产品式样。产品特征是将公司的产品与竞争者的区别开来的一组有竞争力的工具。成为首家引入一个被需要而且是有价值的产品特征的公司，是最有效的竞争方法之一。

公司如何识别新的特性并且决定向其产品添加哪些特征呢？公司应该定期调查已经使用该产品的顾客，并向他们询问下列问题：你喜欢该产品吗？该产品的哪些特征是你最喜欢的？我们可以增加哪些特征来改善产品？对这些问题的回答会为公司提供一连串丰富的产品特征创意。公司进而评估每一项特征对顾客的价值以及对公司的成本。那些相对于成本而言顾客评价的价值较低的特征就可以舍弃，而那些对于成本而言顾客评价的价值很高的特征就应该增加。

（3）产品风格和设计。另一个增加客户价值的方法是开发独特的产品风格和设计。设计是一个比风格更广的概念。风格只是简单地描述一件产品的外观。风格可能引人注目，也可能让人索然无味。给人以感官愉悦的风格可以引起人们的关注，并带来愉悦的美感，但它并不一定会使产品的性能提高。与风格不同，设计就要深入多了——设计直接切入产品的核心。优秀的设计不仅使产品的外观好看，还能够提高产品的有用性。

好的设计不是始于"头脑风暴"的新创意和制作原型。设计始于观察顾客并深入了解他们的需求。不仅仅是简单地创造产品或服务的属性，它还涉及塑造顾客的产品使用经验。产品设计人员应该较少地考虑产品的属性和技术规格，而应更多地考虑顾客将如何使用它，能从中获得什么利益。考虑一下 OXO 公司优秀的设计理念和流程：

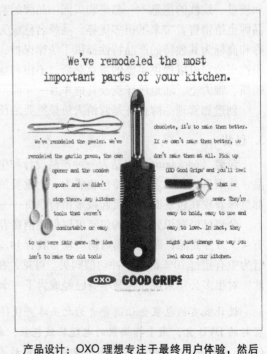

OXO 公司的设计独特的厨房和园艺用品看起来很酷。但是对 OXO 来说，好的设计不仅仅意味着漂亮的外观。它意味着 OXO 的工具可以为任何人效力——真正地效力。一位观察员指出："OXO 实际上是'良好体验'的诠释。"对 OXO 来说，设计意味着一款可以单手操作的蔬果沙拉脱水器；拥有吸收压力的功能和防滑手柄（使工具更有效率）的工具；或者是壶嘴可以向后旋转（可以更容易地灌水和储存）的喷壶。自从它在 1990 年推出超级有效的"好易握"（Good Grips）蔬菜削皮器，OXO 就以能让生活更方便的巧妙设计而著称。

OXO 的设计灵感大多直接来自于用户。"我们生产的每一个产品始于……观察人们如何使用这些东西，"OXO 公司的总裁 Alex Lee 说，"这些都是宝石——当你从中抽取出潜在问题时。"例如，当观察到人们与传统的派热克斯玻璃（Pyrex）量杯苦苦斗争时，

产品设计：OXO 理想专注于最终用户体验，然后把"天方夜谭"的想法转化成非常有用的工具。

OXO 发现了一个关键的缺陷：如果你不把它举到与眼睛水平的位置，就无法知道它装了多少液体。由此产生了 OXO 量杯，它通过倾斜刻度的方式让使用者可以直接从顶上看到所注液体的体积，而且刻度的字体足够大，无须戴眼镜就能看清楚。就这样，OXO 始于理想的最终用户体验，再把"天方夜谭"的想法转化成非常有用的工具。

2. 品牌

也许大多数专业营销人员最独特的技能是创造和管理品牌。品牌（Brand）是一个名称、术语、标记、符号或设计，或是它们的组合，以识别某种产品或服务的生产者或销售者。消费者将品牌视为产品的一个重要组成部分，品牌也能使产品增值。消费者为品牌赋予意义，并发展品牌关系。品牌的意义远远超出了产品的物理属性。例如，看一下可口可乐的例子：

在一项有趣的可口可乐和百事可乐的口味测试中，当 67 位被试品尝两种饮料时，都被连接到脑电波监测仪器上。当软饮料都没有记号时，消费者的偏好刚好平分。但是，当品牌被识别出来时，选择可口可乐的被试占 75%，而选百事可乐的只有 25%。当饮用品牌被识别出来的可口可乐时，最活跃的大脑区域是那些与认知控制和记忆相关的地方——一个储存文化概念的地方。当被试喝百事可乐时，并没有发生这种情况。为什么呢？根据一位品牌战略家的说法，这是由于可口可乐历史悠久的品牌形象——近 100 年之久的包装瓶和草书字体，并与标志性的形象——从坏蛋乔·格林（Mean Joe Greene）到北极熊和圣诞老人——联系在一起。百事可乐的形象不如可口可乐那样根深蒂固。尽管人们可能会由百事可乐联想到很多名人或"百事一代"的呼吁，但他们可能不会将它与那些与可乐相关的、强大而能激起情感的美国偶像联系起来。结论是什么呢？清晰而简单：消费者的偏好不是基于品味。可乐的标志性品牌似乎更重要。

如今，品牌管理如此强势，以至于几乎找不出什么商品是没有品牌的。盐被包装在标有品牌的容器中，普通的螺母和螺栓包装时贴上了分销商的标签，汽车零部件——火花塞、轮胎、滤光器——也标有不同于汽车生产商的品牌。甚至水果、蔬菜、乳制品和家禽也有品牌——新奇士（Sunkist）柑橘、宏宝莱冰激凌、Horizon 有机牛奶和普度牌（Perdue）鸡肉。

品牌对购买者有很多帮助。品牌名称可以帮助消费者识别可能对他们有益的产品。品牌还能提供关于产品质量和质量一致性的信息——总是购买同一品牌的购买者知道，每次购买他们将会获得相同的特性、利益和质量。同时，品牌也给销售者带来了很多优势。品牌名称成为了关于产品独特质量的"事迹"得以讲述的基础。销售者的品牌名称和商标为其独特的产品特性提供了法律保护，不然很可能被竞争者复制。品牌也帮助销售者细分市场。例如，丰田汽车公司可以提供主要的雷克萨斯、丰田和塞恩等品牌，而每个品牌又有众多子品牌——如凯美瑞、卡罗拉、普锐斯、雅力士、陆地巡洋舰及其他车系——而不是对所有消费者提供一种一般性产品。

创造和管理品牌也许是营销人员最重要的任务。我们在本章的后面将会更详细地讨论品牌策略。

3. 包装

包装（packaging）包括为一种产品设计和生产容器或包装材料。传统意义上，包装的主要功能是容纳并保护产品。然而最近，很多因素使包装成为一个重要的营销工具。日益激烈的竞争和零售商货架上日渐拥挤杂乱的局面，都意味着现在包装必须担负起很多销售职责——从吸引人们的注意力，到描述产品，再到促成产品的销售。

公司已经意识到良好的包装可以促使消费者迅速识别出本公司或品牌。比如，一个中等规模的超级市场差不多有 4.5 万件商品，而沃尔玛购物广场一般有 14.2 万件商品。普通购物者每分钟大约会经过 300 种商品，而所有购买行为中有超过 70% 都属于冲动型购买。可见，在高度竞争的环境中，包装可能是卖方影响买方的最后一个机会。因此，对很多公司来说，包装本身已经成为了一个重要的销售媒介。

设计低劣的包装会让消费者为之头疼并使得公司销量下降。想想那些不易打开的包装，如：用黏性极强的标签密封的 DVD 盒，用手指撕裂的电缆轧线包装，或者密封的塑料泡壳容器，打开它相当于打开消防部门的"救生颚"（Jaws of Life）。这种包装产生了亚马逊公司称为'包装愤怒'的现象——当我们试图从一个几乎坚不可摧的包装中取出产品时，我们感到很沮丧。亚马逊最近推出了一项多年期计划，以缓解'包装愤怒'的现象。它与费雪（Fisher-Price）、美泰（Mattel）、微软等公司合作以创造"简约包装"——更小、易于打开的可回收包装，这种包装使用更少的包装材料，没有塑料泡壳或绑线。这种新包装不仅减少了顾客的沮丧感，还减少了包装废弃物和能源消耗。"这将需要很多年，"亚马逊公司说，"但我们的目标是为我们的整个产品目录提供简易包装。"

创造性的包装可以为公司带来超过竞争对手的优势并帮助其防止伪造。有时候，只是对包装进行很小的改变就会产生很大的影响。比如，亨氏用瓶口倒置包装的番茄酱，为有170年历史的调味品行业带来了革命性的变化。这一创新性的包装使消费者能快速挤出番茄酱，甚至是最后一点番茄酱。同时，它采用适合放在冰箱门的储物槽中的形状，不仅可以很容易地插入储物槽，还有易于让小孩打开的盖帽。新包装上市四个月后，亨氏番茄酱的销量增长了12%。一位包装分析师说，"当消费者每次打开冰箱门时都能看到亨氏的标志，它在家里就能进行营销。"

近几年来，产品安全同样成为包装的主要考虑因素。我们都知道怎么对付难打开的"防止儿童接近"的包装。而在20世纪80年代的产品破坏恐慌之后，现在大多数药品和食品生产者将他们的产品放在防损坏的包装中。在进行包装决策时，公司必须留意越来越多的环境保护问题。幸运的是，许多公司通过减少包装和使用对环境无害的包装材料而使它们的产品包装越来越"绿色"。

4. 标签

标签可以是附在产品上的简易签条，也可以是作为包装一部分的复杂图案。标签执行多种功能。首先，标签可以识别产品或品牌，例如贴在柑橘上的"新奇士"品牌名。另外，标签可以描述关于产品的很多信息——由谁生产，在哪里生产的，什么时候生产的，内装何物，如何使用以及如何安全地使用。最后，标签可以帮助推广产品、支持产品定位、并连接消费者。对很多公司来说，标签已经成为更广泛的营销活动中的重要组成部分。

标签和品牌标志可以支持品牌的定位，并增加品牌的个性。比如，很多公司正在重新设计它们的品牌和公司标志，以让其形象变得更平易近人、乐观和迷人。一位分析师说，"四四方方的、单色的外观已经过时了，现在流行的是软字体、丰富的颜色和自然意象。"例如，卡夫公司最近用小写的多种字体、多色标志替换了红白蓝色的六边形块状标志，这个新标志包含了五颜六色的放射性光束图案和公司的新口号——"让每一天变得美味"（Make today delicious）。类似地，沃尔玛用双色的、包含一个太阳图标的新标识替换了块状的单色标志。另外，百事可乐最近更新其包装，采用了一个新的、更令人振奋的笑脸标志。"它的感觉就像我们熟悉和喜欢的百事可乐一样，"一位品牌专家说，"但是它更富有冒险精神、更年轻，而且有一点个性。"一位百事可乐的营销人员说，它代表一种"乐观和年轻的精神。"

除了积极的一面，标签也引起了人们的关注。法律长久以来一直在关注着包装和标签。1914年的《联邦贸易委员会法案》（Federal Trade Commission Act）宣称虚假的、误导性的或欺骗性的标签或包装会导致不正当竞争。标签没有列出主要成分或没有必要的安全警告可能会误导消费者。结果，联邦或州立法机构出台了许多法律以规范标签，其中最著名的是1996年的《包装和商标法》（Fair Packaging and Labeling Act），它规定了强制性的标签要求，鼓励自愿性的行业包装标准并允许联邦机构在特定行业建立包装规范。

5. 产品支持服务

客户服务是产品战略的另一个要素。公司给市场的供应品通常还包括一些支持性服务，这或多或少构成了整体产品的一部分。在本章的后面部分，我们将讨论服务本身作为产品的情况。在此我们讨论的是作为真实产品的补充部分的服务。

支持服务是顾客的总体品牌体验的一个重要组成部分。例如，雷克萨斯生产杰出的汽车。但是该公司也知道，好的营销不会随着销售的完成而停止。在售后保持顾客满意是建立持久关系的关键。雷克萨斯的目标是"创造世界上前所未有的最满意的所有者体验。"雷克萨斯宣言（Lexus Covenant）承诺，它的经销商将"像对待我们自己家里的客人一样对待每一位顾客"和"竭尽全力为他们更好地服务。"因此，雷克萨斯不惜一切代价来提供杰出的售后服务。有时候，这意味着甚至满足看似荒谬的顾客需求：

Dave Wilson是南加州几家雷克萨斯经销店的老板，他讲述了他收到的一封来自一个愤怒的雷克萨斯车主的信，这位车主花费了374美元在其经销店修理汽车。她以前拥有4辆雷克萨斯，没有出现任何问题。她在信中说，她痛恨为现在这辆车支付修理费。原来，她以为他们是免费维修的——在到达和开动时……以及行驶过程中。"她不认为她需要为其雷克萨斯做什么，"Wilson说，"她的车行驶了6万英里，从未更换过机油。"Wilson寄回了她的374美元。在单笔交易中损失金钱意味着保持一位终身顾客。

公司提供这种支持服务的第一步是定期调查顾客，来评估当前服务的价值，并获得新服务的想法。一旦公司评估了提供给顾客的不同支持服务的价值，接下来它必须评估提供这种服务的成本。然后就可以开发一个既能使顾客满意，也能为公司创造利润的服务组合。

如今，许多公司使用电话、电子邮件、传真、互联网、互动式语音系统和数据技术的复杂组合来提供支持服务，而这在以前是不可能实现的。例如，惠普公司提供一系列的销售和售后服务。它承诺"惠普全程助力软件（HP Total Care）——在客户的电脑生命周期的各个阶段都能提供帮助的专家。从电脑的选择、配置、保护到过渡——一直到回收它。"客户可以点击"惠普全程助力软件"的服务门户网站，该网站提供惠普产品的在线资源和一周7天、一天24小时的技术支持，这可以通过电子邮件，即时在线聊天和电话获得。

7.2.2 产品线决策

除了单个产品和服务的决策，产品战略还需要建立产品线。**产品线**（product line）是一组紧密关联的产品，因为它们以相似的方式起作用，出售给同样的顾客群体，通过相同类型的渠道营销，或是落在给定的价格范围内。例如，耐克有多条运动鞋和服装的生产线，万豪国际酒店集团有多条酒店的产品线。

主要的产品线决策包括**产品线长度**（product line length）——产品线上项目的数量。如果管理者通过增加项目能够提高利润，则生产线太短；如果管理者通过削减某些项目能够提高利润，则生产线太长。管理者必须定期分析公司的产品线，评估每个产品项目的销量和利润，并了解每个产品项目对产品线表现的贡献。

产品线长度受公司的目标和资源的影响。例如，一个目标可能是考虑提升销售。因此，宝马希望将顾客从它的3系列转到5系列和7系列。另一个目标可能是交叉销售：惠普出售打印机的同时也出售墨盒。还有一个目标可能是规避经济波动风险：盖普经营许多服装连锁店（盖普、Old Navy），覆盖了不同价位的产品。

公司可以通过两种方法延长其产品线：产品线填补或产品线扩展。产品线填补是在现有产品线范围内增加更多的项目。产品线填补的理由很多：获取额外的利润，满足经销商，充分利用剩余生产力，成为产品线完备的领导型企业，填补市场空白以防竞争者进入等。但是，如果产品线填补导致产品互相竞争或顾客混淆，就做得过火了。公司必须保证增加的新项目能与已有产品清楚地区分开。

如果一个公司超出已有的范围来增加它的产品线长度，就是在进行产品线扩展。公司可以向下、向上或者双向扩展其生产线。定位在市场高端的公司可以向下扩展其产品线。公司向下扩展产品线，可能是因为在低端市场发现一个巨大的成长机会，如果不采取行动会吸引新的竞争者；也可能是回应竞争者在高端市场的攻击；或者，增加低端产品是因为发现低端细分市场中存在更快的成长机会。基于以上所有原因，本田通过增加便宜的微型汽车本田飞度向下扩展其产品线。驾驶本田飞度经济节约，其价格在12 000～13 000美元，满足了消费者对节俭型汽车需求的增加，并在新一代微型车市场的竞争中先发制人。

公司也可以向上扩展产品线。有时，公司向上扩展是为了提高当前产品的声望，或者被高端市场的快速增长率或高利润所吸引。例如，每个日本汽车生产商的领导者都有一款高档汽车：本田推出了阿库拉，丰田推出了雷克萨斯，日产推出无限（Infiniti）。它们为这些高端产品赋予了全新的名称，而不是本公司的名称。

定位于市场中端的公司可以考虑将它们的产品线向两头扩展。万豪国际酒店集团对其酒店产品线就实施了这种策略。除了常规的万豪酒店，它增加八个新的品牌酒店产品线，同时为高端和低端市场的顾客服务。例如，万丽酒店及度假村（Renaissance Hotel & Resort）旨在吸引和迎合高级经理人员；费尔菲尔德旅馆（Fairfield Inns）则是面向旅行预算比较紧张的度假者和商务旅行者；而万怡酒店（Courtyard）是为了吸引销售人员和求他"马路战士"。向两头扩展最大的风险是，当顾客发现万豪产品线中的低价位宾馆同样可以满足他们的需要时，一些人可能转向价格更低廉的宾馆。然而，万豪宁愿这些顾客在自己的产品线当中向下移动，也不愿意把他们让给竞争对手。

7.2.3 产品组合决策

有众多产品线的公司会有一个产品组合。**产品组合**（Product mix），或**产品集**（product portfolio）由一个销售者提供或出售的所有产品线和产品项目组成。有些公司管理着非常复杂的产品组合。比如，索尼公司的多样化的产品组合包括四个主要的全球产品业务：索尼电子，索尼娱乐（游戏），索尼影视娱乐（电影、电视节目、音乐、DVD），索尼金融服务（人寿保险、银行和其他产品）。

每个主要的索尼业务都包括几条不同的产品线。例如，索尼电子包括相机、摄像机、电脑、电视和家庭娱乐产品、移动电子产品等。每条产品线又包括许多单个的产品项目。索尼的电视和家庭娱乐产品线包括电视机、DVD 播放机、家用音响组件、数字家庭的产品，等等。总体而言，索尼的产品组合包括一个多样化的成百上千种产品的集合。

公司的产品组合有四个重要的维度：宽度、长度、深度和黏度。产品组合的**宽度**（width）是指该公司具有多少条不同的产品线。索尼公司在世界各地销售范围广泛的消费品和工业产品，从电视机和 PlayStation 游戏平台到半导体。产品组合**长度**（length）指公司在每条产品线内的所有产品项目的数目。索尼通常在每条产品线内都有很多产品。例如，相机和摄像机产品线包括数码相机、摄像机、照片打印机、存储媒介和大量配件。

产品组合**深度**（depth）是指产品线中每种产品有多少个类型。索尼有一个很深的产品组合。例如，它生产和销售你曾经想购买的任何类型的电视机——显像管电视机、平板电视机、背投电视机、正投电视机、高清电视或低分辨率的电视——每一种类型几乎都有你可以想象的任何尺寸。最后，产品组合的**黏度**（consistency）是指不同产品线在最终用途、生产条件、分销渠道或者其他方面相关联的程度。索尼的产品线在为购买者提供的功能上是相当一致的，而且都通过同样的分销渠道出售。但从全公司来看，索尼经营着一个非常多样化的产品组合。管理如此广泛和多样化的产品组合需要很高的技巧。

这些产品组合的维度为界定公司的产品战略提供了依据。公司可以从四个方面发展它的业务。它可以增加新产品线，从而拓宽产品组合。这种情况下，新产品线建立在公司其他产品线的声誉的基础上。公司也可以延长已有的产品线而成为产品线更加完整的公司。或者可以为每个产品引进更多的类型以增加产品组合的深度。最后，公司可以追求更强或更弱的产品线黏度，这取决于它是希望在单个领域还是在众多领域中赢得好声誉。

面对最近的经济困难，很多公司精简了它们的产品组合以削减利润微薄的产品线，并塑造和清晰化其价值主张。其他公司通过增加更多消费者负担得起的选择以支撑其产品组合。由于经济原因，"消费者正在讨论重新评估他们最喜欢的品牌……如果他们认为他们能以同样的价格获得更好的价值。"一位营销顾问说。由于消费者在重新考虑其品牌偏好和优先次序，营销人员也必须这样做。他们需要根据不断变化的消费者需求来调整其产品组合，在自己获得收益的同时为顾客创造更好的价值。

7.3 服务营销

作者评论

正如开篇提到的那样，服务也是"产品"——只不过是无形的。所以，我们到目前为止讨论的所有产品议题，既适用于服务，也适合于实体产品。在这一节中，我们将重点讨论服务的特点和营销需求。

最近几年服务增长显著。服务如今占据了美国 GDP 的 80%。服务业也在增长。据估计，到 2014 年，服务行业的就业机会将占据全美国工作职位的 80%。服务在世界经济中的增长尤其快，占了国际贸易总价值的 64%。

服务行业内部有很大的不同。政府通过法院、就业服务、医院、军队、警察和消防部门、邮政服务和学校来提供服务。民间非营利组织通过博物馆、慈善机构、大学和医院提供服务。大量的商业组织提供服务——航班、银行、酒店、保险公司、咨询公司、医疗和法律机构、娱乐和通信公司、房地产公司、零售商以及其他。

7.3.1 服务的性质和特点

一个公司在设计营销方案时必须考虑服务的四个特点：无形性、不可分性、易变性和易逝性（见图 7-3）。

1. 无形性

服务的无形性（service intangibility）指在购买之前服务无法被看到、尝到、摸到、听到或者闻到。例如，进行美容手术的人在购买这项服务之前不能看到结果。航空公司的乘客除了一张机票以及他们和行李会安全抵达目的地的承诺外别无所有。为了降低不确定性，购买者寻找表明服务质量的"信号"。他们从能看到的地点、人员、价格、设备和沟通来得出关于质量的结论。

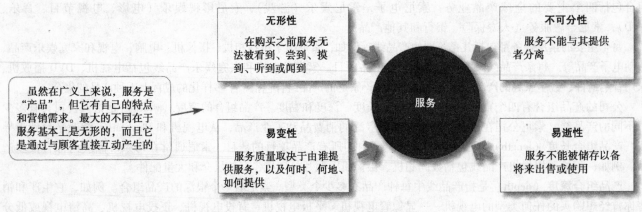

图 7-3 服务的四种特点

因此，服务的提供者必须以一种或几种方式将服务有形化，并发出有关服务质量的正确信号。一位分析师将其称为"证据管理"，即服务机构向它的客户提供系统的、诚实的证据以证明其能力。美国梅奥诊所很好地实践了"证据管理"：

对于医院来说，普通的病人很难判断其提供的"产品"的质量。你没有办法试用它，在你不喜欢的时候也没有办法退货，而且你需要较高的专业能力才能够理解它。所以，当我们在考虑某家医院的时候，大多数人会不自觉地开始进行调查，寻求医院有能力、关爱和正直的证据。梅奥诊所恰恰抓住了这些证据带来的机会。通过谨慎管理一系列可见的具有试验性质的小细节，梅奥诊所向病人及其家属提供了它的能力和价值的翔实证据。

在该诊所，所有的员工受过培训，以一种能够突出表现其顾客优先的理念的方式行动。"我的主治医生从家里打电话来询问我的身体状况如何，"梅奥诊所的一位患者感叹道，"她想根据我的时间安排来提供服务。"梅奥诊所的有形设备同样也传递着正确的信息。它们经过细心的设计来缓解压力，提供某种庇护场所，能够正向分散注意力，传播关爱和尊重，给出有能力的信息，为家庭提供食宿并且有明确的路线标志。想寻找外部的确认吗？您可以上网并直接听取那些曾经去过梅奥诊所或者在那工作的人的意见。梅奥诊所现在使用社交网络——从博客到 Facebook 和 YouTube 的一切形式——去加强病人体验。结果如何呢？梅奥诊所收获了极好的口碑和持久的客户忠诚度，基本不需要做什么广告就成为了卫生保健行业最强有力的品牌。Thoraf Sundt 博士是一位心脏外科医生，也是梅奥诊所营销委员会的主席，他说："（病人）体验的质量是关键。"

2. 不可分性

有形产品先被生产，然后储存，接着被出售，再被消费。与此相反，服务是先被出售，然后在同一时刻被生产和消费。**服务的不可分性**（service inseparability）是指服务不能与其提供者分离，不管服务的提供者是人还是机器。如果服务是由雇员提供的，那么该雇员也是服务的一部分。因为服务生产时消费者也必须在现场，供应商—消费者的互动是服务营销的一个独特特征。供应商和消费者都会影响服务结果。

3. 易变性

服务的易变性（service variability）指服务的质量取决于由谁提供服务，以及何时、何地、如何提供。例如，一些宾馆（如万豪）拥有比其他宾馆提供更好服务的声誉，但即便是在同一家万豪宾馆，前台服务员可能比宾馆里的其他服务员有更多的笑容，而且更加有效率；即便是同一位万豪宾馆的服务员，其服务质量也会因为顾客到访时他的精力和心情不同而有所变化。

4. 易逝性

服务的易逝性（service perishability）指服务不能被储存以备将来出售或使用。一些医生会对患者的失约收费，因为服务的价值只在那一时刻存在，当病人没有露面时，其价值就消失了。当需求稳定时，服务的易逝性还不算什么问题。然而，当需求波动时，服务公司往往会面临难题。例如，由于高峰时间的需求大，公交公司不得不拥有比一天内平均需求的情况下多得多的汽车。因此，服务公司往往设计能够将需求和供给更好匹配起来的战略。例如，酒店和旅游胜地在非旺季收取较低的价格来吸引更多顾客，而饭店雇用兼职员工在高峰时段提供服务。

7.3.2 服务公司的营销战略

正如制造公司一样，优秀的服务公司也需要使用营销战略在其选择的目标市场上进行强有力的定位。捷蓝航空承诺"快乐飞行"；塔吉特的核心理念是"更多期待，更少付出"；汉普顿酒店宣称"我们喜欢您在这里"。这些以及其他服务公司通过传统的营销组合活动确立了自己的定位。然而，由于服务与有形商品是不同的，服务往往需要另外的营销手段。

1. 服务—利润链

在服务领域，顾客与前线的服务人员互动而产生服务。而有效的互动又取决于前线服务人员的技能和后方人员对此过程的支持。因此，成功的服务公司既关心顾客，也重视员工。它们明白**服务—利润链**（service-profit chain），指将服务公司的利润与雇员和顾客满意度相连的链条。这个链条由五个环节组成：

- 内部服务质量：优良的员工甄选和培训，优质的工作环境和对服务顾客的员工的强有力支持，会带来……
- 满意且能干的服务人员：更加满意、忠诚和勤奋的雇员，会带来……
- 更高的服务价值：更有效率和有效果的客户价值创造和服务传递，会带来……
- 满意且忠诚的顾客：满意的顾客会保持忠诚，重复购买，并向其他顾客推荐，会带来……
- 良性的服务利润和增长：一流的服务公司绩效。

因此，达到服务盈利和增长的目标开始于关心那些照顾顾客的人。四季酒店是以卓越的客户服务而著称的连锁酒店，也因其积极和满意的员工而闻名。

营│销│实│践│ 7-1

四季酒店：照顾好"正在照顾"顾客的人

在四季酒店，每一位客人都是重要人物。其他的高级度假村都很关注他们的客人，但四季酒店已经完善了高接触的艺术和精心设计的服务。客人每晚支付1000美元或更多是期望酒店能充分了解他们的想法，而这家豪华酒店没有让人失望。它的使命是通过最高标准的殷勤招待来使旅行经历变得完美。"从高质量的优雅环境，到关怀的、高度个性化的24小时服务，"该公司说，"对于那些知道并体会过这些最好东西的人，四季酒店代表了一个真正的远离家乡的家。"

因此，四季酒店有一个类似邪教的客户群。茂宜四季酒店（Four Seasons Maui）的一位客人最近告诉一位经理，"如果有天堂，我希望它由四季酒店经营。"究竟是什么令四季酒店如此特别呢？这实在不是什么秘密。只要询问一下在那工作的任何人。从首席执行官到门卫，他们会告诉你——是四季酒店的员工。"你从公众视角看到的东西是对公司的人的反映——他们是使这家公司成功的心脏和灵魂，"四季酒店的创始人和首席执行官 Isadore Sharp 说，"当我们说人是我们最重要的资产时——它不只是说说而已。"正如对待顾客那样，四季酒店尊重和呵护它的员工。它知道快乐、满意的雇员造就快乐、满意的顾客。

四季酒店的顾客—服务传统深深植根于公司的文化，反过来又成为黄金法则（Golden Rule）的基础。Sharp 说，"在我们与客人、顾客、业务伙伴和同事的所有交往中，我们力图以一种期望别人对待自己的方式来对待他人。""个人化的服务不是你能作为政策支配的东西，"他补充道，"你对待员工的方式反映了你期望他们如何对待顾客。"

四季酒店通过雇用最优秀的人，精心引导他们，给他们灌输一种自豪感，并认可和奖赏杰出的服务事迹，以将这种文化带进生活。这一切都始于找到合适的人，那些适合四季酒店文化的人。一位记者说，"每一位求职者，无论是希望去叠洗好的衣服，还是教瑜伽，都至少经历四轮面试。"Sharp说，"我们寻找认可黄金法则的雇员——天生就认为应该以一种期望别人对待自己的方式来对待他人的人。"

一经录用，所有新员工都要接受为期三个月的培训，包括帮助他们充分了解客户的需求和行为的即兴练习。在四季酒店，培训从未停止过。但更重要的是人本身和他们工作的文化氛围。"我可以教任何人成为了一名服务员，"首席执行官Sharp说，"但你无法改变根深蒂固的恶劣态度。我们寻找说'作为一个门卫，我感到很自豪'这种话的人。"Sharp重申，最重要的文化方针是"黄金法则：己所不欲勿施于人……这不是一个噱头。"因此，四季酒店的员工知道什么是好的服务，并能积极地提供这种服务。

更重要的是，一旦它在相应职位找到合适的人，四季酒店像对待最重要的客人那样对待他们。据记者报道：

与竞争对手相比，四季酒店的工资比75%~90%的酒店的工资要高，另外还有慷慨的退休和利润分红计划。所有雇员——女裁缝、贴身服务员、滑雪场的看门人、总经理——定期在酒店的自助餐厅一起免费用餐。它可能没有白桌布或酒单，但食物和氛围很好。另一个振作员工的杀手锏是：免费房间。六个月后，任何员工每年可以在任意一家四季酒店或度假村免费住三个晚上。这一数字在一年后增加到六个晚上，之后保持不变。尽管提供这些福利的成本是每人每年几千美元，但其回报似乎是无价的。房间住宿让员工觉得自己和他们服务的客人同等重要，得到的关怀也是一样的。茂宜四季酒店的一位身材魁梧的游泳池服务员 Kanoe Braun 说，"我曾经到过巴厘岛的四季酒店。这是迄今为止我最喜欢的。你在里面行走，他们会问，'你好吗，布朗先生？'然后你说，'是的，我很好！'"另一位四季酒店的员工补充道，"你永远不会只被当做员工来对待。你是一位客人。从这些旅行回来后，你想为客人做的事更多。"

因此，四季酒店的员工对酒店的热爱程度和顾客一样。虽然客人可以在他们喜欢的任何时间结账退房，但员工永远都不想离开。其全职员工的年更换率只有18%，是行业平均水平的一半。自从 1998 年《财富》杂志开始评选"百家最适合工作的公司"，四季酒店每年都入选。这就是四季酒店成功的最大秘密。正如服务—利润链所建议的那样，要想照顾好顾客，首先你必须照顾好那些"正在照顾"顾客的人。

资料来源：Extract adapted from Jeffrey M. O'Brien, "A Perfect Season," *Fortune*, January 22, 2008, pp. 62-66. Other quotes and information obtained from Michael B. Baker, "Four Seasons Tops Ritz-Carlton in Deluxe Photo-Finish," *Business Travel News*, March 23, 2009, p. 10; Sean Drakes, "Keeping the Brand Sacred," Black Enterprise, April 2009, p. 47; and http://jobs.fourseasons.com/Pages/Home.aspx and www.fourseasons.com/about_us/, accessed October 2009.

因此，服务营销不仅仅是进行 4P 的传统外部营销。图 7-4 表明服务营销还需要内部营销和交互式营销。**内部营销**（internal marketing）指有效地训练和激励公司中与消费者直接接触的员工以及所有的服务支持人员，使其能通过团队协作来提供消费者满意。营销人员必须使组织的每个成员都做到以顾客为中心。实际上，内部营销必须先行于外部营销。例如，四季酒店及度假村开始于雇用合适的员工，并精心地引导和激励他们提供无与伦比的客户服务。

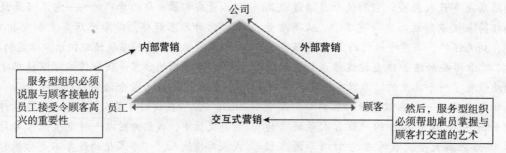

图 7-4 服务行业的三类营销

交互式营销（interactive marketing）指服务质量在很大程度上取决于服务过程中买卖双方的互动。在产品营销中，产品质量很少依赖于产品取得的方式。但是在服务营销中，服务质量同时取决于服务传递者和传递过程的质量。因此，服务营销人员必须精通交互式营销的技能。所以，四季酒店只甄选那些天生具有"服务热情"的人，而且精心教导他们与顾客打交道的艺术。

在今天的市场上，公司必须知道如何传递不仅是"高格调的"，还是"高科技的"互动。例如，顾客可以登录嘉信理财的网站注册并获得会计信息、投资搜索、实时报价、盘后交易以及进入"施瓦布学习中心"。他们还可以参加在线直播节目，并与在线客服代表聊天。寻求更多人员互动的顾客可以致电服务代表，或拜访当地的嘉信理财分部办公室。因此，施瓦布在三个层次上实现交互式营销——电话、网站和拜访。

今天，随着竞争加剧和成本提高以及生产率和质量下降，需要更精细的服务营销。服务公司面临三种主要的营销任务：他们希望提高其服务差异性、服务质量和生产率。

2. 管理服务差异化

在价格竞争日益激烈的今天，服务营销人员经常抱怨很难将他们的服务与竞争者的服务实现差异化。某种程度上消费者认为不同提供者的服务是相似的，他们更关心价格，而不是由谁来提供服务。

解决价格竞争的办法是开发一个差异化的市场供应品、交付方式和形象。它可以包含将自己与其他公司区别开来的创新特色。一些宾馆在大厅内提供无等待"购物亭"让客人进行入住登记、汽车出租、银行、商务中心服务，在客房提供高速因特网接入服务。一些零售商通过提供超越其库存产品的供应品，让自己显得与众不同。例如，PetSmart 不只是普通的宠物商店。大多数商店都提供宠物训练、美容美发和兽医服务，甚至还提供"宠物旅馆"和"狗狗日间寄托营"，使其成为满足所有宠物需求的一站式商店。

服务公司可以通过雇用更加能干和可靠的服务人员，开发一流的服务产品交付环境，或是设计一流的交付过程来差异化它们的服务交付。例如，许多连锁百货向顾客提供网上购物和送货上门的服务，作为一个更好的获得商场服务的途径，顾客不必开车、停车、排队等候，然后把货物提回家。另外，大多数银行允许你从任何地方——从自动取款机到你的手机——访问自己的账户信息。

最后，服务公司也可以通过标识和品牌差别化它们的形象。Aflac 公司采用一只鸭子的形象作为广告上的标识，甚至做成毛绒玩具、高尔夫球杆套、免费铃声和屏保。著名的 Aflac 鸭子，配上大家熟悉的喜剧演员 Gilbert Gottfried 的声音，为曾经不知名的大保险公司塑造了一个令人难忘且平易近人的形象。其他著名的服务标识有：美林证券的公牛、MGM 的狮子、麦当劳的金色拱门、好事达的"巧手"以及旅行者集团的红雨伞。

3. 管理服务质量

服务型公司使自己与众不同的主要方法之一就是持续传递比竞争者更高的质量。像许多制造商一样，大多数服务行业如今加入到了顾客导向的质量运动中。而且像产品营销人员一样，服务提供者需要识别目标顾客对服务质量的期望。

不幸的是，服务质量比产品质量更难定义和评估。例如，就一次理发的质量达成一致意见，比对一台吹风机的质量达成一致意见要难得多。顾客保留率也许是衡量质量的最好办法——服务公司保留住顾客的能力取决于它多大程度上能向顾客持续、稳定地传递价值。

顶级的服务公司设立了高水平的服务质量标准，严密地监视自己以及竞争对手的服务绩效。它们不仅提供优质服务，而且目标是 100% 无瑕疵服务。98% 的绩效标准也许听上去不错，但如果使用这个标准，UPS 每天将丢失或送错 310 000 个包裹，美国的药剂师每周开错的药方会超过 140 万个。

不像制造商可以调试他们的机器和投入，直至一切都准备好，服务质量总是在变化，而这取决于雇员和顾客之间的相互作用。尽管公司竭尽全力，但即使是最顶级的服务公司也会偶尔发生递送延误、把牛排烧焦或是员工大发脾气。然而，优质的服务补救（service recovery）可以将愤怒的顾客转变为忠诚的顾客。事实上，与一开始就完美无缺相比，好的补救能够赢得更多的顾客购买和忠诚。考虑以下的例子：

当 Bob Emig 乘坐西南航空公司的航班从圣路易斯回家时，一场令人十分熟悉的旅行噩梦开始展开。在他乘坐的飞机远离

服务补救：西南航空公司建立了一个高级小组——由积极主动的顾客服务沟通高级经理 Fred Taylor 领导——认真协调应对重大的飞行延误事件，把顾客变得更加忠诚。

跑道入口后，他和同行的乘客被告知这架飞机需要去冰。当飞机准备飞行两个半小时后，飞行员已经达到了由联邦航空管理局（Federal Aviation Administration）设定的时间限制，此时需要一个新飞行员。到这个时候，飞机不得不再次去冰。在距预定起飞时间5个小时后，Emig 的航班终于准备起飞了。这是一场顾客—服务的灾难，对不对？但没有听见 Emig 讲述这件事。在整个等待过程中，西南航空的飞行员在过道中行走，回答乘客的问题并提供最新消息。Emig 说的"真正像是关怀他们"的空姐不断更新中转航班的消息。而且，在到家后的一两天内，Emig 收到了一封来自西南航空的道歉信，以及两张免费的往返机票凭证。

不寻常吗？一点也不。这是西南航空公司的标准服务—补救程序。几年前，西南航空公司建立了一个高级小组（由"积极主动的顾客服务沟通高级经理"领导）在重大的飞行延误事件中，精心协调发送给一线的业务员的信息。它还给遭遇航班延误或取消、客户碰撞事故、行李问题、或其他旅行困境（甚至超出西南航空公司控制范围的事件）的顾客寄信件，并在许多情况下寄出飞行凭证。通过这种关怀服务补救，西南航空公司不只是抚慰了委屈的顾客（如 Bob Emig），还把他们变成了更忠实的客户。

4. 管理服务生产率

随着服务成本的快速增加，服务公司承受着提高服务生产率的巨大压力。有很多能够提高生产率的方式。服务提供商可以向现有员工提供良好的培训，或是雇用工作更勤奋、更有能力的新员工；或者可以牺牲一些质量来提高服务数量。服务提供商可以通过增添设备和标准化生产而使"服务工业化"，正如麦当劳在快餐零售中所采用的流水线生产法。最后，服务的提供商可以利用技术的力量。尽管我们常常认为技术力量可为制造业公司节省时间和成本，但是技术也具有提高服务人员生产率的巨大潜力，只是这种潜力常常未被开发出来。

不过，公司必须避免太过强调生产率而导致质量下降。试图使服务工业化或是削减成本能够在短期内使服务公司更加有效，但是可能会降低公司长期的创新能力、保持服务质量的能力，或是对消费者的需要和渴望做出反应的能力。例如，面对成本的上升，许多航空公司试图精简和削减成本，这让他们遭遇了惨痛的教训。它们已经停止提供免费的小东西——如飞行零食——并开始对一切（从在过道上检查行李到过道上的座位）收取额外费用。最终产生了一架装满愤怒顾客的飞机，只要有可能，他们绝不会再乘坐这些航班。这些航空公司试图提高生产率，却严重损害了客户服务。

因此，公司在试图提高服务生产率时，必须铭记它们是如何创造和传递客户价值的。简而言之，服务公司必须小心谨慎，不要把"服务"从它们的服务中拿走。

7.4 品牌战略：建立强大的品牌

有些分析家将品牌看做公司最重要的持久资产，比公司的任何具体产品和设备都要长久。桂格麦片公司（Quaker Oats）的创办者之一约翰·斯图尔特（John Stewart）曾经说过："如果我们公司必须要分家的话，我情愿给你土地、厂房和设备，而我会选择留下品牌和商标，这样我最终将比你成功得多。"麦当劳的一位前任首席执行官宣称，"即使在一场可怕的自然灾害中我们拥有的所有资产、所有建筑以及所有设备都毁坏了，我们仍然可以凭借我们的品牌价值筹集到重建这一切的全部资金……品牌比所有这些资产的总和还要有价值。"

作者评论

品牌代表了产品和服务对消费者所能表达的所有意思。因此，品牌是一个公司的宝贵资产。

因此，品牌是必须精心发展和管理的强有力的资产。在本节中，我们将研究建立和管理品牌的核心战略。

7.4.1 品牌资产

品牌不仅仅是名称和符号。它是影响公司与消费者之间的关系的关键因素。品牌代表了消费者对产品及其性能的认知和感受——产品和服务对消费者所能表达的所有意思。最终，品牌常驻消费者脑海。一位备受尊敬的营销人员曾经说过："产品形成于工厂，但品牌形成于人们的心智。"

　　一个强有力的品牌具有很高的品牌资产。**品牌资产**（brand equity）是消费者对品牌名称的知晓给产品及其营销所带来有差别的影响。衡量品牌资产的一种方法是看消费者的偏好和忠诚度。当消费者对品牌产品的反应比对同一产品的无商标或无品牌版本更积极时，一个品牌就具有积极的品牌资产。如果消费者对品牌产品的反应不及无品牌版本时，它的品牌资产就是消极的。

　　品牌在市场上的影响力和价值是不同的。有些品牌（如可口可乐、耐克、迪士尼、通用电气、麦当劳、哈雷 - 戴维森）已经成为具有传奇色彩的名字，能够在市场上维持魔力多年乃至数代。其他品牌——如 YouTube、苹果、eBay、Twitter 和维基百科——创造了新颖的消费者刺激和忠诚。这些品牌能赢得市场不仅仅是因为它们提供了独特的利益或可靠的服务，更重要的是它们与顾客建立了深厚的联系。

　　扬·罗必凯广告公司（Young & Rubicam）的"品牌资产评估"（Brand Asset Valuator）从四个消费者感知维度来衡量品牌强度：差异度（使品牌脱颖而出的东西）、相关度（一个品牌符合消费者需求的程度）、认知度（消费者对品牌的了解程度）和尊重度（消费者重视和尊重一个品牌的程度）。拥有强大品牌资产的品牌在所有这些维度上的评价都很高。一个品牌必须是独特的，或者消费者没有理由会选择其他品牌。但事实是一个高度差异化的品牌并不一定意味着消费者会购买它。品牌脱颖而出的方式必须与消费者的需求相关。但即使是一个差异化且相关的品牌也不意味着消费者一定会购买它。在消费者对品牌做出反应之前，他们必须先了解和理解它。而且这种熟悉必须产生一种强有力的、积极的消费者—品牌联系。

　　因此，积极的品牌资产源于消费者对一个品牌的感受和与该品牌的联系。消费者有时候与特定品牌紧密联系在一起。例如，一对密歇根州的夫妇酷爱 Black & Decker 公司的 DeWalt 电动工具品牌，以至于他们围绕该品牌来设计他们的整场婚礼。他们穿着有 DeWalt 商标的黑黄相间的 T 恤衫，向他们用 DeWalt 齿轮装置建造成的木质教堂走去，交换誓言和电动工具，甚至用电锯切蛋糕。妻子开玩笑说她的丈夫（职业是木匠）："他对 DeWalt 的喜爱程度和他对我的爱几乎一样。"

　　拥有高品牌资产的品牌是一项宝贵的资产。品牌评价是评估一个品牌整体财务价值的过程。要衡量这样的价值是非常困难的。不过，根据一项评估，微软的品牌价值为 760 亿美元，可口可乐为 670 亿美元。其他全球最有价值的品牌包括：IBM、麦当劳、苹果、中国移动、通用电气、沃尔玛和诺基亚。

　　高品牌资产可以为公司提供多方面的竞争优势。一个强大的品牌拥有高的消费者知晓度和忠诚度。由于消费者希望商店出售有品牌的商品，所以公司在与经销商谈判时就拥有更大的主动权。因为品牌名称包含着高可信性，公司可以更容易地推出新产品和进行品牌延伸。总之，一个强有力的品牌使公司能够防御激烈的价格竞争。

　　总之，一个强大的品牌是建立稳固和有利可图的客户关系的基础。因此，构成品牌资产基石的基础是**客户资产**（customer equity）——品牌创造的顾客关系的价值。一个强大的品牌是重要的，但它真正代表的是一群忠诚的顾客。因此，恰当的营销计划应当将注意力集中在将品牌管理作为主要的营销工具来创造顾客资产。公司应该把自己看做是客户的组合，而不是产品的组合。

7.4.2　建立强大的品牌

　　品牌管理给营销人员带来了挑战性的决策。图 7-5 表明主要的品牌战略决策包括品牌定位、品牌名称选择、品牌持有者决策和品牌发展。

1. 品牌定位

　　营销人员必须将他们的品牌清晰地定位在目标顾客的心智中。他们可以将品牌定位在三个层次中的任何一个。

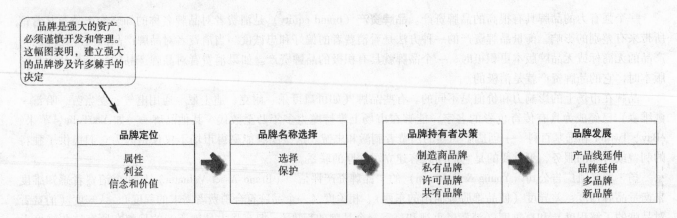

图 7-5 主要的品牌战略决策

在最低层次，他们可以根据**产品属性**（product attributes）定位品牌。因此，宝洁公司发明了生产一次性尿布的帮宝适品牌。早期，帮宝适的营销强调其属性，如吸收液体、健康、一次性。然而，属性是品牌定位的最低层次。竞争者很容易就能复制属性。更重要的是，顾客对这样的属性并不感兴趣，他们感兴趣的是属性能为他们带来什么。

品牌可以通过将其名称与期望的**利益**（benefit）相连而更好地定位。因此，帮宝适的营销人员可以闭口不谈产品的技术属性，而讨论它能够防漏和帮助宝宝皮肤保持干爽健康。宝洁公司的前任全球营销总监 Jim Stengel 说："因为我们的贡献，世界上的湿屁股变少了。"一些成功定位于利益的品牌有：沃尔沃（安全）、联邦快递（准时送达保证）、耐克（性能）、雷克萨斯（质量）。

最强大的品牌超出属性或利益定位，它们定位在强烈的信念和价值上。这些品牌带来很强烈的情感冲击。许多成功的品牌必须在更深层次上鼓舞顾客，而触及一种广泛的情感。诸如高迪瓦（Godiva）、星巴克、苹果和维多利亚的秘密等品牌更少地依赖品牌的有形属性，而更多地依赖于创造关于某个品牌的惊奇、激情和兴奋。因此，宝洁明白，帮宝适对父母来说不仅仅是防漏和干燥。根据 Stengel 的说法：

如果是在过去，我们通常只考虑宝洁的品牌在功能方面的利益。但是，当我们开始非常密切地倾听消费者的心声时，他们告诉我们：帮宝适对他们意味着更多的东西（帮宝适更关心父母）——儿童健康和全面的婴儿护理。所以我们开始说，"我们要成为一种品牌体验；我们希望能帮助支持父母以及婴儿的成长和发育。"最初，人们认为我们疯了。尿布如何能帮助婴儿的成长呢？但是婴儿大约有三年时间需要日日夜夜戴着尿布。这实际上重新定位了研发的出发点，回答像"我们怎样才能帮助宝宝睡得更好"这样的问题。为什么我们关心婴儿睡得更好呢？因为睡眠对大脑发育非常重要，它有助于培养关系技巧。这样思考的话，我们能够帮助改善消费者的生活。强大的品牌资产是一些能让消费者和组织感到鼓舞人心的东西。你知道，我们的婴儿护理业务直到帮宝适定位的变化——从干燥的属性转变成帮助妈妈照顾婴儿的发育——才开始积极增长。

当对一个品牌定位时，营销人员必须为品牌建立一个使命和品牌必须是什么样以及做什么的愿景。品牌是公司向顾客持续传递特定的特征、利益、服务和体验的承诺。品牌契约必须简单而且诚实。例如，Motel 6 提供洁净的房间、低廉的价格，以及优质的服务，但它不会提供昂贵的家具或者大面积的卫生间。而丽兹－卡尔顿酒店会提供豪华的房间，以及确实令人难忘的经历，但价格不菲。

2. 品牌名称选择

一个好的名称能大大提高产品成功的概率。然而，找到最好的品牌名称是一项艰难的工作。首先需要仔细的审视产品及其利益、目标市场和被提议的营销战略。可以说，品牌命名是一门科学、一门艺术，也是一种直觉创造。

理想的品牌名称应该包括如下的性质：

（1）它应该使人们联想到产品的某些利益和质量。例如：飘柔、联邦快递、帮宝适。

（2）它应该易读、易认和易记。例如：汰渍、iPod、捷蓝。

（3）品牌名称应该是独特的。例如：沛纳海（PANERA）、Uggs。

（4）它应该是易扩展的。例如：亚马逊是从一家网上书店起家的，但选择了一个可以日后扩展到其他领域的名称。

（5）品牌名称应该容易且较好地翻译成其他语言。在花费了一亿美元将品牌名改为埃克森之前，新泽西州的标准石油公司（Standard Oil）在 150 多个外国市场以 54 种语言测试了多个名称，它发现 Enco 在日文中的发音是指停转的引擎。

（6）它应该能够注册和获得法律保护。如果品牌名称侵犯了某个现有的品牌名则无法注册。

选择一个新的品牌名称是艰难的工作。经过选择古怪的名字（雅虎、eBay）或商标虚构的名字（诺华、安万特、Lycos）的 10 年，今天的风格是建立有真正意义的品牌名称。例如，像 Silk（豆浆）、Method（家庭生活产品）、Smartwater（饮料）和 Blackboard（教育软件）这样的名字简单又直观。但随着商标申请的猛增，很难找到可用的新名字。自己尝试一下，选择一个产品，看看是否能为它想出一个好名字。

一旦选定，品牌名称就必须得到严格保护。许多公司试图建立一个品牌名称以使其最终能够代表一种产品类别。像舒洁面巾纸（Kleenex）、李维斯牛仔服（Levi's）、邦迪创可贴（BAND – AID）、透明胶带（Scotch Tape）、富美家材料（Formica）和 Ziploc 保鲜袋就成功地做到了这一点。然而，这种成功可能会危及公司对这个名称的所有权。许多起初被保护的品牌名称，如玻璃纸（cellophane）、阿司匹林（aspirin）、尼龙（nylon）、煤油（kerosene）、溜溜球（yo-yo）、弹簧床垫（trampoline）、电动扶梯（escalator）、热水瓶（thermos）和脆丝卖（shredded wheat），现在都已经成为任何经销商都可以使用的普通名称。为了保护自己建立的品牌，公司的营销人员很谨慎地运用"品牌"一词和注册商标符号来介绍产品，如"邦迪创可贴"。即使是长期存在的顺口溜："我被邦迪粘住了，因为邦迪粘住了我"，现在已经变成"我被邦迪品牌粘住了，因为邦迪品牌粘住了我。"

3. 品牌持有者决策

制造商在如何使用品牌方面有四种选择。推出的产品可以使用制造商品牌（或全国性品牌），正如索尼和凯洛格（Kellog）用自己的制造商品牌销售产品（索尼 Bravia 高清电视机，或者凯洛格 Frosted 薄饼）。或者制造商将产品出售给拥有私有品牌（又称为商店品牌或分销商品牌）的分销商。尽管大多数制造商创造自己的品牌名称，但是还有一些制造商会使用许可品牌经销产品。最后，两家公司可以集合资源使用共同品牌。我们会依次讨论每一种选择。

（1）全国性品牌与商店品牌。全国性品牌（或制造商品牌，manufactures' brands）长久以来统治着零售领域。不过近来，越来越多的零售商和批发商创立了它们自己的商店品牌（或私有品牌，private brands）。尽管商店品牌的发展已经超过 10 年时间，但最近更困难的经济时期带来了商店品牌的繁荣。"困难时期是私有品牌的好年景，"一位品牌专家说，"随着消费者对价格更加敏感，他们的品牌意识也会降低。"

事实上，商店品牌的发展速度远远快于全国性品牌。总而言之，私有品牌如今占据了美国包装产品（你在超市或药店会发现的东西）约 22% 的销售份额，占据了超过 17% 的美元销售额。私有品牌服装占据了美国服装销售总额的 45%。仅 2009 年一年，商店品牌的销售额同比增长 10%。很多大型零售商擅于销售品种丰富的商店品牌商品，这些商店品牌拥有各式各样的商品类别。例如，好市多公司是世界最大的仓储俱乐部，它在其 Kirkland Signature 品牌下提供一系列令人吃惊的商品和服务。好市多的顾客可以购买从 Kirkland Signature 烤鸡、Kirkland 品牌服装到 3439 美元一位的 Kirkland Signature 大溪地游轮之旅的任何东西。

在制造商和私有品牌之间所谓的品牌战争中，零售商具有很多优势。他们控制存储的产品类别，产品在货架上的位置，以及在地方广告中突出哪些产品。零售商对私有品牌的定价要比相当一部分制造商品牌低，从而吸引了预算拮据的消费者。尽管私有品牌很难建立，而且持有和推广的成本较高，然而，私有品牌还是为分销商带来了高额的利润。私有品牌还使分销商能够提供无法从竞争对手那里买到的专有产品，从而提高了商店的客流量和品牌忠诚度。快速增长的零售商美国乔氏超市连锁店拥有 80% 的私有品牌，也开始创建自己的品牌，使"我们可以自己掌握命运，"该公司的总裁说。

为了与私有品牌竞争，全国性品牌必须让其价值主张变得更清晰，尤其是在经济不景气的时期。不过从长远来看，领先品牌的制造商将不得不投资于研发来引入新品牌、新特色和持续的质量改进。他们必须设计强有力的广告来维持高知名度和品牌偏好。他们必须找到与大型分销商合作的方式，以获得分销的经济性和更高的合作绩效。

（2）许可品牌。大多数制造商要花费多年时间和数百万美元来创立自己的品牌。不过，一些公司对原先由其他制造商创造的名称或符号、名人的姓名或是流行的电影和书籍中的角色发放许可证。支付一定的费用后，这其中的任何一个都能立即成为一个可用的品牌名称，即**许可品牌**（licensing）。

服装以及服装配饰的销售者要支付很高的特许权使用费来增加产品的吸引力——从上衣到领带，从床单到皮箱——使用知名时装设计师的名字或姓氏，比如皮尔·卡丹、范思哲、古姿或阿玛尼。儿童产品的销售者没完没了地把卡通形象的名字用在服装、玩具、学习用品、床单、玩偶、午餐盒、谷类食物和其他很多产品上。现在大量畅销的零售玩具都来自基于电视剧和电影形象的产品，如迪士尼的经典动画《米老鼠和唐老鸭》和《白雪公主》。

名称和人物许可近年来迅速增长。全球的年零售收入已经从 1977 年的只有 40 亿美元增加至 1987 年的 550 亿美元和如今的 1870 亿美元。发放许可证对许多公司而言都是有利可图的。例如，Nickelodeon 电视制作公司推出了一系列非常受欢迎的卡通人物，如"爱探险的朵拉"和"海绵宝宝"。仅仅朵拉就在五年内产生了超过 53 亿美元的零售销售额。一位品牌许可专家说，"当谈到为消费品发放其品牌的许可证时，Nickelodeon 电视制作公司已经证明了它有点石成金的能力。"

（3）共同品牌。尽管许多公司多年前就已经开始共同拥有品牌，最近还是出现了**共同品牌**（Co-Branding）的复兴。当两个不同公司的已有品牌用于同一产品时，共同品牌就产生了。例如，金融服务公司经常与其他公司合作创建共同品牌的信用卡，如大通银行（Chase）和美国联合航空公司（United Airlines）联手创建了大通美国旅游信用卡（Chase United Travel Card）。类似地，好市多公司联合床垫制造商 Stearns & Foster 公司，向市场推出了一系列的 Kirkland Signature 和 Stearns & Foster 床垫套装。耐克和苹果的共同品牌耐克 + iPod 运动套件，它可以让运动员将他们的耐克鞋和 iPod Nanos 连接起来，可以实时跟踪并提高自己的运动表现。

许可品牌：Nickelodeon 电视制作公司推出了一系列非常受欢迎的卡通人物——如"海绵宝宝"——每年产生了数十亿美金的零售销售额。

在大多数共同品牌的情况下，一家公司许可另一家公司的著名品牌与它自己的品牌结合起来使用。共同品牌有很多优点。由于每个产品占领了各自不同的领域，结合起来的品牌吸引了更多的顾客，创造了更大的品牌价值。共同品牌还使公司能够将其现有品牌扩展到一个新的领域，如果它依靠自己的力量进入这个领域很困难。例如，耐克 + iPod 组合让苹果公司出现在运动和健身市场上。同时，它帮助耐克为其顾客创造新价值。

共同品牌也有其局限性。这种合作关系往往需要复杂的法律合同和许可证。共同品牌的合作双方必须周密协调他们的广告、促销和其他营销活动。最后，进行共同品牌创造时，双方必须相信对方会很好的对待该品牌。例如：凯玛特和日本马莎·斯图尔特家用品品牌联盟。当凯玛特宣布破产时，给马莎·斯图尔特品牌也带来了不利影响；同样，当马莎·斯图尔特因不道德或违法的金钱交易而被起诉时，对凯玛特也造成了消极影响。最近，玛莎家居帝国与梅西百货、劳氏和沃尔玛签订重要的专利授权协议，并宣布在 2010 年与凯玛特的合同到期时，马莎·斯图尔特品牌将独立出来，这让凯玛特公司进一步陷入了尴尬境地。正如一位 Nabisco 的管理者所言："拿走你的品牌就像拿走你的孩子——你需要确保所有事情都是正确无误的。"

4. 品牌发展

当公司准备发展品牌时，有四种方法可以选择（见图 7-6）。可以采用产品线延伸、品牌延伸、多品牌或新品牌。

（1）**产品线延伸**。当公司使用相同的品牌名称在既定的产品类别中推出另外的商品，比如新口味、形式、颜色、成分或包装量时，我们称之为**产品线延伸**（line extension）。因此，宝洁公司的产品线包括飘柔、海飞线、沙萱等。

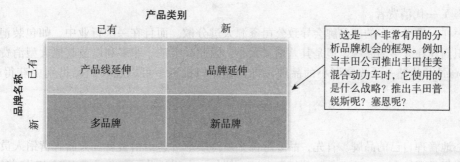

图 7-6 品牌发展战略

公司可能以产品线延伸作为一种低成本、低风险的推出新产品的方法。或者公司希望满足消费者多样化的需要，利用过剩的生产能力或仅仅是从分销商那里争得更多的货架空间。不过，产品线延伸也存在风险。品牌过度延伸，就会使其失去特定的内涵，也会让消费者产生混淆或者不满。

另一个风险是一件延伸产品的销售可能以产品线内其他产品项目为代价。例如，最初的多力多滋玉米片（Doritos Tortilla Chips）现在已经演变成 20 种不同种类和口味的全系列薯片，其中包括火辣口味，如：Blazin' Buffalo Ranch、Black Pepper Jack 和 Fiery Habanero。这条产品线似乎做得很好，但原来的多力多滋玉米片看起来只是另一种口味。产品线延伸的最佳效果是从竞争品牌那里夺取销售量，而不应损害公司其他品牌的利益。

（2）**品牌延伸**（brand extension）。品牌延伸是指在新的产品类别中使用成功的品牌名称推出新的或改进过的产品。例如，金汤宝（Campbell Soup）将其 V8 果汁品牌延伸成一系列的汤料，创造了"让蔬菜更美味的方法，同时愉悦你的味蕾。"维氏（Victorinox）将其古老的生产多功能刀具的瑞士军刀品牌延伸成生产从刀具、圆珠笔到手表、箱包和服装等一切东西的品牌。宝洁公司利用其 Mr. Clean 的品牌优势，推出了一些新的产品线：清洁垫［魔术橡皮擦（Magic Eraser）］、浴室清洁工具（Magic Reach）和家用汽车清洗工具（Mr. Clean AutoDry），它甚至推出了 Mr. Clean 品牌洗车。

品牌延伸使新产品被迅速识别和更快接受，还节省了创立一个新品牌通常必需的高额广告费。但同时，品牌延伸战略也包含一定的风险。像奇多（Cheetos）润唇膏、亨氏宠物食品和 Life Savers 口香糖这样的品牌延伸，就迅速失败了。延伸可能混淆了主品牌的形象。而且如果一个品牌延伸失败了，它会损害消费者对其他持有相同品牌名称产品的态度。更进一步说，一个品牌名称可能对一个特定的新产品是不合适的，尽管该产品制作精良且令人满意——你会考虑乘坐猫头鹰航空公司（Hooters Air）的航班或是购买依云（Evian）的塑形内衣吗（二者都失败了）？

每一年，品牌咨询公司 TippingSprung 的一项调查会评选出年度最佳和最差的品牌延伸。最近的民意调查对一些品牌延伸竖起了大拇指，如 Coppertone 太阳镜、Mr. Clean 清洗车、Zagat 医师评级和 Thin Mint Cookie Blizzard［"冰雪皇后"（Dairy Queen）提供的 Girl Scout-inspired 饼干］。其中最差的品牌延伸——那些最不符合品牌的核心价值的延伸——是汉堡王男士服装、花花公子能量饮料、好事达绿色保险、凯洛格嘻哈休闲服。"营销人员已经知道对品牌造成的潜在危害会大大抵消短期的收入机会，"TippingSprung 公司的创始人 Robert Sprung 说，"但是这似乎并没有阻止更多品牌的延伸，回想起来有些延伸似乎是有问题的，甚至是可笑的。"因此，试图转移品牌名称的公司必须研究该品牌的联想与新产品是否适合。

（3）**多品牌**（multibrands）。公司常常在同样的产品类别中引入多个品牌。例如，宝洁公司在美国销售 6 个洗衣粉品牌（汰渍、奇尔、格尼、时代、卓夫特和象牙），5 个洗发水品牌（潘婷、海飞丝、袋鼠、伊卡璐和 Cascade），以及 4 个品牌的餐具洗涤剂（Dawn、象牙、Joy 和 Cascade）。多品牌可以建立不同的属性并迎合不同的购买动机。它还可以使公司获得更多的分销商货架空间，宝洁的 6 个品牌联合占据了美国洗涤剂市场高达 62% 的市场份额。

多品牌的主要缺陷是每个品牌都只占有很小的市场份额，而且可能没有一个能获得丰厚利润。公司最终可能因为把资源分散在众多的品牌上，而不能建立一个达到高盈利水平的品牌，从而被拖垮。这些公司应该减少其在已有项目中销售的品牌数量，并建立更严格的新品牌筛选程序。通用汽车公司就发生了这种情况，它最近几年削减了投资组合中的众多品牌，包括土星、奥兹莫比尔（Oldsmobile）、庞蒂亚克、悍马和萨博。

（4）**新品牌**（new brand）。当公司觉得现有品牌趋于衰落的时候，也就是需要新品牌的时候。或者公司投入一个新的产品类别，而现有的品牌名称都不合适时，它可以创立一个新的品牌名称。例如，丰田创立了"塞恩"品牌，其目标客户为 Y 一代消费者。

　　正如多品牌一样，推出较多的新品牌会导致公司资源太过分散。而且在一些行业中，如包装消费品业，消费者和零售商已经意识到存在太多的品牌，但是其差别又太小。因此，宝洁、菲多利以及其他大型消费品经营者开始实施**大品牌**（megabrand）战略——放弃弱小的品牌，将资金专门投资于可以在其产品类别中获得领先市场份额的品牌。

5. 管理品牌

　　公司必须小心地管理自己的品牌。首先，品牌定位必须持续地传递给消费者。大品牌营销人员常常在广告上花费巨额的资金来获得品牌知名度，建立品牌偏好和忠诚。例如，韦里逊公司每年花费超过 37 亿美元来推广其品牌。麦当劳每年花费 12 亿多美元做广告。

　　这样的广告可以帮助创造品牌识别、品牌知识，甚至可能是品牌偏好。然而，事实上品牌并不是通过广告而是通过品牌经历维持的。如今，顾客通过众多的联系和接触点了解一个品牌，除了广告，还有个人与品牌的经历、口碑、公司网页和许多其他途径。公司必须对管理这些接触点投入与制作广告同样多的精力。"在建立品牌忠诚度时，管理每位客户的体验也许是最重要的要素，"一位品牌专家说，"每一个难忘的互动……必须卓越地完成……必须强

化你的品牌精髓。"一位迪士尼公司的前任首席执行官认为："品牌就是一个有生命的实体——它随着时间的流逝而逐渐变得丰富或者受到破坏，是有着成千上万不同姿态的产品。"

　　品牌的定位不能被完全领会，除非公司的所有人都以品牌为生。因此，公司需要培训它的员工以顾客为中心。更好的是，公司应该实施内部品牌建设来帮助员工理解、渴望和传递品牌承诺。许多公司走得更远，它们培训和鼓励分销商和经销商为顾客提供高质量的服务。

　　最后，公司需要定期审视品牌的优势和劣势。它们应该询问：我们的品牌在传递顾客真正重视的利益时是杰出的吗？品牌定位恰当吗？我们所有的消费者接触点都能支持品牌定位吗？品牌经理理解品牌对消费者意味着什么吗？品牌是否得到了恰当、持续的支持？品牌审查

也许显示品牌需要更多的支持、被舍弃或被重新定位，原因可能是变化的顾客偏好或出现了新的竞争者。

概念回顾

　　产品不仅仅是一系列简单的有形特性的组合。每个提供给顾客的产品或服务可以从三个层次来认识。核心产品由消费者在购买一件产品时寻找的核心的解决问题的利益组成。实际产品围绕核心利益存在，包括质量水平、特性、设计、品牌名称和包装。附加产品是实际产品加上伴随它提供的各种各样的服务和利益，如担保、免费送货、安装和维修。

　　1. 定义产品以及主要的产品与服务分类。广义来说，产品是任何能够提供给市场供关注、获得、使用或消费，以满足欲望或需要的任何东西。产品包括物理物体、服务、时间、人物、地点、组织、创意或这些实体的组合。服务包括可提供出售的活动、利益或是满意并

且在本质上是无形的产品，例如银行、酒店、航班和家居维修服务。

　　根据使用产品和服务的消费者类型，产品和服务可分为两大类——消费品和工业产品。消费品——由最终消费者购买——常常根据消费者购买习惯分类（便利产品，选购型产品，特制型产品和非渴求产品）。工业产品——用于进一步加工或用于商业操作而购买——包括材料和部件、资本项目以及供应品和服务。其他可营销的实体，如组织、人物、地点和创意，同样也被认为是产品。

　　2. 描述公司关于单个产品和服务、产品线以及产品组合的决策。单个产品的决策包括产品属性、品牌、包

装、标签和产品支持服务。产品属性决策包括产品质量、特征以及风格和设计。品牌决策包括选择品牌名称和发展战略。包装提供许多关键利益，比如保护、经济性、方便和促销。包装决策通常包括设计标签，能够识别、描述而且可能促销产品。公司还发展产品支持服务来增强顾客服务和满意度并且击退竞争者。

许多公司生产一个产品线，而不是单个产品。产品线是一组在功能、顾客购买需要和分销渠道上相互关联的产品。产品线扩展包括向下、向上或双向产品线延伸，以占领那些如果不扩展就要被竞争者占领的市场区域。相反，产品线填补包括在现有产品线范围内增加更多的项目。由一个销售者提供出售给顾客的所有产品线和产品项目构成了产品组合。产品组合可以用四个维度描述：宽度、长度、深度和黏度，这些维度是制定公司产品战略的工具。

3. 识别影响服务营销的四个特征和服务所需的其他营销条件。服务有四个关键特点：无形性、不可分性、易变性和易逝性。每个特点都提出了问题和营销要求。营销人员需要找到使服务有形化的方法，提高无法与产品相分离的服务人员的生产率，面对易变性时将质量标准化，面对服务易逝性时改善需求变动和供给能力。

成功的服务公司既关心它们的顾客，也重视雇员。它们明白服务—利润链，即将服务公司的利润与雇员和顾客满意度相连的链条。服务营销战略不仅需要外部营销，还需要内部营销来激励员工，以及在服务提供商中创造服务交付能力的交互式营销。为获得成功，服务营销人员必须创造竞争性差异化，提供高质量的服务，并寻找提高服务生产率的途径。

4. 讨论品牌战略——公司在建立和管理品牌时做出的决策。一些分析师将品牌视为公司最持久的资产。品牌不仅仅是名称和符号——它体现了产品和服务对消费者所能表达的所有含义。品牌资产是消费者对品牌名称的知晓度或服务所带来有差别的、正面的影响。拥有高品牌资产的品牌是一项宝贵的资产。

在建设品牌时，公司需要对品牌定位、品牌名称选择、品牌持有者和品牌发展做出决策。最强有力的品牌定位建立在消费者强烈的信念和价值上。品牌名称选择涉及对品牌的利益、目标市场和提出的营销战略进行仔细审视之后找到最好的品牌名称。制造商在如何使用品牌方面有四种选择：推出的产品可以使用全国性品牌（或制造商品牌），出售给拥有私有品牌的分销商，营销许可品牌，或与其他公司联合资源发展共同品牌。公司有四种选择来发展品牌：产品线延伸、品牌延伸、多品牌和新品牌（新品牌名称用在新产品类别中）。

公司必须小心地建设和管理它们的品牌。品牌定位必须持续地传递给消费者。广告是有帮助的，但品牌并不是通过广告而是通过品牌体验维持的。顾客通过广泛的接触和互动了解一个品牌，公司必须对管理这些接触点投入与制作广告同样多的精力。公司需要定期地审查品牌的优势和劣势。在某些情况下，由于顾客偏好的变化或新的竞争者出现，品牌需要被重新定位。

问题讨论

1. 定义产品和产品的三个层次。
2. 列举并描述工业产品的三组类型。工业品和消费品有什么区别？
3. 什么是品牌？品牌为买卖双方带来的好处分别是什么？
4. 讨论服务的四个特点。根据这些特点，一个医生办公室提供的服务与一家银行提供的服务存在什么差异？
5. 为什么品牌是组织的强大资产？一个强大的品牌是如何为公司提供竞争优势的？
6. 比较和对比制造商可用的四种品牌持有者决策。请分别举例说明？

问题应用

1. 贝蒂妙厨（Betty Crocker）、品食乐公司（Pillsbury）和汉堡好帮手（Hamburger Helper）有什么共同点？这些为人熟知的品牌都属于通用磨坊公司产品组合的一部分。访问通用磨坊公司的网站（www. generalmlls. com），并查看其品牌清单。请定义公司产品组合的四个维度，并根据这些维度来描述通用磨坊公司的产品组合。

2. 在小组中集思广益，为一个新品牌的能量饮料想五个不同的名字。根据本章描述的品牌名称应该具备的性质，评估每一个名字。

3. 请列出在下列商店中发现的商店品牌的名称：沃尔玛、家得宝、全食。识别另一个您选择的零售商的私有商标品牌。

营销技术

固定电话将要经历一个急剧的转变。这是因为新的多媒体手机将改变我们使用或不使用住所电话的方式。新的多媒体手机是被宣布为第四种屏幕的宽带多媒体设备——其他三种屏幕是电视、个人电脑和手机。这种设备通过将个人电脑的电源与"永远在线"住所电话的功能相连，可以传递基于互联网的信息和你的指尖娱乐。通过简单的触摸，你将可以订购比萨饼，获得天气预报，找到最完美的食谱，收看 You Tube 的视频，还可以打电话。这种电话将通过 VoIP 技术来传送呼叫，VoIP 代表网络电话（Voice over Internet Protocol）。预测人员预测到

2013 年将有 2000 万～5000 万个家庭采用这项技术，但这取决于服务供应商是否补贴新多媒体手机装置的成本。多媒体电话也有一个庞大的商业市场。你将会在世界各地的办公室和酒店房间发现它。

1. 哪一种消费品和工业产品类型最好地描述了多媒体手机？请解释你的选择。
2. 第 5 章介绍了产品特性会影响新产品的采用率。回顾这些因素，并讨论每一个因素如何影响新多媒体手机的采用率。

营销道德

你可能使用你购买的或从其他学生那儿借来的书。人们可以一直出售或共享图书，但如果你购买了一本电子图书！随着电子阅读器的增长，如亚马逊的 Kindle 阅读器，购买电子书变得简单并日益普及，2008 年的销售额接近 1.2 亿美元。但是，购买电子书不能同样享有购买纸质书所享有的权利。有些消费者发现它只是便于卖方回收电子书和买方得到这些书。比如，亚马逊意识到它没有正当的权利去出售某些书籍——如乔治·奥威尔的《1984》——并利用其无线技术将它从客户的 Kindle 上删除。有些人称该公司为奥威尔式"老大哥"，因为删除是在他们不知情的情况下进行的。试想一下，如果

你购买了《1984》并试图阅读它，就在你使用之前得知它已经从你的 Kindle 上消失了。拥有电子书很像是授权软件，这种软件嵌入了数字版权管理软件以防止共享和出售。这种数字版权管理软件还让消费者感到困惑，并限制了可以播放电子书的装置的数量。

1. 你如何归类电子书——一种有形的商品、一种体验或是一种服务？请解释你的选择。
2. 亚马逊在法律上有权力删除 Kindle 上的电子书，但该公司采取的方式正确吗？同样，消费者可以像对待有形的书那样，对他曾经购买的电子书为所欲为吗？

营销挑战

一家只出售电池的零售店？这听起来像是一个必定成功的产品在任何经济状况下都会失败。但疲软的经济环境给全美最大的电池特许经营商 Batteries Plus 公司带来了重大的动荡。目前，其销量比一年前增长了高达 20%。这家连锁店的成功秘诀是什么呢？它销售的产品和服务的需求来自无论在何种经济状况下，都保持高消费模式的产品。因为无论经济情况如何，人们和企业都还在使用他们的笔记本电脑、MP3、数码相机、掌上电脑、摄像机，甚至汽车，而所有这些必要的设备都需要使用电池电源。事实上，由于人们是长期持有他们的设备，而不是更换它们，这一切都有利于 Batteries Plus 公

司。由于旧电池失去了充电的能力，消费者就要到 Batteries Plus 进行更换。这种动态让 Batteries Plus 公司获得美国顶级特许经营权的机会。人们可能会削减奢侈品，但对电池的需求一直持续。

1. 基于派生需求的原则——如 Batteries Plus 市场供应品的需求的性质——在一个疲软的经济中，其他业务应该做什么好？
2. 如果 Batteries Plus 什么都不做，它在经济低迷时期仍然表现良好。你会给 Batteries Plus 提出什么建议以更好地利用这些条件？

营销算术

　　玛氏公司（Mars）是著名的 M&M 品牌糖果制造商，它最近推出了 M&M Premiums 糖果。这种新糖果包含诸如薄荷巧克力、摩卡咖啡、巧克力杏仁味和白巧克力杏仁等口味。它们被包装在颜色五彩斑斓且能再封口的硬纸盒里出售。尽管新的 M&M Premiums 糖果为公司获得了一个较高的批发价格（新产品的价格是每盎司 0.48 美元，而原来的产品价格是每盎司 0.3 美元），但它们的变动成本也提高了（新产品是每盎司 0.35 美元，而原来的产品是每盎司 0.15 美元）。

1. 玛氏公司推出 M&M Premiums 的品牌发展战略是什么？
2. 假设该公司预期在新产品推出后的第一年内销售 3 亿盎司的 M&M Premiums 糖果，但预期这些销量的一半将来自通常会购买 M&M 普通糖果的消费者（即，蚕食销量）。假设普通 M&M 糖果的销量通常为每年十亿盎司，而且为了生产 M&M Premiums 糖果，公司在第一年将承担 500 万美元固定成本的增加，新产品对公司来说是有利可图的吗？

第8章 开发新产品和管理产品生命周期

概念预览

在前一章中，你已经学习了营销人员的单个品牌管理策略和产品组合策略。在本章中，我们将讨论另外两个有关产品的话题：新产品开发和管理产品生命周期。新产品是一个组织的生命线。然而，新产品开发具有很大的风险，许多新产品都失败了。所以，本章首先提出了一个寻找和成功开发新产品的程序。产品一旦推出，营销人员便希望他们的产品能获得长期的成功。在本章的第二部分，你将看到每种产品都需经历的几个生命周期阶段，并且每个阶段都将遇到不同的挑战，需要不同的营销战略和策略。最后，我们将通过讨论另外两个考虑事项——产品决策中的社会责任、国际化产品和服务营销——来总结产品讨论。

学习目标

1. 能够解释公司如何寻找和开发新产品创意
2. 列举并定义新产品开发流程的步骤，以及管理该过程的主要考虑因素
3. 描述产品生命周期的各阶段，以及营销策略是如何随着产品生命周期而改变的
4. 了解两个附加的产品和服务问题：产品决策中的社会责任、国际化产品和服务营销

作为本章的开端，看一下世界上最具创新力的公司之一——苹果的例子。苹果公司似乎能提供无穷无尽让你目不暇接的新技术和服务。如果要发现、提炼和使用信息，很可能有一个创新的解决方案。在苹果公司，创新不仅仅是一个过程，它是该公司的一种根本精神。

第一站

苹果：光速般地创新

从一开始，苹果公司的故事一直是令人眼花缭乱的创造力和客户驱动的创新。在其创始人、创造性天才史蒂夫·乔布斯的领导下，苹果公司在 20 世纪 70 年代末推出第一台个人电脑，因其用户友好的外观和感觉脱颖而出。在 1984 年推出苹果 Macintosh 电脑，其 LaserWriter 打印机在桌面计算和桌面出版领域进行了开拓创新，使苹果公司在创新和市场份额方面，成为早期的行业领导者。

但事情发生了可怕的转变。1985 年，史蒂夫·乔布斯与一年前上任的新总裁激烈斗争，最终史蒂夫·乔布斯选择离开苹果公司。随着乔布斯的离去，苹果公司的灵感之火也随之冷却。到 20 世纪 80 年代末，由于新一波的采用英特尔芯片和微软软件的个人电脑席卷市场，苹果公司的财富萎缩。到 20 世纪 90 年代中后期，苹果公司的销售额已经下降到 50 亿美元，比之前的最高纪录下降了 50%。曾经在个人电脑市场占支配地位的市场份额已经下降到很小的 2%。即使是最忠诚的苹果迷——macolytes——也动摇了，看起它有些时日不多了。

然而，苹果公司已经发生了显著的转变。2008 年的销售额飙升至创纪录的 160 亿美元，比两年前翻了一番。同时，公司的利润在这两年内惊人地增长了 20 倍。一位分析师说："世界各地的'极客'加冕苹果公司成为一切酷的东西的经营者。"

是什么原因造成了这个激动人心的转变呢？苹果重新找到了使公司如此成功的最重要的魔法：客户驱动的创新和新产品创新。这个引人瞩目的变化开始于 1997 年史蒂夫·乔布斯的重新归来，乔布斯重返苹果公司的首要任务就是重振苹果的电脑业务。首先，苹果公司在 1998 年推出 iMac 个人电脑，iMac 采用光滑的鸡蛋型显示器和硬件驱动，所有的内部原件装在一个后现代派的半透明的青绿色机壳里。凭借其一键上

网功能，这款机器是专门为想随时上网的人而设计的（即"iMac"中的"i"所代表的 Internet）。iMac 引人瞩目的设计赢得了高度赞美，并吸引了成群的买家。一年之内，销量已经超过 1000 万台。

乔布斯随后推出了具有开拓性的新型苹果操作系统——Mac OS X，并将该系统作为推出新一代苹果电脑和软件产品的跳板。考虑一下 iLife，它由每一款新的 iMac 电脑都附带的一组程序组成，包括很多应用，如 iMovie（视频编辑）、iDVD（刻录电影，放映数码相片的幻灯片，制作 DVD 影音光盘）、iPhoto（管理和编辑数码相片）、GarageBand（制作和混合你自己的音乐）以及 iWork（制作演示文稿和出版物）。

iMac 电脑和 Mac OS X 系统使苹果公司回到了个人电脑的版图。但是乔布斯明白，苹果公司仍然是一个利基者，在美国市场的份额还不到 5%，这样永远也不会赶上其电脑市场的主要竞争者——戴尔和惠普。真正的增长需要更多的创造性思维。苹果公司最具创造性的产品就是 iPod 和 iTunes，这些创新彻底改变了人们获取和收听音乐的方式。

乔布斯自己也是一个音乐爱好者，他注意到数百万孩子运用电脑和 CD 刻录机从 Napster 这样的非法在线服务网站下载数字音乐，然后再刻制他们自己的音乐光碟。他迅速采取行动，使 CD 刻录机成为所有苹果电脑的标准装置。然后，为了帮助用户下载音乐和管理音乐数据库，苹果公司的程序员设计了美国最先进的自动点唱机软件——iTunes。

即使苹果公司的分析师舒勒指出："iTunes 风行全球。"但乔布斯意识到"尽管在你的电脑上存储和播放音乐很酷，但如果你有一个可以存储所有数字音乐的便携的随身听式的播放器，让你在任何地方都能听音乐，这不是更酷吗？"不到 9 个月后，苹果公司推出时

尚而性感的 iPod，这个微型计算机有惊人的数字音乐存储容量，以及易于管理和播放音乐的界面。18 个月后，苹果公司在网上开设 iTunes 音乐商店，使消费者可以合法下载光盘和歌曲。

苹果公司取得的成绩是非常令人惊讶的，iPod 一直处于最佳消费电子产品之列。到 2006 年 1 月，苹果公司已经售出 5000 多万台 iPod，而 iTunes 音乐商店的歌曲下载量达到 10 亿多首。苹果公司的发言人指出："我们希望在前 6 个月出售 100 万首歌曲，但我们在前 6 天就已经完成这项任务了。"而且，iPod 创造了一个可下载视频的全新市场——用户可下载从音乐视频到电视节目的任何影片。自苹果推出 iPod 后，用户已经下载了 3500 多万个视频。iPod 和 iTunes 音乐商店在各自市场上的占比都超过 75%。

苹果公司的成功吸引了大量足智多谋的竞争者。为了保持领先地位，公司必须始终关注消费者的需求和持续创新。所以，苹果公司并没有停滞不前。它最近推出了一系列新的、易于使用的可连接家庭和企业电脑、音响及其他装置的无线设备。比如，Mac（读作 dot-Mac）线上订购服务的签约成员超过 60 万人；2007 年大张旗鼓地推出了 iPhone（iPod 和移动电话的结合）。苹果公司还开设了 150 多个时尚而醒目的苹果商店。另外，还有一系列的新产品：iHome（一个可以启动所有数字的家庭娱乐设备的神奇装置），汽车里的 iPod（一个可以将汽车娱乐系统和 iPod 集成在一起的数字集成器）。

在波士顿咨询公司的"全球最创新公司"评比中，苹果公司已经连续两年被评为"世界最创新的公司"。在对 68 个国家的 940 位高管人员的调查中，苹果公司获得了 25% 的选票，是亚军 3M 公司的两倍，是排名第三的微软公司的 3 倍。

因此，从现在看来，史蒂夫·乔布斯已经把苹果公司从一个失败的电脑制造利基者转变为消费电子产品、数字音乐和视频以及其他未来会出现的东西的主力军。他通过创新，帮助周围的人在努力为客户创造价值时进行"与众不同的思考"（苹果公司的格言）。《时代》周刊是这样总结的：

（史蒂夫·乔布斯是）一个拥有罕见能力——可以理解消费者内心的需求，并懂得如何抓住消费者的营销和创新天才。他痴迷于苹果用户的体验……对于公司推出的每一款产品，显然有人会问："我们如何才能对其进行'与众不同的思考'？"……在过去的 30 年，公司的大部分产品都拥有遥遥领先于竞争对手的设计……乔布斯拥有自我更新的动力和远见……这会让你期待他的下一个举动。

苹果的故事表明，善于开发和管理新产品的公司能获得巨大的回报。每件产品似乎都会经历一个生命周期——诞生，经历几个阶段，随着能够更好地服务消费者需要的更新产品的到来而最终死亡。

产品生命周期提出了两个主要的挑战：第一，因为所有产品最终都会走向衰退，公司必须善于开发新产品以替代老化的产品（新产品开发的挑战）；第二，公司必须善于调整它的营销战略以适应随着产品生命周期阶段变化而改变的消费者品位、技术和竞争（产品生命周期策略的挑战）。我们先来看寻找和开发新产品的问题，然后再来看成功地在各生命周期阶段管理产品的问题。

8.1 新产品开发战略

公司获得新产品的途径有两种。一种是收购——通过购买一个公司、一项专利或许可证来生产别人的产品。另一种途径是在公司自己的研发部门进行**新产品开发**（new-product development）。我们所说的新产品指的是公司通过自己的研发努力开发出来的创新产品、新品牌，及进行的产品改进、产品调整。本章我们集中讨论新产品开发。

作者评论

新产品是一个公司的生命线。随着老产品的成熟和衰退，公司必须开发新产品以替代老化的产品。

新产品对于消费者以及为他们服务的经销商都很重要。对消费者来说，新产品为他们的生活带来了新的解决方案和变化。对公司来说，新产品是增长的主要来源。即使在经济衰退时期，公司也必须不断创新。新产品提供了与消费者建立联系的新方法；因为消费者会调整其购买行为以适应不断变化的经济形势。经济不景气时期是"产生赢家和输家的时候，"施乐公司的首席执行官安妮·马尔卡希说："加强大市场营销和大品牌建设的能力是非常重要的。"美国运通公司的首席执行官约翰·海耶斯对此表示同意："如果你不能持续创新，世界将与你擦肩而过。"

然而，产品创新可能会非常昂贵，而且具有很高的风险。新产品面临很高的失败率。一项研究认为，有80%的新产品失败或大大低于市场表现。每一年，公司仅仅在失败的产品上估计会损失两三百亿美元。

为什么有如此多的新产品会失败呢？有几个原因：虽然新产品的创意不错，但可能对市场规模估计过高；实际产品的设计没有预期的那么好；产品在市场上定位错误、定价过高，或者没有开展有效的广告活动；一位高层经理可能不顾市场调研的否定结论而推行他喜爱的产品创意；有时产品开发的成本高于预算，有时竞争对手反击的激烈程度超出了事先估计。有些新产品失败背后的原因看起来很明显。看看下面的做法是否合适：

漫步在 GfK 战略创新公司（GfK Strategic Innovation）资源中心的"NewProductWorks"收藏中心的长廊中，就好像身在一个新产品的历史博物馆里。展示的超过 11 万种产品中，大部分都非常成功。但是，另外一些产品也在市场上受到了重创。在这些失败产品的背后都投入了大量的金钱和希望，也提出了一个经典的问题，"他们当时在想什么呢？"有些产品失败是因为它们没有为顾客创造价值——比如，Buttermilk 牌洗发露、Cucumber 牌止汗喷雾、或者 Premier 无烟香烟。但什么是无烟香烟？他们当时在想什么呢？另外一些公司失败是因为把有信誉的品牌名称用到完全不具备相应特征的事物上。当你吞下 Ben-Gray 牌阿司匹林的时候会有什么样的感觉呢？或是吃下 Gerber 牌成人食品（由酸甜味的猪肉泥或鸡肉泥加上马德拉葡萄酒组成）？另外一些笨拙的做法是把一个好的品牌名称进行延伸，包括 Cracker Jack 牌玉米片、Exxon 牌鸡尾酒、Smucker 牌优质番茄酱、Loom（一家洗涤剂生产商）牌水果，和"哈雷-戴维森"蛋糕装饰品。真的，他们当时在想什么呢？

作者评论

公司不能只幻想自己能偶然发现好的新产品。相反，它们必须制定一个系统的新产品开发流程。

8.2 新产品开发流程

公司面临一个问题——它们必须开发新产品，但失败的概率很高。总之，为了开发成功的新产品，公司必须了解它的顾客、市场和竞争对手，开发出能向顾客传递卓越价值的产品。必须制定强有力的新产品开发计划，并建立系统的、顾客导向的新产品开发流程来寻找和发展新产品。图 8-1 阐述了新产品开发流程的 8 个主要步骤。

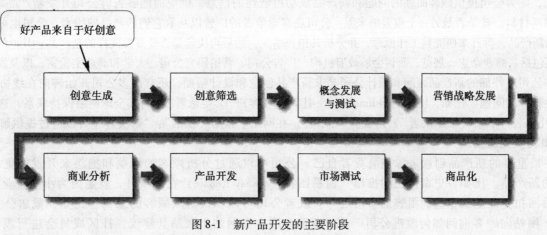

图 8-1 新产品开发的主要阶段

8.2.1 创意生成

新产品开发始于**创意生成**（idea generation）——对新产品创意的系统搜寻。一个公司通常需要生成数百甚至数千个创意才能找到一些好的创意。新产品创意的主要来源包括内部来源和外部来源，如顾客、竞争对手、转销商和供应商，等等。

1. 内部创意来源

使用内部来源，公司能够通过正式研究和开发找到新创意。然而在最近的一项调查中，来自全球的 750 位首席执行官指出，只有 14% 的新产品创意来自传统的研发。相反，有 41% 的创意来自雇员，36% 来自消费者。

因此，公司可以挖掘雇员的头脑——从高级管理人员到科学家、工程师、生产人员和销售人员。运用今天新的 Web 2.0 技术，很多公司正在使想出好创意成为每个人的事情。例如，互联网公司——思科公司（Cisco）已经设立内部 wiki，取名为"Idea Zone"或"I-Zone"。通过这一在线交互论坛，思科的任何员工都可以提出新产品创意、评论或修改别人的想法。

一些公司已经开发了成功的"内部企业家"项目来鼓励员工思考和开发新产品创意。例如，三星公司在韩国首尔建立了一个特殊的"价值创新计划中心"（Value Innovation Program Center）来鼓励和支持新产品的内部创新。

"价值创新计划中心"与三星公司典型的办公设施完全相反——灰色的墙壁、灰色的桌子和灰色的电脑——那里的工作人员坚持严格的儒家传统，绝不会梦想着质疑上级或提出古怪的建议。与之相反，"价值创新计划中心"有很多工作室、宿舍和培训室，还有一个厨房、一个堆满玩具的地下室、一个健身房和桑拿房。天花板上长着草，门上覆盖着哈哈镜，墙壁上写满了用粉笔记录的想法。在该中心，三星公司的研究人员、工程师和设计人员可以戴着海盗头盔和大黄蜂帽子，玩 Elmo 玩具和充气海豚，可以不分等级提出自己的想法。最近，从"价值创新计划中心"萌芽的创意有 102 英寸的等离子电视和一个能在多功能打印机上减少 30% 材料成本的流程。该中心帮助曾

经是廉价翻版产品制造商的三星公司成为了世界上最具创新力、盈利性最强的消费电子公司之一。

2. 外部创意来源

公司也可以通过一系列外部来源获得好的新产品创意。比如，分销商和供应商可以提供新产品创意。分销商最接近市场，能为公司提供顾客面临的问题和新产品成功可能性的信息。供应商能够告诉公司开发新产品的新概念、新技术和新材料。竞争者是另一个重要的来源。公司观察竞争者的广告以获取它们新产品的线索。公司也可以购买竞争对手的新产品，拆开来研究其工作原理，并分析其销售情况，然后再决定是否要开发同样的新产品。其他的新产品创意来源还包括：商业杂志、展览、研讨会、政府机构、广告公司、营销研究公司、大学和商业实验室，以及发明家。

有些公司向外部的新产品顾问和设计公司寻求新产品创意和设计帮助，还有许多公司开始转向在线协作社区以帮助解决新产品问题。比如，协作网络 InnoCentive 让其企业客户（"寻求者"）与其全球网络保持联系，这个全球网络由 10 几万名科学家（"解决者"）组成。"寻求者"在网站上张贴"挑战"，"解决者"可以通过提供解决方案赚取高达 10 万美元的收入。

也许最重要的新产品创意来源是消费者自己。公司可以通过分析顾客的问题和抱怨来开发能更好解决顾客问题的新产品。比如，史泰博公司推出"简易回扣"（Easy Rebate）在线项目，就是因为小型企业客户抱怨丢失纸质回扣凭证是最令他们沮丧的事情之一。或者公司可以积极听取顾客的意见。比如，戴尔公司的"头脑风暴"网站向顾客询问如何改进公司产品的意见。用户在网站上张贴其建议，社区成员会进行投票，最受欢迎的想法会上升到论坛的顶部位置。自 2007 年推出以来，这个网站已经收到了超过 11 000 个创意、投票数超过 65 万票。

有时候，消费者也会因为自己的需要而制造一些新产品，这样公司就可以把它们直接推向市场而获利。例如，多年以来，在顾客中一直盛传雅芳的沐浴油和保湿霜具有很好的防蚊虫功能。因此，当一些顾客还满足于简单地用芳香浴油洗澡时，另一些顾客则把浴油随身带在背包里，用来涂抹蚊虫咬过的地方，或者装在瓶子里，放在海滩小屋的地板上。现在，雅芳将这一创意开发成了完整的 Skin-So-Soft Bug Guard 产品线，包括 Bug Guard 防蚊虫滋润湿

巾，以及 Bug Guard Plus，具有三重作用，可以防止蚊虫叮咬、防水防晒以及滋润皮肤。

最后，除了简单地从消费者那里收集新产品，公司还可以与顾客一起工作以创造新产品。通过顾客共同创造，公司让顾客以多种方式直接参与创新过程。

虽然消费者对新产品的意见产生了很多好处，但公司必须注意不要过分依赖顾客开发新产品。对于有些产品，特别是一些高技术产品，顾客可能不知道他们自己的需求。苹果公司的创始人乔布斯说：“你不能问人们他们想要什么，他们不知道什么是可能的。”即使当他们认为他们知道自己想要什么时，一个创意管理顾问补充道：“仅仅给消费者需要的东西是不够的，他们需要惊喜，希望得到超过他们预期的东西，希望得到可以展现自己个性的东西。”

最后，真正创新的公司不会仅仅依赖于某一个新产品创意来源。相反，根据一位专家的说法，他们创造了“广泛的网络以捕捉来自任何可能的来源——从公司的每一位员工到顾客，到其他创新者和除此之外的无数来源——的灵感。”

8.2.2　创意筛选

创意生成的目的是形成大量的创意。其后各阶段的任务在于逐步减少这一数量。评判创意的第一个步骤是**创意筛选**（idea screening），其目的是尽可能摒弃糟糕的创意而留住好的创意。这是因为产品开发成本在后续阶段中会急剧上升，而公司只希望进一步开发那些更有可能成为获利产品的新产品创意。

许多公司要求管理人员用标准的表格形式来描述新产品创意，以便于新产品开发委员会审核。这张表格描述了产品或服务、建议的客户价值定位、目标市场和竞争情况。同时，粗略地估计了市场规模、产品价格、开发时间和开发成本、制造成本，以及投资回报率。然后，新产品开发委员会按照一些通行标准对每一个新产品创意进行评估。

一位营销专家提出了一个新产品筛选框架——R-W-W（“real, win, worth it”：“现实、胜出、值得”）。该框架询问三个问题。首先，它现实吗？关于该产品，是否有真正的需要和欲望，消费者会购买它吗？是否有一个清晰的产品概念，该产品能满足市场吗？其次，我们能胜出吗？该产品能提供持续的竞争优势吗？公司有资源使该产品成功吗？最后，值得去做吗？该产品是否符合公司的总体发展战略。它能提供足够的利润潜力吗？公司在进一步开发新产品创意之前，应该能够对 R-W-W 的三个问题给出肯定的答案。

8.2.3　概念发展和测试

一个有吸引力的创意必须经过提炼发展为**产品概念**（product concept）。正确区分产品创意、产品概念和产品形象的概念非常重要。产品创意指的是公司希望为市场提供的一个可能的产品构思。产品概念指用有意义的消费者术语所表述的产品构思的详细描述。产品形象指的是顾客对实际或者潜在产品的感知。

1. 概念发展

假设一个汽车制造商已经开发了一种实用的电池驱动的纯电动汽车。其最初的原型是一种时尚的运动型敞篷跑车，售价为 10 万美元。然而在不久的将来，它计划推出更多人负担得起的大众市场版本，即今天的混合动力汽车。这辆百分百的电动汽车能在 5.6 秒内从 0 加速到 60 英里，充一次电可以行使 300 英里，通过一个普通的 120 伏电源插座，45 分钟就可以完成再次充电，而且每英里的动力成本仅为 1 便士。

现在，营销人员的任务是要将这个新产品创意转化为几种产品概念，判断各个产品概念对消费者的吸引程度，然后选择最佳的产品概念。它可能为燃料电池电动汽车创造出以下产品概念：

概念 1　一辆中等价位、为那些想购买第二辆车在城镇周边使用的家庭而设计的微型轿车，适于走亲访友和出去办事。

概念 2　一辆中等价位的小型运动汽车，很吸引年轻人。

概念 3　一辆经济型的“绿色”汽车，很吸引那些环保人士，他们需要实用、低污染的交通工具。

概念 4　一种高端的运动型多功能汽车，对那些希望有更大空间和更少油耗的消费者有吸引力。

2. 概念测试

概念测试（concept testing）是指在一群目标顾客中测试新产品概念。产品概念可以用符号或实物形式展现给顾客。概念3用文字表述如下：

> 这种高效的电池驱动电动汽车可以容纳4人，富于驾驶乐趣。这种100%的电动汽车不愧为一个实用、可靠的交通工具，而且无污染。它充一次电就可以行使300多英里，而且每行驶一英里的成本仅为1便士。比起现在那些消耗汽油、产生污染的汽车，它是一个明智、负责任的选择。它的全套装备定价为2.5万美元。

许多公司在尝试把新产品概念转变成实际的新产品之前，通常会与消费者一起测试这些概念。对于某些产品概念测试，使用文字或图画描述就足够了。但是，一个更加具体、实实在在的概念展示将会提高概念测试的可靠性。在概念展示出来以后，消费者会被请求回答一系列问题（见表8-1）。

表8-1 电池驱动电动汽车概念测试问题

1. 你了解电池驱动电动汽车的概念吗？
2. 你相信关于该汽车性能的说法吗？
3. 与传统汽车相比，该电池驱动电动汽车的主要优点是什么？
4. 与气电混合动力汽车相比，该电池驱动电动汽车的优势在哪？
5. 你认为这汽车在哪些方面还需要改进？
6. 在什么用途下，你对电池驱动电动汽车的偏好胜过传统汽车？
7. 你认为该汽车的合理价格是多少？
8. 谁会影响你对汽车的购买决策？谁将驾驶它？
9. 你会购买电池驱动电动汽车吗？（肯定会，可能会，可能不会，肯定不会）

这些问题的回答将有助于公司找出最具吸引力的产品概念。例如，最后一个问题是询问消费者是否有购买意愿。假设有2%的消费者说他们"肯定会"购买，另外5%的消费者说他们"可能会"购买。公司就可以根据这些数据来估计整个目标市场的销量。即便如此，这种估计仍然充满了不确定性，因为人们的言行并不总是一致的。

8.2.4 营销战略发展

假设汽车制造商发现概念3是燃料电池电动汽车的最佳概念，那么下一步是进行**营销战略发展**（marketing strategy development），设计将这种汽车推向市场的初步营销战略。

营销战略计划包括三个部分。第一部分描述的是目标市场、计划产品定位、开始几年的销售量、市场份额以及利润目标。因此：

> 目标市场是年轻的、受过良好教育、中高收入的单身人士、情侣或是小家庭，他们寻求实用且环保的交通方式。这种燃料电池电动汽车定位于比现在的内燃动力汽车或者混合动力汽车更富有驾驶乐趣且污染更少。公司的目标是在第一年卖出5万辆汽车，亏损额不超过1500万美元；第二年，公司的目标是销售9万辆汽车，盈利2500万美元。

营销战略计划的第二部分将描述产品的计划价格、分销策略和第一年的营销预算：

> 燃料电池电动汽车将会有三种颜色——红色、白色和蓝色——并且可选择安装空调设备或其他动力驱动装置。它将以零售价2.5万美元销售——其中的15%要给经销商。如果经销商能够在当月销售10辆以上，那么当月经销商还可以对每辆车提取5%的额外折扣。广告预算为5000万美元，一半用于全国性的媒体活动，一半用于当地的营销活动。广告和网站将强调这种汽车的驾驶乐趣和低排放量。第一年，公司将用10万美元进行市场调研，以研究什么样的消费者会购买这款汽车及其满意度。

营销战略计划的第三部分将描述预计的长期销售目标、利润目标和营销组合战略：

> 我们打算占领整个轿车市场3%的长期份额，并实现15%的税后投资回报率。为了达到这个目标，一开始就要

生产高质量的产品，并通过技术改进来进一步提高。如果竞争态势允许，价格可以在第二、第三年提高。广告预算总额将以每年10%的速度递增。第一年以后，市场调研费用将削减到每年6万美元。

8.2.5　商业分析

一旦公司管理层决定了产品概念和营销战略，就可以评估这个提议的商业吸引力。**商业分析**（business analysis）包括审查新产品的销售量、成本和利润计划，以确定它们是否符合公司的目标。如果分析通过，那么新产品概念就可以进入产品开发阶段。

为了估计销售量，公司需要察看同类产品的历史销售数据，并且还要调查市场意见。然后，公司必须估算出最大和最小的销量以确定风险范围。完成销量预测后，公司就可以测算出产品的预期成本和利润，包括营销、研发、制造、会计和财务成本。最后，公司就可以运用销售和成本数据来分析新产品的财务吸引力。

8.2.6　产品开发

到目前为止，产品概念只是一段语言描述、一张图样或是一个粗糙的模型。如果新产品概念通过了商业测试，将进入**产品开发**（product development）阶段。在这个阶段，研发部门或工程部门将产品概念转化为一个实体产品。然而，产品开发阶段需要大幅增加投资。这个阶段将决定新产品创意能否转化为一个可行的产品。

研发部门将开发并测试新产品概念的一种或几种实体形式。研发部门希望能设计一个令顾客满意和兴奋，并且能在预算成本下快速投产的产品原型。开发一个成功的样品可能要花费数日、数周、数月甚至数年的时间，这取决于产品本身和原型方法。

通常情况下，新产品要经过严格的测试以确保能够安全而有效地执行其功能，或者顾客可以在新产品中发现价值。公司可以自己进行产品测试，或者将测试外包给其他公司。以下是一个关于产品测试的例子：

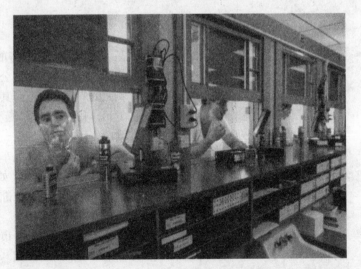

在吉列公司，几乎每个人都要参与新产品测试。在吉列的每一个工作日，都有来自各个部门的200多个志愿者没刮胡须就来上班，走进公司在南波士顿工厂的二层，进入装有镜子和水池的小隔间。他们遵从玻璃对面技术专家的指示，使用不同的剃须刀、剃须霜以及须后水。志愿者根据刀片的锋利程度、划片的光滑程度以及掌握的难易程度等方面来评价剃须刀。在附近的一个浴室里，女员工同样在腿部、腋下和公司指定的"比基尼区"尝试新型产品，同时高速摄像机每秒钟拍摄数千帧照片，以研究刀片如何接触皮肤，从而达到最佳的脱毛效果。"因为我们流过血，所以消费者在家能有一个更好的剃须享受。"吉列公司的一位员工说。

新产品不仅要有符合要求的功能特性，同时还要传递出产品要表达的心理特征。例如，电池驱动电动汽车，要以制造精良、乘坐舒适、驾驶安全等性能打动顾客。管理层必须了解什么因素会使消费者认为汽车是制造精良的。对于有些消费者来说，这意味着汽车在关上车门时能发出"厚重的响声"；而对于另一些消费者来说，这意味着汽车能在撞击测试中经受强烈的碰撞。有时也要进行消费者测试，通过试驾来评价汽车的性能。

8.2.7　市场测试

如果新产品通过了概念测试和样品测试，下一个阶段就要进行**市场测试**（test marketing）。在市场测试阶段，产品和营销计划进入更加真实的市场环境中。市场测试为营销人员在耗费巨资大举进入市场之前，提供了宝贵的市场经验。在市场测试中，公司可以测试产品和公司的整个营销计划，即定位策略、广告策略、分销策略、定价策略、品牌策略、包装策略以及预算水平。

每种新产品需要的市场测试量是不同的。市场测试的费用可能会很高，而耗时过长也容易让竞争对手占据优势。当开发和推出新产品的成本较低时，或者管理层对新产品充满信心时，公司可能只做少量的市场测试，甚至不做。事实上，消费品公司所做的市场测试数量近年来一直在下降。对于简单的产品线延伸或者模仿竞争对手成功产品的仿制品，公司一般不进行市场测试。

然而，当推出一种新产品需要大量的投资，风险很高，或是管理层对产品或营销计划没有十足把握时，公司应该做大量的市场测试。例如，肯德基在推出其主要的新产品——肯德基铁板烤鸡之前，进行了三年多的产品和市场测试。该快餐连锁店的传统是提供酥脆的、加佐料的炸鸡，但它希望新产品能唤回消费者的健康意识，从他们的饮食中去掉炸鸡。"这是我们品牌的转型，"肯德基的首席食品创新官说。鉴于该决定的重要性，"你可能会说，'你怎么拖了这么久，'"连锁店的总裁说，"这个问题我已经问了自己几次。答案是我们必须确定它是正确的。"

尽管市场测试的成本会很高，但与公司重大失误造成的损失比起来，市场测试的成本还是很小的。很多营销人员正在使用模拟营销技术来降低市场测试的成本，并加快速度。比如，菲多利公司与咨询公司 Decision Insight 合作创建了一个在线便利商店，用来测试新产品和营销创意。

Decision Insight 公司的 SimuShop 在线购物环境使菲多利公司的营销人员可以测试购物者对其不同商店里的乐事、多力多滋、Cheetos 和菲多利品牌的不同延伸、货架展示位置、定价和包装的反应，而不用投资大量的时间和金钱在不同地点进行真实的店内研究。招募的购物者会访问在线商店，浏览虚拟货架上的菲多利产品和竞争产品，点击个别产品以查看更详细的信息，然后挑选产品放进他们的购物车。当购物完成后，营销人员会在线对部分顾客进行一对一的访问，采访他们为什么选择这些产品。整个决策过程的揭示，为菲多利公司的营销人员提供了关于现实世界会发生什么的大量信息。通过放置在一个独特货架上的 200 多袋菲多利产品，该公司没有在真实的市场环境中进行奢侈的市场测试。"对于我们来说，事实上真的只能这样做，"一位菲多利－乐事公司的营销人员说。与之后的真实世界数据比较之后，SimuShop 的测试结果与真实的购物者行为的相关性达到 90% 或更多。

8.2.8 商品化

市场测试为管理层提供了最终决定是否推出新产品所需的信息。如果公司决定将该产品进行**商品化**（commercialization）——将新产品导入市场——公司将面临高成本。公司必须购买或者租赁制造设备。如果是新的包装消费品，公司在第一年可能还要花费数百万美元的广告、促销和其他营销费用。比如，当联合利华推出 Sunsilk 洗发护发系列时，它仅在美国估计就花费了 2 亿美元，其中 3000 万美元用于非传统媒体，如 MySpace 广告和评论、用音频吸引行人的购物中心展览、酒店浴室的三维广告和电影广告。

公司推出新产品必须首先决定产品推出的时间。如果汽车制造商推出的燃料电池电动汽车会蚕食公司其他汽车的市场份额，公司就可能会推迟这种汽车投放市场的时间；如果这种汽车可以进一步改进，或者当时经济不景气，公司就可能等待下一年再推出它。不过，如果竞争者也正在准备推出自己的燃料电池电动车型，该公司可能会加快推出这款汽车的步伐。

然后，公司必须决定在什么地方推出新产品——在单一市场、地区市场、全国市场或是国际市场。很少有公司有信心、资本和生产能力在全国或国际分销市场推出新产品。相反，他们会制定一个依次进行的市场推广计划。例如，当米勒公司推出"米勒冰爽"（Miller Chill）啤酒时——一款加有柠檬和盐的墨西哥式淡啤，它先在选定的西南部各州，如亚利桑那州，新墨西哥州和得克萨斯州，通过地方电视广告的支持推出这款新产品。基于这些初始市场的强劲销售，该公司然后决定通过价值 3000 万美元的电视广告、印刷广告，以及在《柯南·奥布莱恩午夜秀》（*Late Night with Conan O'Brien*）节目上直播的展示型广告在全国推出"米勒冰爽"啤酒。最后，基于该品牌在美国的成功，米勒公司从澳大利亚市场开始，在全球推出"米勒冰爽"啤酒。

不过，有些公司可能会快速地向全国市场全面推出新产品。拥有国际分销体系的公司可以在全球范围内滚动推出新产品。微软公司就是通过这种方式推出其 Windows Vista 操作系统。微软公司运用声势浩大的广告活动在全球超过 30 个市场同时发布 Vista 系统。

8.3 管理新产品开发

图 8-1 所示的新产品开发流程强调了寻找创意、开发和推出新产品所需的重要活动。但是，新产品开发不仅仅是经过一系列的步骤。公司必须采用系统的方法来管理这个过程。成功的新产品开发需要以顾客为导向、以团队为基础，并进行系统的努力。

1. 顾客导向型新产品开发

首先，新产品开发必须以顾客为导向。当寻找新产品创意和开发新产品时，公司往往过多地依赖研发实验室的技术研究。就像其他的营销活动一样，成功的新产品开发始于对顾客需求和价值的深入了解。**顾客导向型新产品开发**（Customer-centered new-product development）侧重于寻找能解决顾客的问题、创造更满意的顾客体验的新方法。

最近的一项研究发现，最成功的新产品是那些差异化、解决主要的顾客问题，并且提供丰富的客户价值的产品。另一项研究表明，让顾客直接参与新产品创新过程的公司的资产回报率和营业收入增长率分别是没有采取这种方式的公司的 2 ~ 3 倍。

例如，尽管消费包装品行业的新产品成功率只有 15% ~ 20%，但宝洁公司的成功率超过了 50%。据宝洁公司的首席执行官雷富礼说，这种成功的最重要因素是了解消费者需要什么。雷富礼说，在过去，宝洁公司试图将新产品推销给消费者，而不是先了解他们的需求。但现在，宝洁公司让研发人员和产品购买者一起生活几天，以推出直接建立在消费者需求上的新产品创意，宝洁公司把这种浸入过程称为"在生活中体验"（Living It）。为了获得类似的经验，宝洁的员工还在商店里流连观察，他们把这一过程称为"在工作中体验"（Working It）。"我们已经知道如何将消费者保持在我们所有决策的中心，"雷富礼说，"因此，我们不会出大错。"

无论是消费包装商品，还是金融服务，今天的创新公司正在走出研发实验室和研究，与顾客一起寻找新的客户价值。比如，当 PNG 银行寻求新的数字服务与高科技千禧年的顾客建立联系时，它始于观察这些客户的日常生活：

在这 3 个月里，研究人员和设计人员密切注意 30 位年轻客户的日常生活习惯，并询问他们如何使用自己的钱？把钱存在哪？如何看待存钱的地方？他们在使用哪些手机和网上银行项目？接下来，PNG 银行成立了一个由顾客和公司员工组成的讨论组，共同进行头脑风暴想出数百个点子，然后削减成几个核心的创意。于是产生了 PNG 银行成功的在线实时资金管理工具，叫做"虚拟钱包"（Virtual Wallet）。这个数字化工具让三个账户——花销账户、储蓄账户和增长账户——的交易变得非常清晰。日历功能提供每份账单和每笔付款的日常和月度监测。"Money Bar"功能让年轻客户能在其花销账户和储蓄账户之间快速转移资金。储蓄组件提供了一个叫做"Punch the Pig"的功能，它是一个有趣的、可定制的小部件，用户点击它就能立即把现金转移到高收益的储蓄账户。

顾客导向型新产品开发：基于对顾客的深入了解，PNC 银行的"虚拟钱包"让实时资金管理对于 Y 世代唾手可得。

另外，"Danger Days"功能会自动警告潜在的超支。总之，基于对顾客的深入了解，PNC 银行的"虚拟钱包"让实时资金管理对于互联网一代唾手可得。

因此，以顾客为导向的新产品开发的开始和结束都是为了解决顾客问题，成功的创新归结为寻找新方法来满足顾客的需求。

2. 基于团队的新产品开发

好的新产品开发还需要整个公司和跨职能部门的努力。有些公司按照图 8-1 所示的步骤有顺序地组织新产品开发，从创意生成开始，到商品化结束。在这种**次序化产品开发**（sequential product development）过程中，一个部门单独完成自己的工作，然后转入下一个部门。这种有序的逐步完成的开发过程有助于控制风险较大的复杂项目，但是缓慢的速度会带来风险。在竞争激烈、迅速变化的市场中，这种缓慢而稳健的产品开发可能会导致产品失败、销售和利润降低，或者市场份额丧失。

为了使新产品更快地进入市场，许多公司开始采用一种更快的、基于团队的新产品开发方法。在这种方法下，公司各相关部门紧密合作，产品开发的不同阶段可以同时进行，以节省工作时间并提高效率。产品不像以往从一个部门传到下一个部门，而是从各个部门抽调人员组成团队，从产品开发到结束都一起工作。这些团队成员通常来自营销、财务、研发、生产、法律等部门，甚至来自供应商或客户公司。在次序化开发过程中，一个阶段的瓶颈可能会严重滞缓整个项目。而在基于团队的开发方法中，如果一个环节受阻，整个团队也能继续运转并同时解决这些问题。

基于团队的新产品开发方法也存在一些局限性。例如，与更有序的产品开发方法相比，这种方法通常会加剧组织内的紧张和混乱。然而，在瞬息万变的行业中，面对日益缩短的产品生命周期，快速灵活的新产品开发方法所带来的好处远远超过了它的风险。将顾客导向型方法和基于团队的新产品开发方法相结合的公司，可以通过将合适的新产品快速导入市场而获得很大的竞争优势。

3. 系统的新产品开发

最后，新产品开发的流程应该具有整体性和系统性，而不是条块分割和杂乱无章的。否则，很少会有新创意产生，而且很多好的创意会被搁置，而后枯竭。为了避免这些问题，公司需要建立一个创新管理系统以收集、审查、评估和管理新产品创意。

公司可以任命一位德高望重的资深人士为公司的创新经理。公司可以建立基于网络的创意管理软件，并鼓励公司所有的利益相关方——员工、供应商、分销商、零售商——都参与寻找新产品创意和开发新产品。公司可以组建跨职能的创新管理委员会，以评估所提议的新产品创意，并协助将好的创意投入市场。公司可以建立奖励计划，以奖励那些贡献好创意的人。

建立创新管理系统，可以产生两个有利的结果。首先，该系统有助于创造一个创新型的企业文化。它表明公司的高层管理人员支持、鼓励和奖励创新。其次，该系统可以产生大量的新产品创意，可以从中发现一些特别好的创意。生成好的新产品创意的方法越系统，成功的新产品越多。好的创意不会再因为缺乏一个传声筒或高级别的产品倡导者而枯竭。

因此，新产品的成功需要的不仅仅是想出一些好的创意，然后将它们转化成产品并为这些产品寻找顾客。从产生和筛选新产品创意，到为顾客制造出满意的产品，这需要一套系统方法去寻找创造有价值的顾客体验的新手段。

而且，一个成功的新产品开发需要整个公司的努力。一些新产品开发能力突出的公司——像苹果、IDEO、3M、宝洁和通用电气——整个公司的文化都鼓励、支持和回报革新。

| 营 | 销 | 实 | 践 | 8-1

IDEO 的设计方法：顾客至上

IDEO 是美国著名的工业设计公司，赢得了无数的创新产品设计大奖。其多样化的客户名册包括的公司有：苹果、微软、万豪、卡特彼勒、宝洁、波士顿啤酒、汉莎航空公司、梅奥诊所以及红十字会。IDEO 公司的设计团队设计了第一台笔记本电脑，第一个苹果鼠标，不断变化的、圆滑和精美的 Palm V 掌上电脑，甚至还有佳洁士的第一款 Stand-up 牙膏。

然而，与其说是创新的设计让 IDEO 公司脱颖而出，不如说是它的设计流程。在设计新产品时，IDEO 公司的工作不是始于设计实验室的工程师。它始于顾客的产品体验。在每一个设计项目开始时，IDEO 公司的"人因"团队会对消费者行为进行深入研究。设计团队会跟踪顾客，深入了解他们，并分析其产品使用经验的复杂性。"我们的设计从外部开始，因此我们能做到顾客至上。"

IDEO 公司与自行车零件制造商禧玛诺公司（Shimano）的合作表明了它以顾客为导向的设计方法。禧玛诺公司出售自行车零件——如齿轮、曲柄、变速器——给世界上大多数主要的自行车制造商。如果你拥有一辆高端自行车，它很可能包含几个禧玛诺零件。但在 2006 年，禧玛诺面临一个问题：自行车制造商出售的自行车变少了，所以禧玛诺公司卖出的零件也变少了。

美国的自行车销量已将近十年不再增长。更糟的是，骑自行车的人数实际上在减少。唯一支撑自行车行业的事情是在兰斯·阿姆斯特朗（Lance Armstrong）连续 7 届获得环法自行车赛的冠军后，带来了高利润的顶级自行车的短期热销。业界开始侧重于开发"铁杆"车友梦寐以求的更高端（也更昂贵）的自行车。但禧玛诺公司明白，高端自行车销售的大幅增长可能不会持续太久。业界必须找到一种方式让美国更多不骑自行车的人重回"自行车座"。

因此，禧玛诺公司求助于 IDEO 公司。这是对 IDEO 公司的挑战吗？设计一款高级自行车，能让美国人——尤其是婴儿潮和 X 世代人——重新开始骑车。不过，IDEO 公司没有遵循常规的工业设计流程——利用计算机模型制出漂亮的高新技术奇迹，然后再让自行车爱好者测试它们。相反，IDEO 公司先派遣其设计团队到不骑自行车的人的家中。

在禧玛诺公司的营销人员和工程师的陪同下，IDEO 公司的社会科学家和设计师花了几个月的时间观察亚特兰大、芝加哥、凤凰城，以及旧金山不骑自行车的人，与他们开会深入谈论其休闲活动和对骑自行车的看法。这些深层次的客户互动获得了人们为什么不再骑自行车的深刻见解。有一种解释是：

与其说是他们的身体状况不佳，或过于忙碌，或过于懒惰，倒不如说是因为骑自行车已经变成只属于喜爱所有技术细节的铁杆车迷的令人生畏的运动。"在这项骑自行车的活动中，一切都变了，"一位禧玛诺公司的高级营销经理说，"它已经从休闲活动变成了一项运动，而业界没有人注意到这种变化。"对于婴儿潮一代，经历了从 10 速的钢架自行车到 30 速的碳纤维和钛合金自行车的改变。成本从几百美元上升到几千美元。把手、踏板、轮胎甚至是坐垫，都有非常多的品种，以至于消费者感到不知所措。昂贵的头盔、特殊的鞋和紧身弹力服装根本吸引不了为了休闲的自行车手。而且，自行车商店的店员大多数都是对自行车技术和零配件痴迷的人，几乎没时间顾及对普通自行车感兴趣的客户。不过，IDEO 公司断定，禧玛诺公司和自行车制造商仍然有希望。

"当我们谈到自行车时，与我们交谈的每一个人都露出了（怀旧的）微笑，"一位 IDEO 公司的研究员说。这种怀旧之情启发了 IDEO 和禧玛诺公司。人们不想要更好的自行车。他们想要一种更好的骑车体验，能勾起他们童年骑自行车的记忆。

基于对顾客的这些了解，IDEO 和禧玛诺公司想出了一个"Coasting"自行车的创意——一种有着经典外观、简单、舒服且有趣的自行车。禧玛诺公司建立了一个产品原型，并把这种概念卖给三大自行车制造商——捷安特、Raleigh 和崔克（Trek）。Coasting 自行车的设计旨在创造一种理想、休闲的骑车体验。它采用了传统的朝前的骑车姿势、较宽且舒适的坐垫、防止润滑油弄脏骑车人的裤子的链罩，以及老式的倒转脚踏板的刹车方式。Coasting 自行车是高科技的——比如，这种车采用了电脑控制的自动变档技术。但这项技术被隐藏在普通且用户熟悉的外形下。

首先，它采取了一些推销手段以说服大型自行车制造商购买 Coasting 自行车的创意。

禧玛诺公司的第一个产品原型不同于市场上的任何东西，该原型采用了 Swoopy 曲架，车轮上有圆形的镀铬轮毂，而且把手上有一个足够大的环，可以放置一个咖啡杯。灵活的坐垫翻开后就是一个迷你的行李箱，可以放手机，"这就像'奥迪'遇见了'苏斯博士'，"一位 Raleigh 公司的经理说，"禧玛诺公司认为这是下一件大事，我们只想问，'究竟是不是呢？'"

不过，崔克、Raleigh 和捷安特公司很快就接受了这种创意，并在禧玛诺公司 15 个城市的营销活动的支持下，于 2007 年春天推出了第一款 Coasting 自行车。新产品的推出产生了很多令人兴奋的事情。自行车零售商惊讶地发现许多不骑车的人开始走进他们的商店，这三家制造商很快卖完了其 2007 年的库存。到 2008 年，另外 4 家自行车制造商也增加了新的老式 Coasting 自行车生产线，并在 2009 年出现了另一轮的 Coasting 自行车设计。

这种新的设计似乎是以高端的休闲自行车市场为目标。"这种自动的转变与消费者产生了真正的共鸣，"一位自行车行的老板说，"禧玛诺公司不无道理。"更重要的是，Coasting 自行车可能有助于重振停滞的自行车产业，因为它可以吸引新型买家——像 Alice Wilkes 这样的休闲类买家。

2010 年夏天，在一年一度的环法自行车赛中，穿着紧身短裤的自行车手再次比赛骑遍法国乡间。获胜者所骑的自行车是一辆价格为 8249.99 美元的崔克 Madone 6.9 Pro 公路车。Alice Wilkes 在今年夏天也购买了一辆崔克自行车，但她有一段非常不同的经历。Wilkes 买了一辆崔克 Lime 自行车，它可以自动换档，使骑车的人不必过分讲究传动装置，踏板向后就可以刹车（像过去的刹车方式），并且有一个大的、舒适的座位。它的零售价是 589.99 美元。

Wilkes 骑着她 40 年来拥有的第一辆新自行车，在弗吉尼亚州 Lynchburg 自家附近的小路上行驶。对于 Wilkes 来说，这不只是速度和性能。"紧身的自行车服装——那不是我的世界，"55 岁的祖母说，"我喜欢自由的感觉，让我的袖子随风飞扬。"

尽管他们最初成功了，但 Coasting 自行车究竟是真正的行业转变或者只是昙花一现，还有待观察。但无论发生什么事情，IDEO 公司的顾客导向型设计创意打开了传统的缺乏远见的自行车行业的视野。IDEO 公司知道，骑自行车从来都不是为了自行车本身，而在于消费者的骑车体验。在过去的十年中，像阿姆斯特朗这样的车手拥有了属于自己的自行车。现在，多亏 IDEO 公司和禧玛诺公司，

像 Alice Wilkes 这样喜欢休闲的人也拥有了属于自己的自行车。

资料来源：Extract, quotes, and other information from Matt Wiebe, "Retailers Worry Over Future Coasting Sales," *Bicycle Retailer and Industry News*, March 15, 2008, pp. 1, 2; Jay Green, "Return of the Easy Rider," BusinessWeek, September 17, 2007, p. 78; Jessi Hempel, "Bringing Design to Blue Chips," *Fortune*, November 12, 2007, p. 32; Adam Voiland, "Slew of New Commuter Bikes Offer an Easier Ride," *U. S. News & World Report*, August 18, 2008, p. 62; Linda Tischler, "A Designer Takes on His Biggest Challenge Ever," *Fast Company*, February 2009, pp. 76-83; and www. coasting. com, November 2009.

8.4   产品生命周期战略

新产品投放市场后，管理层总是希望新产品能拥有一个持久而且顺利的生命周期。尽管公司不指望新产品能长盛不衰，但还是希望能够弥补公司开发新产品所付出的努力和承受的风险，并获得一定的利润。管理层也认识到任何产品都有一个生命周期，尽管无法事先知道产品生命周期曲线的准确形状和长度。

作者评论

一个公司的产品诞生、成长、成熟、然后衰退，就像生物一样。为了保持活力，公司必须持续开发新产品，并在整个生命周期内有效管理它们。

图 8-2 是一个典型的**产品生命周期**（product life cycle, PLC）内的产品销量和利润曲线。典型的产品生命周期可以划分成五个不同的阶段：

（1）产品开发期：产品开发期开始于公司寻找和生成新产品创意。在产品开发阶段，销量为零，公司需要投入大量资金。

（2）导入期：在产品导入阶段，销售量缓慢地增长。由于产品导入市场需要耗费巨额成本，致使利润几乎不存在。

（3）成长期：在成长阶段，产品被市场迅速接受，利润大幅度增加。

（4）成熟期：在成熟阶段，由于产品已经被大部分潜在顾客接受而造成销售增长放缓。由于用于对抗竞争的营销费用不断增加，这个阶段利润趋于稳定，甚至会下降。

（5）衰退期：在衰退阶段，销量和利润不断下降。

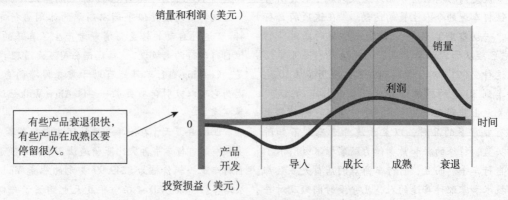

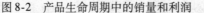

图 8-2   产品生命周期中的销量和利润

并不是所有的产品都遵循这样的产品生命周期。有些产品导入速度快，衰退速度也快；有些产品在成熟期要停留很久；还有些产品进入衰退阶段后，凭借强有力的促销活动或重新定位又回到了成长阶段。如果经营得好，一个品牌可以永久地存在。比如，可口可乐、吉列、百威、美国运通，百余年后仍然在各自的领域势头强劲。

产品生命周期概念可以用来描述一个产品类别（汽油动力汽车）、一种产品形式（越野车）或者一个品牌（福特 Escape 汽车）。在不同情况下，产品生命周期概念的应用方法不同。产品类别的产品生命周期最长，许多产品类别的销量能在成熟阶段停留很长一段时间。相比之下，产品形式更能准确地体现标准的产品生命周期曲线，例如，拨号电话和盒式录音机就经历了导入、快速成长、成熟和衰退等典型阶段。

一个特定品牌的生命周期会随着竞争者不断变化的进攻策略和防守策略而迅速变化。例如，尽管洗衣皂（产品类别）和洗衣粉（产品形式）拥有很长的产品生命周期，但特定品牌的产品生命周期就可能比较短。今天洗衣粉的领先品牌是汰渍和 Cheer；100 年前的领先品牌则是 Fels Naptha、Octagon 和 Kirkman。

产品生命周期的概念也可以应用于风格、流行和时尚。它们特殊的生命周期如图 8-3 所示。风格（style）是一种基本和独特的表达方式。例如，住宅的风格（殖民地式、大农场式、过渡式）；衣着的风格（正式、休闲）；艺术的风格（现实主义、超现实主义或抽象主义）。一种风格一旦确立后，就会历经许多年代，在此期间时而风行，时而衰落。一种风格在它的生命周期内可能有几个复兴的时期。流行（fashion）是当前在特定领域内风靡一时的风格。例如，20 世纪八九十年代商界流行的商务正装已经被今天流行的商务休闲装所取代。流行的发展趋势是开始增长缓慢，然后风靡一时，最后慢慢地衰退。

时尚（fad）是一种来得很快的潮流，在消费者热情和即时的产品或品牌知名度的驱动下，它拥有异乎寻常的高销量。时尚可能是一个常规生命周期的一部分，正如 Poker 芯片和零件销量最近激增的情况。或者，时尚可能包括一个品牌或一个产品的整个生命周期。"宠物石"（Pet rocks）是时尚的一个经典例子。广告文案撰写人加里·达尔（Gary Dahl）在听到朋友抱怨养狗是多么昂贵时，就拿他的宠物石开玩笑，并马上为它写了一篇关于驯狗手册的讽刺文，标题为"照顾和训练你的宠物石头"。很快，这种普通的海滩鹅卵石就以每块 4 美元的价格销售了 150 万块。作为一种时尚，它爆发于 1975 年 10 月，但在 1976 年的 2 月就悄无声息了。达尔告诫那些想依靠时尚成功的人："趁它流行的时候，榨取它的价值。"

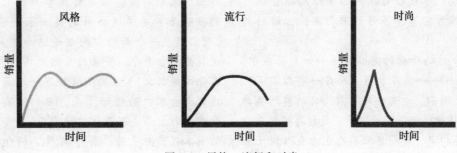

图 8-3　风格、流行和时尚

产品生命周期概念可以被营销人员作为一个有用的框架来描述产品和市场的运作情况。如果谨慎使用产品生命周期概念，它能帮助我们为不同的产品生命周期阶段制定好的营销策略。但是，使用产品生命周期概念预测产品市场前景或者制定营销策略时会出现一些实际问题。例如，事实上，预测每个产品生命周期阶段的销量、时间长短和产品生命周期曲线的形状是很困难的。使用产品生命周期概念制定营销策略同样也是困难重重，因为营销策略既是产品生命周期的起因，也是其结果。产品当前所处的产品生命周期的位置决定了最佳的营销策略，而这个营销策略反过来又影响了产品在之后各生命周期阶段的市场表现。

此外，营销人员不应该盲目地促使产品在传统的产品生命周期阶段中推进。相反，营销人员常常可以打破产品生命周期及所处阶段的"规则"，以一种意想不到的方式来定位或重新定位他们的产品。通过这种做法，他们可以拯救产品的成熟或衰退，使它们回到生命周期的成长阶段。或者，他们可以跨越障碍，减缓消费者接受新产品的速度，从而缓慢推动新产品进入成长阶段。

产品生命周期的寓意是公司必须不断创新，否则它们会有灭亡的危险。无论其现有的产品阵容有多成功，为了未来的成功，公司必须善于管理现有产品的生命周期。为了增长，它必须不断开发出可以为客户带来新价值的新产品。

营|销|实|践 8-2

卡夫：好的旧产品很多，但好的新产品太少？

卡夫公司生产和销售一个令人难以置信的深受消费者熟悉和信赖的品牌组合，包括6个销售额为10亿美元的品牌，和另外50个销售额高达1亿美元的品牌。除了卡夫品牌的奶酪、点心、蘸酱和调料，它的主打品牌包括奥斯卡麦尔（Oscar Mayer）、Post谷类食品、DiGiorno比萨、麦斯威尔（Maxwell House）咖啡、JELL-O布丁、Cool Whip、Kool-Aid果汁粉、A1酱、Velveeta、Planters、奇妙酱（Miracle Whip）、Light'n Lively、Grey Poupon芥末、CapriSun饮料和纳贝斯克（奥利奥、趣多多、Triscuit、SnackWells以及其他很多品牌）等。看一看美国人的食品储藏室，你会发现每200个家庭，至少有199个拥有一件卡夫产品。

然而，尽管卡夫公司有一长串著名的品牌，但近几年该公司并没有做得很好。直到最近，它的销售额和利润都没有增加，而且其股价持平。卡夫公司股票的投资回报率甚至还不如银行的存款利息。问题出在哪里呢？卡夫公司在产品生命周期管理方面做得不好。尽管它有很多好的旧产品，但好的新产品太少了。

许多卡夫公司的珍贵的老品牌——如麦斯威尔、Velveeta和JELL-O——正在衰退。而另一些品牌尽可能地进行延伸，例如，卡夫公司目前销售的奥利奥产品有20多种，从原味的三明治饼干、奥利奥双层夹心饼干、巧克力奥利奥、奥利奥双层巧克力夹心饼干和奥利奥薄荷奶油饼干，到奥利奥Mini Bites、奥利奥蛋糕，甚至是奥利奥冰淇淋。一个流行品牌还能提供更多的品种吗？

多年来，像宝洁公司这样的竞争对手已经为其成熟或衰退的品牌投入了大量资金和精力，如Mr. Clean和Old Spice，使它们回到产品生命周期的成长阶段。相比之下，卡夫公司集中于削减成本，导致其成熟品牌的萎缩。竞争对手宝洁公司开发了源源不断的新产品，甚至发明了全新的产品类别，如速易洁（Swiffer）静电除尘拖把和纺必适（Febreze）织物气味清洁剂，但而卡夫公司的创新很缓慢。另外，当宝洁公司带着强烈的客户导向意识为其客户带来创新的解决方案时，卡夫公司正慢慢地失去了与客户的联系。

不过，面对来自投资者的压力，卡夫公司在2006年成立了一个全新的领导团队，包括一位新的首席执行官、一位首席营销官（有史以来第一次设立该职位）、一位消费创新和营销服务的领先者。在首席执行官艾琳·罗森菲尔德的领导下，新的领导班子制定了一项雄心勃勃的重组计划，以恢复卡夫食品的销售和利润增长。

首先，该领导团队宣布公司将进行大量投资以与客户重新建立联系，并改进产品质量。为了更好地了解客户的想法和需求，"我们将于客户建立联系，无论她在哪里，"罗森菲尔德说，"在质量方面，（我们需要）从'足够好的产品'转移到'真正美味的产品'，把（我们的）客户使用多年的品牌转变成他们不可或缺的品牌。"更重要的是，罗森菲尔德宣布，卡夫公司将大量投资于创新和新产品开发。简而言之，她说，"我们需要重建我们的新产品线。"

罗森菲尔德及其团队的新产品开发工作并不是开始于试验厨房，而是访问客户的家，通过消费者的眼睛而不是通过公司的镜头来看世界。她宣称："我们将在一个新的方向创造这个伟大的产品组合，使其更符合当今消费者的生活现实。"我们需要"顾客导向型创新！"该团队发现了一个简单的真理，考虑到当今客户的生活方式，他们需要高品质、方便和健康的食品。罗森菲尔德问道："如果你能用较低的成本在家里享用'餐厅品质'的食物，那不就简单多了吗？"

该团队也认识到，卡夫公司已经拥有完成这项任务所需的一切设备。它只需重新设计其产品，使之能满足消费者不断变化的生活方式。例如，卡夫公司开发了非常成功的"Deli Creations"品牌——一种自制的优质三明治，包括面包、奥斯卡麦尔肉制品、卡夫奶酪和调味品。客户可以快速地制作三明治，把它们放进微波炉加热一分钟，然后就可以享用热的、餐厅风格的三明治。

除了创建新的品牌和产品类别，卡夫公司还在其为人熟知的老品牌名称下，迅速推出了一系列新产品。例如，它推出了DiGiorno Ultimate，这是外卖比萨的最佳替代品。它具有优质的自然成熟的西红柿、全脂Mozzarella奶酪、特制肉和蔬菜丝。若是根据以前的管理，这个项目肯定被搁浅了，因为这些优质的原料被认为太难获得，而且太昂贵。伴随着罗森菲尔德的祈祷，DiGiorno Ultimate 在货架上存在了 18 个月。

几十个其他的新产品，从高品质的 Oscar Mayer Deli Fresh 冷盘和一个完全恢复活力的、无人工防腐剂的卡夫沙拉酱产品线，到卡夫百吉福（Kraft Bagel-fuls）早餐三明治、Cakesters 蛋糕、以健康为诉求的含有益生菌和益生纤维的 LiveActive 奶酪产品和预先包装好的 Fast Franks 热狗，这种热狗只需用微波炉加热 35 秒即可食用。

卡夫公司甚至投资于老品牌，以重振一些老的品牌。例如，它为 Grey Poupon 品牌增加了四种大胆的新口味。即使没有大量的投资，这个品牌名称仍保持着 70% 的消费者品牌知晓率。Grey Poupn 品牌的 "Pardon me" 广告活动深受大众喜爱，新口味的产品将得到新版 "Pardon me" 广告活动的支持。卡夫公司还为现有品牌注入新的生命，如将 Knudsen 和 Breakstone 品牌与 LiveActive 健康品牌联合行销。另外，为了获得新产品的好口碑，卡夫公司在一个新的营销计划上增加 4 亿美元的投资，旨在更好地讲述卡夫的故事。"我们是在告诉消费者，卡夫又回来了。"罗森菲尔德说。

卡夫似乎又回来了——或者至少是在朝着正确的方向前进。虽然利润仍在萎缩，但销售额在过去两年经济低迷的情况下仍然增长了 27%，而且卡夫公司的品牌在其 80% 的产品类别中都是市场领导者。罗森菲尔德和她的团队是乐观的。"我们的品牌日益强大，"她说，"我们对消费者的洞察比以往任何时候都深刻和丰富。而且我们的新产品线充满了令人激动的创意，这将加速我们的成长和提高我们的利润。我很高兴地告诉大家，新卡夫正在形成。"

卡夫公司已经认识到，一个公司不能在今天的成功品牌上养尊处优。持续的成功需要对产品生命周期的娴熟管理。但是罗森菲尔德知道，要为股东创造满意的投资回报率，卡夫公司仍然有很长的路要走。"我们的投资者告诉我们，是该增长的时候了。我会同意他们的说法，"她说，"但这不是电视节目《彻底改变之家庭改造》（Extreme Makeover: Home Edition），60 分钟就能得到修复。我们仍然有一些基本的工作要做。"

资料来源：Quotes and other information from Michael Arndt, "It Just Got Hotter in Kraft's Kitchen," *BusinessWeek*, February 12, 2007; "Kraft Highlights Growth Strategy, Reconfirms 2008 Guildlines and Unveils Product Innovations at CAGNY Conference," *Business Wire*, February 19, 2008; John Schmeltzer, "Foodmaker Whips Up Plan For a Comeback," *Chicago Tribune*, February 21, 2007, p. 1; Emily Bryson York, "Earning Drop Won't Keep Kraft from Spending," Advertising Age, February 4, 2009, accessed at http://adage.com/print?article_id=134317; and annual reports and other information from www.kraft.com, accessed November 2009.

我们在本章的第一部分已经讨论了产品生命周期的产品开发阶段，现在来看看其他生命周期阶段的战略。

8.4.1 导入阶段

当新产品首次投入市场时，产品就进入了**导入阶段**（introduction stage）。导入阶段持续时间很长，销售增长较为缓慢。有些享有盛名的产品，例如速溶咖啡、冷冻食品和高清电视的销量在低水平徘徊了很多年，才进入了高速增长的阶段。

与产品生命周期的其他阶段相比，在导入阶段，公司要亏本经营或利润很低。这是由于产品的销量很少，分销和促销的成本又很高。公司需要投入大量资金吸引经销商，并建立库存。为了告知和吸引消费者试用新产品，促销的花费也比较高。在导入阶段，由于市场一般还没有为产品的精细化做好准备，因此公司和它数量很少的竞争对手只生产基本型的产品，并且瞄准那些最迫切的购买者。

一家公司，特别是市场先驱者，必须根据其设定的产品定位选择相符的导入策略。公司必须意识到，导入策略只是产品生命周期总体营销计划中谨慎选择的第一步。如果市场先驱者选择的导入策略是"狠赚一笔"，那么这种短期逐利行为将严重损害公司的长期盈利能力。随着市场先驱者进入产品生命周期后期的阶段，它需要不断制定新的定价、促销和相关营销策略。因此，如果公司在一开始就出对了牌，那么它将抓住最佳时机并保持市场领导地位。

8.4.2 成长阶段

如果新产品被市场所接受，它就会进入**成长阶段**（growth stage）。在该阶段，销量快速攀升。早期使用者会继续购买该产品，而其他消费者也会追随购买，特别是当他们听到新产品的良好口碑后更是如此。受到利润的吸引，新的竞争者会涌入市场。竞争者引入新的产品特性，导致市场进一步扩大。随着市场竞争者的不断增加，分销网点的数量也将增加。在需求增加的同时，中间商的存货也将扩大。而产品价格保持不变或略有下降。促销费用保持在原有水平或再增加一些。培育市场依然是公司的目标之一，但同时公司也要面对竞争者的挑战。

在成长阶段，随着促销费用被大量的销售额分摊，单位产品制造成本下降，利润逐渐增加。公司也会制定各种各样的策略，竭尽全力地维持市场的快速增长。公司改善产品质量，增加新产品的特色和式样；进入新的细分市场和新的分销渠道；公司将一些广告从建立产品认知转向建立产品信任，并促进购买；在适当的时候降低产品价格，以吸引更多的购买者。

在成长阶段，公司面临高市场份额或高利润的选择问题。如果投入巨资改进产品、开展促销活动和提高分销能力，公司可以占据市场主导地位。但是，公司如果这样做就放弃了最大化的当前利润，而只能期待在下一阶段得到补偿。

8.4.3 成熟阶段

产品销量的增长在到达某一点后将放慢步伐，这时候产品就进入了成熟阶段。**成熟阶段**（maturity stage）的周期通常比前两个阶段都长，并给营销管理带来了严峻的挑战。大多数产品都处在生命周期的成熟阶段，因此大部分营销管理处理的也正是这些成熟期的产品。

销售增长的减慢导致厂商的产能过剩，而产能过剩又导致市场竞争加剧。竞争者开始降低产品价格，扩大广告和促销活动的投入，增加研发预算以试图进一步改进产品。这些行动都会导致公司的利润下降。一些较弱的竞争者开始被淘汰出局，最后市场上只剩下一些地位牢固的竞争者。

尽管很多产品在成熟阶段会较长时间保持不变，事实上许多成功的产品通过不断演化来满足消费者变化的需求。产品经理不应该听任市场的变化，只求保住成熟产品的现有地位，而应意识到进攻才是最好的防守。所以，公司应该考虑对市场、产品和营销组合进行调整。

在调整市场时，公司应设法增加现有产品的销量，也可以开发新用户和新的细分市场。例如，成熟的、拥有101年历史的贺卡制造商"美国贺卡公司"（American Greetings）现在开始通过社交网络工具和即时通信渠道进入年轻消费者市场。

在美国，女性消费者购买了80%的贺卡，其平均年龄是47岁——不完全是Facebook的用户群体。对于数字时代的年轻人来说，邮寄明信片就像从奶奶那获得5美元的生日支票一样过时。为了使自己的品牌更年轻，"美国贺卡公司"创建了网站Kiwee.com，它为所有主要的社交网站和即时通信服务提供了一个表情符号、魔法表情、明信片、图片、小部件和闪烁的文字的"仓库"。一位47岁的家庭主妇可能对她15岁的儿子非常喜欢的闪烁的表情符号不感兴趣，但"我们卖的是情感，"AG Interactive（AGI）公司的首席技术官说，"年轻人需要帮助以更好地表达他们想说的话。"现在，Kiwee.com网站内容每天的下载量是120万次，标志着"美国贺卡公司"正在调整过时的纸质贺卡细分市场。年轻人可能不会再邮寄纸质贺卡，请注意——这是一种普遍现象。

同时，管理层也可以试图增加现有客户的使用频率。例如，格拉德产品公司帮助客户找到其Press'n Seal自黏式保鲜膜——一种类似特百惠密封包装的塑料包装材料——的新用途。随着越来越多的客户与公司联系讨论该

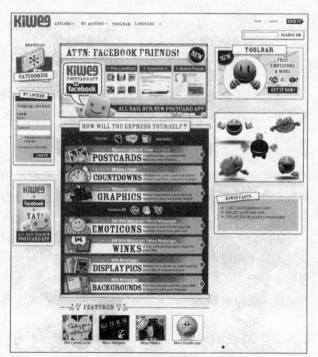

调整市场：拥有101年历史的贺卡制造商"美国贺卡公司"现在开始通过社交网络工具和即时通信渠道进入年轻消费者市场。

产品的其他用途，格拉德公司建立了一个特别的网站——"1000 种用途。你的用途是什么？"（www. 1000uses. com），客户可以在网站上交换使用技巧。"我们发现我们的重度用户不仅仅是用它来装食物，"格拉德公司的品牌经理说，"当他们对自黏式保鲜膜的用途惊得合不拢嘴时，他们就成了忠诚用户。"这种保鲜膜的建议用法有：防止灰尘落入电脑键盘，保持种子园的新鲜，以及足球运动员的母亲在观看他们的孩子比赛时，把它垫在潮湿的长椅上。"我们把保鲜膜在长椅上铺开，"分享这个技巧的母亲说，"以防大家的裤子被弄湿。"

公司也可以尝试改变产品的特点，比如通过改变产品质量、特性、风格或包装来吸引新的使用者，从而刺激更多的使用量。公司可以提高产品的质量和性能——耐用性、可靠性、速度和品位。因此，消费性食品和家居用品制造商可以推出新口味、新颜色、新配方或新包装来改善产品的性能，从而重新激发消费者的购买热情。

最后，公司还可以改进营销组合——通过改变营销组合的一个或者几个要素来增加销量。公司可以为顾客提供新的或改善的服务。它可以降价，吸引新用户和竞争者的顾客。它可以掀起更猛烈的广告攻势或开展更激进的促销活动——商业折扣、去零优惠、代金券和有奖游戏。除了价格和促销外，公司也可以进入新的营销渠道为新用户服务。

8.4.4 衰退阶段

大多数产品形式或品牌的销售最终都会进入衰退阶段。衰退的过程可能是缓慢的，像麦片的例子；也可能是快速的，如盒式录音带和录像带。销量可能锐减为零，也可能在一个低水平持续很多年。这就是**衰退阶段**（decline stage）。

销量下降的原因很多，包括技术进步、消费者偏好的改变和竞争加剧。随着销量和利润的下降，有些公司撤离了市场。幸存下来的公司可能会削减所提供的产品种类。这些公司可能放弃较小的细分市场和分销渠道，也可能削减促销预算，或进一步降低产品价格。

经营一个疲软的产品，对企业来说代价很高。衰退的产品可能会占据管理层大量的时间，它总是需要频繁地调整价格和存货。并且，它也耗费着大量广告投入和销售人员的精力，而如果把这些资源放在"健康"的产品上可能更加有利可图。另外，一个失败产品的恶名可能引起顾客对该公司和公司其他产品的担忧，更大的代价可能在未来出现。经营疲软的产品会阻碍公司开发替代产品，造成产品组合不平衡，损害了公司当前的盈利，也削弱了公司在未来的立足能力。

基于这些原因，公司必须谨慎处理老化的产品。公司的首要任务是通过定期审查产品的销量、市场份额、成本和利润趋势，识别处于衰退阶段的产品。然后，管理层要对每一个衰退的产品做出维持、收获或是放弃的决策。

管理层可能决定不做任何改变而保持品牌，希望竞争者会自动撤出市场。例如，宝洁公司在衰退的肥皂液行业中坚持到最后，并且随着其他公司的退出而获得了可观的收入。管理层也可能决定重新定位或重新塑造品牌，使其重新回到产品生命周期的成长阶段。宝洁公司对其几个品牌采取了这种做法，包括 Mr. Clean 品牌和 Old Spice 品牌。

管理层也可能决定收获产品，这意味着公司要降低各种成本（厂房设备投资、维护、研发、广告和销售队伍建设），并且希望能保持销量。如果获得成功，收获策略可以提高公司的短期利润。管理层还可能决定从产品线上去掉该产品。公司可能把产品卖给其他公司或者清算产品的残留价值。最近几年，宝洁公司已经卖掉了许多小的或是衰退的品牌，像 Crisco 烘焙油、Comet 清洁器、Sure 除臭剂、Duncan Hines 蛋糕粉和 Jif 花生油。如果公司希望找一个买主，那么它就不得不继续经营下去。

表 8-2 总结了产品生命周期各阶段的重要特征，同时列举了相应的营销目标和营销策略。

表 8-2　产品生命周期各阶段的特征、营销目标和营销策略

特征	导入阶段	成长阶段	成熟阶段	衰退阶段
销量	低销量	销量迅速增长	销量高峰	销量下降
成本	单位顾客成本高	单位顾客成本一般	单位顾客成本低	单位顾客成本低
利润	亏损	利润上升	利润高	利润下降
顾客	创新者	早期使用者	中间大多数	落后者
竞争者	极少	数量逐渐增加	数量稳定，开始下降	数量减少

（续）

营销目标				
	创造产品知名度，提高产品试用率	市场份额最大化	保护市场份额和利润最大化	削减支出和榨取品牌价值
营销策略				
产品	提供基本产品	提供产品的扩展品、服务、担保	品牌和型号多样化	淘汰衰退的品牌
价格	成本加成法	市场渗透定价	模仿或打击竞争者的价格	降价
渠道	建立选择性分销渠道	建立密集分销渠道	建立更加密集的分销渠道	有选择地淘汰无利润的分销渠道
广告	在早期的使用者和经销商中建立产品的知名度	在大众市场培育知名度和兴趣	强调品牌的差异和利益	减少到保持绝对忠诚者的水平
促销	大量使用促销来吸引试用	充分利用有大量消费者需求的有利条件，适当减少促销	加强促销，鼓励品牌转换	减少到最低水平

资料来源：Philip Kotler and Kevin Lane Keller, *Marketing Management*, 13th ed. （Upper Saddle River, NJ: Prentice Hall, 2009）.

8.5 附加的产品和服务考虑事项

这里，我们讨论另外两个产品和服务策略需要考虑的事项：产品决策的社会责任，以及产品和服务的国际营销问题。

8.5.1 产品决策和社会责任

产品决策已经吸引了公众越来越多的关注。在做出这些决策的时候，营销人员应当周详地考虑有关产品开发和淘汰、专利保护、产品质量和安全性，以及产品担保方面的公共政策和法规。

就新产品而言，如果企业通过并购的方式来增加新产品会削弱竞争的话，政府可能会阻止这种做法。那些打算淘汰某些产品的企业必须意识到，它们对于供应商、经销商和顾客都负有书面或者潜在的法律义务。企业在开发新产品的时候也必须遵守专利法，不能非法仿制其他公司的现有产品。

8.5.2 国际化产品和服务营销

国际化产品和服务营销人员面临着特殊的挑战。首先，他们必须确定在不同国家应当推出哪些产品和服务。然后，他们必须决定在多大程度上保持产品标准化，在多大程度上对其产品和服务做出调整以适应世界市场。

一方面，企业希望自己的产品和服务标准化。标准化有助于企业树立全球一致的形象。与提供很多种类的产品相比，标准化可以降低产品的设计、制造和营销成本。另一方面，世界各地的市场和消费者互有差别。通常，企业必须调整自己的产品对这些差异做出响应。例如，雀巢公司在日本销售一种非常受欢迎的"奇巧"（Kit Kat）口味的巧克力，这些口味可能会让一般的西方巧克力爱好者感到恶心，如绿茶、红豆、红葡萄酒口味。除了口味，"奇巧"巧克力在日本的成功也可能是一些意想不到的文化因素作用的结果：

近年来，"奇巧"——世界排名第二的巧克力棒，仅次于"士力架"（Snickers）巧克力——在日本非常受欢迎。毫无疑问，这种产品流行的部分原因在于一个事实，即日本人是众所周知的甜食爱好者，他们喜欢这种巧克力棒的味道。但这种巧克力棒之所以吸引人的部分原因也可能是，它的名字"Kit kat"很巧合地与日本短语"kitto katsu"的发音相似，"kitto katsu"在日语中的大概意思是"你一定会成功！"借此机会，雀巢日本公司的营销人员推出了一项创新的"Juken（高考）Kit Kat"运动。这场多媒体宣传活动把"奇巧"巧克力

棒及其商标定位成高度紧张的高考时期的幸运物。雀巢公司甚至推出了樱桃口味的"奇巧"巧克力棒，在其
包装中有写着"祝樱树开花"的卡片，祝愿学生能幸运地实现他们的梦想。并且，它与日本的邮政服务合作推出了"Kit Kat Mail"，它是一种在邮局出售的类似明信片的产品，可以作为吉祥的幸运物寄给学生。"Juken Kit Kat"运动在日本非常成功，它甚至成为了一个广泛的社会运动，鼓舞参加高考的学生。在更广的层面上，"奇巧"巧克力甚至成为了民族的幸运物。例如，有"奇巧"标志的巨大旗帜以及短语"Kitto Katsu！"已经被雀巢日本公司赞助的职业足球队"磐田喜悦"的球迷采用。自从Juken运动开始后，"奇巧"巧克力在日本的销售额增长率超过250%。

包装管理也给国际营销人员带来了新挑战。有时候包装问题相当微妙。比如，名称、标签和色彩可能就不能简单地从一个国家直接套用到另一个国家。公司的标识上使用黄色的花朵在美国可能还挺好，但在墨西哥可能就要遇上大麻烦了，因为在墨西哥黄色的花代表着死亡或者不敬。同样的，尽管"大自然的礼物"（Nature's Gift）在美国是一个很有诱惑力的食用蘑菇名称，但在德国就可能会是致命的名字，因为"Gift"一词在德国的意思是"毒药"。包装还应当适应世界各地消费者不同的身体特征。比如，销往日本的软饮料就装在比较小的易拉罐里，这样更适合日本人比较小巧的手。所以，尽管产品和包装的标准化能够带来好处，但是企业仍然必须针对特定的国际市场上的独特需要去调整自己的产品和服务。

服务营销人员在走向国际化经营的时候还会遇到特殊的挑战。一些服务行业有着国际化经营的悠久历史。比如，商业银行就是最早实现国际化经营的行业之一。为了满足那些打算到国外销售产品的本国客户的外汇兑换和信用方面的需要，银行不得不提供国际化的服务。近年来，许多银行已经实现了真正的国际化。例如，德国的德意志银行（Deutsche Bank）通过72个国家的1981家分行为1300多万客户服务。对于希望在世界范围内发展的国际客户，德意志银行不仅可以在法兰克福筹集资金，还可以在苏黎世、伦敦、巴黎、东京和莫斯科筹集资金。

专业服务和商业服务业，比如会计、管理咨询和广告业也开始走向国际化。这些企业的国际化发展是跟随它们所服务的制造企业的全球化经营而发生的。比如，随着其客户企业开始实施全球化的营销和广告战略，广告公司和其他营销服务企业就开始以自身经营的全球化作为响应。麦肯·光明广告有限公司（McCann Workgroup）是美国一家很大的广告和营销服务公司，在130多个国家运营。它为一些跨国公司服务，像可口可乐、通用汽车、埃克森美孚、微软、万事达、强生以及联合利华，涉及的国家从美国、加拿大到韩国和哈萨克斯坦。并且它是Interpublic集团公司——广告和营销服务公司的巨大的全球网络——的一个下属公司。

零售商是最晚走向全球化经营的服务业之一。当本地市场中的商店开始饱和的时候，像沃尔玛、欧迪办公公司和萨克斯第五大道精品百货店这样的美国零售商开始加速向海外市场扩张。比如，从1995年开始，沃尔玛已经进入15个国家；2009年，其国际分公司的销售额增长率超过了18%，销售额飙升至906亿美元。外国零售商也在采取类似的措施。如今，亚洲的顾客可以在法国人所拥有的家乐福商店内购买美国产品。家乐福是世界第二大的零售商，仅次于沃尔玛。它在30多个国家拥有15 000多家商店。家乐福在欧洲、巴西和阿根廷是领先的零售商，在中国是最大的外资零售商。

服务企业向全球化发展的趋势仍将继续，尤其是在银行业、航空业、通信业和专业服务业。如今，服务企业不再是简单地追随它们的制造业客户。相反，它们正在国际化扩张的浪潮中引领潮流。

概念回顾

公司现有产品的生命跨度是有限的，一定会被新产品所替代。但是新产品也可能失败——创新的风险和收益一样大。成功创新的关键在于全公司的共同努力、强有力的计划和系统的新产品开发流程。

1. 解释公司如何寻找和开发新产品创意。 公司可以从不同途径挖掘和发展新产品创意。许多新产品创意来自内部来源。公司进行正式的研发，发挥员工的聪明才智，在管理层会议上开展头脑风暴。其他的创意来自外部来源。通过倾听消费者的想法并与消费者一起工作，市场调查和焦点小组访谈，分析顾客的问题和抱怨，公司可以产生满足特定消费者需求的新产品创意。公司可以跟踪竞争者的提供物，监测、拆卸竞争对手的新产品，分析它们的性能，然后决定是否导入相似或改进的产品。分销商和供应商都离市场很近，可以传达消费者的问题和新产品成功的可能性等信息。

2. 列举并定义新产品开发流程的步骤，以及管理该过程的主要考虑因素。 新产品开发流程包括 8 个阶段。新产品开发过程开始于创意生成阶段。下一个阶段是创意筛选，就是以公司的标准为基础减少创意的数量。通过筛选的创意就进入了产品概念开发阶段，即用消费者能理解的术语描述出更具体的新产品创意。下一阶段是概念测试，即用一组目标顾客测试新产品概念，判断新产品对消费者是否具有强烈的吸引力。富有吸引力的新产品概念将进入营销策略开发阶段，即为从产品概念开发出的新产品制定初始营销策略。在商业分析阶段，公司审查新产品的销量、成本和预计利润，判定新产品是否符合公司的目标。如果商业分析的结果是乐观的，创意通过产品开发和市场测试变得更加具体可行。最后，新产品通过商业化而投入市场。

新产品开发不仅仅是一系列按部就班的步骤，公司必须采用系统的方法来管理这个过程。成功的新产品开发需要以顾客为导向、以团队为基础，并进行系统的努力。

3. 描述产品生命周期的各阶段，以及营销策略是如何随着产品生命周期而改变的。 每个产品都有一个生命周期，以一组不断变化的问题和机遇为标志。典型的产品销售曲线呈现 S 形，由 5 个阶段组成。产品生命周期开始于产品开发阶段，此阶段公司寻找并提出了新产品创意。导入阶段以缓慢增长和较低的利润为标志，在该阶段，产品进入销售渠道并到达市场。如果产品成功导入，产品就进入成长阶段。成长阶段以快速的销售增长和不断增加的利润为标志。接着，当产品的销售增长放缓，利润趋于稳定时，产品就进入了成熟阶段。最后，产品进入衰退阶段，销售和利润逐渐萎缩。公司在产品衰退阶段的任务是确认正在衰退的产品，并决定公司是否保留、收获或是放弃产品。

在导入阶段，公司必须选择与产品定位一致的产品导入策略。为了吸引分销商并"填充分销渠道"，为告知消费者新产品上市并鼓励他们使用，公司需要投入大量资金。在成长阶段，公司继续培养潜在的消费者和经销商。除此之外，公司可以提高产品质量；增加产品的新特性或者新式样；进入新细分市场和新分销渠道；广告目标可以从建立产品的知晓度转换到建立产品信任和促进购买；在适当的时机降价吸引新购买者。

在成熟阶段，公司继续对成熟的产品投资，并且调整市场、产品和营销组合。在市场调整中，公司努力增加现有产品的消费量。在产品改进中，公司调整产品质量、外观和风格等特性，以吸引新的消费者或者刺激更多的使用量。在营销组合改进中，公司改变一个或几个营销组合要素，以此刺激销售。一旦公司意识到一种产品进入了衰退阶段，管理层必须决定是否保持产品不变，等待竞争者退出市场；或者收获产品，削减成本并保住销量；或者放弃产品，把产品卖给其他公司或者清算产品的残余价值。

4. 讨论两个附加的产品决策的问题：产品决策中的社会责任、国际化产品和服务营销。 营销人员必须考虑两个附加的产品决策问题。第一个是社会责任，它包括产品开发和淘汰、专利保护、产品质量和安全性，以及产品担保方面的公共政策和法规。第二个问题是国际化产品和服务营销人员面临着特殊的挑战。国际营销人员必须决定在多大程度上保持产品标准化，在多大程度上对其产品和服务做出调整以适应世界市场。

问题讨论

1. 讨论新产品开发流程的主要步骤。
2. 讨论新产品创意的外部来源。
3. 比较和对比以下几个术语：产品创意、产品概念和产品形象。
4. 请解释风格、流行和时尚的区别，并分别举例说明。
5. 简要描述产品生命周期的五个阶段。识别各阶段的一个产品类别、式样或品牌？
6. 讨论国际化的产品和服务营销人员面临的特殊挑战。

问题应用

1. 想一个真正困扰你的问题或者是现有产品无法满足的需求。以小组形式进行头脑风暴，为解决这个问题或满足这种需求的一种新产品或服务想出四种创意。通过10个学生测试这些产品概念，并为测试效果最佳的产品概念制定营销战略。

2. 许多公司通过并购其他公司或者从其他公司购买单个的产品或品牌以获得新产品。例如，迪士尼最近同意收购娱乐公司 Marvel Entertainment 及其超过5000个的卡通人物组合，如用40亿美元购买了"蜘蛛侠"和"美国队长"（Captain America）。讨论另外两个最近的通过此方式获得新产品的公司案例。

营销技术

科技在加快新产品开发的同时也降低了它的成本。曾经需要耗费数月和数百万美元，现在只需花费几秒钟和几美分就能完成。提高效率意味着失败的成本较低，所以公司可以尝试新的创意并获得更好的客户反馈。目前，很多概念测试是在线完成的。零售商也在网上进行试验——即市场测试——看看新概念如何影响购物者。沃尔玛通过短短几天的时间，在一些商店测试不同的标示、陈列和货架布局方式，并衡量对销售的影响。因为科技让新产品测试变得更容易，并且让从首席执行官到维修人员的任何员工都可以参与，这预示着围绕新产品开发的企业文化将发生突破性的变化——很像本章开始的苹果公司的文化所描述的那样。一个员工可能想出一个很好的创意并测试它——所有活动都在一天之内发生。但是，这种新环境可能带来一些挑战。一种挑战是管理者必须准备放弃控制员工，并给员工授权。另一种挑战是"缩放"，这意味着公司必须能够快速且有效地扩展（或者实施）新创意。

1. 在这种类型的工作环境中，你需要什么技能？

营销道德

美国食品和药品管理局（FDA）的最初权限不包括烟草产品。然而，最近美国食品和药品管理局被授权把烟草作为一种药物进行管理。有了这项权力，美国食品和药品管理局开始瞄准一种新的无烟产品，叫做"电子香烟"。"电子香烟"看起来像普通香烟，但通过电池驱动，烟弹里也装有尼古丁和香料，以及其他化学物质，当用户猛吸一口，能释放出"烟雾"般的水蒸气。从正面来看，这种新产品是无烟的，让用户能够在任何地方"抽烟"，并减轻二手烟对周围人的危害。但是，"电子香烟"仍然含有致癌物质和有毒化学制品，例如：用在防冻剂中的一种物质。批评家指责说，这种新产品把孩子作为目标市场。有的还附赠泡泡糖并添加水果口味，而且大多数在商场和网上出售。但是电子香烟协会（The Electronic Cigarettes Association）否认这些指控，声称该产品的售价是100～150美元，这会让孩子望而却步。电子香烟公司，如 Crown7 和 Smoke Everywhere 公司，声称它们为吸烟者提供了一个更安全的选择，有些公司甚至把它们作为戒烟的助手进行销售。不过，不像普通香烟，"电子香烟"的销售没有监管和警示标签。

1. 研究这种产品，以及美国食品和药品管理局关于销售该产品的规定和行动。你从中学到了什么，请写一份简要的报告。

2. 讨论出售"电子香烟"的利弊。营销商能够出售这种产品吗？

营销挑战

数百万的人纷纷废弃了他们四四方方的电视机，而青睐于时尚新颖、屏幕尺寸为50吋或更大的平板电视。大屏幕的高清电视机很受欢迎，占目前电视机销售总量的2/3。不过，像目前的大多数东西一样，由于消费者控制他们的支出，他们购买的电视机越来越少。随着大屏幕电视机的价格迅速下降，电视机制造商的收入减少得更多。因此，三星公司——世界第一的电视制造商——该怎么做？说服消费者目前的平板电视机不再足够好，怎么样？为此，三星公司推出了新的超薄电视机系列，并由5000万美元的媒体宣传活动进行支持。三星公司和其他制造商正在生产一种不足一英寸厚的大屏幕电视机，比现在大屏幕电视机的4吋的标准要薄得多。三星公司预计，很多消费者会为更时尚、更轻便、更容易悬挂、更节能的电视机支付一个溢价。在这种情况下，溢价约为50%，一台46吋的电视机标价为2799美元。图像质量如何呢？它比不上更厚、更便宜的型号。这使得很多分析师怀疑，这种新产品能否在经济低迷时期振兴衰退的行业。

1. 三星公司此时推出其新型超薄电视机,这是一个好时机吗?为什么?你建议的战略目标和定位是什么?

2. 三星公司推出这种新型电视机,是否在实践顾客导向型的新产品开发?

营销算术

推出新产品时,通常不太容易确定它以怎样的价格提供给市场。不过,一个营销人员至少必须了解与该产品相关的生产成本,并制定高于这些成本的价格。例如,假设一个割草机制造商每生产一台割草机的成本是 75 美元,它每年生产 100 万台割草机。这家公司的固定成本是 500 万美元。

1. 这家公司生产每一台割草机的单位成本是多少?

2. 如果制造商期望获得 60% 的销售毛利,那么这个产品应该以什么价格出售给分销商?

第 9 章

定价
了解并捕捉客户价值

概念预览

让我们继续营销之旅，下面来看第二个重要的营销组合工具——定价。如果说有效的产品开发、促销和渠道是播种商业成功的种子，那么有效的定价就是收获。成功创造客户价值和其他营销组合活动的公司必须在他们赚取的价格上抓住这种价值。虽然定价非常重要，但很多公司却不能制定有效的价格策略。在本章中，我们以这个问题开始：什么是价格？接下来，我们看看三种主要的定价策略——客户价值导向、基于成本和基于竞争定价法以及其他影响定价决策的因素。最后，我们将研究新产品定价、产品组合定价、价格调整和价格变动回应的战略。

学习目标

1. 识别三种主要的定价策略并讨论在制定价格过程中理解顾客感知价值、公司成本和竞争者战略的重要性
2. 识别并定义影响公司定价决策其他重要的外部和内部因素
3. 描述为新产品定价的主要策略
4. 解释公司如何找到能够使全部产品组合利润最大化的价格组合
5. 讨论公司如何根据不同类型的顾客和情况调整价格
6. 讨论与应对价格变动有关的关键问题

最开始我们来看看乔氏公司，它独特的价格和价值战略使其成为全美国增长最快、最受欢迎的食品公司之一。乔氏公司的成功不仅仅源于为顾客提供的产品，也不是源于你索要的价格，而是来自于产生最大客户价值的产品和价格的组合，也就是顾客从他们支付的价格上获得的利益。

第一站

乔氏连锁超市：价格－价值等式的特殊变形——廉价美食

在为北卡罗来纳州的教堂山分店筹备的过程中，乔氏连锁超市的经理（也就是店长）Greg Fort 和他那些身着夏威夷花衬衫的雇员们（也就是店员）正在为存货架、悬挂塑料模型和粘贴手绘标志来迎接在开业当天如潮水般蜂拥而至的 5000 位顾客而来回奔波。根据其他两家店铺开业的经验，Fort 知道消费者们很快就会在收银处排起十条长队，手推车中满载着乔氏连锁超市独家销售的 2.99 美元的查尔斯肖红酒——也就是"两元抛"——和其他各种以不可思议的低价独家销售的美食产品。Fort 也了解他不得不花费大量时间为新的顾客解释乔氏连锁超市的价格。"这就是我们每天的价格，而不是开业特价，"他需要这样告诉新顾客，"不需要一次购买一年的存货。"

乔氏连锁超市并不是真正意义上的食杂店，也不是一个折扣食品店，它是两者的结合体。作为美国最受欢迎的零售商之一，乔氏连锁超市将特殊变形用于价格－价值等式——叫做"廉价美食"。它提供美食才能，每一类产品只以低价提供一种，节日、假期的氛围使得购物变得更加有趣。"当放眼食品零售商时，有一个低端的、大型、微薄利润的零售商——乔氏连锁超市。"一位食品营销专家说。无论你叫它什么，乔氏连锁超市独出心裁的价格－价值定位为它赢得了一群宗教式的忠诚追随者，他们喜欢从乔氏连锁超市购买的东西。

乔氏连锁超市将自己描述为"天堂岛"，"每天都能够享受价值、奇遇和美味。"顾客在雪松木板内衬的墙体和装饰的棕榈树间忙碌穿梭，收银处船舶的钟声偶尔响起提醒他们注意特别公告。不知疲倦提供帮助的店员身着活泼的 Aloha 衬衫与顾客愉快地交谈，从天气到晚宴菜单的建议。顾客在乔氏连锁超市不仅仅是购物，他们体验着一切。

让乔氏连锁超市的产品如此特别的另外一个原因就是，你根本无法在其他地方找到它们。超过 80% 都是店铺自有品牌的产品，乔氏连锁超市独家销售。如果有人问起，几乎所有的消费者都能说出最喜欢的赖以生存的乔氏连锁超市产品清单，一份不断扩充的清单。"人们迷上一些东西，他们会不断回来购买，就是这样开始的。"一位乔氏连锁超市的店长说，"他们填满购物篮，以至整个购物车。我们听到的最常见的抱怨就是，人们本来是为购买一两件东西来的，结果却装了一车。"

特别的店铺氛围，独家的美食产品，乐于助人的体贴的店员——所有这些听起来都是高价格的前提，但在乔氏连锁超市却不是如此。然而像全食食品公司这种高档次的竞争对手会制定较高的价格来匹配其产品（"Whole Foods，whole paycheck"），乔氏连锁超市相对廉价的产品使消费者大为吃惊。并非所有的价格都是绝对的低价，但是与你在其他地方为相同的质量和凉爽的购物环境支付的价格相比是真正的便宜货。

乔氏连锁超市是如何令美食保持如此低的价格呢？这一切都始于精益的运营和对节省资金近乎狂热的关注。为了保持低成本，乔氏连锁超市通常将店铺选址在低租金、偏僻的地点，比如郊区地带的商店。小型店面的大小和有限的产品种类导致设施和库存成本的降低。乔氏连锁超市的商店通过去除大型生产部门和昂贵的方面包店、肉店、熟食店和海鲜店节省了大量的资金。对于它的自有品牌，乔氏连锁超市直接从供应商购买，为价格进行艰苦的谈判。"我们直接从分销商那里大量购买，减少了中间环节的支出，为我们提供最低的零售价带来了可能。"商店经理说。

最后，这个节俭的零售商几乎在广告上面没有投入一分钱。乔氏连锁超市新奇产品和低廉价格的独特组合产生了如此多的口碑宣传，甚至于该公司实际上并不需要做任何广告。最新正式的推广活动就是公司网站或者将电子报邮寄给那些选择接受它的人们。乔氏连锁超市最有力的武器就是它忠实的追随者。乔氏连锁超市的顾客甚至自发建立了自己的网站，www.traderjoesfan.com，他们会在网站上讨论新产品和新店铺，购物食谱以及交换他们最喜欢的乔氏连锁超市的故事。

因此，找出正确的价格－价值等式已经使得乔氏连锁超市成为全美增长最快和最受欢迎的食品商店之一。

乔氏连锁超市在 25 个州拥有超过 330 家分店，如今每年的销售额都超过 72 亿美元，在过去的三年内增长了60%。乔氏连锁超市商店每平方英尺吸引销售额达到令人惊讶的 1780 美元，是平均水平的两倍还要多。消费者报告最近将其列为全国第二优秀的超市连锁公司，仅次于韦格曼。

公司如今面对着一个竞争激烈，并且快速变化的定价环境。追求价值的顾客已经给很多公司施加了日益增长的定价压力。由于经济滑坡、互联网的定价力量、价值导向型零售商（如沃尔玛），一位分析师说："现在我们都成了寻找支出更少战略的小气鬼。"作为回应，几乎每一家公司都在寻找方法降低价格。

但是，降低价格通常并不是最好的答案。不必要的降价行为通常会导致利润损失，并引发价格战。降价会向顾客暗示价格比品牌传递的客户价值更重要，从而降低品牌价值。相反，不论经济情况如何，公司应该出售价值，而非价格。在一些情况下意味着以最低的价格出售较少的产品。但是在大多数情况下，则意味着让消费者相信，为某个品牌支付较高的价格是合理的，因为他们能够获得更大的价值。

9.1 什么是价格

从狭义上说，**价格**（price）就是为了获得某种产品或服务所付出的金额。从广义上讲，价格是消费者为了获得拥有或使用某种产品或服务的收益而支付的价值。在过去，价格是影响买方购买决策的主要因素。但最近的几十年，非价格因素对买方购买决策的影响越来越大，但价格仍然是决定公司市场份额和盈利水平最重要的因素之一。

价格是在营销组合中产品能够盈利的唯一因素，所有其他的因素都代表成本支出。价格同样也是最重要的可变营销组合因素之一。不同于产品性质和渠道承诺，价格可以很快变动。同时，定价也是很多营销管理者要面对的首要问题，很多公司无法有效定价。一些经理人将定价看成是头疼的大事，他们更愿意着手于其他的营销工作。但是，聪明的经理人会将定价看成创造和获取客户价值的关键战略工具。价格对公司的底线有直接影响。价格小幅度增加百分之几，可能利润就会大幅度增加。更重要的是，作为公司总体价值主张的一部分，价格在创造客户价值和建立客户关系上扮演了关键角色："精明的营销人员会利用定价而不是逃离它。"

9.2 定价策略

一个公司索要的价格可能处于两点之间的某个位置，这两点是不能创造需求的过高价格和不能产生利润的过低价格。图 9-1 总结了在设定价格时的主要考虑因素。消费者对该产品的价格感知设置了价格的上限。如果消费者感觉产品的价格高于产品的价值，他们将不会购买产品。产品成本设置了价格的底线。如果公司为产品设置了低于成本的价格，公司的利润就会受损。在这两个极端之间设置产品的价格，公司必须综合考虑一系列内外部的因素，包括竞争者战略和价格、公司总体营销战略和组合，以及市场的性质和需求。

图中显示了三种主要的定价策略：客户价值导向定价、基于成本定价和基于竞争定价。

作者评论

设定正确的价格是营销人员面对的最困难任务之一，很多因素都在起作用，但发现并实施正确的价格战略是成功的关键。

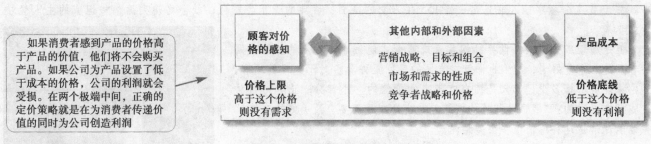

如果消费者感到产品的价格高于产品的价值，他们将不会购买产品。如果公司为产品设置了低于成本的价格，公司的利润就会受损。在两个极端中间，正确的定价策略就是在为消费者传递价值的同时为公司创造利润

图9-1 价格制定的主要考虑因素

9.2.1 客户价值导向定价

作者评论

正如营销中的其他因素，定价以消费者和他们的感知价值开始。

最后，顾客会决定产品的价格是否合适。定价决策和其他营销组合决策一样，必须以客户价值开始。当消费者购买一个产品，他们会支付一定价值（价格）来获得另一些价值（拥有或者使用产品的利益）。事实上，客户导向定价法包括了解消费者对从产品获得的利益赋予多少价值和捕捉这种价值的价格。

客户价值导向定价法（customer value-based pricing）以买方对价值的感知而非卖方的成本作为定价的关键因素。价值导向定价意味着营销者不能先设计产品和营销项目，然后再设定价格。在营销项目实施之前，公司就应该考虑价格和其他的营销组合变量。

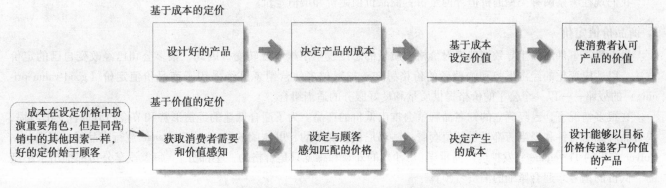

成本在设定价格中扮演重要角色，但是同营销中的其他因素一样，好的定价始于顾客

图9-2 基于成本的定价与基于价值的定价

图9-2对比了以价值为基础的定价法和以成本为基础的定价法。尽管成本是设定价格的一个重要考虑因素，以成本为基础的定价法通常是产品导向的。公司设计自己认为好的产品，加总生产该产品的所有成本，然后设定一个能够弥补该成本，并能得到目标利润的价格。营销的任务是说服买方相信在该价格下的产品价值是值得购买的。如果事实证明制定的价格太高了，公司的解决方案是要么降低价格，要么降低销售量，这两种情况都会损害利润。

以价值为基础的定价法逆转了这一过程。公司首先获取顾客的需要和价值感知。公司在顾客对产品价值感知的基础上确定目标价格。目标价值和价格决定着产品的成本和产品的设计决策。因此，定价起始于分析消费者的需求和价值感知，设定的价格要与消费者感知的价格相匹配。

记住这一点很重要，"好价值"并不等同于"低价格"。比如，施坦威钢琴的销售价格很高，但是对于那些购买它的人来说，它具有很大的价值。

一架施坦威牌子的钢琴可能从40 000美元到165 000美元不等。最受欢迎的型号大概售价在72 000美元。但是询问任何一位拥有施坦威钢琴的人，他会告诉你，说到施坦威，价格就不算什么了，施坦威的体验可以代替一切。施坦威钢琴的质量很高，全手工打造一架施坦威钢琴需要耗时一年。但更重要的是，施坦威为拥有者带来神秘

感。施坦威这个名字让人联想起一幅155年未变的画面：古典的音乐会舞台，社会名流列席，施坦威的主人轻快地弹奏着。

但是施坦威并非仅仅世界级钢琴家或富豪才能拥有，99%的施坦威购买者只是业余爱好者，他们也许就在自己的房间里弹琴。对于这样的顾客，无论施坦威价格多少，都只是拥有它带来的价值的一小部分。正如一位施坦威拥有者说的："我同施坦威的友谊就是生命中最重要、最美好的事情。"有谁能说清楚这种感情值多少美元呢？

公司会发现衡量顾客为产品赋予的价值是很困难的。比如，计算在一家豪华的餐厅就餐的原料成本是相对容易的，但是，为其他满意度因素赋予价值就很难了，如味道、环境、放松程度、交谈和地位象征等。这些价值的赋予是很主观的，对于不同的顾客和不同的情况会很不同。

但是，消费者使用感知价值来评价产品的价格，因此公司必须想办法测量它们。有时候，公司会询问消费者他们愿意为一个基础产品付出多少费用，而对于每一项增加的利益又愿意支付多少费用。或者公司可能进行试验以测量对不同产品提供物的感知价值。根据一则古老的俄罗斯谚语，每个市场上都有两种傻瓜：一种是要价太高的人，另一种是要价太低的人。如果卖方制定的价格高于买方的感知价值，则该公司的销售额就会遭到损失。如果公司的定价过低，其产品的销售情况会非常好，但是与以感知价值定价的情况相比，它获得的收入会比较少。

感知价值——施坦威钢琴的销售价格很高，但是对于那些购买它的人来说，它具有很高的价值。"一架施坦威钢琴能把你带到你从未去过的地方。"

我们现在考察两种类型的价值导向定价：商品价值定价和增值定价。

1. 商品价值定价

最近经济事件的发生导致消费者对价格和质量的态度发生了根本性转变。因此，很多公司已经改变自己的定价方法，以适应变化的经济形势和消费者的价格感知。越来越多的营销者已经采用了**商品价值定价**（good-value pricing）的战略——以一个公平的价格提供质量和良好服务的适当组合。

在很多情况下，已经确立的知名品牌就会推出低价的产品。为了迎合低迷的经济形势和节俭的消费者支出习惯，快餐品牌如塔可钟和麦当劳都提供超值套餐；阿玛尼提供低价的、更休闲的 Armani Exchange 流行产品线；Alberto - Culver 推出的 Tresemme 头发护理产品承诺："沙龙的外观和感觉只是价格的一小部分。"每家汽车公司都推出了小型的、低价的型号来迎合紧缩的消费者预算。

在其他情况下，商品价值定价涉及重新设计现有的品牌，在给定的价格下提供更高的质量，或者以较低的价格供应相同质量的产品。一些公司甚至成功地以极低的价格提供较少的价值。比如，乘坐低成本的欧洲瑞安航空公司航班的乘客虽然不能得到额外的便利服务，但是他们喜欢航空公司不可思议的低价格。

爱尔兰的瑞安航空是欧洲盈利水平最高的航空公司，它似乎找到了一种全新的定价解决方案：免费航班！最近，瑞安航空承诺，超过半数的乘客都可以获得免费机票。尤其令人注意的是，瑞安航空已经为1/4的乘客提供了费用的免除。这么做的秘密是什么？瑞安航空节俭的成本结构使得即使是最具成本意识的竞争对手看起来都像是挥金如土的人。另外，除了座椅之外的所有东西，航空公司都会收费，从行李登记到座椅后背的广告空间。一旦登机，乘务员会在过道上向信任他们的乘客叫卖任何东西，从纸牌游戏到香水和数码相机。飞机降落在一些偏远的机场时，瑞安航空会向你出售到城镇的大巴或者火车的车票。航空公司甚至从赫兹公司的汽车出租、旅馆房间、滑雪包裹和旅行保险的销售额中收取佣金。尽管瑞安航空有时想尽一切办法从每一位旅客身上获得更多的收益，顾客却没有任何抱怨。大多数额外的购买行为都是自愿的，你无法摆脱那些超乎想象的低价的吸引。

在零售业水平上，一种非常重要的货物价值定价的类型是"天天低价"。天天低价是每天制定一个稳定的低价格，但是很少或者没有临时性的折扣。天天低价的领袖沃尔玛在实践中界定了这个理念。每月中除了少数几类商品外，沃尔玛承诺对自己所销售的所有商品都实行天天低价。但是，高低定价法是在每天的基础上制定一个比较高的价格，但是经常性实施促销以临时性降低所选择条目的价格。百货商店，比如科尔士和梅西百货通过频繁销售日、早间折扣和商店信用卡持有人的红利等活动对高低定价法进行实践。

2. 增值定价

基于价值的定价不是简单地制定消费者想要支付的价格，或者为了应对竞争而制定低价格。相反，很多公司采取增值定价法。它们不是通过降低价格适应竞争情况，而是通过增加增值服务形成自己的特点并提供差异化服务，因为它们知道：能够打动消费者的是其因付出价格而获得的价值，而不是价格本身。"如果消费者认为最好的交易仅仅是节省金钱的问题，我们就应该在一个大的折扣店里完成所有交易。"一位定价专家说，"消费者需要价值并愿意为之付钱，聪明的营销者会据此为产品定价。"

9.2.2 基于成本定价

消费者感知价值设定了价格的上限，成本则设定了公司定价的底线。**基于成本定价法**（cost-based pricing）是以生产、分销和销售产品的成本，加上对它们的努力和风险的合理回报为基础来设定价格。公司的成本可能成为定价战略中的重要考虑因素。

一些公司，比如瑞安航空、沃尔玛和戴尔，都在尽力成为各自所在行业的"低成本制造商"。低成本的公司能够设定较低的价格，虽然利润率很低，但是销售额和利润更高。但是，另一些公司故意支付较高的成本，因而它们可以索要更高的价格和利润率。比如，手工制作一架施坦威钢琴的成本要远远高于雅马哈电子琴，但是高成本带来了高质量，不过要价也是令人大跌眼镜的 75 000 美元。关键就要管理成本和价格之间的差距——公司为客户传递了多少价值。

作者评论

成本设定了价格的底线，但是目标并不总是使成本最小化。实际上，很多公司投入高成本以此来索要较高的价格和利润率。关键就是管理成本和价格之间的差距——公司为客户传递了多少价值。

1. 成本的类型

一个公司的成本有两种类型：固定成本和变动成本。**固定成本**（fixed cost，也称为沉没成本）是指那些不随着产量和销售量的变化而变化的成本。例如，一个公司必须支付每个月的租金、取暖费、利息和执行人员的工资，不论公司的产出如何。**变动成本**（variable cost）直接随着生产水平的变化而变化。惠普公司所生产的每一台个人电脑都包括计算机芯片、线路、塑料、包装和其他投入的成本。这些成本对于每一台所生产的电脑都趋向一致。这些成本被称为变动成本，因为它们的总量随着生产数量的变化而变动。**总成本**（total cost）是指在既定价格水平上制定一个至少能弥补总生产成本的价格。

公司必须认真监控自己的价格。如果公司的生产和销售成本高于经营同样产品的竞争对手，该公司就不得不制定较高的价格，或者赚取较少的利润，两种情况都会使它处于竞争劣势。

2. 成本加成定价法

最简单的定价方法是**成本加成定价法**（cost-plus pricing，或者利润定价法）——在产品的成本上加上一个标准化收益。比如，一个电子产品零售商可能以每台 20 美元的价格从制造商那里购买闪存驱动，再以 30 美元的价格出售，在成本上增加了 50% 的收益。该零售商的毛利率为每台 10 美元。如果该商店的营业费用为每个闪存驱动 8 美元，则该零售商的利润为 2 美元。闪存驱动的制造商也可能采取成本加成定价法。如果该制造商生产每台闪存驱动的标准成本为 16 美元，它可能加上 25% 的收益，以每个 20 美元的价格卖给零售商。

采用成本加成定价法是否合理？一般来说并不合理，因为任何忽略了需求和竞争者价格的定价方法都不可能产生最优价格。但是，成本加成定价法由于多种原因仍然很流行。首先，相对于需求，卖方对于成本更加确定。通过把价格与成本联系起来，卖方简化了定价程序。其次，如果该行业中所有公司都采用这种定价方法，价格就趋向一致，价格竞争也会因此被弱化。

另一个以成本为基础的定价方法是**盈亏平衡定价法**（break-even pricing），或者称为**目标收益定价**（target return pricing）。公司尽力决定它能够达到盈亏平衡或者自己寻求的目标成本的价格。目标利润定价法利用的是盈亏平衡表的理念，它表现了公司在不同销售水平的总成本和总收入。图9-3表现了我们之前讨论的闪存驱动制造商的盈亏平衡图。在这里，固定成本是600万美元，不论销售数量是多少；变动成本是每单位5美元。变动成本加上固定成本形成总成本，它会随着每单位的销售而增加。总收入曲线的斜率反映的是价格。在这里，价格是15美元（例如，公司销售800 000单位的产品所获得的收入是1200万美元，或者是每单位15美元）。

在15美元的价格水平上，该公司必须销售600 000单位的产品才能达到盈亏平衡（盈亏平衡销售量＝固定成本÷（价格－可变成本）＝6 000 000美元÷（15美元－5美元）＝600 000单位）。也就是说，在这个价格水平上，总收入等于900万美元的总成本。如果该公司想获得200万美元的利润，它必须销售至少800 000单位的产品，以获得1200万美元的总收入，来弥补1000万美元的总成本，再加上200万美元目标利润。相比之下，如果该公司制定一个较高的价格，比如说20美元，那么它就不用销售那么多产品就可以达到盈亏平衡或者获得既定的目标利润。事实上，价格越高，公司的盈亏平衡点就越低。

这样分析的主要问题在于没有考虑顾客的价值和价格与需求之间的关系。随着价格的上升，需求会下降，市场的购买量甚至都不能达到在较高价格下达到盈亏平衡所需要的销售量。例如，假设闪存驱动的制造商计算出在给定的固定成本和变动成本的情况下，它必须为自己的产品制定30美元的价格才能获得预期的目标利润。但是，营销调研显示很少有顾客愿意支付高于25美元的价格。在这种情况下，该公司必须降低自己的成本，以降低盈亏平衡点，这样它才能够制定顾客所期望的较低价格。

因此，虽然盈亏平衡定价法和目标利润定价法能够帮助公司确定弥补预期成本和获得预期利润的最低销售价格，但这两种方法

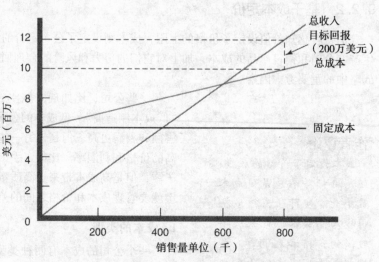

图9-3 决定目标收益价格和盈亏平衡销售量的盈亏平衡图

都没有把价格－需求关系考虑在内。在使用这种方法时，公司必须同时考虑价格对实现目标销售量的影响，以及预期销售额可以在任何可能的价格水平实现的可能性。

9.2.3 基于竞争定价

基于竞争定价法（competition-based pricing）是指以竞争对手的战略、成本、价格和市场供应品为基础设定价格，消费者会将产品价值的判断建立在竞争对手相似产品价格的基础上。

为了获得竞争对手的定价战略，公司应该提出这样几个问题：首先，以客户价值衡量公司的市场供应品和竞争对手相比表现如何？如果消费者能够感知到公司的产品提供了更高的价值，公司可以设定更高的价格；如果同竞争对手的产品相比，消费者感知到较少的价值，公司必须降低产品的价格或者改变顾客的感知来证明产品值得高价。

接下来，现在竞争者的规模如何？他们现在的定价战略是什么？如果公司面对的是一些相对于其产品价值而言定价过高的小公司，那么公司可以降低产品价格，将弱势的竞争对手挤出市场。如果市场被实施低价策略且规模较大的竞争对手占领，公司可以靠高价格的增值产品占领未开发的目标市场。

比如，Annie Bloom的书店是美国俄勒冈州波特兰的独立书籍零售商，它看起来似乎无法在与亚马逊或者巴诺书店的价格战中获胜——它甚至都没有尝试。相反，商店依靠独特的方法、舒适的环境、友好和知识渊博的员工都使得当地的阅读爱好者变成了书店的忠实客户，

作者评论

设定价格时，公司必须考虑竞争对手的价格。不论设定何种价格，高还是低，或者在二者之间，都要确保在那个价格水平上为顾客提供出众的价值。

即使他们需要支付更高的价格。在一家消费者评论网站上，消费者给 Annie Bloom 书店打分为五颗星，各种不同的评论都支持这个分数，而这是在巴诺书店永远无法看到的：

Annie Bloom 并不是最大的书店，也不是最方便停车的，不是价格折扣最多的书店，卫生间也不易被找到……但是，它却是城市中最友好的书店。书店很大以至于可以花上一个小时的时间在书店中浏览，那些多才多艺、聪明、经验丰富的店员拥有不可思议的欣赏品位。你可以找到普通的畅销书，也可以找到只听说过但无法在巴诺书店看到的冷门书，比如关于 NPR 或者《名利场》这种类型的书籍。这是为爱书人士开设的书店，拥有良好的客户服务！

应对竞争对手的定价决策应当遵守哪些原则？答案的原理很简单，但实践起来会有很多困难：不管设定什么价格，高还是低，或者在二者之间，都要确保能在那个价格水平上为顾客提供出众的价值。

9.3　其他影响价格决策的内外部因素

除了消费者感知价值、成本和竞争对手战略，公司必须考虑几个额外的内部和外部因素。影响定价的内部因素包括公司的总体营销战略、目标和营销组合，以及其他的组织因素。外部因素包括市场和需求特征，以及其他环境因素。

9.3.1　总体营销战略、目标和组合

价格仅仅是公司广义营销战略中的一个因素，因此，在设定价格之前，公司必须为产品和服务决定总体营销战略。如果公司已经选择好了目标市场，并进行了谨慎的市场定位，那么它的营销组合战略，包括价格战略，都将简单明了。例如，当本田发展自己的讴歌品牌，以与欧洲的豪华型汽车争夺高收入顾客群时，它就需要制定高价格。反之，当引入本田的经济型车——被宣传为"节省燃料超强马力的小型车"——这种定位要求制定低价格。因此，价格战略在很大程度上是由市场定位决定的。

定价可能会在不同层次上完成公司的目标起到重要作用，一家公司可以设定价格吸引新顾客或者为现有产品保留更高利润。公司可能制定低价格以阻止竞争者进入自己的市场，或者制定与竞争者相同的价格以稳定市场。公司制定价格的目标也可能是为了获得分销商的忠诚和支持，或者为了避免政府的干预。公司可能临时降低价格以增加某个品牌的吸引力，或者公司制定某个产品的价格可能是为了促进该公司产品线上的其他产品的销售。

价格只是帮助公司达成营销目标的营销组合工具之一。价格决策必须与产品设计、分销和促销相协调，才能形成一致有效的营销项目。对其他营销组合变量的决策可能影响价格决策。例如，如果公司决定把产品定位于高性能高质量的产品，就意味着它必须制定较高的价格以弥补较高的成本。如果公司期望分销商能够支持并促销自己的产品，就应该在制定价格时考虑让分销商得到更多的回报。

公司通常先确定产品的价格，然后根据想要的价格调整其他的营销组合变量。在这种情况下，价格就是决定产品的市场、竞争者和设计的关键产品定位因素。很多公司用**目标成本法**（target costing）来支持这种价格定位战略。目标成本法扭转了一般的定价程序。一般定价过程是先设计一个新产品，计算该产品的成本，然后再问"我们能够把它们卖多少钱？"与之相反，目标成本法首先基于对顾客的考虑而确定一个理想的销售价格，然后决定成本以保证这样的销售价格能够实现。比如，本田在设计经济车型时，首先设定了 13 950 美元的价格点和每加仑行驶 33 公里的操作性能，然后根据这个特征设计了时尚、活泼的小汽车，使得成本能够满足目标客户的价值需求。

其他公司不注重价格，而是利用其他的非价格因素来创造非价格定位。通常，最好的战略不是制定最低的价格，而是使自己所提供的产品和服务差异化，使之值得较高的价格。

一些营销人员甚至将产品定在高价位，高价格成为了产品吸引消费者的一个方面。因此，营销主管在设定价格的时候必须考虑到整体的营销战略和组合。但是，我们再一次强调，即使价格是关键因素，也应该牢记顾客并不仅仅根据价格购买。相反，他们寻求的是能在所付价格的基础上为自己提供最大价值的产品。

9.3.2 组织方面的考虑

管理层必须决定应该由公司中的哪些人来制定价格。公司通过一系列的方法控制价格。在小公司里，价格通常由最高的管理层而不是营销和销售部门制定；在大公司里，价格一般由部门或者产品线经理控制。在行业市场，销售人员可能允许在某些价格范围内与顾客协商价格。即使这样，最高层管理者还是要设定定价目标和定价政策，并且下层管理者和销售人员提议的价格一般也是由他们批准的。

在那些价格是关键因素的行业里（比如航空业、航天业、钢铁业、铁路运输业和石油行业），公司一般设立一个价格部门来制定最佳价格，或者帮助其他部门制定价格。该部门向营销部门和最高层管理者汇报。其他对定价有影响的人物包括销售经理、生产经理、财务经理和会计人员。

9.3.3 市场和需求

正如前面提到的，好的定价策略开始于理解消费者的感知价值如何影响他们愿意为之支付的价格。无论是个人消费者还是商业购买者都会权衡为某产品支付的价格和拥有它们而获得的好处。因此，在制定价格之前，营销者必须理解产品价格与市场需求之间的关系。在这个部分，我们将解释价格－需求的关系以及它如何随不同的市场情况而变化。

1. 在不同类型市场的定价

卖方定价空间的大小随着不同的市场类型而不同。经济学家认识到有四类市场，每一类表示不同的定价挑战。

在完全竞争的情况下，市场上包含众多的买方和卖方，交易统一的商品，比如小麦、铜和金融证券。没有一个卖方或者买方能够对现行的市场价格产生很大的影响。在一个完全竞争的市场中，市场调研、产品开发、定价、广告和销售促进的作用很小，甚至根本就无法发挥作用。因此，在这样的市场上，卖方不必在营销战略上花费太多的时间。

在垄断竞争的情况下，市场中包含很多卖方和买方。他们交易的价格范围很广，而不再是一个单一的市场价格。价格范围很广是因为卖方能够向买方提供差异化的产品或服务。卖方尽力为不同的顾客市场开发不同的产品或服务，并且，除了价格之外，还可以自如地运用品牌、广告和人员销售把他们的产品或服务与竞争对手的区分开来。所以，丰田利用强大的品牌和广告优势将普锐斯与其他产品区分开，降低了价格的影响。丰田的广告宣称第三代普锐斯"速度从零到60，气体排放减少70%"。因为在垄断竞争的市场中有很多竞争者，每个公司所受到的竞争者价格策略的影响作用都小于寡头垄断市场。

在寡头垄断情况下，市场中包含为数不多的几个卖方，他们对彼此的营销和价格战略都高度敏感。因为卖方的数量很少，每一个卖方都会对竞争对手的价格战略和动向十分关注。在完全垄断情况下，市场中只有一个卖方。这个卖方可能是政府垄断者（如美国邮政服务公司），私有的政策性垄断者（如能源公司），或者私有的非政策性垄断者（如开发尼龙的杜邦公司）。在不同的情况下，公司采用不同的方式控制价格。

2. 分析价格－需求关系

公司所制定的每一个价格都可能导致不同水平的需求。索要的价格和所导致的需求水平之间的关系见图9-4中的**需求曲线**（demand curve）。需求曲线显示的是一个既定的时点上，市场在可能索要的不同价格水平下可能购买的数量。在正常的情况下，价格与需求是负相

垄断竞争：丰田利用强大的品牌和广告优势将普锐斯品牌与其他产品区分开，降低了价格的影响。第三代普锐斯"速度从零到60，气体排放减少70%"。

关的，也就是说，价格水平越高，需求水平越低。因此，如果公司把价格从 P_1 提高到 P_2，它的销售量就会下降。简而言之，如果某产品的价格太高，具有预算约束的消费者就会更少地购买它。

理解一个品牌的价格－需求曲线对于做出适当的定价策略是十分重要的。ConAgra 在为自己的晚宴冷冻食品定价时就很好地学习了这一点。

ConAgra 发现冒险将晚宴冷冻食品的价格提高是一个艰难的过程。当它试图通过提高建议零售价来弥补较高的商品成本时，很多零售商开始将要价提高到每餐 1.25 美元。对于习惯了支付 1 美元的消费者对此会做何反应呢？冷漠离去。这样的后果就是销售量下降，ConAgra 被迫将存货过量的食品卖给折扣商店，因此当年公司库存的价格下降了 40%。这证明了"晚宴食品的关键构成——关键的态度——就是你付出 1 美元，"ConAgra 的执行官 Gary Rodkin 说，"与之相比，其他所有的因素都不值得一提。"现在价格又恢复到每餐 1 美元。为了在这样的价格水平下获利，ConAgra 正在设法

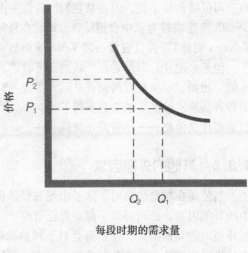

图9-4　需求曲线

在成本管理上下功夫。它们舍弃了高价的品种，诸如烤鸡肉和炸猪排，转而以烤肉馅饼和大米及豆类代替。同时缩减一部分以便宜的原料代替，诸如用土豆泥代替巧克力。消费者对于品牌维持价格的努力做出了积极的回应。你还能在哪里找到 99 美分的晚餐呢？

绝大多数公司通过估计不同价格水平的需求而试图测量自己产品的需求曲线。不同的市场类型会造成曲线形状的差异。在垄断市场中，需求曲线表示在不同价格水平上的市场总需求。如果公司面对竞争，则在不同价格水平上的需求就取决于竞争者是维持稳定的价格水平还是随着该公司的价格也变动自己的价格。

3. 需求的价格弹性

营销者也需要知道**价格弹性**（price elasticity）——一个单位的价格变动怎么样影响需求的变动。当价格发生变动时，如果需求几乎不发生变动，我们说需求是无弹性的；如果需求变动很大，我们说它是有弹性的。

如果需求是有弹性的，而不是非弹性的，卖方应该考虑降低产品价格。较低的价格能带来更多的总收入。只要生产和销售更多产品的成本低于获得的额外收入，这一措施就是合理的。与此同时，很大公司想要避免那些把自己的产品转变成为低价商品的定价策略。近年来，管制的取消，互联网所提供的实时价格比较服务，以及其他技术已经提高了消费者的价格敏感度，把电话、电脑、汽车等一系列产品转变为消费者眼中的低价商品。

9.3.4　经济

经济形势能够对公司的定价战略产生重大影响。诸如经济增长、经济衰退、通货膨胀以及利率等都影响公司的定价决策。因为它们影响消费者的支出、消费者对该产品价格和价值的感知，以及公司生产和销售产品的成本。

经济衰退后的一段时间内，消费者重新评估了心中的价格－价值等式。很多消费者紧缩了预算并且对价格更为敏感。在新一轮更加严峻的经济形势下，营销人员叹息道："所有的花样都落伍了。"因此，很多营销人员更加强调"物有所值"的定价策略。"价值是一个不可思议的词语，"一位宝洁的营销人员说，"在这样的经济背景下，人们……在购买之前会考虑得更多……现在，我们更加着力于帮助消费者看到价值。"

对新的经济现实最明显的回应就是降低价格和推出更高的折扣。成千上万的公司也正是这么做的。低价格使商品更加便宜，并且有效地刺激了短期销售量。但是，这样的降价从长期来看并不能带来想要的结果。"有兴趣降价吗？"一位定价咨询师这样问，"你不是唯一一个这样想的。随着销售量下降，很多公司迅速提供了折扣，但是降价带来了很多问题——大幅度折扣会不会贬低自己的品牌？一旦价格降下来，你还能再提高吗？你如何处理利润率降低的情况？"

相反，很多公司改变了自己的营销重点，转而关注产品组合中更为便宜的商品，而不是降低价格。比如，家得宝一向将营销重点放在高端产品和类似于"打造梦幻厨房"这样的价格概念上，如今它更多的广告努力在广告语

"花得更少、做得更好，这就是家得宝的力量"，将营销重点转而投向更便宜的产品上，而不是仅仅降低价格。其他的公司保持价格不变，但是从它们的价值主张重新定义了"价值"。比如，联合利华已经重新定位了它的高端产品Bertolli 冷冻快餐为家中食用品牌，即比在外用餐更加便宜。卡夫的 Velveeta 奶酪广告告诉购物者"忘记切达干酪吧，Velveeta 更棒！"并且宣传一袋 Velveeta 奶酪"同样的价格，但分量是切达奶酪的两倍。"

但务必记住，即便是在严峻的经济时期，消费者也并不是仅仅依靠价格购物。他们会衡量支付的价格与获得的价值。比如，一项最近的调查显示，尽管一双鞋的售价高达 150 美元，但耐克拥有鞋类细分市场所有品牌中最高的消费者品牌忠诚度。消费者获得了耐克产品的价值，耐克的所有者认为这种体验值得支付这个价格。因此，无论它们索要什么价格——不管高还是低——公司都需要提供物有所值的产品。

9.3.5　其他的外部因素

当公司在制定价格时，除了市场和经济因素，还需要考虑外部环境中的其他因素。公司必须了解对自己价格产生影响的因素也同样影响所在环境中的其他团体。分销商会对不同的价格做出怎样的反应？公司制定的价格应该让分销商获得合理的利润，鼓励他们支持本公司，并能帮助他们有效地销售产品。政府是对价格决策产生重要影响的另一个外部因素。最后，社会关注也应该纳入考虑范围之内。在设定价格时，公司的短期销售额、市场份额和利润目标都可能受到更大范围的社会因素的影响。在本章的后面部分我们会检验公共政策问题对定价的影响。

我们已经讨论了受到消费者、公司、竞争者和环境因素影响的定价决策。更为复杂的情况是，公司不是设定一个单一的价格，而是要设定涵盖其产品线中不同产品的价格结构。随着产品沿着其生命周期的轨迹不断演进，这个价格结构也会发生变化。公司还要调整产品价格以反应成本和需求的变化，并且还要考虑到买方和环境中存在的差异。当竞争环境发生变化时，公司要决定是首先调整价格，还是对竞争者的价格调整做出反应。

我们现在考察在特殊的定价情形下其他的定价方法或者为了迎合变化的情况进行价格调整。我们依次讨论在产品生命周期的引入阶段的新产品定价策略，对产品组合中相关产品的产品组合定价战略，针对顾客差异和情景变化的价格调整战略，以及发动还是回应价格调整的战略。

定价和经济：家得宝广告语"花得更少、做得更好，这就是家得宝的力量"，将营销重点转而投向更便宜的产品上，而不是仅仅降低价格。

9.4　新产品定价策略

当产品沿着其生命周期演进的时候，定价策略通常也发生变化。产品引入阶段的定价策略尤其具有挑战性。开发一种新产品的公司面临着首次为产品制定价格的挑战。它们可以在两类广义的价格战略之间进行选择——市场撇脂定价和市场渗透定价。

9.4.1　市场撇脂定价

很多研制出新产品的公司都首先制定很高的价格，以便从市场中一层一层地撇取利润。索尼经常使用这种策略，并命名为**市场撇脂定价法**（market-skimming pricing，或价格撇脂）。当苹果公司首先推出 iPhone，最初的定价高达599 美元。只有那些真正想追逐最新鲜事物的和能够为新技术支付如此高价格的消费者才会购买这些手机。六个月以后，苹果将 8G 型号的价格降到 399 美元，16G 型号售价为 499 美元，以此来吸引新的购买者。一年之内，又将价格分别调整到 199 美元和 299 美元。通过这种方式，苹果从不同的细分市场中获取了最大限度的利润。

市场撇脂定价法只能在某些条件下使用。首先，产品的质量形象必须能够支持它的高价位，并且有足够多的顾客愿意以这样的高价格购买产品。其次，较低的生产数量的成本不能高于高定价获得的收入。最后，竞争者不能轻易进入该市场，对这样的高价格产生威胁。

9.4.2　市场渗透定价

有些公司并不是首先为新产品设定一个较高的价格，从规模较小但利润高的细分市场中撇取利润，相反，它们采取**市场渗透定价法**（market-penetration pricing）。它们首先为新产品设定一个较低的价格，以便能迅速而广泛地渗透市场——迅速吸引大量消费者，并赢得一个很大的市场份额。高销量能降低成本，因此公司可以进一步降低价格。

这种低价策略的有效运作也必须满足某些条件。首先，该市场必须对价格高度敏感，因此低价格能够促进市场的高速发展。其次，生产和分销成本能够随着销售量的增加而降低。最后，低价格必须能够抵制竞争，并且渗透定价的厂商必须始终保持自己的低价格定位——否则，渗透定价只能获得暂时的优势。

9.5　产品组合定价策略

如果产品是一个产品组合中的一部分，那么为了这个产品制定价格的策略通常也要发生变化。在这种情况下，企业寻求这样一个价格组合：它能够使整个产品组合产生的总利润最大化。制定价格会成为一项很困难的工作，因为不同的产品设计不同的需求和成本，而且面临着不同程度的竞争。我们现在来看一看在表 9-1 中总结的五种产品组合定价策略：产品线定价法、可选择产品定价法、组合产品定价法、副产品定价法和产品捆绑定价法。

表 9-1　产品组合定价

定价策略	描　　述
产品线定价	为产品线中的不同产品制定价格
可选择的产品定价	为一个主要产品的可选择配件定价
捆绑定价	为那些要与主要产品一起使用的产品定价
副产品定价	为低价值的产品定价以除掉它们
产品捆绑定价	为一组一起销售的产品定价

9.5.1　产品线定价法

公司通常是发展产品线而不仅仅是生产单个产品。例如，Samsonite 提供 20 种不同款式和大小的袋子，价格从 50 美元以下的 Sammie 儿童背包到超过 1250 美元的 Black Label Vintage 型号。在**产品线定价法**（product line pricing）中，管理者必须确定一个产品线里不同产品之间的价格差异区间。

作者评论

大多数单独的产品是一个产品组合的一部分，必须据此定价。比如，吉列为它的锋速系列定价很低，但是一旦你购买这种刮胡刀，你不得不购买高利润率的替代刀架。

这些价格差异区间的设定应该考虑产品线内不同产品之间的成本差异。更重要的是，它们应当能够说明顾客对不同特色的价值感知的差异。例如，Quicken 提供财务管理软件的整条产品线，包括基础版、豪华版、高级版及家庭和商业版，售价分别为 29.99 美元、59.99 美元、79.99 美元和 89.99 美元。尽管 Quicken 生产高级版的 CD 比基础版 CD 的成本没有高出多少，很多购买者乐于为获得额外的高级版的特色功能而支付更高的价格，比如财务计划和投资监控工具。Quicken 的任务就是建立认知价值的差异以支持价格的差异。

9.5.2　可选产品定价法

很多公司都使用**可选产品定价法**（optional-product pricing）——对可选择的产品或者主产品的附加产品定价。例如，一个汽车的购买者可能选择订购一个 GPS 导航系统和蓝牙无线耳机。冰箱则伴随着可选择的制冰器。当你订购一台新的电脑，你可以从硬盘驱动、移动系统、软件、服务计划和便携电脑包等一系列眼花缭乱的选择中订购需要的东西。为这些附加产品定价是一个难应付的问题。公司必须决定哪些项目的价格要计入基本的总价格，而哪些又是可选择购买的。

9.5.3 捆绑定价法

那些生产必须与主产品一起使用的产品的公司要采用**捆绑定价法**（captive-product pricing）。捆绑产品的例子如剃须刀的刀片、视频游戏和打印机的墨盒。主要产品的生产商一般为它们的主要产品（剃须刀、视频游戏控制器和打印机）制定一个较低的价格，而将一个很高的毛利润附加在捆绑产品上。比如，当索尼首先推出 PS3 视频游戏控制器时，常规版和高级版分别定价 499 美元和 599 美元，每销售一台的损失高达 306 美元。索尼希望可以通过销售更多赚钱的游戏软件来弥补这个损失。

但是，使用捆绑定价法的公司必须十分谨慎。在主要产品和捆绑产品的价格上找到平衡是很棘手的问题。例如，尽管借助于 PS3 视频游戏的销售索尼在行业中处于领先地位，但是索尼还没有赚回在 PS3 控制器上的损失。另外，被诱惑购买昂贵的捆绑产品的消费者可能因此厌恶这个引诱他们的品牌。这样的事情已经在打印机和墨盒行业中发生过了。

在服务行业中，捆绑定价也被称为两部分定价法。服务的价格被拆分为一个固定费用和一个可变的使用费。因此，在六旗公园和其他的娱乐公园，你需要支付每日的门票或者增加了食品和其他园内设施费用的季度门票。

营|销|实|践 9-1

柯达：打印机定价和经济学新概念

惠普、爱普生、佳能和利盟通过疯狂的"剃须刀和刀片"定价战略（就像抛弃剃须刀，在刀片的销售上获取利润）长久地统治着 500 亿美元的打印机市场。它们以极低或很少的利润销售打印机。但是一旦你购买了打印机，你就要不停购买价格不菲的墨盒。

大型的制造商看起来对这种捆绑定价战略十分满意。实际上，他们通过销售墨水盒和相纸赚取的收入是单独销售打印机收入的四倍还要多。消费者不喜欢像人质一样不得不为墨水和相纸支付额外的价格——一些人甚至对此感到愤怒，但是他们又能做些什么呢？惠普的打印机只能使用惠普的墨盒，其他品牌的墨盒无法兼容，并且所有的制造商都采用的同样定价战略。除此以外，比较不同制造商长期的单次打印的平均价格是很困难的。我们之中几乎没有人能够提前说出我们将会使用多少墨盒以及将来的墨盒价格将怎样变化。

现在我们走近柯达，看一看一个独特的解决方案。柯达最近引入了第一条打印机产品线——EasyShare 一体式打印机——以其革命性的价格策略为颠倒整个喷墨打印机市场带来了威胁。柯达以一个高档的价格销售打印机，不提供折扣，以更低的价格销售墨水，这一举动打破了典型的行业惯例。EasyShare 打印机根据特性的不同销售价从 149.99 美元到 299.99 美元不等，大概比竞争对手打印机的售价高 50 美元左右。但是，EasyShare 的黑色和彩色墨盒仅仅分别要价 9.99 美元和 14.99 美元，仅是主要竞争对手价格的一半。这在打印机定价和经济学是一个全新的概念。

现在，柯达拥有合适的打印机和合适的墨盒价格。如今，它需要做的只是重新给消费者灌输一种思想，先支付较高的价格以减少长期的打印成本。为了做到这一点，柯达开展了"Think Ink"营销活动，建立了一种虚拟的"ThINK"形象，前两个字母黑色，后三个字母是金色的。这次活动提出了这样关键的问题："在打印机上省钱和在墨水上面省钱哪一个更聪明？（提示：你只能购买一次打印机。）"

这次 ThINK 活动以在线活动开始，集中于一系列以两个愚蠢的家伙，Nathan 和 Max 为原型的流行的"Inkisit"视频。这两个人喜欢打印照片，但是苦于墨水的高成本。在视频中，他们以巨大的热情问道："你是否曾经想过如果墨水的价格变得便宜，生活会变成什么样子？"柯达把这些视频放了在 YouTube 和 MySpace 上面，并且建立了一个娱乐和见闻的微型网站。

接下来就是实用的"ThINK"媒体活动，目标人群是在预算敏感型的消费者中，那部分想在家中打印但是由于过高的墨水成本不得不减少打印的人群。柯达的研究发现，由于成本问题，超过 70% 的家庭限制他们孩子打印。因此这次活动目标是那些想要激发孩子的创造力并且不用担心愚蠢的成本问题的"富于想象力的家长们"。

ThINK 活动面临的艰难任务就是转变消费者的感知价值，从最初的打印机价格到每一次打印的价格。"我们的战略，"柯达一位营销经理说，"就是在消费者心中形成这样的概念，他们不仅仅是在购买今天的打印机，而且还在购买三四年的墨盒。"这次活动为喷墨打印机行业和"剃须刀和刀片"定价战略带来了巨大震动。一位分析家说，柯达"将打印一页的成本平摊开来。最近 EasyShare 的广告甚至喊出节省'50亿美元'由于其他品牌喷墨打印机墨水的'过高定价'引起的支出。在这个市场中，还从未有公司敢这样做。（其他的）公司当然不想提醒消费者究竟支付了多少。"另一位分析家也同意这个看法：

> 这不符合你所熟悉的对打印机的介绍。柯达完全改变了游戏……（这些打印机）将不再受到欢迎。打印成本的开放竞争将打印行业的利润置于危险境地。为了同柯达竞争，竞争对手不得不揭示各自的打印成本，最终降低价格。这对消费者而言是好事，而对打印机生产商的底线来说无疑是场灾难。柯达将如暴风般席卷整个市场。

现在来说柯达的革命性定价战略是否奏效为时尚早，但是早期的结果已经有所暗示。公司远远超出了第一年的销售预测，2008 年销售了 780 000 台 EasyShare 打印机。如今竞争对手争相各自引入低价的墨盒和效果长久的墨水。但是柯达宣称 EasyShare 打印机可以为消费者节省高达 50% 的打印支出。

正如一位观察家总结的，柯达"已经占据了领先优势：漂亮的照片效果能够保持一生"，便宜的打印单价"动摇了世界认可的，已经保护了喷墨打印机产业多年的剃须刀和刀片定价模式。如果你已经对此感到无比愤怒，从此以后再也不会了。"

资料来源：Beth Snyder Bulik, "Kodak Develops New Model: Inexpensive Printer, Cheap Ink," *Advertising Age*, March 12, 2007, p. 4; Clive Akass, "Kodak Inkjets Shake Industry," *Personal Computer World*, April 2007, accessed at www. pcw. co. uk/personal-computer-world/news/2174253/kodak-halves-cost-photo-prints; Stephen H. Wildstrom, "Kodak Moments for Less," *BusinessWeek*, May 14, 2007, p. 24; William M. Bulkeley, "Kodak's Strategy for First Printer-Cheaper Cartridges," *Wall Street Journal*, February 6, 2007, p. B1; "Consumer Launch Campaign of the Year 2008," *PRweek*, March 10, 2008, p. S11; Lonnie Brown, "Database: Why Cartridge Companies Are in the Black," *Ledger* (Lakeland, FL), January 23, 2009, p. C7; Stuart Elliott, "Are You Fed Up? This Ad's for You," *News and Observer* (Raleigh), May 15, 2009, p. 1; and www. kodak. com, accessed November 2009.

9.5.4 副产品定价法

生产产品和服务的过程中经常产生副产品。如果副产品没有价值并且处理它们的代价很昂贵，它们就会影响主要产品的价格。通过**副产品定价法**（by-product pricing），公司为这些副产品寻找一个市场，帮助弥补处理这些副产品的损失，并使得主产品的价格更具竞争力。副产品有时甚至是有利可图的——变废为宝。例如，超级市场 Mead-Westvaco 建立了一个单独的公司——Asphalt 创新公司，利用木材处理环节中曾经被认为是废品的副产品来制造有用的化学制品。实际上，Asphalt 创新公司已经成为世界上铺路行业最大的专业化学制品供应商。

9.5.5 产品捆绑定价法

利用**产品捆绑定价**（bundle pricing），卖方通常把他们的几种产品组合在一起出售，售价低于分别购买这些产品的价格。例如，快餐店经常推出的"超值套餐"。康卡斯特、韦里逊和其他的电信公司将有线电视服务、电话服务和高速上网服务打包以一个低价出售。产品捆绑定价促进了那些顾客在其他情况下可能不会购买的产品的销售，但是捆绑产品的价格必须足够低，以吸引顾客购买整个组合。

作者评论

为一个产品设定基本价格仅仅是一个开始。公司必须调整价格，以适应顾客的差异以及环境的变化。

9.6 价格调整策略

公司通常要调整它们的基本价格，以适应顾客的差异以及环境的变化。在这里我们要研究表 9-2 中总结的 7 种价格调整战略：价格折扣和补贴、分段定价、心理定价、促销定价、地理定价、动态定价和国际化定价。

表9-2 价格调整策略

策略	描述
价格折扣和补贴	降低价格以回报顾客提前付款的行动或者促销产品
分段定价	调整价格以反映顾客、产品或地域的差异
心理定价	调整价格以产生心理上的效果
促销定价	暂时性地降低价格以提高短期销量
地理定价	按照顾客地理区域的不同调整价格
动态定价	不断调整价格以迎合不同顾客和购买情景下的特征和需求
国际化定价	为国际化市场调整价格

9.6.1 价格折扣和补贴

很多公司会调整其基本价格以回报客户的某些行为，例如及早结清账单、批量采购和淡季采购等。这些价格调整被称为价格折扣和补贴，可能体现为多种方式。

很多折扣（discount）形式都包括现金折扣，这是对及时付清账款的购买者的一种价格优惠。一个典型的例子是"2/10，净30"，意思是：应该在购买后的30天内付清账款，但如果在交货后的10天内付清账款的话，即能享受在原价基础上2%的折扣。数量折扣是给大批量采购的购买者的价格优惠。功能折扣（也称贸易折扣）是由制造商向履行了某些功能的贸易渠道成员提供的一种价格优惠，如推销、储存和账目记录。季节折扣是卖主向那些购买非当季商品或服务的购买者提供的一种价格优惠。

补贴（allowance）是根据价格清单为顾客提供的另一种价格优惠。例如，旧货补贴是给那些在购买新产品的同时交换旧产品的顾客的一种价格优惠。旧货补贴在汽车行业运用的最为普遍，在其他耐用品行业也有应用。促销补贴是卖方为了回报经销商参加广告或支持销售活动而支付的款项，或给予的价格优惠。

9.6.2 分段定价

公司通常会调整它们的基本价格以反映在顾客、产品和地域等方面的差异。在**分段定价**（segment pricing）中，公司以两种或多种价格销售产品或服务，但是价格的差异并非来源于成本的差异。

分段定价通常有很多种形式：在顾客分段定价中，对于相同的产品或服务，不同的顾客支付不同的价格。比如，博物馆可能向学生和老顾客收取较低的价格；在产品分段定价中，不同样式的产品价格也不同，但价格的差异并不是基于成本的差异。比如，1升装的依云矿泉水的价格在当地超市可能是1.59美元，而一个5盎司罐装的依云矿泉水的建议零售价则为11.39美元。水源同样来自法国的阿尔卑斯山脉，而罐装仅仅比塑料包装成本高一点，你为一种付出5美分一盎司的成本，另一种则花费2.28美元一盎司。

利用地点定价，公司在不同的地点制定不同的价格，即使向每个地点供货的成本是相同的。例如，剧院为不同的座位制定不同价格，因为顾客对某些座位有偏好；州立大学对外地学生制定较高的学费。最后，利用时间定价。公司按照季节、月份、日期甚至小时定价。电影院在白天索要日场的价格，度假村会推出周末和季节性折扣。

为了使分段定价战略有效地发挥作用，必须满足一定的条件：市场必须是可以细分的，而且不同的细分市场呈现不同的需求程度。不同细分市场的划分和监控费用不应超过价格差异所获得的额外收入。当然，分段定价必须是合法的。

最重要的是，分段定价必须反映顾客认知价值方面的真正差异。支付了高价格的消费者必须感到通过支付较高的价格他们获得了额外的价值。同样地，公司也必须谨慎，不要将支付低价格的顾客看成二级顾客。否则长远来看，这种定价方法将导致顾客的反感和敌意。例如，近年来航空公司就经常遭受坐在飞机两端的旅客的投诉。支付了全额费用的商务乘客和头等舱乘客经常感到被欺骗了。同时低价舱的乘客感到他们被忽视和虐待。总而言之，航空公司如今面临很多困难的定价问题。

营 销 实 践 9-2

航空定价：平衡价格-价值等式

在相同的时间，同样的飞机可以到达同一个地点。但如今，不是所有航空公司的乘客都是平等的，他们支付的价格也不等。但是，无论他们坐在什么位置，所有的乘客看起来只在一件事情上相同：几乎没有人为他们支付了价格得到的收益而感到高兴。

在飞机的前部，头等舱或者商务舱的乘客——可能比坐在飞机后部的经济舱的乘客多支付了3倍甚至6倍之多的价格——正在疑惑这样是否值得。同时，在飞机的后部，随着日益上涨的航空旅行价格，再加上较少的设施和不周到的客户服务，乘客的脾气也越来越大。美国消费者满意度指数估计航空业的消费者满意度在44个行业中排名倒数第二，仅仅比地下室居民、有线电视和卫星电视服务的满意度高几个点。

乘坐飞机旅行已经成为一次日益痛苦的经历。脚踏板空间几乎是不存在的，乘客们被更加紧密地绑在一起。没有饮食供应，枕头和毯子也是一样。下一次坐在你前面的家伙靠在座椅背上几乎可以直接碰到你的脸。如果你有想要杀人的冲动，其他乘客应该不会责怪你。

我们中的大多数都有过与Doug Fesler相类似的经历，他是华盛顿一家药品研究公司的主管。本来他就对9月份乘坐美国航空公司的檀香山之行并没有多少期待。实际上，在了解了航空公司不再提供免费餐饮以后，他已经为第二站从达拉斯到檀香山的旅途准备了打包午餐。但他说，他仍然被旅途上缺失的基本服务和机舱内糟糕的情况所震惊。在那次航班上，电影的音频设备坏掉了。而指示卫生间是否被占用的指示灯也十分怪异，致使混乱情况的发生，有时候想要使用卫生间的乘客还要被迫排起长队等待。尽管食物可以随时购买，但是在乘务员为整个机舱服务之前就卖光了，一些乘客不得不以渴望的眼光看着他带来的快餐。

他返程的旅途同样令人失望。这一次电影的音频可以使用，但只提供西班牙语，他的座椅无法直立起来。"我甚至感到害怕，"Fesler说，"你为一个座位支付了五六百美元，你当然会认为起码它能够提供必要的服务。"他说他已经考虑拒绝乘坐如此低质服务的航班，但是，"如果你对每一个让你愤怒的航班都做了同样的举动，你大概永远无法到其他地方去了。"

这个故事在机舱的前部就完全不同了——不仅仅是美国人为海外航班的商务舱乘客提供供应四菜正餐的问题（瓷器盛装、精美的器皿、四种红酒的选择），枕头和毯子也随时准备着。比如，旅客乘坐联邦航空的商务舱从华盛顿杜勒斯到法兰克福，可以享受到180度平放的座椅。这些座椅被改装成单人床，并配备了更大的电视屏幕，iPod适配器以及防噪声耳机。美国的和其他航空公司同样为国际航班的头等舱进行改造，比如在旅行途中娱乐和新的食物选择方面。

有了这么多特权和完美的服务提供给他们，你可能觉得头等舱乘客一定很高兴，但通常的答案是否定的。头等舱乘客得到更多，但是当然，他们支付的更多——一些人认为太多了。很多头等舱乘客抱怨他们为机舱后部廉价飞行的乘客分担了成本是不公平的。他们可能是正确的。联邦航空说仅仅8%的消费者——那些为头等舱和商务舱支付了溢价的人——带来了36%的乘客收益。

但机舱后部的人们抱怨的却是最多。他们会问，为什么他们飞行经历的质量下降得如此之快，而价格却一直在上升？实际上，如今全力运营并且航班频率如此高的航空公司已经意识到，它们没有必要去迎合节约的乘客——他们中的大多数仅仅凭价格预订并且越发对航空公司没有忠诚度。容忍低费用乘客的成本永远都不会值得让出底线。因此航空公司渐渐砍掉了机舱中一些服务，并对曾经免费的服务收取费用，就像正餐（联邦航空快餐要价5美元）和饮料（16盎司雪碧要价2美元），而达美、美国航空、西南航空和大陆航空等公司，都开始采用小型飞机进行跨大西洋飞行。这样长途飞行成本更低，但要以乘客的舒适度为代价。

这都归结于简单的经济学。例如，西南航空宣称，通过去掉航班上免费饼干的支出，每年节约200万美元。同时，美国航空估计，通过移除机舱中免费餐饮服务它每年削减3000万美元的支出。你可能疑惑，为什么提供一个枕头都不再可能了呢？同样，又是钱的问题。美国航空宣称去掉枕头这项服务每年节省几乎100万美元。看起来航空公司总是能找到新的方法深挖乘客的口袋——比如为过道座位和窗口座位索要额外5美元或者10美元，或者为第二个托运行李索要25美元。

主要的航空公司坚持宣称它们想要为所有乘客提供满意的服务，但是也承认，最后都沦落到底线。"为了省钱才来购买我们机票的乘客——我们想要保证他们享受到舒适的旅行，"一位美国航空的主管说，"但是我们从任何航班获得利润的主要途径就是乘客愿意为服务支付的溢价。"

短期来看，重新构造的定价单可能有助于航空产业的发展。但在航班载客量上升的同时，乘客的抱怨也日益增长，长期来看对航空公司并没有好处。尤其在经济下滑时期，航空公司更需要改变乘客心中的信誉，航空公司正确地定价无疑能够获得回报。

航空公司明白它们必须为管理价格-价值等式做得更好。"我们意识到在过去的几年内我们错过了一些为改善乘客的体验做正确事情的机会，"美国航空公司一个新创造的职位客户体验主管 Mark Mitchell 说。Mitchell 说他被任命的目的是"修复航空公司已破坏了的部分服务"，包括美国航空如何处理航班延误，登机程序，机舱清理，行李处理以及乘务员与乘客的互动。

更广泛地说，这可能仅仅是调整乘客的期望的事情。一些乘客看起来感觉航空公司应当了解飞行体验不再有魅力，或者甚至有时候只能去容忍——尤其是机舱的后部——这也是乘客不得不接受的事情。像西南航空和捷蓝航空这样运营商能够在保持消费者满意的同时保证低成本。

"实际上我对这个领域中的西南航空充满更多敬意。"一位有经验的旅行者说，指的就是史上从未提供额外服务的航空公司："它们从来都是做的比说的多。"

资料来源：Portions of Michelle Higgins, "Aboard Planes, Class Conflict," *New York Times*, November 25, 2007; with information from Jefferson George, "Want an Aisle Window? Get Ready to Pay for It," *McClatchy-Tribune Business News*, April 17, 2008; Kerry Dougherty, "Opinion: Are You Sick of Poor Customer Service? Get in (a Long) Line," *McClatchy-Tribune Business News*, March 17, 2009; and The American Customer Satisfaction Index, accessed at www.theacsi.org, September 2009.

9.6.3 心理定价

价格反映的是与产品相关的东西。比如，一些顾客利用价格判断产品的质量。一瓶标价 100 美元的香水，可能香水的含量仅值 3 美元，但是一些人愿意付出 100 美元，他们认为这样的价格暗示产品有某种特殊性。

运用**心理定价**（psychological pricing）时，卖主考虑的是价格的心理影响而不仅仅是简单的经济方面的影响。例如，消费者通常认为高价格的产品具有较高的质量。当消费者检验产品本身或者依靠过去的经验判断产品的质量时，他们较少依赖价格。但当他们由于缺少相关信息和技能而不能判断产品的质量时，价格会成为重要的质量指示信号。比如，每小时 50 美元和每小时 500 美元的律师，哪一个更优秀？你需要分别深入地挖掘律师资质来回答这个问题，而且即使这样，你还是无法做出准确的判断。我们中的大多数仅仅假设收费高的律师更好。

心理定价的另一个方面是**参考价格**（reference prices）。这是消费者心中的价格，在购买特定产品时会加以参考。消费者可能通过观察目前的市场价格、回忆过去的价格经验或参照购买环境形成参考价格。卖主在制定价格时可以影响或利用消费者的参考价格。例如，一家公司可以把它的产品陈列在一个更加昂贵的产品旁边，暗示它们属于同一类别。正如一个杂货零售商会将售价为 1.89 美元自有品牌的麦片和葡萄干放在货架上标价为 3.20 美元的凯洛格麦片旁边。

对于大多数购买，消费者没有技能或者信息来判断他们是否付出了恰当的价格。他们没有时间、能力或者愿望来比较不同的品牌、商店和价格，以做成最划算的交易。相反地，他们可能依赖确定的线索，判别价格是高还是低。有趣的是，这样的定价线索通常是由卖主提供的，形式通常有销售量信号、价格匹配保证、亏损领导定价和其他有用的线索。

即使很小的价格差异也能反映产品差别。考虑一个立体声扩音机定价分别为 300 美元和 299.99 美元的两种情况：实际的定价差别只有 1 美分，但心理上的差异可能非常大。例如，一些消费者可能认为 299.99 美元属于 200 美元的范畴而不是 300 美元的范畴。299.99 美元很可能被看成一个便宜的价格，而 300 美元被认为具有更高质量。一些心理学家认为每一个数字都具有质量象征意义，应该在定价时认真考虑。"8"是圆的，给人光滑的效果，而"7"是有棱角的，给人一种严肃的感觉。

9.6.4 促销定价

运用**促销定价**（promotional pricing），公司会暂时把产品的价格调整到正常的价格以下，有时甚至低于成本，以制造购买的热情和紧迫感。促销定价通常有几种形式。卖主可能简单地在正常价格的基础上提供折扣来促进销售，降低库存；也可能运用特别事件定价法，在某个特定的季节招徕更多的顾客。因此，大屏幕电视机和其他的电子消费产品都会在 11 月和 12 月进行促销，来吸引更多的圣诞节购物者。

制造商有时会向那些在某个特定时间从经销商那里购买产品的消费者提供现金回扣，并直接把这些回扣送给消费者。回扣曾经被汽车制造商、手机和小器具制造商广泛运用，但现在也被应用于消费类商品。汽车制造商提供低息贷款、较长的质保时间以及免费保修来降低消费者的"心理价格"。这个方法尤其受到汽车行业的青睐。

然而促销定价也可能有负面作用。如果运用得太频繁并被竞争者效仿，价格促销可能会产生"交易倾向型"顾客，他们要等到品牌降价才购买。或许经常性的降价会损害品牌在消费者心中的价值。营销主管有时会沉迷于价格促销，尤其是在经济困难的时期。他们有时会将价格促销作为一个快速见效的措施，而不是克服重重困难发展自己品牌的长期策略。但是公司必须小心地平衡短期销售量刺激和长期品牌建设之间的关系。一位分析家建议：

经济困难时期会出现恐慌的趋势。第一个也是很多公司都会使用的战术就是大幅度降级。价格掩盖了一切，至少这些日子是这种感觉。让利 20%，让利 30%，让利 50%，买一赠一。不管你卖的是什么东西，你都会提供一个折扣价以吸引消费者走进商店。但是激进的价格策略也会带来风险。公司务必要谨慎对待，大幅的和频繁的降价都会给公司品牌感知质量带来风险。在经济形势困难的时期，一些促销手段是不可避免的，消费者也欢迎这种方式。但是营销人员必须在折扣损失的同时找到支持品牌识别和质量的方法。

促销定价在一定的环境下可以成为某些公司扩大销售的有效方法，然而如果过于频繁地应用则会产生毁灭性后果。

9.6.5　地理定价

当一个公司的产品销往一个国家或者世界的不同地域时，该公司必须决定怎样为这些产品定价。它是否应该向那些偏远地区的顾客收取较高的价格以弥补较高的运输费用，但是同时要冒可能会失去这些顾客的风险？或者它应该向所有的顾客收取相同的价格，而不考虑他们所处地点的差异？我们以下列假设的情况为基础，考虑五种地理定价战略：

帝王纸业公司位于佐治亚州的亚特兰大，向全美国的顾客销售纸产品。运输的成本很高，并且影响着顾客从哪个公司购买纸产品。帝王纸业想实行地理定价战略，它正在考虑如何为 10 000 美元订单的三个顾客制定价格：顾客 A（亚特兰大），顾客 B（印第安纳伯明翰市），顾客 C（加利福尼亚开普敦）。

帝王公司的选择之一是要求顾客支付从亚特兰大的制造工厂到顾客所在地的运费。三个顾客支付的出厂价是相同的，都是 10 000 美元。但顾客 A 额外支付 100 美元的运费，顾客 B 额外支付 150 美元，顾客 C 额外支付 250 美元的运输费。这种定价策略被称为 **FOB 原产地定价**。它意味着货物放到运输设备的甲板上即表明卖主责任的结束。从那一刻起，产品的权利和义务都转嫁给顾客，他们要支付从工厂到目的地的运输费用。因为每一个顾客都独自承担他们自己的成本，所以 FOB 价格的支持者认为这是评价运输费用最公平的方法。然而，这种定价战略的缺点就在于，对于远距离的顾客，帝王纸业会成为一个高成本的公司。

统一运输定价（uniform-delivered pricing）与 FOB 恰好相反。在这里，公司向所有的顾客收取同样的价格加运输费用，而不论他们在什么地方。运输费用由平均运输成本决定。假设平均运输成本为 150 美元，结果统一运输定价法就向亚特兰大的顾客收取了较高的价格（他要支付 150 美元而不是 100 美元），向开普敦的顾客收取了较低的价格（他要支付 150 美元而不是 250 美元）。尽管亚特兰大的顾客可能更愿意从执行 FOB 价格的另外一个本地纸品公司购买纸品，但是帝王纸业公司将有更大机会赢得加利福尼亚的顾客。

区域定价（zone-pricing）介于 FOB 和统一运输定价法之间。公司把市场划分为两个或多个区域，一个地域内的所有顾客都支付相同的单一总价格；地理位置越远的区域，支付的价格越高。例如，帝王纸业公司可能设置一个东部区域，向这个地区内的所有顾客收取 100 美元的运输费；设置了一个中西部区域，收取 150 美元的运输费；设置了一个西部区域，收取 250 美元的运输费。利用这种方法，在一个给定价格区域内的顾客就享受不到公司的价格优势，例如，亚特兰大和波士顿的顾客都要向帝王纸业公司支付相同的总价格。然而，亚特兰大的顾客可能会抱怨他们比波士顿的顾客多支付了部分运输费用。

运用**基点定价**（basing-point pricing），公司选择一个城市作为"基点"，然后根据顾客所在地到基点城市的距离收取运输费用，而不再考虑货物真正是从哪个城市发出的。比如，帝王纸业公司可能选择芝加哥作为基点城市，向所有顾客收取 10 000 美元的产品价格和从芝加哥到顾客所在地的运输费用。这意味着亚特兰大的顾客要支付从芝加哥到亚特兰大的运输费。如果所有的顾客都选择相同的基点城市，则运输费对所有的顾客都相同，价格竞争就能得到有效的避免。

最后，如果卖主非常想与某个特定的顾客或者是某个特定的地区的顾客做生意，他可能会使用**免收运费定价**（freight-absorption pricing）。运用这种定价策略，卖主支付了部分或全部的运输费用，以获得期望的生意。这个卖主可能这样推断，如果能获得更多的生意，他的平均成本会降低，而成本降低获得的收益超过了额外的运输成本。免收运费定价法被用来进行市场渗透，或者是在竞争日益激烈的市场中维持市场份额。

9.6.6 动态定价

历史上大多数的价格都是通过卖方和买方协商决定的。固定价格战略——为所有的购买者设定一个价格——是一个相对新式的想法，随着 19 世纪末大规模零售的发展而出现。如今，大多数价格都是通过这种方法确定的。但是，一些公司颠覆了固定价格的趋势。他们使用**动态定价**（dynamic pricing）——为了迎合个人消费者和情况的特征和需要。

比如，考虑互联网的出现怎么样影响定价。从过去的几个世纪固定定价的实践来看，互联网似乎将我们带回了过去——来到一个新的流动定价的时期。互联网的灵活性允许网上销售者在动态市场需求的基础上对很大范围内的商品不断地修改价格（有时也叫实时定价）。在其他情况下，消费者通过 eBay 这样的拍卖网站或者 Priceline 这样的议价网站来控制价格。仍然有一些公司基于专门顾客的特征和行为来提供定制化产品：

这是一个你无法抗拒的提议：乘坐阿拉斯加航空公司飞机到檀香山往返只需要 200 美元。但是你可能不知道，这个提议只为你一个人制定。阿拉斯加航空公司正在引进一个系统，为正在浏览网站的旅客提供特别的价格和广告。系统可以通过计算机识别消费者，使用一小块编码称为网络跟踪器。它能够根据从几个来源搜集到的数据细节描绘出坐在屏幕另一端的消费者的画面。当消费者点击一则广告，系统能够迅速分析数据以评价出消费者的价格敏感程度。然后，一位消费者会立即得到从西雅图到波特兰价格 99 美元的机票，而另一位则需要支付 109 美元。或者是一位曾经频繁光顾阿拉斯加航空公司网站但是突然停止了访问的消费者可能会为一张 200 美元到夏威夷的机票而高兴。"我保证对于这个提议，很多人的回答都是肯定的，"阿拉斯加航空公司的客户关系管理和网络营销主管 Marston Gould 说。

动态定价：阿拉斯加航空公司为正在浏览网站的旅客提供特别的价格和广告。

动态定价法为营销人员带来了诸多好处。比如，网上卖场（如亚马逊）能够根据购物者的需求进行数据挖掘，不断的改善产品以适应购物者的行为，并相应地制定价格。像 L. L. Bean 和 Spiegel 这样的目录零售商能够根据需求或成本的变化，实时改变价格，一些特别项目的价格每天甚至每个小时都发生变化。很多直销人员需要随时监测库存、成本和需求并不断修改价格。

购买者同样能够从网站和动态定价法中获得利益。购物网站，像雅虎、eBay 和 Epinions.com，可以提供数千个经销商即时的产品和价格比较。比如 Epinions.com 能够允许购买者按照分类浏览产品或者搜索特别的产品或品牌，然后在整个网络上搜索并返回最优价格和评论的链接。另外还能找到最好的产品和能够提供最优价格的厂商。消费者了解了价格的信息就能争取到最低的价格。

另外，购买者能够在在线拍卖和交易网站进行议价。突然百年历史的讨价还价的艺术又重新流行。想要出售那件流传了几代的古老的咸菜坛子吗？你可以将它放到 eBay 上面，它是世界上最大的网上二手市场。想要为一个旅馆的房间或者出租的轿车设定自己的价格吗？你可以浏览 Visit Priceline. com 或者任意的拍卖网站。想要竞得一张酷秀的门票吗？你可以登录 Ticketmaster. com，它如今可以为一些音乐会门票提供在线拍卖服务。

动态定价在很多情况下都有作用——通过市场的力量调整价格，经常是为了消费者的利益。但营销者需要谨慎，不能针对特定的消费者群体使用动态定价，这样会毁掉重要的客户关系。

9.6.7　国际化定价

那些在国际市场上销售产品的公司，必须决定如何给它们在不同国家经销的产品定价。在某些情况下，公司可能制定一个统一的价格。例如，波音不管在什么地方都是以同样的价格销售喷气式飞机，不管是美国、欧洲还是第三世界国家。但是，大部分公司都会根据本地市场环境和成本而调整它们的价格。

一家公司在特定的国家应该制定一个怎样的价格由很多因素决定，包括经济环境、竞争环境、法律法规以及批发和零售体系的发展水平。不同国家消费者的认知和偏好也有差异，因此也需要有不同的价格。或者公司在世界不同的市场中追求不同的目标，也要求在价格战略方面有所调整。例如，三星公司把一个新产品引入一个高度发达国家的成熟市场中，追求的目标是迅速获得大众市场份额，这就需要渗透定价战略；反之，若是进入一个发展水平较低的国家，针对的是人数较少的对价格不敏感的顾客群，此时市场撇脂定价战略就比较有效。

成本也是一个影响国际化定价的很重要的因素。到外国旅行的人经常会吃惊地发现，在自己国家是相对很便宜的商品，在外国却标着价格很高的标签。一条在美国的市场售价为 30 美元的李维斯牛仔裤，在东京的售价是 63 美元，在巴黎的售价是 88 美元。一个麦当劳的巨无霸在本地售价为 3.50 美元，可能在冰岛的雷克雅未克需要花费 7.50 美元。在某些情况下，这些价格的飙升很可能源于营销战略或者市场环境的差异。然而，在大多数情况下，它仅仅是因为在另一个国家销售的成本高——由于产品改动、运输和保险费用、进口关税和税收、汇率波动和实体分销而带来的额外成本。

对于那些试图进入中国、印度和巴西等新兴市场的公司而言，价格已经成为国际化营销战略的一个关键因素。思考联合利华在发展中国家的定价战略：

如果你根本就对在发展中国家销售感到厌烦，有一种办法可以使用：贴上当地的标签，以一个高价格出售给精英阶层。创建了多芬、立顿和夏士莲等品牌的联合利华公司改变了这种状况。相反，它通过缩小包装来调整价格，这样即使是平均每天的生活费只有 2 美元的消费者也可以负担得起，从而在世界上最贫困的消费者中建立了一批拥护者。这个战略在 25 年前开始形成，那时候联合利华的印度分公司发现他们的产品触及的人口还不及百万。为了在获得利润的同时降低价格，联合利华为所有的产品推出了一次性使用包装，从洗发香波到洗衣粉，每个包装售价只有一个便士。这种便宜的小包装拉近了公司的高级品牌与世界上最贫穷消费者的距离。如今，联合利华仍然成功吸引了资金紧缺的消费者。比如，它便宜的定价解释了为什么联合利华能够占据巴西 70% 的洗涤剂市场份额。

因此，国际化定价有特殊的困难性和复杂性，我们将在第 15 章详细讨论国际化定价的问题。

9.7　价格改变策略

公司在建立了自己的价格结构和价格战略后，还经常面临着这样的情况：或者是主动改变价格，或者是对竞争者的价格变动做出回应。

9.7.1　主动改变价格

在有些情况下，公司会发现降价或者提价都是有利可图的，但在这两种情况下，公司都必须预测顾客和竞争者的反应。

1. 主动降价

在几种情况下，公司会考虑降价。一种情况是存在着过剩的生产能力。导致价格变动的另一种情况是由于面对强有力的价格竞争或者衰退的经济形势，自己的市场需求正在下滑。在这样的情况下，公司可能会逐步降低价格来增加销售量和市场份额。但航空业、快餐业、汽车行业和其他的行业近年来的经验表明，在一个生产能力过剩的行业中，降低价格很可能会导致价格战，因为竞争者会全力保护他们的市场份额。

一个公司降价可能是为了利用低成本的优势而成为市场领导者；或者公司最初的生产成本就比竞争者低，或者公司希望通过降价获得更大的市场份额，并进而通过大批量的销售进一步降低成本。Bausch&Lomb 就使用了逐渐低成本、低售价的战略而成为连接性软镜头市场的早期领导者。好市多使用这个战略成为世界上最大的仓储零售商。

2. 主动提价

成功的提价能够大幅度增加利润。例如，如果一个公司的边际利润率为销售额的3%，如果价格提高1%，在销售量不变的情况下，利润就增加了33%。导致提价的一个主要因素是成本膨胀：增加的成本，比如产品和服务税的增加挤压了公司的边际利润，导致公司不得不将成本上升的压力转嫁给消费者。另一个导致提价的因素是过度需求：当一个公司不能满足它所有的顾客的需求时，它可能就会提高价格，也可能为顾客定量配给产品，或者同时采取以上两种措施。思考当今世界石油和天然气行业的情形。

但是在向顾客收取高价时，公司必须避免被看成是一个价格收税官。比如，当汽油的价格迅速上升时，愤怒的消费者经常谴责主要的石油公司通过让消费者支出的方式使自己变得更富有。顾客记忆是长期性的，他们最终会离开那些他们认为收取了过高价格的公司，甚至是整个行业。在极端情况下，价格收税官的言论可能导致政府管制的增多。

一些措施可以帮助公司避免这个问题：一个措施是要使价格的上涨保持一种公平的感觉。公司应该在提高价格的同时向顾客做出解释，为什么要提价。

只要有可能，公司就应该考虑那些能弥补成本膨胀和需求过度而不必提高价格的措施。例如，它可以考虑采用更加节约成本的方式生产和分销产品；它可以压缩产品分量或者使用便宜的材料而不是提高价格，就像 ConAgra 为了维持 Banquet 冷冻食品 1 美元的售价的做法。或者公司可以拆开捆绑产品、去掉产品的某些特色、包装和服务或为捆绑产品分别定价。

3. 购买者对价格变化的反应

顾客并不总是以简单直接的方式解释价格变化。通常认为会降低销售量的提价行为，对于消费者可能也带来正面的意义。如果劳力士提高它最新款手表的价格，你会怎样想？一方面，你可能认为这款手表具有非同寻常的优良价值；另一方面，你也可能认为劳力士很贪婪，想从交易中赚钱最大限度的利润。

类似地，消费者可能对一次降价做出几种解释。例如，如果劳力士突然大幅降低手表的价格，你会作何感想？你可能认为购买昂贵的产品更加划算。但更有可能的是，你可能认为产品的质量降低了，品牌的豪华形象有了污点。

一个品牌的价格和形象通常是紧密相连的。一次价格的变化，尤其是价格的降低，能够深刻影响消费者对于品牌的看法。蒂法尼试图通过提供更加便宜的珠宝系列产品来吸引消费者时发现了这个问题：

蒂法尼代表着奢华的产品和蓝色盒子的印记。但是在 20 世纪晚期，这个高端的珠宝商对"负担得起的奢侈品"狂潮做出了回应，推出了新的"回归蒂法尼"系列较便宜的银饰珠宝。随着青少年涌向蒂法尼的店铺，吵嚷着买走标价 110 美元的银饰品，"回归蒂法尼"银手镯迅速成为了当下的必备品，销售量也达到了顶峰。但是尽管在初期取得了巨大成功，这种手镯的一时流行却疏远了公司多年的客户——那些富有而有些保守的人们，毁掉了蒂法尼奢侈品的信誉。因此，2002 年，公司开始重新重视高端的珠宝产品。尽管随着蒂法尼业务的快速增长，高端珠宝又一次取代了银饰品的地位，公司仍然没有重获独占的市场地位。一位富有的消费者说："你曾经非常渴望购买蒂法尼的产品，但如今它已经不再特别了。"

价格改变：一个品牌的价格和形象通常是紧密相连的。蒂法尼试图通过提供更加便宜的珠宝系列产品来吸引消费者时发现了这个问题。

4. 竞争者对价格变化的反应

一个考虑调整价格的公司不仅仅需要考虑消费者的反应，还必须考虑竞争对手的反应。在那些企业数量少、产品同质化且消费者信息灵通的行业中，竞争者很可能对价格变动有所反应。

公司怎样才能预期其竞争者可能做出的反应呢？这个问题非常复杂，因为就像消费者一样，竞争者也会对公司的降价做出很多种不同的解释。它可能认为该公司正在努力争取更大的市场份额；或者公司的经营业绩不佳，通过降价来促进销售；或者该公司想要整个行业都通过降低价格来增加总需求。

公司必须预期每个竞争者可能的反应。如果所有竞争者的行动方式相同，这就等同于分析一个典型的竞争者；反之，如果竞争者的行动方式并不相同，就有必要分别分析每个竞争者。然而，如果一些竞争者会仿效进行价格变动，就有理由期望其余的竞争者也会仿效进行价格变动。

9.7.2　对价格变化的回应

现在我们把问题反过来，看企业应该怎么样对某个竞争者的价格变动做出反应。企业必须思考以下几个问题：竞争者为什么要变动价格？价格变动是暂时性的还是永久性的？如果公司不做任何回应的话，对自己的市场份额和利润可能会产生什么样的影响？别的公司可能会做出反应吗？除了这些，公司还必须考虑自身的情况和战略以及消费者对价格变动可能做出的反应。

图 9-5 说明了一个公司评价和回应竞争者降价行为的方法。一旦公司确定竞争者已经降低了价格，并且价格的降低很可能影响公司的销售量和利润，它可能仅仅决定维持现行的价格和利润率。这个公司可能认为它不会损失太多的市场份额，或者如果该公司降低自己的产品价格的话，会遭受更大的利润损失。它可能认为自己应该等待一段时间，等有更多的信息来确定竞争者的价格变动的影响后再做出反应。但是，长时间等待后再行动可能会使竞争对手随着销售量的提高而变得更加强大和自信。

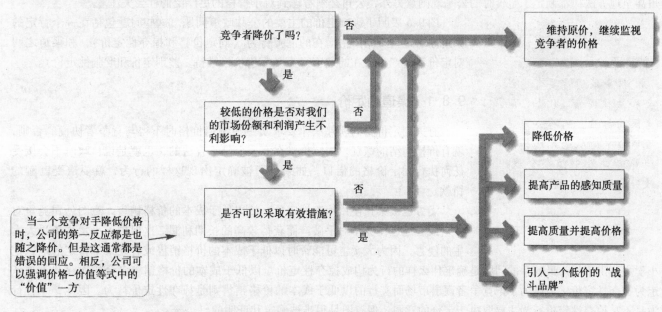

图 9-5　对竞争对手的价格进行评估并做出反应

如果公司觉得应该并且能够采取有效的反应，它可以采取以下四种反应中的任何一种。

首先，它可能决定**降低价格以与竞争者的价格相匹配**，它认为市场是价格敏感型的，可能会被低价格的竞争者抢占太多的市场份额。降价在短期内会降低公司的利润。一些公司可能会决定降低产品的质量、服务、营销宣传的开销以保持原来的利润率，但是这最终会损害企业长期的市场份额，公司在降价时也应该保持原来的质量水平。

另外的方法是，公司**维持原来的价格但提高它所供应的产品的感知价值**。它可以加强市场宣传，强调产品的相对价值优于价位较低的竞争产品。企业可能会发现相比于降低价格、以较低的边际利润率运营来讲，维持原价、投资提高产品的感知价值是一个更为合算的方法。或者，公司可以**提高质量并提高价格，把其品牌转移到一个更高价格的定位**。较高的质量创造了更高的客户价值，能够支持较高的价格；反过来，较高的价格又可以使公司保持较高的利润率。

最后，公司可以**引入一个低价的"战斗品牌"**——在现有的产品线上增加一个低价品目，或者是创造一个独立的低价品牌。如果某个正在失去的细分市场对价格敏感，而对高质量诉求不敏感的话，这个措施就是很必要的。西南航空和捷蓝公司、维珍集团（维珍航空的所有者之一）共同投资了维珍美国航空公司，提供 Wi-Fi、电影和一些按需供应的食品等便利条件，"所有这些都完全是低费用的"。

当受到商店品牌或者其他低价进入者的挑战时，宝洁公司就会把它的某些品牌转变成为战斗品牌。Luvs 牌纸尿布给父母传递了"更严密的渗漏保护，更低价的品牌"这种信息。宝洁同样为几个重要的品牌推出了低价格的基本型号。比如，Charmin 基本型就是"以你喜欢的价位提供高质量的卫生间用纸。"Bounty 基本型号的宣传口号就是"实用但不贵"。它"以低廉的价格提供雄厚的实力——不需要花费太多就足以应付的纸巾"。总而言之，Bounty 品牌宣称拥有令人震惊的 44% 的纸巾市场份额，其中 Bounty 的基本型号成为了品牌近年增长的主要动力。

9.8 公共政策与定价

价格竞争是自由市场经济的核心因素。在制定价格时，公司并不是可以制定他们希望的任何价格，很多联邦、州甚至地方法律都制定了定价时的公平规则。另外，公司必须考虑到对于价格的更广泛的社会关注。

图 9-6 表明了影响定价的主要的公共政策问题。这些问题包括在一个特定的渠道内对定价策略产生潜在的危害行为（固定价格和掠夺性定价），和渠道之间对定价策略产生潜在的危害行为（零售价格维持、差别定价和欺骗性定价）。

作者评论

定价决策通常要考虑社会和法律因素。比如，思考医药行业。制药公司是否不公平地从毫无选择的消费者口袋中掠夺金钱？政府是否应该干预？

9.8.1 渠道内定价

有关固定价格的联邦法律要求卖主在制定价格时不得与竞争者协商。否则，就有价格勾结的嫌疑。固定价格在实质上是不合法的，也就是说，政府不会接受任何执行固定价格的借口。如果公司被确定出现这样的行为，就要遭受巨额的罚款。

卖方也被禁止使用掠夺性定价——以低于成本的价格销售，意图惩罚竞争对手，或者通过使竞争对手破产而获得较高的长期利润。这保护了小卖主免受大卖主的侵害，因为大卖主可能暂时以低于成本的价格销售或者在某个特定的地区把小卖主逐出市场。最棘手的问题是确定什么样的行为构成掠夺性定价。以低于成本的价格销售多余的库存并不被认定为掠夺性定价，但是为了把竞争者逐出市场而实行的以低于成本的价格销售则是掠夺性定价行为。因此，一种行为是不是掠夺性定价行为主要取决于定价的意图，但意图是很难被确定和证明的。

近年来，几个强大的公司被指控进行掠夺性定价。比如，十几个小竞争对手指控沃尔玛在其专门的地区或在一些专门的产品上降低经营的价格，像汽油和基因药物，从而把他们赶出市场。实际上，纽约州已经通过了一项法案要求公司以达到或超过 98% 成本价格的水平为汽油定价，以"解决大型仓储式超市的更极端的掠夺性定价的情况"，像沃尔玛和科思。但是，在北达科他州同样的汽油定价建议被否决了，因为议会代表并没有将其看成是掠夺性定价。在科罗拉多州，一项允许低于燃油成本定价的法案则获得通过。

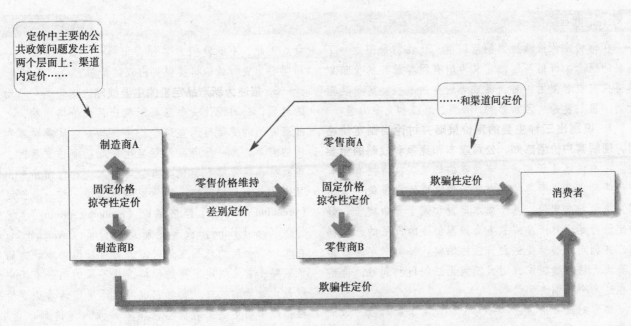

图 9-6 定价中的公共政策

9.8.2 渠道间定价

《罗宾森－帕特曼法》禁止不公平的价格歧视行为，以确保卖方对一个特定交易水平的所有顾客收取相同的价格。例如，每个零售商有权以相同的价格从一个特定的制造商那里采购商品，无论是西尔斯还是当地的自行车商店。但如果卖主能够证明它向不同的零售商销售的成本不同——例如，如果它向西尔斯销售大批量的自行车时，每辆自行车的交易成本要低于向一个小批量采购的当地自行车商店销售的成本——差别定价就成立。

如果买主为不同的零售商生产不同质量水平的同种产品，那么它也可以实行差别定价。卖主必须证明这些差异是成比例的。从正面的态度看，价格差异也可能被用来与竞争对手相匹配，如果价格差异具有暂时性、地区性和保守性，而不是进攻性的。

零售（或转售）价格维持措施也是被禁止的——制造商不能要求交易者为它制造的产品收取某个特定的零售价格。虽然卖主可以为交易者提供一个建议价格，但它不得拒绝向那些采取独立价格措施的交易者销售产品，它也不能通过不及时交货或者取消广告补贴等方式惩罚交易者。例如，佛罗里达州的律师总署最近发现耐克固定了自己的鞋子和服装的零售价格。该部门注意到耐克可能从某些商店撤货，因为那些商店不按照公司所认为合适的价格销售它最昂贵的鞋子。

欺骗性定价（deceptive pricing）是卖主宣传一些对消费者产生误导或者消费者根本就不可能获得的价格或价格折扣，这可能包括虚假的参考价格或者比较价格，即一个零售商预先设置一个很高的"正常价格"，然后宣布实际上很接近原来真实价格的"促销价格"。这样的比较定价被广泛应用。

如果比较定价声明是真实的，它们就是合法的。但是，美国联邦交易委员会的《反欺骗性定价指南》（*Guides A-gainst Deceptive Pricing*）警告卖主不要宣称降价，除非它真的是来自日常零售价格的节约，不要宣称"出厂价"或者"批发价"，除非这些价格是真实的，不要宣称相对于有缺陷产品的性价比。

其他的欺骗性定价问题包括扫描仪诈骗和价格混乱。普遍使用的基于扫描仪的计算机结算系统导致越来越多的顾客抱怨零售商多收了他们的钱。绝大多数情况下这些多收的钱是由于管理的低效造成的——没有及时把现行价格和促销价格输入结算系统。然而，有些则可能是故意的行为。

许多法律法规禁止欺骗性定价行为，但是，信誉好的卖主已经超出了法律对他们的要求。公平地对待顾客、确保他们充分理解价格和定价条款是建立坚强持久的客户关系的一个重要部分。

概念回顾

在你将定价策略抛之脑后以前,让我们来回顾一下重要的概念。价格可以被定义为所有顾客放弃的价值以获得拥有或者使用一种产品或者服务的利益。定价决策受到一系列复杂的因素影响,公司、环境和竞争力量。

1. 识别出三种主要的定价策略并讨论当制定价格时,理解客户价值感知、公司成本和竞争者战略的重要性。一个价格是所有消费者放弃的价值以获得拥有或者使用一种产品或服务的利益。三种主要的定价策略包括客户价值导向定价、基于成本定价和基于竞争定价。好的定价开始于对产品或服务为顾客创造的价值的深刻理解,并制定能够捕捉这种价值的价格。公司制定的价格过高而无法创造需求或者太低而无法创造利润时,价格会在这两个极端之间调整。

顾客对产品价值的感知为价格设定了最高值。如果消费者感受到价格高于产品的价值,他们将不会购买产品。在另一个极端,公司和产品成本为价格设定了底线。如果公司为产品定价低于成本,它的利润会受到损失。在这两个极端情况下,消费者将会以竞争对手为相似产品制定的价格为基础对一种产品的价值做出判断。因此,设定价格时,公司需要考虑所有的三种因素:顾客感知价值、成本和竞争对手的定价战略。

2. 识别并定义其他影响公司定价决策的重要的外部和内部因素。其他影响定价决策的内部因素包括公司的总体营销战略、目标和营销组合,以及组织因素。价格仅仅是公司广义营销战略的一个因素。如果公司已经选择了目标市场并仔细地定位,那么它的营销组合战略,包括价格,也将相当明确。一些公司通过价格定位产品,然后为它们想要制定的价格量身打造其他的营销组合决策。有些公司不再强调价格,而是使用其他的营销组合工具创造非价值定位。

其他的外部定价考虑因素包括市场和需求的性质以及环境因素,比如经济、分销商需求和政府行为。不同类型的市场上销售商的定价自主权不同。基本上消费者决定公司是否设定了正确的价格。消费者使用产品的感知价值衡量价格——如果价格超过了价值的总和,消费者将不会购买。因此公司必须了解类似需求曲线的概念(价格-需求关系)和价格弹性(消费者对价格的敏感度)。

经济形势能够对定价决策产生主要的影响。最近的经济萧条使得消费者重新思考价格-价值等式。作为回应,营销人员更强调物有所值的定价战略。但是,即使在经济困难的时期,消费者也不是仅仅以价格为基础购物。因此,不管他们索要什么价格——低还是高——公司需要为支付的价格提供更出众的价值。

3. 描述为新产品定价的主要战略。定价是一个动态的过程,公司设计一个涵盖所有产品的价格结构,之后随着时间的变动而调整这个价格结构,以反映顾客和环境的差异。当一种产品沿着其生命周期演进发展时,价格战略也经常发生变化。当公司引入一种仿制品时,它可以从以下几种价格-质量战略中选择一种:溢价定价(premium pricing)、经济定价(economic pricing)、优质价值(good value)或者是制定高价格(overcharging)。在为一个全新的产品定价时,公司可以遵循市场撇脂定价战略:首先制定很高的价格,从不同的细分市场中撇取最大数量的收益。或者它也可以运用市场渗透定价战略:最初制定很低的价格来使产品深入渗透到市场中,并获得较大的市场份额。

4. 解释公司怎么样找到一套价格,以使产品组合的总利润最大化。当产品是一个产品组合的一部分时,公司就要寻找能使整个产品组合总利润最大化的一套价格。在产品线定价中,公司要决定它所提供的整套产品的价格区间。例如,公司必须为下列产品制定价格:可选择的产品(可选择的配件或者附属于主要产品的产品)、附带产品(在主要产品的使用中必须要用到的产品)、副产品(在生产主要产品的过程中产生的废物或多余的产品)和捆绑产品(产品的组合,其组合价格低于这些产品分别的价格之和)。

5. 公司应该怎样调整价格以适合顾客和环境的差异。公司可以实施各种各样的价格调整战略,以解决在细分顾客群体和环境方面存在的差异。其中一个是价格折扣和折让,即公司设立现金、数量、功能和季节性的折扣,或者设立不同种类的补贴政策。另一个战略是分段定价,即公司按照两种或多种价格水平销售同样的产品,以反映在顾客、产品形式、地点或时间上的不同。有时候,公司在价格决策时不仅仅考虑价格的经济含义,还会利用心理定价更好地传递想要的产品定位。运用促销定价,公司可以提供折扣或者暂时把该产品作为牺牲者,以低于成本的价格销售。另一种战略是地理定价,公司决定应该向远距离的顾客收取什么标准的价格;公司可以选择的地理定价战略有FOB原产地价格、统一运输定价法、区域定价法、基点定价法和免收运费定价法。最后,国际化定价意味着公司应该调整价格以适应不同的世界性市场中的环境和期望的差别。

6. 价格改变策略。当公司考虑发起价格改变,它必须要考虑消费者和竞争对手的反应。对于主动降价和主动提价都有不同的暗示。购买者对于价格改变的反应会受到消费者对于价格变化解释的影响。竞争对手的反应则表现为一组反应政策或者不同情况的分析对策。

当对竞争对手价格调整做出反应时，公司同样会考虑很多因素。公司面临对手主动改变价格必须试图理解对手的意图和持续时间，以及改变的影响。为了能够快速做出反应，公司应当提前对竞争者不同的价格行动做出应对措施。面对竞争对手的价格改变，公司可能保持价格不变，降低自己的价格，提高感知价值，改善产品质量并提高价格，或者引入"战斗品牌"。

问题讨论

1. 价格是什么？讨论当营销人员制定价格时必须考虑的因素。
2. 讨论基于成本定价的类型，并描述分别实施的方法。
3. 比较市场撇脂定价和市场渗透定价战略，它们分别适用于哪些情况？
4. 说出并简要描述折扣和补贴。
5. 为什么营销人员对同样的产品或服务向消费者索要不同的价格？解释这种定价战略是怎样实施的，以及在何种情况下是有效的。
6. 说出并且简要描述五种地理定价类型。

问题应用

1. 识别出三个价格比较购物网站并购买一款你中意的MP3，比较在这三个网站上给出的价格范围。
2. 将1美元转换成五个其他国家的货币（你可以在www.xe.com网站上完成）。在其他国家设定价格时货币兑换比率意味着什么？
3. 组成一个小组讨论在传统的大学攻读MBA学位的同时提供在线攻读MBA的成本。哪些成本是固定的？哪些是可变的？决定在这个学位攻读课程中，三学分的课程应当定价多少？在设定价格时，你们小组使用了何种定价方法？

营销技术

你了解什么是拍卖，但什么是反向拍卖呢？在一次典型的拍卖中，卖主提供一件商品或者服务，买方为其出价，出价最高的买方赢得拍卖。但是在一次反向拍卖中，买方和卖方的角色互换。买方想要购买一件产品或者服务，征求卖主提供，出价最低的卖主赢得交易。就像传统的拍卖可以通过eBay这样的网站进行，互联网方便了反向拍卖的进行，公司可以因此节省25%～50%的采购成本。反向拍卖的关键是迅速发生并且卖主关注最低的出价，因此压低买方的价格。基本上，卖主为他们愿意向购买者出售产品和服务的低价而竞标。反向拍卖在20世纪90年代流行起来，一位研究人员估计，几乎半数企业的开支将很快通过反向拍卖的形式完成。反向拍卖不再仅仅面向B2B交易，它们也被应用于B2C和C2C交易。由于技术的发展，公司和消费者如今可以设定它们想要支付的价格，使得世界各地的卖方为了它们的生意而竞争。

1. 在互联网上搜索反向拍卖的网站。了解这些网站是如何运营的，并解释它们如何工作以及实施一次反向拍卖的成本。
2. 搜索关于反向拍卖的文章。对于企业来说，使用反向拍卖购买产品或服务分别有哪些优势和劣势？对于消费者呢？

营销道德

在航空定价中，这里5美元，那里10美元——都开始加价。收费开始于乘客拨打航空公司的免费电话预定航班，到其他所有的事情都要收费。如果你在过去一年乘坐过飞机，你可能注意到航空公司到处充满了铜臭味，并对乘客漠不关心，只有那些5和10后面增加了更多的"0"！附加费用仅仅在2009年的前6个月已经为航空公司的收入贡献了40亿美元——这还是在乘客减少的情况下！改签航班——那会使你的支出上升150美元。托运一件行李——另付10～25美元，如果国际航班则第二件行李可能需要50美元。携带宠物呢？需要另外支付50～100美元。饿了？请你支付10美元或者更多。西南航空公司，不发放登机牌的低价运营商，现在也开始提供优先登机权，10美元就可以在其他乘客之前登机。这些费用都是加在所有乘客需要支付的其他的税费之外的。自"9·11"恐怖袭击以来，这些附加的费用增加了航空业最低谷时期的收入。获利最多的收费就是行李托运，但如果你在网上支付就会比在机场支付节省一点钱。

1. 了解飞机乘客需要支付的各种税和费。如果下个月你要乘坐达美航空公司的航班从亚特兰大到丹佛进行一周的旅行，你需要花费多少钱？如果你需要托运一件行李并需要午餐，费用是多少？如果你下周预订航班而不是下个月，费用是更高还是更低？同样的时间其他航空公司从亚特兰大到丹佛的航班价格是相同的吗？费用是相似的吗？哪家航空公司实行了最高的费用？航空公司是否采用不公平的优势向乘客征收过高的费用？

2. 讨论航空公司除了机票和对乘客征收的费用以外获得收益的其他方式。

营销挑战

　　随着经济形势使得人们对于支出更加敏感，很多公司降低了产品和服务的价格。但是有些公司成功地保持了价格的稳定，比在经济下滑之前销售同样甚至更多的产品。但高露洁棕榄是极少的幸运儿之一，在这样艰难的时期提高了价格并因此获得了盈利。想一想这个问题——你的经济状况要达到多么拮据的情况才使得你不得不停止刷牙和洗澡？经济形势对基本的个人护理习惯几乎没有任何影响，而品牌偏好对于这些需求的影响则是根深蒂固的。高露洁棕榄在精确估计消费者购买习惯的基础上，将价格平均提高了7.5%而没有对销售量产生任何影响。高价格和稳定的销售量等于高利润。实际上，高露洁棕榄的利润在过去一年增长了20%，经济衰退似乎对它没有影响。

1. 高露洁棕榄在提价上面的成功与经济有何关系吗？
2. 长期来看，随着提价高露洁棕榄应当有何预期？

营销算术

　　当引入一种新产品时，一些制造商会采用价格撇脂战略，在初期设定一个高价格，不久之后再降价。但是，降价也会削减利润率，从而影响到盈利。为了盈利，降低的价格必须能够充分提高销售量。例如，一个销售额6000万美元，利润率为30%的公司，意识到对总固定成本和利润的贡献为1800万美元（6000万美元×0.3 = 1800万美元）。如果这个公司降低价格，利润率的贡献也会降低。因此为了保持或者增加盈利，价格的降低必须大幅度增加销售量。

1. 参考附录B，计算该公司降价10%后新的利润贡献水平。假设每一个单位的可变成本是70美元，原始价格是100美元。

2. 新的价格水平下，为了保持同样的总贡献利润水平，公司必须取得多少销售量（也就是说，总贡献利润为1800万美元）？

第10章 营销渠道

传递客户价值

概念预览

现在我们来探讨第三种营销组合工具——渠道。公司很少单独给客户带来价值和建立可盈利的客户关系。相反，绝大多数公司只是更大的供应链和营销渠道上的一个连接点。同样，单一公司的成功不仅仅取决于它多么出色地完成了任务，还取决于与竞争对手相比，它的整个分销渠道有多么出色。为了做好客户关系管理，一个公司也必须做好合作伙伴关系管理。本章首先揭示了分销渠道的特点和营销人员的渠道设计与管理决策。随后，我们考察实体分销（也称物流），一个重要性和复杂性都在显著增长的领域。在下一章，我们将更密切地关注两个主要的渠道中间商——零售商和批发商。

学习目标

1. 说明公司为何要利用分销渠道，并讨论这些渠道的功能
2. 讨论渠道成员如何相互影响，以及它们如何实现渠道的功能
3. 识别公司面临的主要渠道选择
4. 解释公司如何选择、激励以及评估渠道成员
5. 讨论营销物流和整合供应链管理的特征及重要性

首先我们来看一个公司的案例，它开创性的客户驱动型分销战略使其在行业中处于领先地位。

第一站

恩特租车公司：将汽车租赁竞争对手远远甩在身后

哪一家汽车租赁公司是行业头名？你很可能回答说是赫兹公司。好，那么哪一家又是第二名呢？你会说，那一定是安飞士。毕竟，安飞士多年的广告中都说，"我们是第二名，因此更加努力！"但如果你回答的是赫兹公司或者安飞士，接下来你可能要大吃一惊了。通过任何方法——大多数商店的位置、收入、利润或者汽车的数量——美国汽车租赁公司的行业头名是恩特租车公司（Enterprise Rent-A-Car）。更重要的是，这个排名近期不会发生变化。恩特公司在20世纪90年代末就已经将第二名的赫兹公司远远甩在身后，并且从未被反超过。

长期以来，你可能被这样的假象欺骗：赫兹公司在机场汽车租赁中一直处于领先。但是，凭借收入130亿美元的收入和增长规模，恩特公司已经比赫兹公司高50%。另外，从所有方面情况估计，私人所有的恩特公司同样也更加盈利。

恩特公司是怎样成长为行业的统治者呢？公司可能承认是通过更优的价格或者更好的营销手段。但是，恩特公司能够成为行业领导者最重要的因素就是行业变革和客户驱动的分销战略。当赫兹公司或者安飞士这样的竞争对手忙于在机场为旅行者提供服务时，恩特公司正在为大型的未开发的细分市场创造一种新的分销方法。它开设了远离机场、方便社区的店面，为那些汽车被损坏、被盗或者被送保养或者那些仅仅想为短期旅途或者特别场合需要一种不同的汽车的人们提供短期的汽车替代租赁服务。

半个多世纪以前，恩特公司的创立者杰克·泰勒发现了未被满足的消费者需要。那时他在一家St. Louis汽车经销商工作，顾客经常询问他，当他们的汽车被送入店中修理或者保养时，他们可以在哪里找到替代的汽车。为了满足这种需求，泰勒开始了汽车租赁业务。但是没有与类似的赫兹公司或者安飞士公司为机场的旅行者服务进行直接面对面的竞争，泰勒将他的公司开设在中心

城市和邻近的地区，更加接近替代汽车的目标客户。这些选址同样为泰勒节省了成本——门店租金更低，他还不用支付机场税费。

泰勒开创性的分销战略发挥了作用，业务增长迅速。随着他在圣路易斯和其他城市开设了更多的店面，作为海军飞行员在美国海军机场运营服役之后，他为公司重新命名为恩特租车公司（Enterprise Rent-A-Car）。恩特公司继续集中于稳步发展的被称为"城市之家"的细分市场，主要服务那些汽车被损毁或者被送去保养的消费者。恩特公司分公司经理同当地汽车保险理赔员、代理商的销售和服务人员以及保养商店和汽车修理厂建立的牢固的关系，选择恩特公司作为他们偏爱的汽车租赁提供商。

城市之家细分市场的消费者有着特别的需求。他们通常将汽车送去保养或者修理而无法到恩特公司的营业点租车。因此公司想到另一个改变游戏的主意——无论顾客身在哪里，他们会去接顾客并将他们送到租车公司。因此，这句标语："选择恩特，我们会去接您"如今仍然是公司主要的价值定位。

恩特公司取得成功的另一个秘密就是以巨大热情创造顾客满意度。为了衡量满意度，恩特公司开发了被称为ESQi（Enterprise Service Quality index）。公司每年打电话给200万名顾客，询问两个简单的问题："您对服务完全满意吗？""您还会来吗？"除非保持顾客满意，恩特公司的管理者不会得到晋升的机会，就这样简单。如果顾客的反馈是糟糕的，"我们称之为ESQi监狱，"公司的一位人力资源经理说，"除非数字开始得到改善，否则你无处可逃。"

展望未来，恩特公司继续寻找更好的方法，让顾客在需要的地方获得汽车来保持愉快的心情，而不是故步自封。恩特公司已经创新了另一种分销方式——"拼车"和小时租赁。"拼车"在90年代后期由Zipcar发

起，主要在停车位紧张的大学校园和拥挤的城市地区实行，在那里，人们需要跑腿办事或者短期旅行，汽车租赁都是以小时或者一天为基础。

恩特公司正在加快推行自己的拼车业务——WeCar。在人口密集的城市地区，这项业务可以将汽车停在适当的位置，那里的居民通常没有自己的汽车，而商务人士不时需要汽车出行。恩特公司首先将商务人士作为目标，他们需要随时方便地以 WeCar 方式出行。WeCar 的会员每年需要交纳 35 美元的会员费。他们可以以每小时 10 美元或者每天 30 美元的价格租赁便利位置的加满油的汽车（通常都是丰田普锐斯混合动力车）——这个价格包括了汽油和 200 公里的行车路程。

租赁 WeCar 汽车只是简单的插入 – 启动操作：将你

的会员密钥卡插入一个探测装置打开汽车，然后打开手套式工具箱，输入 PIN 码解除汽车钥匙。尽管拼车市场属于 Zipcar 公司，这家业务覆盖几个大都市地区超过 70 所高校、资产超过 10 亿美元的公司，庞大的恩特公司将这个新的分销概念诠释得更加完美并且扩大。

因此，恩特公司继续向领先的分销战略迈进。安迪·泰勒是创始人杰克的儿子并且现在是恩特公司的 CEO，他说，"在这个业务领域中，我们拥有高起点，我们不会放弃。随着产业不断发展变化，我们很清楚，未来属于那些能够为任何需要或者想要租车的顾客提供最大范围服务的提供商。"公司想要能够随时、随处并且以任何顾客需要的方式提供汽车。

正如公司案例显示的，好的分销战略能够为公司和渠道合作者在客户价值和创造竞争优势上做出巨大贡献。同时也证明了公司自己不能把价值带给客户，相反，它们必须在一个更大的价值传递网络中与其他公司密切合作。

10.1 供应链和价值传递网络

生产一种产品或服务并把它提供给购买者，不仅需要同客户们建立联系，而且要同供应链中关键的供应商和经销商建立良好的关系。这个供应链由上下游的合作企业构成。制造商和服务供应商的上游是提供原材料、零部件、信息及融资服务和专家的一系列公司。然而，营销人员传统上更加集中精力在供应链的下游——营销或分销渠道，组成面向客户的营销渠道和分销渠道。营销渠道成员，比如批发商和零售商，在企业和顾客之间组成了重要的连接纽带。

作者评论

这些相当沉重的东西其实是一种简单的概念术语：一家公司不能独自创造客户价值，它必须在一个整体的合作网络中完成这项任务。单独的公司和品牌无法竞争，但整个价值传递网络可以。

"供应链"这个词可能太狭义了——它只是从制造和销售的观点来看待商业，将原材料、生产性投入和生产能力作为市场计划的起始点。更好的词汇应该是"需求链"，因为它提示了对市场的敏感度和响应性。按照这个观点，市场计划是以目标客户的需求为起点，公司则是以建立可盈利的客户关系为目标来组织资源和活动以应对目标客户。

甚至对于业务的需求链观点也太狭义了，因为这是一种购买、生产、消费间逐步递进的线性关系。然而，随着互联网技术和其他技术的出现，每个公司与其他公司之间形成了无数的、复杂的关系。例如，福特公司管理着无数的供应链——想一想它需要用来生产汽车的各种配件，从收音机到催化式排气净化器到轮胎。在需求上升时，福特也发起和处理了许多 B2B 网站交易和在线交易。像福特公司一样，如今许多大公司建立和管理着一个不断演进的价值传递网络。

正如在第 2 章定义的，一个价值传递网络是由公司及其供应商、分销商和最终客户组成的，他们之间彼此合作以增进整个系统的绩效。例如，在制造和营销 iPod Touch 产品的过程中，苹果公司管理着整个营销网络，包括苹果公司内部员工和公司以外的供应商和分销商，他们一起为最终消费者提供可随身携带的"如此多触摸"的 iPod 而工作。

本章关注于价值传递网络的下游——营销渠道。我们将探讨关于营销渠道的四个主要问题：为什么营销渠道很重要，有什么性质？渠道的成员间是怎样联系和组织起来以达成协作的？公司在设计和管理渠道的时候会面临怎样的问题？实体分销和供应链管理在吸引顾客和增进顾客满意度的过程中起什么样的作用？在第 11 章，我们将会从批发商和零售商的视角来探讨营销渠道的问题。

10.2　营销渠道的特征和重要性

很少有制造商直接将其产品卖给终端用户，相反绝大多数制造商依靠中间商把它们的产品带入市场。它们努力建造**营销渠道**（marketing channel）或**分销渠道**（distribution channel）——一种相互联系的组织，为消费者或商业用户提供消费或使用的产品或服务。

一个公司的渠道决策直接影响着其他所有的营销决策。公司的定价决策取决于公司是通过折扣店、高品质的专卖店还是通过互联网直接出售给消费者。公司的人员推销和传播沟通决策取决于渠道伙伴需要多大的说服力、培训、激励以及支持。公司是否开发或者收购一种新产品，可能取决于这种产品在多大程度上与公司的渠道伙伴的能力相匹配。比如，柯达最初仅仅在百思买商店销售简单分享系列打印机，利用零售商优秀的销售人员和他们的能力向消费者宣传，说服节俭的消费者为打印机支付较高的原始价格，而降低长期的油墨支出。

公司往往对自己的营销渠道关注太少，有时甚至会造成很严重结果。相反地，有些公司已经使用极具想象力的分销系统赢得竞争优势。联邦快递极具创造性的、令人印象深刻的分销体系使其成为包裹传递业的领导者。恩特公司通过设置远离机场的租赁办公室改变了汽车租赁业务。苹果公司通过 iTunes 软件从互联网为 iPod 下载音乐，彻底颠覆了音乐零售业务。

分销渠道决策通常涉及同其他公司间长期的合作关系。比如，像福特、惠普或者麦当劳这样的公司，它们可以很容易地更改其广告、定价或者促销决策。当市场需要的时候，它们也可以放弃旧有的产品而以新产品取代。但是，一旦它们通过合同与特许经销商、独立经销商或者大的零售商建立了渠道合作的关系，当环境发生变化时，它们就没有那么容易改变渠道合作而以自己的店面或者通过网络进行销售。因此，管理者必须精心进行渠道设计，在关注现在的同时也应当密切关注未来可能发生的销售环境的变化。

10.2.1　渠道成员如何提高价值

生产商为什么会将一部分的销售工作转给渠道成员呢？毕竟这意味着要在产品的销售对象和销售方式上放弃了部分的控制权。生产商应用中间商是由于它们可以更加有效地将产品推向目标市场。由于它们的关系、经验、规范和运作的规模提供给公司的比该公司仅仅依靠自己所能得到的更多。

图 10-1 显示了生产商是怎样利用中间商节约成本的。图 10-1a 显示了 3 个生产商，每个生产商都直接同 3 个顾客交易，这样系统就需要 9 次交易。图 10-1b 则显示了 3 个生产商通过一个中间商和 3 个顾客发生交易，这个系统就只需要 6 次交易。这样，中间商就大大减少了需要由买卖双方共同完成的工作量。

创造性的营销渠道：联邦快递通过极具创造性的、令人印象深刻的分销体系为包裹传递业带来变革。

从经济系统的角度看，营销中间商的主要任务是将制造商的产品种类转换成为消费者想要的产品品种。制造商生产的是数量巨大但种类很少的产品，而消费者需要的是数量很少但种类很多的产品。在营销渠道中，分销商从很多生产商那里购买了大批量产品，然后把它们分解为消费者想要的更小数量单位和更多的品种。

例如，联合利华每天生产百万块力士香皂，但是一次你只会购买其中的几块。因此大的食品、药品和折扣零售商，比如克罗格、沃尔格林和沃尔玛会大批量地购买力士香皂并储存在店铺的货架上。反过来，消费者就可以只购买一块力士，同时少量购买牙膏、洗发水和其他需要的生活用品。因此，中间商在供求的匹配上扮演着重要的角色。

在将产品和服务提供给顾客的过程中，中间商通过弥合产品和服务与其使用者之间在空间、时间和所有权上的缺口而增加了价值。渠道成员执行着许多重要的职能，其中一些有助于交易的完成。

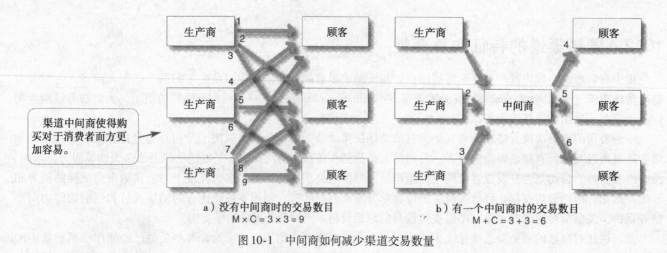

a) 没有中间商时的交易数目
$M \times C = 3 \times 3 = 9$

b) 有一个中间商时的交易数目
$M + C = 3 + 3 = 6$

图 10-1 中间商如何减少渠道交易数量

（1）信息功能：收集和传递营销调研和营销环境中的参与者和其影响力的情报资料，这对计划和促进交易很有价值。

（2）促销功能：发展与传播有关市场供应品的富有说服力的沟通材料。

（3）联络功能：发现与联络预期的买家。

（4）匹配功能：按买方的需要改变产品的外形，包括加工、分级、装配和包装这样的活动。

（5）谈判功能：就产品的价格及其他问题达成协议以便实现所有权和使用权的转移。

还有一些有助于交易的完整实现：

- 实体分销：运输和存储货物。
- 融资功能：获取和使用资金以弥补渠道成本。
- 承担风险：承担执行渠道的任务所带来的相应风险。

问题不在于这些职能是否需要执行（它们是必须执行的），而在于由谁来执行。制造商在某种程度上执行这些职能，其成本将上升，价格也不得不提高。当其中的一部分功能转移给中间商以后，制造商的成本和价格可以更低，但中间商必须收取更多以支付其工作的成本。在分配渠道工作时，各种职能应该分别由渠道成员执行，以便各成员为各项成本增加最大的价值。

10.2.2 渠道层次的数量

公司可以采取不同的方式来设计它们的分销渠道，从而将产品和服务传递给客户。使产品和服务的所有权更加接近最终购买者的中介层次就是**渠道层级**（channel level）。由于制造商和终端消费者都从事某项工作，它们是渠道的组成部分。

渠道中间商层级的数量表明了一个渠道的长度。图 10-2a 显示了几个不同长度的消费者营销渠道。渠道 1，**直接营销渠道**（direct marketing channel），没有任何中介层次，由公司直接向顾客进行销售。比如，玫琳凯和安利通过家庭和办公室的销售人员以及网络进行门到门的销售，GEICO 直接通过电话和互联网销售保险。图 10-2a 的其余部分包含了一个或多个中间商，它们被称为**非直接营销渠道**（indirect marketing channel）。

图 10-2b 显示了一些常见的商业营销渠道。企业营销者可以通过自己的销售人员直接向企业客户销售产品，或者它可以将产品销售给各种类型的中间商，再由中间商转售给那些客户。有时我们可能会发现销售者和企业市场的分销渠道有更多的层级，但一般来说这种情况并不普遍。从生产商角度来看，更多的层级数量意味着更少的控制和更复杂的渠道。而且，所有处于渠道中的机构会被几种不同的流连接起来。这些流包括产品的实物流、所有权流、支付流、信息流和促销流，它们甚至可以使只有一个或少数几个层次的渠道变得很复杂。

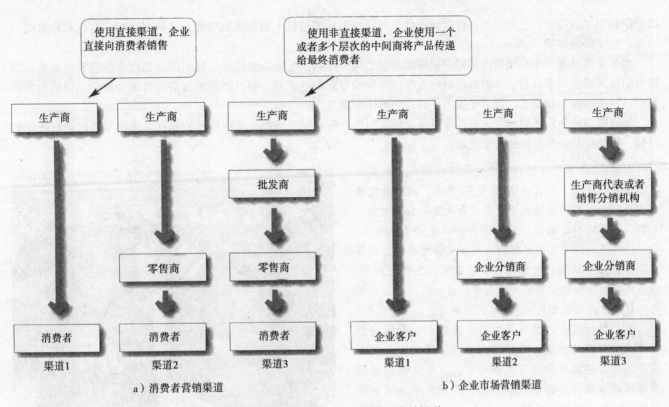

图 10-2 消费者分销渠道和商业分销渠道

10.3 渠道行为和组织

分销渠道不仅仅是通过各种流将公司简单地联系起来。分销渠道是复杂的行为体系，个人和公司在其中互相影响以实现个人、公司和渠道的目标。某些渠道系统仅仅是松散地组织起来的公司之间的简单互动，另一些则可能非常正式，有着严格的组织结构。此外，渠道系统不是静止不变的——新型中间商的形式不断出现，整个渠道系统也不断发生改进。这里让我们看一下渠道的行为以及渠道的成员是如何组织起来完成渠道工作的。

10.3.1 渠道行为

> **作者评论**
>
> 渠道不是由纸上的框和箭头组成，它们是个人和公司组成的复杂的行为系统，它们在其中相互影响以实现个人、公司的和渠道的目标。

一个营销渠道是由为了共同的产品而进行合作的公司组成的，每个渠道成员都与其他成员相互依赖。例如，丰田汽车的分销商要依赖丰田公司来设计汽车并满足客户的需要。相对地，丰田公司也要依赖它的分销商来吸引客户，劝说他们购买丰田的汽车，并提供售后服务。每个丰田的分销商还依赖于其他的分销商的优秀销售和服务，共同致力于提高丰田的品牌声誉。事实上，每一个丰田分销商的成功，都依赖于丰田的整个营销渠道同其他汽车制造商的营销渠道之间的竞争。

每个渠道成员在渠道中都扮演着一个具体的角色。例如，三星公司的角色是生产客户喜欢的个人电子消费产品，并通过全方位发布的广告创造需求。百思买的角色就是在适当的地点展示三星的产品，回答买家的提问，并完成销售。只有当每个渠道成员被安排做它们最擅长的工作时，渠道才最富有成效。

由于个体成员的成功依赖于整个渠道的成功，因此从理论上说，所有的渠道成员都应该通力合作。它们应该理解并接受自己的角色、协调相互的活动，相互协作以实现渠道的整体目标。然而，单个渠道成员很少拥有这样的视角，合作去获取整个渠道的目标有时意味着要放弃单个公司的目标。尽管渠道成员彼此依赖，但它们经常根据自身的短期利益单独行事。它们经常在谁应该做什么和获得怎样的回报上很难达成一致。这种对目标、角色和回报的不一致产生了**渠道冲突**（channel conflict）。

水平渠道冲突发生在渠道内部同一层级的公司之间。比如，芝加哥地区的一些丰田经销商会抱怨其他经销商以较低的价格销售或者在自己分配的区域外发布广告来抢夺它们的客户。假日酒店的加盟店可能会抱怨其他的加盟店要价过高而服务却很低劣，以至于损害了酒店的整体形象。

垂直渠道冲突则更为常见，它是渠道不同层级间发生的冲突。例如，固特异开始通过大规模零售商进行销售的时候，就与最初的独立经销商渠道间产生了冲突：

固特异60多年以来都是通过最初的独立经销商独家销售备用轮胎。然而在20世纪90年代，固特异打破了这个传统，同意通过大规模零售商销售轮胎，比如西尔斯、沃尔玛和山姆俱乐部，这个举动震惊了经销商，它们不得不与最强势的零售商面对面直接竞争。固特异宣称以价值为取向的轮胎购买者日益增加在更便宜的、多品牌折扣店和百货商店的购买量，因此将轮胎放在顾客可能购买的地方就是一件很自然的事情了。

毫不惊讶的是，固特异在新的渠道上咄咄逼人的行动激发了渠道冲突，经销商关系迅速恶化。一些固特异优秀的经销商投奔了竞争对手。其他愤怒的经销商通过销售更便宜的贴有零售商标签的竞争品牌的轮胎进行反击。这样的经销商行为削弱了固特异的品牌，公司的替代轮胎的销售——占营业收入的73%——逐渐放缓，将公司带入了超过10年之久的利润恐慌中。尽管从那之后固特异开始修复同经销商的关系，但是远未和好如初。"我们忽略了这样的一个事实，经销商的成功符合我们的利益。"

渠道内有些冲突表现出竞争者的有益形式。这种竞争对渠道是有好处的——没有竞争，渠道会变得过于消极和缺乏创造力。但是过于严重或者持久的冲突就会破坏渠道的有效性，并对渠道关系产生持久的损害。公司应该管理渠道冲突以防失控。

10.3.2　垂直营销系统

要使一个渠道作为一个整体运作良好，就必须仔细界定每个渠道成员的角色并管理渠道冲突。如果渠道中有一个公司、代理机构或者一种机制起领导作用，并拥有分配角色和管理冲突的权力，整个渠道就会运行得更好。

从历史上来看，传统的分销渠道缺少的就是这种领导和权力，经常会导致破坏性的冲突和很差的绩效。近年来，渠道最大的进步之一就是以拥有渠道领导者为特征的垂直营销系统的出现。图10-3对比了两种形式的渠道安排。

传统的分销渠道（conventional distribution channel）包括一个或多个独立的生产商、批发商和零售商。每个成员都会寻求自身利益的最大化，甚至不惜以整个渠道系统的利益为代价。没有一个渠道成员能够更多地控制其他成员，也不存在一个正规的手段来分配角色以解决渠道冲突。

相反，**垂直营销系统**（vertical marketing system，VMS）中的生产商、批发商和零售商的行为更像是一个统一的系统。某个渠道成员拥有其他成员，或者同其他成员签订合同，或者拥有某种权力而使其他成员乐于协作。垂直营销系统可以由生产商主导，也可以由批发商或者零售商控制。

现在我们来学习一下垂直营销系统的三种主要形式：公司式、合同式和管理式。每一种都采用不同的方式来建立在渠道中的领导力和实力。

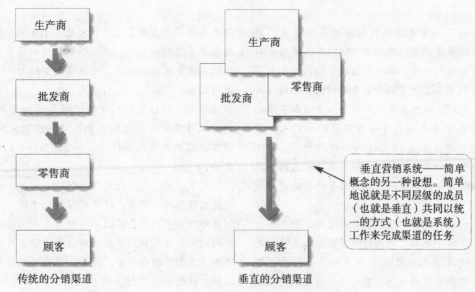

传统的分销渠道　　　　　　垂直的分销渠道

图 10-3　传统的分销渠道和垂直营销系统

1. 公司式垂直营销系统

公司式垂直营销系统将生产和分销的不同阶段整合到单一的所有权下。合作和冲突通过规范的组织渠道得到管理。例如，零售巨人克罗格拥有并经营 40 家工厂——18 家乳制品工厂、10 家熟食和面包工厂、5 家杂货工厂、3 家饮料工厂、2 家肉加工厂以及 2 家奶酪工厂——这些产品占店铺货架上超过 14 400 种店铺自有标签产品的 40%。意大利眼镜制造商罗萨奥蒂卡拥有很多著名的眼镜品牌——包括自有的雷朋品牌和特许品牌，比如拉尔夫劳伦、杜嘉班纳、普拉达、范思哲和宝格丽等。它们的销售是通过世界最大的两家眼镜连锁企业 LensCrafters 和 Sunglass Hut 来进行的，它们同样也属于罗萨奥蒂卡。对整个供应链的管理帮助西班牙服装连锁飒拉成为世界上成长最快的时尚零售商。

营销实践 10-1

飒拉：快速时尚——真正的快速

时尚零售商飒拉（Zara）如今正炙手可热。它销售"便宜的时尚"——流行的设计集世界上顶尖的时尚品牌和适中的价格于一身。飒拉是新型的"快速时尚"零售商的代表，这些公司能够快速识别出最新的流行趋势，并做出反应。当竞争对手零售商仍然为他们的设计而工作时，飒拉已经将最新的流行时尚引入了店面，并且开始着手下一次流行时尚设计。

飒拉近年来已经吸引了一批近乎宗教式崇拜的顾客，随着最近经济的下滑，甚至高端的购物者都蜂拥购买飒拉时尚但价格合理的产品。由于飒拉爆发式的增长，设立在西班牙的母公司 Inditex 的销售额、利润和保有的商店自从 2000 年以来已经翻了四番之多。尽管经济不景气，2008 年 Inditex 的销售额却增长了 10%。相比之下，盖普的销售额去年下降了 10%，因此，Inditex 超过了盖普成为世界上最大的服装零售商。

遍及 71 个国家的 4264 个商店创造了 142 亿美元的销售额。Inditex 计划今年开办 450 家新的商店，而盖普的计划只有 50 家。

飒拉无疑在这些时候销售了正确的商品。但是它令人惊异的成功不仅仅来自于它的销售。可能更重要的是，成功来自于飒拉尖端的分销系统怎样快速将销售的商品送达至渴望等待中的消费者手中。飒拉传递快速时尚——真正的快速时尚。经过垂直一体化，飒拉控制了时尚过程中的所有环节，从设计和生产到通过自营商店分销。公司一体化的供应系统使得飒拉比国际上的竞争对手，像盖普、贝纳通和 H&M 等，更快、更灵活并且更加高效。飒拉能够在不到两周的时间内通过设计、生产和产品展示来实践新的时尚概念，而竞争对手通常需要六个月或者更长的时间。随之而来的低成本让飒拉能够以低于市场的价格提供最新的时尚服装。

整个的过程最开始就是要找到什么才是消费者想要的，Zara 商店经理就是潮流的观测者。他们每天使用手持计算机，在商店货架间巡视，实时上报销售的商品和未售的商品。他们同顾客交流，了解什么是他们想要寻找但是还没有找到的。同时，飒拉潮流观测者出入法国和东京的时尚发布会，寻找穿着新潮或者与众不同的年轻人。然后，他们用电话向西班牙的 La Coruna 小镇的公司总部汇报他们的所见所闻。回来以后，在此行和其他反馈的基础上，该公司的 300 名设计师团队设计出大量的流行新时尚产品。

设计师一完成设计工作，生产就开始进行。但是飒拉没有像大多数竞争对手那样，依赖动作缓慢、人员混杂的外部供应商，而选择自己裁剪 40% 的布匹，并且生产超过半数的服装，即使外包的生产环节也主要由当地的承包商负责。几乎世界各地所有飒拉商店出售的衣服都是由位于西班牙西北部偏远角落的公司总部迅速生产出来的。

成品随即进入飒拉现代化的分销中心，即刻并且直接将成品送往世界各地的商店，节省了时间，省去了仓储的需要，并且将库存保持在低水平。高度自动化的分销中心每小时能够完成 8 万件服装的分类、打包、标签和分配的工作。

同样，描述飒拉分销系统的关键词语就是"快速"。分销中心从接到订单到将商品送达欧洲商店的时间平均为 24 小时，到亚洲或者美国的时间最长为 48 小时。飒拉的商店每周都要接受少量送达的新产品 2~3 次，而相比之下竞争对手的连锁店则是根据季节的变化，每年大批量更新商品 4~6 次。

快速的设计和分销环境使得飒拉能够供应样式丰富的新款时尚产品——2008 年生产了 30 000 种新的款式，而竞争对手平均的种类少于 10 000 种。小批量引进巨大数量的新款产品，飒拉的商店得以不断更新产品，顾客也更加频繁地光顾。飒拉的顾客平均每年光临商店达 17 次，而竞争者的商店顾客光临的次数少于 5 次。快速周转，商品也不易过时和打折。因为飒拉制造出消费者已经想要拥有或者正在穿着的服装，它不需要去猜测六个月后什么会流行起来。

总之，飒拉设计和分销过程的一体化为这个快速行动的零售商带来巨大的竞争优势。它强大的系统能够了解客户需要的产品是什么，甚至提前知道什么时候他们需要：

几年以前，飒拉设法在仅仅四个星期之前把握下个季节最火爆的流行趋势。这个过程开始于流行趋势观测者将信息传回总部：白色网眼——棉质布料上面有小洞——即将白热化。很快飒拉商店经理的电话调查就验证了织布面料会成为潮流的引领者，因此，室内的设计师就着手设计工作。他们迅速设计出电子版的样式交给附近的飒拉工厂，裁剪布匹。当地的承包商缝制出白色网眼 V 字领的束带连衣裙——可以想象 20 世纪 60 年代 Jackie Kennedy 的样子——并且在一周之内完成。价值 129 美元的服装被检查、贴上标签，然后通过街道地下的隧道运送到一个分销中心。到达那里以后，它们迅速被分配到从纽约至东京所有飒拉的商店——两天以后它们就会被货运飞机送至那里。

资料来源：Cecilie Rohwedder, "Zara Grows as Retail Rivals Struggle," *Wall Street Journal*, March 26, 2009, p. B1; "Inditex Outperforms with Growth in All Its Markets," *Retail Week*, March 27, 2009, accessed at www.retailweek.com; Kerry Capell, "Fashion Conquistador," *BusinessWeek*, September 4, 2006, pp. 38-39; Cecilie Rohwedder, "Turbocharged Supply Chain May Speed Zara Past Gap as Top Clothing Retailer," *The Globe and Mail*, March 26, 2009, p. B12; and information from the Inditex Press Dossier, accessed at www.inditex.com/en/press/information/presskit, October 2009.

2. 合同式垂直营销系统

合同式垂直营销系统由处于生产和分销的不同层级上的独立企业所构成。它们通过合同的方式结合起来以取得比单独行动时更大的经济效益或者销售业绩。协调和冲突是通过渠道成员之间的合同来进行管理的。

特许经营组织（franchise organization）是最常见的合同关系的形式——**特许经营者**（franchiser）是渠道的一个成员，它连接着生产至分销过程的几个阶段。光是在美国就有大约 1500 家特许经销商，它们拥有超过 854 000 家店铺，每年大约产生 8390 亿美元的销售额。几乎所有行业——从汽车旅馆到快餐店，从牙医中心到征友服务，从婚姻咨询、保姆服务到健身中心和丧葬服务，都采用特许经营方式。

特许经营有三种形式。第一种是由制造商发起的零售特许经营体系。例如，丰田公司和它独立的特许经营的零售商网络。第二种是由制造商发起的批发商特许经营体系。例如，可口可乐公司授权在各个市场上购买它的可乐原浆并分瓶销售的瓶装商（批发商）向当地的零售商销售产品。第三种形式是服务公司发起的零售商特许经营体系。如 Burger King 和它将近万家遍及世界的特许经营餐厅。还可以在很多行业找到其他的例子，从汽车租赁公司（赫兹公司，安飞士），服装零售商（The Athlete's Foot，Plato's Closet）和酒店（Holiday Inn，Ramada Inn），到房地产（Century 21）和个人服务（Great Clips，Mr. Handyman，Molly Maid）。

　　多数消费者不能区别合同式垂直营销系统和公司式垂直营销系统，这种情况说明合同式垂直营销系统表现很好，完全可以与公司式垂直营销系统竞争。第 11 章将详细讨论各种合同式垂直营销系统。

3. 管理式垂直营销系统

　　管理式垂直营销系统的领导不是通过所有权或者合同的方式产生的，而是由一个或几个在规模和实力上在渠道中占支配地位的成员来承担的。顶级品牌的制造商有能力从经销商得到强有力的贸易合作和支持。例如，通用电气、宝洁公司和卡夫食品都能从经销商那里获得有关商品展示、货架空间、促销和定价政策等方面的特别合作。像沃尔玛、家得宝和巴诺书店这样的大型零售商，则对它们的产品供应商拥有强大的影响力。

10.3.3　水平营销系统

　　渠道系统的另一个发展方向是**水平营销系统**（horizontal marketing system，HMS），这里是指同一层级的两个或者两个以上的公司联合起来共同开发一个新的市场机会。它们一同工作以将财务资源、生产资源和营销资源结合起来，去实现单独无法完成的目标。

　　合作的公司可以是竞争者也可以是非竞争者，它们合作的基础可能是暂时的也可能是长久的，或者它们可以共同成立一家新的公司。例如，麦当劳如今将其快捷的餐厅置于沃尔玛超市内。麦当劳从沃尔玛庞大的客流量中获益，而沃尔玛则避免了饥饿的顾客离开卖场寻找餐厅。

　　这样的渠道安排在全球都运作良好。例如，麦当劳和肯德基最近与中国最大的汽油零售商中国石化进行合作，在超过 29 000 家中石化加油站内设置了乘车通过的快餐厅。这一举动加速了两家快餐连锁在中国市场的扩张，同时也为中国石化的加油站吸引了更多饥饿的司机。中国石化最近还与美国油猴国际（Grease Monkey）汽车服务中心合作。通过合作，中国石化、麦当劳、肯德基和油猴国际为司机创造了一体化的服务站。

水平营销系统：麦当劳如今将其快捷的餐厅置于沃尔玛超市的卖场内。麦当劳从沃尔玛庞大的客流量中获益，而沃尔玛避免了饥饿的顾客离开卖场寻找餐厅。

10.3.4　复合渠道分销系统

　　过去的很多公司都只采用单一渠道向单一市场销售产品。而现在，随着消费者细分市场的增加和更多的渠道可能性，越来越多的公司采用**复合渠道分销系统**（multichannel distribution systems），也经常被称为混合营销渠道。当一个公司利用两个或者两个以上的营销渠道来接触一个或者多个细分市场时，就会出现复合渠道分销。近年来，这种分销系统发展迅速。

　　图 10-4 显示的就是复合渠道分销系统。在图中，生产者使用直邮产品目录、电话营销和互联网向消费者细分市场 1 的消费者直接销售；而在消费者市场 2，生产商则利用零售商来达到销售的目的。在向企业细分市场 1 销售时，生产商利用了分销商和代理商的力量；而在向企业细分市场 2 销售时，生产商使用了自己的销售人员。

　　近年来，几乎所有的大企业和很多小企业都采用了复合渠道分销系统。例如，强鹿公司通过几种不同的渠道向个人和企业用户销售令人眼熟的绿色黄色相间的草坪和园艺拖拉机、割草机和户外发电机等，包括公司的零售商、劳氏的家居装饰商店和在线销售。强鹿公司通过高级的经销商网络销售拖拉机、联合收割机、播种机和其他农用机具并提供服务。它还通过精心挑选的大型的全方位服务经销商及其销售团队来销售建设和林用设备。

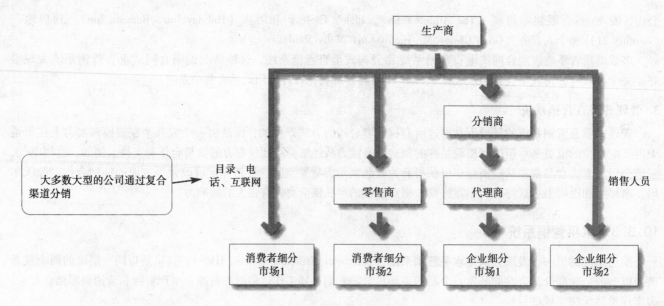

图 10-4 复合渠道营销系统

当公司面对大而复杂的市场时，复合渠道分销系统有很多优点。通过每一个新的渠道，公司都可以在扩大销售和增加市场占有率的同时，将产品和服务按照不同细分市场的特定需求进行调整。但是，这样的复合渠道分销系统比较难以控制，而且当多个渠道争夺客户和销售量的时候，会引发渠道冲突。例如，美国强鹿公司通过劳氏公司家居装饰商店销售某些产品时，它的经销商就大声抱怨。为了避免在互联网营销渠道中出现这样的冲突，公司将所有网上销售的产品都配送至强鹿公司的经销商店铺。

10.3.5 变化中的渠道组织

技术的变化、直接营销和网络营销的巨大发展，对于营销渠道的性质和渠道设计都有非常深远的影响。一个主要的趋势就是**脱媒**（disintermediation）——这个词传达了清楚的信息和重要的结果。脱媒意味着产品和服务的生产者日渐绕过中间商而直接面对最终消费者，或者是强势的新型渠道中间商的出现取代了原有的中间商。

于是，在很多行业中，传统的中间商被逐渐取代了。比如，西南航空、捷蓝和其他航空公司直接向最终购买者销售机票，从他们的营销渠道中去掉了旅行代理。在其他情况下，新形式的零售商正在取代传统中间商的位置。比如，网络营销者正在同传统的"水泥加砖块"的零售商抢夺生意。消费者可以直接通过 Expedia. com 和 Travelocity. com 预订酒店房间和机票、从 Sonystyle. com 购买电子产品、从 Bluefly. com 购买服装和配饰、从亚马逊购买书籍、音像制品、玩具、珠宝、运动器材、消费电子产品、家用和园艺饰品以及几乎所有其他的产品，这些完全不需要光顾一家传统的实体商店。实际上，曾经是音乐零售商的佼佼者 Tower Records 宣布破产并关闭了店铺。

脱媒为制造商和中间商都带来了问题和机会。渠道创新者找到新的方法，使供应链增值，淘汰传统的分销商并获得好处。反之，传统的中间商必须继续创新以防被淘汰。例如，当 Netflix 首先进入在线音像租赁行业时，它摆脱了传统的水泥加砖块的音像租赁店，就像 Blockbuster。为了应对威胁，Blockbuster 发展了自己的在线 DVD 租赁服务。如今，Netflix 和 Blockbuster 都面临着来自更加火爆的渠道——数字视频下载和录制的脱媒威胁。但是，没有坐观数字视频分销的发展，相反，Netflix 意图要成为其中的领导者：

Netflix 已经在网站上增加了"立即观看"的功能，允许订阅者即时观看近似 DVD 质量的、节目有限但正在增加中的电影和电视节目。"我们的意图，"Netflix 的创建者和 CEO，Reed Hasting 说，"就是将（立即观看）服务推广到每一个连接到互联网的屏幕前，从手机到笔记本电脑到 Wi-Fi 功能的等离子屏幕。"利用这种方法，Netflix 计划在其他公司行动之前直接投资自己的分销模式。对 Hastings 而言，未来的关键都集中在 Netflix 怎样定位自己。"如果（你）仅仅把 Netflix 看出是 DVD 租赁公司，你可能会被吓到。"他说。但是"你如果将 Netflix 看成是多种服务传递模式在线电影服务公司，你受到的惊吓可能会少一些。我们正在开始履行第二种职责。"

相似地，为了保持竞争力，产品和服务的制造商必须开发像互联网或者其他直销方式这样的新渠道营销机会。然而，开发这些新渠道往往意味着它们将和旧有渠道产生直接竞争，从而造成冲突。

为了减轻这个问题，公司经常会寻找方法，使得直销成为整个渠道价值的新的增长点。比如，吉他和电吉他的制造商芬达公司（Fender）了解到许多顾客想要在线购买吉他、电吉他和配件。但是通过自己的网站直接销售会同合作的零售商发生冲突，因此，尽管芬达的网站提供公司产品的具体信息，但是客户无法购买芬达的 Stratocaster 或 Acoustasonic 吉他。相反，芬达的网站会指导客户到零售商的网站或者商店购买，因而芬达的直销工作同时帮助了公司和渠道合作商。

10.4　渠道设计决策

我们现在来看看制造商面临的几种渠道设计决策。在渠道设计上，生产商通常在理想的和现实的渠道结构之间摇摆不定。当一个公司刚刚起步时，资金有限，它通常只在一个有限的市场区域内进行销售，确定最好的渠道也许并不成问题，但问题在于如何说服一个或多个优秀的中间商参与渠道的管理。

如果这一步成功了，新公司将利用现有的中间商将品牌向其他市场进行扩展。当市场很小时，公司可能直接面对零售商销售；当市场较大时，则可能通过分销商进行销售。在国内的某个地区，可以授权给专营店；在另一个区域内，则可能通过所有的终端店面进行集中销售。公司还可能通过网上销售店来直接向那些不容易接触到的客户进行销售。通过这种方法，渠道系统可以随着市场机会和条件的变化而发展起来。

然而，为了使有效性达到最大化，我们应该更有目的地进行渠道分析和制定决策。设计一个渠道系统要求我们进行顾客需求分析、设定渠道目标、识别主要的可供选择的渠道，然后对这些渠道进行评估。

10.4.1　分析顾客需求

正如上文所说，营销渠道是整个消费者价值传递系统的一部分，每个渠道成员都应为顾客增添一份价值。因此，设计分销渠道必须首先了解，目标消费者希望从渠道系统中得到什么。他们是希望从更近一点的地方购买商品，还是希望到远一点的但商业集中的地方？他们更愿意自己购买商品还是通过电话或者互联网购买商品？他们更喜欢有很多类产品可以选择，还是喜欢更加专门化的产品？他们需要大量增长服务（送货、修理和安装），还是愿意从别的地方获得这些服务？送货速度越快、产品类型越多、增值服务越多，渠道的服务水平就越高。

提供更快的交货速度、更多的商品种类和更全面的服务也许是不太可能或者不太可行的。公司与它的渠道伙伴们可能没有足够的资源和技能来提供顾客需要的所有这些服务。同时，提供更高层次的服务导致了更高的渠道成本，而对消费者而言，则意味着更高的价格。例如，当地的五金商店可能提供更加个性化的服务，更加便利的位置和比最近的家得宝或者劳氏更少的购物麻烦。但是它也可能索要更高的价格。公司必须在满足消费者需求的可行性和成本与消费者偏好的价格之间找到平衡点来满足消费者的需求。折扣零售商的成功表明，消费者通常更愿意放弃一些服务而选择价格水平较低的产品。

10.4.2　设定渠道目标

公司应当根据目标消费者的期望服务水平来确定渠道目标。通常，公司会确定几个需要不同服务水平的细分市场。公司要决定需要服务于哪些市场以及用什么渠道服务于这些市场是最优的。在每一个细分市场，公司希望在提供顾客需要的服务水平的同时使整个渠道成本最小化。

渠道目标的设置同时还受到公司的性质、产品、营销中间商、公司的竞争对手以及环境的影响。例如，公司的规模和财务状况决定了公司可以自己执行哪些营销职能而哪些必须让渡给中间商。销售时令产品的公司可能会需要更加直接的营销方式来避免耽搁时间和过多的中间交易。

有时，公司可能希望和竞争对手在同一个店面内或者较为接近的区域竞争。例如，Maytag 想要将它们的用品与竞争对手的品牌在一起展示，以便于购物时进行对比。有时，公司则尽可能避免和竞争者采用相同的渠道。例如，玫琳凯化妆品公司（Mary Kay Cosmetics）通过它遍及全世界 35 个市场的超过 180 万的美容师来直接向顾客销售产品，而不是像其他化妆品企业那样，在有限的零售商店的空间内进行面对面的销售。而盖可车险公司则直接通过电话或网络向消费者推销汽车和私房保险，而不是通过经纪公司。

最后，经济状况、法律约束等环境方面的因素也会影响到渠道的目标与设计。比如，在经济萧条的时候，制造商希望通过最为经济的方法来分销它们的产品，它们通常缩短渠道、削减不必要的服务以降低最终的产品价格。

10.4.3 识别主要的渠道选择方案

当公司确定了渠道的目标以后，接下来就要用中间商类型、中间商数量和每个渠道成员的责任这三个因素来确定主要的渠道选择方案。

1. 中间商类型

公司应该识别出能够承担其渠道任务的可供选择的渠道成员的类型。例如，最近戴尔通过它成熟的电话和互联网营销渠道向终端的消费者和企业用户销售电脑。同样通过直销团队向大型企业、机构和政府部门销售电脑。但是，为了争取更多的消费者并且同惠普这样的竞争者竞争，戴尔也通过零售商，像百思买、史泰博和沃尔玛进行销售。同样通过为中小型的企业用户的特殊要求量身打造计算机系统和应用程序的"增值"分销商、独立经销商和分销商来进行非直接销售。

在一个营销渠道中使用很多类型的分销商同时带来了好处和缺点。比如，通过零售商和增值分销商以及自有的直销渠道进行销售，戴尔能够触及到更多的不同种类的购买者。但是，新的渠道会更难管理和控制。并且直接和非直接渠道会为了同样的消费者群体互相竞争，从而引发潜在的冲突。实际上，戴尔已经发现自己"被夹在了中间"，直销代表抱怨来自零售商店的新竞争，同时，增值零售商抱怨直销代表在削减他们的业务。

2. 中间商数量

公司还必须决定在每个渠道层级上的成员的数量。有三种战略可以选择：密集性分销、专营性分销和选择性分销。便利性商店和普通原材料的制造商通常会选择**密集性分销**（intensive distribution）。在这种战略中，生产商会选择尽可能多的门店或终端销售其产品，它要求当顾客有需求时，产品应该随时随地可以获得。例如牙膏、糖果以及其他类似的产品都在数以百万计的门店中销售以获得最大化的品牌覆盖和消费者便利。卡夫、可口可乐、金佰利和其他的快速消费品公司都采用这种方式分销产品。

相反，一些生产商特意限制其产品中间商的数量。这种做法最极端的形式称为**专营性分销**（exclusive distribution）。使用这种方法，生产者仅仅给予数量有限的经销商在该区域对产品的专营权利。新款的名贵汽车品牌和其他的奢侈品品牌经常选择专营性分销。例如，劳力士公司仅仅通过一些经过授权的经销商在特定的市场区域进行专营性销售。通过授予专营性经销权，劳力士公司不仅获得了强有力的经销商销售支持，而且也对经销商的定价、促销和服务拥有了更大的控制。专营性分销同时提升了品牌形象并且保证了高盈利。

介于密集性分销和专营性分销之间的就是**选择性分销**（selective distribution）——生产商利用一家以上，但又不是所有有意愿的中间商来销售公司的产品。大多数电视机、家具和家用电器品牌是通过这种方式分销的。比如，惠而浦和通用电气都通过经销商网络和被选中的大型零售商销售产品。使用选择性分销的公司只需要与被选择的渠道成员保持良好的工作关系，使销售努力维持在平均水平之上。与密集性分销相比，选择性分销使生产者能够更好地覆盖市场，同时能够获得更多的控制权，成本也更低。

3. 渠道成员的责任

公司和中间商必须就每个渠道成员的权利和责任达成共识。它们应该在价格政策、销售条件、区域权利以及各方应该提供的具体服务等方面取得一致。公司应该为中间商建立一个价目表和一套清楚的折扣目录。公司应该确定每个渠道成员的销售区域并且要小心选择新的分销商的地址。

对于双方的责任和权利，必须要谨慎地加以界定，尤其是在特许经营和专营性分销的渠道中。例如，麦当劳给予特许经销商提供促销支持、数据记录系统、在汉堡大学的培训以及一般性的管理帮助。相应地，特许经销商必须满足公司在物质设施和食品质量方面的标准、配合新的促销活动，提供所需的信息以及购买指定的食品原料。

10.4.4　评估主要的渠道选择方案

假设一个公司已经明确了几种渠道选择方案，希望从中选择一种最能够满足长期经营目标的渠道。那么，每一种渠道应当通过经济性标准、可控性标准和适应性标准来进行评估。

应用经济性标准，公司将就可能的销售、成本和利润率在选择方案之间进行比较。每一种渠道选择方案需要的投资额度是多少？分别会带来什么回报？公司同时还要考虑控制的问题。引入中间商通常意味着在产品的营销上放弃一定的控制，而某些中间商的则要求更大的控制权力。在其他条件相同的情况下，公司希望尽可能多地保留控制权。最后，公司还要考虑运用适应性的标准。渠道的决策往往是长期的，然而公司更希望可以保持渠道的灵活性以适应环境的变化。因而，在经济性和可控性的基础上将渠道的长期承诺考虑进来将更为全面。

10.4.5　设计国际分销渠道

国际营销者在设计渠道时面临着更大的复杂性。每个国家都有自己独特的分销系统，这些体系经过相当长的时间发展而来并且变化非常缓慢。国与国之间的渠道系统往往也大不相同。因此，每位营销主管通常都必须使他们的渠道战略同现有的目标国家的市场和渠道结构相适应。

在某些市场中，分销体系由许多层级和大型中间商构成，复杂而难以渗透，比如很多西方的公司发现日本的分销系统难以驾驭。它十分传统并且复杂，商品到达货架要经过很多分销商。

另一个极端的例子就是发展中国家的分销渠道。它们分散、效率低下，甚至是根本不存在的。有些时候，风俗习惯和政府管制能够很大程度上制约公司在全球市场进行产品的分销。因此，尽管国际市场的营销者面临着更多种的渠道选择，但在不同的国家之间设计一个高效的渠道系统也给营销人员提出了巨大的挑战。我们将在第 15 章进一步讨论国际分销决策。

10.5　渠道管理决策

一旦经过评估，确定了最佳的渠道设计方案，公司就必须实施渠道决策并对选定的渠道进行管理。渠道管理包括选择、管理和激励个体渠道成员，并随着时间的变化，定期对它们进行评估。

作者评论

现在可以实施规划好的渠道设计并同入选的渠道成员一同工作，以管理和激励渠道成员。

10.5.1　选择渠道成员

制造商在吸引合格的营销中间商方面的能力各不相同。有的制造商可以毫不费力地吸引渠道成员。例如，丰田将雷克萨斯系列引入美国市场时，很快就吸引到了新的经销商。实际上，它还必须拒绝很多经销商。

在另外一个极端，制造商可能不得不费尽心思去找到足够多的合格的中间商。例如，当天美时（Timex）最初尝试通过一般的珠宝店销售其廉价的手表时，大多数珠宝店拒绝了这样的要求。之后公司成功将产品引入了大众分销渠道，大众卖场的快速成长证明了这个决定无疑是明智的。

在选择中间商的时候，公司必须决定要用什么特征来区别它们。公司将会评估每个中间商的经营的时间的长短、经销过的其他的产品、成长和利润记录、合作情况以及声誉。如果是销售代理，公司则应该评价其经销过的其他产品的数量和特性，以及销售部门的规模和能力。如果是一家希望获得专营性或者选择性分销的零售店，公司评价的标准则应是该商店的顾客、店面的地点以及未来发展的潜力。

10.5.2　管理和激励渠道成员

一旦选定渠道成员以后，公司应该对它们进行持续的管理与激励，以保证它们处于最佳的工作状态。公司不只是通过中间商销售，还要向它们销售，和它们一起销售。大多数公司将中间商看做它们的一线员工和合作者。它们实施强有力的**合作伙伴关系管理**（PRM）来同渠道成员打造长期的合作伙伴关系，从而可以建立一种同时满足公司与其伙伴的需要的营销系统。

在管理渠道的过程中，公司必须使其分销商相信，作为紧密的价值传递系统的一部分，大家的通力合作可以取得更大的成功。因此，宝洁和沃尔玛一起合作，为最终的消费者创造了极大的价值。它们共同制定销售目标和战略、存货水平、广告和促销计划等。

与此相类似，重型设备制造商卡特彼勒和其遍布世界的独立经销商网络紧密合作，寻找为顾客传递价值的更好的方式。

卡特彼勒生产新型的、高质量的产品。但是造就卡特彼勒统治地位的最重要原因是它遍及全世界的 181 个杰出的独立经销商构成的分销网络。卡特彼勒和它的经销商们像合作伙伴一样工作。卡特彼勒前 CEO 说："我们的产品离开工厂以后就由经销商完全接管，他们处于前线，跟随产品的整个生命周期直接与顾客打交道。他们能够让顾客看得见。"当一台大型的卡特彼勒设备发生故障，顾客知道他们可以信赖卡特彼勒及其杰出的经销商网络的支持。经销商几乎在卡特彼勒经营的各个方面，从产品设计和分销到服务和支持都发挥着关键作用。

卡特彼勒真正了解经销商并且在意它们的成功。它密切关注着每个经销商的销售情况、市场地位、服务能力和财务状况。一旦公司看到问题，立即就会伸出援手。除了正式的商务往来，卡特彼勒和经销商还建立了像家人一样的良好私交。卡特彼勒和它的经销商都为共

卡特彼勒同它遍及世界的经销商们紧密合作，寻找为顾客传递价值的更好的方式。当一台大型的卡特彼勒设备发生故障，顾客知道他们可以信赖卡特彼勒及其杰出的经销商网络的支持。

同努力感到自豪。正如前 CEO 指出的："正是所有经销商的友情使这个系统不再仅仅是一种财务上的关系。他们能感到自己的工作是有益于整个世界的，他们是制造、销售和护理世界运转所需的设备的组织的一部分。"

由于与经销商的合作，卡特彼勒统治着世界重型建筑机、采矿和挖掘设备市场。它那令人熟悉的黄色的拖拉机、起重机、装载车、推土机和卡车占据着世界重型设备业务份额的 40%，是排名第二位的小松公司（Komatsu）的两倍。

现在很多公司引入了集成高科技的合作者关系管理系统来协调它们整个渠道的营销努力。就像它们运用**客户关系管理**（CRM）软件来管理同重要的客户关系一样，公司现在可以运用 PRM 软件和**供应链管理**（SCM）软件来招募、训练、组织、管理、激励和评估同渠道伙伴的关系。

10.5.3　评估渠道成员

制造商必须要定期检查渠道成员的业绩，包括销售定额、平均存货水平、客户交付速度、损毁及丢失产品的处理、对公司促销和培训项目的配合以及售后服务等方面进行检查。公司应该认可并奖励表现良好的经销商，对表现不好的要进行帮助；对于实在无法改善者，公司应该采取果断措施，重新选择中间商。

最后，制造商应该对自己的经销商保持敏感。那些对经销商不闻不问的公司不仅面临着失去经销商支持的风险，还可能引发一些法律方面的问题。下面的内容将描述制造商及其渠道成员各自不同的权利和义务。

10.6 公共政策和分销决策

在大多数情况下，公司可以不受法律限制，选择适合自己的渠道安排。但是也有一些影响渠道安排的法律，其目的是避免因为某些公司使用专营性分销的策略而导致其他公司无法正常使用渠道。大多数渠道方面的法律都是针对在渠道成员建立联系后其相互之间的权利和义务的。

许多制造商和批发商喜欢为其产品开发特有的渠道。如果销售者只允许有限数量的门店销售其产品时，这种战略叫做专营性分销。当供应商希望经销商不要同时销售竞争者的产品时，这种战略就被称为独家经销。双方都可以从独家经销的安排中受益：卖方获得了更大的忠诚和可靠的销售终端门店，经销商也获得了稳定的货源及更有力的销售支持。但是这种独家的关系也阻止了其他制造商通过该经销商销售产品的机会。

独家经销通常会包括一个独家的经销地域的协议。一般是制造商同意在特定的区域内不再授权给别家经销商，或者经销商承诺只在自己的地域范围内进行销售。前者通常是在特许经营的体系下激励经销商的努力和承诺的通行做法。它也是完全合法的，因为一个经销商没有法律义务在自己期望销售地域之外进行销售。第二种情况下，制造商则试图将经销商限制在某个区域之内。这种情况下可能会产生重要的法律问题。

拥有强势品牌的生产商有时将产品出售给那些可以购买一些或者全部类型产品的经销商，这种方法通常被称为全线强制销售。这种搭售协议并不一定是违法的，但如果目的是显著破坏竞争，就会阻碍消费者在其他品牌的供应商中进行自由选择。

最后，制造商虽然有自由选择经销商的权利，但是它们终止经销合作的权利会受到一些限制。一般来说，制造商如果有充分的理由，就可以解除合同，但如果是因为经销商拒绝在某些可能有违法嫌疑的安排中合作，比如独家经销或搭售协议等，这时卖方无权解除合同。

10.7 市场物流和供应链管理

作者评论

营销人员过去常常称这个朴素的传统环节为"实体分销"，但正如标题表明的，这个话题已经变得重要、复杂和精密。

在今天的全球市场上，将产品销售出去往往比将产品交付给客户要容易得多。公司必须决定仓储、管理和运输产品与服务的最佳方式，从而可以让消费者在恰当的时间和恰当的地点选购到正确品种的产品。物流的有效性对于顾客满意度和公司的成本都有很高的影响。接下来我们要讨论供应链中的物流管理的性质和重要性、物流系统的目标、主要的物流功能以及对整合供应链的需要。

10.7.1 市场物流的性质和重要性

对于某些管理人员来说，市场物流仅仅意味着卡车和仓库。但是现代物流的含义远远不止于此。**市场物流**（marketing logistics）也称为**实体分销**（physical distribution），包括对从原点到消费点的商品实体、服务和相关的信息的流动进行计划、实施和控制的过程，从而满足顾客的需要并且实现利润。简而言之，就是在恰当的时间和恰当的地点让恰当的消费者得到恰当的产品。

过去实体分销一般从工厂的产品开始，寻找低成本的方法，将产品送达消费者手中。但是如今的营销人员更赞同顾客中心的市场物流思想，也就是，市场物流始于市场和顾客，然后倒推回工厂，或者甚至倒推至资源的供应商。市场物流不仅仅强调**运出分销**（outbound distribution，指产品从工厂到中间商再到最终客户），还包括**运入分销**（inbound distribution，指产品和原材料从供应商到公司）和**反向分销**（reverse distribution，指将损毁的、不想要的或者多余的产品退回来），也就是说，市场物流要包括整个**供应链管理**（supply chain management，SCM）——管理上游和下游的原材料、最终产品，以及供应商、公司、零售商和最终消费者之间相关信息的增值流动。具体如图 10-5 所示。

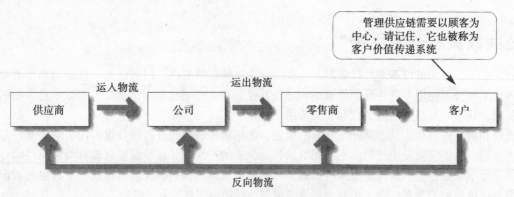

图 10-5 供应链管理

因此，物流经理的任务就是协调供应商、采购代理、营销者、渠道成员和客户之间的活动。这些活动包括预测、信息系统、采购、生产计划、订单程序、存货、仓储和运输计划。

由于各种原因，现在的公司更加强调重视市场物流。首先通过改善市场物流，公司可以提供给客户更好的服务和更低的价格，从而获得更强有力的竞争优势。第二，先进的物流可以为公司和客户节省巨额的成本。从平均来看，运输成本要占到货物价格的20%。这远远超出了广告和很多其他营销活动的成本。2008年美国的公司花费了14 000亿美元——大约占GDP的10%——用于包装、捆绑、装载、卸载、分类、重装以及运输货物。这些已经超过了除去12个国家以外全世界各国的GDP。更严重的是，随着燃料和其他成本的上升，物流的成本也在增加。例如，从上海运送一个40英尺的集装箱到美国的成本从2000年的3000美元上涨到2008年的8000美元。即使只减少这些费用的很小一部分，也能节省巨大的开支。

第三，产品种类的激增提出了改进物流系统的需求。例如，1911年泛大西洋与太平洋茶叶公司（A&P）所开设的普通杂货店只经营270种商品。商店管理者可以通过放在衬衫口袋里10页厚的笔记本查阅存货情况。如今，A&P杂货店经营的平均产品种类超过了25 000种。一家沃尔玛超市能拥有超过10万种产品，其中的3万种为日常用品。大范围产品的订货、送货、存储和控制工作，向物流管理提出了巨大挑战。

信息技术的发展为提高分销效率创造了机会。公司正在使用完善的供应链管理软件、基于网络的物流系统、POS（point-of-sale）扫描器、RFID产品编码、卫星追踪以及订单和支付数据的电子交换。借助这些技术，公司可以迅速有效地对供应链中的产品、信息和资金的流动进行管理。

第四，物流对环境和公司环境可持续发展努力的影响要比几乎所有其他的营销功能的影响要大。运输、仓储、包装和其他的物流职能是供应链中对公司环境的足迹贡献最大的环节。同时，它们也为成本节约提供了最富足的区域之一。因此，开发绿色供应链不仅仅是对环境负责，同时也是有经济效益的。"你的碳足迹和你燃料的成本是永久关联的，"一位物流经理说，"好消息就是如果你减少物流成本，你可以构造一个关于它的环保故事。"

营｜销｜实｜践 **10-2**

绿化供应链：这是应该做的事——并且有利可图

你可能还记得Kermit在那首老歌中抱怨的："绿化并不是一件容易的事。"这对一个公司的供应链来说是经常发生的，对Muppet也是如此。绿化一个公司的渠道经常伴随大量的义务、创造性和投资。但是尽管面对挑战，如今供应渠道变得更加绿色。

公司有很多理由减少环境对供应链的影响。一方面，在不远的将来，如果公司不自愿主动绿化供应链，全世界制定大量"绿色法律"或者可持续性发展的规定将会要求它们这样做。另一方面，许多大型客户——从惠普到沃尔玛到联邦政府——都要求这样做。"环境的可承受力正在迅速成为供应商选择和业绩评估的关键因素。"一位渠道专家说。供应链经理"需要尽快开始思考绿化，否则它们同主要客户的关系就会变得危险。"可能比起不得不这样做更加重要的是，设计更加环保的供应链就是简单的正确做法。对于公司而言，这是为下一代作贡献的又一种方式。

这都是令人振奋的事情。正如它证明的那样，公司拥有不止一个理由来绿化它们的供应链。绿色供应链不仅仅对世界有益，它们同样对公司的底线有益。公司通过提高效率来绿化供应链，而效率的提高则意味着低成本高收益。环保意识带来的成本节约具有很大意义。物流活动创造了最大化的环保足迹——比如运输，仓储和包装——同样也是分享巨额物流成本的原因，尤其在资源稀缺和能源价格上涨的时期。虽然它可能需要一个前期投资，它不花费更多来绿化渠道。长期来看，它的成本更低。

下面几个例子是说明创造更加绿色的供应链如何对环境和公司底线有益的：

- Stonyfield Farm 是世界上最大的酸奶制造商，最近成立了一个专门的小型卡车车队在新英格兰地区送货，用一个区域多站式的卡车送货系统取代国家的销售网络。因此，Stonyfield 现在通过更少的卡车运送更多的产品，减少了近一半的运送公里数。这个改变削减了 40% 运输相关的二氧化碳的排放量。同样也令 Sonyfield 节省了 8% 的航运费用。"我们都很惊讶。我们明白环保是可以为我们带来利润的。我们期望能够节省费用，但真的不是在这个范围。"
- 消费包装产品制造商美国庄臣创造了一个看似简单但聪明（并且盈利）的方式改变其包装卡车的方式。在旧有的系统下，其 Ziploc 产品在达到最大重量限额之前就占满了卡车拖车的空间。相比之下，Windex 玻璃清洁剂负荷量在卡车拖车满载之前达到最高承载重量。通过战略性将两种产品组合在一起，美国庄臣发现可以通过减少 2098 次航运来运送同样数量的产品，少消耗 168 000 加仑汽油并减少 1882 吨温室气体的排放。公司环保部门的主管说："装车看起来很简单，但保证卡车满负荷承载是一门科学。达到拖车最大的承载量为减少能源消耗、削减温室气体排放和节省开支带来了机会。"
- 沃尔玛可能是世界上最大的绿色渠道冠军。根据计划，这个零售业巨头在其 7000 辆卡车的车队安装了效率更高的发动机和轮胎，混合动力驱动系统，和其他的技术，努力减少一氧化碳的排放量，并到 2012 年效率提高 25%。沃尔玛同样迫使大批的供应商清理他们的环保行为。例如，它最近设定了减少 5% 供应商包装的目标。鉴于沃尔玛的规模，即使是小的改变也会带来大的影响。

因此，当涉及供应链，Kermit 可能是正确的——绿化并不容易，但它现在比以往更加必要，也可以带来巨大的回报。这是一个富有挑战性的领域，一个供应链专家说："但是如果你从一个单纯的利润-损耗的角度来看它，同样也是富有的。"另一位专家总结说："现在比以往更容易建立绿色供应链而财政上不会出现赤字，而实际上也节省了路上的开支。"

资料来源：Quotes, examples, and other information from Connie Robbins Gentry, "Green Means Go," *Chain Store Age*, March 2009, p. 47; Daniel P. Bearth, "Finding Profit in Green Logistics," Transport Topics, January 21, 2008, p. S4; Dan R. Robinson and Shannon Wilcox, "The Greening of the Supply Chain," *Logistics Management*, October 2008; William Hoffman, "Supplying Sustainability," *Traffic World*, April 7, 2008; "Supply Chain Standard: Going Green without Going into the Red," *Logistics Manager*, March 2009, p. 22; and "Supply Chain Standard: Take the Green Route Out of the Red," *Logistics Manager*, May 2009, p. 28.

10.7.2 物流系统的目标

有些公司认为，它们的物流目标是用最低的成本提供最大化的顾客服务。遗憾的是，没有一个物流系统能够在最大限度地满足消费者的同时做到成本最小化。顾客服务最大化意味着迅速交货、大量存储、灵活分类、自由退货政策和其他服务，而所有这些都要求成本增加。相对而言，成本最低意味着放慢交货速度、少量存货、集中运输，这些往往意味着较低的客服水平。

市场物流的目标应该是用最低的成本给目标层级的客户提供最大化的服务。公司必须识别出不同的渠道服务水平对于消费者的重要性的不同，然后为每个细分市场设定需要的服务水平，目的就是使利润而不是销售额最大化。因此，公司必须在提供更高水平的服务和增进成本之间进行权衡。有些公司与竞争者相比提供较少的服务，但相应地，价格也要低得多。另外一些公司则提供较高水平的服务，同时索要较高价格来弥补成本的增加。

10.7.3 主要的物流职能

给定了物流的一套目标之后，公司就要着手设计一套物流系统，以便以最小的成本来达到这些目标。物流的主要功能包括仓储、存货管理、运输和物流信息管理。

1. 仓储

生产和消费的周期是很少吻合的，所以大多数公司都必须把有形的产品存储起来等待销售。比如，Snapper 公司、Toro 公司和其他一些割草机公司都必须全年生产，为了春季和夏季的购买高峰准备货物。仓储的功能弥合了购销双方在数量和时间上的差距，保证了无论消费者何时需要都可以购买到产品。

公司必须决定仓储仓库的数量与种类，并决定存放地点。公司可以应用产成品仓库或者配送中心。产成品仓库用来存储商品以缓和长期的需求；而配送中心则是用来配送产品而不仅仅是存储。这些大型的、高度自动化的仓库被用来从不同的工厂和供应商处接收产品、接受订单并有效地满足订单，然后将产品尽可能快地交付给消费者。

正如大多数事物一样，如今仓储随着技术的进步发生了巨大的变化。那些过时的物料处理方法正在逐步被由计算机控制，从而更能节省人力的全新物料处理系统所取代。计算机和扫描器自动阅读订单，直接操作电子起重机和机器人向卡车装货，打印发票。例如，办公用品零售商史泰博现在雇用了一组超级员工——身着橘黄色荧光剂——保持仓库忙碌的工作状态：

想象这样的情景：一组员工每天工作 16 个小时，一周工作 7 天。他们从不生病或者迟到，因为他们从未离开工厂大楼。他们不需要任何福利、不需要健康保险也不需要支付工资。他们也从没有任何怨言。这听起来像不像是一群机器人？它们实际上就是机器人——它们戏剧般地改变了史泰博为客户运送记事本、钢笔和曲别针的方式。宾夕法尼亚州的伯斯伯格的配送中心每天都会接到成千上万份客户的订单，每一份订单都包含各种各样的办公用品。使用人工在仓库中寻找这些产品的成本是十分昂贵的，尤其是公司承诺第二天就将产品送达客户的情况。

机器人登场了。在配送中心的一层，150 个机器人看起来就像是训练有素的工作犬，或者说金色的员工。当接到订单后，一台集中管理的计算机会告诉机器人在哪里可以找到产品的货板。于是机器人找到货架并将其送到挑选站，耐心等待工作人员从中找到正确的产品并放入包装盒。当订单产品配齐后，机器人灵巧地将货板送回原处。机器人能够照顾好自己，当电力不足时，它们就自己走向充电终端，或者正如仓库员工说的那样："它们自己补充能量。"机器人现在操纵着伯斯伯格配送中心半数的设备，而平均日产量增长了 60%。

2. 存货管理

存货管理同样影响着顾客满意度。因此，经理们必须在过多的和过少的存货之间保持精确的平衡。如果存货太少，当消费者需要时，公司会无货可卖。而为了弥补这一点，公司可能需要花费很多成本来组织紧急的生产或运输。如果存货过多，则有可能导致高于必需的存货成本并且存货可能会过时。因此，在管理存货时，公司必须权衡销售、利润和保持大量存货带来的成本之间的关系。

很多公司通过 JIT（just-in-time）物流系统大大降低了存货和相关的成本。在这样的体系下，制造商和零售商只保持着很小规模的产品和零部件的存货，通常只够几天的生产和销售。新的存货会在需要的时间恰好送达，而不是被储存在那里等待使用。JIT 系统要求准确的预测，配合迅速、频繁、灵活的送货手段，只有这样，供给才能及时地满足需求。同时，这样一个系统也大大节省了存货搬运和处理的成本。

营销者仍然在寻找更有效的存货管理的手段。在不远的将来，存货管理也许会全部实现自动化。比如，在第 3 章我们讨论过的，RFID 或"智能标签"技术内嵌了放射芯片或者贴在产品或包装上，从鲜花和刀片到轮胎的任何产品都可以使用。"智能产品"可以使占据了产品总成本 75% 的整个供应链变得智能化和自动化。

使用 RFID 的公司在任何时候都可以精确地知道某个产品在实体供应链中的位置。"智能货架"不仅仅可以告诉公司何时追加订单，更可以直接向供应商自动发出订单。这样令人兴奋的信息技术的应用将会如我们所了解的那样，为分销系统带来革命。许多大型的、资源丰富的市场化企业，像沃尔玛、宝洁、卡夫、IBM、惠普和百思买都在加大资金投入，以尽早实现 RFID 技术的全面应用。

3. 运输

承运方式的选择直接影响到产品的定价、交货的效率和货物到达时的状态——所有这些都影响着消费者满意度。在将产品送往仓库、经销商和消费者的途中，公司有五种主要的运输方式可以选择：公路、铁路、水路、管道和航空，对于数字产品，还有额外的一种选择：互联网。

公路的运输量一直在稳步增长，按照重量和运输里程综合计算，如今已经承担了全美超过 39% 的货物运输工作量。根据美国公路协会的统计，美国 82% 的组织仅仅依赖公路运送货物和商品。公路运输的路线和时间安排非常灵活，通常能提供比铁路更快捷的服务。对于短程运输高价值的商品而言，公路是最有效的方式。近年来，公路运输公司发展成了全球运输服务的全方位服务提供商。比如，大型公路公司可以提供所有服务，从货物卫星追踪服务、基于互联网的运输管理和物流计划软件到加快过境运输操作的"边境大使"。

按照重量和运输里程综合计算，铁路承运了大约 37% 的货物运输。对于长距离运送大宗散装的产品——如煤炭、沙石、矿石和农林产品，它都是最为节省成本的运输方式。近年来，通过为特殊种类的产品设计新的操作设备，铁路也大大提升了它服务客户的能力。它提供平板车以通过铁路运送拖车，并且提供各种运输中的服务，如在中途将部分货物转运往其他目的地，或者在中途对货物进行处理等。

水路运输方式按照重量和运输里程综合计算，可以承担 7% 的货物运输，在美国沿海和内陆水路中，有大量的货物通过轮船或驳船运输。尽管对于运输大体积、低价值、不易腐烂的产品，比如沙子、煤炭、稻谷、石油和金属矿产等，水路运输成本很低，但水路运输却是速度最慢的一种方法，并且很容易受到天气状况的影响。管道运输也承担着 1% 的货物重量和运输里程，是将石油、天然气和化学品等从源头运输到市场的专门方法。大多数管道运输都是所有者用来运送自己的产品。

尽管全美国只有不到 1% 的货物通过航空运输，空运仍然成为一种重要的运输方式。航空运输的费用通常比铁路和公路都要高得多，但当时间紧、距离远时，航空运输是理想的方式。最常采用航空运输的货物有易腐品（鲜鱼、鲜花）和价值高、数量少的货物（技术仪器、珠宝）。公司发现空运可以降低仓储量、包装成本和所需仓库数量。

互联网通过卫星、调制解调器、电话线等设备将数字产品从生产者输送给客户。软件公司、媒体、音像公司和教育机构都在用互联网来传递数字产品。尽管这些公司目前仍主要应用传统的运输方式来配送 DVD、报纸及其他产品，互联网在降低成本方面的潜力仍不可小视。飞机、卡车和火车运送的是货物和包裹，数字技术传送的则是信息数据。

托运方也越来越多的使用**多式联运**（intermodal transportation）——将两种或者更多的运输方式结合起来，按照重量和里程综合计算，多式联运的货物运输量达到 14%。"**驮背负式运输**"（piggyback）就是用铁路和公路结合的方式；"**卡车渡运**"（fishyback）是水路和公路结合的方式；"**火车水运**"（trainship）指铁路与水路结合；"**运货飞机**"（airtruck）则是航空加公路的方式。联合运输方式的结合为单一运输方式不能完成的运送提供了优势。每种结合的方式都为托运方提供了优势。例如，"驮背运输"的方式不仅仅比单独使用公路运输成本更低，而且更具灵活性和便利性。

在为某种产品选择运输方式的时候，托运方必须考虑许多问题：速度、可靠性、可获性、成本和其他一些因素。因此，如果托运方需要快速送达，首先就应该考虑航空和公路；当目标是低成本时，水路或管道运输可能是最好的选择。

4. 物流信息管理

公司通过信息来管理供应链。渠道成员经常连接在一起共享信息并共同做出更有利的物流决策。从物流的角度来看，像顾客订单、账单、运送、存货水平乃至客户数据等信息流，都是与渠道绩效紧密联系的。公司想要设计出简单的、易得到的、快速的和精确的程序来获得、处理和分享渠道信息。

共享和管理信息有许多方式，但是绝大多数共享通过传统的或互联网为基础的**电子数据交换**（EDI），是在组织间计算机化的数字交换，主要以互联网为载体。比如，沃尔玛一直保持同它的 9000 个供应商直接的 EDI 联系。如果新的供应商没有 EDI 的能力，沃尔玛会与他们一同工作找到并且安装需要的软件。"EDI 被证明是同我们的产品供应商实施交易的最有效方式，"沃尔玛说，"信息交换系统允许我们改善客户服务、降低开支并且提高产出率。"

有时候，供应商可能会被要求根据客户的订单来安排生产和配送。许多大型零售商——比如沃尔玛和家得宝——同其主要的供应商紧密合作，像宝洁和 Black & Decker，共同建立**供应商管理库存系统**（vendor-managed inventory，VMI）或者持续存货补充系统（continuous inventory replenishment）。通过 VMI，客户与供应商之间实现了关于销售和存货水平的实时数据分享。供应商对管理存货和配送负全部责任。一些零售商甚至要求供应商改变存货和运送成本。这些系统要求买卖双方之间紧密合作。

10.7.4　整合物流管理

今天，越来越多的公司接受了**整合物流管理**（integrated logistics management）的概念。这种观念认为，要提供更好的客户服务并降低分销成本，需要团队的通力合作，不仅在公司内部是这样，在所有的渠道成员之间也应该是这样。在公司内部，各种职能部门必须通力合作，以实现公司自己物流绩效的最大化；在外部，公司必须同它的供应商和客户一起整合物流体系，以实现整个分销渠道的绩效最优。

1. 公司内部的跨职能团队

在大多数公司，各种不同的物流活动的责任被指派给不同的部门——营销、销售、财务、制造和采购等。经常地，每个职能部门都尽力使自己的物流绩效最优但却不考虑其他部门的活动。然而，运输、存货、仓储和订单处理程序等活动，通常是以逆向的顺序相互影响。较低的存货水平会降低存货管理成本，但它们可能同样会导致服务的下降和成本的增加，比如缺货、订单退回、特别订制产品以及高成本的快速运输方式。由于分销活动之间可能会此消彼长，所以不同职能部门的决策必须相互协调才能实现整体物流绩效的提高。

整合供应链管理的目标是协调所有公司的物流决策。所有部门之间的紧密合作关系可以通过以下方式达到：一些公司成立了永久的物流委员会，由负责不同实体分销活动的管理人员组成；也有公司设置了专门的管理职位，将不同职能部门的物流活动联系起来。例如，宝洁公司设置了供应经理的职位，将负责管理公司所有产品种类的所有供应链活动。很多公司还设置了拥有跨职能权力的副总裁。

最后，公司可以引进完善的、用于整个系统的供应链管理系统，从 SAP 和 Oracle 到 Infor 和 Logility，无论大小，几乎所有的软件公司都可以提供。全球供应链管理软件市场去年销售额高达 64 亿美元，预计到 2013 年将达到 116 亿美元。最重要的事情莫过于公司能够用一个合理的成本协调它的物流和营销活动，以达到较高的顾客满意度。

2. 建立物流伙伴关系

公司要做的不仅仅是改善自身的物流活动，它们必须同所有渠道成员一起合作，来改善整个分销渠道。营销渠道成员紧密连接在一起创造客户价值并且建立顾客关系。一个公司的分销体系可能是另外一个公司的供应系统，每个个体渠道成员的成功都有赖于整个供应链的绩效的提高。比如，宜家能够创造出样式新颖的，但是价格适当的家居产品，并且只有当它的整个供应链——包括成千上万的商品设计者和供应商、运输公司、仓库和服务提供商，以最大效率及客户导向共同合作时，"宜家生活方式"才会被传递给消费者。

聪明的公司与物流战略合作，强迫供应商和消费者等强势的合作者来改进客户服务并减少渠道成本。许多公司成立了跨职能或跨公司的团队。比如，宝洁公司在沃尔玛公司总部阿肯色州本顿维尔有一支 200 名员工的队伍，他们同沃尔玛公司的伙伴们一起工作，寻找可以在渠道中压缩成本的方法。合作的受益者不仅仅是宝洁及其分销商，还有终端消费者。

其他公司通过共同项目合作。例如，很多大型零售商与供应商紧密合作，共同完成店内计划项目。家得宝允许主要的供应商使用它的商店，作为新产品的测试基地。供应商会花时间在店内监测产品销售情况和消费者的反应，然后为家得宝及其顾客设计特别的零售计划。显然，供应商和消费者可以从这样的合作关系中受益。重要的是，供应链的所有成员必须在服务最终消费者的过程中努力合作。

3. 第三方物流

大多数大公司喜欢生产并出售自己的产品，但是许多不喜欢承担物流那样繁重的工作。它们厌恶包装、装载、卸货、分类、存储、重新装载、运输、客户清理和追踪供给工厂的需要并将产品提供给消费者。因此，它们将整个或者部分物流流程外包给第三方物流（3PL）提供商。下面有一个例子：

惠而浦的最终目标是创造终身购买它品牌产品的忠诚顾客。一个关键的忠诚因素就是优秀的维修服务，也就是依赖快速的可靠的零部件分销。但是仅仅几年以前，惠而浦的替代零件分销系统还非常糟糕并且效率低下，经常导致令人失望的客户服务延迟。"惠而浦是世界上最大的家用电器生产商和营销商，但是我们却并非零部件仓储和分销的专家。"惠而浦零件运营的全国主管说。因此，为了帮助解决这个问题，惠而浦将这部分工作全部移交给了第三方物流供应商锐得物流公司，后者能够迅速优化惠而浦的服务零部件分销系统。锐得物流现在横跨六个大洲为成百上千的顾客提供惠而浦零配件服务的订单填写和世界范围内的分销，包括最终消费者，西尔斯服务网络，授权的维修中心，将零配件送至服务公司和技师网络的独立的零配件分销商。"通过与锐得的合作，我们如今以最高的水平提供服务，"惠而浦的主管说，"我们戏剧般减少了（我们零配件分销）的成本。我们的订单周期时间也在改善，顾客能更快获得他们需要的零配件。"

第三方物流（3PL）：像锐得物流这样的公司能够帮助客户拉紧他们迟缓的、冗长的供应链，削减存货成本，并且更加快速和可靠地将产品送达客户。

像锐得物流、UPS 供应链解决方案、Penske 物流、伯灵顿全球、敦豪航空货运物流和联邦快递物流这样的公司，能够帮助客户拉紧他们迟缓的、冗长的供应链，削减存货成本，并且更加快速和可靠地将产品送达客户。通过最近对《财富》500 强公司主要的物流行政部门的调查发现，82% 的公司会使用第三方物流（也被称为 3PL，外包物流或合同物流）服务。在过去的 10 年中，美国第三方物流公司的营业收入已经增长了三倍达到 1280 亿美元，预期到 2014 年会接近 6500 亿美元。

公司出于以下原因使用第三方物流提供商。首先，物流公司致力于将产品输送到市场，由它们来完成这些工作比由公司自己完成更加有效并且成本更低。外包通常会节约 15% ~ 30% 的成本。其次，外包物流节约了公司的力量来更加专注于自己的核心业务。最后，专业的物流公司更加了解日益复杂的物流市场环境。

第三方物流合作者尤其可以帮助公司拓展它们的全球市场覆盖范围。比如，跨欧洲分销产品的公司面临着一系列影响物流工作的环保限制，包括包装标准、卡车尺寸和重量限制、噪声和放射污染限制等。使用物流外包公司可以获得一个完整的跨欧洲分销系统，而不必发生由于建立自己的系统产生的成本、延期或者风险问题。

概念回顾

营销渠道的决策是管理者面临的最重要的决策之一。一个公司的渠道选择会直接影响到公司的其他营销决策。管理者必须谨慎做出营销决策，以将今天的需要和明天的销售环境的可能性结合在一起。虽然有一些公司对营销渠道重视不足，但许多公司依靠具有创造性的分销系统为公司赢得了竞争优势。

1. 解释为什么公司要应用分销渠道并讨论这些渠道执行的功能。创造客户价值，公司不可能孤军奋战，它必须同整个价值传递网络的合作者共同合作来完成这个任务。单独的公司和品牌无法竞争，整个价值传递网络才可以。

多数的生产商应用中间商来将自己的产品推向市场。它们力图建立一个营销渠道（或分销渠道）——一

组独立的组织共同参与，促使产品和服务被消费者和企业购买者消费使用。通过它们的关系、经验、专业程度和经营规模，中间商通常比公司自己要做得更好。

营销渠道执行许多关键的职能，主要包括收集和发布计划和辅助交易所需要的信息，开发和传播关于产品的有说服力的沟通材料，寻找并与有意向的客户沟通、建立关系，将产品和客户的需要进行匹配，对产品的价格及其他条件进行谈判，最终达成协议从而实现所有权的转移。其他的一些功能是辅助交易的：它们提供实体分销——运输和存储货物；融资——获得并且使用资金以弥补渠道工作所需的成本；承担风险——渠道工作所带来的相应的风险。

2. 讨论渠道成员之间的互动以及它们怎样组织起来

完成渠道的工作。当渠道成员都承担自己最擅长的工作时，渠道是最有效的。理想状况下，由于个体渠道成员的成功要依赖于整个渠道的成功，所以渠道成员间的合作应该天衣无缝。它们应该理解并接受各自的角色，协调各自的目标和活动，并且精诚合作以实现渠道的总体目标。通过合作，它们可以更好地感知、服务和满足目标市场。

在大型企业里，正式的组织结构将会分配角色并设置所需的领导，但是在由独立的公司组成的营销渠道中，领导和权力都不是被正式设定好的。从传统意义上来说，营销渠道缺乏一个领导来分配角色和管理冲突。近年来，新型渠道组织的出现带来了强有力的领导和渠道绩效的改善。

3. **识别一个公司可用的主要的渠道选择方案**。每个公司都通过在不同的渠道方案中做出选择以接触其市场。可供选择的方式从直销到运用一个、两个、三个乃至更多的中间商层级。营销渠道面临着持续的、有时甚至是剧烈的变化。三种重要的发展趋势分别是：水平营销系统、垂直营销系统和复合渠道营销系统。这些趋势影响着渠道的合作、冲突和竞争。

渠道设计开始于评估消费者对渠道服务的需求、公司的渠道目标以及限制，然后公司通过中间商类型、中间商数目和渠道责任对每种渠道选择方案进行识别。公司要用经济性、可控性和适应性的原则对渠道方案进行评估。渠道管理要求选择合格的中间商，并对它们进行激励，同时定期对渠道成员进行评估。

4. **解释公司如何选择、激励和评估渠道成员**。每个制造商吸引合格的营销中间商的能力各不相同。有一些制造商能毫不费力地吸引合格的中间商，而另一些则颇费周折。选择中间商的时候，公司应该评估每个中间商的资质，并选择那些最适合公司渠道目标的中间商。

选定以后，公司必须不断激励中间商以获得他们最大的营销努力。公司不仅仅是通过中间商销售，它还应该同中间商一起向客户销售。公司应该努力同渠道成员建立一种长期的合作关系，形成一个对生产商和它的渠道伙伴都有利的市场营销系统。公司必须用设定的标准定期检查分销商的绩效，对那些表现出色的中间商要给予奖励，而对绩效不尽如人意者给予支持或者替换。

5. **讨论市场物流以及整合供应链管理的性质和重要性**。就在许多公司正在日渐深入地了解营销概念的时候，更多的公司开始注重市场物流（或实体分销）。物流是一个在降低成本和提高顾客满意度上大有潜力的领域。市场物流不仅包括运出分销，还包括运入分销和反向分销。也就是说，它包括整个的供应链管理——在公司、供应商、分销商和最终客户之间管理那些增加价值的"流"。任何物流系统都不可能在最大化顾客满意的同时使分销成本最低。相反，物流管理的目标应该是以最低的成本提供一定目标水平的客户满意。物流的主要职能包括仓储、存货管理、运输和物流信息管理。

整合物流管理的观念认为，改善物流的绩效需要一种跨职能的团队合作关系。这种关系不仅存在于公司的各个职能部门之间，同时也存在于整个供应链的各个公司之间。公司可以通过建立跨职能的物流团队、设置整合供应链经理的职位以及更高层的拥有跨职能权力高管人员，来实现各个物流职能之间的协调。渠道的伙伴关系可以采取跨企业团队、公共项目和共享信息系统的方式实现。今天，一些公司将它们的物流功能外包给第三方物流（3PL）提供商，以节省成本、提高效率和获取更快速和更有效进入全球市场的方法。

问题讨论

1. 比较并对比直接营销渠道和间接营销渠道，为营销渠道中的各种类型零售商命名。

2. 什么是渠道冲突？讨论两种主要类型的渠道冲突并分别举例。

3. 给出脱媒的定义，列出三种因渠道系统发生变化导致脱媒的产业。

4. 比较并对比密集性分销、选择性分销和专营性分销。给出一个在每个层级上分销的产品或品牌的例子。

5. 列出并简要描述主要的物流功能，举例说明一位物流经理可能为实现每种主要的功能做出的决策。

6. 命名并描述运输方式的主要类型，讨论何时选用哪一种类型。

问题应用

1. 供应链管理是商务往来中面临的重要问题。什么是扩大的供应链？全球化对供应链管理造成了什么影响？

2. 组成一个小组展开辩论。互联网是否为下列零售商店造成了脱媒影响？（1）视频出租店；（2）音乐商店；（3）服装店。

营销技术

啤酒酿造工艺既是一项艺术又是一种科学，柯琳是一位比利时的研究人员，她正在试图设计一种方法让易变质的啤酒拥有更长的保质期。如果成功了，工艺啤酒就可以到更远的地方。寄希望于增加国内产品的出口，比利时政府投资 700 万美元进行这项研究，其中 170 万美元被用于柯琳女士的研究。实验室中价值 25 万美元的品尝机能够识别啤酒样品中的化学成分，研究人员能够建议使用有机成分，调整氧气和酵母水平，并且减少花费在高温酿造啤酒过程中的时间。而巴氏杀菌和灌装方法允许像喜力啤酒和 AB 公司这样的巨头出口其工艺啤酒，因为工艺爱好者喜欢味道更细腻的啤酒。但工艺啤酒不适合旅行——时间和阳光是其最大的敌人，所以他们只限于在当地销售。大多数工艺啤酒在不到 3 个月的时间内就会变味。

1. 描述工艺啤酒从比利时到你所在的城市的分销渠道。其中包括多少渠道层级？
2. 如果研究人员没有发现充分延长啤酒保质期的方法，讨论要想销售比利时工艺啤酒到美国去面临的选择。

营销道德

平行进口、灰色产品、价格转移都代表同样的活动——挤占进口产品意味着以较低的价格从一个市场购入，在其他市场以更高的利润销售。在很多行业都发生过类似的事情，从制药业、服装行业、高科技电子产品和汽车配件到奢侈品、化妆品和烟草行业。如果你现在使用的教科书本来是在国际市场销售而你在亚马逊网站上购买到了，并且比你从书店或者出版社的网站购买要便宜得多，那么它可能是灰色产品。你在 Marshall 或者 T. J. Maxx 购买的设计师毛衣可能是通过灰色市场交易进入这些商店的。尽管美国联邦的法律禁止从外国进口处方药品，但在其他国家却没有这样的规定。比如，灰色交易者从比较贫穷的国家购入药品，比如希腊或者西班牙，然后在英国或者瑞典销售，对于交易者而言，那里的高价格隐藏着高额利润。实际上，大多数产品的平行进口是合法的，一些出口商宣称是自由市场的作用。但是在一些情况下，伪造的产品会与合法产品混在一起。

1. 了解关于这个现象的更多信息。在这样的交易下谁会获得价值？谁失去了价值？
2. 制造商应怎样处理这个问题？

营销挑战

Expedia

在经济衰退时期，消费者和商务人士都削减了旅行相关的支出，航空公司、旅馆和汽车租赁产业都遭受到了打击。像 Expedia 在线预订代理商同样经历着艰难的时期就不奇怪了。随着旅行支出下降，Expedia 必须保持收入上升，它还必须防止顾客从竞争对手航空公司那里直接购买。从历史上看，Expedia 为每一张机票预订要收 10 美元的费用，这个费用为 Expedia 带来的收入超过了它通过机票销售获得的佣金。但是随着消费者计算每一分钱，他们中的更多人可能第一次通过 Expedia 预订，以后就直接通过航空公司预订了，这样节省了订票费用。这就导致了 Expedia 取消了订票费，其他的航空公司代理也随之这样做。Expedia 希望随着更多的消费者被免预订费的促销活动重新吸引回网站，通过大量机票销售获得的佣金能够抵消订票费收入的损失，旅馆和汽车租赁也是如此。

1. 你认为 Expedia 取消了订票费后会带来更多的业务吗？
2. 作为一个中间商，当旅行业自身处于衰退时，Expedia 有刺激需求的能力吗？

营销算术

当设定价格时，制造商必须考虑的一个外部因素是零售商利润率。制造商没有最后销售给消费者的价格的决定权，而零售商有。因此，制造商必须以建议零售价开始，往后倒推，减去零售商销售产品给消费者时要求的利润水平，一旦考虑了利润率，制造商就了解了应当以什么价格销售产品给零售商，他们也能够决定在那个价格下保持盈亏平衡的销售量和成本分别是多少。

1. 一位消费者从自己常去剪发的美发沙龙花费 150 美元购买了电熨板拉直头发。如果这个美发沙龙的利润率是 40%，批发商的利润率是 15%，都是以它们的销售价格为基础，那么制造商向批发商销售产品时的价格是多少？
2. 如果每一个电熨板的单位变动成本是 40 美元，制造商的固定成本是 200 000 美元，这个制造商必须销售多少电熨板来保持盈亏平衡？它必须销售多少才能实现 800 000 美元的利润？

第11章 零售和批发

在前面的章节中，你已经通过设计和管理分销渠道学习过一些基本的客户价值传递的知识。现在，我们将更深入地了解中间渠道两个最主要的功能：零售和批发。事实上，你已经对零售有所了解——你每天都接受着不同类型、不同规模的零售商所提供的服务。然而，你可能对隐藏在批发商背后的一系列工作知之甚少。在这一章中，我们将研究不同类型零售商和批发商的特征，它们所做出的营销决策及其未来的发展趋势。

学习目标

1. 能够解释零售商在分销渠道中所扮演的角色，并能描述出零售商的几种主要类型
2. 能够描述零售商最主要的几个营销决策
3. 能够论述零售业的主要发展趋势
4. 能够解释最主要的几个批发类型及其营销决策

只要提起零售商，我们就不得不提及沃尔玛，这个价值401亿美元的商业巨无霸采用"无与伦比的低价格"战略，使得它不仅成为全球最大的零售商，更是全球最大的公司之一。但在本章里，我们要以第四大零售商——好市多的故事作为开始。令人吃惊的是，虽然好市多在仓储零售业的销售额仅比沃尔玛销售额的1/6多了一点点，但其在低价战中却给沃尔玛以严重的威胁。

好市多：打造折扣的零售时尚

巨人沃尔玛经常击败对手。在玩具市场上，它的销量超过了玩具反斗城，在DVD销售上让Blockbuster头疼，同时他让百思买的电子商务顾客大量减少。并且，它比排在第二名的百货零售商克罗格多卖出23%的货物。几乎每个零售商，不论是什么类型的，都在忙着制定策略以和沃尔玛竞争或者求得生存。

但我们今天讲的不是沃尔玛，而是好市多，这个能够与沃尔玛的山姆俱乐部抗衡的仓库零售商。山姆俱乐部相当庞大，有775个商店和44亿美元的现金流，如果它成为一个独立的公司，它将会成为第10大美资零售商，与零售巨头塞夫韦、百思买、梅西百货匹敌。但如果它成为一个仓库零售商，好市多便是最强劲的，而不是其他竞争者。

拥有着与山姆俱乐部同样数量的员工但是店面少了222家的好市多，它的销售量超过山姆俱乐部60%。71亿美元的销售额使得好市多成为紧跟在沃尔玛、家得宝、克罗格之后的美国第4大零售商，排在第五名的是塔吉特。不像沃尔玛和山姆俱乐部，好市多发展得非常快。光是在过去的四年中，好市多的销售额就飙升了66%，利润增长了45%。好市多同类店面的销售额的增长速率是沃尔玛的两倍还多。即使在如今萧条的经济环境下，许多超市入不敷出，好市多依旧在盈利。好市多是如何在低价战中战胜山姆俱乐部的？这两个零售商在很多方面都有着极高的相似度，但是在店面里，好市多增加了一些销售"魔术"，这是山姆俱乐部无法匹敌的。

让我们首先来了解一下二者的相似之处。好市多和山姆俱乐部同属于仓库型零售商。它们为支付年会员费的消费者提供了品类繁多的商品，这些商品都有着非常低的价格。这两个零售店的商品大约4 000件，往往只是体积巨大（一个典型的超市物品大约40 000件，一个沃尔玛超市大约储物150 000件）。为了保持成本和价格

的低廉，它们在宽敞的、通风良好、基本设施完备的店里经营，并以其强大的销售能力，向供应商索要低价格。

价格是非常重要的一个方面，好市多似乎在尽可能地以最低价格销售它的商品，而不管竞争对手如何定价。它拒绝将商品的价格标在超过成本的14%以上。就如好市多的创办者兼CEO吉姆·辛内加尔（Jim Sinegal）所说"很多零售商看到他们的商品就会说'我以10美元卖它，我要怎么才能把它卖到11元呢？'而我们看到我们的商品，我们会说'我怎么才能把它卖到9元钱？'接着'我怎么才能把它卖到8元钱？'这就是反向思维。但一旦你开始这样做了，那就像上瘾一样。"好市多的平均营业利润率只有2.8%，山姆俱乐部只有3.5%。

因此，不论是好市多还是山姆俱乐部，它们在低成本经营和低价格方面都表现非常出色。那么，到底是什么使得好市多与众不同呢？好市多在不同的价值主张方面下了很大功夫，它把产品的持有以及紧迫感建立在好市多顾客的购物经验上。同时供应花生酱和2250支包装的Q-Tip棉签使得仓库型俱乐部流行起来，好市多以诱人的低价格提供不断变化的高品质产品，甚至是奢侈品。就像一个行业分析师所说"沃尔玛代表着低价格，好市多是在零售中寻宝，你可以在一辆购物车里看到一大桶蛋黄酱上有一枚价值50 000美元的钻石戒指。"

好市多让沉闷的超市设施变得极具艺术感。它让折扣超市具备了时尚气息，甚至对于富足的美国来说也是如此。

好市多最大的特点是在数量巨大的常规物品之中，混有精光闪闪的物品。它持续地变换稀少的一次性特殊品，如折扣普拉达的手袋、卡罗维高尔夫俱乐部，或者凯尼斯·柯尔包——这些你不会在山姆俱乐部找到。事实上，在好市多出售的4 000件商品中有1 000件是用来

包装成精品系列。这种品种的改变以及价格上的加大优惠使得顾客回头率很高。CEO 辛内加尔说"顾客知道，他最好买下它，因为下次它可能就被卖出去了，就像华登峰水晶。我们努力解决顾客的紧迫感。"

这是一个只有大众购买价格优惠的商品的时代。但是好市多改变了这个状况。甚至使得顾客不去吝啬购物。并非偶然，好市多的店面又向比山姆俱乐部更富裕的地方扩张的趋势。好市多的会员中家庭收入有 1/3 超过 75 000 美元，1/4 超过 100 000 美元。

（好市多）吸引的是一群想要购买的被零售顾问成为"新奢侈品的"城市人。他们选择豪雅手表而不是精工，callaway 牌高尔夫球杆而不是 jack nicklaus，喝星巴克而不是麦斯威尔。顾客急切地选择不用付全价的高档商品以让自己踏实，然后他们选择日常的私人物品，比

如纸巾、洗涤剂和维他命。好市多发现了这个快速增长的环节。顾客说："这是最终的上游和下游，这对新奢侈品是一个巨大的革新。"

所以，在仓储式零售商方面给竞争者以打击的，是好市多而不是沃尔玛。好市多不仅是一个堆放着大批商品的低价卖场，也不仅仅是聚集着一大群消费者的超市。每一个好市多店面都是一个给购物者创造紧迫感和购物乐趣的剧院。在最近的消费者调查报告中，好市多是全美零售商中满意度最高的零售商店，榜上有名的还有：塔吉特、沃尔玛、山姆俱乐部、西尔斯以及梅西百货。

一直以来，零售业被视为在正确的地点、正确的时间，以正确的价格购买正确的物品的一种乏味的艺术。但是，好市多的价值主张不止如此，辛内加尔说："让它充满乐趣，这就是绝招！"

好市多的这个例子是我们研究当今快速变化之间的分销商的引子。本章我们要学习零售和批发。首先，我们要学习零售的特性以及重要性，主要的商店类型以及非商店零售商，类型，零售商的营销决策，以及零售的发展趋势。其次，我们也在这些方面来讨论与零售相对应的批发。

11.1 零售

什么是零售？我们都知道好市多、得得宝、梅西百货以及塔吉特是零售商，但是，雅芳的代理商、亚马逊，当地的假日酒店和为病人看病的医生也是零售商。**零售**（retailing）包括所有为满足最终消费者个人的、非商业用途的使用直接向其提供产品和服务的所有活动。很多机构——制造商、批发商和零售商——都在进行零售。但绝大多数零售工作是由零售商（retailer）执行的：它们业务的销售额主要来自零售。

在营销渠道中，零售扮演着越来越重要的角色。每一年，零售商从终端顾客处赚得的利润超过 4.4 万亿美元。它们是顾客购买过程中连接品牌和顾客的最后一个步骤，营销机构奥美称之为"最后一英里"。"这是顾客在态度和购买行动之间的距离，"奥美的 CEO 解释道。至少有 40% 的顾客的购物决定是他们处于商店或在商店附近时做出的。因此，零售商"在顾客购物的关键时刻达到，最终影响他们的购物行为。"

事实上，很多营销人员现在接受了"零售市场营销"的概念，这个概念是指零售商店本身是一个很重要的营销媒介。事实上，零售商店链中的定点营销可以产生如在电视上的广告一样的影响效果。例如，有 2100 万人观看《星随舞动》的节目，有更多的人群拥挤在大型零售商的过道上。好市多、沃尔格林、塞夫韦以及克罗格每周分别吸引了 2000 万、3000 万、4400 万、6800 万的购物者。另外整个美国每周有 1.5 亿人走进沃尔玛的自动门。更重要的是，不同于电视广告的浅薄印象，定点销售直接推动购物者实际的购买决定。

零售市场营销从集中于整个营销过程——从产品和品牌的发展到提升、招商——转向购买时刻的营销。当然，每一个好的营销设想的焦点都是顾客购买行为。但是，零售市场营销认为这些营销举措要与购物过程本身相联系。零售市场营销强调消费者购买的零售环境。

尽管绝大多数零售工作在零售商店进行，但是近年来非商店零售的成长速度已经超过了商店零售业。非商店零售包括通过以下方式向终端顾客销售产品或服务：直邮、目录销售、电话销售、网络销售、电视导购、家庭和办公室聚会、上门销售、售货机和其他的零售方式。我们将在第 14 章详细讨论这些直接营销方式。在本章中，我们将集中讨论零售商店。

11. 1. 1 零售商的类型

零售商店呈现出各种各样的形式和规模——从你家附近的发型造型沙龙或者家庭式餐厅到专卖连锁零售商（如 REI 和 Williams-Sonoma）到大型折扣店（如好市多和沃尔玛）。表 11-1 中所描述的是最重要的零售商形式，我们将在接下来的部分中讨论它们。这些零售商的类型可以通过几种不同的特征进行分类，包括它们所提供服务的数量，它们的产品线深度和广度，它们索要的相对价格及其组织方式。

表 11-1 零售商的主要类型

类 型	描 述
专卖店	经营窄而深的产品线的零售店。例如，服装商店、体育用品商店、家居店、花店和书店。一个服装商店可能只销售单一单品线，一个男士服装商店可能销售有限的产品线，而一家男士衬衫商店可能就是一家超级专卖商店
百货商店	拥有多个产品线——一般为服装、家具和家用商品——每一条产品线设立一个独立的部门，有特定的采购者或者供应者管理
超级市场	消费范围很广，成本低、利润低、销售量大的自助服务商店，它主要是用来满足顾客对食品和家用品的总体需要
便利店	位于居民区的小商店，每周营业 7 天，销售有限的快速周转的便利商品，价格稍高
折扣店	一种以较低的价格销售一般性商品，接受较低的利润率和较大的销售额的零售组织
廉价零售商	以比正常批发价格更低的价格采购商品，以低于零售价格的价格销售商品的零售商；其销售的产品一般是以极低的价格从制造商或别的零售商处购买的剩余的商品，多余的库存和不规则商品 廉价零售商包括由制造商所有和运营的工厂直销店；由创业者或者大型零售公司的分支机构所有和运营的独立廉价零售商；向那些支付会员费的顾客以很大的折扣销售有限范围的知名品牌的百货商品、器具、服装和其他商品的仓储（或批发）俱乐部
超级商店	致力于满足消费者常规购买的食品和非食品商品需求的大型商店。包括：超级中心，这是超级市场和折扣商店的结合体，以及品类杀手，主要销售一个特定产品类别的各种各样的产品，并雇用拥有丰富知识的销售人员

1. 服务数量

不同的产品和顾客要求不同数量的服务。为了满足不同顾客的服务需求，零售商可以提供以下三种服务水平中的一种——自助服务、有限服务以及全方位的服务。

自助服务零售商为那些愿意自己采取"锁定——比较——选择"的购物流程以节约时间和费用的顾客服务。自助服务是所有折扣商店运营的基础，它最典型的运用者是便利商品销售商（例如超市），以及品牌知名度很高的、快速周转的商店（如沃尔玛或者科尔士）。有限服务零售商，比如西尔斯或者彭尼公司，提供更多的销售辅助服务，因为它们拥有更多顾客需求商品的信息。它们用提高货物的价格来弥补运营成本的上升。

全方位服务零售商，例如高端的专卖店（比如 Tiffany 或者 Williams-Sonoma）和一流的百货商店（例如诺德斯特龙或者内曼·马库斯），其销售人员在顾客购买的每个阶段都会向顾客提供帮助。全方位服务商店通常拥有更多特殊商品，对于这些商品，顾客希望享受到收到的服务。零售商所提供的更多的服务导致更高的运营成本，而这又以更高价格的方式转嫁给顾客。

2. 产品线

我们也可以根据零售商品线的长度和宽度对它们进行分类。有些零售商，如专卖店（specialty store），拥有很窄的产品线，但是每条产品线的长度很长。现在，专卖店正处于繁荣期：越来越多市场细分、市场定位和个性化导致对那些专注于个别商品和顾客群的商店的更多需求。

相反，百货商店（department store）拥有范围很广的产品线。近年来，百货商店受到更集中、更灵活的专卖店和更高效、价格更低的折扣店的两面夹击。作为回应，很多百货商店已经增加了促销定价以应对折扣带来的威胁，另外，一些百货商店则运用商店品牌和独家品牌的"设计师专营店"以与专卖店竞争。另外还有些百货商店正在试用邮购、电话和网络销售的方式。服务仍然是关键的差异化因素。例如，诺德斯特龙、内曼·马库斯和其他一些高端百货商店通过强调高质量的服务而获得很多业绩。

超级市场（supermarket）是人们最经常光顾的零售商店。然而现在，因为人口的增长速度放慢，以及来自折扣超级中心（沃尔玛）和食品专营店（全食超市，乔氏公司）越来越激烈的竞争，超市的销售额增长缓慢。家庭外出就餐的增多也构成了对超市的又一个严重打击。事实上，超市的食品和消费品市场份额从 1989 年的 89% 暴跌到 2008 年的不足 50%。因此，很多传统超市面临着严峻的考验。

在争夺"肚子份额"的战斗中，很多超市为了提高销售额，采取一些改进购物环境、提高食品质量的措施。例如设置了面包房、美味熟食柜台、全天然食品，新鲜海鲜柜台。然而，另有一些超市以食品的低价格展开竞争，比如好市多、沃尔玛。这些老牌的零售商通过节约成本、建立更有效的物流系统，以及低价格以增强自己的竞争力。还有些超市正在缩减成本、建立更高效的运营机制，并降低价格，以与食品折扣店展开更有效的竞争。

尽管最近经济不景气，其他的杂货店处在水深火热之中，但克罗格的销售额和利润仍在稳步增长。这个连锁店 6 年的节约成本、降低价格策略终使得它走入正轨。这个食品零售商的低价格策略只是被称为"顾客优先"的四管齐下策略中的一个。克罗格发现只要店面能够满足购物者对价格、产品、人员，以及购物经验这四个方面的需求，能得到消费者良好的反响。克罗格的"顾客优先"开始于其他的传统超级市场正在努力通过强调高水平服务、产品质量将自己与折扣店区分开来的时候。相比于维持高价格，克罗格意识到低价格是影响食品购物很重要的一个因素。通过仔细地分析顾客购买数据，成本和价格都有了大幅度的下降，开始的时候大多数是价格敏感的物品和种

类，随后这个范围逐年增加。为了更好地满足成本敏感性顾客，克罗格推出了自有品牌的商品。如今，其销售的自有品牌商品超过 14 400 种，占总销量的 26%。多亏了顾客导向的定价策略，现在克罗格的销售额和市场占有率已经在超级市场行业独占鳌头。

便利店（convenience store）是销售快速周转的日常用品的小商店。经过过去几年的滞销，现在便利店的销售额正在稳健地增长。2008 年，美国的便利店销售额为 6241 亿美元，比前一年增长了 8%。大约 75% 的便利店的收入来自销售汽油，主要的销售来自于烟草（33%）、啤酒和其他饮料（24%）。

近年来，便利店致力于在最主要的年轻、蓝领男性市场之外，重新定位自己的商店以吸引女性购物。它们正通过供应新鲜食品和提供清洁、安全更高档的环境，以摆脱之前设想的为男人提供啤酒、香烟和杂志的"卡车商店"定位。

超级商店（superstore）比一般的超市大得多，供应种类繁多的消费者日常购买的食品类、非食品类产品和服务。沃尔玛、塔吉特和其他的折扣零售商都设有超级中心，这是强调交叉销售的食品店和折扣商店的组合。一个传统的杂货店每周的营业额为 33.3 万美元，而一个超级中心每周能有 150 万美元的销售收入。1988 年，沃尔玛开设了它的第一家超级中心，直至今日，在世界范围内它拥有 2400 家超市，并继续以每年 140 家的速度递增。

近年来，本质上是巨大专卖店的超级市场也获得了爆炸性的成长，这类商店就是所谓的**品类杀手**（category killer）（百思买、家得宝）。这类商店的典型特征是在如机场候机厅那样大的商店里销售一个特殊产品线的各种各样的产品，并配有知识丰富的销售人员。品类杀手在很多产品类别中都非常流行，包括书籍、婴儿车、玩具、电子产品、家庭装饰产品、亚麻布和毛巾、舞会商品、运动产品甚至宠物。

最后，对于有些零售商而言，产品线就是一项服务。服务零售商包括宾馆和汽车旅馆、银行、航空公司、大专院校、医院、影院、乒乓球俱乐部、保龄球馆、饭店、维修服务中心、美发商店和干洗店。在美国，服务零售商成长的速度比产品零售商还要快。

11.1.2　相对价格

我们也可以根据零售商索要的价格对它们进行分类（见表 11-1）。绝大多数零售商索要一般的价格，并提供一般质量的产品和服务，而有些则以较高的价格供应较高质量的产品和服务。以低价为特色的零售商包括折扣店和廉价零售商。

1. 折扣店

一家折扣店（discount store）（塔吉特、凯玛特、沃尔玛）以较低的价格销售一般商品，实现较低的利润率、较大的销售量。早期的折扣店是通过提供较少的服务，以及在租金较低的偏远地区设立仓储式商店来缩减开支的。如今折扣店在继续节约成本、提高运营效率的同时也努力改善购物环境、改进服务质量，以应对来自其他折扣商店和百货商店的激烈竞争。行业领先的折扣店已经成为现场零售的主导，而世界级的零售商引领者沃尔玛又是折扣店的主导者。

营 销 实 践 11-1

沃尔玛：省钱的好生活

沃尔玛大得难以想象，它是世界上最大的零售商。2009 年，沃尔玛的年销售额已经达到令人难以置信的 4010 亿美元——这是塔吉特、西尔斯、凯玛特、梅西百货、彭尼销售额之和的 1.6 倍。

沃尔玛在很多种商品领域的销量都名列第一，这包括：食品杂货、服装、玩具、CD 以及宠物产品。在杂货方面，沃尔玛的销售量比克罗格多出 23%，而后者正是食品杂货店行业的主导者；沃尔玛在服装和鞋子方面的营业收入超过了梅西百货的总收入。不可思议的是，每年，沃尔玛销售掉全美国 30% 的一次性尿布、30% 的护发品、30% 的健康美容产品、26% 的牙膏以及 20% 的宠物食品。平均下来，全球每周有 1.8 亿人光顾沃尔玛超市。

同样很困难估计沃尔玛对美国经济的影响。它是全美最大的雇主——不论男、女、儿童，每 218 个人中就有一个人是沃尔玛的会员。在 2003 年，沃尔玛平均每天 15.2 亿美元的销售额超过了 26 个国家的 GDP 之和。通过研究还发现，在 20 世纪 90 年代，沃尔玛肩负了将国家生产率提高 25% 的重任。另一个研究表明：通过它自己的低价格以及对竞争者价格的影响，沃尔玛平均每年为每个美国家庭节省 2 500 美元，相当于一个家庭 6 个月的食品支出。

在这个巨大成功的背后有什么秘密？首先且最重要的是，沃尔玛执着地坚守自己的价值定位——"天

天低价"，对顾客来说这意味着"省钱的好生活"。它的使命是"降低全世界人们的生活成本"。为了能够实现诺言，沃尔玛提供了一个宽泛的、经过了严格挑选的"无与伦比的低价产品"。没有任何一家零售商可以如此贴切地执行"天天低价"的口号和"一站式"购物。正如一位分析家所说："沃尔玛的理念比较简单——成为顾客的代理，找出他们需要什么，并把这些商品以尽可能低的价格卖给他们。"沃尔玛的现任主席和首席执行官这样总结道："我们坚持不懈地为顾客传递价值。"

沃尔玛是怎样做到如此低的价格的呢？沃尔玛是一台精益、简练的分销机器——它拥有行业中最低的成本结构。这就使得这个零售巨人能够在收取较低价格的同时获得较高的收益。例如，沃尔玛采购的食品价格平均下降 10% ~ 15%，所以，沃尔玛的食品价格比食品店中的同类食品要便宜 20%。沃尔玛的低价格吸引了更多的购买者，产生了更大的销售量，从而使该公司能进一步降低价格。

沃尔玛的低成本一部分是来源于高超的管理和先进的技术。它在阿肯色州本顿维尔的总部拥有连国防部门都嫉妒的计算机通信系统，使得遍及全美的公司经理都能得到及时的销售和运营信息。并且，其巨大的、全自动化的分销中心采用最先进的技术，能高效地向商店供应货物。

沃尔玛同样通过古老而有效的"严格采购"来降低成本。该公司以严酷、锱铢必较地对待供应商的态度而著称。"不要期待有人会打招呼，也不要期待友好的态度"，一位供应商营销总监在参观完沃尔玛的采购办公室后说"一旦你被领入一间朴素的采购办公室，迎接你的是一道锐利的目光，他们已经准备好跟你砍价。他们是注意力高度集中的人，并且比美国的任何人都更经常地使用自己的采购权利。"

一些评论认为沃尔玛过于压榨它的供应商，已经超出了商业范围。然而，沃尔玛的拥护者认为这是一个更有效维护顾客利益的简单行为。并且，大多数的沃尔玛供应商也一致觉得虽然沃尔玛有些苛刻，但是其在交易中同样真诚而正直。

尽管在过去40年中，沃尔玛取得了令人难以置信的成功，但如今它也面临着一些重大的挑战。规模如此之大的沃尔玛，就像一个成熟的巨人，很难再像年轻时那样高速成长。为了再度成长，沃尔玛引进了新的、高速增长的产品线和服务，包括：有机食品、店内健康诊所，以及顾客金融服务。可见，巨人沃尔玛的成长空间还很大。例如，2005~2008年间，沃尔玛销售额平均每年增长310亿美元——相当于一个美国快递、一个杜邦或者两个耐克的年销售额。

近年来，沃尔玛一直在与自己的"老年形象"做斗争。对很多中高收入的顾客来说，与年轻的有活力的塔吉特相比，沃尔玛就像是一个慵懒、过时的老人。因此，为了获得高收入人群的青睐，占领这个消费者市场，沃尔玛开始以时尚的形象示人。例如，它的过道变得干净、明亮、有了更开阔的视野；增加了新的高质量的货物——很多城市中的沃尔玛开始陈列高端的电子产品，从索尼的等离子彩电到戴尔、东芝的笔记本，甚至还有苹果的iPod；用时髦的线条装饰货架，让自己看起来焕然一新。最后，沃尔玛用听起来更加柔和、更容易赢得共鸣的新口号——"省钱的好生活"代替了旧的生硬的口号"低价、天天低价"。

不要以为沃尔玛在走塔吉特的路线。事实上，由于最近低迷的零售业经济，塔吉特更多地模仿沃尔玛。虽然沃尔玛出现了更加高端的形象，但是，它没有理由放弃"低价格"这个核心定位。毕竟，沃尔玛是，也将一直是折扣店。"沃尔玛……不会去走高端路线，"一个沃尔玛的市场人员说，"那不适合我们的品牌，我们是为了帮助消费者省钱，这样，他们可以过得更好。"

资料来源：Quotes and other information from "The Fortune 500," Fortune, May 4, 2009, pp. F1-F51; Miguel Bustillo, "Wal-Mart Steps Up Its Game in Electronics Aisle," Wall Street Journal, May 18, 2009, p. B1; Michael Barbaro and Stuart Elliot, "Clinging to Its Roots, Wal-Mart Steps Back from an Edgy, New Image," International Herald Tribune, December 10, 2006, accessed at www.iht.com/articles/2006/12/10/business/Wal-Mart. php; Jonathon Birchall, "Target's Sales Slip Farther Behind Wal-Mart", "Financial Times, May21, 2009, p. 15; Justin Willet," Wal-Mart Launches New Format at Older Store; Makeover Appears Aimed at Target. McClachy-Tribune Business News, April 30, 2009; and various fact sheets found at www. walmartstores.com, accessed November 2009.

2. 廉价零售商

当主要的折扣店进行升级之后，新的**廉价零售商**（off-price retailer）涌入，填补了低价格、高销量的空白。一般的折扣店以正常的批发价格采购商品，并接受较低的利润率以降低价格。与之相反，廉价零售商是以比正常批发价格更低的价格采购商品，制定的价格也低于零售价格。很多地区都能见到廉价零售商的身影：从食品、服装、电子产品到低成本银行业和折扣经纪业务。

三类主要的廉价零售商是**独立廉价零售商**（independent off-pricer）、**工厂直销店**（factory outlet）以及**仓储式俱乐部**（warehouse club）。

独立廉价零售商由创办者所有和经营，或者是较大的零售公司的分支机构。尽管很多的小型廉价零售商是独立运作的，绝大多数大型的廉价零售商归较大的连锁零售公司所有。

工厂直销店——例如 J. Crew, Gap, Levi St 及其他诸如此类的制造工厂直销——有时这些部门聚集在一起成为工厂购物中心和价值—零售中心：十几家直销店以低于零售价格50%的价格销售大范围诸如尾货、折扣或者非常规物品。工厂购物中心主要包含工厂直销店，而价值—零售中心则把工厂直销店与廉价零售商和百货商店的清仓折扣点结合在一起。工厂购物中心已经成为零售业中最为炙手可热的增长点之一。

这些购物中心正在提高档次——甚至从它们的描述中去掉了工厂的字样——逐步缩小工厂直销店和更加传统的零售形式之间的差距。一些销售奢侈品的购物中心出售如：蔻驰、拉尔夫劳伦、杜嘉班纳、乔治·阿玛尼、古琦以及范思哲。它将高端品牌与低价格联系起来，获得了很多人的青睐，尤其是在经济紧缩时期这种现象更为明显。

面对全家商场销售量前所未有的下降，一些高端奢侈品的厂家直销店运气更为好一些。这种销售策略似乎与20世纪80年代经济大萧条时期，一些厂商在低价出售商品时要先撕去商品上的标签，以保护其品牌特征的行为恰恰相反。"如今，消费者们说他们需要牌子，需要顾客服务，需要达成交易，"萨克斯第五大道百货公司的总裁说。

3. 仓储俱乐部

仓储俱乐部（或称批发俱乐部，会员仓储店），如好市多、山姆俱乐部和BJ俱乐部，在庞大但简陋的仓库式的设施中经营，只提供很少的附加服务。顾客必须自己把家具、沉重的器具和其他大件商品运到结算处。此类俱乐部不提供送货服务，并通常都不接受信用卡付款。但是，它们确实价格非常低，并且对所选出的某些品牌商品还会有惊人的折扣。

仓储俱乐部的销售额近些年来飞速增长。就像我们在开头了解的好市多一样，这些零售商店不只是针对低收入的消费者寻求低廉的商品，它们会促使顾客选购大范围的商品：从必需品到奢侈品。

11.1.3 组织方式

尽管很多零售商店是独立经营的，越来越多的零售商店以某种公司或合作组织的方式结合在一起。零售组织的主要类型包括：公司连锁店、自愿连锁店、零售合作组织、特许经营组织（见表11-2）。

表 11-2 零售组织的主要类型

类型	描述	举例
公司连锁店	以相同的方式所有和控制的两个或多个销售终端进行集中采购和促销，并销售类似的产品。公司连锁店以各种零售形式出现，但是在杂货店、食品店、药店、鞋店和女装商店中最为常见	西尔斯，克罗格（杂货店） CVS（药店） Williams-Sonoma（厨具和家居店）
自愿连锁店	由批发商组织的独立零售商集团，从事集体采购和共同促销	Independent Grocers Alliance（IGA）， Do-it Best 五金商店 True Value，Western Auto
零售合作组织	很多独立的零售商店联合在一起，成立一个共同所有的集中于批发的经营组织，从事联合采购和促销活动	Associated Grocers（杂货） Ace（硬件）
特许经营组织	制造商、批发商或服务组织（许可方）和独立的商业人士（受许方）之间的一种合约式联合方式；受许方购买拥有和经营一个或多个特许单位的权利。特许组织通常是基于由许可方开发的独特产品或服务、业务开展方法、品牌名称、专利，或许可方的信誉	麦当劳，赛百味，必胜客

连锁店（chain stores）是由一个组织经营管理，有两个或多个销售终端的经营组织。连锁经营比独立经营有着更多的优势。更大的规模使得它们可以以较低的价格进行大批量采购获得促销的规模经济。它们可以雇用专业人士处理诸如定价、促销、采购、管理存货和销售预测之类的事务。

公司连锁的巨大成功是因为很多独立商店按照合约（合约有两种，选择其中一种）结合在一起而获得的。其中一种合约方式为自愿连锁——由批发商组织的独立零售商集团，从事集体采购和共同促销——我们已在第10章讨论过这个问题。另一种合约联合的方式是零售合作组织——很多独立的零售商店联合在一起，成立一个共同所有的集中于批发的经营组织，从事联合采购和促销活动。这些联合组织使独立零售商在采购和促销方面获得规模经济，这也正是它们在价格上与公司连锁店相抗衡所必需的。

另一种合约方式是**特许经营**（franchise）。特许经营组织与其他合约体系（自愿连锁店和零售合作组织）的主要区别在于特许系统通常是基于某种由特许商开发的独特产品或服务、独特的商业模式、品牌名称、专利，或许可方的商誉。特许经营已经风行于快餐业、音像店、健康中心、理发业、汽车租赁、汽车旅馆、旅游代理、房地产和十几种其他的产品和服务领域。

特许经营覆盖的领域已经远远超过曾经的汉堡和健身中心，如今，特许经营组织已经发展到了各行各业，以满足人们的需求。例如，Mad Science 特许经营商把它们的科技项目拓展到学校、侦察兵部队以及生日派对。Mr. Handyman 为房主提供服务，Merry Maids 与房子紧密联系起来。

被认为是独立业务中的一颗新星的特许经营，现在它的零售额已经占到美国总零售额的 40%。如今，如果你驱车经过某一个路口或行驶在某个街道上，看不到麦当劳、肯德基、赛百味或者必胜客简直是一件不可能的事情！麦当劳，这个最知名和最成功的特许商之一，已在超过 100 个国家设立了 32 000 家连锁店，其中有 14 000 家在美国。它每天服务的顾客多达 5800 万人，整个系统的年销售额超过 540 亿美，全世界有大约 80% 的麦当劳店属于特许经营商。赛百味是成长最快的特许品牌之一，在 88 个国家设立了超过 30 000 家店，在美国就有 22 000 家商店。

11.2　零售商营销决策

零售商总是在寻找能吸引和留住顾客的新的营销战略。在过去几年中，依靠独特的商品，提供比竞争者更多更好的服务来招徕顾客。如今，零售的品种和服务之间的相似度越来越高。很多全国性品牌的制造商为了提高销量，就把自己的品牌产品分销到全国各地。消费者不仅能在百货商店里发现知名品牌，还可以在经营大众商品的折扣店、廉价零售商店和网上发现它们。因此，对于零售商来说，实现零售的差异化越来越难。

在零售商中，服务所提供的差异性也在逐步缩小。很多百货商店正在缩减自己的服务，而折扣商店却在改善自己的服务。顾客变得越来越精明，价格敏感度也越来越高。他们认为没有理由为相同品牌支付更高的价格，由于这些原因，很多零售商现在都在重新考虑自己的营销战略。

正如图 11-1 所示，零售商面临的主要营销包括：细分市场和目标市场的选择，零售店差异化，以及相关的营销组合。

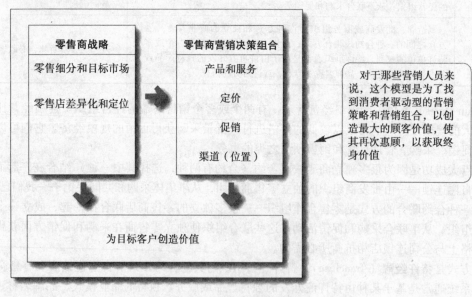

图 11-1　零售商的营销策略

11.2.1　细分、目标、差异化和定位决策

零售商首先必须要细分市场并决定选择哪一个为目标市场，然后决定如何在这个市场中确立自己差异化的形

象。商店的目标客户是高端顾客还是中端顾客、低端顾客？此种顾客群想要得到更多的商品种类、深度的产品线、便利的服务还是低价格？零售商只有在确定并描述出他们想要进军的市场后，才能制定产品类别、服务、定价、广告、商店装修或是其他任何一个能够影响其定位的决策。

太多零售商没能清楚地界定自己的目标市场和定位。比如，服装连锁店所处的市场是什么？它的价值定位是什么？也许你无法准确地回答这些问题，不过不必担心，读了下面的案例你会发现，并非你一人如此。

盖普连锁店 是 1969 在旧金山由 Doris 和 Don Fisher 两个人为了"更容易买到合适的牛仔裤"而创立的。在其全盛时期（1980 年末到 1990 年初），盖普将自己牢牢地定位于那个时代的时尚校园形象，但随着其主要顾客群年龄的增长和迁移，盖普连锁店的销售业绩开始下滑。就在刚刚过去的五年中，盖普连锁店力图重新定位于当今年轻消费者的策略没有成功，致使其销售额下滑超过了 22%。正如一个行业专家所说"1000 人的裁员让盖普处于倒闭的边缘。Abercrombie & Fitch 已经占领了校园形象市场；Uniqlo 卖简单款式的羊绒衫（毛衣）、围巾以占据平民市场。Primark、Topshop，以及飒拉让高端时尚品更加便宜，那么还剩下哪些领域可供盖普进入呢？"另一位认同此观点的专家说："现在，盖普进入那个市场没有什么意义。"那么盖普到底该如何做呢？"它需要准确定义谁是它的核心顾客，它的顾客们想要什么，抓住他们的需求，引起他们的注意"。

相反，成功的零售商能清楚地定义自己的目标市场，并在其中确立自己的位置。例如，沃尔玛坚定地将自己定位于低价格上。十年来，沃尔玛实践着它的承诺"天天低价"。如今，它成功地将自己的低价承诺进行了拓展，现在它向顾客承诺"省钱的好生活"。

如果沃尔玛将自己定位于低价，那么其他的折扣店该如何与之竞争呢？答案就是：选择好的细分市场进行定位。举个例子，与沃尔玛的超过 78 000 家店面和 4010 亿美元的销售额相比，全食公司显得尤为可怜，它的店面数量不足 300 家，销售额也仅有 80 亿美元。这样小的连锁店如何与沃尔玛这个庞然大物抗衡？最佳的答案是：不与它竞争——至少不是直接的竞争。全食公司成功地进行了市场定位，避开了沃尔玛的威胁。它瞄准了一个特别的高档顾客群，为他们提供"有机的、纯天然的和美味的食品，它们全都符合保护地球的相关政策"。事实上，忠诚于全食公司的顾客更可能抵制当地的沃尔玛，不去那里购物。

全食公司不直接与沃尔玛相竞争。它不可能与沃尔玛庞大的规模经济、不可思议的采购权利、高效的物流、广泛的商品和难以竞争的低价格相匹敌，因此，它甚至不做这样的尝试。反之，它远离沃尔玛和其他一般零售商的定位，已经使自己成长为全美增长最快、利润最高的食品零售商之一。

11.2.2　产品类别和服务决策

零售商必须就三种主要的产品变量做出决策：产品类别、服务组合和商店氛围。

零售商的产品类别应该在符合目标购物者期望的同时与其他商店形成差异化。一个战略是提供别的商店都没有的商品，如自有品牌商品，或者获得独家经营权的全国品牌商品。

另一个策略是在零售商可以通过独特的产品销售事件而形成自己的特色。如 Bloomingdale 的商店以举办来自某个国家（如印度和中国）的特殊商品展销会而知名。或者零售商可以提供出乎意料的商品，如好市多出人意料地提供二手货、尾单和处理商品。最后，零售商可以通过高度特殊化的产品类别而形成自己的差异化优势——Lane Bryant 销售大号商品；Brookstone 为成年人玩具提供了不同寻常的商品分类。BatteryDepot.com 提供你能想得到的各种类型的电池。

服务组合也可以使零售商们彼此区分开来。例如，一些零售商邀请顾客与服务代表面对面的交流，或通过电话和网络向服务代表询问或咨询。家得宝提供多样化的自主选择的服务组合，服务从如何进行组合开始到最终付账的整个过程。诺德斯特龙承诺：无论顾客提出什么要求，都要满足。

商店氛围是零售商的另一个秘密武器。零售商希望创造一种独特的、适合顾客在商店里浏览和购物的环境。每一家商店都有一种"感觉"。在 REI 商店，顾客可以在商店里的一面大墙上试用登山设备，也可以在一场模拟的暴雨中检验雨衣。同样，户外用品卡贝拉零售商店对户外发烧友来说简直就是一座自然历史博物馆。

营|销|实|践 11-2

卡贝拉：让不喜欢购物的人流连忘返

第一眼见到卡贝拉，这个户外物品零售商看起来打破了零售行业的常规。首先，它的商店坐落在偏远的、不起眼的地方，如内布拉斯加州的悉尼；威斯康星州的普雷里德欣；密歇根州的邓迪；明尼苏达州的奥通纳以及路易斯安那州的冈萨雷斯。然而，更糟的是，卡贝拉的目标顾客是一群不喜欢逛商店的人！卡贝拉的典型顾客是一群常年在户外的隐士，还有一些讨厌在购物时被挤来挤去的人们。

既然如此，卡贝拉的成功之道是什么呢？在过去10年间，卡贝拉从单一的邮购式商业运作进化成一个广受欢迎的价值25亿美元的多渠道销售商。尽管卡贝拉地处偏远，但它的顾客还是成群结队地去卡贝拉的超市里买打猎的器具、渔具，以及其他的户外装备。一个卡贝拉店每年吸引顾客达440万人次，这意味着平均每个星期六有40 000名顾客光临，而每个周末有50 000～100 000名顾客。有将近一半的顾客要驱车100英里或者更多到卡贝拉超市，还有很多顾客的路途超过350英里。一些学校甚至会班车接送小孩子来这里购物。

卡贝拉不只是一个连锁商店，它是一个颗闪亮的明星。据报道：

当卡贝拉在亚利桑那州斯科茨代尔开店时，两架新闻采访的直升机盘旋在商店上空，那场面就像是某个社会名流的婚礼。在其他一些城市，很多顾客为了能排队靠前就带着帐篷住在商店的外面。在蒙大拿新开业的卡贝拉店，3500名急切的顾客演绎着同样的场景。大多数人提前3个小时或者更多时间到商店门口排队，造成了长达20分钟的拥挤，人们摩肩接踵地挤进商店。来自全州各个地区的汽车停泊在商店外，一对加拿大夫妇甚至驱车从亚伯达赶来只为参观一下卡贝拉商店。

事实上，卡贝拉商店已经变成了一个观光景点。密歇根的商店是当地最大的旅游景点，每年接待超过60万的游客。明尼苏达州的卡贝拉店每年的游客总量仅次于美国购物中心。而坐落在内布拉斯加州的悉尼——离最近的城市丹佛有150英里，人口仅6000的小镇——上的卡贝拉，每年吸引游客多达120万，成为内布拉斯加州仅次于奥马哈动物园的第二大旅游景点。总之，卡贝拉的零售收入中竟有37%来自这些游客。

到底是什么吸引了这些不喜欢购物的人来到偏远的卡贝拉商店？一部分原因是来自店中出售的商品。在卡贝拉巨大的超市（差不多是比沃尔玛的1～1.5倍）中陈列着各式各样质量优良、价格合理的商品。卡贝拉的竞争力不仅体现在价格的折扣上，还有它更有深度的商品线——涉猎、垂钓、划船、野营、射箭所涉及的200 000余种商品。

卡贝拉也提供品牌服饰、礼品以吸引男性顾客的妻子和孩子，使得它成为家庭购物的好去处。当然，最重要的是，卡贝拉坚持为顾客提供第一流的服务。它的人事部门提供了丰富的人力资源，每一个员工上岗前都要通过100个问题的测试，以保证对他们所卖商品非常熟悉。那些在打猎途中的顾客如果中途到卡贝拉购物，卡贝拉甚至会为他们提供狗窝和马厩以为他们照看猎狗和马匹，带着枪的猎人同样可以光顾此店。

但是更有深度的产品线和优质的服务不足以解释卡贝拉商店里为何总是人流如织。零售商真正的法宝是为顾客创造他们想要的东西。"这里不仅仅是一个可以买到鱼钩的地方，"卡贝拉的发言人说。"卡贝拉，"明尼苏达州迪克和吉姆兄弟说，"希望让顾客产生一种奇迹般的感觉"。而卡贝拉做到了！实际上，每一家商店都是卡贝拉为其户外运动的热衷者们建造的一座自然历史博物馆。

例如，坐落在得克萨斯州沃斯堡的卡贝拉商店。商店中央是一座仿制的原始高山，两条瀑布从山上喷薄而出，还有一条小溪顺着山势蜿蜒而下。高山被分成了四个生态系统和五个生物区：得克萨斯大草原、阿拉斯加栖息地、北极冰山、北美林地，以及阿尔卑斯山山顶。每一个生物区都陈列着栩栩如生的动物标本——从仿制的野狗、麋鹿、北美驯鹿到仿制的狗熊、北极熊、麝牛以及山羊。

毫无疑问，卡贝拉是户外运动者的乐园。一个填充玩具北极熊可以卖到10 000美元。在沃斯堡的卡贝拉店里，陈列着800只这样的动物，还有得克萨斯的响尾蛇。卡贝拉甚至添加了一个新的职位——动物标本采购员——负责寻找填充玩具动物并在真实的场景中再现它们——另一个正在战斗的狗熊、一直正在捕捉猴子的猎豹——甚至粪便都是真的。"动物肌肉的颜色、眼睛、姿态——每一样都要恰到好处"，一个标本采购员说。沃斯堡卡贝拉店里收集的动物标本的数量是沃斯堡科学博物馆馆藏的两倍。卡贝拉的店员们在开店之前，要花上一个多小时的时间巡查这些野生动物的展示情况。

因此，如果你对它研究得更为深入一些的话，你会发现，卡贝拉不仅仅是打破零售经营的常规，它更是将每一件事情都做得近乎完美。它为花钱谨慎的顾客创造了一个欣喜的购物环境。将这些融合起来，你会发现，这对户外人员及他们的家人有着巨大的吸引力。

卡贝拉成功的诀窍就是迎合家庭成员中最不喜欢购物的那个人——父亲。最近的一个清晨，在卡贝拉店里，拉瑞·米勒一直在忙着将她的丈夫和三个孩子聚集到一起，以免走散。按理说，米勒夫人应该算是家里最喜欢购物的人，而现在她是最想回家的一个。

"我们还没吃早餐呢！"她抱怨道。"我喜欢这里！"她的丈夫，达恩·米勒，这个来自艾奥瓦的男人说。

资料来源：Extracts，quotes，and other information from Zach Benoit，"New Cabela's Packs them In," McClatchy-Tribune Business News，May 15，2009；Heather Landy，"Plenty in Store," Knight Ridder Tribune Business News，May 22，2005，p. 1；Kevin Helliker，"Hunter Gatherer：Rare Retailer Scores by Targeting Men Who Hate to Shop," The Wall Street Journal，December 17，2002，p. A1；Bud Kennedy，"Bud Kennedy Column，Fort Worth StarTelegram，May 26，2005，p. 1；"Bargain Hunting. "Fortune，November 24，2008，p. 16；Jan Falstad，"Outdoor Retailer Adds New Dynamic to Local Marketplace，McClatchy-Tribune Business News，May 10，2009；and information from www.cabelas.com，accessed October 2009.

如今，成功的零售商努力设计商店的方方面面，以提供给顾客全方位的购物环境。下一次当你进入一家零售店，不论它是销售电子产品、硬件还是时尚品，请你驻足、仔细地观察你所处的环境。打量这家店展示的物品，倾听店内的背景音乐，深吸这里的气息。在店内每个细节中，从布局、灯光、音乐甚至是气味都经过了店主仔细的雕琢以使顾客产生购买的欲望，直至掏出钱包。例如，在 Sony Style 商店，店面的环境被设计成鼓励触摸，从柔软的丝绸壁纸，到光滑的枫木橱柜，再到玻璃雕工作台面，货物就像在博物馆里一样展示出来，让消费者去触摸，真实地感受物品的方方面面。

也许最热门的购物环境的渲染是气味，确实如此。

很多人都有在商场里被肉桂面包或巧克力曲奇气味所吸引，走到它们面前的经历。现在，大多数大型零售商们研发出一种"特征气味"，即这种气味消费者只能在这个店家内嗅到。奢侈衬衣制造商 Thomsa Pink 的商店中有着"干净"的气息，衬衣就至于这样的氛围中，它的特征气味就是干燥亚麻的味道。Bloomingdale 在不同的店面使用不同的布置。婴儿爽身粉在婴儿物品专卖店；防晒霜在浴室设备区；丁香在内衣区；假日期间商店里充盈着肉桂和松脂的味道。在 Sony Style 商店里，香草味和橘子味暗香浮动，消费者在这样的氛围里放松着，相信这个地方适合于购物。在纽约的索尼麦迪逊大街店里，这样的氛围甚至铺排到了街道上。"经过研究，我们发现气味能深入大脑内部并产生某种情感，这种情感的传递比用眼睛来得快"，索尼的零售执行官说："氛围的营造帮助我们创造一种与众不同的购物环境。"

这种"感觉零售"证明，零售商店不再是简单的商品聚集。它们是身处其中的购物者的体验环境。商店氛围也是零售商形成自身差异化优势的有力武器。

11.2.3　价格决策

零售商的价格政策必须符合其目标市场和定位、产品和服务类别，以及竞争态势、经济等因素。所有的零售商都希望商品标定很高的价格，同时获得很大的销售量，但是往往鱼和熊掌不可兼得。一部分零售商选择在低销售量的情况下获得很高的收益率（绝大多数专卖店），另一部分零售商选择在较低收益率的情况下获得很大的销售量（大众品商店和折扣店）。

因此，位于纽约和贝弗利希尔斯（Beverly Hills）的 Rodeo 大道的毕扬流行服饰商店销售着"世界上最贵的男式服装"。商店中价值数百万的衣柜里摆放着价格为 1000 美元的丝质领带，每一款领带都被精心地叠放在与之相配套的丝绸盒子里，盒外标有编号和铭牌，和它摆放在一起的，还有定价为 75 000 美元的材质为鳄鱼皮的夹克衫。顾客到毕扬购物，必须要提前预约才可以。来这里的客户都是非常富有的高端人士，他们在这些男性服饰上可以花上 10 万美元。虽然毕扬的销售量非常低，但由于它每一款服饰只有一件，而且对顾客的服务异常周到，因此，它们依旧可以获得可观的收益。与毕扬相应的是 T. J. Maxx，它以折扣价格卖名牌服饰，虽然每件衣服的纯利润很低，但其销售量却很大，所以，它的总收益也是很高。

零售商们在制定价格的同时还需要采取一些促销手段。有些零售商根本就没有价格促销，只是以产品和服务质量取胜。如前面的例子——毕扬，你很难想象它会出现"买一赠一"的销售方式，甚至在经济衰退期这也是不可能的。事实上，毕扬的价格取决于它的设计，这反映了它的质量及品位。零售商——如沃尔玛、好市多及其他大型零售商——大喊"天天低价"，或者"价格不变"，实际上，天天低价的商品少之又少。

另一些零售商采取"高-低价"的定价策略，将日用品这种大销量的商品定为高价，同时对某些产品促销，以招徕顾客，增加商店的客流量，使之在购买特价商品的同时购买全价商品。最近的经济低迷引发了蜂拥似的"高-低价"，零售商用大量的折扣和促销吸引顾客，让顾客们到店中"转上一转"。当然，这种价格策略要与零售商的整体营销策略相匹配，还要考虑竞争对手以及经济环境。

11.2.4 促销决策

零售商采用广告、人员推销、促销、公共关系、直接营销等方式中的一种或几种以接近消费者。他们在报纸、杂志、广播电台、电视台和网络上做广告，也可能会通过报纸插页、目录和直邮的方式进行广告宣传。人员推销则需要系统地培训销售人员怎样取悦顾客、怎样满足顾客的需求，如何处理顾客的不满情绪。促销可能包括店内展示、陈列、竞赛和访问知名人士等方式进行。公共关系是指，零售商参加新闻发布会、演讲、商店开张典礼、特殊事件、公开信、杂志和公益事业等。绝大多数零售商都设立了自己的网站，为顾客提供信息及相关服务，也可以用来直接销售商品。

11.2.5 渠道决策

零售商指出，有三个关键因素会影响零售的成功：位置、位置、位置！对零售商来说，选择与目标客户群相吻合（此目标群体可以很容易在这个区域聚集）的地理位置非常重要。例如，苹果的销售点就设在高端的购物中心和时尚购物区内——例如在芝加哥的密歇根大道或曼哈顿的第五大道上的 Miracle Mile 店——而不是在偏远城镇的低价卖场。相反，乔氏公司的店址就选在低价、不那么繁华的地段以降低成本和支持它的"低价美食"定位。小型零售商一般别无所选，只能选择他们能找到的，或所能承担的任何位置。而大型零售商，通常会聘请专业人士来进行选址。

如今，很多零售商店都聚集在一起以提高对顾客的吸引力，为顾客提供"一站式"购物的便利。一直到 20 世纪的 50 年代，中心商业区都是各大零售商的聚集地。每一座大型城市和城镇都有一个中心商业区，其中聚集了包括百货商店、银行和电影院。然而，当人们开始迁往郊区居住以后，这些中心商业区因为交通、停车和犯罪等问题开始衰败下来。随着商业区的零售商们开始在郊区购物中心设立分店，中心商业区的生意也跟着持续下滑。近几年，很多城市又把零售商联合起来，建立购物中心、提供地下停车场，希望重振商业中心的繁华。

购物中心（shopping center）是将某个地段作为一个整体，设计、开发、管理的零售商区。一个地区性的购物中心或者购物商场，是所在地区最大也是最具戏剧化的购物中心，它就像是一个封闭的小型城区，吸引着来自不同地方的消费者。

据了解，全美国超过 100 000 家的购物中心占据着全国 52% 的零售营业额——2.3 万亿美元。这 100 000 多家购物中心中，有 48 000 家属于购物商场。一个美国人平均每月有 2.9 次到购物中心购物，每次购物时长持续 77 分钟。许多专家都认为，美国的购物中心太多了。在 20 世纪 90 年代，购物中心的增长速度是人口增长速度的两倍，这导致有将近 20% 的购物中心倒闭或面临倒闭。在 2009 年，有多达 3000 家的购物中心倒闭。

一些开发商依旧在建设"超级购物中心",比如新泽西州东拉塞福(East Rutherford NJ)的上都(Xanadu),加入了一些娱乐购物设施,比如在巨大的屋顶下建有冲浪游泳池和室内滑雪场。然而,购物中心趋向于发展成一个**权力中心**(power center)。它是一个绝大的开放式购物中心,含有一个狭长的零售店区,包括庞大的、自选购物商店,如沃尔玛、家得宝、好市多等。每个商家都有自己的入口,停车场就对着入口处以方便那些只希望光顾一个商家的购物者。权力中心在过去的几年内发展得非常迅猛,这对传统的室内购物中心是个很大的挑战。

相对的,**生活中心**(life center)是更小一些的、露天的商场,里面包括高档商店、便利店,还有一些非零售商店,比如游乐场、餐厅和电影院。它们存在于高档住宅区附近,以迎合附近居民的消费需要。事实上,最初的"权力中心"和"生活中心"的概念已经组合成一个新的词汇——"生活-权力中心"。"这种想法就是把古代家庭式的庄园、社区氛围与时尚的市区商店结合起来,其氛围和感觉都像是一个邻里式的公园,它拥有简化的购物中心带来的巨大便利。"总之,今天的中心就像是风景区,而并非只是一个购物之地。

11.3 零售业的发展趋势

零售商运营的环境残酷而充满不确定性,这样的环境既提供了巨大的商机,也存在着巨大的威胁。例如,零售行业会因长期累积而产生商品过剩,由此会引发争夺顾客的激烈竞争,这在经济萧条期尤为明显。消费者的人口特征、生活方式和购物方式以及商家的零售技术都在发生着迅速的变化。为了取得成功,零售商必须谨慎挑选自己的目标细分市场,并给自己以明确的定位。在计划和执行竞争战略时,零售商将不得不把下列零售发展趋势考虑在内。

11.3.1 新的零售形式和缩短的零售生命周期

为了适应新的市场情况和新的顾客需求,新的零售形式不断涌现,但是,新零售形式的生命周期却正在缩短。百货商店用了大约 100 年的时间才达到其生命周期的成熟阶段,而更多近期的零售形式,如仓储商店,只用大约 10 年的时间就达到了成熟期。在这样的环境中,看起来非常稳固的零售定位可能会快速地崩溃。在 1962 年(沃尔玛和凯玛特创立的那一年)的 10 家最好的折扣店中,没有一家生存到今天。因此,零售商再不能因为拥有成功的模式就高枕无忧。为了保持成功,他们必须不断地做出调整。

很多零售创新都可以用**车轮销售法则**(wheel-of-retailing concept)中的一部分加以解释。根据这一原则,很多新的零售形式开始时都是采用低收益率、低价格和低档次的营运方式,这对那些因成本和收益率的提高而变得"臃肿"的既有零售商形成了挑战。新型零售商所取得的成功使得他们升级自己的设施,提供更多的服务。结果,成本提高了,迫使他们提高价格。最终,新型零售商也变得与他们所取代的传统零售商非常相似。当更新型的零售商以更低的成本和价格出现的时候,新一轮的周期又开始了。车轮销售法则似乎可以解释百货店、超市和折扣店最初的成功和后来的麻烦,也能够解释廉价零售商近期的成功。

11.3.2 放缓的经济和紧缩的消费

几年的经济良好(对零售商来说)之后,新一轮的经济低迷使得很多零售商从顶峰跌倒了谷底。据观察得知:

过去的 15 年可谓是零售业的黄金时段。增长的家庭收入、自由的信贷业务和极低的利率都空前地刺激了消费开支。零售商紧紧地抓住了这个时机,纷纷开设新店、推出新营业理念、兴建网站,或将业务拓展到了国外。1996~2006 年间,美国的经济增长了 5 个百分点……零售业的增长竟然比经济的增长两倍还要多——令人吃惊地达到 12%。收入猛涨、利润骤增、股价飙升,这些都已经成为过去。就在最近的经济危机前后,零售商遭到了重创。一些零售商收入呈十位数下滑、店面倒闭速度增加,店面开张速度变慢,另外,股东价值也大幅度下降。

一部分零售商依旧可以在经济低迷时期获益。例如,随着消费者越来越精打细算,盘算着如何从购物中缩减开支,一些大型折扣店(如沃尔玛)抢先从喜欢讨价还价的消费者那里觅得商机。"消费者将继续从最低成本的零售商里购选低价商品，而沃尔玛就是这样的零售商，"一位分析员说。同样，低价快餐零售商麦当劳也从它的同类竞争者手中夺得一份市场。

然而，对大多数零售商来说，低迷的经济就意味着艰难的光景。最近几家大的零售商相继破产或关门倒闭——一些家喻户晓的如 Linens'n Things，电路城，KB Toys 和 Sharper Image，事实上，这些只是其中一部分而已。另一些零售商，从梅西百货、家得宝到星巴克都开始进行裁员、削减成本，并为顾客提供实实在在的折扣以吸引他们重新回到店中购物。

在降低成本、提供促销价格的基础上，很多零售商在定位方面需要增加新的筹码。例如，在最近的经济低迷阶段，随着销售量的大幅下降，塔吉特史无前例地在电视广告中加入了自己的价格信息。"我们的主张是'更少付出，更多期待'，"塔吉特的营销人员说，"我们将工作重点更多地放在'更少付出'的承诺上。"

在应对经济危机的过程中，零售商必须慎重行事，不要让短期的营运行为影响到今后长期的构想和定位。太低的折扣是"一种恐慌迹象"，一个零售战略家说。"任何人都能以低价卖掉产品，但是这并不能培养顾客的忠诚度。"相较于降低成本、削减价格，零售商更应该专注于与长期市场定位有关的建立良好的客户价值。

11.3.3 非传统零售业的成长

我们中的大多数人仍然是通过传统的方式购买自己所需的大多数商品：我们去商店、找到自己需要的东西，耐心地排队等待用现金或信用卡结账，然后把商品带回家。然而，消费者现在有了一系列更广泛的选择，包括邮购、电视购物、电话购物和网上购物。美国人现在越来越多地通过电话和网络购物以避免购物中心的喧嚣和拥挤。我们将在第 14 章介绍直销和网络营销，这是当今增长最快的营销模式。

就在短短几年前，网络零售的潜在顾客飞速增长。很多专家预测，随着越来越多的顾客转移到网络上，一种快速成长的新型网络零售方式将很快超越乏味的"旧经济"中的商店零售。但是，2000 年网络泡沫的破灭也摧毁了这些过于夸张的预言。很多曾经不可一世的网络销售商几乎在一夜之间都销声匿迹了。专家们开始预测说网络零售注定仅是商店零售的一个附属品。

但是，今天的网络零售业仍然存在，并健康成长。由于现在网站的易用性更高，提供的网络服务更好，搜索技术越来越成熟，网络零售商的业务都非常繁荣。事实上，虽然当前网上零售业的营业额仅占全美国零售营业额的7%，但是，网络购买的成长速度已经远远超过了整体的零售购买速度。尽管经济不景气，但是 2009 年美国网络零售的销售额达到 1560 亿美元，比上一年增长 11%。

网络零售商同样对商店零售商产生了很大的影响。这里有一些令人吃惊的统计数字：80% 的顾客去商店购物前要在网上搜索相关的产品；62% 的顾客表示他们每周在网上要花上至少 30 分钟的时间以决定是否购买或者买什么。因此，顾客决定去商店购物还是在网上购物将不再是个问题。越来越多的顾客将实体商店和网上商店合并成了一个购物过程。事实上，互联网孕育了一个全新的购物方式。

除非能在网上查到物品的详细情况，否则很多人是不会买任何东西的。最近的一个调查显示，78% 的顾客表示广告已不能提供他们所需的足够信息，所以很多消费者要在网上查找这些东西的实际情况。柜台购物者已经变成了网络购物者。竟然有 92% 的消费者说他们对网上找到的商品信息的信任度要远远高于销售人员宣传的或者其他渠道得来的消息。所以，消费者在购物之前要花费时间在网上搜寻相关信息。无论是买汽车、房子、个人电脑或者是医疗，将近 4/5 的消费者说他们在购买之前都要在网上自行搜索、整合信息。"自己做医生"（这是患者的信息搜寻）描述了患者根据手上的网上诊断说明，列出他们需要服用的药物名单。消费者在汽车代理商那里购买全价汽车的模式已经被取代了。如今，这种趋势已经向下蔓延到了整个产品链。据调查显示，24% 的消费者说他们买洗发水前会先在网上搜索一下。他们需要解决一些疑问：不同的发质、柔顺度、颜色，洗发水如何起作用？洗发水的瓶子可以回收吗？产品是否已通过动物测试？

所有类型的零售商都已经建立了自己的直销和网络营销渠道。大型零售商如西尔斯、史泰博、沃尔玛和百思买的网络营销迅速发展起来。一些纯粹的网络零售商已经在网络上取得了很大的成功，如亚马逊、eBay，网上旅行公司Travelocity. com 和 Expedia. com 等。还有一部分营销者将网络用于拓展市场，扩大他们的销售额。如今越来越成熟的搜索引擎技术的发展以及对比购物网站的建立几乎使任何一个网上零售商只需要轻轻点击鼠标就能迎来上百万的顾客。

但是，网上销售额预期增长量中的很大一部分将来自复合渠道零售商——那些能成功地融合虚拟和实体世界的"鼠标加水泥"型营销者。近期的前 500 个网上零售网站中，59% 属于复合渠道零售商。例如，梅西百货的官方网站为它的全球 800 余家分店提供辅助工作。当梅西百货的消费者在网上选购了商品，梅西官方网站会提供一系列的信息以提高顾客的忠诚度，并推动顾客到实体商店中购物。和其他的很多零售商一样，梅西百货意识到，最好的商店应该网上网下销售同步进行。"当顾客在网上购物时其消费额比在商店中平均水平高出 20%，而在其他网上的消费量又比在梅西官方网站上消费高出 60%，"梅西官方网站的负责人说。但是对于梅西来说，网站存在的目的不仅仅是销售产品。"我们认为 Macys.com 不仅仅是一个卖东西的网站，"负责人说，"我们把它看做是梅西品牌的网络中心。"

11.3.4　零售整合

当今的零售商在与很多其他零售商竞争的过程中，越来越多地采用把相同的产品以相同的价格销售给相同的消费者的策略。例如，你可以从以下的销售终端购买书籍：独立的当地书店、仓储式的俱乐部好市多、像巴诺一样的图书超市，或者类似亚马逊的网上商店。对于知名品牌的器具，百货商店、折扣店、家居用品商店、廉价零售店、电子产品超级商店和一系列网上商店都争夺相同的顾客。如果你在西尔斯找不到自己喜欢的微波炉，只要穿过一条街道，你就可以在家得宝发现更低价格的微波炉——或者可以在亚马逊甚至是 RitzCamera.com 的网上订购一台。

这种消费者、产品、价格和零售商之间的融合被称为零售整合。这样的整合意味着零售商要面临更加激烈的竞争、更加困难的差异化。尤其是存在于超级连锁商店和小型自有商店之间的竞争将进一步白热化。由于超级连锁店的大批量的采购能力和很强的销售能力，使得它们能够以较低的价格采购，并能在低收益率下稳步成长。因此，超级商店的来临将导致其附近的自有商店很快倒闭。例如，电子产品的超级卖场百思买制订的以超低价格亏本销售 CD 唱片的策略，就造成了很多音像制品专卖连锁店的破产。"天天低价"的沃尔玛也因为摧毁了无数小城镇的自有商店而受到指责。

但是，这样的整合对于小型公司来说也并不都是坏消息。很多小型的自有商店都生意兴隆。它们发现庞大的规模和营销力量并没有小商店提供的人性化接触更有效，或者小商店能为一个忠诚的顾客群提供特别的产品和服务。Annie Bloom——我们在第 9 章讨论的那家舒适的书店，不就是以它独特的方式将当地的爱书人变成其忠实顾客，即使这里的书比别处更贵一些吗？

11.3.5　超大型零售商的崛起

庞大的大众零售商和超级专卖商店的崛起，垂直化营销系统和采购联盟的形成，以及零售业的联合和兼并浪潮已经创造了孕育具有超级实力的超大型零售商的种子。通过其先进的信息系统和采购力量，这些零售巨头能够为顾客提供更大范围的商品选择、良好的服务以及更多的价格优惠，因此，它们可以通过兼并那些比较弱的小型竞争者而变得更加强大。

超大零售商也正在使零售商和制造商之间的权力天平发生倾斜。现在几家零售商控制了接触庞大顾客群的通道，这使得它们在处理与制造商的关系时处于有利位置，例如，在美国，家得宝的 770 亿美元的销售额几乎是其重要供应商 Black &Decker 的 13 倍，家得宝的收入也超出 Black &Decker（60 亿美元）20%。家得宝能够并且经常运用它的权力迫使 Black &Decker 和其他供应商做出某些让步。

11.3.6　零售技术的重要性日益突出

零售技术作为竞争武器变得越来越重要。技术领先的零售商都采用先进的信息技术和软件系统以进行更为准确的预测，控制存货成本，从供应商那里进行电子化采购，商店之间利用电子邮件相互联系，甚至以此向店内的顾客销售。零售商已经采用成熟的扫描结算系统、无线射频识别技术、商品处理技术及与顾客相连的信息共享技术。

或许，在零售技术方面最令人瞠目结舌的进步在于今天的零售商与顾客联系的方式。如今的顾客充分地享受到了网上购物带来的便捷和迅速，并且他们还可以通过网络监控购物流程。"通过网络可以随时随地购物，从产品的特性到哪里最便宜，通过网络搜索一目了然。"一个零售技术的专家说道，"没有一家现实中的商店可以如此。"

但是，零售商试图在商店中引进网站中的技术以满足新的顾客需求。零售商开始普遍使用触摸屏售货厅、手持式购物辅助器、顾客会员卡，以及自助扫描设备以储存信息目录。思考下面的例子：

食品之狮（Food Lion）旗下的 Bloom 超市，花了大价钱购买便利购物系统。顾客进入店铺前可以到中心售货亭拿到一个手持式的个人扫描仪和一个购物袋，然后就可以在店中自由购物，扫描并将他们采购的商品装入购物袋。当购物付款时，顾客可以通过扫描购物车上的"购物结束"条形码完成付款，系统会将完整的订单自动下载的寄存器中。在酒类区，顾客可以用电子售货亭扫描啤酒或者得到服务建议。在鲜肉区，顾客可以从电子售货亭中打印出食谱。并且，顾客在购买了药品后可以继续采购，不久会接收到个人扫描仪发送的消息让他们知道该订单准备处理，这样他们就不需要排队等候了。顾客去店铺前可以到网上（Shopbloom. com）了解店铺物品名单，如果需要的话还可以打印出购物通道图示。

11.3.7 大零售商的全球扩张

那些拥有独特的经营方式和强大的品牌定位的零售商越来越多地开始向其他国家进军。很多零售商进行国际化扩张的原因是自己国家的市场已经趋于成熟和饱和。在几年的时间内，一些美国的零售巨头（如麦当劳）已经因为其勇往直前的营销胆识而成为全球市场的明星。其他的零售商（如沃尔玛），也在快速地建立自己的全球商店。2008 年，仅是它国际分店的销售额就达到了 1000 亿美元，在之前一年的基础上提高了 9%。同时，也比其竞争对手塔吉特全年总体销售额——659 亿美元还要多出将近 50%。

然而，大多数的美国零售商在全球性扩张方面仍然明显落后于欧洲和亚洲的零售商。全球前 20 家零售商中有 10 家是美国的，然而只有三家（沃尔玛、家得宝、好市多）在北美之外建立分店。而另外的 10 家非美国零售商中，有 7 家将业务至少拓展到了 10 个国家。已经实行国际化运作的外国零售商有法国的家乐福和欧尚、德国的麦德龙和阿尔迪，以及英国的乐购。

法国的家乐福，是继沃尔玛之后的全球第二大零售商，已经开始了一项野心勃勃的事业——成为国际零售业的领袖。

家乐福现在在欧洲、亚洲和美洲的 30 个国家设立了 15 000 多家折扣店，其中还包括超过 1000 家的超级市场（特大超级商场）。在欧洲它是超级市场和超级商场的引领者。在南美洲、中国以及太平洋沿岸地区这些新兴的市场中，家乐福已经取代沃尔玛占据了主导地位。家乐福同样是巴西和阿根廷的市场领袖，它在这两个国家开设了 1000 多家商店。相比之下，沃尔玛在这两个国家仅有 373 家商店。家乐福是中国最大的国外零售商，开设了 443 家商店，而沃尔玛仅有 246 家。总之，虽然沃尔玛的销售额是家乐福的三倍，但是，在北美之外的大多数市场中，家乐福都远远地超过了沃尔玛。唯一的问题是：这位法国巨人能维持自己的领导地位吗？尽管从目前整体的零售业绩看，没有一个零售商敢说自己能与沃尔玛比肩，但是家乐福确实比其他很多零售商拥有更好的主宰国际市场的机会。

11.3.8 零售商店的"社区化"

随着越来越多的人独自居住、在家中工作，或者居住在封闭偏远的郊区，大家都越来越需要一个这样的场所：除了提供产品和服务之外，也能提供人们相聚的场所。这类场所包括咖啡店、茶馆、果汁店、书店、超级市场、儿童游乐场，小酒店和郊外的绿色空间。比如，传统的书店在今天已经成为集书店、图书馆、起居室、咖啡屋于一体的混合体。傍晚时分，你在当地的巴诺连锁书店里可以看到一群穿着校服的高中生和他们的朋友在咖啡吧里做功课。就在旁边，退休的人坐在松软的椅子上静静地浏览旅行或者园艺方面的书籍，父母们则轻声地给孩子朗读着童话。巴诺卖的不仅仅是书，它还提供了舒适、放松以及社区的感觉。

　　零售商不仅能用钢筋水泥的商店创建社区，他们在网上也创建了虚拟社区。例如，菲斯卡公司出售剪刀、剪贴簿和一些手工制作的工具。几年前，菲斯卡意识到自己的品牌知名度开始下降。在对目标人群访问过程中，受访者称：如果将菲斯卡比喻成一种颜色，那么它就是米黄色；如果将菲斯卡比喻成一种食品，那么它就是盐脆薄饼。因此，为了提高品牌的知名度，公司创建了 Fiskateers——一个手工爱好者高级社区。

　　对于喜欢手工艺品的女人们来说，这是一类高难度的产品。一个手工艺发烧友曾这样说过，"手工艺品没有生命，但是它的意义又远远高于生死。"因此，为了使品牌更有知名度，菲斯卡创建了 Fiskateers——一个网上的手工爱好者社区。你可以通过邀请加入其中，一旦你加入这个社区，你就会得到一个小箱子，里面有用于手工的设备还有只提供给会员的两色剪刀。但是，最重要的是，你可以通过登录 Fiskateers.com 与其他的手工爱好者交流观点获得支持。手工艺发烧友已经迫不及待地加入了，只一年时间，菲斯卡社区的会员就超过了 5000 人，是预期目标的 25 倍。菲斯卡发现，建立与手工艺发烧友之间的关系比每周的销售量更加重要。菲斯卡社区不仅仅创造了销售量，更创建了公司与顾客之间的合作。"我们确实在倾听他们的声音，"菲斯卡手工部门的负责人说，"当然，他们也听我们的。"

11.4　批发

　　批发包含销售产品或服务给那些以再销售为目的或用于商业用途的个体或团体的所有活动，我们把那些主要从事批发业务的公司称为批发商。

　　批发商主要是从制造商那里购买货物，主要是卖给零售商、行业消费者和其他批发商。因此，很多全国最大和最重要的批发商对终端消费者来说仍是默默无闻的。例如，你可能从来没有听说过固安捷（Grainger），即使它是一个非常知名的、拥有超过 180 万家商业与机构客户的大公司，它的顾客遍及北美、印度、中国、巴拿马。

　　固安捷也许是你从来没有听说过的最大的市场领导者。它 69 亿美元的业务是向 180 万用户供应 900 000 种维护、修理和运作性（MRO）产品和部件。通过分支网络、服务中心、销售代表、企业名目和网站，固安捷把顾客与他们所需要的供应商联系在一起，以保证顾客的设备运行良好；而顾客的设备又是各种各样的，从灯泡、吸尘器、螺母到螺栓、发动机、阀门、电动工具和检测设备。固安捷的 617 家分支机构、18 个区域分销中心、18 000 多名员工，以及富有创新性的网站每天处理的交易数量要超过 115 000 次。固安捷的顾客包括工厂、汽车维修商、百货卖场、学校、军事部门等各种各样的组织。大多数的美国商业部门都坐落在距离固安捷各分支机构 20 分钟车程的范围内。固安捷的知名顾客包括：雅培实验室、通用汽车、金宝汤公司、美国航空公司、克莱斯勒公司和美国邮政服务公司。

　　固安捷的运营是基于一个简单的价值定位：使顾客能更容易、以更低的成本找到和购买 MRO 供应品。它自建立之日起就定位为维护设备的"一站式"购买商店。在更广泛的层次上来说，固安捷通过为顾客提供对 MRO 问题的整体解决方案，与顾客建立了长期的业务关系。固安捷的销售代表就像咨询专家一样为顾客提供一系列有益的帮助，从改善它们的供应链管理、降低库存成本到理顺仓储运营方式。那么，你怎么会从来没有听说过固安捷呢？最可能的原因是固安捷只是一个批发商，与其他大多数批发商一样，它在幕后运作，只销售给别的商业组织。

　　为什么批发商这么重要？例如，为什么制造商要通过批发商而不是直接把产品卖给零售商或者消费者？理由很简单：批发商通过执行以下一项或几项功能从而增加了商品价值。

- 销售和促销：批发商的销售队伍能帮助批发商以更低的成本接近很多小型顾客。比起距离远得多的制造商，批发商与购买者能有更多接触，并更能获得他们的信任。
- 采购和商品分类：批发商能够根据顾客所需要的商品类别选购商品，以此减少顾客的选购工作量。
- 化整为零：批发商先大批量采购，再分成小部分销售（把大批量的货物化整为零），为顾客节省支出。
- 仓储：批发商有存货，因此能降低供应商和顾客的仓储成本和风险。

- 运输：批发商能为购买者提供更快速的运输，因为与制造商相比，他们距离顾客更近。
- 融资：批发商能通过信用抵押而帮助自己的顾客融资，也能够通过尽早订货和按时付款而帮助制造商融资。
- 承担风险：批发商通过获得商品的所有权和承担偷盗、损坏、变质、过时等成本而吸收风险。
- 市场信息：批发商能为制造商和顾客提供有关竞争者、新产品和价格发展趋势等信息。
- 管理服务和建议：批发商经常帮助零售商培训销售人员，改进商店的陈列和展示，建立会计和存货控制系统。

11.4.1 批发商的类型

批发商主要有三种类型（见表11-3）：商业批发商、代理商和经纪人、制造商的销售分支和办事处。商业批发商是批发商中最大的一个类别，其业务量占所有批发业务的50%。商业批发商又可以分为两大类：全方位服务批发商和有限服务批发商。全方位服务批发商为制造商和顾客提供完整的服务体系，而有限服务批发商只为制造商和顾客提供较少服务。不同类型的有限服务批发商分销渠道中承担不同的专业化功能。

代理和经纪商与商业批发商的区别主要体现在两个方面：他们不具有商品所有权，只执行几项功能。与商业批发商一样，他们一般专门为某个产品线或某一类型顾客服务。经纪人把买方和卖方聚到一起，并协助他们谈判。代理商是更长久的代表卖方或买方的利益。制造商代理（又称为制造商代表）是代理批发商中最常见的一种类型。第三种主要的批发类型是制造商的销售分支和办事处，由卖方或买方独自经营，中间不经过独立的批发商。

表11-3 批发商的主要类型

批发商类型	描述
商业批发商	独立所有制企业对其产品的名称拥有所有权。在不同的贸易里，这些企业还可以称为批发商、分配商或产品供应总部，分为全方位服务批发商和有限服务批发商两种
全方位服务批发商	提供全程服务：进货、销售队伍的维持、信用提供、运输、提供管理支持，又可分为两种
1. 批发销售商	主要向零售商供货并且提供一系列的服务。尽管百货批发商承担了几个商品系列，但是百货批发商仅仅是重点掌握其中一两个系列。特制商品的批发商特点在于只代理系列产品的一部分，比如保健食品批发商、海产品批发商等
2. 工业分销商	卖给生产商而不是零售商。提供几种服务，比如进货、信用提供和提供运输，可以提供种类繁多的商品、百货或者定制商品
有限服务批发商	提供的服务比全方位服务少的批发商，有限服务批发商也分为几种类型
1. 现金交易批发商	将有限的快速流通商品卖给小零售商获得现金的有限服务批发商，一般不需要运送。比如，一个小型鱼店的零售商开车去现金交易的批发商处，自己用现金买鱼然后带回鱼店
2. 货车贩运批发商	主要发挥销售和运送功能的批发商。承担易腐食品（如牛奶、面包、点心）的批发，这些商品在超市、小杂货店、医院、餐馆、工厂自助食堂、饭店等地，以现金出售
3. 向厂商直接进货的零售商	不承担库存和商品管理的有限服务批发商。在接到订单后，他们挑选一个生产商并由生产商直接把商品运给客户。向厂商直接进货的零售商给产品命名并且承担从接到订单到商品发送客户的风险，他们主要是从事重工业产品（如煤炭、木材、重型机械）的批发
4. 超级市场批发商	服务杂货店和药店零售商的非食品类有限服务批发商。他们用运货车直接给商店运送诸如玩具、文具、五金产品、美容护理产品等。他们为商品定价、保鲜、组建柜台、登记库存。产品名称的所有权归超级市场批发商，只在卖出货物后，超级市场批发商才付款给零售商
5. 农场主合作社	由农场主共同拥有，并把运送的农产品卖到当地市场，合作社的利润年终分红给农场主。他们不断地改善产品质量，从而提升合作社的名气

（续）

批发商类型	描　述
6. 邮购业务批发商	从事珠宝、美容、专业食品和其他小物品的行业，把产品目录邮寄给零售商、企业和事业单位的客户。同时为企业保持销售队伍。主要的客户来自偏远的小地方，订单的填写和发送要通过邮寄、货车或者其他的运输工具
经纪人和代理商	无权给商品重新命名，主要功能是方便买和卖，而经纪人和代理商获得这种产品销售的佣金。一般来说，经纪人和代理商会专属于不同产品系列和不同的客户类型
经纪人	主要作用是撮合买卖双方达成互利互惠的合同，由雇用他们的组织发放薪水，不负责库存和财务，不承担风险。例如食品经纪人、房地产经纪人、保险经纪人和证券经纪人等
代理商	比经纪人更固定和长久地代表买方或者卖方，有几种类型
1. 生产厂家代理商	代理两种或者多种互补的商品。和厂家签署正式的文本协议，包括定价、销售区域、订单处理、运输服务、许可证和佣金率，多用于服装、家居和电器领域。大部分厂家的代理都是小公司，这些小公司拥有很少的专业销售人员，被那些无力自己承担销售队伍的小生产商所雇用，或者被那些想打开新市场或者想覆盖不能支持全职销售人员区域的大生产厂商所雇用
2. 销售代理商	依照合同有权代理厂家所有产品。厂家对卖东西不感兴趣，也觉得不能胜任，代理商如同厂家的销售部门，并对产品的价格、产品事项、销售环境有重大影响。常见于纺织品、工业机器和设备、煤炭、化学和金属行业
3. 采购代理商	一般同买方建立长期关系，为买方采购，经常为买方接收、监督、仓储和运送货物。他们为客户提供有用的市场信息，帮助后者以合理的价格得到最好的产品
4. 佣金中间商	对实物拥有所有权并按照合同出售，他们一般不会长期得到雇用，常常用于农作物营销，被那些既不想自己卖作物又不想隶属于生产厂家的人所使用。代理商把一车车货物运到中心市场，以最好的价格卖掉，扣除代理费用和开销，把剩余的钱给农户
生产厂家的销售部门和办事处	批发公司由卖方或买方管理，而不是由相互联系的批发商经营，由独立的部门或办事处从事专门的购买或销售
1. 销售部门或销售办事处	其建立是为了改善库存控制、销售和促进销售。由销售部门管理库存并主要存在于木材和汽车零部件行业。销售办事处不承担库存，并且集中于干货和杂货业务上
2. 采购部门	扮演的角色类似于经纪人或代理商，也属于采购的一部分，很多分销商在重要的商业中心（如香港、东京、上海和台北）建立采购办事处

11.4.2　批发商的营销决策

当今的批发商，面对着日益增长的竞争压力，更加挑剔的顾客，日新月异的技术和大型行业顾客、机构和零售商购买者的更加直接的采购项目。因此，他们必须重新审视自己的营销战略。和零售商一样，批发商的营销决策包括确定细分市场，进行市场定位，以及运用营销组合——产品和服务、价格、促销和渠道（见图11-2）。

11.4.3　细分、目标、差异化和定位决策

与零售商一样，批发商必须定义自己的目标市场，并在其中对自己进行有效的定位：他们不可能为每个人进行服务。批发商可以根据顾客的规模（仅是大型零售商），顾客的类别（仅是便利店），顾客需要的服务（那些需要信用担保的顾客），或者是其他的因素选择目标市场。在目标市场中，他们要找到那些有利可图的顾客，为其设计更好的产品或服务，并与之建立持久的主顾关系。他们能够提议顾客设立自动订货系统，设立管理—培训和建议系统，或者发起一个志愿者联盟。他们可以通过要求更大的订货量或者对小型顾客征收服务费而将那些无利可图的顾客拒之门外。

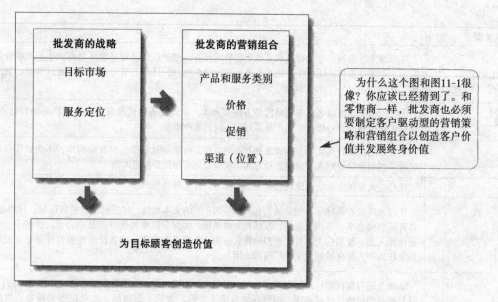

图 11-2　批发商营销战略

11.4.4　营销组合决策

与零售商一样，批发商必须对自己的产品和服务类别、价格、促销和渠道等因素做出决策。批发商通过他们所提供的产品和服务增加客户价值。批发商承担着经销一整条产品线和为应付随机订单而备有大量库存的巨大压力。而这些，可能会降低批发商的利润。批发商现在正在削减自己经销的产品线数目，只经销那些利润率更高的产品线。批发商也在重新思考哪些服务在与顾客建立稳固关系中最为重要，哪些服务应该去除，对哪些服务应该收费，关键是要找出那些对目标顾客而言最有价值的服务。

价格也是批发商决策中的一个重要因素。批发商通常在商品的成本之上加一个基本的百分比——如20%。运营成本可能占了毛利润的17%，剩下的3%是净利润。在杂货批发业务中，平均净利润率不足2%。批发商正在尝试新的定价方法。最近的经济低迷使得批发商不得不降低成本和价格。批发商通过降低在某些产品线上的利润率，以赢得新的重要顾客。如果他们能够提高供应商的销售额，他们可能向供应商要求特殊的价格优惠。

尽管促销对批发商非常重要，但是大多数批发商并没有把促销放在心上。他们对广告、销售促进、人员销售和公共关系的运用在大多数情况下是零散的、无计划的。很多批发商在人员销售方面已经落后于时代——他们仍然认为人员销售是一个销售人员与一个客户交谈，而不是一个团队为销售、建立客户关系、提供服务而做出努力。批发商也需要采取某些零售商所采用的非人员促销技术，他们需要建立一个全局性的促销战略，而且要充分利用好供应商促销资料和促销活动。

最后，渠道（位置）很重要——批发商必须谨慎选择自己的地理位置、配套设施和网站的位置。一般来说，批发商都会选择低租金、低税率的地段，并且很少自己在厂房、设备和系统上进行投资。然而，随着技术浪潮的兴起，这样的做法使得他们的资料处理系统、订单处理系统、分销系统无法及时更新。

相反，近年来，一些大型的、有进取心的批发商意识到了这个问题，他们投资建设自动仓储管理系统和信息技术系统，当然这也提高了成本。订单从零售商的系统直接传到批发商的计算机内，订购的货物由机器设备挑选出来并自动传送到运输平台，然后货物就在那里装配好。大多数大型批发商正在运用技术手段进行账务处理、账款支付、存货控制和预测等工作。现代的批发商正在根据目标顾客的需求调整自己的服务，并致力于寻找能降低成本的业务方式。他们同样通过互联网进行交易。如今，网上购物已占到美国批发商总销售额的24%。

11.4.5　批发业的发展趋势

如今，批发业面临着巨大的挑战。批发商们依然面临着无法抗拒的行业趋势的困扰——价格提高的强大阻力和淘汰那些无法在既定成本和价格下增加价值的供应商。进取型的批发商会持续挖掘能适应供应商和目标顾客不断变化的需求的新方法。它们已经认识到，从长远来看，它们存在的唯一理由是通过提高整个营销渠道的效率和效益来创造价值。为了达到这一目标，它们必须不断地改进服务和降低成本。

不论哪种营销类型，其目标都是建立可以增值的客户关系。例如固安捷就是通过使商业或者机构客户的工作更便捷、更有效率，从而获得成功的。

大型零售商和大型批发商之间的界限正在变得模糊。很多零售商现在的营运模式也具有了批发功能，诸如批发俱乐部和超级市场。作为回应，很多批发商建立了自己的零售业务。例如，超价商店这个老牌的食品批发商，最初是杂货品的供应商如今已发展成为独立的杂货品零售商。然而，在过去的10年里，超价商店通过拥有自己的零售食品链成为了美国第三大食品零售商（排在沃尔玛、克罗格之后）。因此，虽然超价商店依然是美国最大的食品批发商，但它也可以称得上是一个零售商，该公司440亿美元的收入中有75%来自零售业。

批发商会继续改善他们为零售商所提供的服务——零售定价、合作广告、营销-管理信息报告、会计服务、网上交易和其他服务。增加的成本和提高的服务要求将会大大压缩批发商的利润空间，那些没有找到有效方法向顾客传递价值的批发商很快就会遭到淘汰。然而，更多地使用基于网络的计算机自动化的系统将会帮助批发商控制订货、运输和存货的成本，提高他们的生产力，以增加竞争力。

最后，面对缓慢发展的国内市场和《北美自由贸易协定》的签订，很多大型批发商正在走向世界。例如，现在麦肯森8%的收入来自加拿大和其他国际间合作。它的"信息解决团队"广泛运作于北美、英国和欧洲的其他国家。

概念回顾

零售业和批发业是由很多组织提供点对点的产品和服务构成的。在这一章，我们首先学习了零售的属性和重要性，几种主要的零售商类型，零售商营销决策和零售业的未来。随后，我们又从以上这几个方面对批发商进行了讨论。

1. 解释零售商在分销渠道中扮演的角色，并能够描述出零售商的几种主要类型。 零售是向终端顾客直接销售产品和服务的所有活动的集合，其目的是为了满足消费者个人的或非商业用途。零售商店的类型和规模各种各样，并且新的零售类型层出不穷。零售店可以从提供的服务（自助服务零售商、有限服务零售商、全方位服务零售商）、产品线（专卖店、百货商店、超市、便利店、超级市场、服务机构），以及价格（折扣店和全价店）方面进行分类。如今，很多零售商在彼此间寻求合作或者形成零售组织（公司连锁店、自愿连锁店、零售合作组织、特许经营组织）。

2. 能够描述零售商最主要的几个营销决策。 零售商总是寻找新的营销策略以吸引和留住客户。他们面临的主要的营销决策包括：确定细分市场和目标市场，商店的定位和差异化，以及零售营销组合。

零售商首先必须要进行市场细分并确定他们的目标市场，然后决定如何在此目标市场中定位和形成差异化。那些试图"满足所有需求"的策略注定是失败的。相反，那些成功的零售商都是找准了细分市场，并进行了强有力的市场定位。

在强有力的市场定位之后，零售必须要考虑零售营销组合——产品和服务种类、价格、促销，以及渠道。零售商店提供的不仅仅是各种各样的物品——在提供产品和服务的基础之上，当今成功的零售商们还会从顾客购物的角度出发精心安排其商店的方方面面。零售商的价格策略必须与它的市场定位、产品和服务种类以及竞争者相匹配。零售商应用所能用到的所有促销手段——广告、人员销售、促销、公共关系以及直销——以接触消费者。最后，零售商店地点的选择非常重要，要在目标顾客容易到达的范围内。

3. 能够论述零售中几个主要的发展趋势。 如今，零售商处在一个残酷的、充满变数的环境中，这既是机遇又是挑战。为了更加适应新的环境、更能贴近顾客，新的零售模式层出不穷。但是新的零售模式的生命周期越来越短——零售商必须对"车轮销售法则"这个概念格外关注。其他的零售业趋势包括：放缓的经济和紧缩的消费水平，非传统零售业的快速增长，零售整合（顾客、产品、价格、零售商的统一），超大型零售商的崛起，重要零售技术的更新，大型零售商的全球化扩张以及作为"社区"或者"消磨时间的地方"的零售商店的复兴。

4. 解释最主要的几个批发类型以及他们的营销决策。 批发是包含销售产品或服务给那些以再销售目的或商业用途的个体或团体的所有活动。批发商主要有三种类型。首先是商业批发商，其拥有所买卖商品的所有权，包括全方位服务批发商（批发商、工业经销商）和有限服务批发商（现金-运输批发商、卡车批发商、向厂商直接进货的批发商、供应超市的批发商、农产品合作社、邮寄订购批发商）。其次是代理商和经纪人，其不拥有所买卖商品的所有权，主要功能是协助买卖过程。最后是，制造商和零售商的销售分支和办事处，它越过独立的批发商而自主经营。

和零售商一样，批发商必须仔细寻找目标市场，进行强有力的市场定位。并且，和零售商一样，批发商还要对产品和服务种类、价格、促销和渠道做出营销决策。进取型的批发商不断寻找更好的方法以满足供应商和目标顾客的需求。他们意识到，从长远来看，他们存在的唯一理由是通过提高整个营销渠道的效率和效益来创造价值。批发商营销决策的目的就是为了建立价值增加型的顾客关系。

问题讨论

1. 零售商和批发商如何增加营销系统的价值。解释为什么营销人员要切合"购物者营销"这个概念。
2. 解释区分不同零售商的因素及每种零售类型。
3. 列出并简要解释零售业未来发展的趋势。
4. 什么是"车轮销售法则"？它适用于网络零售业吗？
5. 什么是零售集合？它对小型零售商有益还是带来了威胁？
6. 解释批发商如何在分销渠道中增加客户价值。

问题应用

1. 零售店的氛围对购物者有很大的影响。选择一个既有实体店又有网店的零售商。从色彩、光线、音乐、场景、装潢等方面描述实体店的氛围。商店这种氛围给你以什么想象？与零售商的经营类型和目标市场是否符合？实体店中的哪种氛围元素也运用在网上商店？零售商是否将实体商店的氛围与网上商店融合？请解释。
2. 目标市场的选择和市场定位对于做营销决策的零售商来说非常重要。几个人组成一个小组，为一个新的零售商分析相关概念。谁是你的目标顾客？你的商店如何定位？什么样的氛围符合这个定位，并可以更有效地吸引和满足目标顾客的需求？
3. 参观当地的购物中心并依照本章所讲描述零售商属性和特点。然后，按照表11-1将零售商归类。

营销技术

亚马逊每年的网上零售额高达190亿美元。其实它并非总是如此，1994年，亚马逊以网上书店的形式出现，公司直到2001年才开始盈利。亚马逊缓慢增长的策略得到了回报。很多快速发展的网络零售商在20世纪90年代达到了顶峰，而在2000年的时候惨遭淘汰。而如今亚马逊拥有超过6亿的浏览量，它在很多国家都设有分网站，其被列在标准普尔100指数名单之内，而且，预计在2011年，公司将搬入11层高的新总部。亚马逊与其他的网上零售商同台竞争，其中包括：西尔斯、bebe Stores、塔吉特以及Lacoste.也许你曾通过它们的网上店家买卖东西，2009年它的顾客量就达到了130万人次。亚马逊也是顾客网上评论的先锋者——让好评和差评同时显示在网上——以帮助购物者做决定。如今，亚马逊正在努力投资自有品牌，在通过网站销售1000余种商品外，还包括了厨房用品品牌Pinzon和户外家具品牌Strathwood。

1. 搜索亚马逊的户外家具。亚马逊的自有品牌Strathwood确实在搜索结果中吗？它的厨房用品品牌也是如此吗？这些产品的价格相较于同类产品的其他品牌如何？如果你事先不知道这是亚马逊的自有品牌，你能区别出来吗？解释为什么可以，或者不可以。
2. 在亚马逊上购买一样商品。顾客对商品的评论会影响你对产品或者品牌的期望吗？很多产品的评论是顾客在Amazon Vine Program上做出并显示出来的。了解这个程序，并讨论顾客应用此程序进行评论是否比不同它更有用处。

营销道德

若不是一次意外的好运，消费者可能永远不会在零售店里（Tamxico和Wrap-Itz牌）有机会品尝到美味的玉米饼产品。在2008年，La Bonita Ole公司——这些品牌的所有者，被 *Snack&Wholesale Bakery* 杂志命名为"玉米饼制造者"，被《女人健康》杂志称为100种女性健康食品之一。但是回溯到1992年，创始人Tammy Young

还没有能力支付"上架费",让他的产品能够摆上大零售店的货架,或者在小零售店里得到一个稍微好一些的货架位置。1996 年,这个意外的好运降临了。Tammy Young 的一个高中同学的丈夫十分富有,他成为了 Tammy Young 的恩人。如今,这两个品牌的食品在美国东部的零售店随处可得。

上架费也可以叫做上架准入,是零售商负责将制造商的产品摆上货架的费用。在早期,一些小的制造商通常无法支付这样的费用,按照联邦贸易委员会的规定,每一个新产品在每个连锁店中平均要支付 10 000 美元的费用。大型消费品生产商的报告显示,每一个新产品的上架费从 100 万美元到 200 万美元不等。Tammy 很幸运——有一个有钱的朋友帮助她起步。但是你要知道,有多少小生产商的好产品因无法进入零售店而销声匿迹。

1. 由零售商来决定生产商的产品能够上架是否公平?从两个方面来讨论这个问题。
2. 到 www.ftc.gov/opa/2003/11/slottingallowance.shtm 研读 FTC's 关于上架费的报告。从这个报告中你学到了什么?关于上架费 FTC's 的立场是什么?

营销挑战

在经济萧条时期,零售商的销售普遍陷入困境这不足为奇。但是,自从经济开始下滑,青少年服装连锁店阿贝克隆比 & 费奇的报告就显示,其销售额处于整个零售行业中最差的位置。商店中紧身短背心的售价在 50 美元,而短裤的售价是 60 美元,这是由优良的质量、热忱的服务长期累积起来的结果。普通服饰开始了明确地促销和降价策略,然而阿贝克隆比 & 费奇担心这样的策略会失败以至于影响品牌的形象,哪怕是在经济艰难时期,它依然不降价。但是,由于顾客的购买已经变成了价格驱动型,因此,阿贝克隆比 & 费奇的营业额大幅下降——降低了 34%。更糟的是,阿贝克隆比 & 费奇看起来已经失去了其革新者的形象,已经和低价竞争者的服装没有什么区别了。经过将近一年的低迷,阿贝克隆比 & 费奇的态度似乎缓和了一些,宣称将提供一些价格不太昂贵的商品。然而,这依旧看起来只是零售商降价的广度和幅度问题。

1. 对阿贝克隆比 & 费奇来说,降价以吸引节俭的顾客是应对经济危机的最好方法吗?
2. 阿贝克隆比 & 费奇应该采取什么样的降价方式,使得其在顾客中反响最好而且可以使对品牌的损失降到最低?

营销算术

零售商需要货物产生销售额。事实上,零售商的库存是其最大资产。没有足够的库存将导致销售的流失,但是拥有过多的库存又将增加成本,降低利润两个极端都会降低收益。一个衡量零售商库存管理水平的有效工具就是库存周转率(也可以叫生产商的库存周转率)。成功零售的关键是在尽可能小的库存基础上满足顾客需求并产生最大的销售量。

1. 依照附录 B,计算当平均库存成本为 350 000 美元,货物销售成本为 8 000 000 美元时,其库存周转率是多少?
2. 如果公司 2008 年的库存周转率是 3.5,那么这个计算结果更好还是更坏?

第12章 传播客户价值
广告和公共关系

概念预览

我们现在开始学习营销组合工具的最后一项——促销。企业不能仅仅止步于创造客户价值，它们还必须运用促销，清晰、令人信服地传播所创造的价值。理想状况下，根据"整合营销传播"的概念，公司会谨慎地协调使用这些促销工具以传播关于组织及其产品的清晰、一致、有竞争力的信息。本章一开始，我们会向你介绍各种营销传播组合（促销组合）工具；接下来，我们会研究当今正在迅速变化的营销传播环境以及整合营销传播的重要性；最后，我们将进一步深入研究两种促销工具——广告和公共关系。在下一章，我们将讨论另外两个营销传播组合工具——销售促进和人员销售。在第14章，我们会研究直销和网络营销。

学习目标

1. 定义传播客户价值的五种营销传播工具
2. 讨论变化的营销传播环境以及整合营销传播的重要性
3. 能够描述在开发一次广告项目时的主要决策
4. 解释公司是如何利用公共关系来与公众进行沟通的

在本章的开头，让我们来看看世界最大的营销者——联合利华公司，以及今天最严峻的营销传播问题之一——数字革命给营销者与顾客沟通带来的影响。联合利华比大多数公司都更精通数字营销。但是，联合利华的营销人员会告诉你，他们并不会因此进行纯粹的"数字项目"，而是开展整合营销传播项目，将数字技术包含其中。

联合利华：跨越数字媒体与传统媒体的鸿沟

今天，大多数的营销者都在努力了解网络和其他数字媒体，包括网页、在线社交网络、网络剧集以及病毒式影片等。数字革命创造了一种"媒体鸿沟"，使诸如电视、杂志这样的传统媒体和新时代的数字媒体对立起来。但是，日用消费品巨头联合利华看来却精通数字领域。事实上，联合利华最近被美国专业广告杂志《广告时代》评选为"年度数字营销者"。

然而有趣的是，虽然被选为"年度数字营销者"，联合利华却并未真正开展过"数字项目"。对联合利华来说，这并不是一个二选一的命题——要么是传统媒体，要么是数字媒体。与此相反，联合利华将网络和数字策略融入了其主流营销之中，将新媒体和传统媒体完美地融入了其整体的整合营销传播项目。

有一点是可以肯定的，联合利华在数字媒体上有很多出色案例。联合利华为其大量品牌都设计了创新的网页，包括多芬、丝华芙、艾科、丽菲、凡士林、好乐门、家乐、立顿、乐谷、Slim-Fast、百多利、Breyers、以及Ben & Jerry's等。并且联合利华也因其网站和病毒式影片的成功而多次被媒体广泛报道。例如，其"多芬"品牌大获成功的病毒式影片《进化》就在戛纳获得了计算机Grand Prix奖。丝华芙的"妈妈生活"系列网络剧集——电视肥皂剧的网络版——每集会吸引超过550万的观众。

"数字"似乎在联合利华的每个品牌中都扮演了重要角色。让我们来看一个极端的例子：艾科发起了一场在线秀发"危机拯救行动"。行动宣称大多数女性都觉得男性的发质欠佳，并且邀请观众设计广告，展示艾科新的"秀发危机"产品将怎样给男性"被女性认同的头发"。在另一个极端的例子中，相对古板的好乐门品牌开展了在线"真正美食暑期学校"节目，该节目以食谱和明星大厨（如美食频道的Bobby Flay）的烹饪演示为主。在节目的第一季，大约100万的独立用户访问了"真正美食"的主页，超过5000名访客注册成为了"真正美食"在线社区的成员。好乐门在电视播出了该节目之后，雅虎上"好乐门"和相关词条的搜索次数上升了50%。

尽管联合利华诸如此类的数字项目本身都非常成功，但它们都不是纯粹的数字项目。相反，每一个数字项目都与其他媒体、营销策略（例如电视、印刷广告和更广泛的公共关系）谨慎地整合在一起。联合利华北美地区媒体总监Rob Master表示，"数字媒体不是孤立的，而是整体项目的一部分，现在很多情况下，它是整体项目中最重要的部分。如何使数字媒体成为传递品牌故事时关键的一部分，而不仅仅是通过电视或印刷广告去宣传网站地址，已经成为使用数字媒体时必须解决的问题。"

联合利华绝对不会因为数字媒体而废弃传统媒体。这个世界第二大的广告主（仅次于宝洁公司）仍然将其高达53亿美元的全球营销与促销费用中很大一部分投入到了电视和纸质媒体中。但是，虽然联合利华实际上在减少对传统媒体（如30秒电视广告）的费用投入，它的总体营销预算却在不断增加，增加的预算大部分都被用在了网络和数字媒体上。近年来，联合利华在数字媒体上的花费已经从总体营销预算的2%～3%飙升至15%。

联合利华在数字领域的成功背后真正的秘密在于它巧妙地融合了新媒体和传统媒体，以建立和延伸顾客投入以及品牌体验。例如，丝华芙的"妈妈生活"系列网络剧集仅仅是为该品牌开展的大型整合营销传播项目的一小部分。这个项目开始于电视广告，片中真实、风趣、狂热的妈妈们互相分享经验，包括美容经验。"做妈妈是不是搞乱了你的发型？"广告中问道，"向免费的美丽说'是'吧。"

这则电视广告将顾客吸引到了两个相关的网站：www.Suave.com 证实"做妈妈不会总是漂亮的"，并且让访问者可以更深入地了解电视广告中的妈妈们的生活和遇到的麻烦。另一个网站 www.inthemotherhood.com 上则展示的是有趣、吸引人的网络剧集，该剧集是基于真实生活中做妈妈的经验、"为了妈妈、来自妈妈、关于妈妈"而摄制的。每个网站都包含了其他与丝华芙相关的内容。

公共关系在丝华芙的广告项目中也起到了重要作用。在"妈妈生活"项目刚刚开始的时候，电视上播出了其广告剪辑甚至是 5 分钟完整版的广告，节目主持人号召妈妈们分享她们的真实生活故事，并评选出其中最好的。因此，整个丝华芙项目——电视、数字媒体、公共关系——都被巧妙地整合在一起，在妈妈之间创造了一种"姐妹情谊"，并且传递了该品牌"对美丽说'是'"的定位。该网络剧集如此受欢迎以至于 ABC 电视台将其拍摄成了广播电视网中播出的情景喜剧"妈妈生活"，这也宣告了网络连载的终结，使得很多网络观众沮丧。

联合利华究竟在多大程度上将数字媒体整合进了其主流营销之中？只要看看联合利华是怎样管理数字媒体的就清楚了。"我们并没有在媒体组织中专门安排一个人负责数字媒体，"Master 表示，"但是我们全部对数字媒体都很熟悉。"与今天很多的营销者不同的是，联合利华并未将其在线促销项目交至专门的数字代理手中，而是由联合利华主流营销代理处理，这进一步帮助了数字媒体与相对传统的促销策略的整合。

将数字媒体与传统媒体整合的一个优势就是联合利华所说的"超级传播"。这个概念是指让网络节目，通常是视频，被其他媒体选中——大多数情况下是在其他媒体上免费传播的。这类情况的最佳例子之一就是多芬的《进化》视频短片，它是多芬"真实的美丽"项目的一部分。《进化》展现了一位平凡的年轻女性借助化妆师和图片编辑软件之手，被打造了成美丽的海报模特。"我们对美的认知被扭曲了一点也不足为怪"出现在视频的结尾。《进化》在 YouTube 和其他视频网站上吸引了大约 2000 万观众。但要是算上其他渠道的观众数量——例如电视新闻、脱口秀节目、教室和网络上的口口相传，以及其他国家的观众，观看过《进化》的人数超过了 4 亿。举例来说，这个成本仅为 5 万美元的视频带来了价值相当于 2 亿美元的免费媒体宣传。

但是，联合利华的全球传播策划总监表示，这其实不仅仅是关于"数字科技"，而是关于"传播"。"数字媒体可能对联合利华的任何品牌都不是最合适的，可能影视植入广告、某种形式的内容创造，或者一个活动网站、维基百科（WiKi）词条会更好。"但是，"现实情况却是消费者大部分时间都花在数字空间里，"另一位联合利华的营销者补充道，"我们的媒体环境不是正在改变——它已经改变了。我们处在一个新的世界，这个新世界里有新的营销范式。"再次强调，我们说的是整合营销传播。

总之，联合利华明白向数字媒体的转变并没有真正改变营销传播本质的内容。Master 表示，即使说有所改变，也只是意味着品牌经理要对品牌的定位更加坚定，以能够清晰、一致地通过各种各样的新旧媒体去定义品牌内涵。他说："我们所做的工作本质上最重要的就是讲述品牌故事。一条 30 秒的广告是我们为看电视观众设计的故事，数字媒体则是这类故事讲述形式上的延伸。"只有所有方面都传播良好，故事才会丰富、带来的品牌体验才会令人满意。

要建立良好的顾客关系，仅仅开发一项好的产品、给产品制定出有吸引力的价格、使目标顾客可以买得到它，都是不够的。公司还必须向顾客传播其价值主张，并且不应该浪费任何一次进行传播的机会。所有的传播努力都应该良好地规划，形成整合营销传播计划。正如好的传播在建立和维持任何一种关系时都很重要一样，它在公司建立有利的顾客关系时同样不可或缺。

作者评论

促销组合是营销者用来与顾客和其他利益相关者沟通的工具包。所有这些工具都应该在整合营销传播的概念指导下慎重地运用，以传播清晰、令人信服的信息。

12.1 促销组合

公司的**促销组合**（promotion mix）——也称为它的**营销传播组合**（marketing communications mix）——由广告、公共关系、人员销售、销售促进和直接营销等工具的特定组合构成。公司运用这些工具来令人信服地传播其客户价值、建立顾客关系。上述五种主要促销组合工具的定义如下：

* 广告（advertising）：由特定的赞助商以付费方式进行的创意、产品和服务的非人员展示和促销活动。

- 销售促进（sales promotion）：各种鼓励购买产品和服务的短期刺激。
- 人员销售（personal selling）：公司销售队伍为了销售产品或建立顾客关系而进行的人员展示。
- 公共关系（public relations，PR）：通过引起消费者的正面注意、树立良好的公司形象、处理或消除不利的传言、事件等，与公司各方公众建立良好的关系。
- 直接营销（direct marketing）：为获得及时反馈并培养长期顾客关系而与精心选择的目标顾客进行的直接联系。

每一项促销工具都包括具体的方法。例如，广告包括广播、印刷品、互联网、户外广告以及其他形式；销售促进包括折扣、优惠券、卖点展示以及展演；人员销售包括销售展示、交易会以及促销项目；公共关系包括新闻发布会、赞助、特殊事件以及网页；直销包括产品目录、电话营销、自助服务机、互联网、手机等。

与此同时，营销传播超越了这些具体的促销工具。产品的设计、价格、包装的形状和颜色、销售的商店，都向顾客传播了某些信息。因此，尽管促销组合是公司主要的传播活动，但完整的营销组合——促销、产品、价格和渠道——必须协调一致以产生最佳的传播影响。

12.2 整合营销传播

作者评论

这个概念在今天非常受到关注，也许没有任何营销领域像营销传播领域这样变化巨大。

在过去的几十年中，营销人员已经使得大众化营销的艺术——将高度标准化的产品卖给消费群体——日臻完美。在这个过程中，他们已经开发出有效的大众媒体传播技术，来支持其大众化营销战略。大公司通常会花费数百万甚至数亿美元在电视、杂志或其他大众媒体上，通过一条广告就可以将信息传达给数千万的消费者。然而，如今的营销经理面临着新的营销传播环境。也许没有任何营销领域像营销传播领域这样变化巨大，让营销传播者既兴奋又恐惧。

12.2.1 新的营销传播环境

几个主要因素正在改变今天的营销传播面貌。第一，消费者在改变。在这个数字、无线的时代，消费者掌握更多的信息，并且能够接触更多的传播渠道。他们运用互联网或其他科技可以自主搜寻信息，而不是依赖营销者提供的信息。并且他们可以很容易地和其他消费者分享与品牌相关的信息，甚至去创造他们自己的营销信息。

第二，营销战略也在改变。随着大众市场的分化，营销人员正在远离大众化营销。他们越来越多地采用聚焦营销方案，这些方案使得营销人员可以与顾客在更细微的细分市场中建立更紧密的关系。信息科技的巨大进步正在加速向细分市场营销的转变。今天的营销者可以积累详细的顾客信息、密切跟踪顾客需求，并根据狭窄定义的目标群体的需求去调整产品或服务。

最后，传播技术的全面改变正在引起公司与顾客交流方式的巨大改变。数字时代滋生了一大批新的信息和传播工具——像智能手机、iPod、卫星、有线电视系统以及互联网的诸多应用（如电子邮件、社交网络、品牌网站等）。新的传播科技给公司提供了与目标顾客互动的新媒介，这些媒介令人兴奋。与此同时，这些媒介也使得消费者对接收或发送什么样的信息、什么时候接收或发送这些信息有了更大的控制权。

12.2.2 转变中的营销传播模型

传播技术的爆炸性发展、营销者与顾客传播战略的改变对营销传播产生了巨大影响。正如大众营销导致了新一代大众媒体传播的产生，新型的数字媒体也孕育了新的营销传播模型。

尽管电视、杂志、报纸以及其他大众媒体仍然十分重要，但它们正日渐丧失其主导地位。广告主正在广泛选择更专门化、高度目标化的媒体，以向更小的顾客细分市场传递更个人化的互动信息。新的媒体包括专业有线电视频道、网络视频、网上产品目录、电子邮件、博客、手机内容，以及在线社交网络等。总之，企业现在越来越少地"广播"而越来越多地"窄播"。

一些广告业专家甚至预言了大众媒体传播模型将完全崩塌的"惨淡、混乱景象"。他们指出，大众媒体成本不断增加、观众减少、广告环境越来越嘈杂，并借助数字硬盘录像机（DVR）这样的新技术，观众可以跳过电视中插播的广告，对接触信息进行控制。结果，营销人员开始抛弃传统媒体而选择新兴数字科技。很多怀疑论者甚至预言了老式大众传媒的中流砥柱——30秒电视广告和奢华杂志广告——的死亡。

在新的营销传播世界里，新技术使得营销者可以通过互动、有趣的方式接触到更小的消费者群体，而不是像以前那样去打扰消费者、强迫他们接受大众传播信息。例如，想想电视观看方式所发生的改变吧。消费者几乎可以通过任何有屏幕的东西来收看他们喜爱的节目——不仅仅可以通过电视，还可以通过笔记本电脑、手机、iPod。他们也可以在任何时间、任何地点收看节目，可能有广告也可能没有。此外，越来越多的"电视"节目和视频都仅仅是为网络观看创造的。

因此，就像本章开始联合利华的故事那样，一些大广告主正在把它们的广告预算从传统媒体中抽出，投入到更有目标性、性价比更高、互动性强并吸引人的媒体上——尤其是数字媒体。

但是，与"混乱景象"不同，其他行业的内部人士看到的是向新营销传播模型的逐步转变。但是，很多其他的业内人士认为他们看到的是一个向新营销传播模式的逐步转变，而不是所谓的混乱景象。他们提到广播电视以及其他的大众媒体目前仍然占据大多主要营销公司促销预算的最大份额，而这一现实短期内很难改变。例如，推动数字媒体的领导者宝洁公司仍然将其巨额营销预算的最大部分用在大众媒体上。尽管宝洁2009年投向新媒体的费用增长了不止一倍，数字媒体的费用仍然只占公司全部营销费用的5%。

更广泛地来看，尽管一些人质疑30秒广告的未来，但是今天它仍被广泛使用。2009年美国广告费用中超过43%都花费在了全国或地方电视广告中，而仅有7.6%的费用投在了网络广告上。一位广告专家表示："如果你认为电视正在衰老死去，那么你应该三思。"另一位专家提出了相同看法："电视广告还有用吗？当然有用，只是它不再是唯一的选择了。"

因此，新的营销传播模型很可能是传统的大众媒体和一系列令人兴奋的、更具针对性、更个性化的新媒体的逐步整合。传统广告主所面临的挑战则是跨越"媒体的鸿沟"，媒体鸿沟将传统的创意和媒体方法与新的互动性的数字创意与媒体方法割裂了。很多麦迪逊大道的广告代理都正在这个转变中挣扎。

最后，不管是传统媒体还是数字媒体，最关键的都是找到传播品牌信息和增强用户品牌体验的最佳媒体组合。一位分析师表示："不管是传统媒体还是新媒体，广告主都只需将它们看做普通的媒体。"另一位分析师表示："大环境已经改变……营销者必须足够明智，（知道）如何去运用所有的这些工具。"

营销实践 12-1

不被变化的营销世界淘汰：旧 VS. 新

在今天不断分裂的营销世界里，广告代理商盛世长城公司正做出一切努力以免被淘汰。今天来看，这个历史悠久的麦迪逊大道广告代理是广告业最受人瞩目的明星之一。它仍以令人称赞的速度不断签约优质顾客，因其充满创意的作品收获奖项。但是盛世长城公司的CEO凯文·罗伯茨担心在将来的某个时候会涌现出大量新的可以投放广告的地方——网络、手机以及所有互动的数字空间——盛世长城现在还没有做好准备。

盛世长城是一个传统的麦迪逊大道创意代理商。在为大预算活动——大多是电视和杂志——设计富有创意的广告方面，盛世长城非常熟练。但是环境现正在改变。下面是其CEO罗伯茨的看法：

电视观众正通过DVR跳过盛世长城赖以生存的广告。营销人员正在线上大展拳脚，盛世长城却缺乏与之竞争的工具和人才。小型数字代理数量激增，其员工精通新技术，或者是网络时代的视频艺术家，专门制作放在视频分享和社交网站上的广告。

最近，盛世长城经常发现自己被机敏的新生代对手超越。要赶上今天专业化的数字互动媒体代理机构运用新媒体的能力，像盛世长城这样的传统代理商还有很长一段路要走。传统代理没能预见到行业大规模的数字化趋势，现在他们必须努力赶上。

20世纪的绝大部分时间里，所谓的创意统治了整个行业。他们并不在乎广告投放在哪里或以何种方式展现。行业所关注的是能够将数百万消费者的情感与品牌联系起来的大创意。今天，你也许会说，小创意的地位不断上升。广告更多地针对个人或者某个消费者群体，而不是大众。媒体世界现在已经如此分化——有博客、社交网络、电视、杂志等——找到正确的媒体已经越来越比充满创意的信息本身更加重要。面对这个新世界准备最好的并不是那些大型的创意代理商，而是完全适合网络的直销商——一直与个人消费者直接互动的人。并且随着媒体的分化和改革，媒体购买者——曾经被创意代理商挤到幕后默默无闻的人——现在的作用比以前大很多，他们帮主顾客选择将营销预算花在哪里。此外，媒体购买人正将广告主引向新数字媒体和直接媒体，这些媒体给古老的 30 秒电视广告带来了巨大的威胁，而电视广告一直是像盛世长城这样的传统创意代理商的核心。

盛世长城的 CEO 罗伯茨仍然相信创意的力量——与顾客的情感联系。但事实上，创意和媒体相互依赖，而媒体已经转向了盛世长城还未能精通的新领域。大多数顾客还是希望能够与顾客建立情感联系。但在今天媒体分化的环境下，广告主希望的是广告代理能帮助他们通过多种媒体创造整合顾客体验。这里既包括盛世长城非常熟悉的传统大众媒体，也包括了它还不太习惯的新数字媒体和直接媒体。

为了填补传统媒体与数字媒体之间日益加深的鸿沟，盛世长城已经开始招募自己的网页广告制作人、直销商和数字媒体专家大军。事实上，就在不久以前，盛世长城试图收购一家数字广告代理 Blast Radius。Blast Radius 非常擅长为新潮公司，如耐克、电艺（Electronic Arts）等，制作网站以及建立活跃的在线社区。但是，收购的进展不尽如人意，Blast Radius 拒绝了盛世长城的提议。相反，Blast Radius 选择了与

伟门公司（Wunderman）——世界上最大的直销机构之一——合并。Blast Radius 的 CEO 在拒绝盛世长城的收购提议时说："作为一家互动代理商……我们之间还是有很大的鸿沟……和更传统的代理商之间。传统代理商今天仍然更多地关注（信息和创意）。"

有趣的是，拥有盛世长城和大量其他传播代理的控股公司阳狮集团（Publicis Groupe），看起来却并不认为盛世长城或它旗下其他的传统代理能够引导数字化变革。相反，阳狮投入了大量资金去收购互动代理狄杰斯（Digitas）、提供资金创立 Droga5。阳狮的 CEO 认为这些互动代理将定义他的公司，甚至整个广告业的未来。他的目标是将阳狮打造成业内首席数字营销代理机构——去开创未来广告代理的蓝图。他说："这不是表面上的改变，而是意义深远、令人不安的改变。"

类似的举动和想法在一些传统创意代理商中已经引起了潜在的恐慌，包括像盛世长城这样成功的大型代理。问题很清楚：随着数字和直销代理商侵入盛世长城的市场，"老派的创意机构要转型成网络时代的代理，是否已经太晚？"罗伯茨认为还不算太晚。但是对盛世长城和其他传统代理来说，转变并不容易。他说："我们必须改变现在的工作方式，创造新的工作方式。"

资料来源：Excerpts and quotes adapted from Burt Helm, "Struggles of a Mad Man," BusinessWeek, December 3, 2007, pp. 44-49; and Linda Tischler, "A Mad Man Gets His Head Together," Fast Company, January 2008, pp. 90-97. Also see Michael Learmonth, "Agencies Need to Think More Facebook, Twitter, Less TV," Advertising Age, April 7, 2009, accessed at http://adage.com/print? article_ id=135837; and Brian Steinberg, "Advertisers Need Patience to Tap into Web's Potential," Boston Globe, February 24, 2009, p. B5.

12.2.3 整合营销传播的需求

向采用更多样的媒体组合以及传播途径的转变对营销者而言是一种挑战。今天的消费者被各种不同来源的信息轰炸。但是顾客并不会像营销者那样去分辨信息来源，在顾客心中，所有来自不同媒体、不同途径的广告信息，都将整合形成关于公司的唯一信息。不同来源的互相矛盾的信息，将会导致混乱的公司形象、品牌定位以及顾客关系。

大多数情况下，公司都无法整合它们不同的传播渠道，结果顾客面临的是一堆传播大杂烩。大众传媒广告说的是一回事，价格促销却传递了另一个信号，而产品标签又在传播另外一种信息，公司的销售人员说的又是完全不同的一码事，至于公司网站则又与上述内容都不一致。

问题是这些传播通常源自公司的不同部门。广告信息是由广告部或广告代理执行的；人员销售传播是由销售管理部门开展的；其他像公共关系、销售促进、网络营销等其他各种形式的营销传播都由各种专家负责。虽然这些公司会区分它们不同的营销传播工具，但是消费者不会。混合这些渠道不同的传播信息将会导致模糊的顾客品牌感知。

今天，越来越多的公司在采用**整合营销传播**（integrated marketing communications，IMC）的概念。在这个概念的指导下（见图 12-1），公司会慎重整合和协调其传播渠道，来传递关于公司及其产品的清晰、一致、令人信服的信息。

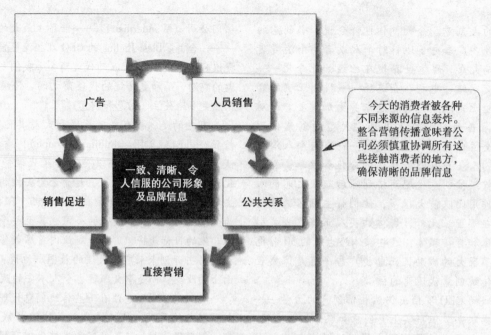

图 12-1　整合营销传播

　　整合营销传播要求找出顾客可能接触到公司、公司品牌的所有地方。每次的品牌接触都会传递一个信息，无论该信息是好是坏。公司尽力在每次接触时都传递一个一致且正面的信息。整合营销传播将公司引向全面营销传播战略，通过展示公司及其产品可以帮助顾客解决他们的问题，从而建立牢固的客户关系。

　　整合营销传播将所有的公司信息、形象捆绑在一起。公司的电视、印刷品广告与电子邮件和人员销售传递同样的信息，有相同的外观和感觉；公司的公共关系材料和网站、社交网站映射同样的公司形象。通常，不同的媒体在吸引、告知和说服消费者时扮演各自不同的角色，而这些角色必须与整体的营销传播计划协调一致。

　　整合营销传播的一个杰出例子就是汉堡王经典的"华堡恐慌"项目：

　　为了庆祝汉堡王经典产品华堡上市 50 周年，汉堡王开展了一场活动，看看如果它突然宣布"永远"停止贩卖华堡的话会发生什么。在选择好的餐厅里，汉堡王停止了华堡的贩卖，并通过隐藏摄像机拍摄了顾客被这个消息震惊时的实时反应。在随后的一场慎重整合、运用多种媒体促销项目中，汉堡王分享了拍摄的影像。促销开始时，电视、印刷品、广播协调一致，宣布了如下信息："我们在一天内停止售卖华堡，想看看会发生什么……结果就是，人们吓坏了！"广告将消费者引向了www. whopperfreakout. com 网站，网站上播放了整场实验的记录影像，这段视频也被上传到了 Youtube。在网页上，浏览者能看到"恐慌广告"中很多消费者不敢相信、愤怒的反应。汉堡王也通过其他主要网站的多元媒体横幅广告宣传了这次促销。顾客自己也在 Youtube 上传了讽刺模仿的视频，扩大了这次促销的影响。丰富整合的"华堡恐慌"促销活动是极其成功的。广告成为了汉堡王历史上最令人回味的广告，同时whopperfreakout. com 网站在前三个月的访问量就达到了 400 万。总体来说，这次整合营销传播使得汉堡王的门店客流量和汉堡销售额上升了29％，这一数字非常惊人。

　　在过去，没有一个人或部门会对考虑不同促销工具的传播角色以及协调促销组合负责。为了有助于整合营销传播的执行，有的公司会任命一位营销传播经理，该经理对公司的传播负全部责任。这将带来更好的传播一致性和更深远的销售影响。它把责任交到了某个人的手中，通过成千上万的公司活动形成一致的企业形象，而这是前所未有的。

12.3　设计整体促销组合

整合市场营销的概念表明公司需要将促销工具小心地整合为协调一致的促销组合。但公司是如何决定它将使用哪些促销工具组合的呢？同一个行业中的公司在设计它们的促销组合时会有很大的差异。例如，玫琳凯将其绝大部分促销资金投入人员销售和直销，而其竞争对手"封面女郎"则在消费者广告上投入大笔资金。我们现在来看看营销者选择促销工具的影响因素。

12.3.1　促销工具的特性

每种促销工具都有其独特性和不同成本，营销者在设计促销组合时必须了解这些特性。

1. 广告

广告能以一种很低的单位展示成本将信息传达给地理上分散的广大潜在购买者，它还使得销售方能够将一条信息重复多次。例如，电视广告就能将信息传达给大量的观众。据估计有9900万美国人收看了最新超级碗决赛的部分内容；大约3600万人至少观看了上一届奥斯卡颁奖典礼部分内容；以及3000万的《美国偶像》粉丝都观看了第八季的《美国偶像》首播。如果你想要传达给大众群体，电视是你的最佳选择。

除了它的覆盖率之外，大规模的广告还反映了销售方的规模、受欢迎程度以及公司的成功。由于广告的公众特性，顾客倾向于认为广告更加合法。广告同时还很有表现性，它使得公司通过巧妙地应用视觉、印刷、声音和颜色来使其产品引人注目。一方面，广告可用于建立一个产品的长期形象（如可口可乐的广告）；另一方面，它能够促进快速销售（如科尔士的周末降价广告）。

广告也有一些缺点。尽管它能够迅速传达给许多人，但广告是一种非人员沟通，不像公司的销售人员那样直接有说服力。最关键的是，广告只能与受众进行单向沟通，受众会认为自己不具有注意它或是做出反应的义务。此外，广告非常昂贵。尽管一些广告形式，如报纸和广播广告，能够在较小的预算内完成，但像电视广告等其他形式则要求非常高的预算。

2. 人员销售

人员销售在购买过程的某些阶段是最有效的一种工具，尤其是在建立购买者的偏好、使其确信并购买的阶段。它包括两个或更多人之间的人际互动。因此，每个人都可以观察到其他人的需求及特性并迅速做出判断。人员销售也允许出现多种顾客关系，从买卖关系到私人友谊。优秀的销售人员将顾客的兴趣铭记于心，为顾客提供问题解决方案而与其建立长期关系。最后，受人员销售的影响，购买者通常会觉得更有必要去聆听和做出反应，即使该反应只是一句有礼貌的"不用，谢谢。"

然而，这些独特的性质是有代价的。一支销售队伍与做广告相比更需要长期的努力——广告可以选择做或者不做，但销售队伍的规模却很难改变。人员销售也可能是公司最昂贵的促销工具，平均每笔交易要花费公司452美元，各行业之间可能会有所不同。美国公司在人员销售上的花费是其广告花费的三倍。

3. 销售促进

销售促进包括多种工具——优惠券、销售竞赛、抹去零头、优惠折扣等，所有这些都有独一无二的特性。它们吸引顾客的注意，强烈刺激购买，并且可以使产品吸引力增强，以扭转下滑的销售额。销售促进引起并鼓励快速反应——广告说的是"买我们的产品吧"，而销售促进说的是"现在就买吧"。不过，销售促进的效果通常是短期的，建立长期品牌偏好的效果不如广告或人员销售。

4. 公共关系

公共关系非常具有说服力——新闻故事、专题、赞助以及事件对读者而言比广告要真实可信得多。公共关系还可以覆盖许多回避销售人员和广告的目标受众——信息以"新闻"而非销售导向的传播形式传达给购买者。并且，和广告一样，公共关系能够使公司及其产品引人注目。营销者通常不能充分利用公共关系或者只是将它作为最后的选择。不过，精心策划的公共关系活动同其他促销组合因素结合使用将非常经济、有效。

5. 直销

尽管存在许多形式的直销——直邮产品目录、网络营销、电话营销等——但它们都拥有四个共同的特性。首先，直销是非大众化的：信息通常只针对某个特定的人。其次，直销是迅速并且是顾客定制化的：信息可以很快准备好，并且可以为吸引具体的顾客而量身定制。最后，直销是互动的：它允许营销团队和顾客之间建立对话，信息可以根据顾客的反应而修改。因此，直销非常适合高度目标化的营销活动以及建立一对一的顾客关系。

12.3.2 促销组合战略

营销者可以在两类基本的促销组合战略中做出选择——推式促销或者拉式促销。图12-2对这两种战略进行了比较。推动式战略和拉动式战略强调的具体促销工具不同。**推动式战略**（push strategy）是指将产品顺着分销渠道推向最终顾客。生产商将其营销活动（主要是人员销售和交易促进）指向中间渠道成员，来促使他们接受产品并向最终顾客推销。

采用**拉动式战略**（pull strategy）的话，生产商会将它的营销活动（主要是广告和消费者促销）直接指向最终顾客并促使他们购买产品。例如，联合利华直接针对艾科护发产品的目标市场年轻男性展开促销，促销运用了电视和印刷品广告、品牌网站、艾科的YouTube频道以及其他渠道。如果拉动式战略有效的话，消费者会向渠道成员（例如CVS、沃尔格林、沃尔玛等）要求购买该产品，而渠道成员则会转向生产商露得清（Neutrogena）处购买。因此，采用拉动式战略时，消费者的需求拉动着产品沿着渠道流动。

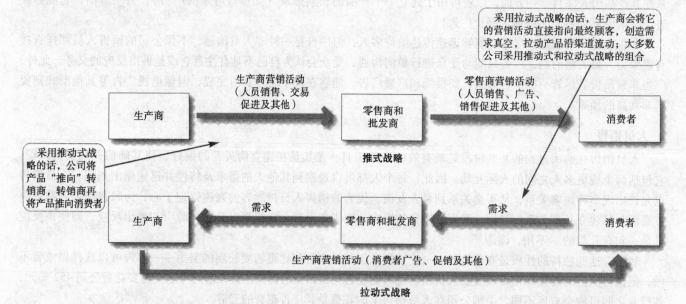

图12-2　推动式战略和拉动式战略

一些工业品公司仅仅采用推动式战略，一些直销公司仅仅采用拉动式战略。然而，大多数大公司采用的是两种战略的组合。例如，联合利华在媒体广告和消费者促销上花费22亿美元以建立品牌偏好，将消费者吸引到贩售其产品的商店。同时，联合利华也采用大量自己和分销商的销售力量及贸易促销来沿渠道向下推动其产品，这样顾客来到商店时，货架上才会有联合利华的产品。近年来，由于经济不景气、销售额下降，消费品公司在他们的促销组合中采用构建品牌的拉动式战略的比例在下降，而更多地采用推动式战略。这引起了对以长期品牌资产为代价换取短期销售增长的担心。

公司在设计其促销组合战略时需要考虑许多因素，包括产品/市场的类型以及产品生命周期阶段。例如，消费者市场和产业市场中不同促销工具的重要性就不同。B2C（business-to-consumer）公司通常会更多地"拉动"，将资金更多地投入广告，其次是销售促进、人员销售，然后才是公共关系；相反，B2B（business-to-business）营销者倾向于使用更多的"推动"，将其资金更多地投入到人员销售，然后才是销售促进、广告和公共关系。总而言之，当产品昂贵且购买风险很大，而市场上只有为数不多的几家大的销售商时，人员销售是采用最多的。

既然我们已经研究了整合营销传播的概念以及公司在设计促销组合时应该考虑的因素，接下来，让我们对具体营销传播工具进行更详细的研究。

12.4　广告

广告（advertising）可以追溯到有记载的历史开端时，在地中海周围国家工作的考古学家挖掘出一些宣传各种各样的事件和供应品的标志。罗马人在墙上绘画，宣布角斗士的搏斗；腓尼基人在游行路线沿途的大石头上画图宣传他们的陶器；在希腊的黄金时期，街头公告员会宣布牛、手工艺品甚至化妆品的贩售。一则早期的广告歌曲是这样的："为了闪烁的双眸，为了黎明般的双颊，为了少女时代消逝后仍然持续的美丽，为了合理的价格，为了这一切的女性，都会在 Aesclyptos 购买她的化妆品。"

然而现代广告比早期的努力要有效得多。美国公司现在每年的广告支出预计超过 2900 亿美元，全球广告支出预计超过 6040 亿美元。世界最大的广告主宝洁公司 2009 年在美国的广告支出大约为 48 亿美元，其全球广告支出超过 85 亿美元。

广告在商业公司中广泛使用，而且很多非营利组织、专业人士和社会机构也使用广告，它们向各种目标公共宣传它们的目标和理想。事实上，广告花费排名第 31 的广告主就是一个非营利组织——美国政府。广告是告知和说服的很好方式，无论目的是在全世界销售可口可乐，还是在发展中国家实施计划生育。

在制订广告方案时，营销管理人员必须做出四个重要决策（见图 12-3）：设定广告目标、确定广告预算、制定广告策略（信息决策和媒体决策）和评价广告效果。

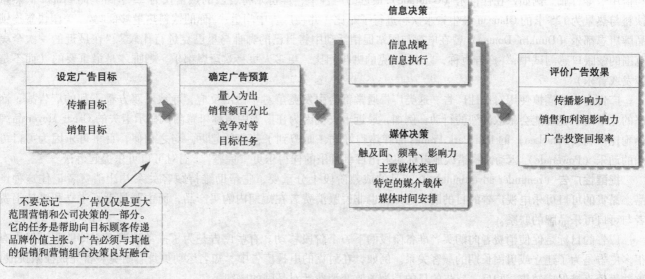

图 12-3　主要的广告决策

12.4.1 设定广告目标

第一步是设定广告目标。广告目标应该基于以前的目标市场、定位和营销组合的决策，这些决策决定了广告在整个营销方案中必须执行的任务。广告的总体目标是通过传播客户价值，帮助建立顾客关系。在这里，我们讨论具体的广告目标。

广告目标（advertising objective）指在特定的时间内向特定目标群体交流、传播信息。广告目标可以基于主要作用来进行分类，是为告知、说服或是提醒，表12-1列出了每一类型目标的例子。

表 12-1 可能的广告目标

告知性广告	
传播客户价值	提出某种产品的若干新用途
树立公司或品牌形象	通知市场有关价格变化的情况
向市场告知新产品信息	描述所提供的各种服务
说明新产品如何使用	纠正错误的印象
说服性广告	
建立品牌偏好	说服顾客马上购买
鼓励消费者转向你的品牌	说服顾客接受一次推销访问
改变消费者对产品属性的感知	让已经信服的顾客将品牌告知他人
提醒性广告	
保持顾客关系	提醒消费者在何处购买该产品
提醒消费者可能在不久的将来需要这个产品	让顾客在淡季也能记住这种产品

告知性广告（informative advertising）主要用于新产品的开拓阶段，其目的在于建立初级需求。因此，早期的DVD播放机的厂商首先需要告知消费者新产品在成像质量和便利性等方面的利益。随着竞争加剧，**说服性广告**（persuasive advertising）变得越来越重要。此时，公司的目的在于建立选择性需求。例如，一旦DVD播放机发展成熟，索尼就开始说服消费者它的品牌具有最高的性能价格比。

一些说服性广告属于**对比性广告**（comparative advertising），或**攻击性广告**（attack advertising）的范畴，此时公司直接或间接地把自己的品牌跟其他品牌相比较。对比性广告广泛地应用于运动饮料、咖啡、汤、电脑、汽车租赁和信用卡等行业。例如，在佳得乐（Gatorade）最近的广告中，佳得乐将自己的热量仅为25卡路里的Propel低热量饮料与热量为125卡的Glaueau维生素水饮料进行了对比，并在广告中问道："你的饮料热量够低吗？"美国快餐连锁品牌唐恩都乐（Dunkin' Donuts）曾在电视与网站促销活动中将自己的咖啡与星巴克进行比较。"在最近的一次全美范围的蒙眼口感测试中，"广告声称，"与星巴克的咖啡相比，更多人更喜欢唐恩都乐。咖啡才是最重要的（而不是沙发或音乐）。"

广告主应该谨慎使用对比性广告。这类广告通常都会引发竞争对手做出反应，导致对双方都不利的广告战。恼怒的竞争对手也可能会采取激烈的行动。例如，最近卡夫就因为在广告中声称口感测试显示卡夫的Oscar Meyer品牌热狗比莎莉（Sara Lee）的Ball Park Franks品牌热狗好吃，而遭到了莎莉的起诉。与之相似，百事可乐因为可口可乐的动乐（Powerade）运动饮料错误地声称动乐比百事可乐的佳得乐更"完整"，而对可口可乐提起诉讼。

提醒性广告（reminder advertising）在产品的成熟阶段十分重要，它帮助维持顾客关系并让消费者记住这种产品。昂贵的可口可乐电视广告的目的既非通知，也非说服消费者在短期内购买产品，而主要是为了建立和维持消费者与可口可乐品牌的联系。

广告的目标是促使消费者向购买者准备阶段的下一个阶段移动。有些广告是为了推动消费者立即购买。但也有很多广告是为了建立或巩固长期的顾客关系。例如，在耐克的电视广告中，知名运动员身着耐克装备完成极限挑战，这并不会直接促成销售。相反，广告的目的是为了改变消费者对品牌的感知。

12.4.2 确定广告预算

确定了广告目标之后，公司可以着手为每个产品制定**广告预算**（advertising budget）。在这里我们来看看确定广告总预算的四种常用方法：量入为出法、销售百分比法、竞争对等法以及目标任务法。

1. 量入为出法

一些公司采用**量入为出法**（affordable method），根据公司能够接受的水平来确定促销预算。小公司通常会采用这种方法，原因在于公司不能在广告上的花费超出公司现有的资金。它们以总收入减去运营费用以及资本费用，然后将剩下的资金中的某个比例投入广告。

不幸的是，这种安排预算的方法完全忽视了促销对销售量的影响。它倾向于将广告放在费用优先次序的最后一项，即使在广告对公司的成功至关重要的情况下也是如此，从而导致年度促销预算充满不确定性，给制定长期市场计划带来困难。量入为出法可能会导致广告花费超支，但通常它都造成费用不足。

2. 销售百分比法

另外一些公司采用**销售百分比法**（percentage-of- sales method），根据目前或预期销售额的某个百分比来确定它们的促销预算，或者根据单位销售价格的某个百分比来确定预算。销售额百分比法有很多优势。它使用简单，并且能够促使管理层考虑促销成本、销售价格以及单位利润之间的关系。

尽管有以上这些优势，销售百分比法仍然难以立足。它错误地将销售看做促销的原因，而非促销的结果。尽管有研究发现促销花费与品牌强度之间正向相关，但事实上，这两者是结果与原因，而不是原因与结果。最强的品牌有着最高的销售额，因此能够承受最大的广告预算。

因此，销售额百分比法是基于能够获得的资金而非机会。它有时候可能会否定为扭转下降的销售额所需要增加的广告支出。而且因为预算随着每年的销售额不同而变化，很难制定长期计划。最后，这种方法除了参照过去的行为和竞争对手的行为外，没有提供任何选择具体百分比的依据。

3. 竞争对等法

还有一些公司采用**竞争对等法**（competitive-parity method），根据竞争对手的费用来确定自己的促销预算。它们监视竞争对手的广告，或者从公共出版物或是商业行会获得行业的促销成本估算，并根据行业平均水平确定自己的预算。

有两个假设在支持着这种方法。首先，竞争对手的预算代表行业的集体智慧。其次，竞争对手支出多少自己就支出多少，有利于防止促销战。不幸的是，这两条假设都是不正确的。认为竞争对手对促销应该花费多少比自己要清楚得多，这种观点毫无理由。公司与公司会有很大的不同，每家公司都有其自身独特的促销需求。最后，没有证据表明基于竞争对手的预算会阻止促销战。

4. 目标任务法

符合逻辑的预算编制方法是**目标任务法**（objective-and-task method），公司根据它想要通过促销达成的目标来确定它的促销预算。这种预算方法包括：①确定具体的促销目标；②决定达到这些目标所需要完成的任务；③估算完成这些任务的成本。这些成本的总和即为促销预算。

目标任务法能迫使管理层理清他们关于所花的费用和促销结果之间的关系，但它也是最难应用的一种方法。通常，很难分辨出哪些具体的任务会达成哪些具体的目标。例如，假设索尼想使最新的蓝光影碟播放器在六个月的导入期内有95%的认知度，它应当使用哪些具体的广告信息和媒介来达到这个目标呢？这些信息与媒介的计划成本是多少呢？尽管这些问题很难回答，索尼的管理层却必须考虑。

无论采用何种方式，广告预算决策都不是一件容易的事。百货商店巨头 John Wanamaker 曾经说过："我知道我有一半的广告费是浪费掉了，但不知道是哪一半。我花了200万美元做广告，但不知道这笔钱是只够一半还是多花了一倍。"

此类想法的结果就是，当经济不景气的时候，广告预算通常是最先被缩减的。减少建立品牌的广告的预算似乎对短期销售没什么影响。例如，在最近的经济萧条时期，美国广告费用在去年暴跌了12%。但是，长期来看，缩减广告预算很可能会对品牌形象和市场份额造成长期危害。事实上，在竞争对手缩减广告预算的时候，能够维持、甚至增加其广告预算的公司将会获得竞争优势。看看汽车制造商奥迪（Audi）的例子：

> 尽管奥迪在美国的销售额去年有所下滑，但是在汽车业多灾多难的一年里，它的下滑额比竞争对手要少很多。此外，奥迪的品牌知晓度和购买者考虑度在年底的时候都创下了新的高峰，增长超过了宝马、奔驰和雷克萨斯。简而言之，奥迪可能是现在市场上最受欢迎的汽车品牌。而且它在未来经济转好时有很大优势。奥迪的优势是什么？奥迪在竞争对手紧缩预算时仍然在广告和营销上投入巨大。在过去的两年中，尽管经济形势严峻，奥迪却增加了其广告量，包括一些高端的广告投放，例如过去两届的超级碗大赛、奥斯卡颁奖典礼、NCAA篮球锦标赛、周日橄榄球之夜。奥迪广告管理人员表示，奥迪"在其他品牌都退缩的时候仍然加速前进"。"整个行业都在脚踩刹车、缩减预算时我们为什么要退缩呢？"奥迪首席营销官补充道。这次"加速"已经得到了回报。一位行业顾问表示："在一个充满噩耗和恐惧的世界里，信心是会互相传染的。"

12.4.3 制定广告策略

广告策略（advertising strategy）包括两个主要的因素：创造广告信息和选择广告媒体。在过去，公司普遍认为媒体策划的重要性要低于信息创造过程。首先，创意部门制作出好的广告，然后媒体部门选择和购买向目标消费者投放广告的最佳媒体。这经常会在创意策划和媒体策划之间造成摩擦。

确定促销预算：当经济不景气的时候，促销预算通常是最先被缩减的。但是在其他对手缩减预算时，奥迪仍然在促销上加速前进，这为奥迪带来了竞争优势。

但是，今天媒体费用不断上升、营销战略更集中，以及新媒体涌现的趋势提高了媒体规划的重要性。在广告活动中使用何种媒体——电视、杂志、手机、网站还是电子邮件——现在有时比活动的创意元素更关键。结果，越来越多的公司把信息和传递信息的媒体进行更紧密地协调。事实上，在一个真正出色的广告活动中，你经常会问："那是一个媒体计划还是一个创意计划？"

1. 信息决策

无论预算有多大，只有商业广告能够赢得关注和进行很好的传播，广告才会取得成功。在今天广告费用昂贵和广告干扰多的环境下，好的广告创意非常重要。1950年，普通的美国家庭只能收到三个电视频道，几本主要的全国性杂志；今天，普通家庭可以收到超过118个频道，消费者可以从查过226 000本杂志中进行选择。再加上无数的广播电台、邮购目录、电子邮件、在线广告、户外媒体的不断轰炸，消费者无论在家、在工作场所、在往返的路上都被广告所包围。结果，消费者现在每天会接触到大约3000～5000条广告信息。

（1）脱颖而出。如果说广告干扰打扰了某些消费者的生活，它同时也给广告客户带来了大问题。就拿美国电视广播网的广告客户所面临的情况来说。拍摄一则30秒广告的平均成本为381 000美元，而在黄金时段的高收视率节目中插播这条30秒的广告，他们还需要再支付25万美元。如果想要插播广告的节目特别受欢迎，那么30秒广告时间的价码会更高，比如《周日橄榄球之夜》的30秒广告价码为435 000美元，《实习医生格蕾》为327 000美元，《恶搞之家》为322 000美元，《美国偶像》高达700 000美元，在超级碗决赛购买30秒的广告时间则需要300万美元。

公司的广告就这样被夹杂在其他广告、公开讲话和电视网的促销之间。黄金时段里每小时都会有20分钟不是节目内容，平均每6分钟就会插播一次广告。电视和其他广告媒体中存在如此之多的干扰，使得广告环境变得对广告客户越来越不利。最新的一项研究表明，63%的美国民众都觉得广告太多，而47%的人认为广告破坏了他们的观赏娱乐。

直到最近，电视观众都必须观看电视广告。但是今天的数字科技给消费者带来了信息与娱乐的新的丰富选择。随着有线电视、卫星电视、网络、视频点播（VOD）、视频下载和 DVD 租赁业的成长，今天的观众拥有更多选择。

数字技术同样为消费者提供了大量"武器"，让他们可以选择要看什么和不看什么。由于数字硬盘录像机（DVR）的增长，越来越多的消费者选择不看广告。超过 26% 的拥有电视的美国家庭也拥有数字硬盘录像机，估计 44% 的家庭在 2014 年会拥有数字硬盘录像机。一位广告公司的主管将数字硬盘录像机系统称为"电子除草机"。调查显示，85% 的数字硬盘录像机用户会跳过至少 3/4 的广告。一项研究表明，跳过广告的家庭对大约 20% 的品牌购买额都较少。与此类似，视频点播的用户数预计在接下来的五年内会增长四倍。这些消费者将能够根据自己的时间表收看节目，自己选择看不看广告。

因此，广告主不能再像以前那样，通过传统媒体给消费者强制灌输千篇一律的乏味信息。为了获得和保持消费者注意力，今天的广告信息要更好地规划，要更有想象力、更加有趣，在情感上更引人入胜。一名广告主管表示，"中断或打断作为营销的基本假设"已经不成立了。相反，"你必须创造出足够有趣、有用、有娱乐性的内容去吸引（消费者）。"还有人表示，"这一切都是关于控制。如果你觉得一则广告有趣，你就会与品牌产生对话。如果不是这样，那就只是浪费时间罢了。"

（2）广告与娱乐的融合。为了从干扰中脱颖而出，很多营销者都开始运用一种广告与娱乐融合的新方式，称为"Madison & Vine"。"你可能听说过麦迪逊（Madison）大道。那是纽约的一条大街，很多美国最大的广告代理机构总部就坐落于此。你可能也听过 Hollywood & Vine，加州好莱坞的好莱坞大道和 Vine 大街的交汇处，长久以来一直是美国娱乐业的标志。现在，麦迪逊大道和 Hollywood & Vine 正形成一种新的交汇——Madison & Vine——代表了广告与娱乐的融合，以开创新的方式，用更吸引人的信息接触消费者。"

这种广告与娱乐融合有两种形式：广告娱乐和品牌化娱乐。广告娱乐的目的是将广告打造得非常有趣或有用，以至于人们都想要收看广告。你是不是觉得你不可能会主动想看广告呢？再想一想吧。例如，橄榄球超级碗大赛就变成了每年的广告娱乐展示台。数千万的观众每年会收看超级碗大赛，既为了观看比赛，也为那些有趣的广告。

事实上，DVR 系统会提高一则真正杰出的广告的观看次数。例如，2008 年大部分超级碗大赛广告的观众都是有 DVR 的家庭。很多人都回退，一次又一次地观看广告，而不是跳过广告。记得 E-Trade 说话婴儿的广告吗？或者两个家伙对着水晶球许愿，想要得到免费多力多滋（Doritos）的广告呢？如果你有 DVR，你很有可能会多次观看这些或其他广告。

除了将普通的广告变得更有趣，营销者也在创造新的广告形式，这种形式看起来不像是广告，更像是短片或节目秀。例如，多芬的《进化》视频表面上并不是广告，但是它带来了比很多电视广告更多、也更有意义的观看，而且这些观看都是观众自发的。一系列的新的品牌信息平台——包括网络剧集、博客以及病毒式影片等——正在使广告与娱乐之间的界限变得模糊。

品牌化娱乐（branded entertainment），又称**品牌整合**（brand integration），指让品牌成为其他某种娱乐形式中不可分割的一部分。品牌化娱乐最常见的形式就是产品植入——将品牌作为道具嵌入节目中。这可能是《实习医生格蕾》中 LG 最新手机的一瞥，或者是徘徊在维多利亚的秘密（Victoria's Secret）时装秀上的《老爸老妈浪漫史》中的男主角，甚至可能将产品编写入节目的主题之中。例如，在《我为喜剧狂》的一集中，网络主管 Jack Donaghy 非常明显地吹捧了通信运营商韦里逊无线服务的优点。Liz Lemon 赞同他的说法，"是啊，韦里逊的无线服务简直就是不可超越的。"接着她转向镜头，默然地说"我们现在能拿钱了吗？"

品牌化娱乐从电视开始，现已迅速扩展到了娱乐业的其他部分。电影中植入性广告已经大量出现（还记得《变形金刚》里的那些通用汽车吗）。如果观察仔细的话，你也会在视频游戏、漫画书、百老汇音乐剧甚至流行音乐中看到植入性广告。

总体来说，广告客户 2008 年为植入性广告投入了大约 10 亿美元，比巴拉圭的 GDP 都要高。仅仅在那年的前三个月，美国前 11 大电视台就产生了 117 976 次产品植入。广播电视网 Fox 的节目《美国偶像》中被硬塞进去了超过 3000 个产品植入广告。老海军（Old Navy）为参赛选手提供服装，伊卡璐为选手设计发型，福特为冠军赞助新车，而评委们在喝可口可乐。

因此，Madison & Vine 成为了广告和娱乐业新的交汇点。其目标是让广告信息成为娱乐的一部分，而不是打断娱乐。正如广告代理 JMT 所说的,"我们相信广告应该停止打断人们感兴趣的东西,而应该成为人们所感兴趣的东西的一部分。"但是,广告主要小心不要让这个新的交汇渠道变得拥塞。大量新的广告形式和植入性广告使得 Madison& Vine 中充满了更多的干扰,而其本来的目的却在干扰中变得模糊不清。如果这种情况真的发生了,那么消费者可能会决定再选一条新路。

(3)信息战略。在选择有效的广告信息中,第一步是决定大体上要向消费者传播什么样的信息,即制定信息战略。广告的目的是让消费者以某种方式想起或响应产品或公司,而人们仅仅响应那些对他们有益的东西。因此,制定一个有效的信息战略首先要识别出可以成为广告诉求的顾客利益。

最理想的是,广告信息战略将和公司大的战略定位和客户价值战略保持一致。信息战略应该清楚、直接地概述广告客户所要强调的利益和定位点。下一步则应该想出一个令人信服的"创意",即"高见",把广告信息以差异化和可记忆的方式展示出来。在这一步,简单的信息创意会变成很好的广告活动。通常一个广告文案和艺术指导将会合作产生很多创意,希望其中之一能够成为"高见",这些创意可能是视图、广告语或者两者的综合。

创意将指导广告活动选择具体诉求点。**广告诉求点**(advertisement appeals)应该具有三个特征:第一,它们应该是有意义的,指出了能让消费者更想要或者觉得产品更有趣的利益;第二,诉求点应该是可信的,消费者必须相信产品或服务能够传达所承诺的利益。

然而,最有意义和最可信的利益也可能并不是最好的广告诉求点,诉求点还必须做到差异化——告诉消费者这个品牌为什么比竞争品牌要好。例如,手表最有意义的利益是知道精确的时间,然后,很少有手表广告强调这一利益。基于他们所提供的差异化利益,手表广告主可能选择广告主题中的一种。比如,多年来天美时(Timex)一直强调其低价的定位。在上个父亲节,天美时的广告主张"在这个父亲节不仅仅告诉爸爸时间,告诉他,你已经懂得了一美元的价值。"与之相似,劳力士的广告从来不说准时。相反,其广告强调品牌"追求完美"和"劳力士在超过一个世纪的时间里都是卓越和荣誉的象征"。

(4)信息执行。广告人需要把它的创意转变为实际行动,抓住市场的注意力和兴趣,创意部的人员必须找到最好的形式、语气、词语和版式去执行这个信息。任何广告信息都有下列不同的**执行形式**(execution style):

- 生活片段:显示一个或几个"典型"的人们在日常生活中使用产品的情境。例如,Silk 的豆奶"闪耀升起"系列广告就展现了一位年轻的白领以健康的早餐开始一天的生活,充满希望。

- 生活方式:它强调产品如何适应人们的生活方式。例如,Athleta 的运动服广告中,一位女士在做一个复杂的瑜伽动作,说"如果身体就是你的殿堂,那么一点一点来强健身体。"

- 引人入胜的幻境:针对产品及其用途,设想一种引人入胜的幻境。例如,旅行者保险公司(Travelers Insurance)最近的一则广告就以一位带着一把巨大的红伞(该公司的品牌标志)的绅士为主角。他用红伞帮助人们抵御风雨,帮他们渡过发洪水的河流,并带他们飞回家。

- 气氛或形象:借助产品或服务营造某种心境或形象,如美丽、爱情、好奇或宁静等。广告只是做出建议。例如,印度旅游局在"非凡印度"中就展示了激动人心的景象和充满活力的当地风景。

- 音乐剧:真人或卡通人物演唱关于产品的歌曲。例如,FreeCreditReport.com 通过一系列的流行歌曲广告讲述了它的故事,歌曲如《追梦女郎》和《海盗》等。与之相似,在 Oscar Mayer 的长期广告中,孩子们吟唱了如今成为经典的"我希望我是 Oscar Mayer 法兰克福香肠……"

- 个性特征:通过创造一个代表产品的人物。这个人物可以是动画的(比如史莱克、白雪公主),也可以是真实的(如美泰克修理员 Ol'Lonely、E * TRADE 婴儿、GEICO 穴居人,或鸭子 Aflac)。

- 技术特色:表现出产品制造商的专业技术。因此,Kashi 才向消费者展现了它为其产品精心挑选原料,波士顿啤酒公司的 Jim Koch 才讲述他在酿造 Samuel Adams 啤酒方面多年的经验。

- 科学证据:通过调查或科学证据,表明该品牌优于其他品牌或更受欢迎。几年来,佳洁士牙膏一直用科学证据来说服购买者,佳洁士在防蛀牙上比其他品牌更好。

- 作证或代言:通过很有威信或很受欢迎的人代言产品,可以是普通人说他们如何喜欢特定的产品。例如,赛百味的代言人为 Jared,一位节食减去了 245 磅的赛百味英雄;也可以是名人来代言产品,比如老虎·伍兹为埃森哲咨询公司(Accenture)代言。

广告人同时也会为广告选择一个语气。宝洁公司通常采用肯定的语气——它总是在广告中宣传其产品非常正面的信息。很多公司采取冷幽默的形式，在广告干扰中脱颖而出。百威淡啤（Bud Light）的广告在此方面非常著名。

广告人应该在广告中使用易记忆和引人注意的词语，例如，丰田公司的"车到山前必有路，有路必有丰田车"，玛氏巧克力的"只融在口，不融在手"。

最后，版式如成本一样在广告的影响力中非常重要。广告设计中一个很小的改进，可能会大大地提高广告的吸引力。在印刷品广告中，插图是观众首先注意到的东西，所以它必须有足够强烈的吸引力。其次，标题必须有效地推动合适的人们去阅读广告的文字。再次，文稿——广告中的主要文字，要简单、强烈和让人信服。最后，这三个方面要进行有效的协调以令人信服地呈现客户价值。

（5）用户生成信息。利用今天的互动科技，很多公司正在选择让消费者为其提供信息创意甚至实际的广告。他们搜寻已有的视频网站，或成立自己的主页，赞助广告创意大赛或其他促销方式。

有时，营销者会投资于 YouTube、MySpace 或雅虎上已有的消费者原创视频。例如，在几年前最受欢迎的一个业余者原创视频中，两个穿着实验服的人将在健怡可乐（Diet Coke）里加入了曼妥思（Mentos）糖果，让可乐像喷泉一样不断喷出。这个视频为可口可乐带来了意外的免费广告效果。为了让这种讨论热度升温，可口可乐雇用了该视频的创作者——一个职业的魔术师兼律师——再创作一段视频并成为可口可乐30秒广告中的主角。

信息版式： 为了吸引注意，广告人运用新奇和对比、抓人眼球的图片和标题以及与众不同的版式，正如下面巴尔的摩国家水族馆的印刷品广告这样。

很多其他品牌通过举行大赛或者在自己的品牌主页上邀请消费者提交广告信息创意和视频。例如，百事的多力多滋品牌每年都举办"碰撞超级碗挑战大赛"，激励消费者们创造关于这个美味的三角形玉米片的原创广告视频。2008 年，多力多滋收到了 2700 个用户原创视频并在大赛主页（www.crashthesuperbowl.com）发布了前五位视频，消费者可以在该主页上观看广告并为自己喜欢的视频投票。五位最终选手都获得了 25 000 美元的奖金，百事可乐在超级碗大赛期间公布了最终赢家，并在电视上播放了这则广告。消费者原创的多力多滋广告获得了空前的成功。2008 年的赢家（名为"雪花水晶球——免费多力多滋"）在 USA Today Ad Meter 的最受欢迎超级碗大赛广告评分中位列第一，百事可乐给这则广告的原创者提供了 100 万美元的额外奖励。大赛和用户原创广告本身在超级碗大赛之前、之后都给多力多滋带来了消费者的热议。

并不是所有的消费者原创广告行动都如此成功。事实上，给消费者过多的创作自由和控制权可能带来极大风险。雪佛兰在其 Tahoe SUV 车型的促销活动中，允许消费者为汽车的视频片段撰写原创文本，雪佛莱收到了很多意料之外的负面结果。在很多的用户原创广告里，用户对这辆大型 SUV 每公里油耗过高、运行成本过高并且会对环境带来危害进行了无情的嘲讽。因此，营销者在邀请用户制作内容时要非常谨慎。

但是，如果运用得当的话，消费者原创广告行动会为公司带来巨大的利益。首先，仅需要较少的花费，公司就能获得新的创意、对品牌新的看法和顾客对品牌的真实感受。其次，用户生成信息的促销活动能够激励消费者参与，并使他们讨论、思考一个品牌以及品牌对他们的价值。一位营销者表示："邀请一位满意的顾客参与关于产品的对话，并给他们提供一个展现自己对产品渴望的创意平台，你将会拥有一位从内心深处拥护品牌的顾客。"

2. 媒体决策

媒体决策的主要步骤如下：①决定触及面、频率和影响力；②在主要的媒体类型中选择；③选择具体的媒介载体；④决定媒体时间安排。

（1）决定触及面、频率和影响力。广告人必须决定实现广告的目标所需的触及面、频率。触及面指在一定时期内，广告活动能触及目标市场上的人员比例。例如，一个广告人预计在三个月内，广告活动能够触及 70% 的目标市场人群。频率指在一定时期内，目标市场上平均每人见到广告信息的次数，例如，广告人希望平均见到广告的次数达到三次。

但是广告人通常并不仅仅满足于触及到一定数量的消费者和让他们每天见到一定次数的广告，广告人还应该决定预期媒体影响力，即通过某一媒体展露信息的质量价值。例如，同样的信息可能在某一杂志上（如《新闻周刊》）比另一报纸上（如《国家寻问者》）的可信度更高；而对于需要演示的产品，电视广告比广播广告的影响力更大，因为电视有图像和声音；对于消费者可选择设计或零部件的产品，在网站上促销将比通过直邮更好。

一般来说，广告人希望选择能够吸引消费者的媒体，而不是仅仅触及消费者。就拿电视广告来说，节目观众与广告的目标客户的相关程度比节目收视率要重要得多。一位专家表示，"广告是要让观众'走近'电视，而不是'远离'电视。"联合利华的全球传播总监认为，广告正在"远离干扰，而变得更具吸引力。我们有这样一个术语'渗透文化'，是指广告要融入人们感兴趣的东西、人们觉得有吸引力的东西。"

尽管尼尔森已经开始在进行电视**媒体吸引度**（media engagement）评测，但对大部分媒体而言，很难得出结果。一位来自广告研究基金会（Advertising Research Foundation）的管理人员说，"我们现有的测量标准均是媒体衡量标准：收视率、读者数、听众数、点进率，但是吸引度主体在于观众，而非媒体。我们所需要的是一种衡量目标潜在顾客在多大程度上认同品牌理念的方法。有了潜在顾客吸引度，就可能建立顾客关系……"

（2）在主要媒体类型中选择。媒体规划者必须了解各种主要媒体在触及面、频率和影响力方面所具备的能力，表12-2描述了主要的媒体类型，其中包括电视、互联网、报纸、直邮品、杂志、广播和户外广告。广告人也可以在大量的新数字媒体中进行选择，如手机等数字设备，他们能更直接地接触到消费者。每种媒体都有自己的优点和局限性。媒体规划者在选择媒体时，要考虑很多因素。他们希望选择的媒体能将广告信息切实高效地传递给目标消费者，因此，他们需要考虑媒体影响力、信息有效性和成本。

表 12-2 各种主要媒体的概貌

媒体	优点	局限性
电视	大众市场的覆盖面大，平均展露成本低，综合了图像、声音和动作，富有感染力	绝对成本高、干扰多、瞬间即逝，观众选择少
互联网	高选择性、低成本、及时性、互动能力强	影响力相对较低，观众可以控制展露
报纸	灵活、即时，本地市场覆盖面大，能被广泛接受，可信度高	保存性差，复制质量低，相互传递者少
直邮	接受者选择性强、灵活，在同一媒体内没有广告竞争，可个人化定制	平均展露成本相对高，易造成"垃圾邮件"印象
杂志	地理、人口统计特征上可选择性强，可信度和声誉高、复制质量高、保存期长、可传阅	广告购买前置时间长、成本高，版面无保证
广播	本地接受性强，地理和人口统计特征方面选择性强、低成本	只有声音，转瞬即逝，不太吸引人（"听一半"的媒体），听众零散
户外广告	灵活、重现率高、成本低、信息竞争少、位置选择性高	观众没有选择，缺乏创新

媒体组合必须要定期重新审核。长期以来，电视和杂志在国内广告人的媒体组合中占主导地位，而其他媒体通常被忽略。然而，正如前一章讲到的，媒体组合正在变化。随着大众媒体的费用上升和观众减少、令人兴奋的新数字媒体出现，很多广告主都在用更专业、更有针对性的媒体来取代传统媒体，这些新媒体成本更低、更具针对性，并且对消费者的吸引力更大。

例如，有线电视和数字化卫星系统正在兴起。这些系统可以通过特定的节目接触到有选择的观众群体，其中包括体育、新闻、营养、艺术、家政和园艺、厨艺、旅游、历史、金融和其他节目。时代华纳、康卡斯特等有线电视运营商甚至在测试新的系统。通过这类新系统，它们可以针对不同的社区或个人、特定类型的顾客群体来投放不同的、有针对性的广告。例如，针对西班牙语频道的广告将只会在西班牙社区播出，或者说只有养宠物的人才会看到宠物食品公司的广告。

广告人可以利用这样的"窄播"，像来福枪一样对准特殊的细分市场，而不是利用电视网络广播那样散弹枪扫射的方法。有线电视和卫星等媒体看起来很合理，但是，广告正越来越多地出现在以前不太可能出现的地方。在广告人试图找出成本更低、针对性更强的接触消费者的方法时，他们发现了很多"替代性的媒体"组合。现在，无论你要去哪，无论你在做什么，你都可能会碰到一些新形式的广告。

营销者发现了很多"替代性的媒体"组合。

购物车上的微型广告牌和超市地板上的广告贴纸都在催促你购买 JELL-O 布丁果冻（Pudding Pops）或帮宝适产品，而在商店出口处的传送带上广告为你推荐当地的沃尔沃经销商。在本地的自助洗衣店里，Pepto-Bismol 舒胃药的广告聪明地贴在洗衣机的前面，你在放进衣服的时候就会看到。走出去你会在城市垃圾车上看到佳能垃圾袋的广告。你想逃去球场，在那也只是会发现广告牌大小的屏幕上正在播放的百威广告，以及头顶上围绕了一圈电子信息公告板的小型飞艇。那就去乡村享受宁静的旅行吧？对不起——你会发现一个有商业头脑的农民将他的奶牛当做四条腿的广告牌，上面印有 Ben & Jerry 的冰激凌广告。

如今，你在哪都会看到广告。出租车上的电子信息牌与当地的 GPS 感应器相连，不管出租车驶向哪里，都可以显示当地商店和餐厅的广告。DVD 盒、停车票、地铁检票机、高尔夫比分牌、快递卡车、比萨盒、气泵、自动取款机、市政垃圾桶、警车、医生的检查桌、教堂公告牌上都在出售广告空间。一个广告代理甚至在学生的光头上购买了临时广告空间，纹上其广告语（"头顶广告"）。而在公司冷饮水机旁的小组聚会有了新的成员——"冷饮水机广告"印在冷饮水机水桶的上方，想让大家开始聊一聊最新的《美国偶像》。

类似的替代性媒体可能会有一些牵强，有时甚至会惹怒消费者，让消费者觉得"令人恶心"。但是对很多营销者来说，这些媒体可以节省开支并提供了一种方式，使营销者能在目标消费者居住、购物、工作、娱乐的地方触及他们。看到这一切之后，你或许想问，对广告疲倦的消费者还能找到没有任何商业广告的天堂之所吗？公共电梯，或者公共厕所的隔间里应该没有广告吧？算了吧！每个地方都被创新的营销者入侵了。

另一个影响媒体选择的趋势则是"多媒体关注者"——同时关注多个媒体的人——数量的激增。根据最近调查，美国 3/4 的电视观众在看电视的时候会同时看报纸，2/3 的人在看电视时会同时上网。另一项研究表明，8～18 岁的美国青少年试图将平均媒体接触时间由 8.5 小时压缩至 6.5 小时。一位专家表示，如今"如果你发现一个十几岁的男孩一边在网上搜寻 Keira Knightley 的照片；一边同时用 IM 和几个朋友聊天，同时又在用 Itunes 听音乐、和朋友打电话，一点也不奇怪。在这样的媒体混乱中，他还想要完成他的作文，而作文的 Word 文档已经在桌面上最小化了。媒体规划者在选择媒体类型时需要考虑到这样的媒体交互的影响。

（3）选择具体的媒介载体。媒体规划者要选择一个最好的媒介载体——在主要的媒体类型中选择具体的媒介。例如，电视包括《我为喜剧狂》（30 Rock）和 ABC 电视台的《晚间世界新闻报道》（World News Tonight），杂志包括《新闻周刊》、《风尚》。

媒体规划者必须计算某一特定媒体触及每千人的成本。例如，如果在美国全国版的《新闻周刊》上刊登一个整页四色广告要 226 590 美元，而其读者估计有 260 万人，则广告触及每千人的平均成本约为 87 美元；在《商业周刊》上刊登同样的广告可能只需 112 200 美元，但是读者只有 900 000 人，则广告触及每千人的平均成本为 124 美元。媒体规划者根据每千人成本的高低将各种杂志排序，选择触及目标消费者每千人成本最低的加以考虑。

媒体规划者必须要考虑为不同的媒体设计广告的成本。为报纸设计广告的成本可能很少，而动画电视广告的设计可能要花费上百万美元。例如，典型的汽车广告成本在 50 万美元到 100 万美元之间，甚至更多。Guinness 黑啤酒最近在阿根廷北部高山上的一个仅有 2000 居民的小镇上拍摄了一则题为"引爆点"的 90 秒广告，在小镇里你连一小杯的烈性黑啤酒都找不到。有人认为这是迄今为止最好的啤酒广告。但是广告的成本呢？达到了 2000 万美元，简直不可想象。

在选择媒介载体时，媒体规划者必须平衡媒体成本和媒体影响力的因素之间的关系。首先，要平衡成本和媒体的目标受众性质，例如，对于 Huggies 的一次性尿片广告来说，《育儿》杂志的展露价值很高，而 Maxim 杂志的展露价值很低。其次，应该考虑目标受众的注意力，例如，《风尚》的读者通常会比《新闻周刊》的读者更注意广告。再次，还评估媒体的编辑质量，《时代》周刊和《华尔街日报》就比《星报》可信度更高而且更有声望。

（4）决定媒体时间安排。广告人必须决定如何安排全年的广告。如果产品在 12 月是旺季，而在 3 月是淡季（如冬季运动装备），那么公司应该根据季节的变化来调整广告的安排，也可以反季节安排广告，或者对广告进行无差异化安排。大多数公司采用季节性广告策略，例如，全国连锁的肖像工作室 Picture People 每年在圣诞节、复活节、情人节等重大节日前会大量做广告。有些公司只安排季节性广告，例如宝洁只在寒冷季节或流感季节才为其感冒药 Vicks NyQuil 打广告。

最后，广告人要选择广告的模式。连续性指在一定的时期内均匀地安排广告，节奏性指在一定的时期内不均匀地安排广告展露。因此，52 个广告可以安排在全年均匀播出，也可以在几个时间段内集中播出。节奏性背后的理念在于在极短的时间内密集做广告，建立的知晓度可以持续到下一广告阶段。那些主张采用节奏性广告的人觉得，节奏性广告可以达到连续广告一样的效果，而且成本很低。一些媒体策划人相信，虽然节奏性广告可以建立知晓度，但是它牺牲了广告沟通的深度。

12.4.4 评价广告效果及广告投资回报率

如何衡量广告效果和**广告投资回报率**（return on advertising investment）成为了很多公司热议的问题，尤其在当下经济萧条的环境中。最近的两项独立调查显示，广告效果在过去十年下降了 40%，并且 37.3% 的广告预算都被浪费了。这使得公司高层经常会向营销经理发问，"我们要怎么知道在广告上花多少钱才合适？"以及"从广告投入中，我们又获得了多少回报？"

广告人应该定期评估广告的两种效果：传播效果和销售效果。传播效果的衡量告诉人们广告或媒体有没有很好地传播广告信息。单个广告可以在广告展露之前或之后测试。在广告展露之前，广告人向消费者展示广告，问他们印象如何，衡量由此所引起的记忆或态度改变；在广告展露之后，广告人衡量广告如何影响了消费者的记忆，或者对产品的知晓度、认可度和偏好。展露前、展露后评价也可以衡量整个广告活动的传播效果。

广告人对如何衡量广告或广告活动的传播效果已经非常娴熟。销售效果通常要难以衡量得多。例如，如果某个广告活动使品牌的知晓度提高了 20%，品牌的偏好度增加 10%，那么公司将会增加多少销售额呢？除了广告之外，销售额还受到很多其他因素的影响，比如产品特色、价格和可获得性。

衡量广告销售效果的一种方式是把以前的销售额和以前的广告费用相比较，另一种方式是实验法。例如，为了衡量不同的广告支出水平的效果，可口可乐在不同的市场上广告支出不同，然后衡量由此导致的销售额的差异。公司也可以设计更复杂的、包括其他变量的实验，如广告差异和媒体差异。

但是，由于影响广告效果的因素很多，有些可控，有些不可控，广告支出的收益仍然不能被精确衡量。例如，大量的广告主每年都在备受瞩目的超级碗决赛上花费巨大。尽管他们感觉巨额投资是否值得，却几乎没人能具体测量回报或证明这样大规模的投资是否值得。最近一项针对营销和广告代理管理人员的调查发现，80% 的营销者并不去衡量广告的投资回报率，仅仅是因为那太难了。美国全国广告主协会（ANA）的一项研究中询问营销经理如果广告费用减少 10% 的话，他们是否能够"预测这对销售带来的影响"——63% 的营销经理表示不能。

一位营销分析师说："营销人员追踪了所有的数据，却仍然不能回答基本的问题，"关于广告贡献度的问题，"因为没有任何模型或者度量体系可以让他们应用。"另一位分析师表示，广告主在测量"一切他们可以测量的东西，包括了有多少人对广告产生了反应、完成了多少金额的销售，然后试图将这两项联系起来。困难的是，我们有了如此多的数据，但是如何去筛选这些数据？"因此，尽管随着营销者找到更多的答案，情况在逐步改善，经理在评价广告绩效时还得大量依靠个人判断和定量分析。

营|销|实|践 12-2

超级碗：广告事件之王——但是值得吗？

超级碗（美国国家橄榄球联盟的年度冠军赛）是所有广告事件之王。每年都会有大量的优质广告主将他们最好的产品展现给全世界大量观众。但是这一切却耗费不菲。2008年，主要的广告主为30秒广告平均砸下了300万美元——相当于每秒10万美元！但是这也仅仅是播出的费用。再加上广告制作的费用——平均每个广告位200万美元——就算仅仅在大赛中插播一次广告的费用也令人望而却步。啤酒巨头AB公司去年插播了7次广告。

所以每年超级碗将近之时，这些问题就徘徊在广告主的脑海：昂贵的超级碗广告值得吗？它的广告投资回报率高吗？结果发现解答这些问题并不容易，尤其是经济不景气的时候。在如今经济萧条的境况下，公司盯紧了每一分钱，要在这样一项赛事上花费如此巨大，比以前任何时间都让人们更充满疑虑。

广告主与行业专家的观点大相径庭。像AB公司、E*TRADE、普利司通、Career Builder、佳得乐、百事可乐等超级碗的坚定支持者一定觉得在超级碗投放广告是不错的投资——他们每年都投放。但是像联合利华和联邦快递这样精明的公司选择了退出，他们怎么认为？一项针对全国体育营销网络（National Sports Marketing Network）成员的调查显示，31%的人推荐在超级碗投放广告，41%的人觉得不应该——超级碗广告不值得投入那么多钱。此外，在最近经济萧条的环境下，广告主担心超级碗广告会发出错误的信息。联邦快递在之前连续12届超级碗中都投放了广告，这次选择了退出。它很担忧，在公司要求员工拿更少的薪水、干更多的活的时期，这样奢侈的花费很可能看上去就是错的。

反对者提出了很多不错的理由。超级碗广告贵的不合逻辑。广告主为平均每位观众支付的费用比黄金时段的电视节目要高出85%。而且300万美元可以购买很多替代性媒体——例如，电影、电视节目秀和视频游戏中50个不同的产品植入；也可以在纽约时代广告购买2块大型广告牌，该广告将在1年的广告期里每天被100万人看到。除了费用，超级碗期间各家广告对观众注意力的争夺战十分激烈。每一条广告都代表了大型营销者最好的作品。营销者希望该广告能够让观众感到惊艳，收获消费者和评论家的好评。很多广告主觉得他们将广告费用花在不那么拥挤的渠道里更值得，这些渠道里没有那么多大名鼎鼎的广告。

还有是否适合公司战略的问题。尽管超级碗很适合啤酒、零食、软饮、运动产品广告，但它可能根本不适合其他品牌的创意战略。考虑下联合利华"多芬"品牌的例子吧。四年前，公司为多芬的"真实的美丽活动"播出了一条45秒的情感性广告。广告颇受消费者好评，并在消费者中引发热议——在广告亮相超级碗大赛的前后，有4亿观众对其有印象。但是人们热议的中心不是产品，而是关于女孩的自尊问题。研究也显示，广告产生的品牌信息投入度其实很低。

多芬在同样的户外广告活动中获得了同样的曝光量、更高的消费者投入度，但是花费却少得多。并且，其零媒体成本的病毒式短片"进化"和"冲击"在网上引起了巨大反响。"超级碗大赛的环境真的不适合多芬，"联合利华的管理人员表示。相反，过去的三年里多芬一直在奥斯卡颁奖典礼中插播消费者原创广告。奥斯卡更针对女性群体，在这里化妆品牌争奇斗艳。

但是对于适合的广告主，超级碗仍然很有价值。它是全年收视率最高的赛事，它的观众数量巨大并且非常专注——大约1亿观众，这些观众抛开他们的DVR看比赛直播，会一直待在电视旁边，广告等都专心收看。对很多观众来说，超级碗的广告比球场上的事都重要。2008年，比赛本身的收视率（拥有电视机的家庭观看比例）为41.6，广告收视率为41.22。

AB公司的首席创意官表示，"没有任何其他平台可与超级碗大赛相比。在超级碗投放广告很值得。考虑到仅通过这一个渠道你就能接触到的家庭的数目（以及影响力），事实上广告是非常高效的。"要以金钱来衡量的话，一项调查研究发现快速消费品公司在超级碗大赛广告上投的每一美元都会带来1.25美元到2.47美元的回报，一条超级碗广告的效果相当于250条普通电视广告。

此外，对大多数广告主来说，超级碗广告本身只是更广泛影响的中心点而已。在比赛结束很长的一段时间里，广告评论家、媒体评论家和消费者都还会回顾、重复讨论广告，或者给广告评分。广告主通常并不会什么都不做，然后希望消费者会讨论自己的广告。

他们发起事件帮助激发这些讨论。例如，正如之前所提到的，多力多滋的"碰撞超级碗挑战大赛"2009 年收到了 2700 多个参赛作品，并且最终获胜的"免费的多力多滋"被 USA Today Ad Meter 评为了最佳广告。活动结束的很多天后，消费者仍然在讨论该广告。多力多滋广告在仅仅 3 天里就被观看了 8000 次、收到 1200 条评论，像这样的消费者讨论是钱无法买到的。

与之相似，超级碗最大的广告主 AB 公司将庆典远远延伸至比赛日之外。比赛结束之后，会立即跟进一轮赛后电子邮件活动以保持广告热度。同时，在其指定网站上，消费者可以观看该公司所有的超级碗广告并通过网站或短信评选出他们最喜欢的广告。

让我们回到最开始的问题：昂贵的超级碗广告值得吗？看来这个问题没有确切的答案——对一些广告主来说，它是值得的；对另一些来说，答案正好相反。真正的难点在于如何去衡量回报。正如最近的一篇文章声称的那样，"衡量超级碗的回报？祝你好运！"作者的结论是："与为了制作出最完美的超级碗广告所投入的时间、精力以及所经受的焦虑相比，要证明超级碗广告的投资回报率简直不值一提。"

资料来源：Quotes and other information from Bruce Horovitz, "＄2 Million Average Production Cost ＋ ＄3 Million Average Cost of a Commercial ＝ Pressure," USA Today, January 30, 2009, p. B1; Claire Atkinson, "Measuring Bowl ROI? Good Luck," Advertising Age, January 29, 2007, p. 9; Jack Neff "P&G, Unilever Sit Out the Super Bowl," Advertising Age, January 29, 2007, pp. 1, 36; Suzanne Vranica, "Tough Times Complicate Case for Buying Super Bowl Ads," Wall Street Journal, November 11, 2008, accessed at www.wsj.com; Scott Collins, "Take II: Super Bowl Was Most Watched," Los Angeles Times, February 4, 2009, p. D8; Brian Morressey, "YouTube Viewers Crown Doritos SB Champ" Adweek, February 5, 2009, accessed at www.adweek.com; Paul Thomasch and Ben Kalyman, "Recession Raises Stakes for Super Bowl Advertising," Reuters, January 6, 2009, accessed at www.reuters.com; and Tim Calkins and Derek D. Rucker, "Does a ＄3M Super Bowl Ad Make Sense In a Recession?" Advertising Age, January 12, 2009, p. 17.

12.4.5　广告的其他考虑因素

在制定广告策略和方案时，公司必须解决其他两个问题。第一，公司如何管理它的广告职能——谁来履行哪一部分的广告任务？第二，公司将如何使得广告战略和方案适应于复杂的国际市场？

1. 广告的组织安排

不同的公司在广告的组织安排上有不同的方式。在小公司，广告可能由销售部门的人员来负责，而大公司设有广告部门，专门设定广告预算、与广告代理商的协调工作以及处理其他一些广告代理不负责的事情。大多数大公司通常聘请外面的广告代理，因为他们更有优势。

广告代理（advertising agency）是如何运作的呢？广告代理起源于 19 世纪的中后期，那时为媒体工作的销售人员或经纪人向公司推销广告空间，收取一定的佣金。随着时间的发展，销售人员开始帮助客户准备广告，最后，他们成为代理商，更靠近广告客户而非媒体。

今天的代理商是比公司员工更能很好地开展广告活动的专业人士，他们能从外部的角度来看待和解决公司的问题，还能带来很多来自不同行业和不同环境的经验。因此，今天即使公司内部有很强的广告部门，公司也会聘请广告代理商。

一些广告代理公司非常庞大——最大的美国广告代理公司天联全球（BBDO Worldwide）每年在美国的营业总收入超过 6.35 亿美元。最近几年，很多代理商通过兼并其他代理商发展起来，创造了庞大的代理公司。最大的代理商"超大集团"——WPP 集团，包含了几个大的广告、公关和促销代理公司，已经创造了几乎 136 亿美元的全球毛收入。大多数大型广告代理商拥有人员和资源为他们的顾客负责一次广告活动的所有阶段，从创造营销计划到开展广告活动以及准备、安放和评估广告。

2. 国际广告决策

国际广告客户面临着国内广告客户所未面对的复杂环境，最基本的问题在于全球的广告应该如何调整，来适应不同国家的市场特征。一些大的广告客户试图用全球高度标准化的广告来支持其全球品牌，在曼谷的广告和在巴尔的摩的广告一样。例如，在全球的 100 多个市场里，麦当劳都使用统一的创意元素和品牌呈现，统一的"我就喜欢"的主题；可口可乐将其旗舰品牌的广告统一在"开怀畅饮"的主题之下；而 VISA 将其借记卡和信用卡的全球广告在"VISA——更多人的选择"创意平台上协调一致，不论在韩国还是美国或巴西都一样。

近年来，在线社交网站和视频分享的风靡使得国际品牌采用标准化广告变得很必要。大多数大型的营销和广告活动都包含大范围的在线展示。通过网络消费者可以轻松地跨越国界，这让广告主很难控制性地、有序地开展根据本地情况调整过的营销活动。结果是，全球消费者产品品牌的网站起码在全球都协调一致。例如，无论是在德国、约旦还是中国的麦当劳网站上，你都会发现金色拱门的标识、"我就喜欢"的标识和广告文、"巨无霸"汉堡或类似的汉堡，甚至可能还会有小丑麦当劳大叔。

标准化有很多好处：广告成本低，更高的全球广告协调性，全球品牌形象的一致性。但它也有缺陷，更重要的是，它忽略了不同的国家市场在文化、人口统计、经济状况上差异非常大的事实。因此，国际化广告人应该"全球化思维，本地化行动"。他们制定全球广告战略，使得全球的广告努力更加有效和协调。然后他们调整广告方案，使之在本地市场上能更响应消费者的需求和期望。例如，尽管 VISA 在全球范围内使用其"VISA——更多人的选择"的主题，但是特定地区的广告会使用当地的语言、影像，使得主题与当地市场更相关。

全球的广告客户面临着几个特殊的问题。例如，广告媒体的成本和可获得性在国家与国家之间差异非常大，国家之间在广告管制政策上差异也很大。很多国家有广泛的法律体系来限制公司在广告上的支出、所用的媒体、广告诉求的性质和广告文案的其他方面。这些限制要求广告人要在国与国之间不断进行调整。

例如，在印度酒精产品不能做广告；在很多国家，如挪威和瑞典，垃圾食品不能针对孩子做广告。为了保险起见，麦当劳在瑞典的广告中宣称自己是一个家庭餐馆。对比性广告在美国和加拿大是可接受的，也很常见，但是在英国就很少见，在印度和巴西是违法的。中国禁止在未获得允许的情况下向消费者发送广告电子邮件，并且所有发送的广告电子邮件都必须以"广告"为标题。

因此，尽管广告客户要制定全球战略来指导他们的整体广告努力，但是特定的广告方案要进行调整，以符合本地文化、风俗、媒体特征和相关政策。

12.5 公共关系

作者评论

不久以前，公共关系由于其有限的营销推广使用而不受重视。然而，随着越来越多的商家认识到公关的品牌建设力量，这种情况正在迅速发生变化。

另一个主要的大众促销工具是**公共关系**（public relations），通过引起消费者的正面注意、树立良好的公司形象、处理或消除不利的传言、事件等，与公司利益相关者建立良好的关系。公共关系部门履行的职能如下：

- 与新闻界的关系：用最有价值的信息去吸引公众对一个人、产品或服务的注意。
- 产品的公共宣传：为特定的产品做公共宣传。
- 公共事件：建立和保持与本地社区和国家的关系。
- 游说：通过与立法者和政府官员建立和保持关系，从而影响立法和规定。
- 投资者关系：与财务方面的利益相关者和其他人保持良好的关系。
- 拓展：与捐赠者或者非营利组织的成员保持公共关系，从而获得财务或志愿者方面的支持。

公共关系可用于促销产品、人员、景点、创意、活动、组织甚至国家。公司通过公共关系与消费者、投资者、媒体和行业团体建立良好关系。纽约就利用其"我爱纽约"公关及广告活动扭转了城市形象，该活动植根于人们的心中，为纽约吸引了数百万的游客。贸易协会利用公共关系在衰退的商品品类中重新建立兴趣，如鸡蛋、苹果、牛奶和土豆。例如，牛奶行业流行的"有牛奶？"公关活动以牛奶"胡子"的名人为主角，扭转了牛奶销量长期下滑的局面。

到 1994 年的时候，牛奶销量已经持续下滑了 20 年。公众普遍认为牛奶不健康、过时、是小孩喝的，或者只有与饼干或蛋糕搭配时才好喝。为了转变这些观念，全美液体牛奶加工者教育项目（National Fluid Milk Processors Education Program，MilkPEP）启动了一个公关活动，活动以沾上牛奶"胡子"的名人为主角，每次都以"有牛奶吗？"

收尾。活动非常受欢迎，并且也十分成功——它不仅阻止了牛奶销量的下滑，牛奶销量甚至有所增长。这个活动现在还在继续。

12.5.1 公共关系的地位和影响力

公共关系能以较低的成本在公众知晓度上产生极大的影响力，这都是广告不可比拟的。公司无须为媒体宣传的空间和时间付费，只需给编辑以及传播信息和主管活动的员工报酬。如果公司有一个比较有趣的故事，好几个媒体会加以报道，这相当于价值数百万美元的广告，而且这种宣传比广告的可信度还要高。

公共关系的作用有时非常惊人，看看任天堂（Nintendo）的WII游戏机的发行吧。

2006年，曾经一度是视频游戏业霸主的任天堂落在了索尼和微软之后，仅是业内第三大公司。为了重返巅峰，任天堂的最新产品——神奇的WII——必须大受欢迎。WII内置的动作感应控制器让几乎任何人都觉得它好玩。因为这个特性，任天堂的目标群体不仅包括骨灰级玩家，还包括业余玩家、已经不玩游戏的人和从不玩游戏的人，这些人里有少女、妇女和老人。任天堂利用了WII天然的吸引力，设计了一场收获颇丰的公关活动，而不是投资数百元美元打广告。在新产品正式发布之前，任天堂举办了预发活动，让行业分析师和媒体先试玩WII。针对使用MySpace的消费者，公司的"怎样玩WII"主页好友数超过6000。任天堂同时展开了其"大使"项目，让游戏传到玩家、妈妈和几代人共同生活的大家庭，这些人通过博客或口头传播WII的信息。

公共关系的作用有时非常惊人。从上图的WII预发活动开始，任天堂WII的公关活动让该产品在超过两年的时间里不断脱销。

在正式发售日，数千名消费者出席了任天堂在纽约和洛杉矶午夜举办的发布会，到场媒体包括了AP、MTV和《早安美国》（*Good Morning America*）等。最终，WII公关项目在短短3个月内就获得了惊人的100亿观众印象，包括14次在*Today Show*节目亮相、一次在动画片《南方公园》（*South Park*）中。尽管早期调查显示仅有11%的消费者想要购买WII，WII最终引发了购买热潮。两年里商店WII持续脱销，其销售量是Xbox 360的两倍，新推出的索尼PS3的三倍。

尽管公共关系潜力很大，它仍然不被重视，因为它有限的资源被分散地使用。公关部门经常设在公司总部或者由第三方代理担任。公共关系部门的员工忙着处理与各种公众的关系，其中包括股东、员工、立法者和新闻界，以至于支持产品营销目的的公共关系方案却被忽略了。营销经理和公共关系的执行者的想法并不总是一样，很多公共关系的执行者把他们的工作仅仅当做沟通，相比之下，营销经理更感兴趣的是广告和公共关系如何影响品牌的建立、销售额和利润，以及客户关系。

然而情况正在发生改变，尽管公共关系仍然占大多数公司的整体营销预算的一小部分，公共关系在品牌建立方面起到越来越重要的作用。在今天的数字时代，公共关系与广告的界限越来越模糊。例如，品牌主页、博客、病毒式品牌短片到底是广告行为还是公关行为？两者皆是。重点是广告与公共关系应该在整合营销传播项目中紧密合作，以建立品牌和顾客关系。

12.5.2 主要的公共关系工具

公共关系有几种工具，其中一种主要工具是新闻。公共关系专业人士挖掘或创造关于公司的产品或员工的正面新闻，有时新闻是自然发生的，有时公关人员可以建议一些可以创造新闻的事件或活动。演讲也可以创造产品和公司的公共宣传性。在越来越多的情形下，公司的领导人必须即席回答媒体的问题，在贸易协会中或者在销售会议上发表演讲，这些事件既可塑造也可损害一个品牌。另一个常见的公共关系工具是特殊事件，从新闻会议、媒体专访行程、盛大的开幕式、烟火晚会、激光镭射秀到热气球升空、多媒体演讲、教育活动，这些事件设计用于触及和吸引观众。

公共关系人员还应该准备书面资料来达到和影响目标市场，这些资料包括年度报告、宣传册子、文章、公司的报纸和杂志。视听资料，比如电影、带声音的幻灯片、DVD、在线视频，都越来越普遍地被公司用作传播工具。公司形象识别资料可以创造出公众能够立即辨认的公司形象，如标志、文具、手册、招牌、企业模型、业务名片、建筑物、制服、公司的汽车或卡车，当这些成为有吸引力、差异化和可记忆的标志时，它们就是营销工具。最后，公司应该通过向公共服务活动捐赠现金或时间来赢得公众的好感。

正如在第 5 章所讨论的，很多营销者现在都在设计蜂鸣营销活动，创造对品牌有利的口碑。蜂鸣营销利用社交过程，让消费者自己向社区内的其他人传播有关产品和服务的信息，例如，强生消费者护理产品公司就在发布其 Aveeno Positively Ageless 产品线时运用了蜂鸣营销：

> 为了为其新产品线创造蜂鸣，强生消费者护理产品公司聘请了才华横溢的街头艺术家 Julian Beever——"街头毕加索"——让他在纽约中心的人行道上用粉笔创作一幅 3D 的"青春之泉"。尽管这幅画吸引了数千名行人的注意，Aveeno 在 YouTube 上发布了一段画家在创作这幅画时的 4 分钟视频（www. youtube. com/wathc？v = hfn8Dz_13Ms），将"青春之泉"成功转为线上活动。此外，公司还把这段视频转发到超过 50 个博客上，其中 21 个博客进一步宣传了 YouTube 上的视频。视频片头的"Aveeno 呈现"和结尾处对作品青春之泉的特写展现了 Aveeno，该段视频良好地嵌入了品牌宣传，但却并没有让人觉得这是商业广告。视频在视频网站上被不断转载，在博客圈产生了强烈的口碑效应。仅仅两周，视频在 YouTube 上的观看次数就达到了 65 000 次，一个月内增长至 121 346 次。到 2008 年 6 月，该视频被观看了大约 150 万次。

公司网站也是公共关系的一个主要工具。消费者和其他团体的成员经常会使用网站寻找信息或娱乐。此类的网站可能会极其受欢迎。看看巴拉克·奥巴马总统的互动社区型竞选网站 my. barackobama. com 的例子吧。奥巴马的竞选委员会想要以新的方式传播信息，因此推出了该网站。当竞选成功结束的时候，网站的注册用户超过 200 万，策划了 20 万次线下活动，组成了 35 000 个小组，开通了 40 万个博客，通过 7 万个个人筹款页面募集了 3000 万美元。

网站也非常适合处理危机。例如，当一些在西海岸地区销售的 Odwalla 苹果汁瓶子被发现含有大肠杆菌时，Odwalla 开始了大规模的产品召回。Odwalla 在 3 小时里就开通了新网站说明这次危机的有关情况以及 Odwalla 的对策。公司员工在网上搜寻讨论 Odwalla 的新闻专区，并将链接发布在网站上。总之，在这个时代，"通过电子邮件、博客、在线聊天能很容易地传播信息，"一位分析师说道，"公共关系正在成为在数字世界里经营公司的重要部分。"

至于其他促销工具，在考虑什么时候、如何运用产品公共关系时，管理层应该设置公共关系目标、选择公共关系信息和载体、执行公共关系计划并评估结果。公司的公关活动应该在整体的整合营销传播中与其他促销活动实现无缝融合。

概念回顾

在本章你学习了公司如何使用整合营销传播（IMC）来传播客户价值。现代营销不仅要求创造客户价值（研发出好的产品，给它定一个具有吸引力的价格，并使目标顾客能够买得到），公司还必须清晰、令人信服地向现在和潜在顾客传播此价值。为了传播价值，公司必须融合 5 种促销组合工具，遵循一个设计良好、有效执行的整合营销传播战略。

1. 定义传播客户价值的五种促销工具。一家公司的促销组合（promotion mix），也称营销传播组合（marketing communication mix），由广告、销售促进、公共关系、人员销售以及直销等工具组成。公司使用这些工具来有效传播其客户价值并建立客户关系。广告是由特定的赞助商付款，对理念、商品和服务进行非人员的展示和促销，而公共关系关注与公司各方公众者建立良好的关系。人员销售指由公司的销售人员做产品展示，以达到销售或建立客户关系的目的。公司通过销售促进提供短期激励，以刺激产品或服务的销售。最后，为了寻求目标顾客的直接回应，公司会使用直销工具与顾客沟通，培养客户关系。

2. 讨论变化的营销沟通环境以及整合营销传播的需求。传播技术的爆炸性发展、营销者与顾客传播战略的改变对营销传播产生了巨大影响。广告主现在可以使用很多更专业、更具针对性的媒体——包括数字媒体、更个人化、互动的信息触及小的细分顾客群体。随着他们选择更丰富但更分化的媒体和促销组合以触及分化的市场，他们可能冒险为消费者创造了一个传播大杂烩。为了防止这种情况，更多的公司开始采用整合营销传播（IMC）概念。依据整体的整合营销传播战略，公司明确不同促销工具的任务，以及它们被多大程度地使用。公司谨慎地协调促销活动以及主要活动的发生时间。

3. 说明制定广告方案涉及的主要决策。 广告——卖家运用付费媒体来告知、说服和提醒消费者其产品或组织的信息——是非常强大的促销工具，有诸多形式和用途。广告决策包括对广告目标、预算、信息、媒体的决策和对结果的评估。广告主应该设置明确的目标——是告知、说服还是提醒消费者。广告预算可以是基于量入为出法、销售收入、竞争者的广告预算或者基于广告方案的目标和任务。信息决策要求规划一个信息战略，并且高效地执行战略。媒体决策包括确定触及面、频率和影响力、选择主要的媒体类型、选择特定的媒介载体和

确定媒体时间安排。信息和媒体决策必须协调发展，达到最大的广告效应。最后，结果评估要求评价广告前、广告中和广告后的传播和销售效果以及衡量广告投资回报率。

4. 说明公司是如何利用公共关系与公众进行沟通的。 公共关系（PR）指与公司各方公众建立良好关系。它的职能包括与新闻代理、产品的公共宣传、公共事件、游说、投资者关系和拓展。公共关系能以较低的成本在公众知晓度上产生极大的影响力，这是广告不可比拟的，并且公共关系的作用有时非常惊人。但是，尽管公共关系潜力很大，它的使用仍然很有限。公共关系工具包括新闻、演讲、特殊事件、蜂鸣营销、书面资料、视听资料、公司形象识别资料和公共服务活动。公司网站也可能是公共关系的一个重要工具。在考虑什么时候、如何运用产品公共关系时，管理层应该设置公共关系目标、选择公共关系信息和载体、执行公共关系计划并评估结果。公司的公关活动应该在整体的整合营销传播中与其他促销活动实现无缝融合。

问题讨论

1. 举出并定义传播客户价值的五种促销组合工具。
2. 讨论变化的传播环境以及对整合营销传播的需求。
3. 对照拉动式与推动式促销战略。在这两种战略里，哪个促销工具最有效？
4. 营销者如何衡量广告效果？
5. 区分媒介类型与媒介载体。
6. 描述组织里公共关系的作用以及履行该作用的工具。

问题应用

1. 选择两个印刷广告（如杂志广告），根据广告诉求点应该具备的特征来评价每一个广告所使用的诉求。
2. 品牌现在成了电影、电视、视频游戏和书籍中的明星。选择三个不同的电视节目，识别出在节目该集中展现或提到的品牌。哪种产品与节目更相关？品牌是

如何呈现的？根据你所发现的信息撰写一份报告。
3. 在小组内讨论主要的公共关系工具，并为下列每项都制定三种公关工具：（a）慈善团体，（b）高中，（c）医院，（d）银行，（e）健康俱乐部。

营销技术

有谁比你自己的顾客更适合创造你的广告呢！多力多滋凭借一条由业余人员制作的广告，在2009年超级碗期间大获全胜。Joe和Dave Herbert的广告中，"水晶球"（雪花玻璃球）砸碎自动贩卖机，让办公室里每个人都能得到免费多力多滋的预言成真。该广告获得了USA Today的Ad Meter评选第一名。Ad Meter在超级碗期间会发布消费者对广告的实时反应。用户原创广告并不是全新的，但现在它们却正在转变麦迪逊大道——美国广告业的麦加圣地——上专业人员的喜好。多力多滋正在提升下一次超级碗广告的赌注——多力多滋将挑选三条

广告在比赛期间播出。多力多滋想要统领Ad Meter排名，因此它对第一名给出100万美元的奖金，第二名60万美元，第三名40万美元。为了启动此次促销，多力多滋分发了免费的样片，甚至将麦迪逊大道在当天改名为多力多滋快车道。消费者将他们的视频作品上传至www.crashthesuperbowl.com，6位最终选手将在网上接受消费者投票，三位最终胜出选手的广告就会在超级碗大赛期间播出。

1. 在这次营销中多力多滋运用了哪些促销组合工具？技术怎样使得活动更容易？

2. 在互联网上寻找其他广告创意大赛和消费者原创广告 的例子。

营销道德

想想一个年轻的家庭正在驶向迪士尼世界（Disney World）。一路上，路旁的米奇、唐老鸭、青蛙 Kermit 等迪士尼卡通人物的广告牌不断映入孩子眼帘。灰姑娘、Ariel 等公主都非常美丽。接着孩子会看到同样美丽的其他女性的广告牌——只是她们衣着暴露、姿势撩人。这些是脱衣舞俱乐部、成人书店等色情行业的广告。车里一位吓坏的妈妈认为，"应该立法禁止这类广告牌"，她是两个小孩的母亲。事实上，很多州都禁止了此类广告牌。但是在密苏里、南卡罗来纳、塔萨斯，这些法律被联邦法院所推翻。财政紧张的州无法负担诉讼之战，并且由于第一修正案的庇护，胜诉可能性也微乎其微。政

府之所以败诉是因为它们必须证明它们的法律是为了防止"二级效应"，而"二级效应"可能包括了资产减值以及犯罪率上升。因此，最近密歇根通过的法律不是为了禁止广告，而是试图限制广告的内容，广告中仅可以包括公司的名称、地点和营业时间。

1. 这类的广告是否应该和个人一样获得宪法第一修正案的庇护？
2. 性是一个卖点，大量和性并不相关的商品或服务的广告都会利用性。为什么立法者对于广告牌上过于暴露的广告更为担忧，而不太担忧其他媒体中的此类广告？

营销挑战

尽管经济下滑——或正是由于经济下滑——麦当劳最近在与竞争对手的竞争中频频得胜，不论是在同店销售额增长率方面还是在感知价值方面。事实上，实惠菜单已是这位快餐巨头的专属。但令人意想不到的是，麦当劳最近盈利增长却不是因为其低价的产品，而是由于其高价、高利润的产品。在经济下滑的整个时期里，麦当劳的广告战略一直集中在其传统的全价特色产品上。这个月推广巨无霸汉堡，下个月推广麦乐鸡块，再下个月换成 Quarter Pounder 汉堡。麦当劳并未放弃其一美元菜单。相反，它对旗舰特色产品增加了推广力度。这都

是为了赢得那些以前去高档餐厅就餐的客人。麦当劳还认为人们会觉得以前喜欢的食物可以给自己带来心灵的慰藉。这个促销战略卓有成效。即使低价单品带来的收入从13%下降到了10%，麦当劳总收入仍然增加。这个战略是去吸引新的顾客，同时也激励实惠菜单的现有顾客消费更高价的产品。这些促销中都有麦当劳的管理人员和特许经销商唱着"我就喜欢"。

1. 上述麦当劳最近的促销活动，其广告目标是什么？
2. 在萧条时期传播价值时，麦当劳广告战略中的哪些因素导致了它的成功？

营销算术

《AARP 杂志》与《读者文摘》是现在发行量最高的两本杂志。他们所吸引的读者相似。尽管 50 岁以上的消费者也像年轻消费者一样会上网，但是他们更喜欢印刷媒体，因此带着广告接触到老年顾客对这两本杂志来说非常重要。广告主用每千人成本（CPM）来比较不同媒体的有效性。CPM 计算方法如下：将广告成本乘以1000 再除以潜在读者的数量。例如，一家杂志的 CPM 可以计算如下：CPM ＝（ad cost ×1 000）/发行量。

1. 使用《AARP 杂志》和《读者文摘》的订阅信息（见

http：//www. aarpmedia. org/atm-rates. html， http：//www. rdglobaladvertising. com/rates/rates. shtml？ united _states_english），计算每本杂志上全页 4 色广告的每千人成本。对广告主来说哪本杂志性价比更高？

2. 假设一个糖尿病测试监控器生产商想在《AARP 杂志》上做广告。参考附录 B，计算该生厂商的销售额必须增加多少才能够抵消在《AARP 杂志》上 10 个全页 4 色广告的成本。假设公司利润率为40%，广告主应该购买这个广告空间吗？

第13章 人员销售和销售促进

概念预览

在前面一章中，你已经学习了如何通过整合营销传播（IMC）传播客户价值，以及两种促销组合工具——广告和公共关系。在本章，我们将学习整合营销传播的另外两种工具——人员销售与销售促进。人员销售是营销传播中的人性化武器，即销售人员与顾客和潜在顾客接触，以此来促进销售和建立关系。销售促进包括鼓励消费者购买产品或服务的短期刺激工具。请记住，尽管本章将人员销售和销售促进分别作为两种单独的工具来介绍，它们其实应该与营销传播组合的其他工具有机结合起来使用。

学习目标

1. 讨论公司的销售人员在创造客户价值与建立客户关系中的作用
2. 识别并解释销售队伍管理的 6 个主要步骤
3. 讨论人员销售的过程，区分交易导向的营销和关系营销
4. 解释销售促进活动是怎样制定并加以实施的

当你想起销售人员时，也许你想到的是热心过头的零售店员、"叫喊售卖"的电视推销员，或者是典型的二手车推销商的形象。但是，这些你脑海中的固有形象与今天绝大多数的销售人员并不一致——专业销售人员经受过良好训练、接受过高等教育，他们通过倾听消费者的需求、为消费者提供解决方案走向成功，而不是利用消费者。对于大多数公司来说，人员销售在同高价值顾客建立关系的过程中扮演了重要角色。思考 CDW 公司的例子，在竞争对手摇摇欲坠之时，CDW 聚焦于顾客的销售策略让它成长迅速。

第一站

CDW 公司：聚焦于顾客的销售

CDW 公司，多品牌技术产品和服务的领先供应商，正在迅速成长。创始人迈克尔·克拉尼斯（Michael Krasny）在他的厨房创建该公司之后的仅仅 25 年里，CDW 已经成为一家价值 80 亿美元的高科技公司，在其所处的极度不稳定、竞争激烈的行业中占据重要地位。CDW 的成功源于其良好的传统人员销售，此方式与顾客高度接触，能够建立起长期的一对一客户关系。该战略由 CDW 帮助顾客解决问题的真挚热情驱动。在 CDW 的"服务圈"哲学之下，"一切皆以顾客为中心。"

CDW 销售产品复杂而种类繁多，包括超过 100 000 种的技术产品及高科技服务——电脑、软件、配件以及网络产品。CDW 的很多竞争者仅追逐相对少数的大型客户。尽管 CDW 为所有规模的顾客都提供服务，公司的核心顾客群体之一却是中小型企业（SMB）。这些小型的顾客经常需要大量的建议和相关支持。CDW 的一位管理人员表示："我们的顾客之中很多都没有 IT 部门，所以他们向我们寻求专业帮助。"

CDW 的销售队伍就在此时介入。CDW 的销售队伍拥有超过 2500 名客户经理，建立和管理客户关系的主要责任就落在他们肩上。每位顾客都会被分配一位客户经理，客户经理帮助顾客选择合适的产品及技术，让产品顺利运行。一则 CDW 的广告指出："服务器机房可能是寒冷、孤单之地。我们完全可以让您不再孤单。在CDW，我们会为您提供您专属的客户经理，了解您的公司以及您面临的 IT 挑战。"

客户经理协调 CDW 的专家小组，帮助顾客选择最佳的产品、服务、支持组合。但他们所做的不仅仅是销售技术产品和服务。他们与顾客密切合作，以解决顾客的技术问题。"这对我们来说非常重要，"一位 CDW 销售管

理人员表示，"我们期望不仅仅止步于完成订单、成为他们信赖的顾问。我们（想要）探讨……顾客真正想达到什么，真正提供销售增值，而不是仅仅邮寄出一箱产品。"

为了成为受顾客信任的顾问、有效的顾客关系建立者，CDW 的客户经理必须对专业知识非常了解。CDW 以拥有一些业内知识最为渊博的销售人员而自豪。在播出第一通销售电话之前，新任客户经理要完成 6 周的入职介绍培训，接下来是为期 6 个月的公司产品和咨询销售艺术培训项目。但这也仅仅是开始而已——培训永远不会结束。每年 CDW 的销售队伍专门针对销售的培训时间达到惊人的 339 000 小时。CDW 的 CEO 兼董事会主席、联合航空（United Airlines）的前任主管约翰·爱德华生（John Edwardson）经常指出 CDW 的销售代表接受的训练比一些飞行员还多。

不想通过客户经理的顾客可以轻松地通过 CDW 的众多网站获得他们需要的产品和专业服务。更好的是，CDW 会创建一个免费的个性化 CDW@work 外部网站，反映特定顾客的定价、订单状态、账户历史和特殊要求。这个外部网站作为顾客客户经理的补充，提供 24 小时服务。但即使是网站，无处不在的客户经理也会加入个性化指导。客户经理会立即收到他们的顾客线上活动的通知。因此，如果一个中小企业经理在半夜下紧急订单的时候因为没看清楚而犯了错，客户经理则很有可能会在早上发现并更正这个错误。

说到这，可能在你脑海中的景象是 CDW 的客户经理身着正装，面对面的在现场拜访顾客。他们怎么可能通过其他方式发展出如此亲密的顾问关系？但 CDW 销售人员最惊人的地方就在于此，这一切都是通过电话进行的。没错，他们是"电话营销者"。但是，尽管缺乏

面对面的交流时间，CDW 的客户经理却与顾客建立了非常紧密的联系。看看 CDW 客户经理 Ron Kelly 的例子吧：

如果你是 CDW 客户经理 Ron Kelly 的熟客的话，你可能知道他今年 53 岁，妻子叫 Michelle，有一个九岁的儿子 Andrew，养了一只德国牧羊犬叫 Bones。你也可能知道他毕业于 SIU（南伊利诺伊大学），主修新闻与政治科学专业。他本来要去西北大学法学院继续深造，但最后却来到了 CDW 工作。他为芝加哥黑鹰队呐喊助威。你还知道他对你即使不是特别了解，但也足够了解。Kelly 这位和蔼可亲的客户经理，是基于关系销售的大师，基于关系的销售也是 CDW 的特长所在。顾客很喜欢这种销售艺术。Heartland Computers（该公司销售条形码扫描仪）的运营总监 Todd Greenwald 说："他是我的销售代表，也是我的朋友。大部分时间我们都不谈价钱。我信任 Ron。"

最令人印象深刻的还是在大多数情况下，与顾客的互动都是通过电话和网络进行的。但是这与人们提起"电话营销"所联想到的缺乏人情味的关系大不相同。例如，一位顾客就邀请了他在 CDW 的客户经理参加了他的婚礼；Kelly 和 Greenwald 分享黑鹰队的赛季票。即

使顾客经历工作变迁、预算缩减、婚姻，他与 CDW 销售的代表的关系仍然持续，这很常见。当然，这种关系并不仅仅是由于销售代表令人喜爱，它建立在帮助顾客获得成功之上。客户经理从顾客的角度思考，预见可能发生的问题。例如，在暴风夏日袭击佛罗里达州之前，一些客户经理就致电或以电子邮件的方式通知那里的顾客，为他们提供电池和后备储电解决方案。CDW 的一位管理人员表示，"我们希望问'你为什么买（该产品）'，而不是仅仅发送过去一张订购单。通过这种方式，你才能识别顾客需求。"就是这样，在 CDW 的顾客看来，他们的客户经理远非电话营销的兜售人员。当一位顾客被问到是否觉得她在 CDW 的销售代表是销售人员，她答道："从来不会这么觉得，他是我的事业伙伴。"

CDW 的销售队伍向那些历来对价格非常敏感的中小企业顾客逐渐灌输忠诚的理念。公司希望在每个顾客接触点都获得顾客满意。一位前任 CDW 营销主管说："我们的价格拥有竞争优势，但最重要的还是服务以及顾客与他们的客户经理之间的关系。我们就是这样打动顾客，为我们带来最为长久的成功。"

在本章，我们将探讨另外两个促销组合工具——人员销售和销售促进。人员销售指销售人员与顾客和潜在顾客进行互动，从而达成销售并维持顾客关系。销售促进指运用短期刺激以激励顾客购买、转销商的支持以及销售队伍的努力。

13.1 人员销售

作者评论
人员销售是营销传播中的人性化武器。公司的销售人员通过与顾客的人际互动创造和传递客户价值。

罗伯特·路易斯·斯蒂芬森（Robert Louis Stevenson）曾经说过："每个人都要靠卖些什么东西而活着。"全世界的公司都使用销售团队将产品和服务销售给企业顾客或者最终消费者。但是销售团队也存在于一些其他类型的组织中。比如，高校通过招募人员来吸引新的学生，教堂通过成员协会来吸收新成员。博物馆和艺术组织通过募集人员来联络募捐者并取得捐赠。即使是政府，也需要用到销售团队。比如，美国邮政局（The U. S. Postal Service）利用销售队伍向企业顾客销售特快专递等服务。在本章的第一小节，我们将探讨人员销售在组织中的角色、销售人员管理决策和人员销售的管理过程。

13.1.1 人员销售的性质

人员销售（personal selling）是世界上最古老的职业之一。从事销售职业的人员有很多的名字：销售人员、销售代表、地区经理、客户经理、销售顾问、销售工程师、代理人和客户开发人员等，这还仅仅是其中的一小部分。

人们对于销售人员都有很多刻板的印象，其中还包括一些负面的。"销售员"可能会让你脑海中浮现出阿瑟·米勒笔下《推销员之死》中可怜的威利·洛曼，或者电视剧《办公室》里那个固执己见的 Dunder Mifflin 纸业销售员 Dwight Schrute，他既没有常识又缺乏社交技巧。还有那些在现实生活中"叫喊兜售"的"广告员"，他们在电视商业信息片中兜售各种商品，从清洁剂、吸水布到削笔刀，包罗万象。但是，绝大多数销售人员都与这些不幸的刻板形象相去甚远。

大多数销售人员都是受过良好的教育和培训的专业人士，为顾客提供价值增值并维持与顾客的长期关系。他们倾听客户的声音，评估顾客的需要，并且通过公司的力量来解决顾客的问题。

一些关于优秀的销售人员所应该具备的素质的假设是完全错误的。这些假设认为一流的销售人员应该具备强势、有进取心、外向的性格，他们一走进某个房间就立刻成为这个房间的焦点。但最好的销售人员往往非常擅长一对一接触。他们能够创造忠诚顾客是因为顾客信任他们并愿意与其一起工作。关键是将顾客的利益置于首位——这与很多人对销售人员的看法正好相反。最为成功的销售人员成功的理由很简单：他们知道如何去建立客户关系。你可以有很强势的性格，并说服人们去做你想让他们做的事，但这并不是销售，这是操纵，只会在短期有用。优秀的销售人员可以不利用顾客就读懂他们的情绪，因为优秀销售人员的底线是他们希望带给顾客最好的产品或服务。

看看波音公司的例子，在竞争混乱激烈的全球商业飞机市场中，这个航空业的巨人出售昂贵飞机付出的努力远比欺人之谈和温和笑容更多。一单大宗销售交易额往往达到数十亿美元。波音的销售人员牵头组建了一个由公司专业人士组成的全面职能小组，包括销售和服务技术员、金融分析师、计划部门人员和工程师，所有有助于找到能够满足顾客需求的方法的人。销售推进的过程也是极其缓慢——从第一次销售推介到宣布销售达成的那天往往会耗时 2 ~ 3 年。拿到订单以后，销售团队必须同客户保持频繁接触，以确保顾客时刻满意。成功来源于同顾客建立牢固的、长期的关系，而这一关系基于波音公司飞机的性能和顾客对公司的信任。

专业人员销售——一单大宗销售交易额往往达到数十亿美元，销售高科技含量的飞机所付出的努力远比欺人之谈和温和笑容更多。成功来源于同顾客建立的牢固的、长期的关系。

销售人员（salesperson）一词涵盖了非常广泛的职位。在一个极端，销售人员可能是**一个接单员**（order taker），例如那些百货公司站在柜台后面的售货员。在另一个极端，则可能是一个**交易创造者**（order getter），他的职位要求他创造性地对产品和服务进行销售，包括家用电器、工业设备、飞机、保险和信息技术服务等。在这里，我们更加关注有创造性的销售的含义，并关注组建和管理高效率销售团队的过程。

13.1.2 销售队伍的角色

人员销售是促销组合中的一种人际方式。广告包含同目标客户之间非人员的沟通交流。相反，人员销售则在销售人员和个人顾客之间建立了双向的人际交流和沟通——无论是面对面、通过电话、电子邮件、影音或者网络会议，或者其他方式。人员销售在面对更为复杂的销售情况时往往比广告更为有效。销售人员通过对客户进行调查，更好地了解客户的问题，适时调整营销方案以配合每个客户不同的需要。

人员销售的角色因公司而异。一些公司根本没有销售人员——比如那些仅仅通过在线或者邮寄产品目录或者通过制造商代表、销售代理或经纪人进行销售的公司。然而在大多数公司，销售人员都起着非常重要的作用。在像 IBM、杜邦、波音这样为企业提供产品和服务的公司，其销售人员就经常直接同客户一起工作。至于像宝洁、耐克这样的消费品公司，其销售人员在幕后依然起着非常重要的作用。他们同公司的批发商和零售商一起工作，获得对方的支持并帮助其更有效地销售公司的产品。

1. 联接公司与顾客

销售人员是公司同其客户之间的重要联结。对很多顾客来说，销售人员就是公司。许多情况下，公司的销售人员同时为两个老板服务——买主和卖主。首先，对于客户他们是公司的代表。他们寻找并开发新的客户，与他们就公司的产品和服务进行信息的沟通。他们不断接触客户、推介产品、咨询答疑、就价格和产品进行谈判并完成销售。此外，销售人员还为客户提供服务并进行市场调研和情报收集工作。

与此同时，销售人员对于公司来说又代表着客户。在公司内部维护消费者的利益并管理买卖双方的关系。销售人员接到顾客的想法并将这些想法反馈给公司内部可以处理这些问题的人。他们了解客户的需求并同公司内部各个部门的同事一起工作,以开发更大的客户价值。

事实上,对很多顾客来说,销售人员就是公司——是他们所能看到、接触到的公司的唯一展现。因此,顾客对销售人员变得忠诚的同时,也就对他们代表的公司和产品变得忠诚。这种"销售人员享有的忠诚"的概念甚至比销售人员建立顾客关系的能力更为重要。与销售人员之间牢固的关系将带来与公司及其产品之间同样牢固的关系。相反,与销售人员之间关系不佳,可能也会导致顾客与公司及其产品之间的关系不佳。

考虑到销售人员联接公司与其顾客的作用,销售人员必须时刻关注顾客解决方案。事实上,并非只有销售人员必须聚焦在顾客解决方案上,整个组织亦应如此。施乐(Xerox)成功的前任CEO、现任董事会主席安妮·马尔卡西表示,聚焦于为顾客服务"必须成为你宇宙的中心,你运作公司的核心",她的职业生涯就是从销售开始的。

营 销 实 践 | 13-1

销售队伍的角色:顾客第一

当有人说起"销售人员",你脑海中会出现什么形象?也许你想到的是虚情假意地欢迎你的销售员这样的典型形象。他们向顾客兜售顾客实际上并不需要的东西以谋利。再想想吧。今天在大多数公司中,销售人员在建立可盈利的顾客关系中都扮演了重要角色。最终,这些顾客关系都会对公司整体成功做出巨大贡献。

问问施乐公司刚刚退休的CEO、现任董事会主席安妮·马尔卡西就知道了,我们在第3章中谈论过马尔卡西。她是施乐的前任CEO,在2001年年初接受这家濒临倒闭的复印机公司,并将其打造成了一个成功的现代数码科技和服务企业。作为施乐变革的领导者,马尔卡西得到了分析师、投资者和其他人的大量赞扬。2007年《财富》杂志评选其为商界第二最有权力的女性,《福布斯》杂志评选她为世界第13名最有权力的女性。2008年,她被同行评选为《首席执行官》杂志的首位女性年度首席执行官。

但是马尔卡西成功的根源却是她在销售中学到的经验和磨砺出的技巧。英语与新闻学士学位让她在1976年加入了施乐公司,作为波士顿地区的销售代表开始了其职业生涯。从那里,她在销售的职业道路上不断攀升,并在20世纪90年代晚期成为了施乐的全球销售副总裁。接着,在第一次在新英格兰敲响顾客家门的25年之后,她成为了施乐的CEO。

作为CEO,马尔卡西带着销售和营销的心态,并将这种心态渗入整个施乐的组织之中。和你在第3章中读到的施乐重新崛起的故事中一样,该公司的改革始于对解决顾客问题的新的聚焦。马尔卡西相信理解顾客与理解技术一样重要。"做了这么多年的销售,……我知道必须时刻把顾客放在第一位。"但是回过头看,马尔卡西回想到,施乐一度与其市场疏远。为了改善施乐的这种局面,公司需要聚焦顾客。"在危机之中,这是最重要的。"

马尔卡西说:"销售帮助你明白到底是什么在驱动公司,以及顾客是公司至关重要的一部分。这在公司任何职能中都很重要,但在销售中你能学的(最好)。在销售中,这极为关键,就像皇冠上的宝石。"为了贯彻顾客第一的销售哲学,马尔卡西出任CEO之后的举动之一就是亲自上阵拜访顾客。从那时起,她就一直与顾客保持着直接联系——现在她每天也会花费一些时间回复顾客的电子邮件。

马尔卡西明白将顾客置于首位不仅仅是销售人员的责任——而是公司的每一位员工都应该关注的。为了在公司各层贯彻这个理念,她迅速在施乐提出了轮流的今日顾客主管项目,该项目要求高层管理人员答复转接到公司总部的顾客电话。作为今日顾客主管,管理人员有三个责任:聆听顾客需求,解决顾客问题,负责解决引发问题的潜在原因。这听起来和销售很像。

如果你还认为销售人员是语速很快、一直微笑的兜售小贩,把自己的商品硬卖给不情愿的顾客,那你可能是在跟一个过时的老古董一起工作。优秀的销售人员的成功不是由于欺骗顾客,而是帮助顾客——通过评估顾客需求和解决顾客问题。在施乐销售人员是接受过良好训练的专业人士,他们倾听顾客的声音,为顾客做对的事而赢得生意。事实上,不仅仅是销售人员抱持这样的想法——整个组织都是这样。据马尔卡西所说,聚焦于为顾客服务"必须成为你宇宙的中心,你运作公司的核心"。

资料来源:Henry Canaday, "Sales Rep to CEO: Anne Mulcahy and the Xerox Revolution," Selling Power, November/December 2008, pp. 53-57; "2008 Chief Executive of the Year," Chief Executive, September/October 2008, p. 68; Andrea Deckert, "Mulcahy Describes the Keys to Xerox Turnaround," November 2, 2007, p. 3; "Women CEOs, Xerox," Financial Times, December 31, 2008, p. 10; and "Anne Mulcahy to Retire as Xerox CEO," Wireless News, May 27, 2009.

2. 协调营销与销售

　　理想情况下，销售队伍与公司其他营销部门应当紧密合作，共同为顾客和公司创造价值。但不幸的是，一些公司仍将"营销"和"销售"作为两个不同的职能看待。在这种情况下，独立的营销和销售部门经常不能很好地协作。如果出了差错，营销人员（营销策划人员、品牌经理、研究人员）就会责怪销售队伍执行力太差，糟蹋了一个原本卓越的战略。接着销售队伍会责怪营销部门根本就不知道顾客想要的是什么。营销人员有时觉得销售人员"只是跑腿"，而销售人员有时觉得营销人员"纸上谈兵"。双方都不承认对方工作的价值。如果不加以处理的话，营销与销售之间的矛盾可能会损害客户关系和公司表现。

　　公司可以采取很多措施帮助营销和销售部门融洽工作。最起码公司可以通过安排两个部门的共同会议、明确指出两个部门之间何时沟通、和谁沟通，以此增进它们之间的沟通。公司可以指派需要两个部门共同完成的任务。

　　创造让营销人员和销售人员能够一起工作的机会非常重要。这会让双方熟悉彼此思维和行动的方式。让营销人员，尤其是品牌经理和研究人员，不时跟随销售人员去拜访客户是非常有益的。营销人员也应该参加重要的客户规划会议。同样，销售人员应该参与制定营销计划。他们应该参加产品规划评论会，并分享他们对消费者购买习惯的深刻理解。他们应该预览广告和销售促销活动。营销人员与销售人员应该共同创作一本如何在每个细分市场与前十大客户拓展业务的指南。他们也应该共同策划事件和会议。

　　公司同样可以为销售人员和营销人员制定共同的目标和奖励机制，或者任命营销-销售联络员——营销部门的员工，与"销售队伍一起工作"并帮助协调营销和销售队伍计划及努力。最后，公司可以任命一位首席收益官（或首席顾客官）——负责营销和销售两个部门的高级营销主管。此类主管可以帮助营销与销售部门在为顾客创造价值的共同目标下融合，最终为公司获得价值。

> **作者评论**
>
> 　　还有对于销售队伍管理的另一种定义："策划、组织、引导和控制旨在达成盈利的客户关系的人员接触计划。"再次强调，每个营销活动的目标都是为了创造客户价值和建立客户关系。

13.2　管理销售队伍

　　我们将**销售队伍管理**（sales force management）定义为，对销售人员活动进行分析、计划、实施和控制的过程。它包括设计销售队伍的战略和结构、对公司的销售人员进行招聘、筛选、培训、付酬、督导和评估。主要的销售队伍管理决策已经被列在图 13-1 中，我们会在接下来的部分中逐一讨论。

图 13-1　销售队伍管理的主要步骤

13.2.1　设计销售队伍的战略和结构

　　营销经理通常面对以下几个有关销售队伍的战略和设计的问题。怎样组织销售人员的任务及其队伍结构？销售队伍的规模应该有多大？销售人员应该单独活动还是同公司的其他人员一起组成团队来工作？他们应该实地营销还是通过电话或网络销售？接下来我们解决这些问题。

1. 销售队伍的结构

　　一个公司可以按照产品线种类将销售队伍的职责进行划分。如果公司在不同的区域对同一个行业的不同客户销售一种产品，那么决策就很简单。公司只需要采用区域式销售队伍结构。然而，如果公司对不同类型的客户销售多种产品，那么它可能需要产品式的销售队伍结构或者客户式的销售队伍结构，或者选择两者的结合。

　　（1）区域式销售队伍结构。在**区域式销售队伍结构**（territorial sales force structure）下，每个销售人员都被指派到一个特定的地理区域并向这个区域内的所有客户销售公司的所有种类的产品和服务。公司明确定义了每个销售人员的工作和固定的职责。这样的安排同时也激发了销售人员同本地的客户建立长期的商业关系并提升销售绩效的热情。最后，由于每个销售人员只在自己的区域里活动，差旅费用相对较低。

一个按照区域式结构划分的销售队伍组织经常会设置许多级别的销售经理的职位。例如，百得（Black & Decker）公司就是按照地域来组织销售的。每个销售人员都负责在指定区域销售公司所有品种的产品——包括手工工具和草坪、园艺设备。从公司的最底层开始，先是初级地区销售代表，他们向地区经理报告。地区销售代表负责较小的区域，如北卡罗来纳东部。而地区经理负责更大的区域，例如卡罗来纳和弗吉尼亚。地区经理向大区经理报告，大区经理负责像东南部或西海岸这样的大区，而他要向销售总监报告。

（2）产品式销售队伍结构。销售人员必须了解他们的产品，尤其是当种类繁多而且复杂时。这样的要求同日益发展的产品管理一起，促使许多公司采取一种**产品式销售队伍结构**（product sales force structure），将销售人员按照产品线进行分配。例如，通用电气（GE）为其主营业务下不同的产品和服务使用不同的销售人员。例如，在 GE 的基础架构里，公司针对航空、能源、交通和水处理产品安排有不同的销售队伍。在 GE 医疗集团（GE Healthcare）里，诊断成像、生命科学、集成 IT 解决方案产品和服务都有不同的销售队伍负责。总之，像 GE 这样规模庞大且复杂的公司可能拥有数十个不同的销售队伍为其丰富的服务、产品线服务。

然而，当一个大客户购买许多品种的产品时，产品式结构可能会导致一些问题。例如，在某段时间很有可能 GE 医疗集团不同的销售人员都在拜访该集团的同一个大客户。这意味着这些销售人员的旅游路线相同、等待拜访同一个顾客的购买代理。在这些额外成本和更好地了解产品并关注每种产品之间，公司必须仔细权衡。

（3）客户式销售队伍结构。越来越多的公司现在采用**客户式销售队伍结构**（customer sales force structure），将销售人员按照客户或者行业进行划分。对于不同行业客户、现有客户和潜在客户、大客户和普通客户等，公司都会组建独立的销售队伍。很多公司甚至组建特殊的销售队伍专门处理单个大客户的需求。例如，在其区域结构之上，百得还拥有一个专门负责家得宝销售的组织和一个专门负责劳氏销售的部门。

依照客户来划分销售人员队伍可以帮助公司更好地做到以客户为中心，并同重要的客户之间建立起紧密的关系。例如，医疗设备（例如医院病床、担架和护士通信系统等）的主要供应商屹龙公司（Hill-Rom）最近就将其产品式的销售队伍结构改造成了客户式的销售队伍结构。

屹龙公司将其销售队伍基于顾客分为两类：一类销售队伍专注于"核心"顾客——购买高端设备并要求销售队伍深度合作的大型客户；另一类销售队伍专注于"优质"顾客——相对较小的客户，通常更希望能以最高的性价比得到所需要的产品和功能。分配不同的销售队伍有利于屹龙去更好地理解不同类型顾客的需求，这也使得公司可以跟踪销售队伍对每类顾客群体投入了多大精力。

例如，在改造销售队伍结构之前，屹龙以同样的方式对待核心顾客和优质顾客。结果是，它试图向小型的优质顾客销售他们觉得没有价值或者负担不起的服务和创新产品，因此优质顾客的销售成本比核心顾客高 4~5 倍。现在，一个客户经理带领一组销售队伍集中所有精力，专注于核心顾客的每个商业领域，共同协作以找寻产品和服务解决方案。这样的深度合作在以前的产品式销售队伍结构下会非常困难，在产品式结构下，屹龙多个销售代表共同服务于一个核心顾客的不同专业领域。在销售队伍重构的两年后，屹龙的销售增长实现翻倍。

（4）复合式销售队伍结构。当公司在广大的区域内向各种不同的客户销售种类繁多的产品时，它通常会将以上几种类型的结构结合在一起。销售人员可以以客户—区域式、产品—区域式，产品—客户式，或者产品—区域—客户式划分。例如，百得公司就以客户（分派不同的销售队伍拜访家得宝、劳氏以及其他小型独立零售商）—区域式（地区代表、地区经理、大区经理等）针对每个核心顾客群体构建其销售队伍。没有哪种单一的结构可以满足所有客户和情况的需要。公司必须选择能够更好地服务其客户需求并实现公司总的营销战略的销售队伍结构。

销售队伍结构的好坏将会导致公司是成功还是失败。经过一段时间，销售队伍结构可能会变得复杂、效率低下并且无法满足顾客需求。公司每隔一段时间应当重新评估他们的销售队伍结构，以确保它们满足了公司和其客户的需求。

2. 销售队伍的规模

公司建立起了它的销售队伍机构之后，就应该考虑并确定它的销售队伍的规模。销售队伍可能从几个人到成千上万人规模不等。一些销售队伍十分庞大，比如，百事公司拥有 36 000 名销售人员；美国运通公司有 23 400 名销售人员；通用电气公司有 16 400 名销售人员；施乐公司有 15 000 名销售人员。销售队伍是公司最富生产力，同时也是最昂贵的资产之一。因此，增加销售人员的数量意味着在提高销售额的同时也提高了成本。

许多公司按照**工作量法**（workload approach）来确定销售团队的规模。首先将公司的客户按照规模、现状或者其他的与维系客户所需的工作量相关的因素分类。然后确定对每一类的客户完成目标的拜访次数需要多少销售人员。

公司可能这样考虑：假设有 1000 家 A 类客户和 2000 家 B 类客户，A 类客户每年需要拜访 36 次，而 B 类客户每年需要拜访 12 次。在这种情况下，销售队伍的工作量就是，每年需要完成的拜访数量是 60 000 次。[（1000 × 36）+（2000 × 12）= 36 000 + 24 000 = 60 000]。假设平均每个销售人员每年可以进行 1000 次客户拜访，则公司总计需要 60个销售人员（60 000 ÷ 1000）。

3. 有关销售队伍的战略与结构的其他问题

销售经理还必须考虑由谁来从事销售活动以及销售人员同其销售支持人员之间合作方式的多样性。

（1）外勤和内勤销售人员。公司可以通过**外勤销售人员**（outside sales force，或称为现场销售人员）进行销售，也可以通过**内勤销售人员**（inside sales force），或者两者兼而有之。外勤销售人员四处奔波，拜访客户，内勤销售人员则坐镇公司，通过电话、互联网或者接待客户来访来完成销售。

一些内勤销售人员的工作对外勤销售人员给予支持，使得后者能够将更多的时间用在服务现有的主要客户和挖掘新的客户上面。比如，技术销售支持人员提供相关的技术信息，并解答顾客的疑问。销售助理为外勤销售人员提供后援支持。他们事先预约并确认约会、监督发货并在外勤销售人员无法到达时负责回答客户的问题。同时使用内勤销售人员和外勤销售人员有助于为重要顾客提供更好的服务。内勤销售人员和顾客进行日常接触、为顾客提供销售支持；而外勤销售人员与顾客进行面对面的合作，建立客户关系。

一些内勤销售人员的职责不仅仅是提供支持。电话营销和网络销售人员通过电话和互联网寻找新的销售线索和优质潜在顾客，或者自己直接完成销售和服务顾客。电话营销和网络营销十分有效，是对于向那些小型的、难以接触的客户销售的一种低成本方法。按照产品和客户的复杂程度不同，比如，一个电话营销员每天可以接触到 20 ~ 33个决策者，而外勤销售人员只有 4 个。并且平均的 B2B 销售人员拜访的成本是 329 美元或者更多，而普通的电话营销的成本仅有 5 美元，复杂些的花费 20 美元。

尽管联邦政府的"拒绝来电登记制度"给电话销售造成了不利影响，但电话营销对很多 B2B 业务来说仍然是一个至关重要的工具。对一些小型公司来说，电话和网络销售可能是其主要的销售渠道。但是，大型公司同样也采用这些策略，要么通过电话和网络直接向中小型顾客销售，要么以此向大型顾客提供支持。

尤其是最近经济萧条之后的不景气时期，很多公司都减少了人员亲自拜访顾客，而更多的以电话、电子邮件、网络销售代替。

对很多类型的产品、销售情境而言，电话或网络销售和销售人员拜访一样有效。一位杜邦的电话营销人员说道："在电话里我效率更高。（当你去现场拜访）如果顾客不在办公室，那么你就浪费了 1 个小时。通过电话，你只浪费了 15 秒……通过电话拜访，我和在现场拜访没什么区别。"电话销售还有其他优点。"顾客不能向你扔东西，"这位销售人员开玩笑道，"你也不会被狗追着跑。"

此外，尽管电话和网络看起来缺乏人情味，但是在建立顾客关系时，它们可能会让顾客觉得非常亲切。例如，还记得在本章开始的案例中技术产品和服务公司 CDW 就只通过电话和网络销售？像 Ron Kelly 这样的 CDW 顾客经理与大顾客和小型顾客都建立了牢固的个人关系。

（2）团队销售。当产品越来越复杂、当客户变得更大并且需求越来越多时，一个单独的销售人员可能无法独自处理这样一个大型客户的所有要求。事实上，越来越多的公司正在利用**团队销售**（team selling）来为大型的、复杂的客户提供服务。销售团队可以发掘出单个销售人员无法找到的问题、办法以及商业机会。这样一个团队可能包括了公司的各个层次、各个领域的专家——销售、营销、技术与服务支持、研发、工程、运营、财务以及其他部门。在团队销售下，销售人员从"独奏者"变成了"乐队成员"。

在很多情况下，这种向销售团队的转化都是源于客户采购部门的类似变化。一位销售队伍分析师指出："买家执行基于团队的购买决策使得对应的基于团队的销售成为必然——对很多独立的、自我激励的销售人员来说是一种全新的工作方式。""今天我们拜访的是成队的买家，这也要求我们这边有更强的火力，"一位销售副总裁对此表示同意，"一个单独的销售人员不可能完成所有的工作——在我们向顾客提供服务的每个领域他不可能都是专家。我们有战略客户组，由顾客业务经理领头，他就像我们的四分卫（橄榄球）一样。"

一些公司，像 IBM、施乐和宝洁，很早就开始使用团队销售了。宝洁公司就将其销售人员编入"**客户业务开发**"（customer business development，CBD）团队，每个团队都分别专门负责为宝洁的一个重要客户服务，如沃尔玛、塞夫韦、CVS 药房（CVS Pharmacy）。该团队包括客户业务开发经理、几个客户经理（每个人负责一个特定的宝洁产品类型）以及营销战略、运营、信息系统、物流和财务方面的专员。该组织将重心放在满足每个重要顾客的所有需求上。它使得宝洁公司可以"作为我们顾客的'战略合作伙伴'一起工作，发展业务，而不仅仅只是一个供应商。我们的目标是：给顾客带来业务成长，同时也会为我们带来业务成长。"

团队销售也有自身的不足。例如，销售人员天性竞争性很强，而且经常为了出色的个人表现接受培训，或因此得到奖励。那些习惯于独立拥有客户关系的销售人员可能很难适应在团队里工作并信任其他成员。此外，对那些习惯于面对一个或者少数几个销售人员的客户来说，销售团队可能会使他们感到有些混乱或者压迫感。最后，评估每个成员对于团队销售绩效的贡献也很困难，这可能会导致颇为棘手的报酬问题。

13.2.2 销售人员的招聘与筛选

对于任何销售团队的成功，招聘与筛选好的销售人员都是最为核心的问题。一个平庸的销售人员和一个销售高手在绩效上可能有天壤之别。在通常的团队销售中，排名前 30% 的销售人员可以带来总销售量的 60%。因此，仔细选择销售人员将有助于大大提高整体的销售业绩。除了绩效上的差异之外，选聘不力还将导致很高的人员流动率，从而带来巨大的成本损失。当一个销售人员离职时，重新寻找和培训一个销售人员的成本是巨大的，此外还应该加上由此带来的销售损失。而且，一支过多新人组成的销售队伍的生产率也极为低下，人员流动率过高也会破坏重要的客户关系。

什么特质能将销售大师和其他人区分开来？为了发现顶级销售大师的特征，著名的 Gallup 民意测验集团的一个分部 Gallup 管理咨询集团对数十万的销售人员进行了调查。结果显示业绩最优秀的销售人员具备四种关键的特征：内在的动力、自律的工作方式、达成交易的能力，还有最重要的就是同客户建立良好关系的能力。

超级销售人员受到内在动力的激励——他们拥有为达成卓越而不屈服的动力。一些销售人员被金钱、渴望被认同，或者竞争和胜利带给他的满足感而激励。其他销售人员被提供服务和建立关系的渴望所激励。最优秀的销售人员拥有这些动力之一。同样，他们的工作方式井井有条。他们制定详细的、有条理的计划，并且及时地按照计划进行。

如果销售人员不能达成交易、不能建立更好的客户关系，动力和自律都是没有意义的。超级销售人员学习达成工作所需要的技巧和知识。也许更重要的是，杰出的销售人员是卓越的顾客问题的解决者和客户关系的建立者。他们理解客户的需求。在对销售经理们进行访谈时，他们对最好的销售人员给出了如下的描述：富于同情、耐心、细致周到、积极响应、善于倾听。他们将自己置于买主的位置，并且从客户的视角来看待问题。伟大的销售人员希望不仅仅被喜爱，他们希望可以为客户增加价值。

伟大的销售人员：最优秀的销售人员，例如 3M 公司的 Jennifer Hansen，拥有内在的动力、自律的工作方式、达成交易的能力，还有最重要的同客户建立良好关系的能力。

在招聘的时候，公司应该分析销售工作本身的需要和那些在公司中最成功的销售人员的特点，从而确定公司所在的产业中，一个成功的销售人员需要具有哪些特质。接着，公司必须招聘正确的销售人员。公司的人力资源部门通过内部销售人员举荐来招聘新人，也可以通过职业介绍机构、发布分类广告，还可以通过互联网搜寻或者招聘大学毕业生。另外一个人才来源是通过直接吸引其他公司的出色销售人员。在其他公司已经非常出色的销售人员只需要很少的销售人员培训并可以很快产生效益。

一个职位可能会有很多申请者，公司必须从中挑选出最好的。甄选的程序有多种多样，可能仅仅是一次非正式的会面，也可能是一次详尽的测试和面谈。很多公司对面试者进行正式测验，这种测试通常用来考察销售的能力、分析和组织的技能、个性特征和其他一些特点。但是测试分数仅仅提供了关于个人性格、推荐信、工作经历和面试回应中的一个片面信息。

13.2.3 销售人员的培训

新的销售人员可能在任何地方接受培训，培训时间少则几周、几个月，多则一年以上。接着，很多公司在员工的整个销售生涯中都将通过座谈会、销售会议和网络在线学习对其进行持续不断的培训。总之，美国公司每年花费在销售人员培训上的金额高达数十亿美元，而其中销售培训通常占据了培训预算的最大部分。例如，美国的技术公司将29%的培训预算都投入到销售培训上。尽管培训费用高昂，但是它同样会带来非常可观的回报。

培训项目的目的有几个。首先，销售人员需要了解客户并明白如何同他们建立关系。因此培训项目必须教会他们不同的客户类型和相应的需求，购买动机和购买习惯。他们还应该学会如何有效地销售，以及销售过程的基础知识。销售人员同样需要了解和认识公司、公司的产品和竞争者。因此，一项有效的培训项目帮助他们了解公司的目标、组织和主要的产品和市场，以及对主要竞争对手的战略。

今天，很多公司正在向他们的培训项目中加入网络在线培训。在线培训可能包括简单的基于文本的产品培训、培养销售技巧的基于网络的销售练习，甚至重现真实情境下销售拜访多变的环境的复杂模拟。在线培训相对于实地培训能够节省旅行以及其他培训费用，并且这种方式也更少占用销售人员的时间。它同样使得销售人员能够按需培训，让他们无论何时何地、按照自己的需要接受短时间或长时间的培训。大多数在线培训都是基于网络的，但是很多公司现在为 PDA、手机甚至视频 iPod 提供按需培训。

很多公司现在正使用想象性和复杂的在线技术让销售培训更加高效，有时也更加有趣。例如，拜耳医药保健（Bayer Healthcare Pharmaceutical）与健康护理营销机构 Concentric Rx 合作开发了一款角色扮演模拟视频游戏，以对其销售队伍进行一个新药品营销计划的培训：

你通常不会将快节奏的摇滚乐、华丽的画面与在线销售培训工具联系起来，但是 Concentric Rx 创新性的角色扮演视频游戏"销售竞赛：办公室至尊之战"拥有所有这些特性，并且更多。销售竞赛相比其所取代的单调古老的多选题技能测试，给拜耳的销售代表带来了更多的娱乐。开发该游戏的目的是为了给一个拜耳的成熟产品——Betaseron——赋予全新的生命，Betaseron 是一个拥有 17 年历史的多发性硬化症疗法。目标在于寻找到一种更新鲜、积极的方法，帮助拜耳的销售代表将他们学到的 Betaseron 的深度信息运用到实际销售和处理异议的情况中去。拜耳也希望能够通过互动学习提高销售代表的投入度，通过实时结果获得更多反馈。拜耳的销售代表一开始就很喜欢销售竞赛。根据拜耳所说，游戏首次推出时，销售代表玩了 30 遍之多。除了它的教育和激励价值之外，销售竞赛使得拜耳可以评测销售代表个人和整体表现。最终，拜耳计算得出销售竞赛模拟帮助 Betaseron 销售队伍的效力提高了 20%。

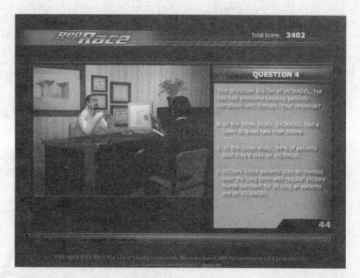

在线培训可以让销售培训更加高效，也更加有趣。拜耳医药保健的角色扮演视频游戏——"销售竞赛"帮助销售代表将其效力提升了 20%。

13.2.4 销售人员的报酬

为了吸引优秀的销售人员，公司必须制定一个有吸引力的薪酬方案。薪酬由以下几个部分组成：固定工资、变动工资、费用报销以及额外福利。固定部分的薪资主要是工资，它是销售人员的稳定收入。变动部分则可能是以销售绩效为基础的佣金或者奖金，是对销售努力的回报。

管理层必须决定，对于每一个销售职位来说，什么样的薪酬结构最为可行。将固定薪酬和可变薪酬进行不同的组合可以产生四种不同类型的薪酬方案——固定工资制、纯提成制、工资加奖金和工资加提成。一项关于销售人员薪资方案的研究结果表明，普通销售人员的薪资中67%来自于固定工资，33%来自于激励性报酬。

销售人员的薪酬方案不仅可以激励他们，而且直接影响着他们的行为。薪酬计划应该能指导销售人员按照与总体营销目标相一致的方向进行努力。例如，如果公司的战略是吸引新客户、快速增长，迅速占领市场份额，薪酬计划就应该包括高比例的提成并加上新客户的开发奖金，以鼓励提高销售绩效和新客户开发。相反，如果公司战略是从现有客户获得最大化利润，则薪酬构成应该包括较高的基本工资加上对现有客户的销售业绩和客户满意的额外奖金激励。

事实上，越来越多的公司都在放弃使用高比例提成方案，因为那会鼓励销售人员更加注重短期目标。他们担心销售人员若是太过于心急要完成一笔销售，反而会破坏良好的客户关系。相反，公司正在设计那种可以鼓励销售人员重视建立客户关系并且为每一个客户提供长期价值增长的薪酬计划。

13.2.5 销售人员的督导和激励

对于一个新的销售人员，除了需要对其划定销售区域、确定薪酬计划、进行销售培训之外，他们还需要督导和激励。督导的目标就是帮助销售人员"聪明地工作"，用正确的方法做正确的事情；激励的目标是鼓励销售人员"努力地工作"，精力充沛地为达成销售目标而努力。如果销售人员不但聪明地工作，而且努力地工作，他们将会最大限度发掘出他们的潜力，对他们自己或公司利润而言都是这样。

1. 督导销售人员

各个公司之间对销售人员的督导程度是不同的。有的公司帮助销售人员确定目标客户和制定拜访规范，有的公司还会规定销售人员应该花费多少时间来开发新的客户以及制定其他时间管理应优先考虑的事情。常用的一种工具叫做每周、月度、年度**拜访计划**（call plan），它规划了应该对哪些现有的和潜在的客户进行拜访以及应该进行哪些活动。另外一项工具是**时间 – 责任分析法**（time-and-duty analysis）。除了花费在销售上的时间之外，销售人员还要花时间出差、等候见面、休息以及做一些行政琐事。

图 13-2 显示了销售人员怎样分配他们的时间。平均来说，实际上积极销售时间仅占总工作时间的10%！如果这部分时间可以从总比例的10%上升到30%，销售花费的时间将会增长三倍。公司总是在不断寻求节省时间的方法——简化行政职责、寻找更好的销售拜访和路线计划、提供更多、更有效的客户信息以及使用电话、电子邮件或者视频会议替代出差。思考 GE 是如何增加销售人员面对客户的销售时间的。

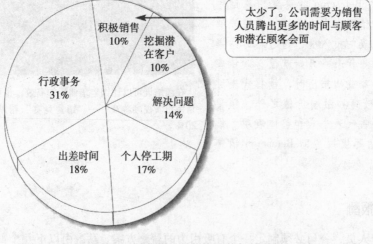

图 13-2 销售人员如何支配他们的时间

当杰夫·伊梅尔特成为通用电气的新任 CEO 时，他发现销售队伍的员工花费在后勤行政杂务上的时间远比与顾客和潜在顾客会面的时间多，这让他十分不安。通用动力系统（专注于能源系统和产品的部门）的全球销售和营销领袖 Venki Rao 回忆道，"他说我们必须改变这种情况。（我们需要）每周有 4 天时间在顾客身边，1 天用来处理所有的行政事务。"通用动力的销售人员在他们的办公桌前花费大量时间是因为他们需要去不同的来源收集所需信息，以向全球的能源公司销售数百万美元的涡轮机、涡轮机零件以及服务。为了解决这个问题，GE 开发了新的销售门户，这里提供"一站式购物"，让销售人员可以找到他们需要的所有信息。销售门户与 GE 现有的大量数据库相连，提供从销售记录、顾客数据到零件定价、计划停运信息等所有信息。GE 还加入了像新闻聚合模块这样的外部信息。"之前，你毫无章法地搜寻信息，"一位 GE 的销售经理 Bill Snook 说道，"现在，我把销售门户设置成了我的个人主页，把它作为访问我所有应用程序的入口。"销售门户让 Bill Snook 以及全球其他 2500 名用户从耗时的行政工作中解脱出来，极大地增加了他们拜访客户的时间。

很多公司采用了销售自动化系统，对销售人员的操作计算机化和电子化，以便使销售人员随时随地都能高效地工作。公司基本都为销售人员配备了新一代的科技设备，比如笔记本电脑、智能电话、无线网络连接、网络视频会议摄像头和顾客联络及顾客关系管理软件。有了这些科技设备的协助，销售人员可以更加有效并高效率地勾画现有客户和潜在客户、分析与预测销售额、安排销售拜访计划、做演示、准备销售和开支报告以及进行客户关系管理。销售自动化不仅能更好地管理时间、改善客户服务、降低销售成本，还提高了销售绩效。

2. 销售与互联网

互联网可能是增长最快的技术工具。互联网不仅仅在进行销售操作方面有巨大潜力，在与客户互动和为客户服务方面也是一样。销售组织现在通过互联网培训销售代表、举行销售会议、为客户服务，甚至通过网络与客户举行实时销售会议。这些方式让销售组织不仅提高了他们的效力，同时也节省了时间和金钱。

有人将之称为 Sales 2.0，创新的销售实践与 Internet 2.0 融合，以改进销售队伍的效力和效率：

Web 2.0 使新的互动、合作和信息共享方式成为可能。有了互联网这一新的商业平台，现在所有的利益相关方——潜在顾客、现有顾客、销售人员和营销人员——都能以过去几年还无法想象的方式连接、学习、计划、分析、参与、合作、处理商务。像维基百科、在线会议、i-reports、用户评价、博客、微博和社交网络这样的创新，将人类合作的潜能上升到一个新的境界。最终，Sales 2.0 让专注于顾客的方法论和提升生产力的技术走到一起，把销售从一门艺术转变成了一门互动科学。Sales 2.0 永远地改变了人们购买和公司销售的过程。

基于网络的技术能为销售队伍带来巨大的组织利益。它们帮助节省销售人员宝贵的时间、节省旅行开支，并提供给销售人员新的销售和服务顾客的方式。做过去的 10 年里，顾客的购买模式已经发生改变。在今天 Web 2.0 的世界里，顾客对公司产品的了解可能和销售人员一样深入。相比过去只能从销售代理那里获得产品手册和定价的日子，现在的顾客对销售过程拥有了更多掌控。Sales 2.0 认识到了并利用这些购买过程的转变，创造互联网时代全新的与顾客联系的通路。

例如，销售组织现在可以通过在线数据库和像 Hoovers、Linked In 这样的社交网站生成潜在顾客名单。他们通过在线聊天与访问他们网站的潜在顾客交谈。他们可以使用 WebEx 或 GoToMeeting 这样的网络会议工具与顾客在线谈论他们的产品和服务。其他的 Sales 2.0 工具使得销售人员能够密切关注顾客之间网络上的互动，如他们希望以何种方式购买、他们对某个卖主的印象如何，以及达成交易需要哪些条件。最终，"Sales 2.0 科技正在传送即时信息，这些信息帮助建立顾客关系、使得销售更加高效、更节约成本、更具生产力……正如网络使得买家可以用手指代替步行，这些新的 Sales 2.0 科技正使得顾客的在线行为代替沟通交流——在销售人员滔滔大论之前。"

但是科技亦有其缺陷。首先，它们的成本通常都会很高，而且类似的系统会让对科技不熟悉的销售人员和客户望而却步。其次，有些东西是不能通过网络展现或传授的，它们需要人与人之间的互动。由于上述原因，一些高科技专家建议销售经理将网络科技作为培训、销售会议和初步客户销售演示的补充，但是当快到成交时，还是要借助于传统的、面对面的交流。

3. 激励销售人员

除了对销售人员进行指导，管理者还必须对他们进行鼓励。一些销售人员不需要经理们任何额外的激励就可以做到最好。对于这部分人来说，销售可能是世界上最美好的工作，然而销售也可能会令人相当沮丧。销售人员经常单独工作，也许可能还要到离家很远的地方出差，他们可能会遇到咄咄逼人的竞争对手和难缠的客户等。因此，销售人员想要表现出色，时常需要额外鼓励。

管理人员可能通过组织氛围、销售定额和一些积极的激励措施来激发销售人员的士气和提高绩效。组织氛围指销售人员对由于良好的绩效而获得的机会、价值和回报的感受。很多公司对待销售人员的方式让人觉得他们似乎并不重要，因而销售业绩也受到了很大影响。另一些公司则将销售人员看成是价值贡献者，并给他们提供了近乎没有限制的加薪和升职的机会。所以毫无疑问，这些公司将会获得更好的销售绩效和更低的人员流动率。

很多公司通过**销售定额**（sales quota）来激励销售人员。它规定了每个销售人员应该销售公司的哪些产品以及最低的销售数额。薪酬常常是与销售人员完成定额的情况相挂钩的。公司还运用各种正向的激励方式来鼓舞销售人员。销售会议为销售人员提供了一个不同于日常例行工作的社交场合，他们有机会同公司的重要人物进行交流，发表自己的感受并使自己融入到一个更大团体中。公司还可以通过举办销售竞赛来激发销售人员超乎平常的工作绩效。其他的一些激励还包括荣誉头衔、奖品或者现金奖励、公费旅游和利润分享计划。

13.2.6 销售人员和销售队伍的评估

我们先前已经讨论过了管理人员如何确定销售人员的任务以及如何对他们进行激励。在这样的过程中需要反馈，而好的反馈意味着可以经常得到关于销售人员的信息，从而便于对他们进行评估。

管理者可以通过几种途径获得关于销售人员的信息。最重要的途径是通过销售报告，它包括每周或者每个月的工作计划以及更长期的区域营销计划。销售人员还可以在他们的拜访报告中列出他们完成的活动、填写报销单并获得部分或者全部的报销金额。公司还可以监督销售人员任务区域内的销售额和利润业绩情况。此外，还可以从个人观察、客户调研以及同其他销售人员的谈话中获得信息。

通过各种各样的报告和信息，管理者可以对个体销售人员进行评估。主要的评估内容是销售人员制定并执行计划的能力。正规的评估则要求管理者开发并传达明确的判别绩效的标准。同时也为销售人员提供了具有建设性的反馈，并能激励他们更加努力。

从更加广泛的层面来看，管理者应该从整体上评估销售人员的表现。销售人员是否完成了客户关系、销售额和利润各方面的目标？是否与其他区域的营销和公司部门合作顺利？销售成本与支出是否一致？对于其他的营销活动，公司想要衡量的则是销售投资回报率。

13.3 人员销售的过程

我们现在从如何设计和管理销售队伍转入实际的人员销售过程。销售过程（selling process）包括销售人员必须掌握的几个步骤。这些步骤主要关注开发新的客户并从他们那里获得订单。然而，多数销售人员将大部分时间用于维系现有客户并同他们保持长期的关系。我们将在下一节讨论人员销售的过程和与客户关系相关的方面。

13.3.1 销售过程步骤

如图 13-3 所示，销售过程包括七个主要步骤：寻找客户并确定其资格、准备工作、接触客户、演示与说明、处理疑义、达成交易、跟进与维持。

1. 寻找客户并确定其资格

销售过程的第一步是**寻找**（prospecting）——识别符合资格的潜在客户。接触正确的潜在客户对于销售的成功至关重要。正如一位专家所说，"如果销售队伍以追逐任何活着的、看起来有预算的人作为销售的开始，那么你就将自己陷入了面对一些不值得服务、很难令其满意的客户的危险境地。这些人永远不会对你的任何价值主张做出回应。"他继续说道，"这个解决办法不是一蹴而就的，（你必须）培训销售人员主动挖掘正确的潜在客户。"另一位专家总结说，"增加你的挖掘潜在客户的效力是推动销售额的最快的办法。"

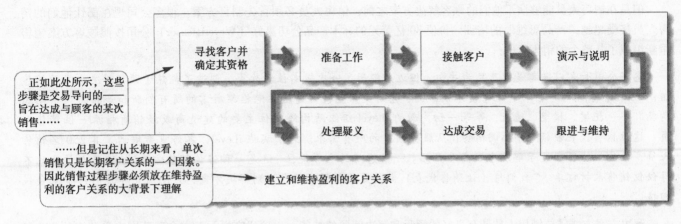

图 13-3　有效销售的主要步骤

销售人员为了达成少量的交易往往需要接触大量的潜在客户。尽管公司可能提供一些销售线索，销售人员需要一些技巧建立自己的客户群。最好的来源就是经人介绍。销售人员可以请现在的客户介绍或者培养其他的介绍者来源，比如供应商、经销商、没有竞争关系的销售人员和社交网络。他们可以通过电话通讯录或者互联网来搜寻潜在客户，并通过电话或者邮件进行联络与追踪。或者他们可以不经预约就到陌生的办公室拜访（我们通常会叫他们"不速之客"）。

销售人员还应该知道如何确定客户的资格——也就是说如何弄清楚哪些是好的客户并剔除那些不好的客户。销售人员可以通过潜在客户的财务能力、业务量、特殊需求、地理位置以及发展的可能性来确定他们的资格。

2. 准备工作

在拜访之前，销售人员应该尽可能多地了解买家组织（包括他们的需要以及采购团队的构成）和他们的采购人员（他们的个性和采购风格等）。这个步骤被称为接触前的**准备工作**（preapproach）。一位销售顾问指出，"提升销售从良好的准备开始。成功的销售早在你步入潜在顾客办公室的那刻之前就应该开始。"一开始的准备工作是详尽的研究。销售人员可以参考一些标准的行业与在线资料和信息、向熟人或者其他人了解该公司的情况。接着，销售人员必须根据研究结果来制定顾客战略。"在梦里能够背诵潜在顾客的产品线仍然不够，"这位顾问说道，"你必须将这些数据转化成对客户有用的东西。"

销售人员应该确定拜访目标，可能是为了确定企业资格、为了收集信息或者是为了立刻达成交易。另外一项任务就是要决定最佳的接触客户的方式——人员拜访、电话、信件还是电子邮件。由于潜在客户在某些时间可能非常忙碌，最佳拜访时机也要列入考虑的范围。最后，销售人员应该确定对该客户的总体销售策略。

3. 接触客户

在**接触客户**（approach）的过程中，销售人员应该知道如何约见和问候客户，如何使双方的关系有一个良好的开始。这些包括销售人员的衣着、开场白以及后续讨论的问题。开场白应该表现出建立一种良好关系的愿望。开场白之后就应该是几个关于客户需要的问题或者对公司的产品进行演示以吸引客户的注意力和好奇心。在销售过程的所有阶段，保持对客户的积极倾听都是十分重要的。

4. 演示与说明

在**演示与说明**（presentation and demonstration）这个步骤中，销售人员向客户讲解产品的"价值故事"，说明购买产品给客户带来的利益以及说明购买产品将如何解决客户的问题。"问题解决型"销售人员比"努力工作型"或者"面带微笑型"的外向销售人员更加符合如今的营销概念。今天的采购者想要的是答案，而不是微笑；想要的是结果，而不是花俏的东西。此外，购买者想要的不仅仅是产品。不同于过去的任何时候，在今天的经济环境下，购买者希望知道这些产品将如何给自己的公司增加价值。他们希望销售人员能够倾听他们的担忧，了解他们的需要并提供正确的产品和服务。

但是在销售人员能够演示他们的顾客解决方案之前，销售人员必须首先制订方案。很多公司现在都让他们的销售人员接受超越"产品思维"的培训。价值80亿美元的林木产品公司惠好（Weyerhaeuser）公司按照顾客方案销售重新组织了其整个的销售队伍：

> 惠好公司长久以来都是以产品为导向，但近来经历了一次根本性的改革，创造了聚焦于顾客解决方案的销售组织 iLevel。相对于一件一件地售卖木制产品，惠好更希望提供建造住宅框架所需的所有创新和产品的"一站式购物"——托梁、横梁、地板，等等一切。新的 iLevel 组织结构给每位主要的建造商或经销商指派一位销售人员。这位销售代表带领一个协调销售团队服务顾客的所有需求。为了实施 iLevel，惠好重新培训了其250名销售人员，让他们给顾客演示解决方案而非产品。一位惠好的主管说，"这是一种咨询销售方法。"销售人员从此不再仅仅销售木材订单。"我们想（让销售代表）做的是希望帮助顾客找到解决方案，为他们（和我们）带来金钱回报。"

解决方案方式需要销售人员具有良好的倾听和解决问题的技能。一项研究揭示，在全美范围内受调查的200名公司采购人员中，有74%表示如果销售人员只要能够倾听他们的想法的话，他们会更愿意从他手中购买。一位经验丰富的销售人员表示，"那种讲话滔滔不绝的人可能更容易吸引到销售订单，但他们常常不是最成功的。除非认真聆听顾客所说的话，否则你不会理解其深层的需要和需求。你会发现，你越专心聆听别人，那他们也会更愿意听你的想法。正如俗话说的那样，'上帝给了我们两只耳朵和一张嘴，因此少说多听吧。'"

采购者不喜欢的是那些咄咄逼人、喜欢迟到、经常骗人、毫无准备或者缺乏条理的销售人员。而他们认为对于销售人员，最重要的特质就是善于倾听、富于同情心、忠诚可靠、一丝不苟、有始有终。伟大的销售人员不仅仅知道如何销售，更重要的是，他们知道如何倾听以及如何建立紧密的客户关系。一位专业人士说："万事都是从倾听开始。我认为，当今的魅力就是我们现在有这么多的方式去聆听。"

最后，销售人员还必须规划他们的演示方法。要进行有效的销售演示，良好的人际沟通技巧非常重要。但是，今天丰富的媒体选择和嘈杂的沟通环境给销售演示人员带来了新的挑战：

> 销售演示的目标是为了向你的潜在顾客传递关于你的产品和品牌的清晰、简洁、一致的信息，同样也是为了演示为什么你比竞争者更好。达到这些目标，并且在超过30分钟的时间都要吸引住你的听众的注意力才是真正的挑战。当今被信息过度轰炸的潜在顾客要求更为丰富的演示体验。并且销售人员还需要克服在演示过程中电话、短信、移动互联网对顾客的干扰。现在销售演示需要创造力、谨慎地规划、应用当今最热门的科技。你不能用没有必要、无用的信息去填充潜在顾客的大脑，你必须很快地抓住他们的兴趣，要不然可能会永远失去这些顾客。所以你必须以比竞争者更吸引人、更令人信服的方式传递你的信息，必须在更短的时间里传递更多的信息。

因此，今天的销售人员采用最为先进的演示技术，向一个或几个人进行完整的多媒体演示。古老神圣的活动套图已经被 DVD、在线演示技术、交互式电子白板、装有复杂演示软件的掌上电脑和笔记本电脑所取代。

5. 处理疑义

在演示说明或者要求订购的过程中，客户总是有这样那样的问题和疑义。这些问题可能是逻辑上的，也可能是心理上的，而且客户经常并不把反对的意见直接提出来。在**处理疑义**（handling objections）的过程中，销售人员应该应用一些正面的方法来找出这些疑义所在，应该使客户清楚地将反对意见表达出来，将这些疑义看做是提供更多信息的机会，并且将这些疑义转化为顾客购买的原因。每个销售人员都应该受到这方面技能的培训。

6. 达成交易

在成功处理了潜在客户的疑义之后，销售人员就要尽力达成交易。有些销售人员根本就不考虑如何**达成交易**（closing）或者无法顺利达成交易。他们可能由于是缺乏自信，或者是对于要求订单感到内疚，或者无法确定达成交易的最佳时机。销售人员必须懂得如何从客户那里识别可以达成交易的信号，包括客户的动作、语言、评论或者提出的问题。比如，客户的坐姿是上身前倾、频频点头表示赞同或者询问价格和赊购条款等。

销售人员有几种达成交易的技巧可以应用。他可以要求客户订货、回顾一下协议要点、帮忙填写订单、询问客户需要这种款式还是另外一种。或者会告诉客户说如果不立即订购将会遭受什么样的损失。他们还可以向客户提供特定的交易刺激，如特价或者免费赠品。

7. 跟进与维持

如果销售人员希望达到客户满意和重复购买目标，那么销售过程的最后一个步骤——**跟进与维持**（follow-up）就是必不可少的。交易一旦达成，销售人员应该立即着手确定所有细节：交货日期、采购条款和其他的一些事项。当第一单货物交付以后，销售人员就应该安排第一次跟进拜访以便保证产品的正确安装，并对客户提供适时的指导和帮助。这样的拜访还可以揭示出一些潜在的问题，可以使客户相信销售人员关心他们，并打消购买者在销售过程中可能产生的顾虑。

13.3.2 人员销售和客户关系管理

上面描述的人员销售的基本原则是交易导向型的，其目标是帮助销售人员完成同客户之间的特定交易。但是在大多数情况下，公司追求的不仅仅是销售额，它想要的是长期为该客户提供服务并建立一种互利的关系。在建立和维系长期客户关系的过程中，销售人员发挥了极为重要的作用。因此，正如图13-3所示的那样，销售过程步骤必须放在维持可盈利的客户关系的大背景下理解。

如今的大客户都喜欢那些同时经营很多配套产品和服务的供应商，他们可以将产品配送到不同的指定的地点，他们同客户的团队能够长期合作。对于这样的大客户来说，首次销售只是关系的一个开始。不幸的是，很多公司都忽略了这个事实。它们通过许多彼此独立的销售人员来进行销售和达成交易，它们的技术人员可能不愿意花时间来培训客户，它们的工程、设计和制造人员可能会认为"我们的工作就是制造出好的产品，把它卖给顾客是销售人员的事情。"它们的销售人员专注在向顾客推销产品，而不是倾听顾客的声音，为他们提供解决方案。

然而，有些公司则意识到了要赢得并维系客户，所需要的不仅仅是制造出好的产品，或者是指导销售人员如何达成一项交易。如果公司仅仅希望达成销售和获得短期的生意，它可以简单地通过降价至竞争对手的水平或者比竞争对手更低来做到这点。相反的是，大多数公司希望其销售人员实行价值销售——展现和传递超凡的客户价值并在这份价值上获得对顾客和公司都很公平的回报。价值销售要求倾听顾客的声音、理解他们需求、谨慎协调整个公司的努力以创造基于客户价值的长期合作关系。

营 | 销 | 实 | 践 | 13-2

价值销售——价值商人 VS. 价值挥霍者

创造令人信服的价值主张是公司的职责。那么，基于该价值主张建立盈利的顾客关系则是销售人员的职责。不幸的是，为了达成交易（尤其是在经济不景气的时期）销售人员通常选择更简单的方法——降价，而不是提升价值。要达成交易，相比努力说服顾客相信产品更高的价值完全值得它的高价，提供和竞争者一样的低价要容易得多。

在《价值商人：展示和记录商业市场中的卓越价值》一书中，市场营销教授 Anderson，Kumar 和 Narus 定义了两种类型的销售人员：价值挥霍者和价值商人。价值挥霍者抛弃价值，强调低价，从顾客那里获得很少的回报。相比，价值商人强调客户价值。他们认识到公司产品或服务提供给顾客的价值，并从该价值中获得对顾客和公司都很公平的回报。相对于通过简单地降价来获得或保持短期销售而言，价值商人类的销售人员记录和展示卓越的价值，以获得和顾客的长期合作。

公司如何辨别他的销售人员是价值挥霍者还是价值商人呢？下面的表格对比了两类销售人员的行为。例如，价值挥霍者喜欢很快在价格上做出让步以达成交易；而价值商人在谈判中表现"立场坚定"，以获得与他们的产品或服务所提供的市场价值相应的利润。价值挥霍者向公司抱怨定价太高，影响了他们赢得顾客；价值商人则会向公司解释他们需要更多卓越客户价值的证据，以赢得和顾客的合作。价值挥霍者类型的销售人员免费赠送服务以达成交易，而价值商人类型的销售人员战略性地运用服务以获得更多额外的生意。

价值商人 VS 价值挥霍者销售人员

价值挥霍者	价值商人
倾向于很快在价格上做出让步以达成交易，转向其他顾客	在协商中"立场坚定"以在客户价值的基础上为每个交易获得更好的盈利
不改变市场供应品而在价格上让步	只在市场供应品的费用节省缩减时在价格上让步
经常为了更多的交易而降低价格	经常以同样的价格获得更多交易
为达成交易免费赠予服务	战略性地运用服务以获得更多交易
主要通过与竞争者价格对比而销售	主要通过与竞争者所有权费用对比而销售
向公司抱怨报价太高	向公司解释他们需要更多的卓越价值的证据
认为管理层遵循数量驱动的战略	认为管理层遵循价值驱动的战略
告诉公司顾客只对价格感兴趣	为顾客提供改进公司产品价值的洞察
向顾客宣称随意的、没有证据支持的卓越价值	向顾客展示和记录以金钱衡量的卓越价值
关注他们薪酬计划中收入和数量部分	关注他们薪酬计划中毛利润和盈利情况的部分

营销主管所面临的挑战就是将价值挥霍者转变为价值商人。报酬起到了很重要的作用。为了激励销售人员寻求价值回报，而不是为了赢得或维持生意而简单地降价，销售报酬结构要奖励价值销售行为以及盈利的结果，而不仅仅是短期销售结果。除了报酬，管理层必须设置一个价值销售过程——该过程以传播公司的价值主张作为开始，以对实际传递的价值的评测作为结果。最后，公司还必须给销售人员配备具体的价值销售工具，他们可以以此有力地向目标顾客展示公司产品或服务所提供的价值。这些工具包括价值数据、价值计算器以及历史价值案例，向消费者提供相比竞争对手关于价值获取的证据。

以下是两个公司的案例。这两个公司都运用了价值商人思维，将它们的销售人员从减价的顾客拥护者转变成了价值提供的公司拥护者。

应用工业技术公司

轴承和工业用品分销商应用工业技术公司（Applied Industrial Technologies）实施了价值增值记录（documented value added, DVA）计划。计划要求销售人员准备正式的 DVA 报告记录他们所有为个体顾客提供价值的努力。重要的是，客户经理必须在这些报告上签字，证实报告中所描述的价值确实传递给了顾客。自从实施以来，DVA 计划证明应用工业技术公司为其顾客节省了超过 10 亿美元的开支。

应用工业技术公司通过多种方式让 DVA 成为他们日常销售工作中不可或缺的一部分。他们使用 DVA 报告建立用户忠诚、赢得顾客后续的销售订单。DVA 使得销售人员可以向顾客陈述令人信服的证据，例如"去年，你从应用工业技术公司所购买的价值 200 000 美元的产品，为你带来了 85 000 美元有记录的成本节

省。"应用工业技术公司的销售人员在报告中做出如上陈述，不仅使得顾客更容易接受 3% ~ 4% 的涨价，也让销售代表即使在公司经营下滑或者竞争对手报价更低的情况下也能达成交易。DVA 计划本身甚至都为顾客带来了价值增值。它为顾客的采购经历提供了书面证明，展示了经理如何达成了他们公司成本削减的目标。因此，DVA 计划帮助应用工业技术公司的销售人员在互利的基础上与买家建立了盈利关系。

罗克韦尔自动化公司

面对沃尔玛带来的降价压力，一家调味品公司匆忙地召集了若干相互竞争的供应商销售代表——包括罗克韦尔自动化公司（Rockwell Automation）的销售代表 Jeff Policicchio——参加在其主要的工厂所在地所举行的"持续改善会议"。Policicchio 和竞争的销售代表被允许在一天内任意参观工厂，并找出能极大削减顾客运营成本的方法。通过与工厂人员的谈话，Policicchio 很快发现由于 32 个巨型调味品池的泵运转效率低下而导致的产量损失和停工时间是一个非常严重的问题。Policicchio 收集了相关的成本和用量数据。接着，他使用了罗克韦尔公司的价值评估工具来分析数据，寻找可能的成本节约途径，为顾客构建了最佳的解决方案。

第二天，Policicchio 和竞争者向工厂管理层演示了他们的解决方案。Policicchio 提出了这个具体的价值主张："根据罗克韦尔自动化的泵解决方案，通过减少停工时间、减少与采购相关的行政费用、降低修理费用，相比于竞争对手的方案而言，您公司至少会在每个泵上节省 16 268 美元——共有 32 个泵。"在演示结束后不久，Policicchio 得知他是唯一一个在解决方案中展现了切实可行的节省费用方法的销售代表。其他的销售人员都只是做出一些模糊的承诺，很多竞

争对手都表示愿意通过降价来为顾客节省开支。

工厂经理对 Policicchio 的价值主张印象十分深刻——尽管它的起始价格更高——他们立刻购买了一部罗克韦尔自动化的泵试用。当他们发现实际节约的成本比预期值更高时，他们为剩下的泵下了订单，在现有泵达到使用周期之后则会安装。因此，Policicchio 的价值销售不仅获得了最初的交易，同时也为与该客户的长期合作关系打下了基础。

资料来源：The examples and table are adapted from James C. Anderson, Nirmalya Kumar, and James A. Narus, "Be a Value Merchant," *Sales & Marketing Management*, May 6, 2008；and "Business Market Value Merchants," *Marketing Management*, March/April 2008, pp. 31 +. They can also be found in James C. Anderson, Nirmalya Kumar, and James A. Narus, Value Merchants：Demonstrating and Documenting Superior Value in Business Markets（Boston：Harvard Business School Press, 2007）. Also see John A. Quelch and Katherine E. Jocz, "How to Market in a Downturn," *Harvard Business Review*, April 2009, pp. 52-62.

13.4　销售促进

作者评论

销售促进是最短期的促销组合工具。相对于广告和人员销售促使人们"购买"，销售促进促使人们"现在购买"。

广告和人员销售通常与另外一个促销工具——销售促进紧密联系。**销售促进**（sales promotion）包括鼓励消费者购买产品或者服务的短期刺激工具。如果广告提供了购买一项产品或服务的理由，销售促进则提供了马上购买的理由。

销售促进的例子随处可见。凭借你钟爱的杂志里的 Bed Bath & Beyond 广告，你下次购买将会获得 8 折优惠。本地超市过道尽头的货架上堆满了成件的可口可乐，诱惑着冲动的购买者。一位管理人员购买的惠普笔记本电脑免费赠送电脑报，购买新的福特爱仕（Ford Escape）的家庭获得了 1000 美元的折扣。如果五金店愿意在本地报纸上帮指定的百得公司的便携式电动工具打广告的话，它在进货时会得到 10% 的折扣。销售促进包括了一系列用来刺激更早的或者更强的市场反应的促销工具。

13.4.1　销售促进的快速发展

大多数组织都运用销售促进，其中包括生产商、分销商、零售商和非营利组织。它们的目标是最终消费者（消费者促销）、零售商和批发商（交易促销）、商业客户（商业促销）和销售队伍的成员（销售队伍促销）。在今天普通的快速消费品公司中，销售促进的支出占到了全部营销支出的 74%。

有几个因素促进了销售促进的快速发展，特别是在消费者市场上。第一，公司内部的产品经理面临提升销售额的巨大压力，而促销是最有效的短期销售工具。第二，公司面临着来自外部的竞争，竞争性品牌差异化不大，竞争对手不断地利用促销来差异化它们的产品。第三，因为不断上升的成本、媒体干扰和法律限制，广告的效率下降。最后，消费者趋于交易导向。在现在的经济状况下，消费者要求以更低的价格买到更好的商品。销售促进能够帮助吸引今天变得更节俭的消费者。

不断增多的销售促进导致了促销干扰，类似于广告干扰。一次促销活动很可能会淹没在其他促销活动的海洋里，减弱了它刺激立即购买的效果。现在厂商在不断想办法从促销干扰中脱颖而出，比如，提供更大额度的优惠价值、创造出夸张的现场购物表演，以及通过像网络和电话这样的新型互动媒体开展促销。

在制订销售促进方案的过程中，公司必须首先设定销售促进的目标，然后选择实现目标的最好方式。

13.4.2　销售促进的目标

销售促进的目标差异很大。卖方可能利用消费者促销来提高短期销售额，或者增强消费者对品牌的感情。交易促销的目标包括使零售商购进新产品或增加存货，使它们提前购买，使它们宣传产品或为产品腾出更多的货架空间。对于销售队伍而言，目标包括获得更多的销售力量支持现有的或新产品，或者激励销售人员挖掘到更多新客户。

销售促进通常和广告、人员销售、直接营销或者其他促销组合工具一起使用。消费者促销通常进行宣传，增加广告的刺激和拉力。交易和销售队伍促销支持公司的人员销售过程。

在经济疲软、销售下滑的时期，提供高额度的促销折扣以刺激消费者购物极具诱惑力，但总的来说，销售促进应该有助于强化产品的定位和建立长期的顾客关系，而不是仅仅创造出短期的销售额或者暂时的品牌转移。如果设计得当，每一种促销工具都可以既提供短期的刺激又建立长期的客户关系。营销人员应该避免"快速修复"、降价促销，而设计出用于建立品牌资产的促销方案。

"频繁营销计划"和忠诚客户俱乐部就是近年来如雨后春笋般涌现的例子。大多数酒店、超级市场和航空公司都提供频繁顾客/购物者/乘客计划，为经常光顾的顾客提供奖励，吸引他们再次消费。各种各样的公司现在都有回馈计划。此类促销计划能够通过价值增值建立用户忠诚，而不是通过价格折扣的方式。

由于最近经济下滑，加上大量的快餐业竞争者现在都开始提供更为便宜的现煮咖啡，星巴克的销售出现下滑。星巴克可以选择降低售价或者提供促销折扣。但是较高的折扣很可能会损害星巴克长期的高品质定位。所以，与之相反，星巴克只是小幅下调了其咖啡价格，同时打广告告诉消费者为什么它的咖啡值得更高的价格。"小心便宜的咖啡，便宜是有代价的"。通过这样的标题，星巴克在广告中展现出自己与竞争对手的差异，比如它坚持购买按互惠贸易条款定价的咖啡豆，并为它每周工作时间超过 20 小时的员工提供医疗护理。与此同时，为了建立顾客忠诚，星巴克展开了星巴克卡回馈促销计划：

顾客忠诚计划：相对提供可能损害其高品质定位的促销折扣，星巴克通过广告告诉消费者为什么它的咖啡值得高价。接着，为了建立顾客忠诚，公司开展了星巴克卡回馈促销计划。

1981 年，当美国航空公司（American Airlines）竭力想让自己从一个解除管制不久的行业中脱颖而出之时，它发明了飞行里程累积。10 年后，美国运通公司为了应对竞争危机，引入了我们所知的会员回馈。所以当星巴克陷入困难的时候，同样采用忠诚计划——星巴克卡回馈——也就不足为奇了。为了击败低价的竞争对手，例如 Dunkin 甜甜圈和麦当劳，并保持其忠诚顾客，星巴克推出了一款回馈卡。持卡人可以享受一些特权，例如店内咖啡免费续杯，每天多达 2 小时的店内独立无线网络使用，以及购买一磅咖啡豆的话将会获赠一杯免费咖啡。类似的优惠在没有提供较大折扣或减价的情况下增加了客户价值。一家忠诚营销咨询公司表示："星巴克需要赢回顾客，（忠诚）卡就是达成目的的工具。"

13.4.3 主要的销售促进工具

实现销售促进目标的工具有很多，下面我们将讨论主要的消费者、交易和商业促销工具。

1. 消费者促销工具

消费者促销工具多种多样，包括样品、优惠券、现金回扣、赠品、售点陈列、竞赛、抽奖和事件赞助等。

（1）**样品**（sample）是免费提供给消费者试用的使用品。派送样品的方式是最有效的，同时也是最昂贵的引进新产品或者为现有产品创造一个新的卖点的方法。一些样品是免费的，另一些公司会收取少量的价格来抵消成本。样品可以挨家挨户地送上门，或者直邮，在商店内分发，附在其他产品上，或者作为广告礼品赠送。有时候，样品会被打包成一个样品包，用于促销其他产品或者服务。样品是一个有力的促销工具。

（2）**优惠券**（coupon）是一种凭证，证明持有者在购买某种特定产品时，可以凭此优惠券按照规定少支付一定的金额。大多数消费者都喜欢优惠券的方式。美国快速消费品公司去年花费在优惠券上的支出达到 3170 亿美元，平均每张优惠券面值 1.44 美元。消费者兑换了超过 26 亿美元的优惠券，总计节省了大约 37 亿美元。优惠券可以刺激一个成熟品牌的销售，或者鼓励新产品的早期尝试消费。但是，由于优惠券干扰的作用，兑换率在近年来不断下降。因此，大多数主流的消费品公司发放优惠券数量变少，并且发放时更具有针对性。

营销人员同样正在发展新的途径来发放优惠券。比如超市自动售货机、电子销售终端优惠券打印机、电子邮件和在线媒体，甚至是手机短信系统。短信优惠券在欧洲、印度和日本就非常流行，现在也在美国的市场上逐渐受到欢迎。

（3）**现金折扣**（cash refunds）也叫**回扣**（rebate），与优惠券相似，不同之处在于现金折扣是在购物完毕后，而不是在零售店购买时候提供减价。消费者将一张"购物凭证"寄给生产厂家，生产厂家用邮寄的方式退回部分购物款项。例如，托罗公司（Toro）为其几款清雪机开展了一次高明的旺季前促销，如果买家市场区域内的降雪量低于平均水平的话，公司将给予买家回扣。竞争者在短时间内都未能提出能与之竞争的方案，这次促销非常成功。

特价包（price pack）也称为降价交易（cents-off deals），向消费者提供低于常规价格的产品。生产厂家直接把价格下降的幅度写在标签和包装上。它们可以采用减价包的形式（比如原来买一件商品的价格现在可以买两件），或者采取组合包装的形式，将两件商品绑在一起（比如牙刷和牙膏）。特价包刺激短期购买非常有效，甚至比优惠券还要有效。

（4）**赠品**（premium）是免费或者以较低的成本向消费者提供某一商品，从而刺激购买。赠品的范围很广，包括儿童产品中附带的玩具，到电话卡、DVD 等。赠品可以放在包装的里面（内包装），也可以放在包装的外面（附属包装），或者邮寄给购买者。例如，多年来麦当劳欢乐儿童套餐一直提供各种各样的赠品——从 Teeny Beanie Babies、极速赛车手到怪兽大战外星人的人物玩偶。顾客可以登录 www. happymeal. com 玩游戏，或观看现在欢乐儿童套餐赞助商的广告。

广告礼品（advertising specialty）也被称为促销产品（promotional product），是印有广告商的名字、图标或者信息的有用物品，通常被当做礼物送给消费者。典型的物品包括 T 恤或其他衣服、钢笔、咖啡杯、日历、钥匙扣、鼠标垫、火柴、购物袋、清洁剂、高尔夫球和帽子等。美国营销人员 2009 年在广告礼品上的花费超过 190 亿美元。这些物品非常有效。"这些礼品中最成功的效果可以持续几个月，不断将品牌名称深入消费者头脑中。"一位营销专家如是说。

（5）**售点陈列**〔point-of-purchase（POP）promotion〕在购买现场举行商品陈列和示范表演。想想你最近一次到当地的塞夫韦，CVS 和 Bed Bath & Beyond 购物的情景。正当你浏览一排货架时很可能就会出现促销标识、"货架讲解员"或者演示员提供免费食物品尝。不幸的是，很多零售商不喜欢处理每年从生产厂家收到的各种示范、标志和海报。为此，制造商已经提供了更好的售点陈列材料，与电视、印刷信息或在线信息结合在一起，而且帮助安装好这些材料。

（6）**竞赛**（contest）、**抽奖**（sweepstakes）和**游戏**（games）是向消费者提供依赖运气或额外的努力赢取现金、旅游或者其他物品的机会。竞赛要求消费者提交一份参赛资料，押韵诗句、猜谜语或者建议，这些将由评审团进行评价，选择获胜者；抽奖要求消费者将写有其名字的纸条放入抽奖箱内；游戏是每次消费者购买后，邀请消费者参与游戏，猜数字或者字母，可能赢得奖品，也可能一无所获。类似的促销可能会创造非常可观的品牌注意和消费者投入。

Dunkin' 甜甜圈最近开展了一项新的 1000 万美元的整合活动，提醒消费者其甜甜圈制造者的核心地位，而不仅是一个咖啡品牌。从电视到网络到店内展示，"你不可能走进商店而不想到甜甜圈，"Dunkin' 的消费者投入副总裁说道。"甜甜圈至上"活动的核心是"创造 Dunkin' 的下一个甜甜圈"竞赛。竞赛催促人们浏览竞赛网站，设计他们自己的甜甜圈。正如竞赛口号"戴上围裙，展现你的创造力吧。"在竞赛网站上，访问者可以从 Dunkin' 提供的列表中为新甜甜圈选择配料，给自己设计的甜甜圈起名，并写一个 100 字的评论解释为什么自己的甜甜圈设计是最棒的。于初赛中胜出的 12 名选手在位于马萨诸塞州布雷茵特里镇的 Dunkin' 甜甜圈大学的实验厨房里烘焙出自己创造的甜甜圈，让大家在网上投票选择最喜欢的。大赛的最终获胜者赢得了 12 000 美元的奖金，获胜的甜甜圈——Toffee for Your Coffee——加入了公司的日常价值菜单。总体来看，参赛者在线提交了大约 130 000 个创新配方。Dunkin' 的营销经理说，"对于大赛参赛作品的数量，我们感到十分振奋。"

（7）最后，营销者可以通过**事件营销**（event marketing）（又称为事件赞助）来促销自己的品牌。他们可以开展自己的品牌营销活动，也可以成为其他活动的独家赞助商或联合赞助商之一。事件种类多种多样，可以是轿车品牌之旅，也可以是节日、重要聚会、马拉松、音乐会以及其他可以赞助的聚会。事件营销非常受到重视，它可能是成长最快的促销工具，尤其是经济不景气的时候。2009 年美国在消费者事件营销上的花费超过 190 亿美元，相比前一年增长了 12%。

事件营销给昂贵的电视广告提供了一个成本更低的选择。在考虑事件营销时，体育本身就是一个联盟。营销者去年花费了超过76亿美元把他们的品牌与体育事件联系起来。例如，斯普林特10年来花费了超过7亿美元赞助全美汽车比赛协会斯普林特杯系列赛。快递公司DHL每年都会赞助自己的全明星粉丝狂欢会，与美国职业棒球大联盟的全明星比赛周相呼应。2008年的粉丝狂欢会为纽约Jacob Javits会展中心吸引了超过150 000名球迷，给DHL品牌和其他赞助商带来了相当可观的正面宣传。百事公司在美国职业棒球大联盟的比赛场馆开展了大量的现场营销活动。例如，在纽约Mets队主场Citi Field的活动就包括了百事巡逻队——组织竞赛并发放T恤的品牌代表——和百事走廊——右半场的有1284个座位的座位区，该区域一直延伸至球场，上面有明显的百事标志。

宝洁公司为其主要品牌开展了大量的事件营销。请看下面的例子：

在过去的几年里，宝洁为其心绵（Charmin）品牌在纽约时代广场赞助了假日事件促销活动。要在纽约时代广场找到公共厕所是非常困难的。宝洁在时代广场设立了20个免费的、一尘不染的小型卫生间。每个卫生间都配备了独立的洗手池和卫生纸。该事件是终极的体验营销——在广告不敢想象的地方接触人们。在过去的三个假日季节里，超过100万人心怀感激地使用了这些设施。

2. 交易促销工具

制造商用于零售商和批发商的促销支出（81%）比用于消费者的促销费用（19%）高得多。**交易促销**（trade promotion）可以说服一个中间商支持一个品牌、留出货架空间、在广告中促销该品牌、说服消费者去购买。今天货架的空位如此稀缺，使得制造商不得不经常向零售商和批发商提供折扣、补贴、售后保证和免费样品，使得产品能够摆在货架上，并且永远保持在那里。

制造商采用几种交易促销工具，其中很多与用于消费者促销的工具相同，包括竞赛、赠品和演示，或者制造商可以在某段规定时间内，对每次购物都给予中间商低于价目单价格的直接回扣（也称为价格折扣，或发票折扣，或价目单折扣）。制造商还可以提供补贴（allowance，通常每单生意提供一定的补贴），以此作为对零售商以某种方式突出宣传自己产品的回报。广告补贴用于补偿零售商为制造商的产品做广告，而陈列补贴用来补偿对产品进行特别陈列。

制造商还可以向购买数量达到一定程度，或者对某种口味、型号购买突出的中间商赠送免费商品。制造商可以提供刺激奖励，即给经销商或者销售队伍的现金和礼物，用于奖励他们对制造商产品进行宣传和刺激购买。制造商还可以给零售商印有制造商名字的免费广告礼品，比如钢笔、铅笔、日历、镇纸、火柴、记事本和码尺。

3. 商业促销工具

公司花费数十亿美元用于对工业客户的促销。**商业促销**（business promotion）用于下列目的：创造业务线索、刺激购买、回报顾客和激励销售人员。商业促销有很多工具与消费者促销和交易促销相一致，因此在这里我们只强调两个额外的促销工具：贸易展览和会议、销售竞赛。

很多公司和贸易协会通过组织贸易展览和会议（conventions and trade shows）来促销它们的产品。面对商业客户的公司在贸易展览上展示它们的产品。供应商可以获得很多好处，比如获得机会发现新的销售线索、接触客户、介绍新的产品、结识新的客户、向现有客户推销更多的产品，以及用印刷品和视听材料说服教育客户。贸易展览还帮助公司接触到很多销售团队接触不到的潜在顾客。

一些贸易展览规模庞大。例如，今年的国际消费者电子用品展上，3000名参展商吸引了超过110 000名专业来访者。更令人印象深刻的是，在德国慕尼黑的BAUMA国际工程机械博览会上，来自49个国家的超过3000名参展商展示了他们最近的革新产品，博览会接待了来自191个国家的超过了500 000名访客。

销售竞赛（sales contest）是一种为销售人员或经销商设计的竞赛，目的在于刺激他们在某一段时期内增加销售额。销售竞赛刺激和认可业绩好的参赛者，他们将会得到旅游、现金奖励或者其他礼物。一些公司给参赛者奖励分数，积分可以换取各种各样的奖品。当比赛目标与可衡量且可实现的销售目标联系在一起的时候（如发现新客户、恢复老客户或者提高客户盈利性等），效果尤为显著。

13.4.4 制订销售促进方案

除了选择促销类型，营销人员还必须在制订完整的销售促进方案的其他几个方面做出决策：首先，营销人员必须决定奖励的规模。要想促销取得成功，最低限度的奖励是必不可少的，较高的奖励会产生较高的销售反应。营销人员还必须设定参与的条件，奖励可向任何人或者向有选择性的群体提供。

营销主管必须考虑促销方案本身应该如何去促销和分销。一个两美元的优惠券可以附在包装内随产品出售、在商店内分发、通过互联网下载，或者附在广告礼品中发放。每种分销方式都包括不同水平的触及面和成本，营销主管必须把几个媒体整合成为一个整体的广告计划。促销的持续时间也很重要。如果促销期限太短，很多潜在顾客将会错过（他们在规定的时间内来不及购买）；如果促销期限太长，促销就失去了一些刺激"现在行动"的功能。

评估也很重要，然而一些公司不能正确地评估它们的销售促进方案，或者只是进行表面化的评估工作。营销人员仍然需要衡量他们促销投入的回报率，就像他们应当衡量其他营销活动的回报率一样。最常用的评估方法是比较促销前、促销中和促销后的销售额。营销人员应当问自己这样几个问题：促销吸引新的客户或者现有客户更多的购买了吗？我们能够保持新的客户和购买量吗？促销获得的长期客户关系和销售收入与促销的成本支出相匹配吗？

显然，销售促进在整个促销组合中占有重要的地位。为了更好地运用销售促进，营销人员必须明确销售促进的目标，选择最好的工具，设计销售促进方案，执行方案，评估结果。而且，销售促进必须与整合营销传播方案中的其他促销组合因素协调一致。

概念回顾

本章是讲解最后的营销组合要素——促销的 3 章中的第 2 章。前面的章节讲解了整体的整合营销传播（IMC）以及广告和公共关系（PR）。本章详细阐述了人员销售和销售促进。人员销售是营销传播组合中的人性化武器。销售促进包括鼓励消费者购买产品或服务的短期刺激工具。

1. 讨论公司的销售人员在创造客户价值与建立客户关系中的作用。大多数公司都拥有销售人员，并且很多公司让销售人员在营销组合中扮演重要角色。对销售企业用品的公司来说，公司的销售人员直接与顾客工作。很多情况下，销售人员都是顾客与公司唯一的直接接触点，因此，顾客通常认为销售人员就代表了公司。相反，对于通过中间渠道销售消费者产品的公司，消费者通常都见不到该公司的销售人员，甚至完全不知道他们的存在。这些公司的销售队伍在幕后工作，与批发商和零售商打交道，以获得他们的支持并帮助其更高效地销售公司的产品。

作为促销组合的要素之一，销售队伍在达到特定营销目标和执行寻找客户、沟通、销售、服务和信息收集等任务时非常有效。但是随着公司变得越来越以市场为导向，以顾客为中心的销售队伍能够在带来顾客满意的同时为公司创造利润。销售队伍在开发和管理盈利的顾客关系方面起到关键作用。

2. 识别并解释销售队伍管理的 6 个主要步骤。销售队伍的高额成本使得高效的销售队伍管理成为必需。高效的销售队伍管理包括 6 个步骤：设计销售队伍的战略和结构、对公司的销售人员进行招聘、筛选、培训、付酬、督导和评估销售人员和销售队伍绩效。

在设计销售队伍时，销售管理人员必须解决以下战略问题：销售队伍采用何种结构最有效（区域式、产品式、客户式还是复合式），销售队伍的规模应该多大，谁会参与到销售努力之中，各类销售人员和销售支持人员如何协同工作（外勤和内勤销售人员以及团队销售）。

为了降低雇用不合格的销售人员带来的高成本，在招聘销售人员时需要精心挑选。在招聘的时候，公司应该分析销售工作本身的需要和那些在公司中最成功的销售人员的特点，从而确定公司理想的销售人员需要具有哪些特质。接着，公司在应聘者中进行筛选。候选者可能来自现有销售人员的推荐，通过职业介绍机构、分类广告、网络搜寻，以及接触大学毕业生。甄选的程序有多种多样，可能仅仅是一次非正式的会面，也可能是一次详尽的测试和面谈。筛选结束之后，培训项目会让新销售人员不仅仅对销售的艺术更为熟悉，同时对公司的历史、产品、政策、市场特征和竞争对手都更为了解。

销售队伍薪酬系统帮助奖励、激励和引导销售人员。在制订薪酬方案时，公司努力使自己的薪酬方案更具吸引力，通常与销售工作的类型和所需技能相关。除了报酬之外，所有销售人员都需要督导，其中很多销售人员需要持续的鼓励，因为他们必须做出很多决定并面临很多挫折。公司必须定期评估销售人员的绩效以帮助他们更好地工作。在评估销售人员时，公司依靠通过从销售报告、个人观察、客户信件及投诉、客户调研以及同其他销售人员的谈话中不断获得信息。

3. 讨论人员销售的过程，区分交易导向的营销和关系营销。销售艺术包括 7 步销售过程：寻找客户并确定其资格、准备工作、接触客户、演示与说明、处理疑义、达成交易、跟进与维持。这些步骤帮助营销人员达成特定交易，这类被称为交易导向。但是，卖家与顾客的接触应该被关系营销的大概念所指导。公司的销售部门应该帮助协调整个公司的努力，在提供卓越的客户价值和满意的基础上，与关键客户建立长期的盈利关系。

4. 解释销售促进活动是怎样制定并加以实施的。销售促进活动需要设定销售促进目标（总体上，销售促进应该有助于建立顾客关系）；选择销售促进工具；使用

消费者促销工具（包括优惠券、现金回扣、赠品、售点陈列、竞赛、抽奖和事件赞助等）、交易促销工具（包括折扣、补贴、免费样品和推广资金）、商业促销工具（包括贸易展览和会议、销售竞赛）制定和实施销售促进计划，以及决定奖励的规模、参与条件、如何去促销和分销促销包，还有促销的持续时间。在所有步骤都完成之后，公司评估其销售促进结果。

问题讨论

1. 讨论人员销售在促销组合中的角色。在什么情况下它比广告更有效？
2. 对比和对照本章中阐述的三种销售队伍结构。哪种结构最为有效？
3. 内勤销售队伍在组织中扮演什么角色？
4. 讨论销售队伍管理包含的活动。
5. 定义销售促进，并讨论导致它快速增长的原因？
6. 讨论不同种类的交易促销工具，并区别这些类型的促销工具与商业促销工具。

问题应用

1. 访问两个销售人员——一个是拿订单的人，一个是得到订单的人。每个销售人员为了履行工作接受过多少培训？将你所学到的东西写成报告。
2. 选择一个产品或服务，与另一位同学角色扮演模拟销售拜访——从接触客户到达成交易。让小组的一个成员扮演销售人员，另一个扮演顾客，顾客需要提出至

少三个疑义。选择另一个产品或服务，互换角色，再做一次这个练习。
3. 为你当地的动物收容所设计一个销售促进活动，目的是为了提高动物收养率。使用至少三种消费者促销工具，并解释活动中涉及的决策。

营销技术

想要改进你的公司运营？举办一个竞赛并让世界上最棒、最聪明的人参赛吧。Netflix 就是这么做的。DVD 租赁公司 Netflix 举办了一场为期三年、奖金 100 万美元的大赛，以将其电影推荐系统改善 10%。公司希望改进其系统，通过顾客对过去所租电影的评分来预测顾客可以能想要租的电影。大赛参赛者超过 51 000 名，来自大约 200 个国家。大赛吸引了科学家、研究人员、工程师提交自己的作品，而最终胜出的队伍是由参赛之处的竞争对手所组成的，他们最终共同努力，在大赛截止的最

后几分钟内提交了最好的解决方案。但是，Netflix 并没有就此结束。其后续比赛"Netflix 大奖赛 2"旨在为不经常在 Netflix 上租电影的顾客改进电影推荐系统。提高你的数学和计算机技能，也许你就是下个赢家！

1. 访问 http：//www. netflixprize. com//index，了解该项比赛并针对本章讨论过的销售促进设计决策方面对大赛进行评估。
2. 讨论与相似的抽奖和游戏相比，竞赛的缺点。

营销道德

免费样品、礼物、豪华旅行、晚餐和娱乐——制药公司曾经或现在有些时候仍然在广泛使用这些工具去影响医生的处方。医生通过他们所开的处方控制了绝大多数的医疗健康护理开销。尽管直接针对消费者的广告在过去的十年内已经大幅增长，但是预计制药公司 90% 的营销费用仍然花在了医生身上。美国有超过 90 000 名制药公司的销售代表相互竞争，争夺健康护理专家的注意

力，促销他们的药品，这些销售代表被称为"医生推销员"。研究表明制药公司的营销策略确实影响了医生，使得他们在开处方时倾向选择更昂贵的药品。评论家认为这样的策略是不道德的。但是，制药公司声称其销售代表让健康护理专家在这家迅速变化的行业中随时掌握最新信息。

1. 制药公司的销售代表用免费样品和促销礼品去影响医

生的处方的行为是否道德？

2. 国内和国际的医药贸易组织都发布了与健康护理专家互动的行为准则。访问美国医药研究和制造商网站（www.phrma.org）和国际制药公司协会联盟（IFP-MA）的网站（http：//ifpma.org）。查看它们关于销售行为的准则。根据你所学到的东西写一份简短的报告。

营销挑战

　　在持续增长多年之后，星巴克冒着热气的增长势头已然冷却。这家咖啡连锁商的销售额、利润和股价锐减，导致了裁员和部分门市的关闭。对于造成销售下滑的原因，大部分观点都认为是由于经济不景气导致的消费者变得节俭。近来更加白热化的竞争也对星巴克不利，尤其是很多公司以低得多的价格在售卖优质现煮咖啡。星巴克尝试了各种方法去说服顾客它的产品价值更高，绝对值得高价位。它很努力地避免降价，也为维持其品牌的优质形象付出了所有可能的努力。相反，星巴克把更多的经历投入到了像星巴克卡回馈这样的计划之中。星巴克卡回馈是其大型的销售促进活动，制定之初是为了建立用户忠诚。回馈计划提供一系列的激励措施，如咖啡饮品免费加料、独立咖啡店内免费续杯、独立店内无线网络使用、购买一磅咖啡豆即获得免费咖啡等。公司希望这类激励措施能够吸引消费者更频繁地光顾星巴克，并且每次光临星巴克时消费更多。星巴克声称，随着收集到更多的消费者信息和跟踪到更多消费购买记录，星巴克卡回馈计划会更有效地达成其目标。

1. 在经济下滑的时期，星巴克卡回馈计划所提供的激励是否足以增加顾客消费金额？星巴克通过这个计划还可以做什么？

2. 更广泛地看，销售促进对于星巴克现在的处境是否足够？请解释你答案的原因。你还推荐什么别的行动？

营销算术

　　销售人员的工作仅仅是销售产品和服务那么简单——他们管理顾客关系以传递价值给顾客和公司。公司必须确保他们拥有足够的销售人员履行这些职责。

1. 参考附录B，如果一家公司由3000名顾客，每个顾客一年需要拜访十次，那么该公司需要多少销售人员？每次销售拜访大约持续2.5个小时，每个销售代表每年用于顾客服务的时间大约为1250小时。

2. 如果每个销售代表明年的工资为60 000美元，公司的毛利率为40%，要实现销售额与销售队伍成本收支平衡，公司每年的销售额要达到多少？在收支平衡的销售额基础上，每增加一个销售代表会有什么效果？

第14章 直销和网络营销
建立直接的客户关系

概念预览

在前两章中，你已经通过整合营销传播和四个具体的营销传播组合因素——广告、公共关系、个人销售以及销售促进——学习了客户价值的传递。在这一章，我们将学习整合营销传播的最后一个因素——直销，以及它增长最快的形式——网络营销。事实上，直销不仅仅是一个传播的工具，在很多方面，它构成了一个整体的营销方法——将传播和分销渠道合二为一。当你读到这里的时候，一定要记住，虽然本章把直销作为一个独立的传播工具来讲述，但是，它必须要与营销传播组合中的其他因素相协调。

学习目标

1. 能够对直销进行定义，并论述它给顾客和公司所带来的价值
2. 能够识别并解释主要的直销模式
3. 能够解释公司如何应对互联网及其他强大的新科技所引导的网络营销策略
4. 能够论述公司如何通过网络营销传递更多的客户价值
5. 能够概述直销所涉及的公共政策和伦理问题

让我们首先来看看亚马逊的例子。在 15 年的时间里，亚马逊从一个默默无名的网站一跃成为互联网领域最知名的公司。一组数据表明，2008 年网上购物人群的增长有 52% 来自于亚马逊。在这样短的时间里，亚马逊是如何在直销和网络营销领域取得如此令人难以置信的成功的呢？这是由于它创造了直接的、个性化的顾客购物体验。而很少有直接营销者像亚马逊这样。

第一站

亚马逊：互联网上的沃尔玛？

当你想在网上购物的时候，你的第一反应很可能就是亚马逊。1995 年，杰夫·贝索斯在西雅图郊区他租来的房子的车库中，打开了亚马逊的"虚拟商务大门"——卖书。这个网络营销的先驱如今依旧在卖书——卖很多很多的书。当然，同时它也卖其他的东西，涉及生活的方方面面：从音乐、视频、电子产品、工具、家居、服饰、鞋、杂货以及儿童用品到零散的钻石和缅因龙虾。"我们拥有地球上最丰富的选择，"公司的发言人称。

仅仅用了 15 年，亚马逊就成为了网络上最负盛名的公司之一。在完美的网络销售领域，它重新书写了营销规则。很多分析家都将亚马逊看成是数字时代的商务模式代表。他们预言，终有一天亚马逊会成为互联网上的沃尔玛。

成立初期，亚马逊的业务呈爆炸性增长。它的年销售额从 1997 年的 1500 万美元骤增到如今的 190 多亿美元。在过去的 5 年中，尽管经历了全球的经济危机，但它的销售额的增长依旧超过了三倍。虽然亚马逊用了 8 年的时间，直到 2003 年才第一次赚回了全年的利润，但是到了今天，它的利润已经剧增了 18 倍。只 2008 年一年，销售额就增长了 29%，利润增长了 36%。在刚刚过去的那个节日期间，超过 8800 万的网上购物者在亚马逊网站上购物，网站平均每秒购物量是 72.9 个。一项研究统计表明，在 2008 年中，网上购物的顾客中有 52% 愿意在亚马逊开始自己的第一次网络购物。亚马逊销售量的 50% 都发生在海外。

是什么使得亚马逊成为全球最重要的直销商之一？最核心的，就是它坚持不懈的顾客导向。"所做每一件事都给客户创造真正的价值，"它的创始人杰夫·贝索斯说，"关注顾客所想并建立良好的顾客关系，钱就不请自来"。例如，在日本的一次促销，杰夫·贝索斯就穿着运送工人的制服，到顾客的家里安装货物。他的观点就是：亚马逊的每一样——从上到下——从始至终都是为顾客服务的。

每一个在亚马逊公司工作的人都会告诉你，这家公司不仅仅卖书籍或者 DVD 或者数码相机，它还要做得更多。它希望可以给顾客带来特殊的购物体验。"顾客体验真的很重要，"杰夫·贝索斯说，"我们致力于建立更好的商店，更易于购物的环境，你可以更多地了解产品，有着更充分的选择，同时你还能享受到更低的价格。如果你能把这些整合起来并做好，人们会说，'嘿，他们真的做到了。'"

同样，顾客们也做到了。大多数亚马逊的老顾客与公司有着令人吃惊的紧密联系，尤其是很多其他的公司完全没有考虑到实际的人际交往。亚马逊使每一个顾客有着其独特的购物体验。例如，亚马逊为顾客提供属于他们自己的个性化主页，并且网站还提供个性化的推荐功能，为不同兴趣偏好的用户自动推荐符合其兴趣需要的产品。亚马逊是第一个使用协同过滤技术的公司，该系统可以对顾客的购买记录进行分析，然后因人而异的提出合适的建议。"我们希望亚马逊成为最适合你的商店，"贝索斯说，"如果你有 8800 万顾客，你就应该有 8800 万家商店"。

每一个亚马逊的来访者都能体验到独一无二的混合价值：巨大的选择范围，优良的性价比，便捷的服务，以及被公司叫做"探索"的东西。仅以书店为例，亚马逊提供超过 300 万的可搜索书目，这比实体书店所能提供的 15 倍还要多。性价比来自于合理的价格以及购物累计超过 25 美元就免运费承诺。在亚马逊，你的购物会变得异常便捷，你可以找到任何你想买的东西，然后只需要轻轻点击鼠标，所有的这些远远小于你到当地商店找车位时所浪费的时间。

但是"探索"这个因素使得在亚马逊的购物体验独具特色。到一个网站上购物，你必须花上一定时间——看、学习，然后探索。亚马逊已经成为了一个网上社区，顾客可以在上面浏览物品，搜索要买的东西，和其他购物者分享见解和观点，还可以和专家或者作家在线聊天。所以说，亚马逊不仅仅是在网上卖东西，它创造了直接的、个性化的客户关系以及令人满意的网上购物体验。年复一年，亚马逊已成为美国消费者满意度指数（不分行业）排名数一数二的公司了。

事实上，由于亚马逊如此擅长于管理网络客户关系，很多传统的零售商开始向亚马逊求助，以帮助它们在传统的"钢筋水泥中加入鼠标"。例如，亚马逊帮助它的知名合作伙伴塔吉特和碧碧（美国知名女装成衣零售商）运营它们的网络界面。为了给顾客创造更多的选择和更便捷的服务，亚马逊允许零售商间的竞争——从不知名的小零售店到高档零售店玛莎百货——让它们在网站上提供产品，从而创造了一个虚拟的购物商场。亚马逊甚至鼓励顾客在网站上交易二手商品。

亚马逊始终如一地在寻找或者是创造新的方法使用网络力量和直接营销以增加更多的购物选择、价值、便捷以及探索。例如，Amazon Prime，亚马逊为会员每年只需要支付79美元，就可以享受到两日内到达的免费送货服务，如果需要转天送到则只需要再支付3.99美元。亚马逊现在提供音乐下载，该音乐文件不受数字权限管理技术（DRM）的限制，这就意味着，你可以自由、方便地下载歌曲。商家同样在亚马逊上为 iPhone 用户提供应用下载，这主要是为那些来去匆忙、没有时间购物的顾客服务的。

实际上在两年前，亚马逊就迈进了一个大胆的顾客便捷和个性化的阶段。它推出了 Kindle 电子阅读器，这是一个无线的阅读设备，可以下载书籍、博客、杂志、报纸以及相关的资料。这个无线电子阅读器外观上就像是一个手机，它比传统的纸质书籍更轻、更薄，使用者可以根据自己的喜好下载或购买书籍、杂志等——从《华尔街日报》、《时代》周刊，到最新热卖的《纽约时报》——不论你是悠闲在家还是行路匆匆，你都可以用不到60秒的时间将它们下载下来。Kindle 有着仿纸质的电子墨水（electronic-ink）界面，这样即使在强光下依旧可以顺畅阅读。Kindle 主要有两个版本，如今这种产品已经脱销了。

读了这段材料，你有什么感想呢？在不久的将来，亚马逊会不会成为网络上的沃尔玛？依旧非常有这样的可能。但是，不论最终结果如何，这个直接营销和网络营销的先驱者已经对营销产生了深远的影响。更重要的是，它为网络上的顾客体验设置了一个很高的门槛。"原因就是我们如此痴迷于顾客体验以至于我们相信（这也是我们的成功之处）我们已经被这种体验所驱动。"杰夫·贝索斯说，"我们不是大广告商，所以，我们从顾客出发，指出他们所期望的，然后指出如何达到这种期望。"

在前面章节中，我们提到的大部分营销和促销工具都是在大众营销的环境下发展起来的：瞄准广大的市场，通过中间渠道提供标准的信息、产品或者服务。然而现在，随着目标顾客的划分越来越细化，一对一的营销方式也逐渐成为趋势，很多公司都开始将直接营销作为主要的营销工具，就像案例中的亚马逊一样，或者将它作为其他方法的辅助工具。在这一章，就让我们一起来探索蓬勃发展的直接营销世界。

直接营销（direct marketing，又称直销）是与经过仔细筛选的目标顾客进行直接接触，以获得顾客即时反映并与其建立持久的客户关系。直销者与顾客进行的直接沟通通常是建立在一对一的、互动的基础之上的，利用详细的数据库资料，为顾客量身定制产品和沟通方式，以适应一个范围相对狭窄的顾客群，甚至是个别顾客的需要。

除了创建品牌和形象之外，直销者通常是在追求直接的、即时的、可测量的顾客反应。例如，开篇案例中提到的亚马逊，它就是通过它的网站直接接触顾客，让他们只需动几下鼠标，就能在互联网上寻找、购买他们所需要的任何产品。同样，盖可车险公司（GEICO），它是通过电话或网络直接与顾客进行互动，甚至到 Facebook 上提供报价信息、卖保险或者进行顾客服务。

14.1 新的直销模式

早期的直销者（目录公司、直邮商和电话营销商）搜集顾客名单，并主要通过邮寄和电话销售商品。但是今天，由于数据库技术的快速发展和新的营销媒体（尤其是互联网）的出现，直销发生了翻天覆地的变化。

在前面的章节中，我们已经把直销作为一种直接渠道（不包含中间商的营销渠道）进行过探讨。我们同样也把直销作为营销传播组合的一个因素（作为直接与顾客进行沟通的一种方法）进行过探讨。事实上，直销包含的范围要超过这两个方面。

大多数公司仍然把直销作为营销产品时的一种辅助的渠道或媒介。因此，雷克萨斯主要是通过大众媒体广告和高质量的经销商网络进行营销，但是，其也会使用直销作为辅助销售渠道。它的直销方式包括直邮给潜在顾客的促销性 DVD 和其他资料，以及为顾客提供有关各种产品的型号、竞争性比较、财务和经销商位置等信息的网页（www.lexus.com）。与此相类似，大多数的百货商店（如西尔斯和梅西百货）不仅将商品摆在商店的货架上进行销售，同样也通过直邮和网络目录进行销售。

但是，对于今天很多的公司而言，直销已经不仅仅是一种辅助性的渠道或者媒介了，尤其是它最新的变形——网络营销和电子交易——已经成为一种完整的新型商业模式。当大多数公司还是将直销和互联网作为一种辅助性方法的时候，一些公司却已经把它作为其唯一的营销方式。比如亚马逊、eBay 以及盖可车险就是围绕直销组建公司的营销方案的。这种直销模式迅速地改变着公司与顾客建立关系的方式。

14.2 直销的益处和成长

直销已经成为发展最快的营销模式。据直销协会（DMA）统计，美国 2009 年在直销上的总支出超过 1769 亿美元，占全年广告支出的 52%。2009 年，在所有产业中，在直销广告上平均每投入 1 美元，就会有 11.63 美元的收入增加额。换句说话，这些投入产生了大约 21 000 亿美元的销售额，占全美经济的 10% 左右。DMA 预测，一直到 2013 年，直销的销售额将以 5.3% 的速度增长，而美国全年的销售额的增长不过是 4.1%。

直销越来越具有网络导向性，互联网正在成为直销中快速增长的买、卖平台。虽然有数据显示，如今互联网销售仅占直接营销的 23%，但是，DMA 预测在今后的五年中，互联网营销的支出会以每年 13% 的速度增长，其增长速度会是其他直销媒介支出的三倍。互联网导向的销售额同样会以 13% 的速度增长。

不管直销是作为一个完整的业务模式，还是作为更广义上的整合营销组合中的辅助性工具，它确实给买方和卖方都带来了许多益处。

14.2.1 买方益处

对买方而言，直销便利、简单，并且是私人性的。直销者永远不会关门，顾客也不用外出忍受拥挤的交通，千辛万苦地找停车位，然后长途跋涉似地到各个商店找商品。有了直销模式，顾客们就可以待在舒适的家里或者办公室里，在白天或者晚上的任何时间浏览邮寄的目录和公司的网站。买方不再需要占用时间和销售人员交谈，就能获取全面的产品和服务信息。

直销为买方提供了接触国内外大量产品和服务的便捷途径。由于不受地理范围的限制，直销者几乎为世界各地的顾客提供了无限制的选择。相对于传统的营销商，网络上的销售提供了更多的商品分类和选择。例如，网上鞋子和饰品零售商 Zappos. com 储存的鞋子、手提包、衣服等超过 270 万种，涉及品牌达到 1300 多个，没有一家实体商店可以达到如此的规模。

同时，直销渠道还给买方提供了大量的相关公司信息、产品信息以及竞争者的资料。好的产品目录或者网站能以更有效的方式提供更有用的信息，这是零售销售人员无论怎么努力也达不到的。例如，亚马逊提供的信息量远远超过我们所能消化的：从排名 1 到 10 的产品名单，产品扩展性描述、到专家评论及顾客购买后的评价。西尔斯的产品目录就免费提供了极珍贵的产品和服务信息。事实上，你经常能看到西尔斯的销售人员在商店里向顾客发放产品目录以推销产品，那上面有着关于产品的详细信息。

最后，直销具有互动性和及时性——买方可以通过电话或者网站和卖方交流，告诉他们自己需要什么样信息、产品、服务。另外，直销也给顾客提供了更有效的控制手段。顾客可以自主决定登录哪个网站、浏览哪些产品目录。

14.2.2 卖方益处

对于卖方而言，直销是建立客户关系的有力工具。通过数据库营销，当今的营销者能够针对很小的顾客群甚至是个别顾客，定制产品或服务以满足个性化的需求，并且可以通过个性化的沟通方式进行产品和服务的促销。由于直销具有一对一的特性，公司可以通过电话或者网络与顾客进行直接的交流，以了解他们的需求、具体的产品和服务偏好。同样，顾客也可以就不懂的问题向卖方寻求解答，得到反馈。

同时，直销为卖方提供了低成本的、高效的、快捷的接近市场的方式。B2B 业务中直销的快速成长，在某种程度上是由于销售成本不断攀升造成的。在人员销售中，接触一个顾客花费的成本要超过 400 美元，因此如果不是为了接触非常有潜力的顾客或者对潜在客户进行访问，是不会轻易采用人员销售的。单次接触成本较低的媒介——如 B2B 电子商务市场、直邮和公司网站——被证明更有成本效率。

同样，网络直销使得成本更低，效率更高、物流和渠道更快速的掌控，比如在订货单处理、库存处理、物流等方面效果最为明显。比如像亚马逊、奈飞 DVD 影像租赁商城这样的直销商，都在极力避免库存、租赁、保险、水电费等带来的成本开销。

直销更具有灵活性。它允许销售人员根据情况调整价格和项目，或者制定及时的、个性化的服务。例如，以优良服务著称的西南航空运用高科技的直销工具——包括一个桌面工具和一个网络日志——在顾客的许可下将其嵌入到顾客的日常生活中去。

最后，直销为买方提供途径，接近那些他们通过别的方式都不可能接近的顾客。小一些的公司可以给外地的顾客邮寄产品目录，或者拨打 1 个"800 电话"以处理订单及查询。网络营销的确是一个连接买方和卖方的全球性媒介，身处不同国家的人只需轻击鼠标在短短几秒钟之内便可完成交易。来自巴黎或者伊斯坦布尔的顾客可以在网上浏览宾恩（L. L. Bean 国著名的户外用品品牌）的产品目录，就像是在零售商的所在地——缅因州的弗里波特一样。甚至一些小公司的营销人员意识到，他们已经准备好进军全球化市场。

14.3 客户数据库与直销

作者评论

直销开始于好的客户数据库。如果公司不了解它们的顾客，就不会走得太远。

有效的直销起始于一个好的客户数据库。客户数据库是有组织地收集顾客和潜在顾客个人的相关信息的综合数据，包括地理、人口、心理、行为等方面特征。数据库可以用来识别好的潜在顾客，为目标顾客量身定做产品和服务以满足他们的特殊需要，维持长久的客户关系。数据库帮助公司以全方位的视角来观察他们的顾客以及他们的行为。如果公司不了解它们的顾客，就不会走得太远。

在消费者营销中，客户的数据库可能包含顾客的人口特征（年龄、收入、家庭成员、生日），心理特征（行为、兴趣和观点），以及购买行为（近期的购买情况、购买偏好、购买频次、过去购买金额）和其他重要信息。在 B2B 营销中，对顾客的描述包括顾客已经购买的产品和服务，过去的购买数量和价格，关键的联络人（他们的年龄、生日、爱好和喜欢的食品），竞争对手供应商，现阶段所处的接触状态，预测顾客在下一年里的花费数额，对竞争者在向该顾客销售和服务时的优势和劣势的评价。

数据库中有一部分数据是非常庞大的。例如，全球最大博彩娱乐集团——美国哈拉斯娱乐公司（Harrah's Entertainment）拥有一套信息量达 700 兆的有价值的顾客信息数据，信息量大约是美国国会图书馆馆藏信息的 70 倍。这些数据被用来为顾客创造独特的客户体验。同样的，沃尔玛每天都随时地从每个顾客身上、每个销售品上、每家商店里捕捉信息。它的信息量超过了 2500 兆——这相当于 5000 万个档案橱柜里塞满了档案。

对于公司来说，数据库有着多种用途。它们利用数据库识别潜在顾客并创造销售机会。它们可以通过挖掘数据信息以了解更深层次的顾客特征，为细分市场中的顾客或个人提供适合他们的产品或服务。总之，公司的客户数据库是一个建立长期稳固强顾客关系的重要工具。

像很多其他的营销工具一样，数据库营销需要一些特定的投资。公司必须在计算机硬件、数据库软件、分析程序、沟通链接和有技术能力的员工等方面进行投资。数据库系统必须是用户友好型的，并且可以被各种各样的营销部门所使用，其中包括产品和品牌管理、新产品开发、广告和促销、直邮、电话营销、网络营销、现场销售、制定订单和顾客服务等部门。一个管理得当的数据库，其产生的销售和顾客关系所带来的收益应远远超过它要花费的成本。

14.4　直销的形式

直销的主要形式（如图 14-1 所示）包括人员销售、直邮营销、目录营销、电话营销、电视直销、售货亭营销，新数字技术直销以及网络营销。在第 13 章我们已经深入地研究了人员销售。在这里，我们研究一下其他的直销方式。

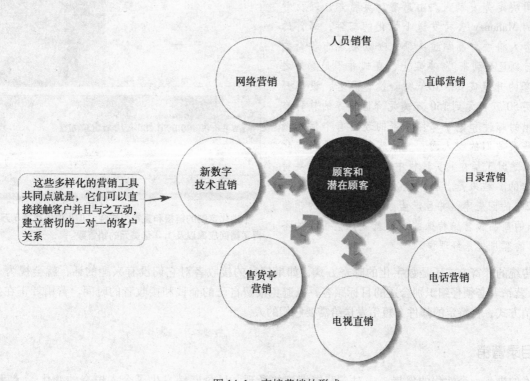

图 14-1　直接营销的形式

14.4.1　直邮营销

直邮营销（又称直邮）是向留下详细居住地址的人邮寄产品或者服务、广告、备忘录或者其他的东西。利用高度选择性的邮寄名单，直销公司每年寄出上百万的信件、广告、小册子、样品、视频和音频磁带、CD 以及其他的"带着翅膀的销售员"。直邮是目前应用最广泛的直销媒介。据 DMA 报告显示，直邮营销（包括目录邮寄和非目录邮寄两种）占直销媒体总支出的 34%，其销售额占直销总销售额的 29%。

直邮非常适合直接的、一对一的沟通。它允许有高度的目标顾客选择性，可以个性化定制，非常灵活，结果也很容易测量。虽然它的每千人的接触成本高于如电视或者杂志这样的大众媒体，但它却能更好地接触到潜在顾客。使用直邮营销，能成功地促销任何种类的产品，从书籍、杂志、保险，到礼品、服装、美食和工业产品。慈善机构也大量使用直邮，每年能募集到几十亿美元的善款。

一些分析人员预测，在未来几年，作为传统营销模式的直邮营销的使用率将会下降，更新的数字营销模式将取而代之，如电子邮件营销和手机营销。尤其是电子邮件营销，作为直销工具已经蓬勃发展起来。当今新的电子邮件广告使用卡通、互动链接、流放电视，以及个性化视频等工具以吸引眼球。相较于传统的邮局"蜗牛邮件"，使用电子邮件、手机等新模式的直销营销传送速度简直是快得惊人，其成本也更低。我们将在后面的章节中详细介绍电子邮件和手机营销。

然而，虽然新的电子邮件营销获得了顾客极大的欢迎，但是，传统的邮寄营销依旧被更广泛地使用着。相较于邮件营销，邮寄营销具有一些显著的优势。"邮寄广告提供了可触摸的、有形的价格载体。"一个分析师说。"邮件太容易被删除了，"另一个分析师说，"信件是真实的、可触摸的，它比一封空洞的电子邮件更能显示出对你的尊重。"

传统的直邮如果能和其他的媒介相结合，比如公司网站，其效果将会更加明显。例如，现在一些公司直接向顾客发送个性化的网址——比如 www. intel. com/John. Doe——这也引导了个人网站发展的潮流。请看下面的例子，并认真思考：

当很多公司对计算机升级还一头雾水的时候，美国 JDA 软件公司决定先发制人。由惠普、英特尔，以及营销公司组成的 Mahoney 公司发送个性化的邮件，邮件的内容是一个男人将手臂高举过头顶，呼喊着"布鲁斯施瓦茨，这一时刻已经到来。"事实上，直邮并不是意外之举。根据顾客的升级安排，JDA 精心挑选顾客，设想哪些顾客会购买 50 万美元到 150 万美元价值不等的软件套装。和个性化的邮件和电子邮件邮寄的还是有个性化域名，让顾客登录他们的个人网页。顾客只要登录个性化域名网站可以随时了解在购买过程中 JDA、惠普以及英特尔是如何工作的。结果是什么？这次花费 5 万美元的行动产生了 9.2% 的回应率，并且产生了 1.3 亿美元的销售额。"把特殊的商品销售给特殊的人群就成产生很大的不同，"英特尔的客户关系经理说。

个性化定制的链接和直销相结合，JDA 仅仅花费 5 万美元就获得了高回应率以及 1.3 亿美元的销售额。

不论是传统的邮寄方式还是数字化的邮寄方式，如果信息的接收者对它们没有兴趣的话，就会视为"垃圾邮件"。因此，营销者必须仔细识别合适的目标顾客，以避免浪费自己的金钱和接收者的时间。营销者正在探索一种许可式的营销方式，将特定的邮件、短信发送给需要它们的人。

14.4.2 目录营销

随着技术的进步，个性化的发展，一对一营销潮流的涌现，目录营销发生了令人振奋的变化。《目录时代》（*Catalog Age*）曾经把目录定义为"一种印刷的、至少有 8 页纸装订在一起的本子，能营销多种商品，并提供直接订购机制。"如今，仅仅是在几年之后，这种定义已经很遗憾地过时了。

随着互联网的快速发展，越来越多的目录都已经电子化了。各种各样基于网络的目录开始蓬勃发展起来，而且，大多数印刷目录商已经在自己的营销组合中增加了以网络为基础的目录。例如，你可以点击宾恩官方网页上的目录链接，在网上浏览最新的目录名单。基于网络的目录消除了生产、印刷及邮寄成本。网络目录可以涉及几乎所有的商品，而相较之下，印刷版的目录就有了局限性。还有一点，网络目录具有实时性——产品描述及特性可以根据实际情况变更或增加，以与销售更加匹配。

尽管基于网络的目录有着诸多优势，但未免有些夸大了，实际上，印刷目录依旧是主流媒介。为什么各公司在这个新到来的数字时代里没有抛弃古老的纸质目录？因为印刷目录是一种最好的推动网络营销的工具。"目录本身就像是一辆广告宣传车，它可以让更多顾客更容易找到、登录相关的网站。"宾恩的营销人员说。近期的研究表明，有 70% 的网络购物来自于目录的影响。甚至那些纯粹的网络零售商，如 eBay 和 UncommonGoods，也开始使用目录以引导网上购物。零售商说，每年增加的网上购物者中有 13% 源于目录邮寄，有大约 43% 的目录顾客依旧选择网上购物。

另外，纸质目录还可以与顾客创造一种情感上的关联，这是简单的网络销售无法达到的。例如，时隔 14 年之后，西尔斯最近又推出了它的商品百科目录。据西尔斯的营销运营官说，很多顾客都有一种怀旧情结，他们怀念那个翻阅报纸的年代，怀念那个期望被圣诞老人关注的年代。

14.4.3　电话营销

电话营销包括利用电话直接向消费者和商业顾客销售商品。电话营销占直接营销总销售额的 17%。我们对直接针对消费者的电话营销很熟悉，实际上，电话营销也广泛地应用于公司对公司业务中，其所占销售额超过总电话营销的 56%。

营销者用打出电话直接向消费者和商业顾客销售产品，而用以"800"开头的免费电话接收电视广告、印刷广告、直邮或者目录订单。800 免费电话是近年来才开始使用的，但是随着越来越多的公司都开始使用这个号码，现在的使用者就增加了如免费传真号码等新的特征。为了适应电话营销的这种快速发展，新的免费地区性号码，如888、887、886 也出现了。

经过正确设计和定位的电话营销能给消费者提供很多好处，如使购买更加便利，可以获得更多的产品和服务信息。但是，最近那些未经允许的电话营销的暴增已经惹怒了众多消费者。他们严厉地抗议那些几乎每天都要把他们从餐桌上拉开或者充斥着留言机的"垃圾电话"。

在 2003 年，美国联邦贸易委员会（FTC）针对这一问题，制定了相关法案。法律禁止大多数电话营销者拨打已注册的电话号码（当然，大众依旧可以接到非营利组织、政府和有业务往来公司的电话）。这一举措得到大多数人的拥护，至今，有将近 3/4 的美国人在 www. donotcall. gov 上或者通过拨打 888-382-1222 注册了他们的电话号码。那些违反免骚扰电话法律的公司每次将会处以 11 000 美元的罚款。因此，据美国联邦贸易委员会的发言人说，"这一举措卓有成效。"

免骚扰电话法案确实对电话营销行业造成了一些损害，但是也不尽如此。两个主要的电话营销模式——针对消费者的打进电话销售和针对商业顾客的打出电话销售——的发展势头依旧很强劲。电话营销也依旧是非营利机构和政府组织募集资金的主要方式。然而，很多电话营销者开始转变营销方式以抓住新的顾客群，如他们通过直邮、电视直销、实时抽奖聊天等吸引消费者主动打进电话。

事实上，免骚扰电话给直接营销者带来的益处要远远大于其带来的损害。以前，电话中心冷冰冰的电话营销总是引起消费者的强烈不满，现在，很多营销者开始转变，他们努力对客户关系进行管理。他们正在开发一种叫做"选择-加入"的电话系统，为顾客提供有用的信息，而这些顾客已事先通过电话或者电子邮件与公司有过接触。"这种营销策略和电话营销的效果一样好，甚至还要更胜一筹，"一位分析家说道，"这种选择-加入的模式比旧式的侵略性的营销方式更有价值。"

同时，那些违反免骚扰电话法规的营销者逐渐变成了目标顾客权益的维护者，用同样源源不断的电话和短信"回报"那些违规公司的电话系统。

14.4.4　电视营销

电视营销主要有两种形式。第一种是电视广告直销（DRTV）。直销商在电视上进行宣传，通常持续 60～120 秒的时间，说服性地描述某一种产品并给顾客提供一个免费拨打的电话号码以订购商品。电视观众经常会遭遇有关一个产品的长达 30 分钟的广告项目或者信息资讯。

成功使用电视直销广告的公司可以取得更高的销售额。例如，博飞健身器（Bowflex）就在它的信息销售中盈利超过 13 亿美元。鲜为人知的电视直销公司——高西－伦克公司（Guthy-Renker）帮助高伦雅芙推广治疗痤疮的解决方案，使得高伦雅芙（Proactiv）的品牌大获成功，使其每年的销售额增加了 8.5 亿美元，顾客增加了 500 万人次（相较之下，每年美国药店治疗痤疮产品的总销售额仅 15 亿美元）。高伦雅芙难以置信的成功来源于强大的、千篇一律的信息输送：广告的主人公兴奋地、滔滔不绝地讲述高伦雅芙是如何帮他清理肌肤的。"现在，我的皮肤又干净又光滑，"塞雷纳威廉说，"你也可以！"

电视直销广告似乎都是和看起来好像有点问题的东西联系在一起，比如清洁剂、去污剂和其他厨房小用具以及无须努力锻炼身体就可以保持好体形的秘诀。例如，在过去的几年中，出现了叫卖式的电视直销广告，如 Anthony Sullivan（销售黑旋风无线清洁器、花园钻），也有平缓述说型的广告，如 Vince Offer（ShamWow 的麂皮布）这些物品的销量正如电视中所说，已经达到了几十亿美元。像 Oxiclean，ShamWow 以及 Snuggie（毛毯衣）这样的品牌已经成为电视直销广告的经典。

但是，近年来，很多大公司——从宝洁、戴尔、西尔斯、迪士尼、博士音响、露华浓到苹果、可口可乐、AB 公司，甚至是美国退休者协会和美国海军——已经开始利用电视广告直销它们的产品，向顾客推荐零售商，发放优惠券和产品信息，或者吸引购买者访问它们的网站。例如，可口可乐就曾用电视直销广告推销其"我的可乐奖品"活动。

最近的经济危机也给了电视广告直销一个很大的发展契机，顾客对价格变得越来越挑剔，经销商也努力通过使用更低成本的电视媒体以降低生产成本。以至于在 2008 年，美国全年的广告支出整体下滑，而电视广告直销的支出却提到了 9%。不像其他的媒体活动，电视广告营销通常包括一个免费电话或者网址，或者是 SMS 号码（为手机用户提供的短信服务号码），使得营销者很容易测量消费者是否注意到了这些广告。一位专家注意到，"在一个注重及时反馈的商业环境中，直接反应效率是最适合的评估手段——营销人员可以追踪广告产生的电话和网站点击率。他们可以运用电视直销广告来建立品牌知名度，同时产生销售机会和销量。"

家庭购物频道——电视直销的另一种形式，是专门为销售商品和服务二设立的电视节目或整个电视频道。一些家庭购物频道（如 QVC 电视购物、家庭购物网络 HSN 和购物 NBC）全天 24 小时连续播放。节目主持人会展示很多价格优惠的商品，从珠宝、灯具、收藏玩具、服装到动力工具和电子产品。观众可以通过免费电话或者在线购买商品。随着有线电视和卫星电视的普及，最大的三家购物电视网络结合起来能覆盖 2.48 亿户家庭。

尽管家庭购物频道的形象低俗，但它已经发展成为一种高度复杂但非常成功的营销手段。例如，HSN 就因其产品和推销而著名，它将电视营销与成熟的网络营销结合起来，建立了稳固的客户关系。

想知道美式餐厅时如何用大豆、香菇、糙米为辅料做一道美味的清蒸鲑鱼吗？点击 HSN. com 上的两分钟视频，一个容量 5 杯的电饭煲将会呈现在你面前。这个电饭煲以 24.9 美元全天候在 HSN 的电视频道和网站上销售。"制作过程中你不需要打开它，"首席运营官帕克在网上边示范边说。值得注意的是，HSN 的方式是全新的、低调的销售。HSN 舍弃了过去 31 年中一直使用的叫嚣式推销方式，也在逐渐摆脱质量低劣的形象，如今，HSN 已经转变成如丝芙兰化妆品和 7 For All Mankind jeans 那样的主流品牌。社会名流和企业家，包括帕克、室内设计师柯林和曼加诺，以及 HSN 中非常受欢迎的原型衣架的发明人，都会受邀在 HSN 的某个时段做客。他们与那些打进电话说着溢美之词的顾客聊天——曼加诺经常兴奋地将那些热心观众称为"亲爱的"——而不仅仅是推销产品。HSM 努力成为女性听众的"闺蜜"，HSN 的 CEO 说："这不仅仅是一个交易型的关系，它已经产生了一种情感上的关联。"

14.4.5 售货亭营销

随着消费者越来越对电脑和数字科技越来越习惯，很多公司开始安置信息和取得这些信息的机器——被称为售货亭（Kiosk）（与销售实际产品的贩卖机相比）——放在商店、机场和其他地方。如今，很多地方都安置了售货亭，从自助式旅馆服务台、航线查询设备到店内售货亭（让你不必到商店里购买商品）。

在柯达、富士和惠普的商店内装设的购物亭，能让客户把图片从记忆棒、手机和其他数字存储设备中转移出来，并对图片进行编辑，最终进行高品质的彩色打印。设在一些希尔顿酒店大堂的购物亭，可以让客人查看预订的房间，领取房间钥匙，查看抵达前的信息，登记入住和退房，甚至更改分配好的航班座位和打印任意 18 家航空公司的登机牌。在纽约的捷蓝机场上，顾客可以通过 200 多台终端触摸屏预定食品和饮料，然后送到他们面前。15 000 多台 "Redbox" DVD 自主租碟机出现在麦当劳、沃尔玛、沃尔格林药店以及其他的零售商店面里。顾客可以通过触摸屏选择想要租赁的碟片，然后插入信用卡或者借记卡以 1 美元/天的价格租借。顾客甚至可以在网上预定 DVA，以确保他们不会白跑一趟。

商业营销者也使用售货亭。例如，陶氏化学公司的交易会上设立售货亭，以收集订单并提供自己 700 种产品的信息。售货亭系统能从编码的注册标志中读取顾客信息，并能生成技术资料报表，它既可以在售货亭打印出来，也可以传真或邮寄给顾客。该系统使合格的交易订单增加了 4 倍。

14.4.6　新的数字直销技术

今天，由于大量新的数字技术的出现，直销人员可以随时随地与消费者接触和互动。在这里，我们研究几个令人兴奋的新型数字直接营销技术：手机营销、音频播客和视频播客以及互动电视（ITV）。

1. 手机营销

如今，有超过 27 亿的美国人定制了无线服务，因此，很多营销者将手机看成第二大直销媒体。在美国，有大约 87% 的顾客使用手机，这其中又有 60% 的人使用手机收发短信。现在，定制服务的顾客中有 20% 的人使用手机浏览网页，而这一数字在未来五年内会提高到 40%。在最近的 30 天内，大约有 23% 的手机使用者会浏览发到手机上的广告，有差不多一半的人会对广告做出回应。

最近的一项研究表明，美国手机广告的支出会从现今的 31 亿美元增长到 2013 年的 288 亿美元。目前，各类营销人员——从百事可乐、耐克、汉堡王、丰田、诺德斯特龙公司到当地的银行或超市——都在将手机纳入其直销活动。手机促销包括从铃声赠品、手机游戏、广告支持的内容到零售商的折扣信息、购物券、礼品赠送、网络论坛等的一切活动。

手机直销能最大程度上提高买者的顾客体验度。例如，在 Fresh Encounter、a Findlay、Ohio 或者杂货店，顾客可以使用短信订餐。

和其他的食品零售商一样，Fresh Encounter 努力为购物者解决日常生活中很麻烦问题，比如：晚饭吃什么？于是，这个有着 32 家连锁店的零售商推出了一个独一无二的策略：发送短信提示到加入 Text – N – Save 手机广告计划的手机顾客。例如，就在上个月，Fresh Encounter 每周四和周五下午 2 点给顾客发送短信，连锁店在当天下午 5 点之后提供烤鸡。"我们问他们'晚饭吃什么呢？'如果他们自己也不知道，我们会问他'3.99 美元的这个怎么样？'" Fresh Encounter 的执行官埃里克·安德森说。

参与手机广告计划的顾客在每周六还会收到短信优惠券，从免费商品（如牛奶、软饮料）到购物满 50 美元（或者更多）优惠 5%。这种优惠券是由店家定制的。在结账的时候，顾客只需要将手机交给收银人员，显示短信中的 PLU 码即可。这种方式的回头率简直"惊人"，安德森说——能达到 20% 多。购物者也不可避免地要买些其他的东西。当 Fresh Encounter 总是在相同的时刻发送这种信息的时候，就像是烤鸡的促销，回头率能超过 30%。

然而，作为直销手段的一种，使用手机营销的公司必须冒着惹怒那些已经对广告厌恶至极的顾客的风险。"谁都不想每两分钟就被广告打扰一次"，一位手机营销的专家说。"商家必须要聪明一些，用一种聪明的方式在手机上做广告。"关键就是要想顾客提供有用的信息和优惠券，这样他们就会有点击的欲望和打电话的冲动。一个调查表明，42% 的手机用户对与自己有关的广告表示欢迎。

2. 音频播客和视频播客

音频播客（podcast）和视频播客（vodcast）是最新的在线点播技术。播客的名称来自于苹果公司的畅销产品——iPod。有了播客，消费者可以通过互联网将音频文件（音频播客）或视频文件（视频播客）下载到 iPod 或其他手持设备上，然后可以随时随地收听或观看它们。他们可以通过像 iTunes 这样的网站或播客网络，如 PodTrac、Podbridge 或 PodShow 搜索播客节目。如今，你可以下载大量不同主题的音频或视频播客节目，从你最喜爱的广播节目、最新的情景喜剧、体育赛事到最新的音乐视频，或者是百威的商业片。

营销实践 14-1

手机营销：请给我打电话，或者我打给你

你正在当地的百思买挑选 GPS 系统。在 Garmin nuvi 350 和更便宜的一款中你摇摆不定地挑选着，但是你并不知道百思买有着最优惠的价格。同样，你还想知道其他使用者对这两个品牌的评价。没有问题，只要掏出 iPhone，然后启动亚马逊的应用程序，你就可以浏览你想了解的品牌信息以及顾客评价，还有相较于 GPS 系统在亚马逊上的价格。这个程序还有快照功能，你可以把实物用手机拍照下来，亚马逊就自动在网上搜寻类似的销售图片。如果亚马逊可以提供更优惠的价格，你可以直接用这个程序选择购买。

欢迎来到手机营销的新世界。现在新的智能手机已经改变了我们的生活方式——包括我们的购物方式。随着我们购物方式的改变，它们同样也改变了营销模式。

顾客的数量的不断增加（尤其是年轻顾客），他们把手机当做"第三屏幕"，用来发短信、无线网络冲浪、看下载的视频和电影、或者查看邮箱。据一位专家说"手机……是各种设备的混合体，一种数字化的瑞士军刀将其分割为游戏、音乐、电视直播、网络浏览器、噢，对，还有广告。"手机营销协会的主席说："手机成为'第一屏幕'只是时间问题。"据另一位行业专家说：

手机和无线设备已经悄悄地成为了最热门的营销前沿，尤其是对那些 18～34 岁的目标客户来说。电视网络已经成功地刺激观众发送短信为最喜欢的电视节目投票。无线网络也在体育比分和文章摘要等信息中点缀有丰田雷克萨斯、汉堡王、喜来登的横幅广告。一些公司甚至开始制作个性化的 10 秒钟视频广告，或者电视短片，以植入手机。对于广告商来说，年轻的观众就是其销售对象。

无线装置是无时不在的配件。事实上，电话与个体的绑定意味着广告能够直接到达目标客户那里。而且消费者能够对有时间要求的信息做出及时的响应。手机非常的个性化，而且它总是在你身边。

大大小小的营销商都在把手机营销植入到他们的直销组合中。沃尔玛利用短信发布打折信息，你可以点击短信上的链接到它的移动网站上查看详情。联合利华发出意大利面酱、多芬沐浴露、拜耳冰激凌和其他一些商品的手机优惠券，只要在柜台拿出手机，收银员会扫描屏幕上的条形码。当你输入资料并晃动手机后，塔吉特的"礼品地球仪"——苹果手机的应用程序会根据接受者的年龄和性别给出礼物建议，而且建议的礼品会显示在屏幕上。你也可以用这个应用程序连接塔吉特的网站去购买商品或是找到离你最近的商店。

除了能帮助你购买物品，其他手机营销应用程序还能向你提供有用的服务、信息甚至是娱乐。美洲银行的手机银行程序能够让你查看收支情况、进行转账，甚至可以通过手机定位系统找到最近的 ATM 取款机。为了娱乐，奥迪汽车制造商提供奥迪 A4 驾驶挑战赛游戏，其特点是微型奥迪 A4 在不同行驶路线上行驶，你可以通过手机向左、右倾斜操控路线。奥迪公司声称自发布以来此应用程序已经被下载近 300 万次，为奥迪 A4 手机网站招揽了 40 万游客。

在收到手机广告信息时，大多数消费者的第一反应是表示怀疑。好像在说："不要来找我，如果有需求我会去找你（是的，确实如此）。"但是，如果这些广告给他们传递的是有价值的信息，如购物信息、娱乐目录，或者是他们所钟情产品和服务的折扣信息或购物券等，他们的观念就变了。大多数的手机营销人员都专注于自愿选择或者下载应用程序的这一类目标顾客群体。在日益扩张的手机营销领域，除非顾客真正感知了价值，否则他们不会采取任何行动。因此，营销人员所面临的挑战就是：开发真正有用的手机营销应用程序，使得顾客会说："来找我吧，或者我去找你。"

资料来源：Adapted extract, quotes, and other information from Joseph De Avila, "Please Hold, My Cell Phone is Buying a Gift," *Wall Street Journal*, December 9, 2008, p. D1; Todd Wasserman, "I'm on the Phone!" *Adweek*, February 23. 2009, pp. 6-7; Alice Z. Cuneo, "Scramble fot Content Drives Mobile," *Advertising Age*, October 24, 2005, p. S6; Jan Arnoft, "Wising Up to Smart Phones," *News&Observer* (Raleigh), April 22. 2009, p. 5B; and Carol Angrisani, "Priced to Cell," *Supermarket News*, June 1, 2009, p. 28.

最近的一项研究表明，美国的音频播客观众人数将从 2005 年的 600 万增长到 2013 年的 3800 万。因此，这一新兴媒体吸引了营销者的眼球。音频播客和视频播客已经以播客广告、下载广告、信息专栏以及其他方式整合到了直接营销中。

例如，迪士尼世界度假区（Walt Disney World Resort）每周都提供各种主题的播客，包括"幕后游"、访问、即将举办的活动以及关于新景点的新闻。新的播客会自动下载到订阅者的电脑上，这样，他们就可以很方便地观看和共享它们。雀巢普瑞纳（Nestle Purina）发行了有关动物训练和行为问题的播客。它建议顾客"带着播客上路"，当小猫或者小狗的举止有些古怪时，他们可以与兽医一起讨论关于宠物的健康问题，普瑞纳就是为你提供这样服务的播客。

3. 互动电视

互动电视（ITV）让观众可以利用遥控器与电视节目和广告进行互动。在过去，互动电视一直没有流行起来。但是，这项技术在营销领域却稳步发展起来了。研究表明，观众与互动电视的互动水平远远高于 30 秒的插播广告。一项最近的民意调查显示，有 66% 的观众对这种互动式商业产品很感兴趣。同时，卫星广播系统——如 DIRECTV 和时代华纳——的发展使得互动电视成为可能。

互动电视让营销人员有机会以一种互动、参与度更高的方式与目标顾客接触。比如，互动电视和达美乐比萨合作推出了一项服务，顾客在观看达美乐的商业片过程中，可以通过安置在电视上方的数字录像机（TiVo）盒订购比萨，当 TiVo 弹出的 FLASH 广告时，如果消费者想买比萨，就可以通过达美乐的订购界面直接订购。耐克为了宣传 Nike Zoom 系列训练跑鞋的"Quick Is Deadly"，其采取的营销方式中有一项就是在卫星电视供应商 Dish Network 生产的数字录像机上（DVR）有超过 30 分钟的与观众的互动。

在活动中，Dish DVR 的使用者可以点击 30 ~ 60 秒的电视预告片，预告片的开始是来自 San Diego Chargers（圣迭哥电光队）的明星跑锋 LaDainian Tomlinson 以及其他脚穿耐克跑鞋的运动员。之后观众可以选择观看足球明星谈论他们的训练心得，观看 Tomlinson 在不同速度时的疾驰姿态，以及耐克为观众设计的控制遥控器的放松类节目，还有 Zoom 系列鞋的三维演示。耐克同样会让其签约的其他运动员做类似的互动广告，包括篮球巨星史蒂夫·纳什，田径选手 Lauren Fleshman，著名短跑选手阿萨法·鲍威尔和萨尼娅·理查兹，以及网球选手拉斐尔·纳达尔。通过使用每个录像单元上的邮政编码，顾客可以通过点击按钮找到取鞋子的商店。活动停止了观众通过设置购买鞋子这项功能，虽然技术上可以达到这样的要求。"我们要做的就是把互动做到尽善尽美，"耐克广告的导演说。

手机营销、音频播客和视频播客以及互动电视为营销者提供了令人兴奋的直销机会。但是营销人员必须谨慎、明智地使用这些新的营销方法。营销人员在使用这些方法时，也会和使用其他直销形式一样，存在被消费者抵触的风险，消费者可能会觉得这种方式侵犯了他们的隐私。营销人员必须谨慎地关注其直销的影响，应该为消费者创造真正的价值，而不是给他们的生活造成不必要的干扰。

14.5　网络营销

如前所述，**网络营销**（online marketing）是发展最快的直销方式。最近的技术进步创造了一个数字时代。互联网和其他强大新技术的广泛应用对买方和服务他们的营销人员都产生了巨大影响。在本节中，我们将研究营销策略和实践是如何改变以利用互联网的技术优势的。

作者评论

在线直销加速增长——大概每年增速 16%。互联网已经占据直销销量的 20%。

14.5.1　营销和互联网

今天，世界上的许多企业都推出了连接个人和公司的数字网络。互联网（Internet）是一个由没有中心管理权和从属权的电脑网络组成的巨大的并发展迅速的全球网络系统，将世界各地形形色色的用户联系在一起并形成令人惊讶的大型"信息储存库"。网络已经从根本上改变了顾客对便捷、速度、价格、产品信息以及服务的看法。互联网为营销人员提供了一种为顾客创造价值和建立客户关系的全新方法。

互联网的使用量和影响持续稳步增长。2008 年，美国互联用家庭用户渗透率达到了 75%，有超过 2.21 亿的用户的家里或者在工作中使用互联网。平均每个美国人在家里或者在工作中要花上 61 个小时在网上。在全世界来说，有超过 15 亿人使用网络。另外，在最近的调查中发现，有 33% 的美国人选择将网络作为自己生活中第二重要的媒体——紧跟在数值为 36% 的电视之后。然而，互联网已经成为"最酷、最令人兴奋的媒体。"

所有类型的公司已经开始在网络上营销。纯粹点击型公司是指只在互联网上运营的公司。这类公司的范围很广，从网上零售型的亚马逊和 Expedia 这种通过互联网直接销售产品和服务的公司，到搜索引擎和门户网站（如雅虎、MSN），交易网站（eBay）和评论网站（《纽约时报》网络版，ESPN.com，以及在线不列颠百科全书）。经过了 20 世纪 90 年代发展初期的狂热和动荡，很多纯粹的点击型公司正在重新审视今天的网络营销市场。

随着互联网的发展，那些纯粹的点击型公司的巨大成功使得现有的"砖头加水泥"型制造商和零售商开始重新审视其服务市场的方式。如今，几乎所有的传统型企业都建立了自己的在线销售和沟通渠道，成为了"鼠标加水泥"型的公司。如今已很难找到哪一家公司不使用互联网了。

事实上，很多"鼠标加水泥"的公司比纯粹的点击型公司取得了更大的成功。在最近的前十名网络营销网站中，只有两家是点击型零售商。其他的都是混合型零售商。例如，欧迪办公（Office Depot）为 48 个国家的 1 000 多家办公用品超市提供办公用品，年销售额达到 145 亿美元。但如果当你知道欧迪办公如此快速的发展不是来自于传统的"砖头加水泥"渠道，而是来自于互联网的时候，你一定会大吃一惊。

欧迪办公的线上销售额近年来呈直线增长趋势，增长幅度到达了 33%。网络上的销售使得欧迪与大大小小的顾客建立起了更深的、更具有个性化的客户关系。例如，像宝洁或者 GE 这样的大公司，欧迪就以折扣价格卖给它们产品，同时，欧迪也接受公司部门或者个人的订单。同时，为了鼓励各公司使用欧迪的办公用品。甚至是最小的公司，都可以享受到欧迪 24 小时的线上方便快捷的服务。更重要的是，欧迪办公并不会与商店里的销售竞争。相反，欧迪网站的实际用途是建立一个商店交通以帮助顾客可以搜索、找到当地的商店购买商品。作为回报，当地的商店也通过店内的自动售货亭宣传欧迪网站。如果顾客没有在货架上找到他们所需的商品，

鼠标加水泥型营销：没有纯粹的点击型或者水泥型销售商可以与欧迪这种"鼠标加水泥"型公司相匹敌。

他们可以通过售货亭在欧迪的网站上快速地找到。因此，现在欧迪拥有全方位的接触点和传递模式——网络、电话、传真和在商店。没有纯粹的点击型或者水泥型销售商可以与欧迪这种电话、鼠标的"鼠标加水泥"型公司相匹敌。

14.5.2 网络营销领域

图 14-2 展现了四种主要的网络营销领域：B2C（business-to-consumer）、B2B（business-to-business）、C2C（consumer-to-consumer）以及 C2B（consumer-to-business）。

1. 公司对顾客（B2C）

近年来，市场对公司到顾客的电子商务（B2C）给予了越来越多的关注，B2C 是指通过互联网为最终消费者提供产品和服务。现在的消费者几乎可以在网上购买任何东西——从衣服、厨房用具、机票到电脑和汽车。甚至是在经济危机的余波里，消费者的网上购物金额也还是以一个健康的速度在持续增长。大约有超过一半的美国人会在网上购物。2009 年，美国网上零售额达到了 1410 亿美元，比上一年增长了 13%。

	瞄准消费者	瞄准企业
由企业推动	B2C (business-to-consumer)	B2B (business-to-business)
由消费者推动	C2C (consumer-to-consumer)	C2B (consumer-to-business)

图 14-2　网络营销领域

也许更重要的是，网上销售额（在线交易的销售额加上由网上研究刺激的离线交易额）占零售总额的 35%。大约有 81% 的消费者在购物前先到互联网上对所购商品进行搜索。2010 年，消费者的网上消费额将占零售总额的 50%。因此，聪明的营销人员正在采用整合的多渠道策略，运用互联网刺激其他营销渠道的销售。

但是，网上消费者在其购买方式和对营销活动的反应方面，与传统的离线消费者不同。在互联网交易的过程中，由消费者发起并控制交易活动。传统的营销活动瞄准的是（从某种意义上说）消极、被动的受众，而网络营销针对的是那些积极、主动选择浏览页面的人们。他们自己决定在什么条件下接受有关什么产品和服务的何种营销信息。所以，网络营销的新世界需要更多的营销方法。

2. 公司对公司（B2B）

尽管媒体和大众都将关注的目光投向了公司对顾客的网站，但 B2B 的电子商务还是蓬勃发展了起来。B2B 网络营销是指营销人员采用 B2B 交易网络、拍卖地点、现场交易、网上商品目录和其他的网络资源来开发新的顾客，或为现有顾客更有效地服务，达到更高的购买效率和更有竞争力的价格。

大多数主要的 B2B 营销者都在网上提供产品信息、客户采购以及客户支持服务。例如，企业购买者可以访问思科系统公司的网站（www.cisco.com），选取对思科公司的产品和解决方案的详细介绍，索要销售和服务信息，并且与公司员工互动交流。一些大公司几乎在网上处理所有的业务。网络设备和软件制造商思科公司有 80% 的订单来自网上。

除了简单地在网上销售产品和服务，公司还可以运用互联网与重要的企业客户建立更牢固的关系。例如，戴尔公司已经为全球超过 113 000 家企业和机构客户建立了定制网站。这些个性化的 Premier Dell. com 网站帮助企业客户更有效地管理其购买和使用戴尔电脑的所有阶段。每个客户的 Premier Dell. com 网站可以包括一个定制的在线电脑商店、采购和资产管理的报告及工具、特定系统的技术信息，还能与戴尔公司所有网站上的有用信息连接，等等。该网站有客户与戴尔公司进行交易时所需要的所有信息，客户可以随时随地获取这些信息。

3. 顾客对顾客（C2C）

许多 C2C 网络营销和沟通发生在对同类产品以及主题感兴趣的在线群体之间。在某些情况下，互联网为消费者提供了很多便利，帮助他们直接购买或是交换产品和信息。例如，eBay, Overstock. com Auctions, 以及其他的拍卖网站提供了受欢迎的市场，可以展示和销售几乎任何产品，从艺术品和古董、硬币和邮票、珠宝到计算机和消费电子产品。

eBay 的 C2C 在线交易社区在全世界拥有 8100 万注册使用者（比法国、西班牙和英国的人口总数还要多），2008 年交易额达到 600 亿美元。在任何一天，公司的主页上都会有 1. 13 亿个类别的 50 000 万种物品等待拍卖。这种 C2C 站点为营销者提供了接触大量顾客的途径，远远超过了当地的跳蚤市场或者报纸分类广告（跳蚤市场和报纸分类广告如今也和 Craigslist. com 与 eBay 的 Kijiji. com 一样在互联网上开展业务）。由于 eBay 在 C2C 市场的巨大成功，它也吸引了许多 B2C 的厂商——有沿街叫卖的小企业，也有希望清空库存的大企业。

另一方面，C2C 提供网络论坛吸引有共同兴趣的人群进行信息交换。不同的论坛和社区将具有不同兴趣的人进行分类和聚集。这类社区有些是出于商业目的，有的则不是。例如，网络日志（Web logs）、博客（blogs）或在线杂志现在越来越受欢迎，它们为个人提供了表达对任何主题的想法的途径。博客涉及的内容千千万万，从政治到垒球再到俳句、汽车养护或者是最新的电视连续剧。从 2002 年至今，博客的数量已经增长到 1.13 亿、81 种语言。如今，已经有 47% 的网上顾客阅读过博客。这样的点击量给予博客——尤其是那些有着大量追随者的博客——巨大的影响。

许多营销人员现在也开始涉足博客，将其作为接近精心选择的目标消费者的途径。例如，沃尔玛就建立了一个

ElevenMoms 的社区（www.elevenmons.com），在社区里，博主们（最初只有11个，现在24个）通过博客书写自己的省钱心得。通过社区这个平台，顾客们相互间可以分享省钱的购物经历和产品。其他品牌也通过这个平台展示自己的产品，比如金佰利的母婴用品、联合利华的丝华芙，以及宝洁的潘婷等。

公司同样在现有博客上做广告，或者影响博客的内容。例如，它们可能会通过有影响力的博主鼓励"赞助性交谈"：[45]

在拉斯韦加斯的科技博览会上，松下电器的参展主题是"Living in High Definition——精彩绝伦的高清生活"，为了给他的品牌造势，松下电器并没有像往常一样，邀请电子方面的自己为自己宣传展品，而是雇用了5名有影响力的博主——包括网络名人克里斯·布洛根和史蒂夫·加菲尔德——参观科技博览会。松下电器支付他们此次旅行的费用，甚至向他们提供数字录像机和照相机。作为反馈，这些博主同意将自己参展的感受包括对松下产品的展望发表在他们有着强大影响力的博客、微博和 YoubTube 上。这里要提及的是，松下电器并有要求它们的受雇者要写什么。这也是其最可信之处，松下电器与这些人保持着距离，博主们可以随心所欲地写自己的所见所闻。虽然松下电器没有要求内容——他们也不想这样做——但"赞助性交谈"所带来的品牌效应在网上引起了强烈的反响。"如果你给他们（博主们）的东西，他们喜欢，他们自然乐意替你宣传，"松下电器的发言人说，"我们并没有找他们代替发信息，也没有进行任何欺骗性的行为。"松下电器只希望做一个品牌口碑传播的推动者。

其他公司也开设了自己的博客。例如，西南航空的企业博客 Nuts About Southwest（www.nutsaboutsouthwest.com）给了顾客一个幕后看西南航空的视角，以及一个接触公司内部的机会。同样的，沃尔玛也建立了博客 Check Out 博客（www.chechoutbole.com），上面有对公司的祝福，有沃尔玛购物者和管理者关于产品、供应链等坦诚的言辞，甚至是批评。一个分析师说，这个博客"已经成为一个大杂烩的论坛，涉及话题从小器械到新的电视游戏再到建议提供环境友好型食品。"这样的企业博客也让消费者看到了企业人性化的一面。比如沃尔玛的 Check Out 帮助顾客可以快速地向商家反馈信息，这显示了这个巨型公司温柔的一面。

作为一个营销工具，博客有很多优点。它能提供一种新颖、有独创性、个人化且廉价的方式，以触及现在这些分散的受众。但是，博客圈很混乱且难以控制。网络日志仍然是 C2C 的一个主要工具，虽然公司有时候利用博客来与顾客建立有意义的关系，但客户将继续被控制。

不论他们是不是积极地参与到博客中来，公司都应该出面、引导并且倾听顾客所说所想。例如，星巴克的创办人有自己的博客（www.MyStarbucksIdea.com），同时他也在其他30多种第三方网站上与顾客进行密切交谈，致力于品牌的维护。然后，他从自己的博客及第三方的网站上获取顾客的内在需求以调整其营销策略。

总之，C2C 意味着网络访问者并不仅仅是消费产品信息——他们也创造产品信息。他们在网上分享信息，最终结果是网络在影响消费者购买决策上就如同口碑一样。

4. 顾客对公司（C2B）

最后一个网络营销领域是 C2B 网络营销。多亏有了互联网，今天的消费者发现在和企业沟通上越来越容易了。许多公司现在都邀请消费者通过公司网站提供建议。并且，消费者不再是等待企业的邀请，他们在网上搜索产品卖家，了解企业提供的产品、发起购买并给予反馈意见。运用网络，消费者甚至可以驱动与企业的交易。

顾客还可以通过使用互联网站点向公司提出问题、提供建议、发泄不满和抱怨或者表示满意。GetSatisfaction.com 通过创造顾客驱动型交易提供"人力客户服务"网站。这个网站上有一个论坛，顾客们可以登录论坛，讨论 2500 余家公司的产品或服务——从苹果到 Zappos——不论这些公司是否参与其中。GetSatisfaction.com 同样提供了一个可将其作为官方的顾客服务资源的工具。自从 2007 年网站建立开始，该网站的注册人数已经超过了 100 万。

14.6 开展网络营销

显而易见，所有的公司都需要考虑开展网络营销。公司可以通过图 14-3 中的任何一种形式来开展网络营销：创建网站、进行在线广告和促销、建立和参与网络社区或者使用电子邮件。

14.6.1 创建网站

对于大多数公司来说，开展网络营销的第一步就是创建公司网站。然而，营销人员不仅要建立一个简单的网站，

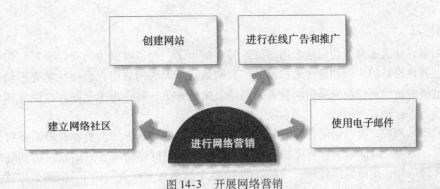

图 14-3 开展网络营销

他们还需要设计有吸引力的站点并找到能够提升顾客访问量的途径，使得顾客愿意登录并经常访问。

1. 网站的类型

因为目的和内容的不同，网站也呈现多样化。最基本的类型是公司网站。这种网站的目的在于让消费者产生好感，并且辅助其他的销售渠道，但并不直接销售企业的产品。这些网站通常提供了丰富的信息和其他功能，以回答客户的问题、建立更加密切的客户关系、并引起对公司的关注。

例如，你不能在宝洁的 Old Spice 网站上买到除臭剂，但是你可以了解 Old Spice 的不同的产品、观看最近的广告、查看最新的评论，还可以去 Old Spice 的博客上留言。还有一个例子，比如 GE 公司的网站相当于这家大公司的官方形象。它提供了大量给不同顾客、来访者、记者以及雇主的关于产品、服务的信息。它同样是一个面向顾客的 B2B 门户，里面有着多达 65 个其他国家的企业网站链接。不论是美国顾客要查找微波炉，还是印度的商家查找环保型汽车，或者是一个德国人要查看股东信息。"我们要让每一个不同的来访者都满意，" GE 的网络执行官说。"就是这样一个内容极其丰富的公司网站，所有的操作却都如此的简单、便捷。"网站的设计咨询师说。

公司网站：你无法再 GE 的网站上购买任何产品。相反，它相当于这家大公司的官方形象，为不同类型的全球观众提供大量的信息。

还有一些企业建立了营销网站（Marketing Web site）。设计这些网站是为了让消费者加入到一种互动当中，使他们更加贴近购买或者实现其他的营销目的。例如，索尼公司的网站（SonyStyle.com）的访客可以在几十种索尼产品中进行搜索，对特定产品进行更多的了解，并阅读专家的产品评论。他们只需点击几下鼠标，就可以查看最新的热门交易，在网上下订单，并通过信用卡进行支付。

迷你宝马（Mini USA）也建立了它自己的营销网站 www. MIMIUSA. com。一旦有潜在顾客登录网站，汽车制造商就会以最快的速度将这种需求转化为购买力，然后建立长期的客户关系。这个网站提供了非常全面的有用信息和销售互动，包括当前 MINI 型号的详细资料和有趣的描述，MINI 的改装工具，当地销售商的服务信息，甚至是从工厂到分销商运输过程中的追踪工具。

在 Angela DiFabio 2009 年 9 月买到她的 MINI Cooper 之前，她不知道花费了多少小时在 MINI 的网站上，她设计了千万种组合以买到完美的那一辆：辣椒那样的红色外观，顶棚上是丝带状的白色，格栅上是自定义的团结徽章。当 DiFabio 和经销商签订订单的时候，这种自定工具——有着价格和产品的详细信息——使得她感觉自己在进行一个很公平的交易。"我甚至用网站来订购车，"她说。在 DiFabio 等待汽车到来的日子里，她每天都要登录 MINI 的网站，这种感觉就像是在问"我的孩子在哪里？"她用追踪工具来跟踪她的车，就像联邦快递的包裹从伦敦的工厂邮寄到分销商。这个网站不仅仅是提供信息或者销售产品和服务，它还增强了顾客的购物体验：它非常有趣，是独立的，它让顾客感觉自己是这个大家庭的一部分。

2. 创建有吸引力的网站

创建网站是一回事，让大家都来访问这个网站就是另一回事了。为了吸引访问者，公司应该通过离线印刷广告和广播广告，并通过其他网站的广告和链接来积极推广其网站。今天的网络用户会很快抛弃不满意的网站。关键在于公司要能创造出足够的价值和愉悦来吸引消费者到网站上来逛一逛，并且再次光顾。这就意味着企业要经常更新网页，保持其新鲜感、兴奋感和有用性。

对于一些类型的产品来说，吸引访问者很容易。购买新汽车和金融服务的消费者就很乐意接受来自经销商的信息和营销活动。然而，如果产品的购买参与度较低，营销人员在吸引网络访问者方面就可能面临艰难的挑战。如果你在选购电脑并且看到这样一则横幅广告——"最好的 10 款电脑都在 800 美元以下"，那么你就会点击这个横幅广告。但是什么样的横幅广告会吸引消费者去访问销售牙线的 dentalfloss.com 网站呢？

网站设计的一个主要挑战是既要足够吸引人以便招揽顾客，又要足够有趣以便留住顾客。许多营销人员建立了丰富多彩且生动复杂的网站——这些网站提供文本、声音和动画，以吸引并保持访问者的注意力。一个专家说，为了吸引访问者并鼓励他们多次访问，网络营销人员必须注意设计高效网站的 7 个 "C"：

（1）背景（context）：网站的布局和设计。

（2）内容（content）：网站包含的文本、图片、声音以及视频等。

（3）社区（community）：网站允许使用者之间沟通的方式。

（4）顾客定制（customization）：网站根据不同使用者来调整自身的能力，或者网站允许使用者对其进行个性化设计的能力。

（5）沟通（communication）：网页允许使用者和网站之间单向和双向沟通的方式。

（6）联系（connection）：网站与其他网站的链接程度。

（7）商业能力（commerce）：网站允许从事商业交易的能力。

为了让顾客再次访问其网站，公司还需要包括另一个 "C"——不断改变。

至少，一个网站应该很容易被使用，并且在外观上具有吸引力。然而，最重要的是一个网站必须有用。在上网冲浪和购物时，多数人看重实质的内容胜过形式和过于浮华的功能。因此，高效的网站包含深刻和有用的信息、帮助购买者寻找和评估感兴趣的产品的互动工具、其他相关网站的链接、变化的促销优惠和令人兴奋的娱乐功能。

保持一个网站的吸引力是一件复杂而又艰难的工作。例如，迪士尼公司最近又在对它的网站 Disney.com 的外观进行了大的改动，这已经是两年内的第二次变动了。

迪士尼的这些改变都是为了它们的手机用户可以浏览到更多的免费视频（比如完整版电影《海底总动员》）、玩到更多的游戏和其他的东西。例如，一个小女孩（或者再大一点儿的）可能会用手机给空心小精灵的虚拟世界里的小仙女创造一个蝴蝶宠物。迪士尼的这种变化，也是在给自己重新定位，它不仅仅是一个娱乐的场所，也至少是一种宣传迪士尼商品的方式。在新的网站上，不会再有年轻人翻阅目录到处查抄"电影"、"电视"和"在线直播"。新的选择还会包括"游戏"、"视频"和"特色"，而且还会凸显出如何找到这些娱乐设置。"它重新定位了我们的数字化门面，"迪士尼的网络执行官说。这种不断的变化正是反映了网络本省的快节奏特性。迪士尼网站的前一次变动使得其游客增加了 40%，每月接近 3000 万人次，成为所有儿童和家庭导向网站中排名第一的网站。每个游客每一次仅花上 45 分钟浏览迪士尼网站，但网站的翻新却是一个持续的过程。

14.6.2 进行在线广告和推广

随着消费者在互联网上花费的时间越来越多，许多公司正在把越来越多的营销资金投向**在线广告**（online advertising），来树立其品牌或者把访问者吸引到它的网站上。在线广告正在成为一个主要的媒介。虽然美国 2008 年的广告支出比上一年下降了 2.4%，但是在线广告的费用支出却提高了 11%，超过了 230 亿美元，排在报纸、户外以及收音机广告的前面。在线广告的支出有望在 2011 年剧增到 420 亿美元，持平或超过杂志甚至是电视广告的总费用。在这里我们将讨论在线广告和推广的形式及其未来发展。

1. 在线广告的形式

在线广告的主要形式包括展示型广告、搜索广告和在线分类广告。在线展示型广告可能出现在互联网用户的屏幕上的任何地方。最常见的形式是横幅广告（banner ads），它出现在网页的顶部、底部、左右两边或中间。比如，当你在 Travelocity.com 上浏览度假行程的时候，你会在屏幕上发现一个租赁汽车的横幅广告。或者，当你开打雅虎的金融网站的时候，一个闪烁的 E*TRADE 的横幅广告会跳出来，向你推销黑莓智能手机。

插播广告（interstitials）是在切换网页、尤其是加载新网页时出现的在线展示型广告。例如，当你访问 www.marketwatch.com 网站时，在加载网页之前，你可能会看到一则 VISA、韦里逊、戴尔或其他赞助商的 10 秒钟广告。弹出窗口（Pop-ups）是在你浏览网页时，以新窗口的形式突然出现在窗口前面在线广告。这种广告的繁殖可能失去控制，从而造成大麻烦。因此，互联网服务和网络浏览器提供者开发了可以让用户阻止大多数弹出窗口的应用程序。作为回应，很多广告商已经开发出了背后弹出式窗口——新窗口出现在你所访问网页的背后，从而避免被拦截。

随着宽带上网服务的增加，一些公司正在开发激动人心的**多元媒体**（rich media）展示型广告，它融入了动画、视频、声音和互动性。与传统的横幅广告相比，多元媒体广告更好地吸引和抓住了消费者的注意力。它们采用了漂浮、飞行和突然跳回等技术——一个动画从网页中跳出来，并在页面上移动，随后回到原来的空间。

在线文本相关展示广告：当你在 Travelocity.com 上浏览度假行程的时候，你会在屏幕上发现一个租赁汽车的横幅广告。

但是很多内涵丰富的媒体广告不仅仅是制作一个会跳跃的动画——它们同样增加了互动性。它们为顾客提供产品信息、实体的或者网上的购物地点，或者是品牌体验。比如英特尔在信息技术网站如 CIO Today，CNET 或者 Computerworld.com 的横幅广告，开始采用热心网友直接和英特尔技术专家聊天的形式。

在线广告的另一个热门增长点是**搜索广告**（search-related ads）或**文本关联广告**（contextual advertising），是指文字广告和链接出现在网站（如雅虎）搜索引擎的搜索结果中。例如，用雅虎搜索"液晶电视"（LCDTV），在搜索名单的前 10 个结果中，你将看到 10 条或更多条广告，从三星和戴尔到百思买，西尔斯、亚马逊、沃尔玛以及比价网。一个广告商在搜索网站购买搜索的关键词，只要消费者点击了它的网站，就要向搜索网站付费。搜索引擎是一个在线媒介。在当今这个经济紧缩的时代更为重要，搜索结果很容易测量。因此，搜索广告约占所有在线广告量的 45%，超过其他任何的在线广告目录。

2. 在线推广的其他形式

在线推广的其他形式包括内容赞助、联盟和联属计划和病毒营销。

企业使用**内容赞助**（content sponsorship），通过赞助各类网站的特定内容，如新闻、金融信息或特别感兴趣的话题，以提高在互联网上的曝光率。例如，Scotts——一家出售园艺产品的公司，赞助 WeatherChannel.com 网上的 Local Forecast 板块；万豪酒店赞助了 Travelocity.com 上的"Summer to the Rescue"微型站点。最好是对精心选择的网站进行赞助，这样才能为受众提供相关的信息或服务。一些网络公司也可以推行联盟和联属计划（alliances and affiliate programs），它们在线上和线下进行合作以相互推广彼此。亚马逊有超过 90 万个这样的伙伴，在它们的网站上刊登亚马逊的横幅广告。

最后，网络营销者可以使用**病毒营销**（viral marketing），即互联网上的口头传播营销。病毒营销涉及创建一个非常具有感染性的电子邮件信息或是其他营销事件，顾客接收到这个信息后非常希望把它传递给自己的朋友。因为是由顾客传递这些信息或是向朋友推荐，所以病毒营销的成本很低。而且，由于信息是来自朋友，因而更可能被阅读。

有时，一则制作精良的广告可以不借公司的力量而通过病毒广泛地传播开来。例如，麦当劳的一则"给我麦香鱼"的广告，一条安装在墙上的一直唱歌的机械鱼，在短短不到三个月内，其 YouTube 上吸引了 780 000 名访问者。

它同样激起了一些消费者的创作热情，在 YouTube 发布人们在购买麦香鱼时唱歌的视频。然而，如果没有病毒这样的效果是不可能达到的。"这就是你所不知道的，却一直在身边的东西，"麦当劳的营销人员说。

虽然营销人员很难控制病毒信息在哪里会终结，但是，一个经过良好整合的病毒信息可以获得巨大的爆发。认真阅读并思考 OfficeMax 创立的搞怪的 ElfYourself.com 病毒式网站，这个网站让网友上载自己的大头相片，将装扮成一个跳舞的小精灵，并伴以个人信息。

OfficeMax 的节日贺卡病毒式网站（ElfYourself.com）没有经过任何推动手段，自主发展成了电子记录本。2007 年 11 月末至 2008 年 1 月初这段时间里，ElfYourself.com 的访问量达到了 1.93 亿次，有 1.23 亿个精灵被创造出来，有大约 53% 的回访率。这个精灵是 OfficeMax 最具吸引力的形象，若干媒体争相报道，从《早安美国》到 CNN，再到《纽约时报》。这个小精灵风靡 50 多个国家，甚至在纽约市俯瞰时代广场的露天舞台上跳舞。Office-Max 的执行官开玩笑地说，这个精灵已经取代了最开始为节日贺卡设计的雪人和鲁道夫的形象。更重要的是，有 1/3 的访客受到了 ElfYourself.com 的影响而访问 OfficeMax 的商店，另外 1/3 的访客说这个节日贺卡改变了他们对零售商的看法。

然而，成功的取得并不是表面看起来这么简单。在 ElfYourself.com 网站的建立初期，它只是由 OfficeMax 开发的 20 个节日为主题的病毒式网站之一，只是希望那些办公室工作者在网上搜索的时候可以看到，并能在节日的时候与别人分享（所有的 20 个网站的建设成本小于制作一个电视商业片的成本——大约 35 万美元）。ElfYourself.com 是唯一发展起来的网站。"这里有很多的幸运成分，"网站的其中一位创建者说，"公司不能使这些变成病毒，但是消费者可以。我们很幸运地着陆于一块成熟的土壤中。"

14.6.3 建立或参与网络社区

如在我们在第 1 章和第 5 章所讨论的那样，博客和网上论坛的流行产生了一种新的商业赞助网站，叫做网络社区（Web community），它利用了互联网的 C2C（消费者面对消费者）的特点。在这些网站，成员们可以聚集在一起，就共同感兴趣的问题交流观点。如今，看起来，几乎每个人每天都要上 Facebook，检查一下 Twitter，在 YouTube 上翻阅最近几天的热门视频，或者到 Flickr 上浏览图片。当然，无论消费者在哪里聚集，营销人员都能追随而至。越来越多的营销人员开始于借助巨大的网络社区进行营销。

营销人员参与在线交流主要有两种形式：他们可以加入到已经存在的网络社区中或者自己建一个。加入一个已经存在的社区网络是最简单的。因此，很多大品牌——从 Dunkin' Donuts、Harely-davidson 到 Volkswagen 和 Victoria's Secret——都在 YouTube 建立起了宣传渠道。GM 和其他的公司也已在 Flicker 安家。Facebook 上的 Apple students 组织有 130 万人，他们为消费者提供苹果产品的信息。Facebook 上可口可乐的主页有 350 万个粉丝，仅排在总统奥巴马的后面，位居第二。并且，最近玛氏公司将它的彩虹糖的主页转变成在线的门户（如 Twitter、Facebook、YouTube），以和他的核心顾客——每天在大众媒体上花费很多时间的年轻人——相联系。所有的这些努力，都是为了能够得到观众关于彩虹糖的第一手评价资料。这个新网站引发了超过 13 倍的 Web 流量。

虽然这些大的在线网络社区比如 Facebook、YouTube 以及 Twitter 总是占据头条，惹人眼球，但是一些新的更加有特色的网络社区也逐渐涌现出来。这些偏重于某一领域的网络社区是为了满足志趣相投的小群体间的信息交流，这也能让营销人员更方便地了解某一特定群体的偏好。

但是能否成功地参与到已经存在的网络社区中去也存在着巨大的挑战。首先，在线网络社区是一个新兴事物并且结果很难测量。很多公司现在依旧在不断地试验以使它们更有效率。其次，这种网络交流很难控制。公司的目标是让顾客谈论关于品牌和自身生活的话题，但让顾客跟着营销者的引导进行网上互动不是一件简单的事情——他们需要一定的权限。"你正在和朋友聊天，"一个分析师说，"关于某个品牌的聊天内容是不可能插入进来的，除非这个聊天内容已经是关于这个品牌了。"相较于打断别人的聊天，营销人员必须学着成为社区聊天中有价值的一部分。

"在这种社区媒体中，最恰当的植入品牌的方式是给人们带来益处，"另一个分析师说，"你不能欺骗顾客，让他们关注你的品牌。"

为了避开进入已存在网络社区的挑战，很多公司开始着手建立自己的网络交流平台。例如，在 Nike's Nike Plus 网站，有超过50万跑步爱好者上传、记录、分享他们的经历。有一多半人每周要至少登录社区4次，耐克计划最重要有15%的全球跑步爱好者（共1亿人）参与到 Nike Plus 网络社区的交流中来。

营销实践 14-2

在线网络社区：兴趣相投者的聚集地

在加入网络社区时，那些认为大一些的社区更好的营销人员的观念应该改一改了。虽然那些巨型网络社区（如 Facebook 和 Twitter）吸引了人们大量的眼球，但是这些偏重于某一领域的网络社区却能给营销人员更多的锁定目标顾客的机会。

当一些富人们开始涌向一些有着严格限制的网络社区的时候，他们看到了网络社区中最有价值的同盟者：广告。ASmallWold. net 是一个只有收到准入邀请才能进入的网络社区，拥有30万精挑细选的会员，这些会员吸引了大量奢侈品公司，希望可以把商品卖给他们。这个网站的最大广告合作商有 Burberry、Cartier 和 Land Rover。在上个月的网站的这些精英们的品酒会上，1800 美元一瓶的烈性白兰地人头马被放在豪华的架子上由人任意品尝。

为了迎合不同兴趣爱好、背景、专业，以及年龄群体，成千上万的网络社区涌现出来。经常去夜总会的人聚集在 DontStayln.com，品酒行家组成了 Snooth. com，想离婚的人们也形成了 Divorce360. com。

为了与其推销的产品更加匹配，越来越多的营销人员加入到了小网络社区。例如，AT&T，最近就在 WAYN. com（where are you now?）上——经常进行全球奔波的人的社区——促销的一款全球性手机。当 AT&T 在更大一些的社区（如 MySpace）上做广告的时候，确实很快就得到了大量关注，但是无线运营商最终还是转向了那些小社区。"你的广告在那里才更有意义——那里才是真正的宝藏，"一个网络社区专家如是说。

每种兴趣或者爱好至少都会有一个相应的网络社区。Yub. com 是针对购物狂的；fuzzster. com 是针对喜欢宠物的人的；ravelry. com 是缝织和勾编社区，jango. com 是音乐发烧友彼此切磋的地方；passportstamp. com 是旅游网站之一。还有一些社区的类型并不明显。Passions network 就是这样的一个网络社区，它有60万名会员，有110个兴趣群体，包括"star trek"的粉丝，卡车司机、无神论者以及害羞的人。最受欢迎的群体是通宵约会网站，这个社区的成员数量变化很大，从向几百到上千不等。

据网络营销人士透露，2011 年，美国将有一半的成年人和84%的青少年使用网络社区。如今，新兴的网络社区的数量已达到约7000个，这说明这个市场正在不断地发展扩大。对试图抓住新的网络机遇的销售们来说这既是一个千载难逢的机会也是一件令人头痛的事情。

尽管这种小的社区的会员数远远小于 MySpace（11.5亿会员）和 Facebook（20亿会员）这样的综合社区，但是，在这里有着相同兴趣爱好的人相互交流。在更大一些的社区里，会员们可以建立个人网页，分享信息、照片以及好友的新鲜事。这为希望接触目标顾客群的营销者提供了与其交流信息的机会。

不是所有的社区都欢迎营销人员。Sermo. com——一个有着65 000名执业医生的医生社交网站，医生们在交换临床意见，探讨疑难杂症，从皮肤病到心理疾病——没有广告。但是，公司在付费以后可以获得相关数据。"他们可以监听线上的讨论，当然已略去医生的姓名，或者在观看线上的讨论然后决定哪些内容留下，哪些内容删除，"一个卫生保健行业的分析师说。

更多地关注小社区是因为其与营销者存在更多的"相关性"。一个咨询师说："这是社区营销的王牌。"但是，营销人员如何能够按照预期完成任务呢？营销人员一定要小心谨慎，既不能过于商业化，也不能打扰到顾客。最好的方法就是不对社区会员营销但是要能就他们感兴趣的话题与其进行互动。一个网络营销人员说："运用这种社区媒介的正确方法是，不做广告，要融入其中。"

资料来源：Portions adapted from Betsey Cummings, "Why Marketers Love Small Social Networks," *Brandweek*, April 27, 2008, accessed at www. brandweek. com; with adapted extracts, quotes, and other information from Kim Hart, "Online Networking Goes Small, and Sponsors Follow," *Washington Post*, December 29, 2007.

14.6.4 使用电子邮件

电子邮件已经成为一种非常重要的网络营销手段。在近期的美国直销协会（DMA）的一项调查中表明，有大约79%的直销公司要使用电子邮件。美国公司每年要花费大约6.21亿美元花在电子邮件营销上，而2002年这一数据还是2.4亿美元。预计在到2013年，该支出每年会有18%左右的增长。

为了在前所未有的电子邮件市场环境中有效开展竞争，市场营销人员设计了丰富的电子邮件信息——互动、个性化并且穿插视频和音频。然后，他们瞄准那些希望获得邮件并会采取行动的消费者。

但是，日益增长的电子邮件营销也有着其弊端。垃圾邮件（spam，不经同意发送到消费者邮箱中的商业电子邮件信息）的爆发已经引起了消费者的反感和愤怒。据一个调研公司称，垃圾邮件占所发送邮件的90%。电子邮件营销人员在为消费者提供价值和冒犯消费者之间游走。

为了解决这样的问题，大多数守法的销售人员开始采用**"基于许可的营销"**（permission-based marketing）的方法：只发送消费者允许进入的邮件。金融服务公司（比如嘉信理财）使用电子邮件来让客户选择获得什么样的信息。其他一些公司（如雅虎和亚马逊）针对不同的营销目标有可供选择的各种产品清单。亚马逊的会根据顾客的偏好及之前的购物体验向目标顾客选择性地发送一些有限的"我们认为您愿意知道的"的信息。这样的信息很少有顾客会拒绝，实际上他们很欢迎这样的促销信息。

如果使用恰当，电子邮件可以是直销的有力媒介。出色的市场营销者比如亚马逊、欧迪办公、嘉信理财以及其他一些公司经常使用电子邮件，并且取得了很大的成功。电子邮件使得这些公司能向那些有需求的顾客发送高度目标性、个性化、关系导向性的信息。读下面在线票务的案例，并思考：

在10年前刚起步的时候，提供在线票务服务的StubHub还只是把电子邮件作为建立知名度的手段。但是几年来，其发送的电子邮件的数量远远超过了其目标要求。但是现在，StubHub意识到了仔细选择目标顾客，筛选邮件信息的价值。现在，它让顾客在购物期间在网站上注册，选择允许进入的邮件类型。通过这些选择进入的顾客数据，公司将目标顾客细分为票务服务和信息服务，并按照顾客的兴趣线性排列。这种包含了顾客数据的邮件立即产生了出乎意料的好结果。邮件的点击进入量增加了30%，而且公司预见到一年之后票务销售额会增加79%，虽然实际上公司发送的邮件更少了。"有更多的目标顾客接受了我们这种高质量的营销形式，"一个StubHub的营销人员说，"这个结果说明，这种新的目标顾客的邮件发送方式与之前的相比，平均每发送一封邮件要高出2500%的利润。"

基于电子邮件目标的有效性和低成本的特点，越来越多的公司投资于电子邮件营销。DMA研究的表明，电子邮件营销的投资回收率相较于其他形式的直销媒介要高出40%～50%。

14.6.5 网络营销的展望和挑战

网络营销在未来一方面将有很好的前景，另一方面将面临挑战。互联网最虔诚的信徒一直在设想，总有一天互联网和电子交易会代替杂志、报纸甚至商店，成为信息和商业的源泉。但是，大多数的营销者还是用更现实的角度来看待这个问题。确实，网络营销已经成为一些企业成功的商业模式，像亚马逊和eBay这样的互联网公司，像盖可车险这样的直销企业。迈克尔·戴尔的目标是："有朝一日，全世界所有的消费者都可以在互联网上完成所有的交易。"但对于大多数企业来说，网络营销仍然只是一种接近市场的重要手段，需要在充分整合的营销组合中与其他手段一起运用。

尽管有着很多的挑战，很多公司已经或多或少地将网络营销整合到它们的营销策略和营销组合中去了。随着公司的逐渐发展，网络营销一定会成为提高销售额、提供公司和产品信息、递送产品和服务的强大的直销工具。

14.7　与直销相关的公共政策问题

当直销人员和他们的顾客还沉浸在一种相互信任的关系中时，慢慢地，一些"阴暗面"逐渐浮现出来。某些营销人员使用的攻击性的、不光彩的策略经常会使客户感到厌恶，甚至会危害到客户。从最简单的惹恼客户的过度骚扰到对客户的不平等待遇，甚至到赤裸裸的欺诈，都在滥用直销的范围内。直销行业还面临着越来越多的关于侵犯隐私的担忧。另外，网络营销人员必须处理好互联网安全问题。

14.7.1　惹恼客户、不公平、欺骗和欺诈

直销优势也会惹恼顾客，让顾客感到厌倦。很多人不喜欢电视直销，因为它太吵、太长或者没完没了。我们的邮箱充斥着不需要的邮寄宣传品，我们的电子邮箱塞满了不需要的垃圾邮件，电脑显示器上到处都是不需要的弹出式广告。

除了惹恼客户，还有一些直销人员被指控不公平地利用购买者的冲动或利用不那么老练的购买者。受到这方面指控最多的是电视购物节目和商业信息片。一般的特征是那些花言巧语的主持人、精美的全方位产品展示、宣称的巨额的价格优惠、"售完为止"的时间限制以及购买的轻而易举。还有更糟糕的，那些所谓的"热心商人"故意设计出可能会误导购买者的宣传材料。即使是很出名的寄信人也被指控欺骗消费者。

一些欺诈活动，比如一些引诱投资的骗术或假冒募集慈善基金等，近年来成倍增加了。**互联网欺诈**（internet fraud）包括身份盗窃和金融诈骗，这已经成为一个严重的问题。仅是 2009 年，联邦互联网犯罪投诉中心（IC3）就接到涉及金融损失的互联网欺诈达 27.5 万起，损失总金额为 2.65 亿美元。

互联网欺诈的一种常见形式是**网络钓鱼**（phishing），它是一种身份盗窃，即使用欺骗性的电子邮件和欺诈性网站，以欺骗用户泄露个人资料。例如，消费者会接到来自银行或者信用卡中心的邮件，声称其账户安全受到了威胁。邮件发送者要求收件人在他们提供的网址上输入账号及密码，甚至是身份证号码。如果收件人按要求照做了，他们就完全地将这些敏感信息发送给了诈骗者。虽然很多消费者已经意识到了这种阴谋，但一旦遇上网络钓鱼，代价可能会非常高。它也损害了合法的网络营销商所拥有的品牌形象，这些合法的网络营销商努力通过网络和电子邮件交易来建立用户的信心。

很多消费者还担心**在线安全**（online security）问题。他们担心网络安全的破坏分子或者黑客可以破解他们的网上交易程序并且盗取自己的信用卡卡号和密码，进而开展非法的交易。在最近的调查中显示，虽然，网上购物发展非常迅速，但有 75% 的调查者透露他们从没有通过互联网上传过个人或者信用卡信息。网上的店主们同样也在担心，害怕感染上病毒、间谍软件及其他的恶意软件。

另一个网络营销问题是易受诱惑或未经授权的访问群体。例如，成人用品的营销人员发现很难禁止未成年人的进入。例如，在消费者调查中显示，有 13% 的小孩子注册了如 MySpace 这种使用者最低年龄为 14 周岁的网上社区。调查还指出，很多父母并不能采取有效措施使他们的孩子远离潜在的网络危害。

14.7.2　侵犯隐私

侵犯隐私可能是现在摆在直销行业面前最严肃的公共政策问题。消费者通常会从这样的数据库中受益——他们会接触到更符合他们兴趣的产品。然而许多批评人士担心，营销者对客户生活的了解可能太多了，以至于他们有可能会应用这些知识和了解来取得对客户的不平等的优势。批评人士认为，在某种程度上，过度的应用数据库构成了对客户个人隐私的侵犯。

目前，几乎每次消费者参加抽奖、申请信用卡、访问一个网站或通过邮件、电话或互联网订购产品时，他们的姓名就会进入一些公司不断膨胀的数据库。利用先进的计算机技术，直销商可以使用这些数据库从"微观上瞄准"对象来进行销售活动。在线隐私引起了人们的特别关注。大多数网络营销商开始变得善于收集和分析详细的消费者信息。随着网络跟踪技术的日趋成熟，数字化隐私专家担心，一些不道德的公司会利用这些信息与不知情的顾客进行不对等的交易。

一些消费者和政策制定者担心，如果公司在销售其产品或与其他公司交换数据库时未经授权地使用这些信息，可能导致这些现成可用的信息被滥用。例如，他们会问，顾客访问网站或者交换信息后在浏览器中留下的路径代码，那些网站可以未经顾客允许而将它们卖给广告商或者是其他营销人员吗？信用卡公司是否可以向那些接受其信用卡的公司提供持卡人的资料？政府将驾照持有人的姓名和地址，还包括身高、体重、性别等信息出售给服饰零售商，以让他们为高个子或者肥胖的人提供特殊尺码的衣服，这样做对吗？

14.7.3　需要采取的举措

所有的这些都需要营销人员采取强有力的措施保护顾客隐私不会滥用。例如，为了约束直销人员的行为，各政府机构不仅列出了免打扰清单、同样也列出了"免邮寄"清单、"免跟踪"清单，以及垃圾邮件管制法。为了回应网络隐私和网络安全问题，联邦政府正在考虑制定各项法律法规以规范网络运营商对顾客信息的获得和使用。例如，国会正在拟定法律草案，以让顾客对所使用的网络信息有更多的控制。同时，在维护网络隐私方面，联邦贸易委员会正在起着积极的作用。为了绕开政府的越发严格规范，四大广告群体——美国广告代理商协会、美国广告主协会、直销协会，以及美国互动广告局——近期颁布了针对网站的新的指导方针。除其他措施，这个方针要求如果双方的交易行为被跟踪了，网络营销人员一定要提醒消费者注意。

尤其受到关注的是儿童的隐私权。在1998年，联邦委员会调查了212个直接与儿童相关的网站，发现89%的网站收集儿童的个人信息。然而，46%的网站并没有带有任何关于收集和信息用途的附件。因此，议会通过了《儿童在线隐私保护法案》（COPPA），要求针对儿童运营的网站在网页上发布收集隐私信息的相关政策。他们必须让父母得知它们在收集信息，对于13岁以下儿童的信息收集必须得到父母的许可。在这样的政策下，索尼的音乐部门由于未经父母许可而向3万名13岁以下的儿童收集信息，被罚款100万美元。

许多公司对消费者隐私和安全问题的法案都有回应。还有一些公司实行了更加广泛的、行业范围的方案。成立1996年的TRUSTe是一家非营利组织，它与很多大公司（包括微软、AT&T以及Intuit）合作来设计公司的隐私和安全测量并帮助消费者安全地在互联网网上畅游。这家公司的网站称："TRUSTe相信多重的信任和开放环境会帮助创造并保持互联网自由、舒适的多元化的特征。"为了对消费者负责，公司为那些达到隐私和安全保护标准的网站颁发自己的"可信赖"标志，来帮助消费者进行识别。

应该把直销行业作为一个整体来解决公共政策问题。例如，为了在直销过程中建立良好的顾客信任度，直销协会（DMA）——是实行企业直销、数据库管理以及互动营销的最大的协会，有超过4800家成员公司——发起了"美国消费者隐私承诺书"。这个隐私承诺要求所有的DMA成员必须认真执行一系列的顾客隐私法规。当顾客的私人信息需要被租用、出售、交换时，DMA成员必须预先通知顾客，经得顾客允许后才能做以上各项处理。DMA成员必须尊重顾客的"选择不接受"的权力且不得将他们的联系资料转给其他营销人员。最后，他们必须遵守DMA的优先服务原则，将不想接到信件、电话或者电子邮件的顾客的名字消除。

直销人员都知道，直销的滥用只会导致顾客消极的态度、更低的回复率，以及联邦和州政府对直销活动更多的限制。大多数直销人员和顾客一样都希望：诚实、规范的市场环境，信息的接受者只是那些适合的、愿意购买商品的人。直销只能是顾客拒绝的越多，浪费就越大。

概念回顾

让我们回顾一下本章的关键概念。全书分四个章节讲述营销组合的最后一个要素——促销，而本章是最后一章。前面的章节讨论了广告、公共关系、销售促进和人员销售。这一章研究直销和网络营销。

1. 定义直销，并讨论直销对顾客和企业的好处。 直销是指同精确细分的个体消费者进行直接联系以获得他们的迅速响应，并培养持久的客户关系。应用详细的数据库，营销人员可以调整其供应品和渠道以符合狭小的细分市场或者个人消费者的需求。

对于买方来说，直销更加方便、简单和隐秘。它能够让购买者接触到国内甚至世界各地丰富的产品和信息。直销还是互动、即时的，消费者可以通过电话或卖方的网站进行互动，提出他们想要的信息、产品或者服务的确切配置，然后当场订购。对于卖方来说，直销是建立客户关系的有力工具。应用数据库营销，营销人员可以将目标确定在极小的细分市场或者个人消费者上，然后根据个人需求来调整其产品或服务，并通过定制化的沟通方式进行促销活动。它还给卖方一个低成本的、能够更有效地接触到目标市场的选择。直销为买卖双方都带来了许多好处，使其成为发展最迅速的营销形式。

2. 识别和讨论直销的主要形式。 直销的主要形式包括人员推销、直邮营销、目录营销、电话营销、电视直销、售货亭营销和网络营销。我们在前一章讨论了人员推销。

直邮是指向特定地址的人们发送产品、通知、提示或者其他的东西。它是最大的直销媒介。最近，新的邮件递送形式日渐普及，如电子邮件营销。有些营销人员依靠目录营销——邮寄产品目录给选定的顾客，或把这些信息储存于商店，或在网上发布来进行直销。电话营销是通过电话直接向消费者进行销售。电视直销有两种形式：直接响应广告（或电视购物）和家庭购物频道。售货亭是直销商放在商店、机场和其他地方的信息和订购的机器。最近几年，出现大量新的数字技术，包括手机营销、音频播客和视频播客，以及互动电视。网络营销包括通过网络连接销售者和消费者的在线渠道。

3. 解释公司如何运用网络营销回应互联网和其他强大的新技术。 网络营销是发展最快的直销方式。互联网让消费者和企业只需点击几下鼠标，就可以获得和共享大量的信息。互联网也为营销人员提供了一种为顾客创造价值和建立客户关系的全新方法。今天，很难找到一家不进行网络营销的公司。

消费者的网上购物金额以一个健康的速度持续增长。在美国，现在约有65%的网络用户用互联网进行购物。因此，聪明的营销人员正在采用整合的多渠道策略，运用互联网刺激其他营销渠道的销售。

4. 讨论公司如何进行网络营销，从而以盈利的方式向顾客传递更多的价值。 各种各样的公司现在都在从事网络营销活动。互联网创造了在网上工作的"纯粹点击"型网络公司。而且，许多传统的"砖头加水泥"型公司现在也增加了网络营销部分，正在逐步把自己变为"鼠标加水泥"型公司。很多"鼠标加水泥"型公司的网络营销比纯粹点击型公司更成功。

营销人员可以采取四种途径实施网络营销：创建网站、进行在线广告和推广、建立或参与网络社区、使用电子邮件。网络营销的第一步就是创建一个网站。然而，创建网站并不简单，营销者必须设计出有吸引力的网站，能够招揽顾客，并让顾客留下来。

网络营销商可以使用各种形式的在线广告来建立其互联网品牌，或吸引访客访问其网站。除了在线广告，在线推广的其他形式包括在线展示型广告、搜索相关的广告、内容赞助、联盟和联属计划、和病毒营销，即互联网上的口头传播营销。网络营销者还可以参与网络社区，利用了互联网的C2C特点。最后，电子邮件已经成为B2B和B2C营销人员一种非常重要的工具。无论他们使用什么样的直销工具，营销人员必须努力将它们整合成一个有凝聚力的营销活动。

5. 概述直销供应链管理面临的公共政策和道德问题。 直销商及其顾客通常能够共享彼此有益的和谐关系。但是，直接营销有时候也会出现一些阴暗面。某些营销人员使用的攻击性的、不光彩的策略经常会使客户感到厌恶，甚至会危害到客户，给整个行业带来恶劣影响。从最简单的惹恼客户的过度骚扰到对客户的不平等待遇，甚至到赤裸裸的欺诈，都在滥用直销的范围内。直销行业还面临着越来越多的关于侵犯隐私和互联网安全的担忧。这种担忧要求营销人员和公共政策制定者采取强有力的行动遏制直销的滥用行为。更重要的是，大多数直销商所期望的和消费者所期望的东西是一样的：只针对那些理解直销并会做出反应的消费者进行诚实的、精心设计的营销服务。

问题讨论

1. 描述直销是如何演化成为公司的一种商业行为的。
2. 列出并简要地描述不同形式的直销。
3. 描述四种主要的网络营销定义，并就每一个定义举例。
4. 请说举出公司网站和营销网站有哪些相似之处，又有哪些不同之处。
5. 描述相较于其他的广告，网络营销有哪些特点。
6. 讨论直销中的公共政策问题。若想解决这些问题，直销者应该如何做？

问题应用

1. 以小组为单位，请针对青少年某一品牌软饮料的推广设计一次病毒营销活动。请讨论，在这个活动完成过程中，将会遇到什么困难。
2. 浏览耐克的网站 http：//nikeid. nike. com/，参照上面的样子为你自己设计一双鞋。把你的设计打印出来，带到课堂上。你认为个性化鞋的价值与其价格匹配吗？找出并描述其他两个可以为顾客提供定制化产品的网站。
3. 查阅两篇关于数据安全漏洞的新闻。解释漏洞是如何产生的，哪些人会受到潜在的威胁。

营销技术

互联网为迅猛发展的直销打开了大门，而且，直销的增长很大程度上来源于移动设备的应用。例如，Zip-car，一个汽车出租服务商，为 iPhone 用户开发出一种不仅可以找到预留的汽车还可以直接解锁、开走的设备——所有的这些都不需要与客户服务代表联系。只要顾客触及 iPhone 上的虚拟喇叭按钮，预留汽车上的喇叭也会跟着响起来，这样，会员就能很方便地找到 Zipcar 提供的汽车了。这个设备很像一个钥匙扣，用户只要按动按钮，就能打开车门，然后刷一下会员卡，就可能拿到车里的钥匙了。

1. 此种形式的直销给顾客和销售人员带来的关键性好处各是什么呢？
2. 找出或者设想一下其他的互联网和移动设备所创造出来的直销机会有哪些。

营销道德

全球宽网被称为"狂野西部"。在广告中，产品和品牌以及发起者的信息都是公开的，而在互联网上，所有者的信息却是隐藏着的。你可能在博客上读到了一则产品介绍，或者在 YouTube 上看到了一段视频，又或者在 Twitter 上看到了相关消息；但是你可能没有意识到，这些人是拿了商家的好处然后说产品或者服务的好话。这些重重掩盖下的骗子很难以察觉。凯玛特、索尼音像、Hewlett-Packard，以及其他的营销商都在使用一个叫做 IZEA 的营销公司的"赞助会话"服务，网络博客对其产品或服务进行宣传。赞助会话起源于 IZEA 的公开赞助者，但是很多其他的会话已经不是这样了。但是这一起将要发生改变了。联邦贸易协会最近更新了认可准则，要求披露博客的赞助商。违反者，每个人要罚款 11 000 美元。但是将近 3 亿个博客中有 80% 左右的人会不定期发表一些产品或品牌介绍，因此，要实行这个规定很难。

1. 找出博客中宣传产品信息的例子。这个博客是否指明他免费获得了该商品？政府应该出台法律要求博客及其他人指出赞助者是谁吗？并予以解释。

营销挑战

不久前，戴尔还是电脑产业的宠儿，其直销的经营模式使电脑产品发生了翻天覆地的变化。从某一方面来说，它是世界上领先的 PC 生产商。但近些年来，戴尔被多种因素重重地打击了。其实一个是竞争：惠普公司通过提供更好的一站式服务取代了戴尔成为销售量第一的商家，戴尔的销售额仅占 HP 销售额的 3/4。同时，中国台湾的竞争者宏基在戴尔低成本优势上也狠狠地咬了一口，通过销售价格更低廉的 PC 机，宏基与戴尔一起占据了市场份额的前两名。最终的打击来自于不景气的经济，在这样一种经济条件下，顾客和商家都不愿意升级到更新、更快的电脑型号。戴尔电脑的销售量下降了大约 34%。公司已经削减了成本以支撑 PC 机销售量的下降。

1. 戴尔增加 PC 机销量的营销策略有什么问题吗？
2. 面对购买力下降这一问题，戴尔该如何解决？你有什么建议？

营销算术

很多公司意识到解决销售队伍成本上涨的有效手段是应用更有效率的电话营销。在 B2B 的营销中，平均每个销售人员的成本要超过 300 美元，而电话营销的成本只需 5~20 美元。并且，电话营销每天可以接触 20~33 名顾客，而人员营销每天只能接触 4 个顾客。这让 B2B 的营销人员发现——电话营销更有效。

（单位：美元）

营销数据	A 公司（纯人员销售）	B 公司（纯电话销售）
净销售	1 000 000	850 000
销售成本	500 000	425 000
销售费用	300 000	100 000

1. 依照附录 B，根据 A、B 公司的营销数据所示，比较两家公司到销售收益和投资收益。哪家公司的表现更好一些？并做出解释。

2. 所有的公司都应该考虑降低人员销售支出而更多地使用电话销售吗？从正反两方面来回答这个问题。

第四部分　营销扩展

第15章　全球市场

概念预览

我们已经了解了很多关于公司如何通过开发竞争性的营销战略和营销组合来创造以及传递卓越客户价值从而建立持久客户关系的基本原则。在本章，我们将这些基本原则扩展到全球市场。我们在前面的章节中已经涉及了全球化的话题——不包含国际化的营销区域是很难找到的。然而，这里我们主要集中于企业在向全球营销自己的品牌时所面临的重要问题。先进的通信、交通以及其他技术使世界变得越来越小。今天，几乎每个公司，无论大小，都面临着国际营销问题。本章中，我们将要探讨在走向全球化的过程中营销者将要面临的6个主要决策。

学习目标

1. 讨论国际贸易体系、经济、政治－法律，以及文化环境如何影响一个公司的国际市场营销决策
2. 描述三种进入国际市场的主要方法
3. 阐明企业在国际市场中如何调整营销组合
4. 识别三种主要的全球营销的组织结构

我们首先来看一下辉煌的麦当劳，尽管根植于美国，但麦当劳是一个真正的全球企业。多年以来，在全球市场中，它已经积累了很多有关本地化的经验。本章，我们将探讨麦当劳进入俄罗斯的冒险之旅，俄罗斯现在是麦当劳全球帝国上的那顶王冠。

麦当劳：服务全球顾客

大多数美国人认为麦当劳是他们自己的。1954 年，在加利福尼亚麦当劳的第一家售货处出现，还有什么比汉堡包和炸鸡块更具有美国特色的吗？然而事实证明，全美国的主要公司在国外汉堡包和炸鸡块的销售量多于在国内的。麦当劳 2009 年的销售额，235 亿美元，近 65% 来源于美国之外的其他国家，而且它在全球的销售增长率接近国内增长率的两倍。

今天的麦当劳是一个真正的全球企业。它的 32 000 连锁店在 100 多个国家每天服务 5800 多万名顾客。几乎没有一家公司能比麦当劳拥有更多的全球化营销经验。然而走向全球化从来都不是容易的事，麦当劳在它的海外之旅中已经积累了很多重要的经验。以在文化、经济和政治方面与美国差异很大的俄罗斯市场为例，让我们看看麦当劳的经验以及所达到的程度。

1976 年，麦当劳首先把它的目标锁定在俄罗斯（当时还是苏联的一部分）。当乔治·孔恩，麦当劳加拿大分公司的董事长，带领一队苏联奥委会的官员来到麦当劳，尽管他们是为了参观蒙特利尔奥运会的。苏联人喜欢麦当劳的汉堡包、炸鸡块和其他服务的程度令孔恩感到震惊。在接下来的 14 年里，孔恩去了 100 多次俄罗斯，先是取得了苏联允许麦当劳为 1980 年莫斯科奥运会提供食物的许可权，然后是在俄罗斯开麦当劳的连锁店。然而他很快得知在俄罗斯没有人知道麦当劳是什么。苏联彻底拒绝了他这两方面的请求。

最后，在 1988 年米哈伊尔·戈尔巴乔夫开始开放苏联经济，孔恩在莫斯科缔结了一桩生意，在莫斯科的普希金广场开办了第一家俄罗斯麦当劳。

1990 年 1 月，莫斯科麦当劳在普希金广场开业，它迅速赢得了俄罗斯消费者的青睐。然而，公司仍然面临着很多的困难。普希金广场连锁店非常大，26 个收银机（比你在一家典型的"沃尔玛"超市找到的还多）和

900 个座位（普通的美国麦当劳只有四五十个座位）。在这样规模的连锁店里服务顾客的流程是令人生畏的，同时由于员工和消费者都缺乏对快餐的理解使得情况更加困难。

尽管美国消费者很熟悉麦当劳，然而对俄罗斯人相对显得陌生。因此，为了在这个全新的市场上实现顾客满意的高标准，美国公司不得不对员工进行经时间考验的麦当劳做事方式的速成教育。麦当劳在汉堡大学对俄罗斯的经理们进行培训，对 630 名新员工（他们中大多数不知道麦乐鸡块来自鸡蛋松饼）接受 16～20 小时的必要培训如烹饪小馅饼，制作麦香鱼三明治和微笑服务。回到那时候，麦当劳甚至不得不培训消费者——大多数莫斯科人从来没有看到在一家快餐店，通过录像，排成队的消费者被演示从如何下订单和付款到如何将自己的外套放在座位后面，如何去吃掉大号汉堡"巨无霸"等一切的事情。

然而，莫斯科麦当劳启动了一个精彩的开始。在它开业的第一天就有 5 万名消费者，令人难以置信。以其一贯的做法，麦当劳立即开始建立社区参与。在开业的当天，它还为 700 名莫斯科孤儿举办了一场足球聚会，而且之后捐赠了开业当天的收益给莫斯科儿童基金会。

从在莫斯科开第一家店，仅仅 20 年的时间，麦当劳在俄罗斯的生意蒸蒸日上。现在普希金广场是麦当劳在全球最忙的地方，而俄罗斯则是麦当劳全球帝国上的那顶王冠。240 家连锁店遍布俄罗斯 40 个城市，平均每个连锁店每年服务 85 万消费者——相当于麦当劳在其他 122 个国家中任何一个国家先前开店服务量的两倍。

尽管消费者众多，但麦当劳在俄罗斯的扩张一直很谨慎。近年来，它已经严格控制其快速增长战略，专注于提高产品和服务质量以及盈利能力。目的是向现存的连锁店中注入更多业务，慢慢增长但要盈利。其中一种

方式就是增加新的菜单在一天中的不同时段吸引消费者。因此，正如在美国多年以前的做法，麦当劳在俄罗斯现在也增加了早餐服务项目。

尽管只有5%的俄罗斯人在外吃早餐，更多在大城市上下班往返的人很早就离开家以避开交通拥堵。公司希望新的早餐项目能使这部分人在去他们上班的路上在麦当劳能停下来。然而，当快餐连锁店增添了早餐项目后，它在早餐时间停止提供传统的汉堡服务。当很多消费者抱怨"汉堡退出"时，麦当劳引进了新鲜的松饼、带有香肠的英式松饼，伴有奶酪、莴苣、番茄和特制调味汁。新的三明治迅速受到追捧。

为了减少店内排队的长度和吸引开车的人，麦当劳也引导俄罗斯消费者到"免下车"服务窗口。起初，许多俄罗斯人不理解这个概念。相反，他们把"免下车"服务窗口当做可排队购买食物的地方，停车，然后到里面去吃。而且，俄罗斯汽车一般没有杯托，因此"免下车"消费者很少买喝的东西。然而，随着更多的消费者对"免下车"概念的理解，麦当劳在新开的接近一半的连锁店里提供"免下车"和"无电梯"服务窗口。

因此，这是麦当劳在俄罗斯的情况。但是正如麦当劳在俄罗斯调整了它的配方，在其他主要的全球市场它也要做相应的调整以满足当地消费者的特殊需求。可以肯定的是，麦当劳是一个全球品牌。麦当劳世界各地的连锁店采用了共同的全球化策略：在可承受的价格下提供方便快捷的食物。在这个世界上不管你去哪里，从莫斯科到蒙特利尔，或者从上海到密歇根，你都能找到麦当劳的金色拱门和巨无霸、薯条、奶昔以及其他熟悉项目的菜单。但是在总体战略框架下，麦当劳在每个本土市场进行调整以适应细微的差别。麦当劳的一个欧洲执行官说："横跨欧洲40个不同的市场，就有40种不同的口味，在每个市场内部也各不相同，我们是本土化市场，全球化品牌。"

在过去，美国的公司很少注意到国际贸易。如果它们能通过出口增加一些额外的销售，那将会好些。国内市场也相对更安全。经理们不需要学习其他语言，应对陌生而且不断变化的频繁变动的汇率，面对政治和法律的不确定性，或者调整他们的产品以适应不同顾客的需求和期望。然而，今天，情况很不相同。各种组织，从可口可乐、IBM到音乐电视，甚至NBA都走向了全球化。

15.1 21世纪的全球营销

作者评论

变幻莫测的全球环境同时提供了机会和威胁。很难找到一个在某些方面不受全球发展影响的市场。

随着越来越便捷的通信、交通和金融流通，世界正在迅速变小。在一个国家中开发的产品——古奇皮具、索尼的电子产品、麦当劳的汉堡、日本的寿司和德国的宝马——都在其他国家中大受欢迎。当你听说一个德国商人穿着意大利的西装，在一家日本的饭店见一位英国朋友时，我们大可不必惊讶。而这位英国人回家后一边喝着俄罗斯的伏特加酒，一边看着电视上的《美国偶像》。

在过去的30年里，国际贸易正在迅速激增。自从1990年以来，世界上跨国公司的数量已经从30 000上涨到60 000多。其中一些跨国公司是真正的大公司。实际上，世界上最大的150个经济体，仅有81个是国家级的，其余的69个是跨国公司。沃尔玛，世界上最大的公司，年收入大于了除了全球前25名最大的GDP国家之外的其他国家GDP的总和。

在2000～2008年间，全球国际贸易每年增长率高于7%，比GDP产出率高约3%。尽管近来全球经济衰退带来了世界贸易的低谷，2009年产品和服务的世界贸易额19.5万亿美元多，全球GDP增长率大约2.8%。

很多美国公司在国际营销中有多年的成功经验：可口可乐、通用电气、IBM、卡特彼勒、福特、波音、麦当劳以及许多其他公司都已经走向了世界市场。而在美国，像索尼、丰田、BP、宜家、雀巢和诺基亚这样的名字都已经称成为了家喻户晓的词汇。产品和服务都被国外的企业所生产和拥有："班坦图书"、圣诞节冰激凌、通用电气、美国广播唱片公司、康乃馨牛奶、环球电影公司，等等。米其林，法国知名的轮胎制造商，目前31%的业务在北美。强生，全美洲日用品的制造商的典范，其产品如强生婴儿洗浴用品和创可贴等，目前49%的业务在海外。美国卡特彼勒公司在海外拥有更广阔的业务，其61%的销售额都来自美国之外的其他国家。

然而随着国际贸易的增长，全球竞争也日渐激烈。国外的公司正在积极拓展到新的国际市场，同时国内的市场也不像从前那样充满机会。几乎没有什么行业可以安全地免于来自国外的竞争。在国际化进程中落后一步的公司将有可能被排除在西欧、东欧、中国和环太平洋地区、俄罗斯、印度和其他新兴市场的大门之外。为了安全而固守在国内的企业，不仅会丢掉进军其他市场的机会，还很有可能丧失自己在国内市场的份额。从未考虑过国际竞争的本土公司突然发现外国的竞争者正在对它们虎视眈眈。

然而尽管比起过去公司走向国际化的呼声越来越高，风险却越来越大。走向全球化的公司面临着政府的不稳定性和频繁变动的汇率、严格的政府管制和很高的贸易壁垒。近来低迷的全球经济环境也带来了严峻的全球挑战。

全球公司（global firm）则是指那些在多于一个国家内经营，以获得单纯在国内竞争中无法获得的生产、营销、研发和财务优势的企业。全球公司将世界视为一个市场。它最小化国家边界的重要性，发展全球品牌，哪里可以将融资、原材料、部件采购、制造以及营销等工作完成得最好它们就在哪里进行运营。例如奥的斯公司，全球最大的电梯制造商，81%的销售额来自美国之外的海外市场。它从法国引进电梯门系统，一些小的传动零件来自西班牙，使用德国产的电子设备以及来自日本的发动机，只有系统集成是在美国完成的。一位全球营销的专家说："国界已经是20世纪的事情了，跨国公司将无国界带到下一阶段。"

当然这并不意味着中小规模的公司也必须要在十几个国家经营才能取得成功。这些公司可以进行全球补缺。但是当世界变得越来越小，每个在全球行业中经营的企业，无论大小，都必须找到通往全球市场的途径并建立自己的空间。

大踏步迈向全球化也意味着所有的公司都必须要回答几个基本问题：在国内、整个经济区域和全球市场，公司希望建立怎样的营销地位？公司的全球竞争者是谁，其战略和资源情况如何？公司在哪里进行生产，在何处进行采购？公司应该同世界上哪些公司建立战略联盟？

如图15-1所示，在国际营销中，公司面临着6个主要决策。本章将对每一个决策进行详细的讨论。

图 15-1 国际营销中的决策

15.2 考察全球的营销环境

在决定是否要进行国际化经营之前，公司必须透彻地了解国际营销环境。在过去的20年中，国际营销环境经历了巨大的变化，既带来了新的机遇，也带来了新的问题。

15.2.1 国际贸易体系

想要向国外扩展的公司必须首先了解国际贸易体系。当向其他国家进行销售时，公司面临着各种各样的贸易限制。外国政府会向特定种类的进口产品征收**关税**（tariff）。关税可能被用于增加国家收入或者保护本国的公司。关税通常用来促进来自其他国家的有益贸易。例如，近来美国对"洛克福"乳酪征收高额关税以报复欧盟禁止美国的激素处理牛肉的进口。

"洛克福"奶酪和一些其他受欢迎的欧洲食品不久可能从美国的美食屋和商店的进口食品部撤销。这是为了在长期的跨大西洋的食品斗争中应对以法国主导的欧盟拒绝进口经过激素处理的美国牛肉。根据这种针锋相对的逻辑和贸易对抗，如果欧盟不解除它对牛肉20年的禁令，美国将向欧盟成员在美国出口的精选食品征收经WTO认可的惩罚性关税。没有一方愿意都不妥协，但是向洛克福奶酪征收300%的税将使得它的价格达到了闻所未闻、令人窒息的高价——60美元一磅。"洛克福"奶酪受到了最严苛的打击，而其他来自欧盟26个成员国的一些产品，包括意大利的瓶装水、法国的板栗、鹅肝酱、松露、牛肉酱、火腿、桃子罐头、夹心巧克力等都被美国征收了100%的关税，这也使得零售价格翻倍。

出口商可能还要面对**配额**（quota），它规定了进口国在特定产品的种类中允许进口的货物的数量。配额的目的是为了保证外汇存量，保护本国企业以及保障就业率。公司可能还面对**外汇管制**（exchange control），它限制了外汇的数量和外汇的汇率。

公司还有可能会面对**非关税贸易壁垒**（nontariff trade barrier），比如一些对于外国公司投标的不公正待遇、限制性的产品标准以及一些针对外国产品特点的其他规定。近来，全球经济的低迷造成了保护主义的滋长和非关税贸易壁垒的应用的增长。例如，《2009年美国复苏和再投资法案》包括了"购买美国"的条款，要求经济刺激基金只能向美国的供应商购买钢材、铁和制成品。政府的目的是增强美国的钢铁工业。然而，这项条款也损害了其他国家的钢铁制造商，如加拿大，其40%的钢铁都是外销美国的。

同时，一些强制力量也有助于国家之间的贸易发展，如关税和贸易总协定以及各种各样的自由贸易协定。

1. 世界贸易组织和关税贸易总协定

关税和贸易总协定（GATT，也称关贸总协定）是63年前签署的协定，旨在通过减少关税及其他国际贸易壁垒来促进世界贸易。自从1947年协定生效以来，世贸组织成员（目前153个）已经进行了8轮关税贸易协商来重新对贸易壁垒进行评估，并为国际贸易制定新规则。前7轮的谈判将全世界的成品的平均关税水平从45%降低到只有5%。

最近完成的关税和贸易谈判，被称为乌拉圭回合，历时长达7年，1994年结束。乌拉圭回合的益处是长期促进国际贸易的增长。它降低了现存商品关税的30%。协议还关贸总协定的涵盖范围扩展到农业和大范围的服务业。它还加强了国际版权、专利权、商标和其他知识产权的保护。尽管这项协议的金融影响是很难评估的，研究表明它已经使农业、制造业和服务业的贸易壁垒降低了1/3，将促进世界经济增长6130亿美元，相当于又给世界经济增加一个波兰。

除了降低贸易壁垒和为全球贸易制定规则之外，乌拉圭回合成立了世界贸易组织来加强GATT的规则。总的来说，WTO就像一个保护机构，监督关贸总协定，协调贸易冲突和实施贸易制裁。之前的GATT组织没有这样的权限。新一轮的GATT谈判，被称为多哈回合，在卡塔尔的多哈，开始于2001年的下半年，原计划2005年结束，但是到目前还在谈判中。

2. 区域自由贸易区

一些国家之间建立了自由贸易区或者**经济共同体**（economic community）——这是由在国际贸易的规则中向着共同目标努力的国家所组成的组织。其中之一是欧盟（EU）。欧盟成立于1957年，当时被称为欧洲共同市场，欧盟的目的是通过降低其成员国之间的产品、服务、金融和劳务流动的壁垒并共同制定对非成员国之间的贸易政策来创建一个统一的欧洲市场。目前，欧盟代表着世界上统一的最大市场之一，拥有27个成员国，接近5亿的消费群体和占据世界20%以上的出口。

欧洲的统一进程为美国和其他非欧洲的企业提供了大量的贸易机会，然而它也带来了一些威胁。随着统一进程的加速，欧洲的公司将会更加强大和更具有竞争力。然而还有可能有一个更大的隐忧，那就是欧洲内部壁垒的日益降低将会对欧洲外部的国家产生更大的贸易障碍。一些观察家构想"堡垒欧洲"，这将为欧盟国家的公司带来益处，但却通过强加障碍阻碍外来的公司。

欧盟一体化的进程已经放缓——许多人对完全实现一体化持有怀疑态度。近年来，16个成员国通过将欧元作为统一货币而向欧洲一体化迈进重大的一步。欧洲的其他国家也希望在未来的几年里加入。欧元的广泛应用将大大降

经济共同体：欧盟代表着世界最大的单一市场。

低在欧洲做生意的汇率风险，使得之前汇率较低的成员国的市场变得更加具有吸引力。

然而，即使欧元被采用，让欧盟违背 2000 多年的传统，变成欧洲共同体也是不可能的。有着 24 种不同语言和文化的共同体是很难融合成一体的。例如，2005 年中期，随着法国和荷兰投弃权票，建立统一的欧洲宪法的种种努力以失败告终。2008 年，当爱尔兰对缺乏力度的欧盟改革条约投反对票时，这项举措也以失败告终。尽管有阻碍的力量在起作用，但是一体化已经使欧洲成全球一支重要的力量，每年的 GDP 超过 18.8 万亿美元。

1944 年，在美国、加拿大和墨西哥之间建立了《北美自由贸易协定》（NAFTA）。这项协定创造了一个每年生产和消费物资和服务接近 17 万亿美元，拥有 4.52 亿消费者的市场。在过去的 15 年里，NAFTA 已经在三国之间排除了贸易壁垒和投资限制。依据国际货币基金组织的数据显示，三国之间总的贸易量已经从 1993 年的 3060 亿美元上涨到 2008 年的 8300 亿美元。

伴随着 NAFTA 的成功，2005 年，在美国、哥斯达黎加、多米尼加共和国、萨尔瓦多、危地马拉、洪都拉斯和尼加拉瓜之间建立了中美洲自由贸易协定。自从 1994 年以来一直在商讨建立美洲自由贸易区（FTAA）。这个巨大的自由贸易区涵盖了从白令海峡到合恩角的 34 个国家，80 多亿人口和每年大约 20.3 万亿美元的 GDP。

其他的自由贸易区在拉丁美洲和南美洲也形成了。例如，南美洲国家联盟（UNASUR），效仿欧盟，在 2004 年成立，在 2008 年正式缔结条约。有 10 个国家组成的 UNASUR 组成了继 NAFTA 和 EU 之后的第三大自由贸易区。它拥有 3.94 亿人口，超过 3 万亿美元的经济产值，出口价值 5610 亿美元。与 NAFTA 和 EU 类似，UNASUR 的目标是到 2019 年排除所有的关税壁垒。

每个国家都有其必须加以了解的特征。一个国家对于不同的产品和服务的接受程度，以及它作为一个市场对外国公司的吸引力，主要取决于其经济、政治－法律和文化的环境。

15.2.2 经济环境

国际营销者必须研究每个国家的经济状况。有两个经济因素反映着一个国家市场的吸引力：该国的产业结构和其收入分配状况。

各个国家的产业结构塑造了其产品和服务的需求、收入的阶层、就业的层次。主要的四种产业结构类型如下所述。

（1）自给自足型经济：在该经济中，人口的绝大多数都是从事简单农业。其大部分产出都被自己消费，然后将剩余的产品用来交换一些简单的产品和服务。他们对营销者基本提供不了什么机会。

（2）原料出口型经济：这些国家盛产一种或者几种自然资源，但在其他的方面则相当落后。其大部分的收入来自于这些资源的出口，这样的例子有智利（锡和铜）、扎伊尔（铜、钴和咖啡）以及沙特阿拉伯（石油）。这些国家是大型设备、工具、卡车和补给品很好的市场。如果这里有较多的外国居民和颇为富裕的上流社会，则也将会是奢侈品的大好市场。

（3）工业化中的经济：在这种经济中，制造业贡献了国民经济的 10%～20%，这样的例子包括"金砖四国"——巴西、俄罗斯、印度和中国。随着制造业的增长，这些国家会更多地需要进口纺织原料半成品、钢材和重型机械，而较少进口纺织制成品、纸制品和汽车。工业化进程通常会创造一个新兴的富有阶级和一个很小但迅速增长的中产阶级，这两者都会产生进口新型产品的需求。

（4）工业化经济：工业化经济是工业制成品和投资基金的主要输出国。这些国家之间进行贸易，同时也出口到其他类型经济的国家以换取原材料和半成品。这些国家中各种不同类型的制造活动以及大规模的中产阶级使这些国家对于所有种类的产品而言，都是一个极具吸引力的市场。这样的例子有美国、日本和挪威。

第二个经济因素是国家的收入分配状况。工业化国家中将会有低等、中等和高等收入家庭。相反，自给自足型经济中，几乎所有家庭的收入都很低。其他经济类型的国家的家庭收入则可能是极高或极低。甚至新兴的经济体中可能有对于各种商品都有吸引力的市场。目前，大范围的工业企业——从电脑到糖果——都在不断地定位于新兴经济体中的低收入群体。例如，在印度，吉百利将优质的巧克力卖给各种收入的群体，包括穷人。

随着越来越多的印度人对生活有了更高的追求，吉百利希望通过以低价的几便士捕获百万新的消费者。英国的糖果制造商在印度已经有 60 多年的历史了，并且占有巧克力 70% 的市场份额。多年以来，吉百利一直作为奢侈品，只有少数人能购买得起。然而，在过去的几年里，吉百利的品牌以每年20%的速度增长，超过印度全国的经济增长率和不断增长的人数众多的中产阶级的增长速度。然而，印度仍然是一个未开发的大市场——只有不到印度11亿人口一半的人吃过巧克力。因此，吉百利现在通过提供廉价的低端产品把目标定位到巨大的低收入人群。优质糖果制造商向印度市场的低收入群体提供的最新产品是纯牛奶巧克力——豌豆大的巧克力球，一包两个，价格只有2卢比（大约4美分）。吉百利也买其他成本低而小的糖果（如指形小饼巧克力），每个大概2美分。2009年，新兴的市场占到吉百利销售额的35%和60%的销售增长率。吉百利公司估计印度的巧克力和甜食市场每年的增长率大约12%。

15.2.3 政治-法律环境

各国在政治-法律环境上的差异非常大。在决定是否在一个特定的国家中进行经营时，至少要考虑4个政治-法律问题：对于国际购买的态度、政府的官僚主义、政治稳定性以及货币管制。

在对待国际购买的态度上，有些国家对于外国公司的接受度颇高，另外一些国家的态度则相当敌视。例如，印度对待外国公司的政策就比较严格。它规定进口配额，进行货币限制以及其他限定，使得公司在印度运营带有挑战性。相反，一些相邻的亚洲国家例如新加坡和泰国就非常尊重外国投资者，并为他们提供投资激励以及友好的运营环境。政治和管制的稳定性是另外一个问题，不稳定的政治和管制状况将会影响跨国公司在当地开展业务。

公司还必须考虑一国的货币管制。销售者都希望将利润转为他们认为有价值的货币。理想的情况下，购买者可以用销售方的货币或者其他世界货币进行支付。如果做不到这一点，销售方也可以接受一种管制货币——该种货币的流出受到购买方国家政府的限制——只要他们可以在该国购买到所需的其他商品或者可以将该种货币在别处兑换成所需的货币。除了货币管制之外，变幻无常的汇率也给销售者带来了很高的风险。

多数的国际贸易都涉及到现金交易，然而还有许多国家的硬通货币存量不足以支付在他国的购买。它们可能希望使用其他项目（如服务、矿产）进行支付，以代替现金。

15.2.4 文化环境

每个国家都有其自身的社会习俗、规范和禁忌。在制定全球战略时，公司必须了解全球市场上的每个国家的文化将如何影响消费者的反应。相应地，他们也必须了解其战略将如何影响当地的文化。

1. 文化对营销战略的影响

销售者在策划一个营销项目之前，必须了解各个国家的消费者的思维方式以及如何使用特定的产品。这里令人吃惊的例子包括，法国的男士在化妆品和美容品的平均消费是女性的两倍。法国人和德国人所吃的包装好的、名牌的意大利面比意大利人还要多。大约49%的中国人在上班的路上吃饭。大多数美国妇女在睡觉的时候让头发披下来和卸妆，然而15%的中国妇女在睡觉时间做发型，11%的中国妇女在睡觉时间化妆。

忽略了这些差异的公司将会犯一些可能代价很高并且非常尴尬的错误。看看下面的例子吧。

汉堡王在西班牙的连锁店里有一则广告，显示了印度教主神拉克希米顶着一带有字幕的汉堡三明治，字幕上写着："这个快餐是神圣的。"全世界的文化和宗教组织强烈反对——印度教主神是素食主义者。汉堡王公开道歉，并撤销了这则广告。

商业规范和行为在各个国家之间也大不相同。例如，美国的经理人喜欢快节奏而又强硬的面对面的讨价还价，但在日本和其他一些亚洲国家的商人会认为这种行为是不礼貌的。他们更喜欢以礼貌的谈话开始，而且在面对面的谈话过程中很少直接说"不"。又一个例子，南美洲人在谈生意的时候喜欢离彼此很近，甚至是鼻子贴着鼻子。当南美洲的商人向他们移进的时候，美国的商人往往会不断往后退，这样的话，两者都会感到被冒犯。美国的经理们在其他国家做生意时也需要对这些习俗有大概的了解。

出于同样的理由，理解了这些文化的细微差异的公司在将产品进行国际定位和准备国际营销活动时候将会获得优势。以 LG 电子为例，它在全球 60 多个国家运营，其 81% 的销售额来自于海外市场。LG 在全球市场的成功基于它对每个本土市场特点的理解和满足本土市场的独特需求，这些都是通过在韩国所做的调研、制造和营销得出来的。

如果你把韩国泡菜放在冰箱里，很难将它作为秘密来保守。韩国泡菜是由发酵的洋白菜经咖喱和红辣椒调制而成，在韩国饮食中很常见。但是当它被放置在普通的冰箱里时，辛辣的味道会影响到附近的食物。这就是 20 年前，LG 引进泡菜冰箱的原因，此冰箱有专门的隔层将泡菜与其他食物分隔开来。目前，泡菜冰箱在韩国 65% 的家庭里都已经是必备装置了，LG 成了韩国畅销的制造商。

LG 的使命是不管你身处何处，LG 通过创造出改变人们的生活的优质产品而使全世界的消费者获得幸福。在印度，LG 推出更大的冰箱，里面包含了蔬菜隔层、存水隔层、抗震动电源和明亮多彩的抛光剂，这反映了当地居民的偏好（在南部是红色的，在克什米尔是绿色的）。LG 在印度的微波炉有一些是带有黑色的内部装置以掩盖"玛沙拉"的污渍。在伊朗，LG 提供的微波炉带有预设按钮以用来重新加热羊肉串——一道很受欢迎的菜肴。在中东地区，LG 推出了 71 寸镀金显示屏的电视机，售价为 80 000 美元——这已经作为一种贡品而用来彰显富裕的地位。在俄罗斯，冬季的时候许多人都在家里娱乐，LG 开发了卡拉 OK 话筒，它可以用来播放热播的前 100 首歌曲，同时字幕也随着节奏显示出来。这款话筒在第一年就销售了 220 000 多套。

由此可见，了解文化的传统、偏好和行为不仅可以帮助公司避免一些尴尬的错误，而且可以更好地利用跨文化的机会。

2. 营销战略对文化的影响

当营销者为文化对其全球营销战略的影响忧心忡忡的时候，另外一些人则担心这些营销战略对全球文化的影响。例如，社会评论抱怨大型跨国公司，如麦当劳、可口可乐、星巴克、耐克、微软、迪士尼和美国音乐电视不仅仅在全球化它们的品牌，它们还在全球化美国文化。

在购物中心的快餐区和面包店之间，一群年轻人挤在一起，穿着宽松下垂的格斗裤子，玩着滑板运动，说着粗话。他们估量着一个带着唐可娜儿的手表，一只手里还拿着《时代》周刊，另一只手端着拿铁咖啡的女士从他们身边走过。她从一个带着美国棒球队帽子的男子身边掠过，他正在用摩托罗拉的手机讲着他昨天晚上看的马丁·斯科西斯的电影。

这是一个标准的美国式情景——只是那里面的人物不是美国人，而是英语人。美国文化具有如此的渗透性，这种场景可能会在几十个城市中呈现出来。布达佩斯或者柏林，又或是波哥大或者波尔多，甚至是马尼拉或者莫斯科。作为全球的超级大国，美国在以所未有的速度输出自己的文化。

"当今世界，全球化通常带着米老鼠的耳朵，吃着麦当劳，喝着可口可乐或者百事可乐，在微软的 Windows 操作系统上做着计算"，这是托马斯·弗里德曼在他《雷克萨斯和橄榄树》书中所说的。评论家们担心，在"麦当劳帝国"里，世界上各国都在日渐失去自己的文化特性。印度十几岁的孩子们看着 MTV，要求他们的家长给自己购买更加西方化的服装以及一些其他的反映美国主流文化和价值观的东西。住在欧洲小农庄的祖父祖母们不再每天早上花费时间到当地市场为正餐选购烹饪的原料。相反，他们现在到沃尔玛超市去购物。在中国，在"星巴克"进入中国市场之前，大多数中国人没有喝过咖啡，如今中国人常去"星巴克"，"因为它是一种新的生活方式的象征"。同样，麦当劳仅在北京就开了 80 多家分店，将近半数的儿童认为麦当劳是一个本土品牌。

近来，这些忧虑已经开始拖美国全球化进程的后腿。在一些全球市场，美国的知名品牌已经成了联合抵制和抗议的目标。麦当劳、耐克和肯德基已经被全世界的反全球化运动组织者视为美国的象征，尤其在反美情绪高涨的时候。

尽管如此，全球化的守卫者认为担忧全球"美国化"和美国品牌的潜在危害性被过分夸大了。美国的品牌在国际上做得非常好！"明略行"咨询公司最近对全球消费者进行的品牌价值调查显示，排名前十的品牌中，美国的自有品牌占到了 8 个，包括如微软、可口可乐、IBM、麦当劳、苹果和通用电气等。美国许多标志性品牌在全球发展很繁荣，甚至在一些最落后的地区。

从根本上来说，文化交流的作用是双向的——美国在传播文化的同时，也会受到外来文化的影响。好莱坞主导着全球的电影市场，但是英国电视台产出很多节目与美国电视节目竞争，如《办公室》、《美国偶像》和《与明星共舞》等。日益受欢迎的美国足球在国际上有着牢固的地位。甚至美国的儿童都在不断地受到欧洲和亚洲外来文化的影响，大多数孩子都知道 Hello Kitty、爆丸战斗、任天堂或者 SEGA 游戏里的角色。罗琳的《哈利·波特》已经体现了美国新一代年轻人的思想，更不用说被它迷住的数百万上年纪的老人了。目前，英语仍然是互联网的主导语言，通过网络使 1/3 的年轻人受到了美国流行文化的影响。同样，这些技术也使得在美国学习的东欧学生能够听到来自波兰、罗马和白俄罗斯的网络新闻和音乐。

公司还必须认识到，要想在海外取得成功，它们就必须适应当地的文化和传统，而不是将自己的文化强加给别人。巴黎迪士尼起初失败的原因是没有把当地的文化价值观和行为考虑进来。一旦迪士尼的主题公园开始调整以适应当地的文化和欧洲旅行者的旅游习惯，生意就开始好转。"沃特·迪士尼摄影棚"公园的电影主题是将迪士尼的娱乐和有吸引力的地方与欧洲电影的文化和历史融合在一起。一场庆祝迪士尼动画片历史的节目用了六种不同的语言演示出来。当地的明星用方言对《骑士》进行解说。巴黎迪士尼现在是欧洲最有吸引力的景点之一。

因此，全球化是一个双向街道。如果全球化有米老鼠的耳朵，那它也戴着法国的贝雷帽，用着诺基亚的手机打电话，在宜家购买家具，开着丰田的凯美瑞，看着先锋大屏幕的等离子电视。

15.3 决定是否进行国际化

不是所有的企业都必须冒险进军到国际市场的风险才能获得成功。例如，大部分地区性企业只要在本地市场上运营优秀就足够了。在国内运营更加容易，也更加安全。管理者不需要学习其他国家的语言和法律，不必处理多变的货币，不必面对政治和法律的不确定性，也无须改动产品设计去迎合不同客户的需求与期望。然而在全球行业中进行运营的企业，它们在特定市场中的战略地位在很大程度上受其全球整体地位的影响，因此必须在一个全球的基础上进行竞争。

可口可乐开始强调国际市场的增长以弥补国内市场的下降。

以下几个因素可能会导致公司在全球范围内进行扩张。国际竞争者可能会用更好的产品或者更低的价格来进攻本土市场，公司可能会在国内市场上对这些竞争者进行反击以保卫自己的资源。公司的客户可能会扩张到国外，从而需要公司相应地提供国际化服务。也许公司会发现国外的市场比国内市场存在更多的利润机会。例如，近几年，可口可乐着重于全球增长率，从而进行补偿停滞，或者减少在美国软饮料市场的销售。一位业内人士指出："很明显，可口可乐在国内的市场增长潜力已经不大了。"目前，可口可乐 80% 的利润来自北美之外的市场。

在迈出国门之前，公司必须仔细考虑各种风险以及关于全球运营能力的一些问题。公司是否能够了解其他国家消费者的偏好和购物行为？公司能否提供有竞争力和吸引力的产品？公司能否适应其他国家的商业文化并同国外伙伴一起有效经营生意？公司的管理者是否拥有必要的国际经验？管理层是否已经考虑到了其他国家的管制问题和政治环境的影响？

由于进入国际市场存在着风险和困难，大多数公司都是直到在某些情况下或者被迫走向国际竞争的舞台的时候才会考虑采取行动。某些人——本土的出口商、外国的进口商或者外国的政府——都有可能要求公司向海外销售，或者由于公司拥有超额的生产能力而需要为其产品寻求额外的市场。

15.4 决定进入哪些市场

在公司决定进入国外市场之前，必须确定自己的国际营销的目标和政策。它要决定公司将向国外销售多少数量。

多数公司的国际业务在初期规模都很小。有些公司计划只将国际销售作为整个公司业务的很小一部分。其他的公司则可能有更大的计划，它们将国际市场看得同本国的业务一样重要，甚至更为重要。

公司还要决定它需要在多少个国家开展业务。公司要仔细考虑，不能在太少的国家内开展业务，但也不能过快地在太多的国家内进行运营从而超出自己的能力。接下来，公司要决定进入哪种类型的国家。一个国家的吸引力取决于产品、地理因素、收入与人口状况、政治气候以及其他一些因素。销售企业可能会对某种特定的国家或者地区有着更大的偏好。近年来，一些主要的新兴市场经济国家正在兴起，它们提供了大量的机会，但也充满了风险和挑战。

在列出所有可能的国际市场之后，公司必须对许多市场因素进行筛选和评级。例如，宝洁带着它的低技术含量的"佳洁士"牙膏进入中国市场：中国庞大的人口使得它成为这个世界上最大的牙膏市场。考虑到中国只有 20% 的农村居民会每天刷牙，这个庞大的市场增长潜力就更大了。然而宝洁质疑仅有庞大的市场规模是否值得对中国市场进行大量投资。

宝洁对一些重要的问题提出了质疑："佳洁士"能否同本土十几个本土企业竞争者，如高露洁和联合利华旗下的中国品牌进行有效的竞争？中国政府的政策是否稳定以及是否支持公司的经营？中国是否能为佳洁士产品的生产和营销提供足够的利润？"佳洁士"能否克服文化障碍而教育中国消费者有规律地刷牙？佳洁士今天的成功证明了它对所有以上问题的回答都是肯定的。

一位分析人士说："10 年前，宝洁的佳洁士在中国的知名度是不高的，大多数中国人很少刷牙。尽管佳洁士在美国已经有 52 年的经营历史了，现在佳洁士牙膏的销量在中国比在美国多。"宝洁获得这样的成功是因为通过调研了解城镇和农村居民的支付能力和偏好。调研发现中国的城镇居民乐意每支牙膏多支付 1 元钱以获得奇异的香味（如冰凉口味和薄荷味），而农村居民偏爱三四元钱的盐白牙膏，因为许多农民相信盐可以使牙齿变白。由于熟知这些，佳洁士在中国市场现在领先所有竞争者，占据 25% 的市场份额。宝洁通过跨产品组合获得在其他新兴市场同样的成功。目前，这些市场占据了公司整个销售额的 30%。

可能进入的全球市场应该根据以下几个因素进行评级：市场规模、市场增长率、经营成本、竞争优势以及风险等级。这样做的目的在于确定每个市场的潜力。一些评定指标被列在表 15-1 中。然后公司就必须决定哪个市场将会提供最大的长期投资收益率。

表 15-1 关于市场潜力的指标

人口统计特征	社会文化因素
教育水平 人口规模和增长率 人口年龄构成	生活方式与价值观 文化和社会模式 语言的分化程度 商业模式与方式
地理特征	**经济因素**
气候条件 国家的地理规模 城镇和农村的人口密度 交通结构和市场机会	GDP 规模和增长率 收入分配结构 工业基础设施 自然资源 财政和人力资源
政治和法律因素	
国家优先权 政治稳定性 政府对全球贸易的态度 政府机构 货币和贸易管制	

15.5 决定如何进入这些市场

公司一旦决定要在某个国外市场进行销售，则必须考虑最佳进入方式。一般选择有：出口、建立合资企业以及直接投资。图15-2 列出了 3 种营销进入战略以及每种战略的最佳选择。如图所示，每种战略都包含着更大的投入和风险，但同时也拥有更多的控制和潜在利润。

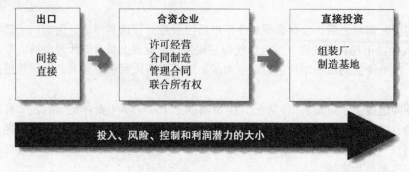

图 15-2 市场进入策略

15.5.1 出口

出口（exporting）：将国内的商品带到国外市场上去销售，通常会对商品进行稍微的调整。出口是进入一个外国市场最简便的方法。公司可能不时会被动地将其多余的产出出口到国外，也可能积极投入以期望扩张至特定的市场。无论哪种情况，公司都是在国内生产其全部的产品。公司也许会对产品做出一些改动以适应国外目标市场，但也许不会。在出口过程中，公司的产品线、组织结构、投资以及使命的变动都是最小的。

公司一般都是从间接出口开始，通过独立的国际营销中间商出口产品。由于公司不需要在海外设置自己的销售人员或者建立营销网络，间接出口所需的投资额通常较少。同时它的风险也比较小。国际营销中间商为合作关系提供专业知识和服务，这样销售方通常会少犯错误。

公司最终可能无可避免地要走向直接出口的道路，自己经营自己的出口业务。在这种战略下，投资额与风险都会有所增加，但潜在的收益也加大了。公司有以下几种组织直接出口的方式：可以设立一个海外的销售分支机构来对其产品进行销售、分销甚至促销。这些销售分支机构使公司对于其产品在海外的项目和绩效的控制加强了，同时这些机构也经常被作为产品展示以及客户服务中心。公司还有可能定期将本土销售人员派驻海外去开发新的商业机会。最后，公司还可以通过国外的分销商或者通过国外的中介机构来销售产品，前者通常自己将产品买入然后转卖，后者则代表公司在海外的利益。

15.5.2 合资企业

合资企业（joint venture）：通过与国外企业合作的方式进入国外市场，以进行生产和销售一种产品或者服务。

进入外国市场的第二种方式是建立合资企业——同外国企业联合生产和销售产品和服务。合资企业与出口的不同之处在于公司要同东道国的企业合资，以在国外进行生产和销售。它同直接投资也不相同，公司要同国外的某些人和企业达成联合。合资企业有 4 种类型：许可证经营、合同制造、管理合同以及联合所有权。

1. 许可经营

许可经营（licensing）：它是企业进入国外市场的一种方式，企业会以一种许可协议的方式进入国外市场。

许可经营是一个制造商进入国际市场的最简单方式。公司同国外市场上的"受许方"达成一种协议以进入国外市场。"受许方"支付一笔费用或者提成，从而获权使用公司的生产流程、商标、专利、商业机密以及其他有价值的项目。"许可方"由此可以以很小的风险进入国外市场，"受许方"则可以获得专业的生产经验、颇具知名度的产品或者品牌，并且无须从零开始。

在日本，百威啤酒产自麒麟啤酒厂；新奇士水果汁、饮料和甜点由明治乳品公司出产；英国的吉百利授予"哈西公司"许可在美国生产它的巧克力。可口可乐通过在全世界范围内授权给瓶装厂并向其提供生产产品所需的可乐原浆而进入国际市场。全球的瓶装厂合作伙伴从沙特阿拉伯的可口可乐瓶装厂到欧洲可口可乐的生产基地希腊，它们向全球 28 个国家的 5.6 亿人销售可口可乐，从意大利和希腊到尼日利亚和俄罗斯。

然而许可经营也有其自身的弱点。比起自己拥有的工厂，公司对"受许方"的控制较少。即使"受许方"经营得非常成功，公司也只能获得利润的很小一部分，当合约到期时，公司可能会发现自己多了一个竞争者。

2. 合同制造

另外的一种选择是**合同制造**（contract manufacturing）——公司同国外的制造商签订合同，让它们为自己生产产品或者提供服务。这种方式的缺点在于对生产过程的控制降低了，并且丧失了制造过程中的潜在利润。合同制造的优点则在于可以迅速起步，而且风险较低，并且将来还有进一步同制造商结成伙伴或者收购当地生产商的机会。

3. 管理合同

在**管理合同**（management contracting）方式下，本土企业为那些提供资金的国外企业提供管理的专业知识。本土企业出口的是不是产品，而是管理服务。希尔顿就是用这种方式来管理全世界的饭店的。例如，最近希尔顿签署了一项协议，通过这项协议它在泰国"巴堤雅"开设了新的奢侈酒店。这家酒店将由因熟知泰国境内外的旅游景点而著名的 CPN 巴堤雅海滨公司来管理和经营。

管理合同是一种低风险的进入国外市场的方式，而且在一开始就能产生效益。当管理公司拥有在未来购买被管理企业的部分股份的期权时，这种方式尤其具有吸引力。然而，如果公司有更好的方式可以应用其稀缺的管理潜力或者当公司接手整个合资企业可以产生更大的利润时，这种方式就不甚明智。管理合同还要求公司在一段时间内都不能自行进行经营。

4. 联合所有权

联合所有权（joint ownership）的合资企业是指公司同一个外国投资者共同建立一个本土企业，它们共同拥有企业的所有权和控制权。一个公司可能购买当地企业的一部分股份，或者两者共同出资组建一个新的合资公司。建立联合所有权的合资企业可能是出于经济或者政治上的原因。公司可能缺少资金、设备或者管理资源，从而难以独立支撑整个企业。或者国外的政府可能会将联合所有权作为进入该国市场的条件。

"哈西公司"最近与印度的戈德瑞饮料与食品有限公司采用联合所有制，在印度生产和销售它的巧克力。当它的巧克力开始销售的时候，"哈西公司"将会得到本土合作者的协助。

一位观察家指出："人类在 3000 年前就创造了巧克力，但是印度最近才有巧克力。与瑞士和英国的小镇布里茨相比，两者每年巧克力的人均消费总量是 24 磅，而印度仅有 5.8 盎司。"目前，印度人喜欢一种传统的糖果，印度甜点"加尔"，让印度人把忠诚转移到巧克力上是花费一番苦心的。更难的是，世界两大巨头巧克力巨头——雀巢和吉百利，两者占据了印度巧克力市场 90% 的市场份额。但是，考虑到前面章节所提到的印度庞大的人口规模，如果印度的消费者喜欢上巧克力，那么对于吉百利和戈德瑞的利润空间将是巨大的。两个公司本可以都独自去做这个事情，但是采用联合所有权将使两者都获益很大。戈德瑞获得了一个全球知名的品牌，而吉百利获得了熟知复杂的印度市场的本土合作伙伴。

联合所有权也有其缺点。合资伙伴间对于投资、管理或者其他的问题可能有着不同的见解。通常美国公司比较喜欢将利润再投入公司以扩大规模，而各地的本土企业可能更喜欢将利润提走。另外，美国的企业可能更强调营销的作用，而各地的本土企业则更多依赖于推销。

15.5.3 直接投资

最大规模的参与国外市场的方式是**直接投资**（direct investment）——设立以国外为基础的组装或者制造厂。HP已经在许多主要的海外市场进行了直接投资，包括印度。它最近在德里开设了第二家 PC 制造厂，并在印度的 150 个城市了设立了 HP 自有的零售店。由于上述的投入，HP 已经称为当地最受欢迎的品牌了，硬件兼容性表已经控制了印度 21% 的市场份额。

如果公司从出口中获得了足够的经验并且国外的市场足够大，在国外直接投资设厂将有许多优势。公司可以获得更廉价的劳动力和原材料，从而降低成本，获得外国政府的投资鼓励并且节省运费。公司还可以通过创造就业提升在东道国的形象。一般来说，这可以使公司发展同当地政府、客户、当地的供应商和渠道商之间更深厚的关系，可以使公司的产品更好地适应当地市场的需要。最后，公司对于在国外的投资拥有全部的控制，从而可以设计更符合公司的长期国际目标的生产和营销策略。

直接投资的主要的不足在于公司将面临着许多风险，例如货币管制或者贬值、市场萎缩或者政府变更。有些时候，为了维持在东道国的运营，公司除了接受这些风险之外别无选择。

15.6　决定全球化的营销组合

作者评论

全球化营销的主要决定因素归结为：我们应该在多大程度上调整营销战略和活动以适应本土市场？怎样去对比波音和麦当劳的不同？

在一个以上的国际市场上进行经营的公司必须决定，它们要在多大程度上调整其营销组合以适应各地的情况。一个极端是全球公司使用**标准化营销组合**（standardized marketing mix），在全球基本使用同样的营销方式来销售同样的产品。另外一个极端是**适应性营销组合**（adapted marketing mix）。在这种情况下，生产商针对每一个目标市场调整其营销组合的项目，尽管要承担更高的成本，但是也有望获得更大的市场份额和利润。

近年来，对营销组合进行标准化还是适应化的争论一直莫衷一是。一方面，有些国际营销者认为科技使得世界变得越来越小，全世界的消费者变得越来越相似。这就为"全球品牌"和标准化营销做了准备。反过来，全球品牌化和标准化将带来更大的品牌影响力和规模效应带来的低成本。

另一方面，营销观念认为，如果针对每个目标客户群体的独特需要进行调整，将会使营销活动更加有效。如果这种观念在一个国家内奏效的话，那么在国际市场上也应该是更加行之有效的。尽管全球在走向集中化，但是不同国家的消费者在文化背景上的差异依然很大，而且各国消费者在需求与欲望、购买力、产品偏好和购物模式上都大相径庭。由于这些差异是很难改变的，大多数营销者都要对其产品、价格、渠道以及促销做出调整以适应不同国家消费者的要求。

但是，全球化标准化也并非一无是处，而是相当重要的。大多数国际营销者认为，公司应该"全球思考，本地行动"——他们试图在标准化和适应性之间寻求平衡。公司的总体战略应该为全球战略指明方向，然后本地的机构应该专注于调整战略以适应特定的本土市场。

总体来看，本土品牌在消费者的购买倾向上仍占据较大的优势。一位分析者说："大多数人仍然过着本土的生活，尽一切可能全球化，但首先要做的就是赢得当地的顾客，这样就不得不本土化。"另一位分析者说："企业需要尊重本土的文化，并称为它们其中的一部分。"一个全球化的品牌必须以一种本土化的形式向本土的消费者展现出来。全球消费品巨人联合利华的营销主管西蒙·克利夫特（Simon Clift）这样说："我们试着在国际化和本土化之间寻求平衡。"

麦当劳操作流程是这样的：它在全世界的餐厅里面都使用同样的快餐店面、摆设和运营模式，但是各地的菜单却根据当地的口味不断调整。例如，在日本，它提供"海鱼柳配-O 的汉堡"和美味的沙拉果盘。在韩国，它销售的烤肉汉堡中添加了大蒜调味汁。在印度，牛被视为圣物，麦当劳提供鸡肉、鱼肉和蔬菜汉堡，以及大君麦香堡——一个芝麻汉堡胚上有两块全羊肉的小饼、特制的酱汁、莴苣、奶酪、泡菜以及洋葱。

类似地，为了促进奥利奥在中国的销售，卡夫食品调整了它的配方和营销活动以满足中国消费者的口味需求。它甚至还开发了一个全新的品牌。

营|销|实|践 15-1

奥利奥加牛奶，中国口味

　　与在美国的口味不同，奥利奥在中国最受欢迎的饼干是又长又薄，分4层的巧克力夹心饼干。然而，奥利奥的两类饼干在全世界一半以上的国家销售，它们有一个重要的共同特点：两者都很畅销。但是对于卡夫食品来说，将带有黑巧克力的奥利奥带到中国市场并非易事。尽管奥利奥在美国是最畅销的饼干，这也使得它在世界上最受欢迎的国家销量也很好，但是，卡夫食品不得不彻底改造这款受欢迎的饼干。

　　1912年，奥利奥被首次引入美国，但是直到1996年卡夫食品才将奥利奥带到中国市场。起初，卡夫在中国市场卖和美国市场上一样的奥利奥饼干——美国人喜欢把饼干掰开舔吃中间的乳酪或者把饼干浸泡在牛奶里面直到它们都浸透了。然而，运用在美国的营销主题和活动对中国的消费者，经过九年的尝试，奥利奥的销量还是不景气。爱因斯坦对神经病的定义——重复做同样的事情，期望有不同的结果——"就是对我们现在正在做的事情的真实写照"，卡夫食品全球营销副总说，他总结道："为了使事情奏效，是改进奥利奥的时候了。"

　　首先，卡夫改变了奥利奥的管理团队。然而先前奥利奥在中国营销的决策是由卡夫的"诺茨布鲁克"、特许经营部和总部制定的，现在公司决定将这个重塑品牌的重任交给中国本土的经理。这个团队从深度调研中国消费者开始，得到了一些有意思的发现：首先，中国人并不太喜欢吃饼干。尽管中国人口众多，但是中国的饼干市场规模只有美国饼干市场的1/3。其次，中国的消费者并不喜欢美国人喜爱的奥利奥饼干。传统的奥利奥饼干对于中国消费者来说太甜了。最后，14块装的标准包装，价格72美分，这对于大多数中国家庭的食品预算来说太多了。在中国人均家庭年收入仅有约1900美元。

　　因此作为开创者，公司开发了20种低糖奥利奥的样本，并让中国消费者试吃直到口味调整到恰到好处为止。卡夫还引进了容量较少、价值仅一两元人民币的包装。然而，一些中国消费者觉得新配方的奥利奥饼干还是太甜了。这是在北京东部一位30岁的消费者的评论，他很喜欢饼干，但他说："我的许多朋友都认为我痴迷于奥利奥，他们觉得这种饼干甜得让人难以接受。"

　　卡夫的调研也显示了中国消费者对牛奶有着不断增长的渴望，这是卡夫完全没有运用到的。因此卡夫开进了基层的营销活动，教育中国的消费者去尝试美国传统的牛奶加饼干的吃法。公司在全国的30个省份创立了学徒活动，吸引了6000多名学生前来申请。其中300名被培训成奥利奥品牌形象大使。还有一些学生骑车绕行北京，自行车上带着奥利奥，沿途将饼干分发给3 000 000多名消费者。

　　其他的形象大使举办奥利奥主题的篮球赛以增强饼干蘸着牛奶的吃法。电视广告上播放着孩子们把奥利奥饼干分开，舔吃中间的乳酪，并将巧克力饼干浸到半杯牛奶中。卡夫食品的CEO艾琳·罗森菲尔德称"自行车运动"的天才行动肯定来自本土的经理。让当地的经理们去管理本土的市场将是一种竞争优势的来源。

　　产品和营销活动的改进使得奥利奥在中国市场的销售有所改进。然而，卡夫知道要想在中国的饼干市场占有更大的市场份额，仅靠改进它的美国奥利奥配方和营销活动是不够的。它还需要重塑奥利奥自身。

　　因此，在2006年，卡夫食品在中国引入了第二款奥利奥，这款看起来与原来的那款完全不同。新的中国奥利奥是由4层薄脆饼干组成，每层中间夹着香草和巧克力冰激凌，外层还涂着巧克力。新设计的奥利奥不仅满足中国消费者的渴望，而且也为在中国巨大版图上的销售和分销带来了挑战。卡夫甚至还开发了一个专利处理技术以确保巧克力产品能够承受住北方寒冷的气候和南方热湿的气候，当然也做好了融化在消费者嘴里的准备。

　　卡夫重塑奥利奥品牌和它的营销活动已经获得收益了。在引进的第一年里，奥利奥"wafer sticks"已经成为中国最畅销的饼干，超过了中国达利食品的"好吃点"。在中国，新的奥利奥也超过了原先奥利奥的销量。卡夫已经开始在亚洲、澳大利亚和加拿大销售新的奥利奥。在过去的两年里，卡夫在中国奥利奥的销售收入增长了一倍。

　　此外，卡夫还认识到，它的"全球化思考，本地化行动"的方式不仅适用于奥利奥和中国市场，而且也适用全世界的所有产品。例如，为了运用欧洲人对黑色巧克力的偏爱，卡夫最近将黑巧克力引入到德国，归属到它的品牌"妙卡"旗下。在俄罗斯的调研显示，消费者喜欢优质的速溶咖啡，因此卡夫正将它的零点黑角咖啡为迎合高档消费者的需求放置在电影节、时装秀和歌剧院。在菲律宾，冰茶很受欢迎，2008 年卡夫推出了冰茶口味的汽水。由于上述的行动，国际业务占据了卡夫总销售额的 49%。2009 年，卡夫在欧盟的利润上升了 41.6%，在发展中国家的利润上升了 31.6%，这些都远远超过在美国的利润增长率。

资料来源：Adapted from portions of Julie Jargon, "Kraft Reformulated Oreo, Scores in China," Wall Street Journal, May 1, 2008, p. B1; With information from "Kraft Foods Upbeat on 2009 China Sales," Reuters, June 6, 2009, accessed at www.guardian.co.uk/business/feedarticle/8542629; and www.kraft.com, accessed December 2009.

15.6.1 产品

在全球市场上进行产品和促销的调整一共有五种战略（见图 15-3）。我们将首先讨论三种产品战略，然后再介绍两种促销战略。

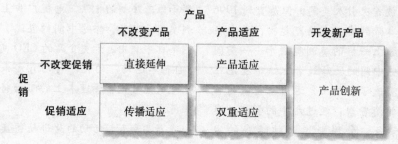

图 15-3 五种产品和促销的国际战略

（1）**直接延伸**（straight product extension）指将一种产品原封不动地推向国外市场。高层经理们对营销人员说："产品就是这样，去找适合的客户吧。"

然而第一步，公司应该确定外国的消费者是否会使用这种产品以及他们会喜欢什么形式的产品。

直接延伸有时可能会成功，但有时后果是灾难性的。苹果的 iPod、吉列的剃须刀、喜力啤酒和百得电动工具都在全球采用统一的产品，取得了巨大的销售成功。但是通用食品公司向英国市场引入标准的吉露果子冻，却发现英国的消费者偏爱威化饼或蛋糕形状的。类似地，只有当飞利浦公司改小了咖啡机的尺寸，使它们可以放进日本的厨房，缩小了剃须刀的大小，使它们更适合日本人的手掌之后，才开始在日本市场上获得利润。直接延伸的诱人之处在于它无须额外的产品开发成本和生产变动，也不需要新的促销活动。但从长期来看，如果这种产品不能够令消费者满意，直接延伸的代价是巨大的。

（2）**产品适应**（product adaptation）指调整产品以适应各地的情况和需求。芬兰的移动电话制造商诺基亚根据每个主要市场的客户分别做出调整。研发人员在亚洲的机器中内置了基本语音识别装置并且调高了响铃的音量，从而用户即使是在喧闹的街道上也可以听到电话铃声。诺基亚正在积极努力研发功能全面但坚实低价的移动手机，以满足广大发展中国家的低端消费者的需求，如印度、中国和肯尼亚。

为了帮助广大发展中国家的人们实现使用移动电话的梦想，诺基亚在积极地寻找方法。它已经涉足到地球的最远的角落了，从孟买的小巷到内罗毕的贫民窟。结果发现需要设计出许多新的功能以应对糟糕的天气和更加恶劣的生活条件。例如：公司研发了防尘的键盘——这对没有公路，干燥炎热的国家来说至关重要，这是诺基亚的执行官从拜访印度消费者的家里时发现的。低价也很重要。在最近的一次拜访内罗毕外的贫民窟时，新兴市场的团队发现许多人形成购买俱乐部，凑钱为每一位成员购买手机。现在诺基亚正在寻找鼓励这种自筹经费方式的方法。在这些贫穷的地区，集资对于手机制造商来说是一件艰难的事情，但是诺基亚知道如果它想获得接下来 10 亿消费者的行业份额的话，它就不得不尝试各种各样的新想法。

（3）**产品创新**（product invention）指为国外的市场开发一些新的东西。这个战略可以采用两种形式。公司可以重新推出一些早期的产品形式，恰好可以适应特定国家的需求。或者公司可以为满足另一个国家市场的需要创造一种全新的产品。例如，索尼在它的 VAIO 个人电脑生产线里面添加了"U"系列，以满足日本消费者的特定需求。

它发现日本的消费者在上下班拥挤的火车上使用便携式电脑很困难——站着的上下班往返的人没有休息的地方。因此它创造了"U"型的"站立式电脑"。这个 U 型电脑是轻便而且体积很小的：只有 6.5 英寸宽，带有 5 英寸的显示屏，并配备了触摸屏和小键盘，这样当人站立的时候也可以使用。

15.6.2 促销

公司可以采用同国内市场相同的促销战略，也可以根据各地的市场做出调整。以广告信息为例，苹果公司销售了数以百万的 iPod，在全球用了同一个广告：一个人体的轮廓背对着一个多彩的背景在跳舞。与语言不同，苹果的网站在全世界 70 多个国家都是一样的，在那里它营销自己的产品，从澳大利亚到塞内加尔，再到捷克共和国。

当然，即使是在高度标准化的促销活动中，也需要做出一些小的调整来适应语言和不同文化的差异。例如，在西方市场，"多芬"有影响力的营销活动"真美运动"以日常女性穿着内衣的画面为特点。然而，在中东地区，人们对裸体持有更加保守的态度，这个营销活动被修改为仅是揭开女性面纱后面的脸。

类似地，尽管麦当劳在全世界都用它标准化的主题"我就喜欢"，但在不同的国家它的翻译也是在不断变化的。例如，在中国，它被说成是大汉堡，作为一种比美式汉堡更大一点的汉堡。

为了避开某些国家的禁忌，颜色有的时候也要进行变动。在拉丁美洲，紫色是与死亡联系在一起的。在日本，白色是用于哀悼的颜色。而在马拉西亚，绿色则是同大病一场联系在一起的。最后，全球的公司经常很困难逾越语言的障碍，带来的后果从轻微的尴尬到彻底的失败。看似"不招人反感"的品牌名字和广告用语，当被翻译成其他语言的时候，可能会带有无意的或者潜在的含义。例如，全球知名的微软操作系统——Vista，对于拉脱维亚的没见过世面的老年女性来说是一个诬蔑的用语。意大利公司"Traficant"矿泉水在西班牙受到了有趣的待遇，因为这个名字被翻译成毒品零售商。

营|销|实|践 15-2

注意你的语言

很多全球公司在跨越语言的障碍时颇有困难，结果可能仅仅是一些小小的尴尬，但也有可能是彻底的失败。看起来无伤大雅的品牌名称和广告文案在翻译成其他语言时则可能会无意识地出现一些深层含义。翻译时的粗心大意会使营销者面对外国消费者时看起来就像一个十足的笨蛋。

最普通的语言错误是只僵化地翻译品牌名称而不是意译。当 1920 年可口可乐第一次在中国推出可乐产品时，音译出来的一组中文汉字和产品名称的读法几乎一模一样。不幸的是，这些翻译过来的汉字的实际含义是"蝌蚪啃蜡"。现在，中国的可乐瓶子上的品牌名称是"可口可乐"。

有些汽车制造商在品牌名称的翻译上也遇到了类似的语言壁垒。雪佛兰的"Nova"被翻译成西班牙语是"它不走"。通用汽车将这个名字改成"Caribbean"（加勒比海），销售量就上升了。微软操作系统，Vista，对于拉脱维亚的没见过世面的老年女性来说是一个诬蔑的用语。劳斯莱斯在德国市场避免用"Sliver Mist"，因为在德国"Mist"是"粪便"的意思。然而，

Sunbeam 公司带着它的 Mist Stick 的卷发电棍进入德国市场。正如所预料的那样，德国人是不会用"大便棍"卷头发的。宜家家居销售一款儿童的学习桌，"FARTFULL"（在瑞典是"加速的"意思）——它很快就中止了这款产品。

伦敦的品牌形象公司已经创造了家喻户晓的品牌如 Prozac 和 Acura，最近得出了"羞耻品牌排行榜"的列表，它包含了这两个以及你可能在本土的克罗格超市都没有见过的国外品牌：Krapp toilet paper（丹麦）、Plopp chocolate（斯堪的纳维亚）、Crapsy Fruit cereal（法国）、Poo curry powder（阿根廷）和 Pschitt lemonade（法国）。

旅行者们经常会遇到一些来自服务公司的善意的建议，但翻译过来的意思却和它们的初衷大相径庭。瑞典一家饭店的菜单上写着"我们的酒使你没有任何希望"。一家日本酒店的标牌上写着"我们邀请您占清理卧房的女服务员的便宜"。在罗马的一家干洗店里写着"女士们，把你们的衣服留下来，度过一个愉快的下午"。

　　广告文案在翻译的过程中也往往会丢掉或者增加一些东西。库尔啤酒的标志语"库尔使你得到放松"在西班牙被翻译为"库尔使你得到分数"。可口可乐的"可口可乐添情趣"（Coke adds life）的主题在日本则被翻译为"可乐可以使你死去的祖先死而复生"。联合乳业很晚才知道它在美国的广告语是问句"喝牛奶了吗？"，在墨西哥被翻译成很有挑衅性的句子"你正处于喂婴儿的时候吗？"。在中国，肯德基的口号是"您真内行"被翻译成"咬掉您的手指头"。在印度，摩托罗拉的手机铃声"Hello, Moto"听起来像是"胖子，你好"。即使语言是相同的，各个国家之间词汇的用法也可能大有差别，伊莱克斯的真空吸尘器在英国的广告词"没什么能像伊莱克斯这样有效吸尘"（Nothing sucks like an Electrolux）在美国可能就没办法吸引客户。

　　因此，跨越语言的障碍涉及的远远多于把名字和口号翻译成其他的语言。一位翻译顾问说："你不能仅仅把这个概念翻译出来，把它直接放到另一个市场。它不仅仅是简单的词对词的翻译，还需要对意思进行调整。"除了词语的意义和细微差别之外，国际营销者也必须考虑这些因素如语音的感染力，甚至与历史人物、传奇以及其他因素的联系等。这位顾问指出中国修正 eBay 在线免费分类广告服务的名字——客齐集（在斯瓦希里的意思是"小村庄"），是一个本地化成功的范例。她说："在中国，单个汉字在语音上与英语的发音几乎是一样的，而且，它们还有把人聚集到一起分享东西的含义，这是对品牌和生意的很好描述。"

资料来源：Quotes, examples, and other information from Neil Payne, "Cross-Cultural Marketing Blunders," July 28, 2008, accessed at *www. proz. com/translation-articles/articles/1909/1/Cross-Culture-Marketing-Blunders-*; Randall Frost, "Lost in Translation," *Brandchannel. com*, November 13, 2006. David A. Ricks, "Perspectives: Translation Blunders in International Business," *Journal of Language for International Business*, 7: 2, 1996, PP. 50-55; Martin Croft, "Mind your Language," Marketing, June 19, 2003, PP. 35-39; Eric Pfanner, "Marketer Take a Fresh Look at the Language Barrier," *International Herald Tribune*, July 22, 2007; and "Famous Cultural Blunders," *Reference. com*, accessed at http: //ask. reference. com/related/Famous + Cultural + Blunders? qsrc = 2892&l = dir&o = 10601, October 2009.

　　也有一些公司采用一种叫做**传播适应**（communication adaptation）的战略，根据不同的市场全部调整广告信息。在美国，凯洛格公司的广告更加突出其谷物食品相对竞争品牌的口味和营养。在法国，许多消费者在吃早餐时摄入很少的牛奶，"凯洛格"的广告使消费者相信谷物食品是一种美味而且健康的早餐。在印度，许多消费者在吃早餐时摄入了很多的油炸食品，"凯洛格"的广告因此着重于说服消费者转向少量但更为营养的早餐。

　　类似地，可口可乐在北美、英国、中东和远东销售的低卡路里饮料叫做"健怡可乐"（Diet Coke），而在其他的地方则叫做 Coke Light。根据"健怡可乐"的全球品牌经理介绍，在西班牙语国家中，"健怡可乐"的广告不像美国那样将"健怡可乐"定位于一种可以使你自己感觉良好的方式，而是定位于一种体现渴望目标的软饮料。"这种"渴望定位"的广告效果调查显示，"健怡可乐"被世界其他地区的消费者视为一个充满活力的品牌并散发出迷人的自信。

　　由于媒体的可获得性和管制在不同国家之间的差异较大，媒体也需要进行国际化的适应性调整。例如，在欧洲，电视广告的时间是受到严格限制的，变化范围从翻过的一天 4 小时到斯堪的纳维亚的 0 秒钟。广告商必须提前几个月预约，他们对在电视节目开始前的时间有很少控制权。然而，手机广告在欧洲和亚洲的广泛接受程度大于在美国。杂志的有效性差异很大。例如，杂志在意大利是一个主要的媒体，但在澳大利亚是一个弱势的媒体。报纸在英国是全国性的，但在西班牙更多的是当地的。

15.6.3　价格

　　公司还将面临着许多在国际市场上制定价格的问题。例如，百得公司如何在全球为其电动产品定价？它可以在全球设定一个统一的价格，但是这个价格可能对于贫穷国家来说太高，而对于富裕国家来说却不够。它也可以根据各个国家的消费者可以承受的价格来定价，但是这种战略忽略了各个国家之间的实际成本差异。最后，公司还可以根据各地的成本按照统一的加成比例进行定价，但这种方式可能会使百得在某些成本过高的国家失去市场。

　　不论公司如何对其国际商品进行定价，对于一些有比较优势的产品来说，产品在国外的价格总是比在国内的高。一个 iPod 在美国的售价是 135 美元，但在巴西的售价可能是 325 美元。为什么呢？苹果面对的是一个**价格阶升**

（price escalation）的问题。它在出厂价的基础上还必须加上运输成本、关税、进口利润、零售商利润。依赖于这些增加的成本的状况，一种产品在另一个国家中可能要卖 2 ~ 5 倍的价钱才能获得相同的利润。

当向发展中国家的低端消费者销售商品的时候，为了克服"价格阶升"的问题，许多公司制造出更简单或者更小的产品，并以低价卖出。例如，在中国和其他新兴市场，戴尔以 475 美元销售它简易版的 PC 机。宝洁和联合利华卖给消费者的商品——从洗发水到牙膏——采用了低成本的配方和更小的包装，并以消费者能承担的价格卖出。

另一个问题是当公司向国外的子公司运输产品时如何定价。如果公司对它的外国子公司要价过高，它可能要支付高额的关税，即使在该国的所得税率很低。而如果公司对其子公司的要价过低，就可能会被指控"倾销"（dumping）。

倾销是指公司的定价低于成本或者低于其国内市场的定价。各国不同的政府一直以来都在审查滥用倾销，而且对于相同或者相似的商品，它们经常迫使企业接受其他竞争者制定的价格。

最近，经济和技术力量对于全球定价产生了巨大的影响。例如，互联网同样极大降低了全球的价格差异。当公司在网上销售其产品的时候，消费者可以看到这些产品在不同国家的价格。他们既可以从公司的店面购买特定的产品，也可以寻找价格最低的经销商。这将迫使公司采用更为标准化的国际定价。

15.6.4 分销渠道

为了将产品分销给最终消费者，国际公司必须采取一个**整体渠道视角**（whole-channel view）。图 15-4 显示了在卖方和最终购买者之间的两个环节。第一个环节，国家之间的渠道，将产品运至外国的边界。第二个环节，国内的渠道，将产品从其国外输入点送到最终客户的手中。整体渠道视角将整个全球的供应链和营销渠道考虑在内。为了在国际上更好地竞争，公司必须有效地设计和管理全球价值分销网络。

图 15-4 国际营销的整体渠道视角

各个国家之间的国内渠道也有很大的差异。各个国家市场上的中间商的数目和类型都有很大的差别，服务中间商的运输基础设施也有很大的差异。例如，在美国，大规模的零售连锁店支配着整个零售业。但是在其他国家，零售通常是通过独立的小型零售商完成的。在印度，成千上万的小店面执行着零售的任务，它们甚至还在自由市场中经营。因此，正如前面所讨论的，为了让印度的消费者接受自己耐用、低价的手机，诺基亚必须锻造它的分销结构。

在印度，诺基亚出现在 90% 的零售店里销售移动电话。据估计，它的手机分销店有 9 万个，变化范围从大型商店到临时的小摊棚。这就使得控制产品的展示形式和向消费者推销产品变得很困难。诺基亚的一位主管说："你不仅需要了解当地居民的居住条件和购物模式，也需要用当地的交通方式与当地居民一起工作——即使是自行车或者人力车"。为了获取印度的乡村市场，诺基亚在沿途经过偏远村庄的货车上，将诺基亚与众不同的蓝色的品牌标识涂在车身上。通过在节日期间，工作人员会将带有这些广告的货车停靠在村庄里，在那里他们向居民展示手机基本的工作原理以及怎样能买到它们。诺基亚已经将这种概念延伸到小型货车，它能到达更偏远的地区。多亏这种智能产品的开发和渠道创新，诺基亚现在占有印度移动设备 50% 的市场份额。

类似地，可口可乐在全球市场调整它的分销方式以应对本地化挑战。例如，在中国的农村市场，一支超过万人的销售队伍会深入到小型零售商那里，经常是步行或者骑自行车。为了到达更偏远的地方，公司甚至用驴子运输产品。在乌拉圭的蒙得维的亚，大型汽车因交通拥挤、停车问题和污染问题而受到了限制，可口可乐购买了 30 辆小型的、性能高的三轮 ZAP 作为交通运输工具。这种小型卡车的耗油量只有大型车的 1/5，而且在拥堵的城市街道绕行更加方便。如果这种运输模式在蒙得维的亚运作得好，可口可乐将在其他面临同样问题的拥堵城市采用这种模式。

15.7 决定全球营销的组织结构

公司通过至少三种不同的方式来管理其国际营销活动。多数公司一开始组织一个出口部门，然后设立国际事业部，最后成为一个全球组织。

一家公司开展国际营销，最通常、最简单的方式是将货物运往国外。如果其海外业务有所扩展，公司就会组织一个出口部门，任命一个销售经理和几个助理。随着销售的增加，出口部门也逐渐扩大，以包含各种营销服务从而积极跟上业务的需要。如果公司在海外拥有合资企业或者进行直接投资，出口部可能就不足以支持其业务了。

很多公司都在几个国家内经营和投资。公司可能向其中一个市场出口，在另外一个市场进行许可证经营，在第三个国家设立一个联合所有权的合资企业，而在第四个国家拥有一个子公司。迟早它会创建一个国际事业部或子公司来管理它所有的国际活动。

国际事业部可以由不同的方法进行组织。国际事业部中的员工包括营销、制造、研发、财务、计划和人事专员。他们为各个运营单位进行计划并提供服务，这些运营单位可以通过三种方式进行组织。它们可以是**区域式组织**（geographical organization），每个单位拥有一个国家，该经理对各自业务国家内的销售人员、销售分支机构、分销商以及"受许方"负责。这些运营单位也可以是**世界产品组**（world product group），每个单位都对全世界不同的产品组负责。最后，运营单位还可能是国际子公司，每个子公司负责自己的销售和利润。

很多公司越过了国际事业部的阶段，成为了真正的全球组织。例如，波音一半以上的飞机销售量来自美国之外的国外市场。尽管总部在芝加哥，但它在全世界的70多个国家雇用了150 000名员工。波音的飞机销售给中国航空和汉莎航空，同销售给美国航空一样。

全球组织不再将自己视为一个向国外销售的一国营销者，而是开始将自己视为全球营销者。公司最高管理层规划在全世界的制造基地、营销政策、现金流和物流体系。全球运营单位直接向执行管理人员或者执行委员会，而不是国际事业部的首脑报告。执行经理们接受关于全球运营的训练，而不仅仅是本国或者某几个国家的运营。公司从许多国家招聘经理人员，从成本最低处进行采购，并向可以产生最大预期利润的地方投资。

进入21世纪之后，主要的大公司如果希望获得竞争优势，就必须更加全球化。当外国的公司昂首阔步进入本国市场的时候，本国的公司也必须积极迈进国际市场。它们不能再将自己的国际业务视做第二位的，而应该转向将整个世界视为一个没有边界的统一大市场。

概念回顾

今天的公司，不论大小，仅仅关注国内市场的代价都是令人无法承担的。很多行业都是全球的行业，行业内的公司在全球范围内运营，以获取更低的成本和更高的品牌认知。同时由于变化无常的汇率、不稳定的政府、贸易保护主义的关税和贸易壁垒以及一些其他因素，全球营销也充满着风险。在了解了这些机会和风险之后，公司就需要一种系统的方法来制定其全球营销决策。

1. 讨论国际贸易体系、经济、政治－法律以及文化环境如何影响一个公司的国际营销决策。一个公司必须了解国际营销环境，尤其是国际贸易体系。它也必须了解国外市场的经济、政治－法律和文化特征。然后公司就要决定是否进军国外市场以及权衡潜在的风险和收益。它必须决定它所期望的国际销售数量、它将进入多少个国家的市场以及具体进入哪些市场。这些决策要求公司必须权衡可能的投资收益率和风险水平。

2. 描述进入国际市场的三种主要方式。公司必须决定如何进入选定的国际市场——通过出口、建立合资企业还是直接投资。很多公司的国际业务从出口开始，然后建立合资企业，最后在国际市场上进行直接投资。出口，指一个公司通过国际营销中间商（间接出口）或者通过公司自己的部门、分支机构、销售代表或者代理商（直接出口）向国外运送并销售自己的产品。当公司通过同国外的企业联合对产品或者服务进行生产或者营销时，公司就是在建立合资企业。在直接投资下，公司则通过建立以外国为基础的组装或制造工厂来进入国外市场。

3. 解释公司如何根据国际市场调整自己的营销组合。 公司必须决定如何根据每一个国际市场来调整自己的产品、促销、价格和渠道。一个极端的情况，全球公司在全世界范围内使用标准化的营销组合。而其他的公司则采用适应性的营销组合，针对每一个目标市场调整其营销组合的元素。这样会产生较高的成本，但是同时也带来了更大的市场份额和收益。

4. 定义国际营销组织的三种主要形式。 公司必须为国际营销开发一种有效的组织结构。多数公司一开始都采用出口部，然后慢慢升级到国际事业部。少数组织演变成为全球组织，此时全球范围的营销计划和管理都通过公司的最高管理人员进行。全球组织将整个世界看成一个没有边界的统一市场。

问题讨论

1. 解释"全球企业"意指什么。
2. 解释"经济社会"这一概念，并给出经济社会的例子。
3. 讨论四种国家工业化结构和每种结构为国际营销者提供的机会。
4. 当公司决定进入国际市场时，应考虑哪些因素？
5. 讨论国际市场的产品本地化策略都有哪些？那个是最好的？
6. 讨论国际分销渠道与国内渠道的不同。

问题应用

1. 一个总部设在美国的新电动汽车生产商：V-汽车，计划汽车一旦生产出来即将在国际市场和国内市场同时销售。一个小组，选择了一个国家并写了一个关于该国经济、政治-法律、文化环境如何影响该汽车销售的报告。V-汽车期望该车在美国市场定价为10 000美元。提供一个以你们国家货币为单位的汽车价格建议并解释为何如此定价。转化成美元，你建议的价格是多少？

营销技术

中国是仅次于美国的第二大计算机市场，计算机制造商希望能和政府保持良好的关系。因此，即便中国政府还没有要求，其中很多制造商也会在预安装电脑时安装包含中国绿坝网络过滤软件。中国工业与信息化部希望所含的软件能够使青少年远离网络不健康内容。然而，评论家认为软件损害了公民权利。网络检查制度在东南亚大部分国家（比如马来西亚、泰国、越南以及沙特阿拉伯、伊朗等）蔓延，但是只有中国以及更大的国家才有相应的技术和资源来有效地管辖网络。这些国家甚至发现仅靠技术不能解决人们的异议，因为总会有人能够找到技术的漏洞。因此，有些政府将在网络上贬低权威视为一项犯罪。

1. 当公司在向中国市场销售的电脑上安装网络过滤软件时，他们采用什么国际产品策略？并解释。
2. 网络检查制度代表了全球环境中哪一要素？中国以及东南亚国家以外的电脑制造商的国际营销策略如何影响这些国家的文化？

营销道德

想象一下，福特在土耳其建造了一辆客运车，把它运到美国，然后扯掉后背的车窗和椅子，把它转换成一辆货运车。椅子的布料和塑料都被粉碎成为填埋覆盖材料，而钢筋和玻璃用其他的方式回收。这看起来有点浪费，不是吗？但是，这比福特应付的出口货运车25%的关税要便宜得多。窗户和椅子只是用来解决与欧盟的一个正在进行中的贸易争端，被称为"鸡税"。在20世纪60年代，因为美国日益增加的对西德的家禽出口，欧盟对美国施加了很高的鸡关税。美国总统约翰逊报复性地对国外制造的货车和商用车征收关税，特别是针对德国产的大众车。关税长期以来一直缠着汽车。讽刺的是，甚至像福特这样的美国汽车公司也必须付关税，因为美国的贸易政策多年来一直保护美国的汽车制造商的货车市场。然而，到岸后把客车转化为货车仅意味着2.5%的成本，明显地低于以货车形式输入美国需支付的25%的关税。

1. 美国公司从其他国家进口自己生产的产品应该被罚关税吗？
2. 尽管福特遵循了法律，但它的做法是正确的吗？

营销挑战

SPAM（霍梅尔罐头肉食品）数十年来一直是首当其冲的坏笑话，但它却是一个好的爱好，因为世界各地的消费者每年消费价值数亿美元的酱制猪肉。在英国，油炸 SPAM 片，被称为"SPAM 油炸片"，点缀在鱼和薯条店的菜单中。在日本，它是一种流行的炒菜的成分。韩国人喜欢配着米饭吃这种现成的肉，或把它包在寿司卷里。在夏威夷，麦当劳和汉堡王甚至售卖 SPAM 特色。

然而，这有一则关于 SPAM 的最有趣的事情：一直以来被称为"SPAM 指数"。多年来，SPAM 的销售与经济指数强烈地负相关，以至于一些分析家认为这些罐装肉销售额本身就是一个经济形式的指数。最近的下降周期也不例外。自从经济学家正式宣布下降周期开始以来 SPAM 已经经历了两位数的销售增长。霍梅尔的反应是做了五年以来第一个大型广告活动。广播、电视、纸质广告都打出"打破单调"的宣传语，显示 SPAM 如何给家庭烹饪的晚餐带去新气息。霍梅尔网站自夸有 350 种新的 SPAM 食谱，包括干酪乡村 SPAM 泡芙，SPAM 阿罗尼，SPAM 生菜包。不起眼的 SPAM 卖了很长的时期。

1. SPAM 为什么对全球的消费者有如此普遍的吸引力？
2. 在经济形势良好的时期，霍梅尔如果想保持 SPAM 良好销售业绩，你有什么建议？

营销算术

一个国家的进出口活动能通过它的收支平衡表反映。这张表包括三个账户：现金账户、资本账户、保留账户。现金账户是与营销最相关的账户，因为它是国家进出口所有商业活动的记录。后两个账户记录了财务交易。美国商务部经济分析局提供年度和月度商品和服务的国际贸易数据。

1. 访问 www.bea.gov，寻找 2009 年美国商品和服务交易数据。这些数据反映了什么？
2. 在互联网上搜寻中国 2009 贸易收支数据，如何比较该数据与美国的相应数据？

第16章 可持续营销

社会责任与道德

概念预览

在最后一章里，我们要考察可持续营销的概念，它通过对社会和对环境负责的营销行为，满足当前和未来的消费者的需要和商业需要。我们开始时先定义可持续营销，然后看一看一些对营销的常见批评，因为这些批评对个体消费者和大众推进可持续营销的行为具有影响。最后，我们要看一看公司怎么从更加有前瞻性地从事可持续营销中获利，这是一种能够为个人和社会创造价值的营销方式。你会发现可持续营销活动不仅仅是正确的，它们对企业同样有好处。

学习目标

1. 定义可持续营销并讨论其重要性
2. 确认对营销的主要的社会批评
3. 定义消费者至上主义和环境保护主义，并阐明它们如何影响营销战略
4. 描述可持续营销的原则
5. 阐明营销中道德的作用

首先，我们来看一个可持续营销行为的案例。就对社会和环境负责的行为而言，很少有公司能达到生产户外装备和服装的巴塔哥尼亚公司的标准。这里有一个关于这个高瞻远瞩的公司最新的生态首创精神的故事，故事的名字是"足迹记录"。

巴塔哥尼亚公司的可持续性使命：无害

"首先，要无害。"自从有医生起，这句誓言就指导着医学行为。这句话也能概括巴塔哥尼亚公司的商业态度：生产最高质量的商品，对环境造成最少可能的伤害。巴塔哥尼亚公司在 1973 年由环境主义者伊冯·乔伊纳德成立，这个公司是可持续性方面多年的领导者。从一开始，巴塔哥尼亚公司就追逐一个热忱的社会责任使命：

对巴塔哥尼亚人来说，我们对野生的、美丽的地方的热爱，要求我们加入到拯救它们的斗争中来，并且帮忙扭转我们的地球整体环境健康快速下降的趋势。现在我们的理论是制造最好的商品，不造成不必要的损害——用商业激发并且实行环境危机的解决办法。然而我们非常明白，我们所当成生意来做的每一件事（或者以我们自己的名义做的事），都会给环境留下印记。迄今为止，还没有真正可持续性的公司，但是每天我们都采取措施来使我们的足迹变轻并且减少伤害。

早在 1991 年，在环境复查程序流行之前，巴塔哥尼亚公司就开始实行综合的环境复查程序，这个程序检查公司服装制作中的所有方法和材料。1985 年以来的每一年，公司都把其税前利润的 10% 拿出来，支持环保目标。如今，巴塔哥尼亚公司把它的时间、服务和至少 1% 的销售额或者 10% 的税前利润捐给全球数以百计的基层的环保组织，这些组织都致力于扭转环境趋势。乔伊纳德还成立了给"地球 1%"，这是一个联合会，里面有 1000 家公司，也都捐出了它们销售额的 1%。从 2001 年来，联合会的成员已经给 1700 多个组织捐出了 4200 万美元。

然而，由于如今的消费者的生态知识越来越丰富，巴塔哥尼亚公司面对了越来越多的关于其产品出身的问题，这些问题都很难于回答。"绿色市场变得拥挤了，"吉尔·杜梅恩，巴塔哥尼亚公司的环境分析主管说。

"我们必须学会公开的交流，这和我们十几年前的交流方法非常不同，但是有益的。"巴塔哥尼亚公司也被迫再次考察他们的产品实际上有多么绿色，这能从哪里得到证明。

进入巴塔哥尼亚公司的足迹记录，这是努力记录并且与消费者分享信息的历史，这些信息关于公司供应链中的每一个环节的环境影响。在 2007 年 5 月，乔伊纳德邀请了一个 10 人的小组，来跟踪公司的五种产品，从设计室到原材料阶段再到巴塔哥尼亚公司在内华达州的分销中心。这个小组走遍了全球，考察了公司 80 个生产厂中的大多数，以及数以百计的供应巴塔哥尼亚公司的供应商的日常工作——从北加利福尼亚的纤维制造设备到泰国的纺纱机。2007 年年末，巴塔哥尼亚公司开始将结果分享在一个新开办的网站 www. patagonia.com 上，这个网站的特点是有详细的足迹信息和视频（这些视频在 www. YouTube. com 上也能看到）。

在互动的足迹记录网站上，巴塔哥尼亚公司分享了它发现的关于其销售的 15 种产品的信息（有好有坏），这些产品每个季节的都有。这次勇敢的揭露会令多数公司感到紧张。但是巴塔哥尼亚公司想要坦诚的面对其所造成的环境影响，并且想要鼓励与关注环境问题的消费者进行坦诚的对话。正如巴塔哥尼亚公司的主席和首席执行官凯西·史阿汗说的：

为了避免自以为是，我们必须不断检查我们的内部流程，来提升正面影响、减少负面影响。足迹记录使得我们可以公开的做到这一点，并且做到得更加高调一些。我们的顾客是科学家、行动主义者、教授、博士……他们具有我们所寻找的共同的经验和知识。我们强调了在生产过程中所发生的一切，并向我们的消费者寻求他们的帮助，以求找到方法，来解决我们不可持续性业务的问题。这是个独特的对话——但是这个对话最终能让我们少损害我们的地球。

确实令人吃惊,巴塔哥尼亚公司的足迹记录的调查员发现,公司产品的运输(通常被认为是整个流程中最主要的耗费能源的部分),并不是主要的问题。海上的航运只消耗公司供应链中总能源的不到1%。而实际的生产过程,吞噬了比预期多的能源并且有时候会产生对生态有影响的副产品。巴塔哥尼亚公司的首席绿色调查员杜梅恩说,"如果我们听信现在的媒体把运输当成能量消费的最大因素的谣传,我们可能会把努力用错地方,(从地理层面)缩短我们的供应链——这会很大程度上影响我们的财务、后勤,甚至有可能影响到产品质量——(都仅仅为了)节约1%的能源。相反,我们正关注于我们真正能体现差异的领域——也就是在生产过程中。"

例如,调查队跟踪了巴塔哥尼亚公司的生态防雨夹克的生产,他们聚焦于全氟辛酸铵(PFOA)。这是一种积聚在血液里的化学物质,并且可能有毒,这种物质存在于巴塔哥尼亚公司生产的皮毛大衣的防水薄膜和涂层中。公司认为使用不含PFOA的材料会损害品质。但是对于那些从巴塔哥尼亚公司自己的足迹记录网站上得知PFOA的消费者而言,这有点让人不舒服。一位消费者

写了一封电子邮件,要求把产品名字中的"生态"这两个字去掉。

记录足迹的过程突出了现代的技术和生态问题的复杂性。巴塔哥尼亚公司正在将PFOA从生产线上去除。生态防雨夹克现在可以被称为生态的了,——PFOA薄膜已经被聚酯和聚氨基甲酸乙酯所代替。但是,巴塔哥尼亚公司还没有找到一个替代物,来替代如速干运动短裤等其他产品的现有的涂层。"我们不愿意因为环境的原因牺牲质量,"杜梅恩说,"如果一件衣服因为不耐穿而很快就被扔掉,我们就没有解决任何环境问题。"

巴塔哥尼亚公司承认它们的足迹记录所发现的东西还很有限;它们仅仅跟踪主要原料,而还没有评估包装。公司还说通过将生产信息公开,它会允许其竞争对手使用其生产信息。但首席执行官史阿汉总结说公开的利大于弊:"我们在业内的时间很长了,足以知道如果我们能够减少或者消除伤害,其他的企业也会迫切地跟随我们。许多公司将会欣喜地发现……消费者会很欣赏它们的诚实并且因此而奖励它们。"巴塔哥尼亚公司想要带头将环保责任提升一个高度。"这就是巴塔哥尼亚公司建立足迹记录的目的,"杜梅恩说,"这是一个新高度。"

有责任心的营销者会去发现消费者的需求,并据此提供使顾客满意、获得价值,使公司获得利润的产品和服务。营销观念是一种有关客户满意和双方互利的哲学。营销实践通过看不见的手来满足上百万消费者多种多样、不断变化的需求而引导经济。

但是,并不是所有的营销者都遵循营销观念。实际上,一些公司实施一些有问题的营销活动,这些营销活动只关注它们自身的利益而忽视了消费者的利益。此外,即便是为满足一些消费者当前需要而采取的用意良好的营销行为,或早或晚都可能有害于它的消费者或者更大的群体。有责任心的营销者必须思考,长期而言他们的营销行为是否是可持续的。

以运动型多功能汽车(SUV)的销售为例。在容量、动力和效用方面,这种大型的车辆满足了许多驾车人的实时需要。SUV的销售引发了关于消费者安全和环境责任的更大的问题。比如,在事故中,SUV车更有可能导致SUV车内的人和其他车辆内司乘人员死亡。研究表明,当车辆翻滚时,SUV车内司乘人员死亡的可能性比轿车高三倍。除此之外,高油耗的SUV车消耗了世界过多的能源和其他资源,并且带来了过多的污染和拥堵问题,这些必然会带来当代人和子孙后代必须负担的成本。

本章将研究可持续营销,以及私人的营销活动带来的社会影响和环境影响。首先,我们提出问题:什么是可持续营销,它为何如此重要?

作者评论

营销人员必须考虑超越了当前的消费者满意和商业表现的战略,来为后代保护我们的世界。

16.1 可持续营销

可持续营销(sustainable marketing)提倡具有社会责任和环境责任的营销活动,这些活动不仅要满足当前的消费者需求和商业需求,还要保存或者提高后代人满足自身需要的能力。

图 16-1 对比了可持续营销观念和我们在之前的章节学习的营销观念。

营销观念表示满足当下的消费者和公司的需求，但是有时候可能意味着在未来危害二者

可持续营销意味着以这样一种方式满足的当前需求，即为未来的消费者和公司保留权力和选择的方式

图 16-1 可持续营销

营销观念认为，通过确定目标用户群的当前的需求并且比竞争对手更加实际、更加高效地满足这种需求，组织会一天天地兴旺起来。这一观念集中精力于通过为消费者提供他们当下的需求来满足公司的短期销售、增长和盈利需要。但是，满足消费者当前的需要和愿望并不总能最好地满足消费者利益或者商业利益。

举个例子，麦当劳早期提供高脂肪、高盐分快餐的决策带来了消费者当下的满意，并且为公司带来了销量和利润。但批评者们称，从长远来看，麦当劳以及其他快餐连锁店，造成了全国的肥胖流行，有害于消费者的健康并加重了国家医疗体系的负担。反过来，许多消费者开始寻找更加健康的食物，这导致了快餐业的销售和利润的下跌。除了道德行为和社会福利层面的问题，麦当劳还因为其庞大的全球运作带来的相当广泛的环境影响而受到批评，这包括麦当劳店内不经济的包装到所产生的固体废物再到低效的能源利用。因此，从消费者利益或者公司利益方面来看，麦当劳的策略不是可持续的。

反之，图 16-1 中确定的社会营销观念要考虑消费者未来的福利，策略计划观念要考虑公司未来的需要，可持续营销观念则以上两点都要考虑。可持续营销提倡对社会和对环境负责的行为，这种行为要满足顾客和公司的当下及未来的需要。

例如，正如我们在第 2 章讨论的，近年来，麦当劳以一个更加可持续的"制胜计划"战略回应质疑，这一战略即提供多样化的沙拉、水果、烤鸡、低脂牛奶和其他健康的食物。并且，寻找了七年更加健康的烹饪用油后，麦当劳淘汰了传统的会导致血管堵塞的反式脂肪，又不牺牲其炸薯条的风味。麦当劳还发起了一项主要的多元化教育活动（"这就是我所吃的和我所做的……我就喜欢"）来帮助消费者更好地了解平衡的、积极的生活方式的关键是什么。

麦当劳的"制胜计划"还解决了环境问题。比如说，它提倡食物供给的持续性、简化的包装和环境可持续性的包装、重复使用和回收利用以及更加负责任的店面设计。麦当劳甚至还开发了一个环境评分卡，这个评分卡用来评价麦当劳的供应商在水的利用、能源利用以及固体废物的管理等方面的表现。

麦当劳更加可持续的战略正在使公司以及顾客获益。自从宣布制胜计划战略以来，麦当劳销售额的增长超过了50%，利润至少翻了两番。并且在过去四年里，麦当劳已经被列入道琼斯可持续发展指数，这认可了其对于可持续性经济、环境和社会发展的贡献。因此，麦当劳具有了未来持续性盈利的优势。

可持续营销：麦当劳的"制胜计划"战略不仅为顾客创造了可持续价值，还使得公司处于一个未来盈利的有利位置。

真正的可持续营销需要一个运行顺畅的营销体系，在这一体系中，消费者、公司、公共政策的制定者与其他人合作以确保营销行为是对社会和对环境负责的。但不幸的是，营销体系并不总是顺畅运行的。接下来的部分将研究几个关于可持续性的问题：对于营销最常见的社会批评是什么？人们会采取哪些方式来抵制不良营销？立法者和政府采取了哪些行动以抵制不良营销？受到启示的公司可以采取哪些步骤来实施对社会负责的和符合道德的营销活动，来为个体消费者和社会整体创造可持续的价值？

16.2 对营销的社会批评

营销受到很多批评，这些批评中有一些是合理的，但大多数是不合理的。社会批评家们认为，某些营销活动伤害了个体消费者、整体社会和其他商业公司。

16.2.1 营销对个体消费者的影响

消费者对于美国营销体系如何为他们的利益服务这个问题有很多担心。调查常常表明，消费者对营销活动经常怀有复杂的，甚至稍微有点消极的态度。消费者的拥护者、政府组织和其他批评家指责营销通过高价格、欺骗行为、高压销售、不稳定或者不安全的产品、策划性过时和对弱势消费者提供很差的服务等方式，损害消费者的利益。从消费者以及商业的长期福利角度而言，这种有问题的营销实践不是可持续性的。

1. 高价格

很多批评家认为，美国的营销系统导致实际价格高于在更"合理的"系统下的价格。这样高的价格很难承受，特别是在经济低迷的时期。批评家着重指出三个因素：高昂的分销成本、高昂的广告和促销成本以及过高的价格溢价。

（1）高昂的分销成本。很长时间以来，人们都指责贪婪的中间商增加的价格超过了他们所提供服务的价值。批评家们指责存在太多的中间商，这些中间商运作效率低下，管理很差，或者提供不必要的、重复的服务。因此分销成本过高，而消费者就需要以更高的价格为这些不必要的成本买单。

经销商是怎样回应这些指责的呢？他们称中间商如果不做他们的工作，这些工作就要由制造商或者消费者来承担，提高的价格反映了消费者自己想要得到的服务，即更多的便利、更大规模的商场、更多的商品类别、更多的服务、更长的商场营业时间、退货的权利和其他服务。事实上，他们称，零售行业的竞争太激烈了，导致边际利润实际上非常低。例如，一般情况下，连锁超市税后的销售利润仅为1%。如果有些经销商对于自己所提供给消费者的价值索要过高的价格，其他经销商就会以较低的价格进入该市场。诸如沃尔玛、好市多和其他折扣商已经迫使它们的竞争对手提高运营效率，并保持低价格。实际上，最近的经济衰退导致只有那些最有效率的零售商才能获利生存下来。

（2）高昂的广告和促销成本。现代营销也受到提高价格以支持大量的广告和销售促进的指责。例如，一个大量促销的止痛药品牌的十几片药的销售价格与一个促销较少的品牌一百片药的价格相同。差异化产品（化妆品、洗涤用品和洁厕用品）的制造商卖给零售商的价格中，有40%甚至更高比例都是促销和包装的成本。批评家们认为，大多数包装和促销只能增加产品的心理价值，而非功能价值。

营销者回应说，广告确实增加了产品成本，但是它也通过告诉潜在的购买者可以购买某个品牌以及该品牌的价值，而增加了价值。名牌产品的价格可能更高，但是品牌能为购买者提供质量一致的保证。另外，消费者通常都可以以较低的价格购买仅具有功能价值的产品，但他们想要并且也愿意花更多的钱购买那些同时提供心理价值的产品，这使得他们感到富有、有魅力或者与众不同。此外，大量的广告和促销可能是一家公司应对竞争者的竞争所必需的——企业如果不支付具有竞争力的广告和促销支出，就会失去"心理份额"。

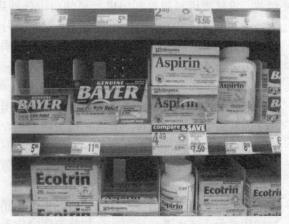

一个大量促销的品牌的阿司匹林比一个几乎一样的非品牌的或者是商店品牌的阿司匹林卖得贵得多。批评家们指责说促销只能增加产品的心理价值，而非功能价值。

同时，公司也对促销的成本非常关注，并且努力明智地花钱。如今，消费者越来越节俭，他们要求从他们支付的价格中获得真正的价值。从购买商店品牌到购买没有商标的产品的转变，表明了就价值而言，消费者需要的是行动，而非只是空谈。

（3）过高的价格溢价。批评家们还指责，有些公司为产品制定过高的价格溢价。他们指出，在医药行业，一个花费 5 美分制造出来的药片，消费者可能需要支付 2 美元才能买到。批评家指出，利用悲伤的死者家属的混乱情绪而制定掠夺性价格的殡葬行业的定价策略，以及汽车维修和其他服务索要的高价都是不合理的。

营销者回应说，大多数公司都尽量公平地对待消费者，因为它们想要建立客户关系并赢得回头客，大多数向消费者收取过高价格的行为都不是故意的。当欺骗性的营销者确实占了消费者的便宜时，消费者可以向相关部门进行投诉。营销者还回应说消费者通常情况下并不了解制定高价格的原因。例如，药品的价格必须能够弥补采购、促销和分销现有药品的成本，还需要支付研制和测试新药的高昂的研究和开发成本。正如葛兰素史克制药公司在其广告中所说的："今天的药物为明天的奇迹提供经费。"

2. 欺骗性行为

营销者有时候也被指责实施欺骗性行为，让消费者相信他们获得了比实际所获得的更多的价值。欺骗性行为有三种类型：欺骗性定价、欺骗性促销和欺骗性包装。欺骗性定价包括设定一个虚假的"厂商"或者"批发商"的建议价格，或者在一个假的很高的零售价格上实施大降价。欺骗性促销包括夸大产品的特性或功能，或者诱骗消费者到商场购买已经断货的便宜商品。欺骗性包装包括利用某些微妙的设计夸大所包装的内容，使用误导性标签或者用误导性的措辞描述容量。

立法机构和其他消费者保护机构已经针对欺骗性营销活动采取了相应的行动。例如，1938 年国会针对那些明目张胆的欺骗，诸如 Fleischmann's Yeast's 宣称的可以"矫正歪曲的牙齿"，制定了《惠勒里亚法案》（Wheeler-lea Act），赋予联邦贸易委员会规范"不公平的或者欺骗性行为或活动"的权力。联邦贸易委员会已经发布了几项指南，说明哪些行为是欺骗性行为。尽管有新的法律规范，有些批评家认为欺骗性的宣传仍然普遍存在。

最困难的问题在于定义什么是"欺骗性"的。例如，一则广告称他们的强力洗衣剂"使你的洗衣机有 10 英尺高"，这个广告中一个吃惊的主妇看着她的洗衣机冲破了洗衣房的天花板，刊登广告的人声称这个广告不应该从字面上理解。相反，营销者可能称，其"极力称赞"只是对于效果的单纯的夸张手法。知名的营销学者西奥多·莱维特（Theodore Levitt）曾经称，广告中的吹捧和诱导性的比喻是必然现象，甚至可能是值得去做的："一家公司如果不提供强大的广告攻势，就很难避免破产的厄运，因为没有人会购买仅具有功能价值的产品……更糟的是，这类产品没有承认人们真实的需要和价值。如果没有失真、修饰和精益求精，生活将变得无聊、乏味、令人生厌，这是最糟糕的情况。"

但是，其他人声称吹捧和诱导性的比喻可能以一种微妙的方式损害到消费者。以万事达信用卡那个流行的并且持续进行的价格高昂的商业广告为例，这个广告描绘了这样的图画，不管多贵，消费者都实现了其昂贵的梦想。这则广告暗示了你的信用卡可以让这一切变成现实。但是批评家们指责说信用卡公司这样的比喻鼓励了一种今天花明天的钱的态度，这种态度导致许多消费者过度使用他们的信用卡。他们指出，统计数字表明，美国人正背负着创纪录的信用卡债——他们往往偿还不起——这在很大程度上导致了美国的金融危机。

营销者争辩说大多数公司都避免欺骗性行为，因为这样的行为从长期来看会损害它们自己的业务，这类行为是不可持续的。有利可图的客户关系建立在价值和信任的基础之上，如果消费者没有得到他们所期望的东西，就会转而购买更加可靠的产品。另外，消费者经常也可以保护自己不上当受骗。大多数消费者能识别营销者的销售意图，而且在购买的时候非常谨慎，有时候他们甚至不相信完全真实的产品信息。

3. 高压销售

有时候，人们指责销售人员利用高压销售的手段说服人们购买那些自己本来没有打算要买的商品。人们经常说保险、房产和汽车都是被卖出去的，而不是被买走的。公司培训销售人员与顾客进行流畅的、滴水不漏的谈话，以引诱他们购买。销售人员拼命推销，因为公司的销售竞赛许诺给销售量最大的销售人员以最高的奖励。

但是在大多数情况下，营销者并不能从高压销售中获得什么。这些销售技巧可能在一次销售情况下有效，能获得一些短期利益。但是，大多数销售活动都旨在与有价值的顾客建立长期关系。高压销售或者欺骗性销售会对这样的关系造成非常严重的损害。例如，设想一位宝洁公司的客户经理对沃尔玛的采购员进行高压销售，或者一位 IBM 的销售人员想拼命说服通用电气公司的信息技术经理，这些说服活动根本就不会有任何作用。

4. 劣质的、有害的或者不安全的产品

另一个批评关于不佳的产品质量或功能。人们抱怨太多时候产品制造的不好，服务也没有被很好地执行。人们还抱怨很多产品并没有什么益处，甚至还可能有害。

我们再思考一下快餐业的情况。许多批评家指责快餐店提供了太多高脂肪、高卡路里的快餐食品，这造成了全美范围内肥胖流行病的快速增长。研究表明，34% 的美国成年人和 32% 的美国儿童是过胖的。在 2000~2005 年，美国人口中体重超重 100 磅或者更多的人数增长了四倍，从 200 人中有一个人增长到 40 个人中就有一个人超重 100 磅或者更多。尽管医学研究反复表明，超重会增加心脏病、糖尿病以及其他疾病甚至是癌症的风险，人们的体重还是在增长。

批评家很快地挑起他们眼中"贪婪的食品制造者"的毛病，他们认为这些制造者在容易受到伤害的消费者身上牟利，并且把我们国家变成一个过度进食者的国度。一些食品制造商看起来几乎是像被指责的那样有罪的。以哈迪斯为例，当麦当劳、温迪快餐和赛百味都已经在推行更加健康的膳食的时候，哈迪斯已经推出了一款又一款会造成动脉堵塞的汉堡包，这对于厌倦了"健康的"、低脂肪的食物的消费者而言是一个礼物。哈迪斯的怪兽厚汉堡包含 2/3 磅的安格斯牛肉、四条腌肉和三片美国干酪，这些都被放在涂着黄油和大量蛋黄酱的芝麻面包里。这个巨型汉堡包相当于惊人的 1410 卡路里和 107 克的脂肪，远远超过了政府建议的一天的脂肪摄入量。

尽管好像是逆潮流而动的，自从哈迪斯引进了令人垂涎欲滴的厚汉堡生产线，它已经获得了销售的大量增长和更加丰厚的利润。

哈迪斯大力促使消息不灵通或者粗心大意的消费者放纵自己对于社会是不负责任的吗？抑或这仅仅是在践行好的营销理念，为消费者提供符合他们口味的汉堡，然后让他们自己选择吃什么，从而为消费者创造更多的价值？哈迪斯称自己是后者，哈迪斯说它的目标消费者（18~34 岁的年轻人）能够在健康和幸福中做出自己的决定。

哈迪斯确实没有隐藏营养成分——营养成分都被清楚地公布在公司的网站上。网站把怪兽厚汉堡形容成"一座颓废的纪念碑——唯一能为不停运动的年轻人赶走饥饿的东西"。CKE 公司，哈迪斯的母公司的首席执行官评论说，哈迪斯也出售沙拉和低碳水化合物的汉堡包，但是"这些卖出的很少"。所以，哈迪斯到底是不负责任还是响应市场需求？对于许多关于社会责任的问题，对与错或许是见仁见智的。

第三个抱怨是针对产品安全性的。产品安全已经成为一个问题，是由以下几个原因造成的：制造商的漠视、产品的复杂性的提高和较差的质量控制。数年来，消费者联合会——主办《消费者报告》杂志并经营相关网站的非营利的检测和信息组织——已经报告了在所检测的商品中存在各种各样的安全隐患：电子器具可能有漏电的危险、房间取暖器可能造成二氧化碳中毒、割草机可能会对人体造成伤害、汽车的设计存在缺陷，还有很多其他问题。该组织的测试和其他活动已经帮助消费者做出更好的购买决策，并督促商业机构消除产品缺陷。

但是，大多数制造商还是想要生产出高质量的产品。一家公司处理产品质量和安全问题的方式会对公司的声誉产生影响。那些销售低质量或者不安全产品的公司很可能与消费者和立法者产生冲突，损害公司的利益。而且，不安全的产品如果导致有关产品缺陷的官司，公司要对受害者支付大笔赔偿金。从更基本的层面上看，那些对公司产品不满意的消费者以后不会再购买该公司的产品，并且会告诉其他消费者不要购买该公司的产品。因此，质量有问题是不符合可持续营销观念的。如今，营销者明白好的质量会带来客户价值和顾客满意，而这又会创造可持续的客户关系。

5. 故意过时

批评家也指责有些公司故意实施一些过时的策略，使得其产品在真正需要更新之前就过时了。他们指责一些制造商使用这样的材料和元件，它们比正常水平较早的断裂、磨损、生锈或者腐烂。一个分析者这样总结这个概念："故意过时是一种错误的生产策略，它在20世纪二三十年代生根于批量生产的兴起，现在已经从一次性灯泡上升到了主要设备的制造领域。它的罪恶精神是这样的：使得修理的成本接近于更换的价格，从而诱使我们买一个新的。"分析者用了12年的旧炉子的燃烧器需要修理——只需要换12个新螺丝。但维修费用是700美元，比他买一个新的炉子还要贵。

人们还指责其他公司一直改变消费者关于可接受的式样的观念，鼓励消费者更多、更早地购买产品。一个明显的例子就是不断变化的服装样式。还有一些公司被指责有计划的引入一连串的新产品，使得稍早的样式过时。批评家们称这种情况发生在消费电子类产品和电脑行业中。

营销者回应说消费者喜欢样式的改变；他们对原有的商品感到厌倦，想要时尚的新面貌；或者他们希望得到最新的高科技产品，尽管旧样式的仍然能用。没有人被迫购买新的样式，如果只有很少的人喜欢新的样式，很简单，新样式就会失败。而且，多数公司不会把产品设计得会很快坏掉，因为它不想让顾客转换到其他品牌。相反，它们追求持续不断的改进，以保证产品能一直符合甚至超越顾客的期望。大多数所谓的"故意过时"，都是在一个自由的社会中竞争和技术力量作用的结果，这些力量导致产品和服务得以不断改进提高。

6. 对弱势消费者提供很差的服务

最后，美国的营销系统被指责在向弱势消费者提供很差的服务。例如，批评家称城市里的贫困者通常只能在较小的商店里购物，这些商店的产品质量较差，定价却更高。如果在低收入地区出现大型的连锁商店，可能会使价格降低。但是，批评家指责主要的连锁零售商设定"红线"（redlining），在弱势地区附近划定红线并且避免在那里开设商店。

类似的"红线"指责还出现在保险业、消费者借贷业、银行业和卫生行业中。最近，有人指责银行和抵押贷款发放者实施了"逆向红线"。非但不远离城市贫困区的人们，它们还定位于贫困的人们并且鼓励其贷款，银行和抵押贷款发放者为他们提供有风险的次级房贷，而非具备更好条件的、更安全的抵押贷款。次级房贷的特点是利率是可调节的，在开始时很低但增长得很快。最近，利率上升时，很多人再也付不起他们的按揭供款。随着房价的下跌，这些业主负债累累，所欠的钱比他们房子的价值还多，这导致了破产、丧失赎取权以及次贷危机。

许多批评家指责说这种次级贷款应该被看成是一种偏见犯罪。公平经济联合会最近发行的一项报告称，有色人群比起其他人群得到次级贷款的可能性要高三倍。报告估计，次贷危机将从美国黑人那里吸走2130亿美元的财富——"美国现代史上最大的财富损失。"作为回应，全国有色人种协进会对18家抵押贷款的发放者提起了种族歧视诉讼，其中包括了通用汽车金融服务公司、美国富国银行和汇丰银行。

显然，我们必须建立更好的营销体系来为弱势消费者服务。事实上，许多营销者用合法且能真正创造价值的方式为这些消费者提供商品及服务。在没有人愿意这样做的时候，政府就会采取行动。比方说，联邦贸易委员会就对那些做虚假广告的、不正当的拒绝服务的和对弱势消费者索价过高的销售商采取措施。

16.2.2　营销对社会整体的影响

美国的营销体系一直被指责给社会带来了种种"邪恶"。广告一直以来都是众矢之的，针对广告的批评太多了，以至于美国的广告代理协会发起了一场运动，来保护广告免受那些常见但却有失偏颇的批评的攻击。

1. 虚假的需求和过度的物质主义

批评家指责说营销系统过于强调在物质拥有上的兴趣，还批评说美国人对世俗财物的强烈爱好几乎无法让人忍受。太多时候，人们根据别人所拥有的东西而不是他的性格、品质来判断一个人。批评家并不把这种对物质的兴趣看成人们头脑的一种自然状态，而认为是由营销创造的虚假需要。批评者称营销者刺激人们对商品的欲望，创造美好生活的物质主义典范。因此，营销者创造了一个大量消费的连续循环，其基础则是对"美国梦"的曲解。

因此，营销被认为创造了虚假的需求，这些需求给产业带来的好处多过给消费者带来的好处。"在用户至上主义的世界里，营销就是用来促进消费的，"一位营销批评者说。"营销会不可避免地促进消费，由此，营销也会带来一个心理上和生态上都不可持续的世界。"

营销者回应说这些批评过分夸大了商业创造需求的力量。人们对广告和其他营销工具有很强的抵抗力。相对于努力去创造新的需求，营销者在满足人们已经存在的需求时更有效率。而且，人们在做出重要的购买决策前都会寻找信息，通常不会依靠单一的信息源。即使那些可能受到广告信息影响的不重要的购买活动，人们也只有在产品达到期望水平的时候才可能重复购买。最后，新产品的高失败率说明公司并不能控制需求。

在更深的层次上，我们的需要和价值不仅受到营销者的影响，还会受到家庭、同龄群体、宗教、文化背景和教育的影响。如果美国人是高度的物质主义者，那么基本的社会化过程对这种价值观的影响，远比商业和大众媒体单独造成的影响深刻得多。

此外，消费模式和态度还受到更大力量的影响，比如经济。正如第1章所讨论的，最近的经济衰退抑制了物质主义和炫耀性消费。在一项消费者调查中，75%的受访者认同"经济衰退促使我评估生活中什么是真正重要的。"许多观察员预言，一个提倡节俭的新时代即将到来。"美国梦暂停了，"一个分析人员说，"大多数美国人仍然相信他们这辈子还可以实现自己的梦想，但是现在，最重要的是加固基础。"因此，营销者完全不鼓励如今更加节俭的消费者过度花费他们的钱财，相反营销者正致力于帮助他们花更少的钱获得更大的价值。"'你的所有梦想都将实现'这个圆滑的营销方法需要被重新评价，"另一个分析人员总结道。

2. 公共商品太少

许多人指责商业机构过多的销售私人商品，而牺牲了公共商品。随着私人商品的增多，人们需要更多公共服务，但这些通常是不可得的。例如，汽车拥有量（私人商品）的增加需要更多的高速公路、交通控制、停车场和警察服务（公共商品）。私人商品的过多销售会导致"社会成本"。对汽车而言，这些社会成本包括交通堵塞、汽油短缺和空气污染。例如，美国的驾驶员每年平均在交通堵塞中花费40小时，这每年给美国造成780多亿美元的损失。在这个过程中，它们要浪费29亿加仑的燃料并且排放出数以吨计的温室气体。

必须找到在私人商品和公共商品之间达到平衡的方法。一个选择是让制造商承担他们的活动所造成的全部社会成本。例如，政府现在要求汽车制造商制造那些引擎更加高效和具有更好的污染控制系统的汽车。汽车制造商会提升价格以弥补额外的成本。但是，如果购车者发现某些车的价格太高，这些车的生产者就会消失。需求会转移到能够负担所有私人和社会成本的制造商那里。

第二个选择是让消费者支付社会成本。例如，世界各地的许多城市现在都征收"交通堵塞费"，以尽力减少交通堵塞。为了使街道畅通，伦敦市对驶入市区8平方英里的区域内的每辆车每天征收8英镑的堵塞费。这项费用不仅在这片区域内减少了21%的交通堵塞（车辆每天减少了70 000辆），还增加了43%的自行车量；它还为支持伦敦的公共交通系统募集了钱款。

平衡私人商品和公共商品：为了应对如上图所示的交通堵塞，伦敦市现在征收了交通堵塞费。这项费用不仅减少了30%的交通堵塞，还为支持伦敦的公共交通系统募集了钱款。

基于伦敦的成功，圣迭戈、休斯敦、西雅图、丹佛、明尼阿波利斯等城市把它们的一些HOV（高占有性交通工具）车道变成了HOT（高占有性通行费）车道，给载着太少人的司机使用。一般的司机都可以使用HOT车道，但是他们必须缴纳通行费，从非高峰时段的0.5美元到高峰时段的9美元不等。尽管交通堵塞费看起来有一点"不美国"，许多预算紧张的地方正在认真考虑在高峰时段通过通行费对驾驶员征税，来给急切需要维修的公路和交通系统提供经费。

3. 文化污染

批评家指责营销体系在制造文化污染。我们的感官通常都被营销和广告侵袭着。商业广告打断了严肃的节目；广告插页影响了杂志的效果；广告牌破坏了美丽的景色；垃圾邮件填满了我们的邮箱。这些干扰不断地用物质主义、性、权力或者地位等信息污染人们的头脑。最近的一项调查发现，63% 的美国人感觉自己被太多的营销信息不断轰炸，一些批评家呼吁需要彻底改变这些。

营销者是这样回应"商业噪声"的指责的：首先，他们希望自己的广告能传递到主要的目标观众那里。但是，由于使用的是大众传播渠道，这些广告是一定会到达对产品不感兴趣的人那里的，所以会变得无聊或者烦人。那些购买自己感兴趣的杂志的人——比如《时尚》或者《财富》——很少抱怨里面的广告，因为这些杂志里做广告的产品都是他们感兴趣的。

其次，广告使得多数电视和广播节目对观众免费，并且降低了杂志和报纸的成本。很多人觉得能享受到这些益处，看商业广告也是值得的。消费者觉得很多电视广告很有意思，还去寻找它们——比如，美国橄榄球超级碗大赛期间观看广告的人数甚至会超过观看比赛的人数。最后，如今的消费者有很多选择。比方说，他们可以关掉录音广播节目的电视广告，或者选择许多付费的有线频道或者卫星频道来完全避开广告。因此，为了能吸引消费者的注意，广告商正在把广告做得更加有趣且有益。

16.2.3 营销对其他商业公司的影响

批评家们还指责说一家公司的营销活动可能有害于其他公司并且压制竞争。这涉及三个问题：兼并竞争对手、制造进入障碍的营销活动和不公平竞争的营销实践。

有批评家称，当公司通过兼并其竞争对手而非开发自己的新产品进行扩张时，别的公司就会受到损害，竞争程度就降低了。在过去的几十年里，大量公司的兼并活动以及快速发展的行业合并已经引起了人们对生机勃勃的年轻公司的关注，担心它们会被合并掉，竞争程度会被降低。实际上在每一个主要行业里（零售业、娱乐行业、金融服务业、能源行业、交通行业、汽车行业、电信行业和卫生保健业），大型竞争者的数量都在减少。

兼并是一个复杂的问题，有时候对社会是有好处的。兼并的公司可能获得规模经济，这能降低成本和价格。一家管理有方的公司可以接管一家管理混乱的公司并提高其效率。一个不是很有竞争力的行业在兼并后可能变得更有竞争力。但兼并也可能是有害的，因此，也会受到政府的严格控制。

批评家还指责说营销实践阻止了新企业进入行业。大规模营销的公司能够利用专利和庞大的营销支出，并能够联合供应商和经销商来防止竞争对手进入或者把竞争对手驱逐出该行业。那些担忧反垄断规制的人，认识到有些行业的进入障碍是大规模经营具有的经济优势的自然结果。其他的进入障碍可能受到相关法律的挑战。例如，有些批评家建议对广告支出征收累进税，来减弱作为进入行业主要障碍的销售成本的作用。

最后，有些公司确实采取了不公平竞争的营销活动，目的是损害或者摧毁别的公司。它们可能把价格定得低于成本，威胁与供应商终止合作或者阻止消费者购买其竞争者的产品。很多不同的法律致力于防止这些掠夺性竞争。然而，想要证明其意图或者行为是掠夺性的确是很困难的。

近年来，有人指责沃尔玛在选定的市场区域内制定掠夺性价格，把那些小型的或家庭经营的零售商驱逐出行业。沃尔玛已经成为几十个镇的居民抗议活动强烈讨伐的对象，这些居民担心这个大型零售商的不公平竞争会扼杀当地的企业。但是，相对于一些批评者指责沃尔玛的行为是掠夺性的，另一些人称，沃尔玛的做法仅仅是一个更加具有竞争性的公司对低效率公司的合法竞争。

比方说，当沃尔玛开始一项计划，以每副 4 美元的价格出售一种非专利药，当地的制药者会抱怨说这是掠夺性的价格。他们指责说以这么低的价格，沃尔玛一定是以低于成本的价格在销售，这样做的目的是为了把他们从该行业驱逐出去。但沃尔玛声称，考虑到自身可持续的购买能力和有效的经营，他们还能从这个价格中赚钱。这个 4 美元的价格计划不是为了把竞争对手驱逐出去。当然，这仅仅是一个好的竞争举动，更加有利于消费者，也能更多地争取到消费者。而且，沃尔玛的计划降低了比如克罗格和塔吉特等其他超市和折扣商店的药品区的药物价格。最近，在不同的连锁店，有 300 多种药都只要 4 美元就能买到。

16.3 促进可持续营销的消费者行为

可持续营销需要企业和消费者都采取更加负责的行为。有些人把商业活动视为很多经济和社会问题的源头，因此会时不时地爆发群众运动以规范商业活动。两项主要的运动是：消费者至上主义和环境保护主义。

16.3.1 消费者至上主义

美国的商业公司有三次成为有组织性的消费者运动的靶子。第一次消费者运动发生在 20 世纪早期。该运动主要是由于价格的提高，厄普顿·辛克莱的文章对肉类行业情况的描述和药品行业的丑闻而引起的。第二次消费者运动爆发于 20 世纪 30 年代中期，是由经济大衰退时期消费品价格的提高和另一则药品行业的丑闻而引发的。

第三次消费者运动开始于 20 世纪 60 年代。消费者受教育程度更高，产品变得更为复杂，并且其潜在的危险性也提高了，而且人们对美国机构的情况感到不满意。就在那时，拉尔夫·纳德站出来了，揭露了很多问题，并且其他一些著名的作家也指责大型商业机构有浪费性和不道德的商业行为。肯尼迪总统宣布消费者具有获得安全、信息、选择和发言的权力。国会调查了一些行业，并提出保护消费者的法案。从那时起，很多消费者组织诞生了。并且几项消费者法律也获得通过。消费者运动已遍及全球，在欧洲已经变得非常有影响力。

但是，什么是消费者至上主义？**消费者至上主义**（consumerism）是消费者和政府代理组织的有组织的运动，目的是提高购买者相对于销售者而言的权力和力量。传统的销售者权力包括：

- 有权引进任何规格、任何样式的产品，只要这些产品对人的健康和安全没有危险；或者，如果这些产品有危险，销售者可以在产品上附加适当的警示和采取控制措施。
- 可以为产品制定任何价格，只要在相似的购买者中不存在歧视。
- 有权花费任何数额的资金进行产品促销，只要这项行动不被定义成不公平竞争行为。
- 有权使用任何产品信息，只要这些信息在内容上和执行上不具有误导性或者不真实性。
- 有权使用任何激励购买的措施，只要这些措施不是不公平的或者误导性的。

传统的购买者权力包括：

- 有权不购买促销的产品。
- 有权期望产品是安全的。
- 有权期望产品具有所宣称的功能。

对比这些权力，很多人都相信权力的天平是向销售者倾斜的。其实，购买者可以拒绝购买。但是批评家认为购买者在面对精明的销售者时，所拥有的信息、培训和保护都太少了，以至于他们不能做出明智的决定。消费者权益的维护者呼吁消费者应该具有如下附加的权力：

- 有权获得产品重要方面的详细信息。
- 有权得到保护，不受有问题的产品和营销活动的伤害。
- 有权以能够提高"生活质量"的方式对产品和营销活动施加影响。
- 有权在当下以这种方式消费，即一种能为后代消费者保护地球的方式。

上述每一条建议都被消费者至上主义者引申出更多具体措施。获得信息的权力包括知道贷款真实利率的权力（贷款的真相），知道购买一个单位某种品牌的真实成本（单位价格），知道产品的成分（成分标签），食物的营养价值（营养标签），产品的新鲜程度（公开生产日期）和产品的真正益处（广告的真相）。关于消费者保护的建议包括：加强在商业诈骗案件中的消费者权力，要求产品的安全性更高，确保信息的私密性以及赋予政府代理机构更多权力。关于生活质量的建议包括：控制产品和包装中某些成分，降低广告的"噪声"水平。为后人的消费而保护地球的建议包括：促进可持续性材料的使用，循环使用和减少固体废物以及管理能源的消费。

可持续营销取决于消费者和企业以及政府。消费者不仅有权力，也有责任保护自己，而不是让他人来履行这项责任。那些确信自己做了一个糟糕的交易的消费者可以采取几项补救措施，包括联系公司或媒体，联系联邦、州或者当地的代理机构，向民事法庭起诉。消费者也需要做出良好的消费决策，来奖励负责任的公司并且惩罚那些不负责任的公司。

16.3.2 环境保护主义

消费者至上主义者思考的是营销体系能否有效满足消费者的需要，而环境保护主义者关心的是营销对于环境的影响，以及满足消费者需要和欲望的环境成本。**环境保护主义**（Environmentalism）是关心环境问题的公民、企业以及政府代理机构的有组织的运动，目的是保护和改善人们当前和未来的生存环境。

环境保护主义者并不反对营销和消费；他们仅仅希望人们和各类组织在行事时更多地在意环境。他们称，营销体系的目标，不应该是实现消费最大化、消费者选择或者消费者满意的最大化，而应该是最大化生活质量。"生活质量"不仅仅指提供给消费者的产品和服务的数量及质量，还包括环境质量。环境保护主义者希望在制造商和消费者进行决策时，当前和未来的环境成本能被考虑进去。

美国第一波现代的环境保护主义浪潮在 20 世纪六七十年代由环境保护组织和关心环境的消费者发起。他们很担心生态系统所遭到的损害，这些损害由掠夺性开采、森林资源的枯竭、酸雨、全球变暖、有毒和固体的废弃物以及垃圾造成。他们还担心游憩区的减少，以及由污浊的空气、遭到污染的水和经过化学处理的食物造成的健康问题的增加。

第二次环境保护主义浪潮由政府发起，政府在 20 世纪七八十年代通过了一些法律法规，来管理那些影响环境的商业行为。这个浪潮对一些行业造成了沉重打击。钢铁企业和公共事业企业不得不投资几十亿美元购买控制污染的设备和更加昂贵的燃料。汽车行业不得不在汽车中引入昂贵的排气控制系统。包装业也不得不寻找促进循环利用和减少固体废物的方法。这些行业以及其他行业常常憎恶和抵制环境保护规则，特别是当这些规则被实施得太快，以至于这些公司来不及做出恰当的调整时。许多公司称它们不得不承担由此造成的大量成本，这使得它们的竞争力下降了。

前两次环境保护主义浪潮现在已经合并成为第三次更强的浪潮，这次浪潮中公司正接受不破坏环境的更多责任。公司的态度正从反对转向预防，从被管制转向负责任。越来越多的公司正在采取**环境可持续性**（environmental sustainability）政策。简单地说，环境可持续性是在改善生态环境的同时创造利润。环境可持续性是一个至关重要的但是难于实现的社会目标。

一些公司这样应对消费者对于环境的担忧，它们只做那些想要避免新的管制和让环境保护主义者无话可说所必须做的事。但是，更加有先见之明的企业，它们采取行动不是因为有人强迫它们这么做，或者是为了获得短期利润，而是因为这是正确的事情——对于公司和地球的未来都是如此。

图 16-2 显示了一张公司可以用来评估其在环境可持续性方面进步的表格。表格包括了内部和外部的在短期内对公司和环境有报偿的"绿化"行动，还包括将在长期有报偿的"超绿化"行动。在最基本的层面上，公司可以采取污染预防措施。这包含的不仅是污染控制，即在制造出废物之后把它们清理干净。污染预防措施意味着在废物产生之前就把它们消除掉或者把其数量最小化。那些强调污染预防的公司响应了内部的"绿色营销"方案——设计和开发生态更加安全的产品、可循环和可降解的包装、更有效的污染控制措施和更加节约能源的运营方式。

	今天：绿化	明天：超绿化
内部	**污染的预防** 在生产之前就消除或者减少废物	**新型的清洁技术** 发展新的环保技术和能力集
外部	**产品管理** 在整个产品生命周期中最小化对环境的影响	**可持续性愿景** 为未来的可持续性创建一个战略框架

> "环境的可持续性"与"营销的可持续性有什么关系？"环境的可持续性包括保护自然环境，而营销的可持续性是一个更加广泛的概念，既包括自然环境又包括社会环境

图 16-2　环境可持续性组合

资料来源：Stuart L. Hart, "Innovation, Creative Destruction, and Sustainability," *Research Technology Management*, September-October 2005, pp. 21-27.

例如，耐克公司生产不含聚氯乙烯的鞋，重新回收利用旧的运动鞋，教给年轻人如何保护环境、重复利用和回收利用。通用磨坊（General Mill）削减了其汉堡助手（Hamburger Helper）的硬纸板包装，使得每年在路面上少了500 辆配送卡车。UPS 开发了它的"绿色舰队"，这个舰队以超过 1600 辆低排碳量的车为自豪，其中包括电动卡车、混合动力电动卡车、压缩天然气卡车、液体天然气卡车以及丙烷卡车。太阳微系统公司（Sun Microsystems）创造了一个开放式工作的方案，这个方案让员工们可以选择在家里工作，这就减少了接近 29 000 吨的二氧化碳的排放量，

同时还节约了 6780 万美元的房产成本，并将工人的生产效率提高了 34%。

印第安纳的斯巴鲁公司（Subaru），生产所有的北美的斯巴鲁和丰田的凯美瑞，夸口说它每年扔到垃圾填埋地的垃圾比普通的美国家庭还要少。

2000 年，印第安纳的斯巴鲁公司（SIA）每生产一辆汽车要产生 459 磅的废物。2007 年年底，下降到每辆车 251 磅。其中，190 磅是容易回收的钢。剩下的 61 磅是托盘、纸板和塑料，这些都能采用各种方法循环利用。因此，印第安纳州的斯巴鲁工厂几乎不会扔掉什么废物。"我们考虑工厂的效率和质量时，也会考虑我们是否能够减少废物、循环利用材料、减少汽油、水和能源的使用，"丹尼斯·库根，斯巴鲁环保部门的主管回忆说，"在任的每一个部门的主管都参与其中并且都有一个目标。他们对质量、安全和环保目标负有同样的责任。"库根说。废弃物的减少是"正确的事"，它还是"具有成本效益的，只要我们做得恰当。每当你把东西扔掉，你已经花钱把它弄进来并且还在花钱把它扔出去。削减废弃物就会削减成本。"2009 年，斯巴鲁工厂从减少废弃物上赚取了 240 万美元。

污染的预防：印第安纳州的斯巴鲁公司，称它现在每年扔到垃圾填埋地的垃圾比普通的美国家庭还要少。

在下一个水平上，公司可以实行产品管理——不仅仅将来自生产和产品设计方面的污染最小化，还要将贯穿整个产品生命周期的所有对环境的影响最小化，并始终降低成本。许多公司正在采取面向环境的设计（DFE）和从摇篮到摇篮（cradle-to-cradle）的措施。这要求在产品设计之前，就考虑把产品设计得更易于回收、重复使用和循环使用，或者在使用之后能安全的回归自然，成为生态循环中的一部分。面向环境的设计和从摇篮到摇篮的做法不仅仅有利于保护环境，对公司而言它们还可能是非常有利可图的。

如今的"绿化"行动主要关注于改善公司已经做了的事情来保护环境。而图 16-2 中的"超绿化"行动着眼于未来。首先，从内部来看，公司可以制定新型清洁技术计划。许多在可持续性方面取得进展的组织还受到现有技术的限制。要制定彻底的可持续性战略，它们还需要开发创新的新型技术。比如，可口可乐公司正斥巨资研究如何解决一些可持续性的问题。

从可口可乐公司的可持续性的视角看，铝罐是一种理想的包装。铝可以无限地循环使用。把一个可乐罐放进一个循环仓里面，在大约六个星期之内，铝就会回到商店的货架上。问题是，人们更喜欢上面有瓶盖的透亮塑料瓶。塑料瓶占可口可乐公司全球包装的 50%，比铝罐多三倍。它们目前还不是可重复利用的。塑料瓶由石油制成，这是一种有限的资源。多数塑料瓶都被扔到了垃圾场，或者更糟糕，变成了路边的垃圾。它们不能被循环利用是因为塑料会褪色。为攻克这个问题，可口可乐公司将投资近 4400 美元建立全世界最大、最先进的"瓶到瓶"循环工厂。

作为一个更加长久的解决方法，可口可乐公司还在投资于新的清洁技术解决上述以及其他的环境问题。比如，它正在寻找和测试由铝、玉米或者生物塑料制成的新型瓶子。它还在设计更加生态友好的分销选择。现在，大约 1000 万台左右的售卖机和冰箱吞噬掉了许多能源并且使用名叫 HFC 的强温室气体来保持可乐的冰爽。为了淘汰这些机器，可口可乐公司投资 4000 万美元用于研究并与麦当劳，甚至自己的竞争对手百事可乐公司结成了冷藏联盟。可口可乐公司最近开始安装一些精致的、新型的不含 HFC 的冰箱，这种冰箱使用的能源要少 30%～40%。可口可乐公司承诺要通过研究使其装瓶机耗费更少的水的方法以及保护或者重填全世界的分水岭的方法，成为水平衡型（water neutral）公司。

最后，公司可以发展一个可持续性的愿景，作为对未来的指导。这个愿景表明了公司的产品、服务、方法和政策应该如何发展，以及公司必须开发什么样的新技术来达到这些目标。这个可持续性的愿景在污染的控制、产品管理和新型的环保技术方面，为公司和其他人提供了一个可以遵循的框架。

当今大多数公司还集中于图 16-2 中表格的左上方的格子中，花费巨资预防环境污染。一些高瞻远瞩的公司实施了产品管理并且正在开发新的环保技术。只有少数公司建立了非常明确的可持续性愿景。然而，仅仅强调环境可持续性表格中的一个或几个格子可能是短视的。仅仅投资于表格的左半边，当下会使公司处于一个有利地位，但是使得公司未来处于不利地位。相反，特别强调右半部分表明公司有一个很好的环境愿景，但是缺乏实现这个愿景的能力。因此，公司应该努力发展环境可持续性的所有四个维度。

比方说，沃尔玛正在这样做。通过其自己的环境可持续性的做法以及其做法对于供应商的影响，沃尔玛近年来已经成为世界的超级"生态保姆"。美国铝业公司是世界上铝的领先制造商，也在建立一个高可持续性的标准。这个标准实施了五年，美国铝业公司就被一年一度的全球百家最具可持续性的公司排行榜命名为最具可持续性的公司之一：

美国铝业公司作为一个领导者，凭借对它作为一个公司所面临的材料的可持续性风险的精密的识别和管理方法脱颖而出。……重要的是，美国铝业实现可持续性的方法深深的植根于这样一种理念，即可持续性的方案确实能够带来财物上的价值。可能美国铝业公司在运输业推进使用铝的努力就是最好的证据，铝（它具有极佳的强度－重量比）正在作为一个特别的原料进入运输业，该原料使得汽车制造商可以制造出更轻的、更节约燃料的汽车，这些车的废气排放量还更低。这种前瞻性的战略为市场提供了有利于解决紧迫的全球环境问题的产品，该种战略表明公司关注未来，制定了路线并且正在相应的调整自己的业务。首席执行官艾伦·贝尔达说："我们的价值要求我们在思考和行事时不仅要考虑当前的挑战，还要考虑精神的传承，这些传承包括我们留给后人的……以及前人的贡献。"

环境保护主义对全球营销商提出了一些特殊的挑战。随着国际贸易障碍的降低以及全球市场的扩展，环境问题对国际化贸易的影响日益增大。北美、西欧和其他发达地区的国家正在建立严格的环境标准。例如，在美国，1970年以来，已经颁布了20多项主要的环境保护法，并且从近期情况来看，国家还将制定更多有关环境的法律法规。根据《北美自由贸易协定》的相关文件，参与国设立了环境协调委员会来解决环境问题。欧盟最近采取了一个气候与能源一揽子计划和法规来通过如下方法降低二氧化碳排放量：在一年内把新的汽车和交通燃料降低到1990年的80%以下，将可再生能源的份额提高20%。欧盟的生态管理与审查体制（EMAS）为环境保护的自我规范提供了指导。

营销实践 16-1

沃尔玛：世界超级生态保姆

当你想起一些表现优秀的公司——那些通过持续性的行动保护环境的公司，你很有可能想起一些名字，比如 Patagonia、Timberland、Ben&Jerry's、Whole Foods Market，或者 Stonyfield Farm。但是保留你的意见吧，当说到持续性时，在这个世界上可能没有任何一家公司能够比沃尔玛做得更好。那个大型的、不道德的沃尔玛确实是这么做的。有这样一则令人深表怀疑的报道："沃尔玛，其拥有的 2300 家大型超市共占据 46 000 英亩土地，117 平方米的沥青停车场面积总和相当于佛罗里达的坦帕市，同时它也在 2004 年面临九个州违反环境法律的罚金……这家公司找到了自己的绿色信仰。"

一直以来对于沃尔玛的所谓"社会不当行为"批评不断，包括从不公平的劳工规定到破坏小团体。所以很多消费者很惊讶地发现这个世界上最大的公司同时也是世界上最大的环保斗士。当说到可持续性，沃尔玛正逐渐成为世界超级"生态保姆"。从长期来看，沃尔玛已经承诺的环保目标是使用 100% 的可再生能源、零废弃和只出售能够使资源和环境得以持续发展的产品。为了达到这个目标，不仅着手绿化自己营运过程，而且也努力说服其庞大网络的供应商做相同的事。

沃尔玛在全球经营多于 7800 家商场，这些大型商场是能源和其他资源的巨大消费者。所以即使是使商场更有效的一小步对于保护环境也是一次巨大的进步。但沃尔玛不仅仅是一小步，它正大步迈进发展新的生态科技。在 2005 年，沃尔玛，这个大型零售商在田纳西州的麦金尼和科罗拉多州的奥罗拉开了两个实验性的超市，这种超市是为测试对更为环保和能源效率技术而设计。

在科罗拉多州的奥罗拉一个 143 英尺高风力发电机组伫立在一个沃尔玛超市的外面。这一切似乎看起来有点不协调，但明显表明这个特殊的商场有些与众不同。在外面，这个商场的外观特征中一排一排的窗户是为了更多的自然光尽可能照进商场中。绿化植物选取了自然的、更适应科罗拉州炎热干燥夏天的耐旱植物，减少用水量、修剪次数、化肥和其他所需的化学药品。在商场里面，一组高光线性荧光灯照明系统每年节约足够的电能单独供应另外 52 户单身公寓。商店的供热系统通过燃烧熟食店已经用过的油来获取热能。将这种油收集起来，与 Tire and Lube Express 商店的废弃的油混合起来，然后将这些混合的油燃烧。所有的有机废物，包括农产品、肉和纸张，都被放置在一个有机废物压实机之中，之后把压实机运输到一个把这些有机废物转换成花园肥料的公司。所有这些技术把沃尔玛变成为了一个成为更加有效、更加环保的零售商的实验室。

在评价这些实验性商场之后，沃尔玛现在正在建设新的高效商场，每一个商场都比上一个节约更多的资源。最新的开业的拉斯韦加斯商场仅使用了少于沃尔玛标准使用的能源的 45%。此外，沃尔玛现在通过鼓励参观者推广和分享它的收获，即使是与它的竞争者一起。"我们的目标定位于此也是在不久之前，其他的零售连锁店和非连锁店也参观了我们的商店，"奥罗拉商店经理说道，"这不是我们自己坚持的事情，我们想每个人都了解。"

在沃尔玛推进其自身的可持续性创意时，它也在影响其消费者和供应商的环保行为。比如，沃尔玛利用其市场影响力推动提升一些生态环保的产品的品牌，像是 Sun Chips、PUR 净水器和通用荧光灯泡。"如果沃尔玛能影响其购买者的绿色环保购买行为，并将这种行为养成环保行为，那么沃尔玛在减少 2 亿人类生态印记是十分成功的。"一位分析人员这样说道。

沃尔玛也同样向供应商提出了环保的要求。为彰显沃尔玛在环保中的领导力和决心，沃尔玛最近出台了针对它多达 6.1 万家供应商的负责减碳和清除多余包装的计划。沃尔玛利用其地位也"说服"了 600 位供应商高层管理人员参加沃尔玛资助的以可持续为主题的研讨会。当沃尔玛把环保意愿强加于它的供应商身上时，沃尔玛"已经变形为某种私人性质的环保组织，只是有更多的影响力"。一位行业研究员如是说。

"环保组织只能处罚七位数的罚款，沃尔玛却能一举减少多于其产业的 1/4。"

因为沃尔玛的规模，即使是小供应商产品和包装的改变对于环境的可持续性都有影响。比如为了符合沃尔玛的要求，宝洁为其 Charmin 品牌开发了大型轧辊技术，该技术能将 4 卷标准厕所卷纸结合成 1 小块。这个看似很小的改变却每年节约 8950 万纸板卷筒和 36 万磅的塑料包装。这也让沃尔玛多运输了 42% 单位商品，每年节约了 5.4 加仑的燃油。沃尔玛也要求 General Mill 在汉堡助手盒子中做出的面条变得更直。这个小改变减少了数以千计的包装。

沃尔玛正参与碳披露项目，一个独立非营利的环保组织，在这个项目中度量在供应链上生产产品中消耗的能源。大约超过 13 000 种产品的 3400 位供应商参与该项目。相应地，沃尔玛已经开发了包装记分卡用以计量供应商，并用来指导沃尔玛的购买决定。沃尔玛也已经建立超过 12 条的可持续价值网络。这些网络将沃尔玛与供应商、宣传组织、学者和独立专家联系起来，共同为热点环境问题而工作，比如说温室气体。

所以你能发现沃尔玛是生态保姆。沃尔玛的可持续环保努力已经从最为严重的批评声中获得了表扬。正像一位怀疑者勉强承认的："沃尔玛环保影响力已经比任何其他人更强了。"但是对于沃尔玛而言，领导生态变革要比最一件正确的事情做得更多。总之，它是有其积极意义的。更有效的运营和少废弃差不仅对于环境来说很好，而且对于沃尔玛来说也节约了成本。更少的成本，相应地，让沃尔玛也做到了它一直以来做得最好的事情——节约消费者的钱。

一位沃尔玛的高层这样说道："我们建立了长期努力的基础，这种努力将会通过节约隐藏成本、节约子孙后代的自然资源、提供可持续和可接受的产品让我们的顾客省钱和生活得更好来变革我们的事业。"

资料来源："Wal-Mart Says Latest High-Efficiency Store Cuts Energy Use 45%", *Environmental Leader*, March 18, 2008, accessed at www.environmentalleader.com; Jack Neff, "Why Wal-Mart Has More Green Clout than Anyone," *Advertising Age*, October 15, 2007, p 1; Danielle Sacks, "Working with the Enemy," *Fast Company*, Sep. 2007, pp. 74-81; Joseph Tarnowski, "Green Monster," *Progressive Grocer*, April 1, 2006, pp 20-26; Ylan Q. Mui, "At Wal-Mart, 'Green' Has Various Shades," *Washington Post*, November 16, 2007.

16.3.3　规范营销的公众行动

对营销行为的公众关注通常会导致公众关注和立法提议，新的法案将会受到争论——大部分会被否决，其他的部分被修改，少数会成为可行的法律。

大部分的对营销有影响的法律在第 3 章罗列出来，目的是将这些法律转换成为营销经理决定竞争关系、产品、价格、促销和渠道时能够理解的语言。图 16-3 表明了营销管理中面临的主要法律问题。

销售决策
贿赂？
盗用商业机密？
贬低顾客？
误导？
发布顾客权利？不公平？

广告决策
虚假广告？
欺骗性广告？
引诱性广告？
促销补贴和服务？

渠道决策
独家经营？
独家区域分销？
分销关系？
约束协议？
经销商权利？

竞争关系决策
反竞争措施？
进入壁垒？
掠夺性竞争？

产品决策
增加或精简产品？
专利保护？
产品质量和安全？
产品担保？

包装决策
合格的包装和标签？
额外成本？
稀缺资源？
污染？

价格决策
固定价格？
掠夺性定价？
价格歧视？
最小化定价？
提价？
欺骗性定价？

图 16-3　营销管理的法律问题

16.4　针对社会责任营销的商业行为

一开始，很多公司反对用户至上主义、环境保护主义和其他社会责任营销的要素，它们认为这些批评既不公正也不重要。但到现在，大多数公司已经开始接受新的顾客权利，至少在原则上如此。

它们可能会反对某些法律条文，认为那不是解决具体客户问题的恰当手段。但是它们认同顾客具有知情权及受保护权。其中许多公司对可持续营销做出了积极的反应，以期能立或在将来创造更大的客户价值并加强客户顾客关系。

16.4.1　可持续营销原则

根据可持续营销的理念，一个公司的市场营销活动应服务于营销系统的最佳长期绩效。营销活动应以下面这五种可持续营销原则为指导：以消费者为导向的营销、客户价值营销、创新营销、使命感营销及社会营销。

1. 以消费者为导向的营销

以消费者为导向的营销是指公司应从消费者的角度来考虑并组织其营销活动。公司应努力感知、服务和满足特定顾客群体的需求，包括现有的和潜在的。我们在本书中讨论的所有成功开展市场营销活动的公司都有一个共同点：一种向精心挑选的顾客传递卓越价值的强烈激情。只有通过顾客的眼睛看世界，公司才能建立起持续且可盈利的客户关系。

2. 客户价值营销

根据客户价值营销原则，公司应将其大部分资源投入到建立客户价值的营销投资中。营销者做的许多事情（一揽子促销、改变外包装、直接回应的广告）或许能在短期内增加销量，但真正改善产品质量、性能和便利性则能创造更多的价值。**明智营销**（enlighten marketing）要求通过持续改善顾客从公司所提供产品中获得的价值来建立长期的顾客忠诚。为客户创造价值，作为回报，公司也能从顾客那里获得利润。

3. 创新营销

创新营销原则要求公司持续致力于真正改善产品和营销活动。公司如果忽视新的更好的做事方法，最终，客户将流失到其他找到更好方法的公司去。任天堂是创新营销者的一个杰出代表。当索尼和微软在2001年的视频游戏大战中将马里奥挤出任天堂游戏立方后，这三个游戏平台制造商中最小的厂商——任天堂需要做出一项新的计划。"任天堂从技术军备竞赛中退出，转向关注（顾客和）游戏的趣味性，而非冷冰冰的技术说明，"任天堂美国公司的总裁说。由此诞生的WII系统，以其直观的动作、灵敏的控制器和互动的游戏不仅吸引了游戏业一贯关注的男孩们，还吸引了他们的姐妹、父母甚至是爷爷奶奶。结果，WII系统的销量很快超过了PS3和Xbox360。但需要指出的是，不像其竞争者那样——在每个控制台上都亏本，而在软件上挣回来，任天堂的控制台是盈利的，销售游戏和收取许可费上则赚得更多。"虽然并不那么起眼"，任天堂的经理说，"但通过你卖的产品赚钱是很有商业价值的"任天堂这种革新不仅仅吸引了新玩家并挫败了索尼及微软。"它为整个视屏游戏业开启了创新之门"，竞争者美国Sega公司的总裁这样说。

4. 使命感营销

使命感营销（sense-of-mission marketing）意味着公司应从广阔的社会层面而非狭窄的产品层面来定义自己的使命。当一家公司定义其社会使命时，员工会对其工作有更好的感觉并有一个更清晰的方向。与更广阔使命相联系的品牌能服务于品牌和顾客的长期利益。例如，多芬不仅是想销售其美容产品，它的使命时要发现"真正的美丽"并帮助女性在现实生活中找到快乐。

一切始于一份联合利华的关于检测在娱乐节目中、广告和时尚界出现的形象对女性的影响的研究。令人惊讶的结果是：在全球的10个国家的3300名被访女性中只有2%的人认为她们自己美丽。联合利华的结论是：现在是时候重新定义美丽了。所以在2004年，联合利华开展了全球多芬"真美运动"，活动的广告是以各种类型（不是演员或者模特）的真实的自信而坦率的女性形象为特色，标题让消费者从他们的角度思考美丽的定义。在另外的一些广告中，以全身的女性为特征（"过大"还是"杰出"?），较年长的女性（"苍白"还是"华丽"?），还有一位雀斑女性（"缺陷"还是"无缺陷"?）。在第二年，随着活动受欢迎程度急速提高，多芬介绍了六种新的不同比例的"真正的美丽"，在尺寸范围从6~14。这些女性在公告中只穿着她们的内衣，以及大大的微笑。标题宣称"新多芬摄影：测试真实曲线"。"在多芬的广告中，普通是一种新美丽。"一位广告专业人士说。

多芬的"真美运动"很快就数字化，网站地址是www.campaignforrealbeauty.com，获奖的视频以类似于"进化"和"进攻"等这些打破美丽刻板印象的词命名。但是在多芬品牌和"真美运动"背后的人有超过销售和利润之外的高尚动机。根据联合利华一位高层解释说，多芬的大胆和令人信服的使命是重新定义美丽和重新恢复女性信心，这样的使命超越金钱。"你应该看看在这件事情上工作的人们的脸，"他说，"有一份对这个品牌的爱。"

一些公司从广阔的社会层面上定义公司的整体使命。如果从狭窄的产品层面上定义使命，联合利华Ben&Jerry's部门的使命应该是"销售冰激凌"。但Ben&Jerry's品牌将其使命更广阔地宣称为"与繁荣相关"，包括产品、经济和社会使命。一开始，Ben&Jerry's推行了许多社会和环保活动。每年，它将税前利润的7.5%捐赠出来以支持有意义的活动。到了20世纪90年代中期，Ben&Jerry's已经成为全美第二大冰激凌品牌。

然而，同时坚持价值和利润这"双重底线"并不是一件容易的事。整个90年代，随着未收到"原则重于利润"使命羁绊的竞争者入侵市场，Ben&Jerry's的增长率和利润都停滞了。2000年，在连续几年的低财务收益后，Ben&Jerry's被食品厂商巨头联合利华收购。回顾以往，公司似乎以牺牲有效的商业管理为代价，过分关注了社会问题。公司创始人Ben Cohen一度如此评论道："这时候，我不得不承认'我是个商人'，这些话我真的很难说出口。"

这些经验给那些对社会负责的商业运动以惨痛的教训，结果是产生了一批活动企业家，那些对活动有热情的经过专业训练的职业经理人或公司创始人。由商人建立起来的使命导向型公司不仅致力于创立可行的并能盈利的事业，也关注使命的形成。对于成功的商业运营，他们知道要做"好事"必须先"做好"事。户外运动鞋和服装制造商天伯伦（Timerland）的总裁杰夫·斯沃茨把这比作"商业"和"公平"之间美好且有利可图的纽带。天伯伦的使命是在改变世界的同时创造利润。

营｜销｜实｜践 16-2

天伯伦：改变世界

天伯伦绝不是普通的以盈利为目的的公司。当然，它制造并销售坚固并且质量好的靴子、鞋、衣服及其他户外装备。但是，天伯伦的使命不仅是制造好的产品；它是要"尽力改变我们生活和工作的社区"。

同样地，天伯伦的杰夫·斯沃茨也不是普通的CEO。他认为天伯伦在世界上的地位远大于其向世界提供的产品。他坚信赚钱与使世界变成更好的地方应齐头并进。斯沃茨对于这个理念如此热衷，以至于他有时被称为"预言家 CEO"，具有社会意识的新时代的救世主。他时刻向任何愿意聆听的人传播他的公司公民论，无论他是公司顾客、供应商还是雇员。

例如，最近斯沃茨在与麦当劳的行政人员会晤并试图向这个快速食品巨头推销新工作服时，他竟没有带任何设计图。事实上，他甚至没有谈论衣服。相反地，他做了一场激情洋溢的演讲，描述天伯伦能这样帮助麦当劳打造一支更整齐划一、士气高涨、意志坚强的员工队伍，而这将使公司和整个社会都受益。他宣扬天伯伦的公司文化，每年给雇员 40 小时的带薪休假期以倡导员工多做义工。他介绍 serv-a-palooza——天伯伦一年一度的固定志愿者日，期间将在很多国家举办大量的服务项目并提供数以万计的志愿者工时。

然后，斯沃茨并没有试图促成销售，而是将帮助麦当劳所在每个社区的权利交到麦当劳行政人员的手里。最终，天伯伦没有获得麦当劳的工作服订单，但斯沃茨仍然兴高采烈。"我让我的团队再找 10 个这种可以让我有这样对话的地方，"他说，"没有人比我们做得更多，而这正是我们的优势所在。"

天伯伦是杰夫的祖父南森·斯沃茨于 1952 年创立的，现在已经成为一家上市公司。公司准备证明自己不但能创造利润，同时还能在全世界对抗社会恶习，保护自然环境并改善工作环境。斯沃茨并不是在谈慈善——他自认自己是个资本家。他只是坚信这样的理念，即一家公司能够通过做好事而获得良好的发展。斯沃茨把这比作"商业"和"公平"之间美好且有利可图的纽带。

斯沃茨多年以来做好事的原则得到了回报。1992～2005 年间，天伯伦的市值增长了八倍，年销售收入达到了 16 亿。那段时间里，斯沃茨实施大量的社会和环境行动。他还在全球制造业推行一些极端严格的员工保护标准。良好的财务绩效和公司责任集合在一起，使斯沃茨赢得了来自华尔街和激进分子们的一致赞扬。

5. 社会营销

根据社会营销（societal marketing）的原则，公司在做营销决策时应综合考虑顾客的需求和利益、公司的要求以及社会的长远利益。公司明白忽视顾客和社会的长远利益是对顾客和社会的伤害。敏锐的公司将社会问题看做机会。

可持续营销需要的是既赏心悦目又对人有好处的产品。其不同之处见图 16-4。我们可以根据产品的所带来的即时客户满意程度和长期顾客利益来将产品分类。

有缺陷的产品，例如难吃但又没有什么疗效的药物，它既没有即时的吸引力也没有长期的益处。取悦型产品能带来高的即时满意度，但长期来看可能会损害顾客利益。香烟和垃圾食品就属于这类产品。有益产品没有什么即时吸引力，但长期来看可能会对消费者有益，例如自行车的头盔和某些保险项目。期望产品既能带来高的即时满意度，又有很好的长期利益，例如一顿美味可口又营养丰富的早餐。

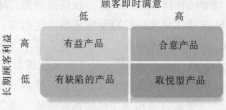

图 16-4　产品的社会分类

期望产品的例子比比皆是。通用电气公司的小型节能荧光灯不仅光线好，同时使用寿命更长，更节能。本田的混合动力车普锐斯不仅降低了驾驶噪声，还带来更高的燃油效率。美泰克的前置式海王星洗衣机具有超强的清洁力，同时又节水节电。

公司应尽力将其所有产品都变成期望产品。取悦型产品的问题在于它可能会卖得很好，但是最终可能会伤害顾客。因此，这类产品的机会在于在保留产品取悦顾客品质的同时增加长期利益。有益产品的挑战在于增加一些取悦顾客的特征以使消费者更能接受它。

16.4.2 营销道德规范

良好的营销道德规范是可持续营销的基础。从长远来看，不道德的市场营销行为会伤害顾客和整个社会的利益。而且，最终它会毁掉公司的声誉和效率，进而危及公司的生存。因此，只有通过实施符合道德规范的市场营销行为才能达到可持续营销维护长期客户关系和企业利益的目的。

有良知的营销者面临着许多道德困境。需要做的最重要的事往往不明确。由于并非所有的经理都有高尚的道德观，因此公司需要制定公司营销道德政策——公司所有员工都必须遵守的主要准则。这些政策涉及到分销商关系、广告标准、客户服务、定价、产品开发和一般道德规范。

再细致的准则也不能解决营销者面临的所有道德困境。表 16-1 列出了营销者职业生涯中可能遇到的一些道德困境。如果营销者在所有这些情况下都采取立即产生销售增长的行为，他们的营销行为可能被认为是不道德甚至是不分是非的。如果拒绝采取任何行动，他们可能会成为没有效率的营销经理并因持续的道德压力而高兴不起来。经理们需要一系列原则来帮助其在各种情况下确定道德的重要性，并决定自己能在道德高尚的路上走多远。

表 16-1 营销中的一些道德困境

1. 公司的研发部对产品做了细微的修改，这并不真正是"创新和改进"，但你知道将这个声明印在包装上会增加销量，你会怎么做？
2. 公司要求你在产品线中增加一个简装型号，用它打广告以吸引客户进店。这种产品的质量并不好，但是销售人员能把顾客引向高价的产品系列。公司要求你对这种简装版本的产品放行，你会怎么做？
3. 你正在考虑雇用一位刚刚从竞争对手公司离职的产品经理，她会很乐意告诉你竞争对手来年的所有计划。你会怎么做？
4. 公司在某重要区域的一位主要分销商最近遇到了家庭问题，他的业绩因此下滑了。他似乎还需要一段时间才能从家庭困境中走出来。同时你的销量正大幅减少。从法律上讲，根据渠道成员表现，你可以终止他的特许权并替换他，你会怎么做？
5. 你有机会赢得一笔很大的交易，这对于你个人和公司都十分重要。采购商暗示一件"礼物"会影响决策。你的助理建议送一台大屏幕电视到采购人的家里，你会怎么做？
6. 你听说一位竞争对手将增加一项新的产品特征，这将大大影响销量。竞争者将在年度贸易展览的私人分销商会议上展示这项新特征。你可以轻而易举地派出一个刺探者参加这个会议并了解此项新特征。你会怎么做？
7. 你为一个烟草公司工作。多年的经历使你确信吸烟与癌症密切相关。尽管公司目前的进行一项"如果你不吸烟，请不要开始吸烟"的推广活动，你相信公司的其他推广活动可能会鼓励年轻人（尽管已达法定年龄）养成吸烟的习惯，你会怎么做？
8. 你必须在经销商列出的三项广告活动中做出选择：（1）软性促销，据实以告的活动；（2）运用带有性别色彩的感情手段并夸大产品的利益；（3）引入一种嘈杂甚至有点恼人的商业行为，它必将引起观众的注意。经验表明广告效果的排序如下：（3）（2）（1），你会怎么做？
9. 你正在面试销售员职位—名能力出众的女性应聘者。她比你刚刚面试的男性更胜任此职位。然而，你知道在你们这个行业中一些重要的顾客更愿意和男性打交道。如果雇她，你将会丧失一些客户，你会怎么做？

但在道德和社会责任问题上，到底应当用什么样的原则来指导营销主管呢？一种观点是这类问题应当由自由市场和法律体系共同决定。在这种原则指导下，公司及其管理者无须对所做的道德判断负责。公司可以公平地在市场和法律体系允许的范围内采取任何行动。

另外一种观点将责任归咎于每个公司及其管理者身上而非整个市场和法律体系。这种更明智的观点认为公司应当具备"社会良知"。公司及其管理者在进行决策时应采用高标准的道德规范，不论"系统允许做什么"。历史上合法但极不负责任的公司行为数不胜数。

每家公司和每位经理都应形成一套关于社会责任和道德行为的标准。根据社会营销原则，每位经理都应超越合法和法律允许的界限，而根据个人诚信、公司良知及顾客长远福利来制定标准。

以开放而坦率的态度来处理道德和社会责任相关的问题有助于建立稳固的顾客关系，这种关系是以诚实和信任为基础的。事实上，许多公司将很自然地将顾客纳入到社会责任进程中。以玩具制造商美泰为例：

2007 年秋季，人们发现美泰一些畅销玩具上有铅的涂层，这迫使美泰在全球范围内召回了数以千万计的玩具。尽管情况危及，公司的品牌顾问准备直面挑战而非犹豫不决或掩盖真相。公司迅速果断的回应使顾客对于美泰品牌的信心得以维持。销量甚至还因此比上年同期增长了 6%。这些大师级的"品牌顾问"到底是何方神圣呢？她们其实是拥有 3 ~ 10 岁龄小孩的 400 位母亲。她们组成了一个名为"操场委员会"的私人在线网络。这个组织是在 2007 年由美泰的全球消费者洞察部门发起的，旨在"聆听并深入了解母亲们的'生活和需求'"。整个危机事件中，"操场委员会"成员就产品召回和公司的坦率应对方案时刻与美泰保持联系，甚至帮助公司制定了其中一条受影响的生产线在召回后促销方案。即使在危机时，"引进了与客户双向对话机制的品牌仍然能够建立更稳固和值得信任的客户关系，"美泰的一位行政人员这样说道。

正如环境保护主义一样，道德问题为国际营销人员带来了特殊的挑战。国与国之间的商业标准和行为相差很大。例如，贿赂和回扣对于美国公司来说是违法的，超过 60 个国家都签署或认可了一系列反对贿赂和回扣的协议。但贿赂和回扣在许多国家仍是正常的商业行为。据世界银行统计，全世界每年约有超过一万亿美元的行贿总额。

许多行业和专业协会曾提出过道德准则，并且许多公司现在也正采用它们自己的准则。例如，美国营销协会——一个由营销管理者和学者组成的国际性协会——制定出了如表 16-2 中所示的道德准则。公司也在采取计划来指导营销经理们处理重要的道德问题并帮助他们做出恰当的反应。

表 16-2　美国营销协会道德准则

营销人员的道德准则和价值观念的序言
美国营销协会致力于为其成员提高职业道德准则和价值观念的最高标准。准则是由被社会或者专业组织期望和遵守行为规范建立起来的。价值观念代表人类欣赏、认为重要和道义正确的集合观念。价值观念应作为评估他人行为的准则。营销活动从业者必须明白他们不仅要为其公司或者组织服务，而且是社会创造、便利和运行高效，作为较大经济重要组成的效率交易的服务人员。通过这个角色，营销人员应该信奉更高标准的专业操作的道德准则和对利益相关者的责任心隐含的道德价值观（如消费者、投资人、渠道成员、监管者等）

一般准则

1. 绝不故意伤害。这意味着从事他们适当训练过的或者有经验的工作以便他们能够积极地为组织和消费者增加价值；也同样意味着遵循所有适用的法律法规，并在选择中遵循高标准的道德规准则
2. 营销人员要在营销系统中培育责任。意味着产品旨在促进使用，这要求关于产品的营销交流不能故意带有欺骗性和误导性。它意味着建立一种提供合理调整和顾客申诉的关系；同时也意味着争取良好的信用和公平交易以便提高交换过程的效率
3. 营销人员必须信奉、传达和使用基本的道德准则，这样有助于提高在整个营销交换系统中的消费者自信。这些基本的价值观念包括诚信、责任、公平、尊重、开放和权利义务

道德标准和价值观念

诚信——在交易过程中与消费者和利益相关方要诚实和坦诚：
- 我们将在所有情况和所有时间下据实以报
- 我们将在产品不能达到其声明的优点时承担责任
- 我们将履行我们的显性和隐性的承诺

责任——接受营销决策和营销策略的后果：
- 我们将竭尽最大努力满足消费者需求
- 我们将尽力避免强迫所有利益相关者
- 我们将向利益相关者承认随着营销和经济力量的增加而增加的社会责任
- 我们将承认我们对市场经济性的弱势群体的特别承诺，比如老人、小孩和那些明显弱势的人

公平——平衡购买方和销售方利益的需要：
- 我们将以清晰的方式表现我们的产品，通过销售、广告和其他沟通方式，包括避免错误的、误导的和欺骗性的宣传
- 我们将拒绝以消费者信任为代价的操纵销售策略
- 我们将不热衷于定价、掠夺性定价、价格欺诈策略
- 我们将不参与原料争夺利益冲突之中

尊重——承认利益相关者的基本人类尊严
- 我们将重视个体差异，我们也将避免对客户的刻板印象，避免以消极的或者不人道的方式描述不同人群（比如性别、种族等）
- 我们将会倾听顾客的需要，做出我们最大的努力以反应和满足他们持续的需求
- 我们将会为了更好地了解供应商、中间商和其他文化的贡献做出特殊的努力
- 我们将适当地承认其他人对于营销所做的贡献，比如顾问、员工和其他同事

（续）

道德标准和价值观念

开放——在市场营销运营中创造透明度：
- 我们将尝试和所有的顾客更加清晰地交流
- 我们将接受顾客和股东建设性的批评
- 我们将解释产品的特征或者服务风险、元件构成或者其他足以影响消费者期望或者购买意愿的突发性事件
- 我们将全面公开价格和财务，同时是尽可能多地调整

公民权利——从战略角度看实现经济、法律、慈善和社会的责任：
- 我们将尝试在营销活动运行之外保护环境
- 我们将通过志愿和无偿捐赠回馈社会
- 我们将为了改善营销和营销声誉付出更多
- 我们将鼓励供应链的成员确保公平交易，尤其是发展中国的生产制造商

实施

最后我们了解了每个行业中部门和市场营销分支（比如市场调研、直销和广告）都有其自己的道德准则，这样的准则能通过在 AMA 网站连线添加，我们鼓励所有这样的协会发展自己的行业准则

资料来源：Reprinted with permission of the American Marketing Association.

然而，文字的准则和道德规划并不能保证良好的道德行为，道德和社会责任需要整个公司对此做出承诺，它必须成为整个公司文化的一部分。

16.4.3 可持续的公司

市场营销的基础是这样一种信念——能够满足顾客需求的公司将繁荣起来；无法满足顾客需求、有意或无意地损害了顾客、社会其他群体或后世子孙利益的公司将衰败下去。可持续的公司通过实施对社会、对环境、对道德负责的行为来为顾客创造价值。

可持续营销绝不仅止于关注当今顾客的需求。它还要求关注将来客户以确保公司的生存和成功，关注利益相关者和员工以及他们所处的更广阔的世界。在可持续营销的背景下，公司可以为顾客创造价值，以便立即或在将来从顾客那里取得价值回报，从而建立起可盈利的客户关系。

概念回顾

我们的营销入门之旅到此结束了。在本章中，我们以与营销相关的一些重要的可持续营销理念作为结尾，梳理了营销对于个体消费者、其他商业机构和社会整体的影响。你们通过学习知道可持续营销要求营销行为对社会负责、对环境负责，要符合道德规范。这种行为不仅要为当代消费者和商业机构带来价值，还要为后世子孙及社会整体带来价值。可持续的公司通过实施负责任的行为来为顾客创造价值，以便立即或在将来从顾客那里取得价值回报。

1. 定义可持续营销并讨论其重要性。可持续营销要求在满足当代消费者和商业机构需求的同时保证或增强后世子孙满足自身需求的能力。尽管传统的市场营销理念意识到满足消费者日常需求的公司才会繁荣，可持续营销呼吁实施对社会和环境负责的行为来满足消费者及公司即时和将来的需求。真正的可持续营销要求一个平稳运行的市场营销系统。在这个系统中，消费者、公司、公共政策制定者和其他相关方通力合作来保证负责任的营销行动。

2. 识别社会对于营销的主要批评。营销对个体消费者福利的影响一直因其高价、欺骗行为、高压销售、次品或不安全的产品、故意过时及对弱势消费者的低质服务而受到批评。营销对社会的影响因创造虚假需求及过度的物质主义、太少的社会产品和文化污染而受到批评。评论者还因以下原因批评营销对于其他公司的影响：伤害竞争者、通过并购来减少竞争、创造进入壁垒的行为以及不正当竞争的营销行为。这些批评有些是有根据的，有些并没有什么道理。

3. 定义用户至上主义和环境保护主义并解释它们如何影响市场营销战略。对市场营销系统的关注导致了公众运动。用户至上主义是一种有组织的社会运动，旨在增强消费者相对于销售商权利和权力。敏锐的营销者将其看成一个机会，他们通过提供更多的消费信息、教育和保护来更好地服务消费者。环境保护主义也是一种有组织的社会运动，旨在最小化营销实践对环境和生活质

量所造成的伤害。现代环保主义的第一次浪潮是由环境组织及关注的消费者推动的。而第二次浪潮是由政府通过制定法律法规以规范影响环境的工业行为来推动的。进入 21 世纪之后，前两次环境保护主义浪潮汇集成第三次更强的浪潮，在这次浪潮中，公司正担负起不伤害环境的责任。如今的公司大都采用环境可持续性政策——开发那些既可保护环境又能为公司创造利润的战略。用户至上主义和环境保护主义都是可持续营销的重要组成部分。

4. 描述可持续营销的原则。许多公司一开始反对这些社会活动和法律，但是如今它们大多认识到需要积极的顾客信息、教育以及保护根据可持续营销理念，公司的营销活动应当支持营销系统的最佳长期绩效。可持续营销应当受到以下五项基本营销原则的指导：客户驱动型营销、客户价值营销、创新营销、使命感营销和社会营销。

5. 解释营销活动中道德的作用。需要制定公司政策和纲领来帮助其管理者处理有关营销道德的问题，公司越来越多地对此需要做出反应。当然，即使最好的纲领也无法解决个人和公司必须做出的所有困难决定。不过确实有一些原则可供营销者从中选择。一项原则认为这类问题应该由自由市场和法律系统共同决定。另一项原则更加开明，它将责任归咎于每个公司及其管理者身上而非整个市场和法律体系。每家公司和每位营销经理都应形成一套关于社会责任和道德行为的标准。根据可持续营销原则，经理们应超越合法和法律允许的界限，而根据个人诚信、公司良知及顾客长远福利来制定标准。

问题讨论

1. 什么是可持续营销？解释可持续营销理念与市场营销理念和社会营销理念有哪些不同。
2. 营销对于社会整体的影响受到诸多批评，讨论与这些影响有关的问题。
3. 讨论营销实践可能会对竞争造成的负面影响及其相关问题。
4. 什么是消费者至上主义？描述销售者和购买者的权利。
5. 定义五项可持续营销的原则。
6. 对于面临道德问题的营销者，讨论可能指导其行为的原则。

营销技术

你的电脑有软盘驱动吗？你会在盒式录音机上听音乐或用 VCR 磁带刻录电影吗？你的电话听筒是有线的吗？你很可能回答"不"。这些都是过时产品的例子。新产品往往会给顾客带来更大的价值，尤其是在发展迅速的行业如计算机和电子行业。但应怎样处理所有的旧产品呢？人们越来越关注电子废弃物——又名 e 垃圾。尽管电子废弃物只占垃圾填埋场中垃圾的 2%，但据一些分析家的测算，它却制造了 70% 的有害物质。回收项目越来越多，有些州甚至立法要求对其进行回收。然而，这些垃圾经常被运往一些发展中国家并回收利用或填埋到垃圾场里。这些国家关于工人和环境的标准往往更宽松。

1. 谁应该对正确处置废弃电子产品负责——消费者还是生产商？将电子废弃物运往发展中国家是否合理？讨论替代解决方案。
2. 访问几个电子生产商的网站，确认其是否有电子回收项目。生产商做得够多吗？写一份关于你所获情况的报告。

营销道德

K.G.O.Y 代表"小孩越来越早熟"，人们越来越多的将责任归咎于营销者。现今的小孩接触到各种他们在过去不可能见到的信息，尤其是在互联网上。因此，男孩会早早地将他们的特种部队玩具丢在一边，而在 xBox360s 上玩战争游戏。关于女孩们如何改变，或者说营销者如何改变了女孩们引起了更大的争论。评论家将为 8~11 岁女孩设计的衣服描述为"放荡"而性感的。百货商店甚至向儿童出售丁字裤和印有"淘气女孩"字样的 T 恤。尽管芭比娃娃的性别一直很清晰，一开始她的受众是 9~12 岁大的女孩。而如今，芭比娃娃的受众已经主要是 3~7 岁大的女孩了。

1. 营销者应对"小孩越来越早熟"负责吗？除了以上列出的情况，给出一些其他例子。
2. 有公司抵制这种趋势并向小孩提供适龄产品吗？举出一个例子。

营销挑战

随着失业率上升和收入变少，更多的中层购物者转向了旧货商店去购买便宜的商品，这完全说得通。但最近，旧货商店绝不仅仅因为消费者节俭而获益。在陈旧的二手店里购物的耻辱已经不复存在。对于各地的潮人来说，"节俭"与"优质"之间的界限已经越来越模糊。如今，人们不仅在旧货商店里买旧衣服。他们还在某些品牌店里淘宝。Goodwill Industry 公司正是利用了这个趋势。它通过时尚秀、服装博客和为服装捐赠提供商店信誉来向消息灵通的潮流缔造者推广自己的产品。

在总体经济走弱的情况下，Goodwill Industry 公司的总销售额却增长了 7%。其他旧货商店也报告了总共35%的增长率。但是这个产业的好运气带来了一个独特的两难困境。因为同样的原因，二手销售额上涨了，但捐赠却因此减少了。人们保存旧东西的时间越来越长。人们将旧东西出售变现而不再捐赠出去。因此，捐赠的数量大幅减少。而且，捐出去的物品往往质量低劣。这种不寻常的动力将来可能致使旧货商店很难备货。

1. 对与文中广泛的对营销的社会批评，旧货交易行业如何应对？
2. 鉴于目前消费者节俭的形势，旧货商店怎样才能解决其供应问题？

营销算术

2006 年美国处方药的支出超过了 2000 亿。据预测，2017 年这个数字至少会翻一倍。这些支出中的大部分将落到州政府和联邦政府健康项目的头上。1995~2002 年，直接针对消费者的处方药广告激增，药品制造商成为全国最盈利企业。整个行业在该时期也名列前五。

1. 阅读附录 B 以确定药品制造商向批发商销售药品的价格，假定批发商赚取 10% 的利润，零售商赚取 20% 的利润，这里的利润都是根据其各自的销售价格来计算的。假定某品牌的处方药每单位零售价格为 120 美元。
2. 如果每单位处方药的平均可变成本为 10 美元，药品制造商的边际收益是多少？这个边际收益是否超额？为什么？

附录 A 营销计划

A.1 营销计划：导言

作为一位营销人员，你需要一份优秀的营销计划指引方向，以及聚焦自己的品牌、产品和企业。拥有一份详细的计划之后，任何企业都能够为开发新产品或销售现有产品作更充分的准备。非营利组织同样需要营销计划指导其筹款和扩大规模的行动。就连政府部门也需要整合一系列营销计划来发出倡议，例如呼吁公众提高营养意识和刺激某地区的旅游业。

A.1.1 营销计划的内容和目的

不同于提供整个组织使命、目标、战略和资源配置概述的商业计划，一份营销计划所提供的内容范围有限。它以文档的形式说明组织的战略目标如何通过从消费者出发的具体营销战略和策略来达到，它也同组织中其他部门的计划相联系。假设有一份目标为每年销售 20 万件产品的营销计划，那么生产部门就必须上紧发条生产出足够多的数量，财务部门就必须提供足够的资金，而人力资源部门必须准备雇用和训练员工，等等。没有一定级别的组织支持和资源配置，就没有任何营销计划能够成功。

尽管一项营销计划的确切长度和内容格式在各公司之间有所区别，但通常都会包含第 2 章所描述的几个部分。小企业可能会制定短一些或者不是很正规的营销计划，而大企业通常需要结构严谨的营销计划。计划中的每个部分必须有数量可观的详细描述以便有效指导实践。有时公司会把营销计划在内部网络上发布，允许身在不同地点的经理和雇员讨论及做出补充和变更。

A.1.2 调研的作用

营销计划并非空想。为了制定成功的战略和行动计划，营销人员需要关于环境、竞争情况和所服务的细分市场的实时信息。内部数据分析通常是评估当前销售情况的出发点，辅之以营销情报系统以及对市场整体、竞争、关键问题、威胁和机遇的调查研究。当营销计划付诸实践时，营销人员需要使用一系列研究方法来测量达成目标的进度和识别因未达标而需改进的地方。最后，市场调研能够帮助营销人员更好地了解消费者的需求、期望、感知和满意度。上述这些更深层次的理解能够通过良好的市场细分、目标选择和定位为企业建立竞争优势打下基础，因而营销计划应当为市场调研的对象和结论的使用提供概要。

A.1.3 关系的作用

营销计划揭示了公司如何建立和维护有价值的客户关系，在此过程中，也形成了很多内部和外部关系。首先，营销计划会影响市场部门员工为传递价值和满足顾客需求所开展的彼此间及部门间工作的方式；其次，会影响公司为达成计划内目标而与供应商、分销商和战略同盟间开展的合作；营销计划还会影响公司与其利益相关者的关系，包括政府监管机构、媒体和广大市民。所有这些关系都是公司想要取得成功的重中之重，所以在制定营销计划时必须加以考虑。

A.1.4 从营销计划到营销行动

尽管有些营销计划时间跨度可能稍长一些，但许多公司还是会常常制定年度性的营销计划。营销人员最好能在计划实行前留出时间进行市场调研、透彻分析、管理评审和部门间协调。然后在每项行动结束之后掌握实时结果，与预期结果进行对比，分析差异并采取正确的行动。一些营销人员还备有应急计划以应对突发状况。由于不可避免的或者有时是不可预测的环境改变，营销人员必须随时准备更新营销计划使之适应环境。

为了有效实行和便于控制，营销计划应当定义达成目标过程中的每一个进度如何测量。职业经理人通常使用预算、进度表和绩效评价标准来掌握和评估结果。使用预算，能够在给定的一周、一个月或其他时间段内对比计划花费和实际花费的情况；进度表能使管理者了解任务计划将于何时完成以及实际何时完成；绩效评价标准是跟踪营销项目的具体过程所得到的结果，以此来检验公司是否正朝着既定目标前进。一些绩效评价标准的例子有：市场份额、销售量、产品利润率和消费者满意度。

A.2 Sonic 公司的营销计划样本

这一节会带你了解 Sonic 公司的营销计划样本，这是一家虚拟的、新成立的公司。这家公司的第一个产品是 Sonic1000，一种多媒体的具有 Wi-Fi 功能的智能移动电话。Sonic 公司要在这个拥挤的，快速变化的，结合了通信、娱乐和存储功能的智能终端市场上与苹果、诺基亚、RIM 和其他一些具有相当规模的对手展开竞争。下文会更详细地解释每个部分应该包括哪些内容以及为什么。

A.2.1 执行概述

Sonic 公司正准备在成熟的市场上推出一款新型的多媒体双模智能手机 Sonic1000。我们的产品将特有的先进技术和功能相结合，以一个较高的价位推出。我们瞄准了消费者市场和商业市场中的特定细分市场，希望能够充分利用客户对使用简单，且带有较强通信、娱乐和存储功能的智能手机的需求不断增长的良好机遇。

这个计划的首要营销目标是第一年美国销售量达到 50 万部，首要的财务目标是第一年实现 7500 万美元的销售额，保证第一年的亏损少于 800 万美元，并在第二年初实现盈亏平衡。

作者评论

这一部分为高级管理者总结了主要的目标、建议的措施和概述的要点，他们会阅读并且认可营销计划。这个部分后面总结的表格是为了方便管理者使用。

A.2.2 当前的市场态势

Sonic 公司是在 18 个月以前由两位具有电脑市场经验的企业家创建的，它现在准备进入成熟的智能手机市场。多功能手机、电子邮件设备和无线通信设备已经成为个人和专业人士普遍使用的产品。研究表明，美国拥有 26 200 万无线电话使用者，85% 的人口拥有一部移动电话。

即使面对需求下降，产业合并继续，以及定价压力带来利润的缩减，竞争仍然更加激烈。从世界的角度来看，诺基亚作为智能手机的领头羊，占有全球市场45%的份额。紧随其后是 RIM，也是黑莓手机制造商，占据着 13% 的全球市场份额。在美国市场上，黑莓手机则是市场的领头羊（市场占有率 42%），iPhone

的制造商苹果公司位居第二（市场份额 20%）。为了在环境不断动态变化的市场中获得市场份额，Sonic 必须谨慎地瞄准特定的细分市场，使其能够为每个顾客群传递价值。

1. 市场描述

Sonic 公司的市场包括要求使用单一设备进行通信、信息存储和交换，以及娱乐的消费者用户和企业用户。在第一年被选为目标市场的有：专业人士、公司、学生、企业家和医学用户。表 A-1 显示了 Sonic1000 是如何满足目标消费者和企业细分市场的需求。

作者评论

详细描述了目标细分市场，为营销战略和在计划的后半部分讨论的详细行动提供背景支持。

表 A-1 顾客需求和 Sonic 的相应特征/利益

目标市场	顾客需求	相应的特征/利益
专业人士 （消费者市场）	• 在旅途中方便并且可靠地保持联系 • 不需要携带多种配件可以完成多个功能	• 内嵌的移动电话和一键通能够随时随地通信；任何地点都可以收发无线电子邮件/接入网络；不易受到黑客攻击的 Linux 操作系统 • 方便的语音识别应用软件；GPS 功能以及摄像头
学生 （消费者市场）	• 不需要携带多种配件可以完成多个功能 • 表达风格和个性	• 与大量便捷的、廉价的通信和娱乐应用程序和外围的设备兼容 • 智能手机的外盒
公司用户 （企业市场）	• 专门事务的安全性和适应性 • 获得企业会议的地点位置	• 可定制来适应多种公司任务和网络；Linux 操作系统不易受到黑客攻击 • 内嵌 GPS 允许语音识别方向和地图
企业家 （企业市场）	• 组织和保持联系，记录详细时间表、交易和财务文件 • 迅速取得联系	• 无须手动的无线存取日历和地址簿，方便查阅约会和日期，与联系人接触 • 一键通功能加速交流
医学用户 （企业市场）	• 更新、存取和交换医疗记录 • 拍摄医疗状态以保持可视记录	• 可移动的记忆卡和无须手动无线信息记录，减少文书工作，提高生产率 • 内嵌摄像头允许快速方便地照相，为日后的修复存储图像

购买者可以在基于几种不同操作系统的型号中进行选择，包括由微软、塞班和黑莓研发的，以及 Linux 系列等。Sonic 许可一个基于 Linux 的系统是由于它不易受到黑客和病毒的攻击。硬盘驱动和可移动的存储卡都是智能手机的流行配件。Sonic 配置了超高速的 20G 可移动的存储卡用于存储信息和娱乐项目，这是它用于打入市场的第一步。这样的配置允许使用者将照片和其他数据从智能手机转移到家中或者办公室的电脑上。尽管存储卡的容量不断增长，技术的成本却一直下降，使得价值定价模型对于旧设备的消费者和企业使用者更加有吸引力，他们一直想要更换一个新型的，多功能高端设备。

2. 产品回顾

我们的第一个产品 Sonic1000 配置了 Linux 操作系统，提供以下标准特征：

作者评论

产品回顾通过产品线、顾客类型、市场或者产品介绍的顺序，总结了公司所有产品的主要特征。

- 内置双模移动电话/互联网电话功能和一键通功能
- 数字音乐/视频/电视记录、无线下载和播放
- 无线上网和电子邮件、文本信息和即时通信
- 3 英寸彩色显示屏
- 管理功能，包括日历、地址簿和同步备忘
- 位置和地图的全球定位系统
- 内置 400 万像素的数码摄像头
- 超高速 20G 可移动存储卡
- 不同颜色可款式的可互换的外盒
- 无须手动操作的语音识别功能

公司计划第一年的销售额达到 7500 万美元，以每件 150 美元的批发价销售 50 万件 Sonic1000 产品。我们计划在第二年推出 Sonic2000，同样以 Linux 为操作系统，作为更高端的智能手机，将具有以下标准特征：

(1) 全球电话和信息兼容。

(2) 翻译功能，可以用西班牙语文本传送英文文本（其他语音形式作为附加选择）。

(3) 内置 800 万像素的数码摄像头，并配备闪光灯。

3. 竞争回顾

作者评论

竞争回顾的目的是识别关键竞争对手，描述它们的市场地位，并主要讨论其战略。

包括 iPhone 在内的低价格智能手机的出现，增加了竞争的压力。来自为文本和电子邮件信息定制设备的竞争也是主要的因素，比如黑莓手机的出现。关键的竞争对手包括以下几个：

(1) 诺基亚。作为智能手机市场的领先者，诺基亚为消费者和专业人士提供多种型号的产品。它最近收购了塞班操作系统的制造商，使其成为致力于改善和促进这一移动软件平台的独立的基础部门。诺基亚的多款智能手机都采用了与 RIM 类似的全键盘，但同样也为那些不需要全键盘或全面多媒体功能的用户提供了简键盘的型号。

(2) 苹果。时尚流行的 iPhone 3G 手机具备一块 3.5 英寸的彩色显示屏，配置了音乐、视频和 Web 接入以及通信、日历、联系人和文件管理等功能。它的全球定位系统能够为用户进行定位。另外，当手机丢失或者被偷窃时，用户可以使用远程命令删除数据。但是，AT&T 作为美国的唯一指定网络提供商，将 iPhone 手机定价为 99 美元或者更高，而且绑定了两年的服务合同。

(3) RIM。RIM 是极受商务人士欢迎的轻盈的无线多功能产品黑莓手机的制造商。随着 RIM 推出具有更强通信能力的机型，它持续的创新和稳定的客户服务支持巩固了市场竞争地位。RIM 最新型的智能手机将会应用黑莓操作系统。

(4) 摩托罗拉。摩托罗拉作为全球的行业巨人，由于新产品推出步伐十分缓慢，已经拱手将美国市场份额让给了苹果和 RIM 公司。高端的智能手机型号之一就是纤细、轻盈的 Quad-band Q 系列，融合了电子邮件和文本信息功能，照片语音识别，全键盘，相机闪光灯，可移动的存储卡，最新的多媒体语音/视频/图像功能，双立体声扬声器以及其他的功能。除去回扣，Q 系列标价为 149.99 美元，绑定了两年的 AT&T 无线服务合同，但是未捆绑服务合同的零售价可能会相当高。

(5) 三星。价值、风格、功能：三星是一个强劲的竞争者，为消费者和商务人士提供一系列智能手机。它的一些型号的智能手机是为专门的运营商定制的，而另一些是兼容所有的通信网络。Omnia 型号的智能机具有与 iPhone 相似的特征，也同 iPhone 一样，需要同唯一的运营商斯普林特签订服务协议。绑定了两年入网合同的 Omnia 型号手机的定价为 189.99 美元。

(6) Palm。尽管 Palm 主导着 PDA（个人数字助理）的市场，但是其智能机的市场占有率却远远落后于诺基亚和其他手机终端制造商。Palm 新推出的智能机 Palm Pre 配置了高速连接、Wi-Fi，集成了 GPS，全键盘，多媒体功能，Web 操作系统以及 synergy 数据整合等功能。Pre 的售价为折后 199 美元，同样需要绑定独家运营商斯普林特两年的入网合同。

尽管遇到了强劲的竞争，Sonic 仍然建立了明确的形象并获得了目标市场细分的认可。我们无须手动操作的语音识别系统是建立比较优势的关键差异点。同样，.GPS 作为标准配置也使得与同价位智能机的竞争中占据了优势。更重要的是，我们的产品比大多数智能机运行更快，并且使用 Linux 操作系统，这对于那些关注安全性的用户而言是一个有吸引力的选择。表 A-2 显示了一些有竞争力的产品和价格的实例。

表 A-2 有竞争力的产品和价格的实例

竞争者	型号	特征	价格
诺基亚	E71	全球应用的四频手机、电子邮件和互联网接入，全键盘，企业与个人电子邮件整合，2.36 英寸屏幕，320 万像素摄像头，多媒体播放器，Symbian 操作系统	364 美元 无捆绑电话合同
苹果	iPhone 3G	触摸屏，大屏幕，快速上网功能，一触即呼，GPS 导航，企业与个人电子邮件整合，开放可编辑的微软办公软件，200 万像素摄像头，横式键盘，Apple Mac 操作系统	99 美元 捆绑 2 年电话合同
RIM	黑莓风暴	高分辨率显示屏，3.25 英寸触摸屏幕导航，无线电子邮件和互联网接入，320 万像素摄像头，内置地图和 GPS，图像和视频记录，可扩充的存储，黑莓操作系统	99 美元 捆绑 2 年电话合同
摩托罗拉	Q 系列	超薄超轻，2.4 英寸屏幕，全键盘，四频功能，电子邮件和文本功能，130 万像素摄像头，多媒体功能，语音拨号，Windows 操作系统	225 美元 无捆绑电话合同
三星	Omnia	高速互联网接入，内置 GPS，3.2 英寸屏幕，500 万像素摄像头，音频和视频功能，FM 收音，Windows 移动操作系统	189.99 美元 捆绑电话合同
Palm	Pre	Wi-Fi 和 GPS 功能，3.1 英寸触摸屏，全键盘，300 万像素摄像头，视频回放功能，音乐和音频功能，电子邮件和互联网接入，Web 操作系统	199 美元 有折扣 2 年捆绑电话合同

4. 渠道和物流回顾

作者评论

在这个部分，营销人员列出了最重要的渠道，为每一种渠道安排做了概括，识别渠道和物流发展中的问题。

Sonic 品牌的产品将会通过美国市场 50 强的零售商网络进行分销。正在接触中的最重要的渠道成员包括：

- 办公用品超级商店。Office Max 和史泰博都将会在它们的商店、产品目录和在线商店上提供 Sonic 的产品。
- 电脑商店。独立的电脑零售商将会提供 Sonic 产品。
- 专门电子产品商店。百思买将会提供 Sonic 产品。
- 在线零售商。亚马逊将提供 Sonic 产品，并且作为促销手段，在产品引入期间，Sonic 产品将会在首页的显著位置进行宣传。

最初我们的渠道战略将会集中于美国市场，根据需求的情况，在适当的物流支持下，我们计划将市场扩张到加拿大及其以外的地区。

A.2.3 优势、劣势、机会和威胁分析

Sonic 拥有很多强大的优势，但是我们主要的劣势在于缺乏品牌认知度和品牌形象。主要的机会是对传递一些值得的利益的多媒体智能机的需求，以及对携带多个设备的需求的减少。我们面临来自消费电子产品制造商不断提高的竞争和持续降价压力的威胁。表 A-3 总结了 Sonic 主要的优势、劣势、机会和威胁。

1. 优势

作者评论

优势是能帮助公司达到目标的内部能力。

Sonic 可以基于三种重要的优势发展：

（1）创新性的产品。Sonic1000 融合了诸多特征，因此消费者无须携带多种设备：高速、无须手动操作、双模手机/Wi-Fi 通信功能、GPS 功能以及数字视频/音乐/电视节目存储/回放。

（2）安全性。Sonic 智能手机采用的基于 Linux 操作系统，不易受到黑客攻击，同时也较少遭受会导致数据丢失的其他安全性问题。

（3）定价。我们的产品价格低于竞争者的多功能型号产品——没有任何一个可以提供同样的功能——这就使得我们在价格敏感型顾客中具有优势。

表 A-3 Sonic 公司的优势、劣势、机会和威胁

优势	劣势
• 创造性将多个功能融合到一个设备，语音激活设备 • 基于 Linux 操作系统的安全性保障 • 价值定价	• 缺乏品牌意识和形象 • 比大多数竞争产品重，体积大
机会	**威胁**
• 对于多媒体、多功能智能手机需求的增长 • 成本效益高的技术	• 竞争加剧 • 降价的压力 • 产品生命周期缩短

2. 劣势

作者评论

劣势是可能妨碍公司达成目标的能力的内部因素。

Sonic 直到一些竞争对手联合才进入智能手机市场，从其他制造商的成功和失败中吸取了诸多经验。尽管如此，我们仍然存在两个主要的劣势。

（1）缺乏品牌意识。Sonic 还没有建立品牌或形象，而苹果和其他竞争者已经拥有很高的品牌认知度。我们将会利用促销来解决这个问题。

（2）实物规格。Sonic1000 比其他竞争产品要轻微重并且厚一些，因为它需要融合多重功能，提供大容量的存储能力以及兼容大量外围设备。为了抵消这个劣势，我们将强调产品的利益和超值的价格这两个有竞争力的竞争优势。

3. 机会

作者评论

机会是公司可能开发出自身优势的外部因素。

Sonic 可以利用两个主要的市场机会：

（1）对于多媒体、多功能智能手机需求的增长。多媒体、多功能设备市场增长比单一功能设备市场增长要快得多。随着双模性能成为主流，消费者可以灵活选择通过手机或互联网打电话，市场增长将会更快。智能手机已经在公共场合、工作和教育中心等场所司空见惯，这也拉动了主要的需求。而且，购买过初级型号的消费者现在需要购买更高级的型号来更换旧的产品。

（2）成本效益高的技术。更好的技术能够以更低的成本获取。因此 Sonic 可以凭借超值的价格融合多种功能，并且获得可观的收益。

4. 威胁

作者评论

威胁是可能挑战公司的表现的现存或者即将出现的外部因素。

在引入 Sonic1000 的时期面临着三个主要的威胁：

（1）竞争加剧。越来越多的竞争者进入美国智能手机市场，它们销售的产品带有某些 Sonic 产品的特征和功能。因此，Sonic 公司的市场传播必须强调我们清晰的差异化和超值价格。

（2）降价的压力。竞争的加剧和市场份额战略推动智能手机价格的下降。然而，基于这个市场较低的利润率，我们第二年从最初型号的销售中获得 10% 的利润目标是可以实现的。

（3）产品生命周期缩短。智能手机看起来比早期的科技产品更快地到达生命周期的成熟期。我们已经制定了通过增加新的功能，瞄准其他的细分市场和在必要时调整价格来保持销售增长的紧急计划。

A.2.4 目标和问题

我们已经为第一年和第二年的市场进入制定了积极且可实现的目标。

1. 第一年目标

在 Sonic1000 进入市场的第一年，我们的目标是销售量达到 50 万部。

2. 第二年目标

我们的第二年目标是两种型号总计销售 100 万部，并在这个阶段的初期实现盈亏平衡。

3. 问题

关于产品投放的主要问题就是建立一个与有意义的市场定位相匹配的受人尊敬的品牌名称的能力。我们将在市场营销方面大量投资，建立一个代表创新、质量和价值的令人难忘的独特品牌形象。我们也要评估品牌意识和对品牌的反应，从而在必要的时候调整营销策略。

A.2.5 营销战略

Sonic 的营销战略是基于产品差异化定位。我们的主要目标消费群体是中高等收入的专业人士，他们需要一种随身携带的设备来协调忙碌的时间安排、与家人和同事沟通、为驾车指示方向并且在途中进行娱乐活动。我们的第二大目标消费群体是高校、大学和研究生，他们需要的是多媒体、双模设备。这部分细分市场可以用人口统计学变量中的年龄（16~30 岁）和教育水平来描述。

我们主要的商业客户目标市场是中型和大型的企业，它们的经理人员和员工需要在办公场所以外保持联系并且输入和获取关键数据。这部分细分市场由年均销售额超过 2500 万美元并且拥有超过 100 名员工的公司构成。我们还瞄准了那些企业家和小型公司所有者以及希望减少文书工作并更新和获取病人医疗记录的医学用户。

1. 定位

通过产品差异化，我们将 Sonic 产品定位为最多功能、便捷、超值，适合个人和专业人士使用的产品。我们的营销主要强调无须手动操作的通信、娱乐和信息能力为差异化 Sonic1000 产品的主要特征。

2. 产品战略

Sonic1000 产品包含所有在产品回顾部分描述的所有特征，并且包含一年的保修期。在第二年我们将引进一个更简洁而强大的高端产品（Sonic2000）。建立 Sonic 品牌是我们产品战略中不可或缺的一部分。产品和标识（Sonic 独特的黄色霹雳）将出现在产品和包装上，并且通过在市场导入活动中突出它的显著性来加强。

3. 定价战略

Sonic1000 将以每台 150 美元的批发价和每台 199 美元的建议零售价进入市场。当我们拓展产品线推出批发价为 175 美元的 Sonic2000 产品时，我们将降低第一种产品的价格。这样的价格反映了吸引令人满意的渠道合作商以及从诺基亚、RIM 和其他竞争者手中抢夺市场份额的战略。

4. 渠道战略

我们的渠道战略是使用精心选择的分销渠道，通过知名的商店和在线零售商来销售 Sonic 智能手机。在第一年中，我们将逐渐增加渠道合作商，直到产品覆盖美国所有的主要市场并进入主要的电子目录和网站。我们也将通过由大型电信运营商——如韦里逊——支持的手机调查分销情况。为了支持渠道合作商，我们将提供展示产品、详细的产品说明书和全彩色图片以及展示产品特征。最后，我们计划为签下大订单的零售商安排专门的交易条款。

5. 营销传播战略

通过整合所有媒体中的所有信息，我们将强调品牌名称和产品差异化。对媒体销售模式的研究将帮助我们的广告商在产品导入期之前和产品导入期间选择合适的媒体和时间触及潜在的买主。之后，广告将会不间断出现来维持品牌知晓度并且传达各种产品差异化信息。广告商将会结合公共关系努力来建立 Sonic 品牌和支持差异化信息。为了吸引市场的注意力，我们将主办一次关于我们网站的用户制作视频大赛。作为一种吸引、维持和激励渠道合作者的推动策略，我们将对渠道合作者使用行业销售促进和人员销售。在 Sonic 品牌建立起来之前，我们的传播会鼓励顾客通过渠道合作者而不是公司网站购买产品。

作者评论

这个部分显示了怎样使用市场调研来支持发展、实施和评估战略和行动程序。

6. 市场调研

通过调研我们识别出我们的目标市场所重视的特定特征和利益。从市场测试、调查和焦点小组座谈得到的反馈将有助于我们开发 Sonic2000。我们还会监测和分析顾客对竞争品牌及产品的态度。品牌知晓度调查有助于我们确定广告词和媒体的效率和效力。最后，我们使用消费者满意度研究来测量市场的反应。

7. 营销组织

Sonic 公司的首席营销执行官简·梅洛迪（Jane Melody）对营销活动全权负责。图 A-1 显示了由八个人组成的营销组织的结构。Sonic 公司雇用了全球营销公司来处理全国的营销活动、行业和消费者销售促进和公共关系努力。

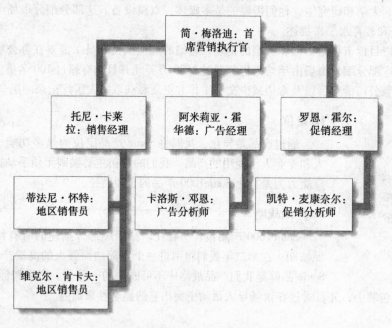

图 A-1 Sonic 公司营销组织

作者评论

行动程序应当与其他部门的资源和活动联合起来，包括生产、财务和采购。

A.2.6 行动程序

Sonic1000 将在 2 月份推出。下面就是我们在明年头六个月的行动概要，我们将通过这些行动实现我们的目标。

1 月：我们将启动一个耗资 20 万美元的行业促销活动，会在主要的行业贸易展览中展示来教育经销商，并为 2 月的产品导入发展渠道提供支持。为了吸引消费者，我们会向精心挑选的产品评论家、意见领袖、有影响力的博客作者以及知名人士提供样品。我们的培训人员将会与销售人员一起工作，在主要的环节解释 Sonic1000 的特征、优点和优势。

2 月：我们将开展一场专门针对专业人士和消费者的整合了印刷、广播和互联网的活动。这个活动将展示 Sonic 智能手机如何进行多功能操作，并且强调一台单一的、强大的手持设备的便利性。这一活动将得到现场销售标志及网络广告和视频循环播放的支持。

3 月：随着多媒体广告活动的继续，我们将增加消费者销售促进活动，比如消费者为网站制作视频的比赛，展示他们如何以创造性的或者不寻常的方法使用 Sonic 产品。我们也将分发新的销售点展示品来支持零售商。

4 月：我们将举行一场行业销售竞赛，为四个星期内销售最多 Sonic 智能手机的销售员和零售组织提供奖品。

5 月：我们计划在这个月推出一个崭新的全国性广告活动。广播广告将利用名人的声音告诉他们的智能手机进行功能操作，比如呼叫号码、发送电子邮件、播放歌曲或视频，等等。印刷广告和在线广告将展示这些名人手持 Sonic 智能手机的画面。

6 月：我们的广播战略将会在广告语中增加一种新的声音，将 Sonic1000 作为一种毕业礼物进行促销。我们将参加半年一次的电子产品交易展览，并为渠道合作者提供新的竞争性比较的宣传单来辅助销售。另外，我们会记录和分析消费者满意度调查的结果，以便将来在促销中使用，并且为产品和营销活动提供反馈。

作者评论

管理者使用预算来规划盈利并计划每一项营销活动的支出，安排日程和运作。

A.2.7　预算

第一年 Sonic1000 总的销售收入预计为 7500 万美元，以平均每台 150 美元的批发价和每台 100 美元的变动成本销售 50 万台 Sonic1000 产品。我们预计第一年在 Sonic1000 上的亏损达到 800 万美元。盈亏平衡点的计算显示 Sonic1000 将在产品推出的第二年初销售量超过 65 万台以后开始盈利。我们对 Sonic 公司的第一台智能手机的盈亏平衡分析假设每台 Sonic1000 的批发收入为每台 150 美元，变动成本为每台 100 美元，第一年的固定成本为 3 250 万美元。基于这些假设，盈亏平衡的计算为：

$$\frac{3250\ 万美元}{150\ 美元/台 - 100\ 美元/台} = 65\ 万台$$

作者评论

控制帮助管理者在计划实施后评估结果，识别问题或者表现的差异，并发起正确的行动。

A.2.8　控制

我们计划采取严谨的控制方法来密切监视质量和顾客服务满意度。这能够使我们对可能发生的问题采取快速的纠正行动。其他作为偏离计划的征兆而受到监视的早期预警信号包括每月销售量（按照细分市场和渠道）和每月费用支出。由于市场的波动性，我们正在制定应急计划，以解决诸如新技术和新的竞争带来的快速变动的环境变化。

附录 B 营 销 算 术

营销经理对其行动的财务影响肩负着越来越大的责任。本附录对营销财务表现的衡量作了一个基本介绍。这些财务分析能够指导营销人员制定出正确的营销决策，并评估这些决策的结果。

本附录围绕一家假想的电子消费品制造商——ConnectPhone 公司展开讨论。在过去，ConnectPhone 公司一直致力于生产互联网调制解调器。但是，该公司正在向市场投放一种新产品——一种替代固定电话的多媒体手机，这种电话可以提供"永远在线"的互联网连接，并通过 VoIP（网络电话）技术提供无线手机访问。在本附录中，我们将分析 ConnectPhone 公司的营销经理在新产品推出之前和之后必须做出的不同决策。

本附录由三节内容组成。第一节介绍定价、盈亏平衡和利润分析评估，它们能够引导 ConnectPhone 公司的新产品投放；第二节讨论需求估计、营销预算和营销绩效评估。首先讨论市场潜量和公司销售额的预测；然后通过预期利润表和实际利润表来介绍营销预算；接下来，我们将讨论营销绩效的评估，旨在帮助营销经理从财务角度来更好地捍卫自己的决策。在第三节中，我们会分析不同营销策略的财务影响。

在每一节的最后都有一些测试题，可以让你把所学的概念应用到除 ConnectPhone 公司之外的情景中去。

B.1 定价、盈亏平衡和利润分析

B.1.1 定价因素

定价是最重要的营销组合决策之一。定价的限制因素是需求和成本。需求因素，例如：消费者感知价值设定了价格的上限，公司的成本则设定了价格的下限。在这两个因素之间，营销人员必须考虑竞争者的定价和其他因素，如分销商的需求、政策和公司目标等。

目前，在多媒体手机这个相对新型的产品类别中，同类产品在 2009 年推出，零售价在 500 美元至 1000 美元之间。ConnectPhone 公司计划以相对较低的价格推出其新产品，旨在快速地扩大市场和获取市场份额。我们首先从成本角度考虑 ConnectPhone 公司的定价策略。然后，我们会考虑客户价值、竞争环境和分销商的需求。

确定成本 回顾第 9 章，成本有不同的类型。固定成本不随产量或者销量而变动，包括房租、利息、折旧、办公人员和管理人员的薪水等。无论产出水平如何，公司都必须支付这些成本。虽然总的固定成本不会随着产出的增加而变动，但是单位固定成本（或者平均固定成本）则随产出的增加而降低，这是因为总的固定成本被更多的产品所分摊。变动成本直接随着产出水平的变动而发生变化，包括产品的直接生产成本（例如销售成本）以及与产品销售相关的大量营销成本。尽管生产每台产品的这些成本都一样，但这些成本被称为变动成本是因为其总量随着产量的变动而变动。总成本是在一定的产出水平下，固定成本和变动成本的加总。

ConnectPhone 公司已经投入了 1000 万美元翻新现有设备以生产新型的多媒体手机。预计设备一旦开始投入使用，每年将产生 2000 万美元的固定成本。每台手机的变动成本预计为 250 美元，并将在现有设备条件下保持这一水平。

B.1.2　基于成本的定价

ConnectPhone 公司开始使用我们在第 9 章讨论过的基于成本的方法进行定价。回顾一下这个最简单的定价方法——成本加成定价法（或加成定价法），即在产品的成本上简单地加上一个标准的加成价格。但是，如果使用这个方法，ConnectPhone 公司就必须准确估计销量以确定单位总成本。单位变动成本恒定，与产出无关，而平均单位固定成本则随产出的增加而降低。

为了阐释这个定价方法，假设 ConnectPhone 公司的固定成本为 2000 万美元，单位变动成本为 250 美元，预计销售量是 100 万台多媒体手机。那么，每台多媒体手机的成本由下式得出：

$$单位成本 = 变动成本 + \frac{固定成本}{销量} = 250 \ 美元 + \frac{2000 \ 万}{100 \ 万} = 270 \ 美元$$

请注意，总固定成本中并不包括初始投资的 1000 万美元。原因是初始投资并非相关成本。相关成本是指那些在未来产生并随方案的改变而变化的成本。ConnectPhone 公司翻新生产设备的投资属于一次性成本，在未来将不会再次发生。这些过去的成本叫做沉没成本，在未来的分析中不做考虑。

我们还注意到如果 ConnectPhone 公司以 270 美元的价格出售其产品，且该价格等于单位总成本。这就是盈亏平衡价格——即单位收入（价格）等于单位成本，利润为零。

假设 ConnectPhone 公司不仅仅是想达到盈亏平衡，还想要赚取 25% 的加成销售利润，则 ConnectPhone 公司的加成价格为：

$$加成后的价格 = \frac{单位成本}{1 - 预期回报率} = \frac{270 \ 美元}{1 - 0.25} = 360 \ 美元$$

这个价格就是 ConnectPhone 公司欲卖给分销商（如批发商、零售商）并获取 25% 的利润的价格。

ConnectPhone 公司也可以采用另一种定价方法，叫做投资回报率定价法（或目标回报率定价法）。在这种情况下，公司为了确定其利润目标，则需要考虑初始的 1000 万美元投资。假设公司想要获得 30% 的投资回报率，满足此要求的价格将由下式决定：

$$投资回报率价格 = 单位成本 + \frac{投资回报率 \times 投资额}{销量} = 270 \ 美元 + \frac{0.3 \times 1000 \ 万}{100 \ 万} = 273 \ 美元$$

上式表明，如果 ConnectPhone 公司以 273 美元的价格出售其产品，那么就可以在其初始 1000 万美元的投资基础上，实现 30% 的投资回报率。

在这些定价公式中，单位成本是一个关于预期销量（预计为 100 万台）的函数。但是如果实际销量低于预期销量会怎样呢？这种情况下的单位成本将会增大，因为固定成本被分摊到了少量的产品上；并且实际利润率和投资回报率也会降低。相反的，如果实际销量大于预期的 100 万台时，单位成本就会低于 270 美元，因此较低的价格就能够实现预期利润率和投资回报率。但是我们必须注意到所有这些基于成本的定价方法都只关注公司的内部因素，而忽略了需求、竞争对手的价格，以及分销商的需求。由于 ConnectPhone 公司将通过批发商和零售商来销售其产品，而这些商家同时也会销售竞争对手的品牌，所以 ConnectPhone 公司必须从这个角度考虑加成定价法。

B.1.3　基于外部因素的定价

尽管成本决定了价格的下限，ConnectPhone 公司在定价时还是必须考虑外部因素。事实上，ConnectPhone 公司没有其多媒体手机的最终定价权——拥有这项权力的是零售商。所以它必须从建议零售价开始往回倒推。在此过程中，ConnectPhone 公司必须考虑把产品卖给顾客的分销商的差价需求。

一般来说，**差价**（markup）是指一件产品的售价和制造成本或者购买价格之间的差额。那么，对于零售商来说，差价就是它将产品卖给顾客的价格和产品进价之间的差额。因此，对于任何层级的分销商：

$$差价额 = 售价 - 成本$$

差价通常以百分比的形式表示，有两种不同的方法来计算差价——基于成本或者基于售价：

$$基于成本的差价率 = \frac{差价额}{成本}$$

$$基于售价的差价率 = \frac{差价额}{售价}$$

为了适应分销商利润分析方法，ConnectPhone 公司必须先设定建议零售价，然后再倒推必须以什么价格把产品卖给批发商。假设基于各自不同的售价，零售商希望获取 30% 的利润，而批发商希望获取 20% 的利润，而 ConnectPhone 公司为其产品设定的制造商建议零售价（MSRP）为 599.99 美元。

回顾前文可知 ConnectPhone 公司希望通过低价来扩大市场并迅速提高市场份额。ConnectPhone 公司选择 599.99 美元的制造商建议零售价，是因为这个价格比大多数竞争者的价格低，有些竞争者的定价高达 1000 美元。而且公司的研究显示 599.99 美元的价格低于大多数消费者愿意为该产品支付的价格上限。ConnectPhone 公司通过消费者的价值感知，而非销售商成本来决定制造商建议零售价，这就是基于价值的定价法（value-based pricing）。为简单起见，我们将在后面的分析中使用 600 美元作为建议零售价。

为了确定 ConnectPhone 公司对批发商的要价，我们首先需要从零售价中减去零售商的利润来确定零售商的成本 [600 美元 - (600 美元 × 0.3) = 420 美元]。零售商的成本就是批发商的售价，所以 ConnectPhone 公司接下来减去批发商的利润（420 美元 - 420 美元 × 0.2 = 336 美元）。因此，**差价链**（markup chain）代表渠道中各级公司进行成本加价的先后顺序，ConnectPhone 公司的差价链如下：

建议零售价：   600 美元
  减去零售利润（30%）：   -180 美元
零售商的成本/批发商的价格   420 美元
  减去批发商的利润（20%）：   -84 美元
批发商的成本/ConnectPhone 公司的价格   336 美元

减去差价链上的每级利润之后，ConnectPhone 公司得到了将其产品出售给批发商的价格——336 美元。

B.1.4 盈亏平衡与利润分析

之前的分析推导出了 ConnectPhone 公司的产品基于价值的价格为 336 美元。尽管该价格高于 270 美元的盈亏平衡价格并足以弥补全部成本（假定需求为 100 万台）。但是，ConnectPhone 公司需要达到什么水平的销量和销售额才能在价格为 336 美元时实现盈亏平衡呢？分别需要多大的销量来实现不同的利润目标呢？我们将通过盈亏平衡和利润分析来回答这些问题。

确定盈亏平衡销量和销售额，基于对成本、客户价值、竞争环境和分销商需求的理解，ConnectPhone 公司决定把对批发商的售价定为 336 美元。在此价格水平下，ConnectPhone 公司需要卖出多少台多媒体手机才能达到盈亏平衡或者实现盈利呢？盈亏平衡分析（break - even analysis）能够确定在给定的价格和成本结构下，盈利所需的销量和销售额。在盈亏平衡点上，总收入等于总成本，利润为零。如果在该点之上，公司可以盈利。否则，公司就会发生亏损。ConnectPhone 公司可以使用如下公式计算盈亏平衡销量：

$$盈亏平衡销量 = \frac{固定成本}{价格 - 单位变动成本}$$

分母（价格 - 单位变动成本）叫做单位贡献毛利（有时也称边际贡献）。它代表每单位产品对弥补固定成本的贡献量。盈亏平衡销量表示弥补全部成本（变动成本和固定成本）所需的销量。在 ConnectPhone 公司的案例中，盈亏平衡的销量为：

$$盈亏平衡销量 = \frac{固定成本}{价格 - 单位变动成本} = \frac{20\,000\,000}{336 - 250} = 232\,558.1（台）$$

因此，在给定的成本和定价结构下，ConnectPhone 公司在销量为 232 559 台时可以实现盈亏平衡。

为了确定盈亏平衡时的销售额，简单地用售价乘以盈亏平衡销量即可：

盈亏平衡销售额 = 盈亏平衡销量 × 价格 = 232 558.1 × 336 = 78 139 824（美元）

另一种计算盈亏平衡销售额的方法是使用边际贡献率（以下简称边际贡献），用单位贡献毛利除以售价：

$$边际贡献 = \frac{价格 - 单位变动成本}{价格} = \frac{336 \ 美元 - 250 \ 美元}{336 \ 美元} = 25.6\%$$

因此，

$$盈亏平衡销售额 = \frac{固定成本}{边际贡献} = \frac{20 \ 000 \ 000}{0.256} = 78 \ 125 \ 000（美元）$$

请注意：以上两种方法计算的盈亏平衡结果不同是由四舍五入引起的。

盈亏平衡分析帮助 ConnectPhone 公司得到了弥补成本所需的销量。如果产量达不到这个水平，公司就不应该将之投放市场。不过，ConnectPhone 公司的产能远在此之上。当然，最大的问题是 ConnectPhone 公司能否在 336 美元的售价下卖出这么多台手机。我们将在之后解决这个问题。

理解边际贡献在其他类型的分析中也很有用，特别是当单位售价和单位变动成本未知或者某公司（或者零售商）以不同价格卖出很多件产品，并知道总变动成本占销售总额的比例时。单位贡献毛利是单位售价和单位变动成本之间的差额，那么总贡献毛利就是销售总额和总变动成本之间的差额。总边际贡献可用下式计算：

$$总边际贡献 = \frac{销售总额 - 总变动成本}{销售总额}$$

在不考虑实际销售水平的情况下，如果公司已知变动成本与销售额的比值，那么就能够计算出边际贡献。例如，ConnectPhone 公司的单位变动成本是 250 美元，或者说是售价的 74%（250 美元 ÷ 336 美元 = 0.74）。这就意味着对 ConnectPhone 公司来说，每 1 美元的销售收入中有 0.74 美元是变动成本，剩下的 0.26 美元就是弥补固定成本的贡献值。即使公司并不知道自己的单位售价和单位变动成本，也能够通过销售总额和总变动成本或者成本结构计算出边际贡献。也可以把销售总额设为 100%，而不考虑实际总销量，计算出边际贡献：

$$边际贡献 = \frac{100\% - 74\%}{100\%} = \frac{1 - 0.74}{1} = 26\%$$

请注意，这个结果与使用单位变动成本和单位售价计算出的结果相吻合。这个算式在之后分析各类营销决策是非常有用的。

B.1.5 确定实现利润目标的"盈亏平衡点"

尽管了解盈亏平衡点很有用，但是大多数企业还是对盈利感兴趣。假定 ConnectPhone 公司想要在第一年实现 500 万美元的盈利。那么公司在单价为 336 美元的条件下，需要卖出多少台手机来弥补固定成本并实现该利润目标呢？为了确定这个数量，ConnectPhone 公司可以简单地用目标利润额加上固定成本，再除以边际贡献即可：

$$销量 = \frac{固定成本 + 利润目标}{价格 - 变动成本} = \frac{20 \ 000 \ 000 + 5 \ 000 \ 000}{336 - 250} = 290 \ 697.7（台）$$

因此，为了赚取 500 万美元的利润，ConnectPhone 公司必须卖出 290 698 台手机。再乘以价格就可以确定达到 500 万美元利润目标所需的销售额：

$$销售额 = 290 \ 698 × 336 = 97 \ 674 \ 528（美元）$$

或者使用边际贡献法计算：

$$销售额 = \frac{固定成本 + 利润目标}{边际贡献} = \frac{20 \ 000 \ 000 + 5 \ 000 \ 000}{0.256} = 97 \ 656 \ 250（美元）$$

再一次注意：两种计算方法所得的盈亏平衡结果不同是由四舍五入引起的。

正如我们先前所见，利润目标还可以表示为目标投资回报率。比如，回顾一下 ConnectPhone 公司想要在其 1000 万美元投资的基础上获得 30% 的回报率。所以，其实际利润目标为 300 万美元（1000 万美元 × 0.3）。这个利润目标也可以像前面的例子一样进行计算：

$$销量 = \frac{固定成本 + 利润目标}{价格 - 变动成本} = \frac{20 \ 000 \ 000 + 3 \ 000 \ 000}{336 - 250} = 267 \ 442（台）$$

$$销售额 = 267 \ 442 × 336 = 89 \ 860 \ 512（美元）$$

或者，

$$销售额 = \frac{固定成本 + 利润目标}{边际贡献} = \frac{20\ 000\ 000 + 3\ 000\ 000}{0.256} = 89\ 843\ 750（美元）$$

最后，ConnectPhone 公司能够以销售额百分比形式来描述其利润目标，这种表示方法我们也在前面的定价分析中见过。假定 ConnectPhone 公司希望获得的回报是销售额的 25%。为计算达到此目标所需的销量和销售额，我们使用的公式与先前两个例子有所不同。在这种情况下，我们需要把利润目标纳入边际贡献，作为附加的变动成本。即：如果每单位销售额的 25% 必须作为利润，那么只剩下 75% 用来弥补固定成本。因而公式变为：

$$销量 = \frac{固定成本 + 利润目标}{价格 - 变动成本 - （0.25 \times 价格）} 或 \frac{固定成本}{（0.75 \times 价格） - 变动成本}$$

所以，

$$销量 = \frac{20\ 000\ 000}{（0.75 \times 336） - 250} = 10\ 000\ 000（台）$$

$$所需的销售额 = 10\ 000\ 000 \times 336 = 3\ 360\ 000\ 000（美元）$$

因此，ConnectPhone 公司在当前给定的售价和成本结构下，想要实现 25% 的销售额回报率，就必须获得超过 30 亿美元的销售额！但是企业能够达到这一目标吗？关键问题是：尽管盈亏平衡分析在确定弥补成本和实现某一利润目标的销售额时非常有用，但是它并不能告知企业在某一售价水平下达到某一销售额目标的可能性。为了解决这个问题，ConnectPhone 公司还必须估计该产品的需求。

在继续探讨之前，让我们在此休息一下，练习应用所学的概念。我们已经了解了定价和盈亏平衡分析是如何在 ConnectPhone 公司的新产品计划中发挥作用的，那么这里有几个练习，让你将所学知识应用到其他情境中。

营销算术练习一

你已经学习了定价、盈亏平衡和利润分析在 ConnectPhone 公司新产品投放中的应用，请通过下列练习，把这些概念应用到其他情境中去：

1. Sanborn 是一家电动顶篷通风口制造商，每生产一件产品的成本是 55 美元。总固定成本为 200 万美元。若公司生产 50 万件产品，请计算下列各项的值：

   a. 单位成本

   b. 如果公司想获得 10% 的销售额回报率，加成价格是多少？

   c. 如果公司想在一项 100 万美元投资的基础上获得 25% 的回报率，投资回报率价格是多少？

2. 一位室内设计师购买了一批商品在她的商店内销售。她用 125 美元购买了一盏灯并以 225 美元的价格卖掉。请计算下列各项的值：

   a. 差价额

   b. 基于成本的差价率

   c. 基于售价的差价率

3. 一位消费者花了 60 美元从零售商那里购买了一台烤面包机。基于各自的售价，零售商希望获取 30% 的利润，而批发商希望获取 20% 的利润。那么制造商把该产品卖给批发商的价格是多少？

4. 一家真空吸尘器制造商的单位成本是 50 美元，并期望获取 30% 的利润。若直接卖给零售商，则该零售商将获取售价 40% 的利润。请计算该零售商对消费者的要价。

5. Advanced Electronics 公司生产 DVD 光盘并直接卖给零售商，零售商把这些 DVD 定价为 20 美元。基于该售价，零售商可获取 40% 的利润。Advanced Electronics 公司的成本信息如下：

   - DVD 包装及光盘　　2.50 美元/张
   - 版税　　　　　　　2.25 美元/张
   - 广告及促销　　　　50 万美元
   - 管理费　　　　　　20 万美元

   请计算以下各值：

   a) 单位贡献毛利和边际贡献率

   b) DVD 的盈亏平衡销量及销售额

   c) 如果 Advanced Electronics 公司的利润目标为销售额的 20%，请计算所需的销量及销售额

   d) 销售 500 万张 DVD 光盘的净利润

B.2 需求预测、营销预算和营销绩效测量

B.2.1 市场潜量和销量预测

ConnectPhone 公司现在已经计算出了盈亏平衡点以及达到各种利润目标所需的新产品销量，然而公司还需要更多关于需求方面的信息以评估达到目标销量的可行性。企业在制定生产和其他决策时也需要这些信息，例如，制定生产计划和营销策略。

一种商品或服务的**市场总需求**（total market demand）是指在特定的营销环境下，通过一定的营销组合和营销活动，特定的消费群在一定时间段、一定地理区域内的购买总量。市场总需求并不是一个确定的常数，而是各种要素的函数。比如，下一年市场对多媒体手机的总需求将取决于其他制造商在其品牌上的营销支出，还取决于多种环境因素，如：政策、经济形势和消费者对特定市场的信心指数。市场需求的上限叫做**市场潜量**（market potential）。

ConnectPhone 公司可以用一种普通、但很实用的方法来估计市场总需求，该方法通过以下三个变量来进行计算：①潜在消费者；②平均每位消费者的年购买量；③单价。使用这三个数字，ConnectPhone 公司可以估计市场的总需求：

$$Q = n \times q \times p$$

式中，Q 是市场总需求；n 是市场中潜在消费者的数目；q 是平均每位消费者的年购买量；p 是单价。

这种方法的另一种变体是**连锁比率法**（chain ratio method）。该方法是将一个基数乘以一连串的百分比加以调整。例如，ConnectPhone 公司的产品设计是为了替代固定电话，并提供"永远在线"的互联网连接。因此，只有那些拥有宽带互联网接入的家庭才可能购买这种产品。另外，并非所有拥有互联网接入的家庭都愿意且有能力购买这种新产品。因此，ConnectPhone 公司可以使用以下的计算链来估计美国市场的需求：

美国家庭的总数

× 拥有宽带互联网接入的美国家庭的比例

×愿意且有能力购买该产品、并拥有宽带互联网接入的美国家庭的比例

美国人口普查局（U.S. Census Bureau）估计美国大约有 1.13 亿个家庭。调查还显示，其中 50% 的美国家庭拥有宽带互联网接入。而 ConnectPhone 公司的研究表明，只有 33.1% 的家庭拥有所需的可支配收入并愿意购买这种产品。那么，愿意且有能力购买这种产品的家庭总数是：

$$1.13 \text{ 亿} \times 0.5 \times 0.331 = 1870 \text{ 万}$$

每个家庭只需要一台多媒体手机。假设同类各品牌产品的平均零售价为 750 美元，那么预计市场总需求如下：

$$1870 \text{ 万} \times 1 \text{ 台/家} \times 750 \text{ 美元} = 140 \text{（亿美元）}$$

这个简单的计算链只是为 ConnectPhone 公司提供了一个市场潜量的粗略估计。但是，如果更详细的计算链包含附加的变量和其他有意义因素，就能得到更准确和精确的估算结果。不过，这也仅仅是对市场潜量的估算而已。这种估算严重依赖于对调整比例、平均数量和平均价格的假设。因而 ConnectPhone 公司必须保证其假设是合理且不易被推翻的。可见，总市场潜量的销售额会随着使用的平均价格不同而有很大变化。由于这个原因，ConnectPhone 公司将使用销售潜量来确定下一年的预期销量。以销量表示的市场潜量为 1870 万台（1870 万 × 1 台/家）。

假设 ConnectPhone 公司想在产品推出后的第一年获得 2% 的市场份额（与其互联网调制解调器的市场份额相似），那么它可以用以下式子来预测产品的销量：1870 万台×0.02 = 374 000 台。在单价为 336 美元时，销售额为 125 664 000 美元。（374 000 台×336 美元/台）。为简便起见，后文所涉及的预期销售额均为 1.25 亿美元。

这一销量估计远低于 ConnectPhone 公司的产能，并且超过先前所计算的盈亏平衡销量（232 559 台），也是实现 500 万美元利润（290 698 台）或 30% 的投资回报率（267 442 台）所需的销量。不过，这一预期销量远远低于实现 25% 的销售额回报率（1000 万台）所需的销量，这就需要 ConnectPhone 公司调整其预期。

为了估计预期利润，我们现在必须看看推出这种产品的预算开支。为此，我们将构建一个预期利润表。

B.2.2 利润表和营销预算

所有的营销经理都必须考虑其营销策略对利润的影响。预测这种利润影响的一个主要工具是预计（或预期）利润表（也叫做损益表或经营收支表）。预期利润表显示了由预计收入减去预算开支，从而预测一个组织、产品和品牌在特定计划期内（通常是一年）的净利润。其中包含产品的直接制造成本，为达到预期销售目标所需的营销预算，以及分配到组织或产品的经营管理费用。一张利润表通常由下列几个主要部分组成（见表 B-1）：

- 净销售额——总销售收入减去退货和折扣（比如，零售商业折扣、现金折扣、数量折扣和促销折扣）。如前文分析的结果，ConnectPhone 公司在 2006 年的净销售额预计将达到 1.25 亿美元。
- 产品销售成本（有时候也叫做销售成本）——制造商或分销商销售产品的实际费用。包括库存成本、采购成本和其他相关的制造成本。ConnectPhone 公司的产品销售成本预计占净销售额的 50%，即 6250 万美元。
- 毛利——净销售额和产品销售成本之间的差额。ConnectPhone 公司的毛利预计将达到 6250 万美元。
- 营业费用——经营过程中产生的费用。包括除产品销售成本之外的进行商务活动所需的所有其他费用。营业费用可以用总数或详细分解形式表示。在本案例中，ConnectPhone 公司的预计营业费用包括营销费用、日常开支和管理费用。

营销费用包括销售费用、促销费用和渠道费用。新产品将通过 ConnectPhone 公司的销售人员进行销售，所以公司给销售人员的工资预计是 500 万美元。但是由于销售代表有 10% 的销售提成，所以 ConnectPhone 公司必须在 1250 万美元的销售费用（1.25 亿美元净销售额的 10%）的基础上添加一个可变部分，于是总的销售费用就变为 1750 万美元。ConnectPhone 公司把推广新产品所需的广告和促销费定为 1000 万美元。但是，ConnectPhone 公司也拿出销售额的 4%，即 500 万美元作为广告合作津贴，补贴给那些在广告中为新产品进行宣传的零售商。因而，广告及促销费用的总预算为 1500 万美元（1000 万美元的广告费 + 500 万美元的合作津贴）。最后，ConnectPhone 公司还要拿出净销售额的 10%，即 1250 万美元作为运输和送货费。这种情况下，预计营销费用总计将达到 4500 万美元（1750 万美元 + 1500 万美元 + 1250 万美元 = 4500 万美元）。

日常开支及管理费用的预算是 500 万美元，分别是 200 万美元的管理人员工资和营销业务开支，以及由企业会计分配给该产品的 300 万美元间接开支（比如折旧费、利息、维护费和保险费）。那么，本年度的总费用预计将达到 5000 万美元（4500 万美元的营销费用 + 500 万美元的日常开支及管理费用）。

- 税前净利润——在减去所有费用之后的利润。ConnectPhone 公司预计税前净利润为 1250 万美元。

如表 B-1 所示，ConnectPhone 公司预计在 2010 年通过其新产品共赚取 1250 万美元的利润。我们还注意到，最右边的一栏给出了利润表中所列各项占销售额的百分比。这些百分比由费用除以净销售额得到（比如，营销费用占净销售额的 36% 是由 4500 万美元 ÷ 12 500 万美元得到）。从表中可知，ConnectPhone 公司预计在新产品推出后的第一年获得销售额的 10% 作为净利润。

表 B-1　截至 2010 年 12 月 31 日的年度预期利润表

			占净销售额的百分比
净销售额		125 000 000 美元	100%
产品销售成本		62 500 000 美元	50%
毛利润		62 500 000 美元	50%
营销费用			
销售费用	17 500 000 美元		
促销费用	15 000 000 美元		
运输费用	12 500 000 美元	45 000 000 美元	36%
日常开支和管理费用			
管理人员工资和开支	2 000 000 美元		
间接开支	3 000 000 美元	5 000 000 美元	4%
税前净利润		12 500 000 美元	10%

B.2.3　营销绩效测量

现在让我们快进一年。ConnectPhone 公司的产品已经投放到市场一年，管理者想要评估其销售和利润绩效。评估这种绩效的一种方法是根据 ConnectPhone 公司的利润表计算绩效比率。

预期利润表显示了公司的预计财务状况，而表 B-2 表示的是公司的实际财务状况，这个表是基于过去一年的实际销售额、销售成本和费用得到的。通过对比某一时期和下一期的利润表，ConnectPhone 公司就能够衡量实际表现与目标的差异、识别有利或不利的趋势，并采取适当的纠正措施。

该利润表显示 ConnectPhone 公司亏损了 1000 万美元，并非预期利润表中所估计的盈利 1250 万美元。为什么呢？一个很明显的原因是净销售额比预期销售额少了 2500 万美元。较低的销售额就意味着与产品销售相关的变动成本较低。不过，固定成本和和销售成本占销售额的比例均超出预期。所以，产品的边际贡献是 21%，而非预计的 26%。也就是说，变动成本占销售额的比例为 79%（55% 的销售成本、10% 的销售佣金、10% 的运输费用和 4% 的合作津贴）。回忆一下边际贡献的计算方法为：1 - 变动成本所占的比率（1 - 0.79 = 0.21）。总固定成本是 2200 万美元，比预计多了 200 万美元。因此，ConnectPhone 公司在这种成本结构下的盈亏平衡销售额为：

$$盈亏平衡销售额 = \frac{固定成本}{边际贡献} = \frac{22\,000\,000\ 美元}{0.21} = 104\,761\,905\ 美元$$

因此，如果 ConnectPhone 公司能再多销售 500 万美元，就可以实现盈利了。

尽管 ConnectPhone 公司的销售额低于预期，但是该产品所在的整个行业也是如此。行业的整体销售额只有 25 亿美元。这意味着 ConnectPhone 公司占有 4%（100 万美元 ÷ 2500 万美元 = 0.04 = 4%）的市场份额，这个数据高于预期。因此，ConnectPhone 公司获得了高于预期的市场份额，但是行业整体销售额并没有预期的那样高。

表 B-2　截至 2010 年 12 月 31 日的年度利润表

			占净销售额的百分比
净销售额		100 000 000 美元	100%
产品销售成本		<u>55 000 000 美元</u>	<u>55%</u>
毛利润		45 000 000 美元	45%
营销费用			
销售费用	15 000 000 美元		
促销费用	14 000 000 美元		
运输费用	<u>10 000 000 美元</u>	39 000 000 美元	39%
日常开支和管理费用			
管理人员工资和开支	2 000 000 美元		
间接开支	<u>5 000 000 美元</u>	<u>7 000 000 美元</u>	<u>7%</u>
税前净利润		（1 000 000 美元）	（1%）

B.2.4　比率分析

利润表提供了计算一些关键的**经营比率**（operating ratios）——经营收支表中经过筛选的某些数据同净销售额的比值——所需的数据。营销经理通过这些数据可以将公司某一年的绩效与前些年的经营状况进行比较（或与行业标准和竞争者在当年的绩效比较）。最常用的经营比率有毛利率、净利率和营业费用率。存货周转率和投资回报率（ROI）则常用来衡量经营管理工作的效果和效率。

1. 毛利率

毛利率是指减去产品销售成本后剩余的净销售额比率，该比率能对营业费用和税前净利润做出贡献。这一比率越高，则说明公司有更多的剩余资金来弥补开支并产生利润。ConnectPhone 公司的毛利率是 45%：

$$毛利率 = \frac{毛利润}{净销售额} = \frac{45\,000\,000\ 美元}{100\,000\,000\ 美元} = 0.45 = 45\%$$

可见，这个比率比预计的要低，我们可以从表 B-2 的最右边一栏看到这一比率。通过利润表中的项目与销售额的比值，管理者可以迅速发现成本随着时间的推移而发生的不正常变化。如果该比率开始降低并且该产品在从前出现过类似情况，那么管理者就需要仔细检验并确定其降低的原因（即由于销量或价格的下降，成本增加或是这些因素的综合）。在 ConnectPhone 公司的案例中，净销售额是 2500 万美元，低于预期，而产品销售成本高于预期（占净销售额的 55%，而非预计的 50%）。

2. 净利率

净利率表示每单位销售额中成为利润的比率。可用净利润除以净销售额进行计算：

$$净利率 = \frac{净利润}{净销售额} = \frac{-1\,000\,000\ 美元}{100\,000\,000\ 美元} = -0.01 = -1.0\%$$

这个比率同样可以在表格的最右边一栏看到。ConnectPhone 公司的新产品在第一年的利润为负，而在产品推出之前预计税前净利润将超过 1200 万美元，可见公司的净利润状况并不理想。在本附录的后面，我们将深入分析营销经理为维护产品所应采取的措施。

3. 营业费用率

营业费用率是指营业费用占净销售额的比例。营业费用包括营销费用及其他与销售产品非直接相关的费用，如分配给该产品的间接管理费用。可由下式计算：

$$营业费用率 = \frac{总费用}{净销售额} = \frac{46\,000\,000\ 美元}{100\,000\,000\ 美元} = 0.46 = 46\%$$

该比率还可以通过加总利润表最右边一栏中的营销费用比率和日常开支及管理费用比率（39% + 7%）而快速得到。因此，每一美元销售额中有 46 美分是营业费用。尽管 ConnectPhone 公司希望这个比率尽可能的低，但是 46% 还算不上一个惊人的数值，需要关注它是否会随着时间的推移而增长或者出现亏损。

4. 存货周转率

另一个十分有用的比率是存货周转率（也叫做经销商存货周转率）。存货周转率是指存货在一定时间内（通常为一年）周转或被销售的次数。这个比率告诉我们一家企业的货物周转频率有多快。较高的存货周转率表示可以降低对库存的投资，于是可以用更多资金进行其他投资。存货周转率可以依据成本、售价或销售量来计算。基于成本计算的公式如下：

$$存货周转率 = \frac{产品销售成本}{平均存货余额}$$

假设 ConnectPhone 公司年初和年末的库存分别为 3000 万美元和 2000 万美元，那么存货周转率为：

$$存货周转率 = \frac{55\,000\,000}{(30\,000\,000 + 20\,000\,000)} = \frac{55\,000\,000}{25\,000\,000} = 2.2$$

也就是说，ConnectPhone 公司的库存在 2010 年周转超过 2.2 次。通常周转率越高，意味着管理效率和盈利能力越高。但是，这个比率需要与行业平均水平、竞争者的状况以及过去的表现进行比较，才能说明 ConnectPhone 公司是否做得足够出色。拥有近似的销售额，但存货周转率较高的竞争者不需要在库存方面投入较多资源，因而可以将多余资源投入其他业务领域。

5. 投资回报率

公司通常使用投资回报率（ROI）来测量管理的有效性和效率。对于 ConnectPhone 公司来说，投资回报率就是净利润与制造这个新产品所需的总投资的比率。总投资包括在土地、建筑和设备方面的投资（在本案例中指的是为了翻新生产设备而投资的 1000 万美元）加上库存费用（ConnectPhone 公司的平均总库存费用为 2500 万美元），总计 3500 万美元。因而 ConnectPhone 公司的多媒体手机的投资回报率是：

$$投资回报率 = \frac{税前净利润}{投资额} = \frac{-1\,000\,000\ 美元}{35\,000\,000\ 美元} = -0.0286 = -2.86\%$$

投资回报率通常被用来比较备选方案，公司总是希望得到正的投资回报率。能够获得高投资回报率的备选方案会比其他备选方案更受青睐。ConnectPhone 公司需要积极关注实现的投资回报率。一个可以显著提高投资回报率的方法是通过降低费用来增加净利润。另一种办法是降低投资，或者减少库存方面的投入并加快周转速度。

B.2.5 营销的盈利能力指标

在给出上述财务结果之后，你或许会认为 ConnectPhone 公司应当放弃这款新产品。但是营销者需要什么样的理由来决定保留还是放弃这款新产品呢？放弃这款产品的一个明显理由是第一年的销售额远低于预期，并且发生了亏损，导致了负的投资回报率。

那么，如果 ConnectPhone 公司放弃这款产品又会发生什么情况呢？令人惊讶的是，如果公司放弃该产品，利润将会降低 400 万美元！怎么会这样呢？营销经理需要仔细查看利润表中的数字，以确定该产品的营销净贡献（net marketing contribution）。在 ConnectPhone 公司的案例中，多媒体手机的营销净贡献是 400 万美元，如果公司放弃这款产品，这种贡献也将随之消失。让我们对这个概念进行深入的分析，以说明营销经理如何能够更好地评估和维护他们的营销战略和计划。

1. 营销净毛利

营销净毛利（NMC）与其他衍生的营销指标一起衡量营销的盈利能力。它仅包括由营销活动所决定的那部分盈利能力。前文利润表中关于税前净利润的计算包括了不受营销控制的营业费用，而营销净毛利的计算不能包括这一费用。通过表 B-2 给定的 ConnectPhone 公司的利润表，我们可以计算出多媒体手机的营销净毛利：

$$营销净毛利 = 净销售额 - 产品销售成本 - 营销费用$$
$$= 1 亿美元 - 5500 万美元 - 4100 万美元 = 400 万美元$$

营销费用包括销售费用（1500 万美元）、促销费用（1400 万美元）、运输费（1000 万美元）以及管理人员工资和营销业务开支（200 万美元），共计 4100 万美元。

因此，多媒体手机实际上给 ConnectPhone 公司的利润贡献了 400 万美元。其实是分配给该产品的 500 万美元间接费用导致了负利润。这个费用高出预期 200 万美元。事实上，只要达到预期的费用水平，本产品就会盈利 100 万美元而非亏损 100 万美元。如果 ConnectPhone 公司放弃该产品，500 万美元的固定开支也不会消失——仅仅是分配到别的地方，但是 400 万美元的营销净贡献将会消失。

2. 销售额及投资的营销回报率

为了更深刻的理解营销策略的利润影响，我们来研究一下两种测量营销效率的方法——**营销销售额回报率**（Marketing return on sales，Marketing ROS）和**营销投资回报率**（Marketing return on sales，Marketing ROI）。

营销销售额回报率显示了净销售额中由营销净毛利影响的比例。对于此案例中的产品来说，营销销售额回报率为：

$$营销销售额回报率 = \frac{营销净毛利}{净销售额} = \frac{4\ 000\ 000\ 美元}{100\ 000\ 000\ 美元} = 0.04 = 4\%$$

因此，每销售 100 美元，该产品就为 ConnectPhone 公司的底价返还 4 美元。显然营销销售额回报率的值越高越好。但要评价这个营销销售额回报率是否意味着表现良好，公司还必须将它与产品往年的营销销售额回报率、公司其他产品的营销销售额回报率以及竞争对手产品的营销销售额回报率进行比较。

营销投资回报率用来测量一项营销投资的营销效率。在 ConnectPhone 公司的案例中，营销投资共计 4100 万美元，因而营销投资回报率为：

$$营销投资回报率 = \frac{营销净毛利}{营销费用} = \frac{4\ 000\ 000\ 美元}{41\ 000\ 000\ 美元} = 0.0976 = 9.76\%$$

同样地，营销投资回报率也是越高越好，但这个值需要与以前生产的产品和竞争对手产品的营销投资回报率作比较。需要注意的是，当营销净贡献足够高或者总营销费用足够低时，这个值可能大于 100%。

在这一节中，我们估计了市场潜量和销售额，编制了利润表，并讨论了测量产品财务绩效的方法。在下一节中，我们将讨论用于分析各种营销策略影响的方法。但是在开始之前，通过一些习题帮你把所学的知识应用于其他情境中。

营 销 算 术 练 习 二

1. 某产品拥有 5000 万潜在购买者，每人每年平均购买 3 件，平均价格为 25 美元，请计算市场潜量。如果厂家希望获取 10% 的市场份额，则需要卖出多少件产品？

2. 请为北方工业公司（North Industries）的 Westgate 分部编制一张利润表，该分部生产并通过家居装修店和五金店销售灯具。产品销售成本占净销售额的 40%。营销费用包括销售费用、促销费用及运费。销售费用包括销售人员的工资（每年总计 300 万美元）和销售提成（销售额的 5%）。公司去年花在广告上的费用是 300 万美元，运费是销售额的 10%。其他费用包括管理人员工资和营销业务开支，总计 200 万美元，还有分配给该分部的间接费用 300 万美元。

   a. 如果 2009 年的净销售额为 2000 万美元，请编制一张利润表。

   b. 如果去年的净销售额为 4000 万美元，请编制一张利润表。

   c. 计算 Westgate 的盈亏平衡销售额。

3. 假定 Westgate 的期初库存为 1100 万美元，期末库存为 700 万美元，包括库存在内的总投资为 2000 万美元，请用你在 2.2b 中编制的利润表来计算下列各项值：

   a. 毛利率

   b. 净利率

   c. 营业费用率

   d. 存货周转率

   e. 投资回报率（ROI）

   f. 营销净毛利

   g. 营销销售额回报率（Marketing ROS）

   h. 营销投资回报率（Marketing ROI）

   i. Westgate 的经营状况如何？为什么？

B.3 营销策略的财务分析

尽管 ConnectPhone 公司的新产品在第一年的利润表现达不到预期，但管理人员还是认为该市场具有足够的吸引力和很好的成长机会。尽管 ConnectPhone 公司的产品销量低于预期，但是在当前市场规模下并非不合理。所以公司决定制定新的营销策略来扩大产品的市场占有率，并提高公司的销售额。

比如，公司可以增加广告来提高人们对新产品及其产品类别的关注度，也可以增加销售人员来确保更好的分销。ConnectPhone 公司还可以降价使更多的消费者买得起该产品。最后，为了扩大市场份额，ConnectPhone 公司除了最初提供的高端产品，还可以引进低端型号。在推行这些策略之前，ConnectPhone 公司必须对各项策略进行财务分析。

B.3.1 增加广告支出

尽管大多数消费者都了解互联网和电话，但他们可能并不知道多媒体手机。因此，ConnectPhone 公司考虑增加广告投入来让更多人了解该产品的优点，特别是其品牌的优点。

如果 ConnectPhone 公司的营销人员建议将全国性广告的投入增加 50%，达到 1500 万美元（假设促销费用组合不变），会发生什么呢？这表示固定成本增加了 500 万美元。那么需要新增多少销售额来弥补增加的 500 万美元固定成本呢？

解答这个问题的一个快速的方法是用固定成本的增量除以边际贡献，从前文可知边际贡献为 21%，那么：

$$销售额的增量 = \frac{固定成本的增量}{边际贡献} = \frac{5\ 000\ 000}{0.21} = 23\ 809\ 524（美元）$$

因此，广告费增加 50% 意味着必须增加 2400 万美元的销售额才能实现盈亏平衡。增加 2400 万美元的销售额可以提高大约 1% 的市场份额（1% ×25 亿美元的市场总额 =2500 万美元）。也就是说，为了弥补增加的广告费用，ConnectPhone 公司需要把自己的市场份额从 4% 提高到 4.95%（123 809 524 美元 ÷25 亿美元 =4.95%）。所有这些计算都假定市场总量不会增长，而这或许不是一个合理的假设。

B.3.2 扩大渠道覆盖范围

ConnectPhone 公司还在考虑雇用更多的销售人员以吸引更多的零售商，从而扩大渠道。尽管 ConnectPhone 公司是直接把产品卖给批发商，但它的销售代表还是可以呼吁零售商执行销售之外的一些职能，如培训销售员。Connect-Phone 公司目前雇用了 60 位销售代表，他们的平均工资为 5 万美元，外加 10% 的销售提成。这款新产品目前通过 1875 家零售商店进行销售。假设 ConnectPhone 公司想要把零售商店的数目增加到 2500 家，即增加 625 家零售商店。那么，ConnectPhone 公司需要增加多少销售人员呢？销售额需要达到多少才能在成本增加的情况下实现盈亏平衡呢？

确定 ConnectPhone 公司所需销售人员的规模的一种方法是**工作负荷法**（workload method）。工作负荷法使用下面的公式来计算销售人员的规模：

$$NS = \frac{NC \times FC \times LC}{TA}$$

式中，NS 是销售人员的数量；NC 是客户的数量；FC 是拜访每位客户的平均频率；LC 是拜访客户的平均时长；TA 是平均每位销售人员每年可用于推销的时间。

ConnectPhone 公司的销售代表平均每年拜访零售商 20 次，每次大约 2 个小时。每位销售代表每年工作 2000 小时（50 周/年 × 40 小时/周），而他们每周只花费 15 个小时在诸如行政管理和出差等非销售事务上。所以，每位销售代表的年均销售时间是 1250 小时（50 周 × 25 小时/周）。现在我们就可以算出 ConnectPhone 公司需要多少销售人员来覆盖 2500 家零售店：

$$销售人员的数量 = \frac{2500 \times 20 \times 2}{1250} = 80（人）$$

所以，ConnectPhone 公司还需要雇佣 20 名销售人员，雇佣这些销售代表的费用将达到 100 万美元（20 人×5 万美元的工资/人）。

那么需要增加多少销售额来弥补这项固定成本的增加，从而实现盈亏平衡呢？10% 的销售提成已经被计入边际贡献，故边际贡献为 23% 不变。因此，为了弥补固定成本的增加而需增加的销售额可用下式计算：

$$销售额的增量 = \frac{固定成本的增量}{边际贡献} = \frac{1\,000\,000\ 美元}{0.21} = 4\,761\,905（美元）$$

也就是说，ConnectPhone 公司若采用这个策略，其销售额必须增加约 500 万美元才能达到盈亏平衡。那么公司需要新增多少家零售店来实现销售额的这个增长目标呢？目前平均每家零售店产生的收入是 53 333 美元（1 亿美元的销售额 ÷ 1875 家零售店）。为了增加大约 500 万美元的销售额，ConnectPhone 公司需要新增 90 家零售店（4 761 905 美元 ÷ 53 333 美元 = 89.3 家零售店），或者说新增的每位销售代表要覆盖 4.5 家零售店。目前的销售代表每人大约覆盖 31 家零售店（1875 家零售店 ÷ 60 人），这似乎很合理。

B.3.3 降低价格

ConnectPhone 公司也在考虑降低其价格以提高销量，从而增加销售收入。公司的研究已经表明大多数顾客对消费电子产品的需求是具有弹性的——即，需求量的增长率高于价格的下降率。

如果价格下降 10%，那么需要增加多少销售额才能达到盈亏平衡？即 ConnectPhone 公司需要增加多少销售额才能保持高价时的总贡献毛利？目前的总贡献毛利可用边际贡献乘以销售总额来计算：

$$目前的总贡献毛利 = 边际贡献 \times 销售额 = 0.21 \times 100\,000\,000 = 21\,000\,000（美元）$$

价格的变化将导致单位贡献毛利和边际贡献的变化。回顾前文，21% 的边际贡献是由变动成本占销售额的 79% 而得到的。所以，单位变动成本可由原价乘以一个百分比计算：336 美元 × 0.79 = 265.44 美元/台。如果价格下降 10%，新价格为 302.4 美元。但是，变动成本会随着价格的下降而变化，所以单位贡献毛利和边际贡献也会下降。如表 B-3 所示：

表 B-3

	原价	现价（下降10%）
价格	336 美元	302.40 美元
减去：单位变动成本	265.44 美元	265.44 美元
等于：单位贡献毛利	70.56 美元	36.96 美元
边际贡献	70.56/336＝21%	36.96/302.40＝12%

所以，价格下降10%导致边际贡献从21%跌至12%。要在此条件下确定达到盈亏平衡所需的销售额，我们需要计算在新的边际贡献下，要达到原来的2100万美元的总贡献毛利所需的销售额：

$$新的边际贡献 \times 新的销售额 = 原来的总贡献毛利$$

所以：

$$新的销售额 = \frac{原来的贡献毛利}{新的边际贡献} = \frac{21\,000\,000}{0.12} = 175\,000\,000（美元）$$

因此，在降价10%的条件下，销售额必须增加7500万美元（1.75亿美元 – 1亿美元）才能达到盈亏平衡。这就意味着 ConnectPhone 公司必须将市场份额提高到7%（1.75亿美元 ÷ 25亿美元）才能达到目前的利润目标（假设市场的总销售额没有增加）。营销经理必须衡量这个目标是否合理。

B.3.4 延伸产品线

ConnectPhone 公司的最后一个选择是考虑通过推出一款低端型号产品来延伸其产品线。当然，新型的低价产品可能会瓜分高端型号的部分销售额。这种情况被称做**自相蚕食**（cannibalization），即一家公司销售的某种产品侵占了该公司其他产品的部分销售额。如果新产品的贡献毛利低于原有产品，销售额的蚕食会导致公司的总贡献毛利下降。但是，如果新产品能带来足够的销量，这种决策还是值得考虑的。

为了评估自相蚕食的程度，ConnectPhone 公司必须评估同时拥有两种产品的贡献毛利增量。回顾前文的分析，我们知道单位变动成本是265.44美元，而单位贡献毛利刚刚超过70美元。假设第二年成本不变，ConnectPhone 公司可以预期每出售一件原有产品，将产生大约70美元的贡献毛利。

假设 ConnectPhone 公司的原有高端产品被称做 MP1，而新型的低端型号被称做 MP2。MP2 的零售价为400美元，而且分销商能够获得与高端型号产品相等的利润。所以，MP2 的批发商售价为224美元，如下所示：

零售价：	400 美元
减去零售利润（30%）：	– 120 美元
零售商成本/批发商：	280 美元
减去批发商的利润（20%）：	– 56 美元
批发商的成本/ConnectPhone 公司的价格：	224 美元

如果 MP2 的变动成本预计为174美元，那么它的单位贡献毛利就是50美元（224美元 – 174美元 ＝ 50美元）。这意味着每件 MP2 产品从 MP1 蚕食来的利润会使 ConnectPhone 公司损失20美元对固定成本和利润的贡献毛利（即 MP2 的贡献毛利 – MP1 的贡献毛利 ＝ 50美元 – 70美元 ＝ –20美元）。你可能会得出的结论是：ConnectPhone 公司不应采取产品线延伸战略，因为公司的状况可能会因为引进了低端型号的产品而变得更糟。但是，如果 MP2 能够攫取足够的额外销售额，那么即使 MP1 的部分销售额被蚕食，ConnectPhone 公司的状况也会变得更好。公司必须研究总贡献毛利的变化，而这就需要分别估计两款产品的销量。

原来 ConnectPhone 公司估计 MP1 在第二年的销量将达到60万台。但是由于推出了 MP2，公司预计新型号的产品将会蚕食20万台 MP1 的销量。如果 ConnectPhone 公司只销售20万台 MP2（均蚕食 MP1 的销量），公司将亏损400万美元的总贡献毛利（20万台 × –20美元的蚕食额/台 ＝ –400万美元）——这个结果很糟糕。但是，ConnectPhone 公司估计 MP2 会蚕食20万台的销量，也会带来50万台的额外销量。因此，额外 MP2 销量的贡献毛利将达到2500万美元（50万台 × 50美元/台 ＝ 2500万美元）。最后的结果是 ConnectPhone 公司通过推出 MP2 可以获得2100万美元的总贡献毛利。

以表 B-4 对比了 ConnectPhone 公司在推出 MP2 之前和之后的总贡献毛利:

表 B-4

	只有 MP 1	MP 1 和 MP 2
MP1 的贡献毛利	60 万台 ×70 美元 = 4200 万美元	40 万台 ×70 美元 = 2800 万美元
MP2 的贡献毛利	0	70 万台 ×50 美元 = 3500 万美元
总贡献毛利	4200 万美元	6300 万美元

总贡献毛利的差值是净增 2100 万美元 (6300 万美元 − 4200 万美元)。基于上述分析,ConnectPhone 公司应该推出 MP2 型号的产品,因为它能产生正的贡献毛利增量。但是,如果推出 MP2 导致固定成本的增量超过了 2100 万美元,那么最终结果会是负值,在这种情况下公司就不该采用产品线延伸的策略。

既然我们已经了解了各种关于 ConnectPhone 公司的新产品营销策略的分析概念,这里有一些练习题,可以帮你把本节所学的知识应用到其他情境中。

营 销 算 术 练 习 三

1. Kingsford 有限公司通过零售商销售小管道元件。Kingsford 公司的相关市场在去年的行业销售总额为 8000 万美元,Kingsford 公司占有其中 10% 的市场份额。边际贡献是 25%。Kingsford 公司的销售人员会拜访零售商,每个销售代表的年收入为 45000 美元,外加 1% 的销售提成。零售商的利润率为售价的 40%,每家零售店平均每年能够为 Kingsford 公司创造 1 万美元的收入。

   a. 营销经理建议增加 30 万美元的消费者广告。在此投入水平下,Kingsford 公司需要达到多少销售额来实现盈亏平衡?这意味着会增加多少市场份额?

   b. 另一个建议是多雇用 3 个销售代表来获得新的客户订单。增加 3 位销售代表带来了成本的增加,那么需要增加多少家零售店才能达到盈亏平衡?

   c. 最后一个建议是对产品全面降价 20%。那么要维持当前的贡献毛利,Kingsford 公司需要增加多少销售额?

   d. 你认为 Kingsford 公司应当采取哪种策略?为什么?

2. 百事公司在大约 40 万家零售点销售软饮料,如:超级市场、折扣店和便利店。其销售代表每周拜访每家零售商,也就是说每位客户每年被销售代表拜访 52 次。每次拜访的平均时长为 75 分钟(或 1.25 小时)。每位销售代表每年的工作时间为 2000 小时(50 周/年 × 40 小时/周),但每位销售代表每周有 10 小时从事非销售活动,如:日常行政工作或者出差,那么百事公司需要多少销售人员?

3. Hair Zone 公司生产一种定型发胶品牌。公司正在考虑增加该产品的改良版本——提供更持久定型的泡沫发胶。Hair Zone 公司的变动成本和给批发商的售价为:

	当前的发胶产品	新型的泡沫发胶产品
单价	2.00 美元	2.25 美元
单位变动成本	0.85 美元	1.25 美元

   Hair Zone 公司期望在新型泡沫发胶推出后的第一年能销售 100 万瓶,但是公司预计 60% 的销售额都来自平时购买 Hair Zone 公司老式定型发胶的顾客。Hair Zone 公司估计如果不推出新型泡沫发胶产品,老式定型发胶将卖出 150 万台。如果推出新产品的固定成本在第一年为 10 万美元,Hair Zone 公司是否应该把这种新产品引入它的生产线?为什么?

术 语 表

adapted marketing mix 适应性营销组合 一种国际化的市场战略，针对每个国际目标市场来调整市场组合中的因素，这种方式会增加成本，但是会带来更大的市场份额和回报。

administered VMS 管理式垂直营销系统 一种垂直市场体系，通过其中一方的实力和规模，而不是普通的拥有权或合同约束，来协调生产、分销的连续性环节。

adoption process 采用过程 个体从第一次听到这种创新产品到最后适应的思想过程。

advertising 广告 由特定的赞助商付款，对理念、商品和服务进行非人员的展示和促销。

advertising agency 广告代理 一个市场服务公司，帮助公司计划、准备、执行和评价所有或部分广告项目。

advertising budget 广告预算 为一种产品或一项公司活动分配的资金或其他资源。

advertising media 广告媒体 把广告信息传递给目标受众的工具的统称。

advertising objective 广告目标 在特定时间内向特定目标群体交流、传达信息。

advertising strategy 广告策略 公司实现其广告目标的战略。它包括两个主要部分：确定广告创意和选择广告媒体。

affordable method 量入为出法 制定管理层认为公司能支付得起的促销预算。

age and life cycle segmentation 年龄和生命周期细分 把市场分为具有不同年龄和不同生命周期的群体。

agent 代理 在相对固定的基础上代表买方或卖方利益的批发商，运行一些功能，但并不拥有对商品的所有权。

allowance 补贴 生产者给零售商提供的激励性的现金，用于回报零售商签订宣传突出生产者产品的协议。

alternative evaluation 可供选择方案评估 指在买方决策过程中，消费者利用信息来评价选择集中的可选择性品牌。

approach 接触 客户在销售的过程中，销售人员第一次跟客户接触的阶段。

attitude 态度 一个人一贯以来对某个物体或观念所持有的好或不好的评价、感觉和趋向。

Baby Boomers 婴儿潮 从第二次世界大战后到 60 年代早期，7 800 万的人口在“婴儿潮”期间出生。

basing point pricing 基点定价 一个地理定价战略，卖方指定某个城市作为基点城市，对所有的消费者收取基点城市的价格加上从基点城市到消费者所在地之间的运费成本。

behavioral segmentation 行为因素细分 根据消费者的知识、态度、使用和对产品的态度，把市场分为不同的群体。

belief 信念 一个人所持有的对某些东西的描述性思想。

benchmarking 基准 把公司的产品、过程与竞争者和其他行业的领头公司进行比较，来提高质量和业绩。

benefit segmentation 利益细分 根据消费者从产品上寻求的不同利益来划分市场。

brand 品牌 一个名称、术语、标记、符号或图像，或以上因素的任意组合，将卖方的产品或服务区分于其他竞争者的产品或服务。

brand equity 品牌资产 消费者对品牌名称的知晓对产品或服务所带来有差别的、正面的影响。

brand extension 品牌延伸 利用一个成功的品牌名称，为一个新的种类介绍一个新的或改进过的产品。

brand personality 品牌个性 由一个特定的品牌所带来的人类特性的组合。

break even pricing（target profit pricing） 盈亏平衡定价（目标收益定价） 把价格设在收支平衡点上，抵消生产和营销产品的成本，或把价格制定在获取目标利润的水平上。

broker 经纪人 不拥有物品的批发商，其功能是将买方和卖方集中在一起并且协助进行谈判。

business analysis 商业分析 对销售、成本和利益进行分析，来找出这些因素是否能满足公司的目标。

business buyer behavior 商业购买者行为 整个组织的购买行为，购买产品和服务，用于其他产品和服务的生产，并销售或出租以获得利益。

business buying process 商业购买过程 一种决策过程，商业购买者决定它们的组织需要购买的产品和服务，然后发现、评价和选择供应商和品牌。

business portfolio 业务组合 构成公司的业务、产品的组合。

business promotion tools 商业促销工具 用来引导商业需求、刺激购买、回馈客户以及鼓励销售人员的促销工具。

B2B（business to business） （公司对公司）电子商务 采用 B2B 交易网络、拍卖地点、现场交易、网上商品目录和其他的网络资源来开发新的顾客，或为现有顾客更有效地服务，达到更高的购买效率和更有竞争力的价格。

B2C（business to consumer） （公司对顾客）电子商务 在网上销售产品和服务给最终的消费者。

buyer-readiness stages　购买者准备阶段　在这个阶段，消费者通常经过了意识、认知、喜欢、偏好和说服，最后到达购买阶段。

buyer　购买者　有实际购买行为的人。

buying center　采购中心　所有参与商业购买决策过程的个人和单位。

buzz marketing　蜂鸣营销　利用意见领袖在他们的团体中将产品或服务的信息传播给其他人。

by-product pricing　副产品定价　设定一个副产品的价格，从而使得主要产品更加具有竞争力。

Captive product pricing　捆绑定价　为那些需要和主要产品一起使用的产品定价，比如说，刀片之于剃刀，或胶卷之于照相机。

cash refund offer（rebate）　现金折扣　对给生产者提供"购买证明"的顾客，厂商对其返回的一部分购买价格。

catalog marketing　目录营销　通过邮寄印刷品、影视作品或电子目录给选定的顾客，或把这些信息储存于商店，或在网上发布来进行直接营销。

category killer　目录杀手　庞大的特色商店，对特定的产品线有一个非常深入的分类，商店的员工由专业人士担任。

causal research　因果调研　用来检验因果关系的假设的市场调研。

chain stores　连锁店　通常是拥有和控制两个或以上的商店，有集中的购买和商品销售体系，出售相似的产品系列。

channel conflict　渠道冲突　市场渠道成员之间在目标和宗旨上存在不一致：诸如谁应该做什么，应该得到什么样的报酬等。

channel level　渠道层次　使得产品和它的拥有权更加接近最终使用者的中介层次。

click and mortar company　"鼠标加水泥"型公司　传统的实体营销加上网络市场营销。

click only company　纯粹点击型公司　所谓的. com公司，是指仅仅在网上操作，没有市场实体的存在形式。

closing　达成交易　在销售过程中，销售人员与顾客签订订单的阶段。

co-branding　共有品牌　把两个不同公司的已有品牌用于同一产品上。

cognitive dissonance　认知失调　由售后的冲突所引起的购买者不满意。

commercialization　商品化　把新产品导入市场。

communication adaptation　传播适应　一个全球的沟通计划，把广告信息本地化，传达给顾客。

competitive advantage　竞争优势　相对于竞争者而言所具有的优势，来自向消费者提供更大的价值，或更低的价格，或提供更多的利益以抵消高价，通过比竞争者向消费者提供更大的价值所获取的优势。

competitive marketing strategies　竞争性营销战略　把公司定位于竞争者相抗衡的战略，并给公司提供可能的最强战略优势。

competitive-parity method　竞争对等法　促销预算与竞争者的支出相匹配。

competitor analysis　竞争者分析　辨认主要的竞争者，评估它们的目的、战略、优势和劣势以及反应模式，并选择其中的竞争者去攻击和避免的过程。

competitor centered company　竞争者导向型公司　紧紧跟随竞争者的行动和反应而采取行动的公司。

complex buying behavior　复杂的购买行为　消费者的介入程度很高，对不同的品牌有强烈不同的认知感的购买行为。

concentrated（niche）marketing　集中性（缝隙）营销　公司主要满足一个或一些细分市场或补缺市场的覆盖战略。

concept testing　概念测试　对目标消费者测试一个新产品的理念，看这些理念是否能够吸引消费者。

consumer buyer behavior　消费者购买行为　指最终消费者的购买行为，个人或家庭购买产品或服务来满足个人消费。

consumer market　消费者市场　所有购买或获得产品和服务，并用于个人消费的个人和家庭。

consumer oriented marketing　以顾客为导向的营销　这种思想认为公司应该从消费者的角度出发，来看待和组织它的市场营销活动。

consumer product　消费品　被最终消费者购买并用于个人消费的产品。

consumer promotional tools　消费品促销工具　用来促进客户短期购买或者改进客户长期关系的促销工具。

consumerism　用户至上主义　由市民或政府机构组成、有组织的运动，来提高相对于销售者而言的购买者的权利和力量。

C2B（consumer to business）　顾客对公司电子商务　顾客在网上搜寻卖方，了解它们的产品或服务，首次购买，有时甚至达成贸易条款的网上交易过程。

C2C（consumer to consumer）　顾客对顾客电子商务　消费者之间在网上交换产品和信息。

contract manufacturing　合同制造　公司与国外的生产者签订合约来生产产品或提供服务的一种合资方式。

contractual VMS　合同式垂直营销系统　一种垂直的营销体系，由各自独立的公司在不同的生产和分销水平上组成，通过签订合同来运行，以求获得比独立运营时更多的经济利益或销售影响力。

convenience product　便利产品　消费者能经常及时地购买，只需最小的比较和购买努力。

convenience store　便利店　一个靠近居民区，每周七天都开放并且每天开放时间很长的小商店，销售流通量高的便利商品的有限产品线。

conventional distribution channel　传统的分销渠道　包含一个或多个独立的生产者、批发商、零售商的渠道。每一独立的环节都会最大化自己的利润，甚至不惜以渠道整体的利益为代价。

corporate VMS　公司式垂直营销系统　一种垂直的市场营销体系，把一个所有者名下的生产和分销部门连接起来。渠道的领导权是通过组织的所有权来建立的。

corporate web site　公司网站　公司的网页，设计用于建立消费者的好感和辅助其他的销售渠道，而不是用于直接销售公司的其他产品。

cost based pricing　基于成本的定价　基于产品生产、配送和销售环节的成本，考虑回报率和风险的一种价格方式。

cost plus pricing　成本加成定价　在产品的成本上增加标准的利润。

countertrade　对等贸易　通过直接或间接的产品交换而不是以现金交换的国际贸易方式。

creative concept　创意　用一种独特并让人易记的方式把广告的信息传递给大众。

cultural environment　文化环境　影响社会基本的价值、感知、偏好和行为的制度和其他力量。

culture　文化　一个社会成员从家庭、其他重要的机构所学到的一套基本的价值、感知、欲望和行为。

customer centered company　顾客导向型公司　通过制定市场营销战略和给目标顾客提供较高的价值，集中于消费者发展的公司。

customer centered new product development　顾客导向型新产品研发　专注于以新方法解决顾客问题并创造顾客满意体验的新产品研发。

customer database　客户数据库　一个有组织地收集了单个消费者及潜在顾客的综合数据，包括地理、人口、心理和行为上的数据。

customer equity　客户资产　公司所有消费者总的、综合的顾客生命周期购买价值。

customer lifetime value　顾客生命周期价值　顾客终生光顾所购买的总价值。

customer perceived value　顾客感知价值　总消费者价值和总消费者成本的差异。

customer relationship management（CRM）　客户关系管理　通过给客户提供较高的价值和满意度来建立和保持可盈利的客户关系的整个过程。

customer sales force structure　客户式销售队伍结构　在这个销售组织下，不同的销售人员专门对特定的消费者或商业进行销售。

customer satisfaction　顾客满意　消费者所感知的产品效用与期望相符合的程度。

customer value analysis　客户价值分析　通过分析来衡量什么会增加目标顾客的价值，和他们怎样衡量各种各样的竞争者产品的相对价值。

customer value marketing　客户价值营销　一种主张公司应该把其大部分资源投入到创造客户价值活动中的思路。

deciders　决策者　在一个组织的购买中心里，有正式或非正式的权力选择和批准最终供应商的人员。

decline stage　衰退阶段　处于产品销售下降的生命周期阶段。

deficient products　有缺陷的产品　既没有直接的吸引力也没有长期利益的产品。

demand curve　需求曲线　在既定的时间内，显示在不同的价格下，市场将会购买的数量。

demands　需求　有购买力的人类需要。

demographic segmentation　人口统计细分　在人口统计变量的基础上来划分市场，如年龄、性别、家庭规模、家庭生命周期、收入、职业、教育、宗教、人种和国籍。

demography　人口统计学　对人口的规模、密度、居住地、年龄、人种、职业和其他统计学上的研究。

department store　百货商店　一个零售机构，销售广泛的各种各样的产品线，通常包括服装、家具和家用物品。每个产品线由专业的销售者来经营。

derived demand　衍生需求　主要衍生于消费者产品需求的商业需求。

descriptive research　描述性调研　为了更好地描述市场营销问题、形势或市场的市场研究行为，比如研究一个产品的市场潜力或消费者的人口统计学和态度。

desirable products　合意产品　既有很高的即时满意度又有长期的利益的产品。

differentiated（segmented）marketing　差异（细分）营销　公司决定定位于不同的细分市场，并为每个细分市场制定不同的方案的市场覆盖战略。

direct investment　直接投资　通过在国外投入生产线或生产设备来进入国外市场。

direct marketing　直接营销　通过谨慎地与目标个体消费者直接接触来获得及时反馈和开发持续性的客户关系。

direct marketing channel　直接营销渠道　没有中间环节的市场营销渠道。

direct mail marketing　直邮营销　通过邮寄信件、广告、样本、文件夹和其他的销售宣传资料给在邮寄名单上的潜在顾客。

direct response television marketing　电视营销　通过电视来进行直接市场营销，包括直接电视广告销售和家庭购物渠道。

discount　折扣　在指定的时间内购买价格的直接减少。

discount store　折扣店　一个通过销售正常商品，愿意降低利润和提高销售量的零售机构。

disintermediation　脱媒　在营销渠道上由新型的中间环节来取代传统的转销商。

dissonance reducing buying behavior　减少失调的购买行为　品牌感知差异很小但消费者高度介入的购买行为。

distribution center　配送中心　一个大型的高度自动化的仓库，用来接收来自各种工厂和供应商的货物，接受并有效率地处理订单，最后将货物尽快地送到顾客手中。

diversification　多元化战略　公司通过在其当前产品和市场范围之外开办或者收购新的业务，以获得自身的成长的一种成长战略。

downsizing　精简　企业通过取消一些产品或者业务单位来达到减少企业业务的目的，因为这些产品或者业务单位已不具备盈利能力或者不再适合企业整体战略。

dynamic pricing　动态定价　依据不同的个体客户或不同的场景进行报价。

economic community　经济共同体　由为了共同的目标而在国际贸易中进行协调的一些国家或地区所组成的群体。

economic environment　经济环境　影响消费者购买力和消费方式的因素。

Engel's laws　恩格尔定律　一个世纪之前由著名学者恩格尔提出的，即当收入增加时，人们如何在食物、房子、交通、健康保健以及其他产品和服务方面进行分配。

enlightened marketing　开明营销　一种营销哲学——认为企业的营销应该支持营销系统的最佳长远绩效。它的五个原则包括以顾客为导向的营销、创新营销、价值营销、使命感营销和社会营销。

environmental sustainability　环境可持续性　一种管理方法。它能够为企业制定出可以同时兼顾环境和产品利润的战略。

environmentalism　环境保护主义　为了保护和改善人居环境，由一些关切的市民和政府人员所组织的一个运动。

ethnographic research　人种学研究　一种通过观察的研究方法，在"自然的"状态下，研究者通过观察和与消费者交流的方式进行研究。

exchange　交换　通过交换一些东西从别人那里获取自己所需所欲的物品的一种行为。

exclusive distribution　专营性分销　给予有限数量的零售商在它们的地域内独家分销公司产品的权利。

execution style　表达形式　广告表达的方式、风格、语调、语言以及形式。

experience curve（learning curve）　经验曲线（学习曲线）　随着生产经验的积累，每单位产品的成本的一般水平因之而产生的下降。

experimental research　实验法　通过选定几组相当的对象，给予它们不同的条件，控制相关因素，然后检查它们所做出的反应的差别，来搜集原始资料的研究方法。

exploratory research　探索性研究　一种搜集原始数据的营销研究，这些数据有利于定义问题和提出假设。

exporting　出口　通过销售在公司所在国制造的产品进入他国市场的方式，通常这些产品会稍微做些改动。

factory outlet　工厂门市部　一种由制造商所有并操作的低价零售运作，通常销售的是制造商过剩的、不连续的或不规则的产品。

fad　时尚　一种来得很快的潮流，被人们狂热地追求，它迅速达到高潮后又很快消退。

fashion　流行　某个领域中一种当前被人们接受或者流行的式样。

fixed costs　固定成本　不随产量和销售水平而变化的成本。

FOB origin pricing　FOB 原产地价格　一种基于 FOB 来界定双方权责关系的地理定价策略。在这种定价策略中，顾客支付从工厂到目的地的运费。

focus group interview　焦点小组访谈　这是一种人员间的访谈。在访谈过程中，一个经过培训的访谈者与 6～10 个人就一个产品、服务或组织展开讨论，由访谈者对群体讨论中的一些重要问题予以关注。

follow up　跟进　与维持这是产品销售的最后一步。销售人员在产品卖出后回访顾客，以保证顾客满意和重复购买。

franchise　特许经营　一个制造商、批发商或者服务机构（许可方）与独立的商人（受许方）之间的一种合同关系。受许可方在这个特许经营体系中，购买拥有或经营一项或多项业务单位的权利。

franchise organization　特许经营组织　一个基于合同的垂直市场营销体系。在该体系中，一个叫做许可方的渠道成员掌控着产品配送程序中几个阶段环节。

freight absorption pricing　免收运费定价　卖方为吸引顾客而承担所有或部分运费的一种地理定价策略。

gatekeeper　信息流向控制者　在组织购买决策中心中控制流向他人的信息流的人。

gender segmentation　性别细分　依据性别把一个市场细分为不同的群体。

general need description　一般需求描述　在企业购买程序中的企业描述所需项目的一般特性和数量的阶段。

generation X　X 世代　婴儿潮后，在从 1965～1976 年的"生育低潮"中出生的 4500 万小孩。

generation Y　Y 世代　在从 1977～1994 年的"婴儿潮"中出生的 7200 万小孩。

geographic segmentation　地理细分　把市场划分为诸如国家、州、地区、县、城市或者街坊等地理单位。

geographic pricing　地理定价　为不同区域（国别）的消费者制定不同的价格。

global firm　全球公司　一个在多于一个国家的范围内经营，在成本和声誉方面有研发、生产、营销、融资的优势，而且并不只对国内竞争者的公司而言。

Good value pricing　货物价值定价　以一种合理的价格提供恰当的质量和服务。

government market　政府市场　政府单位，如联邦政府、州立政府或者地方政府，购买或租用商品和服务以实现政府主要职能。

group　群体　两个或两个以上为达到个人或共同目标而相互影响共同作用的人们。

growth-share matrix　成长 - 份额矩阵　一个用于评价分析公

司战略经营单位的计划组合方案，依据是该战略经营单位的市场增长速率和相对市场份额。这些战略经营单位被区分为"明星"、"金牛"、"问题"或"瘦狗"。

growth stage 成长阶段 产品生命周期中的某一个阶段，此时商品的销售量开始快速增长。

habitual buying behavior 习惯性购买行为 一种特定情况下的消费者购买行为，特点是消费者投入的购买努力较低且品牌差异感知较少。

handling objections 处理疑义 销售过程中的一个步骤，其中销售人员识别、澄清并解决顾客的购买异议。

horizontal marketing system 水平营销系统 一种组合渠道，两个或更多的同一水平上的公司联合起来，以追寻某个新的市场机会。

idea generation 创意生成 一个对新产品理念的系统化的搜寻。

idea screening 创意筛选 对新产品理念进行筛选以便发现一些创新同时优秀的理念，并尽快抛弃那些较差的理念。

income segmentation 收入细分 将市场细分为不同的收入群体。

independent off price retailer 独立廉价零售店 一个既不是由企业所拥有和经营，也不从属于某个大型的零售公司部门的优惠价零售商。

indirect marketing channel 非直接营销渠道 有一个或者更多中间级别的销售渠道。

individual marketing 个别化营销 为某个个体消费者的需求和偏好量身定做的产品和营销计划，也被称为"专一交易营销"、"定制营销"或"一对一营销"。

industrial product 工业品 由个人或组织购买的用于进一步加工或用于商业管理操作的产品。

influencers 影响者 在组织购买中心的能影响组织购买决策的人，他们也常常帮助识别具体规格同时提供相关替代品的信息。

information search 信息搜集 购买者在购买决策中的一个阶段，此时他兴趣主要在于获取更多的信息。消费者可能仅仅有很高的兴趣或进入积极寻求信息的状态。

innovative marketing 创新营销 一种开明的营销原则，公司需要寻找真正的产品改进和市场提升。

inside sales force 内勤销售人员 在办公室内，室内销售人员以通过电话联系买家或访问潜在购买者的方式来进行销售。

institutional market 公共机构市场 学校、医院、疗养院、监狱和其他公共机构向人们提供自己职能的产品和服务。

integrated direct marketing 整合直接营销 利用多种媒体和多个阶段的直接营销商业活动，以达到提升反应速度和利润的目的。

integrated logistics management 整合物流管理 一个物流管理概念，强调公司内部和所有营销渠道组织的团队协作，以达到整个配送系统的绩效最大化。

integrated marketing communications（IMC） 整合营销传播 一个营销概念，指公司细致地将其众多的信息传播渠道整合并协作，从而达到向公众传递一个清晰、连贯并引人注目的组织和其产品信息的目的。

intensive distribution 密集性分销 以尽可能多的渠道经销产品的销售方法。

interactive marketing 交互式营销 在认识到服务质量在很大程度上取决于买卖双方的交流程度后，一些公司所采用的营销方式。

intermarket segmentation 市场间细分 由居住在不同国家但却具有相似需求和购买行为的消费者组成细分市场。

intermodal transportation 多式联运 结合两种或更多的运输方式。

internal databases 内部数据库 由公司内部数据信息源组成的电子信息集合。

internal marketing 内部营销 服务公司的营销方式，训练并有效地激发公司与消费者直接接触的员工以及所有的服务支持人员，使其能进行团队协作从而提供消费者满意。

internet 互联网 一个由没有中心管理权和从属权的电脑网络组成的巨大的并发展迅速的全球网络系统，将世界各地形形色色的用户联系在一起并形成令人惊讶的大型"信息储存库"。互联网形成一个巨大的"信息高速公路"能以极快的速度从一个地方向他处传递信息（比特）。

introduction stage 导入阶段 产品生命周期中的一个阶段，此时产品首次配送出去并可供购买。

joint ownership 联合所有权 一个合伙投资方式，公司与国外市场的投资者联合，在当地进行商业活动。双方对公司有共同的拥有权和控制权。

joint venturing 合资企业 通过和外国公司联合的方法进入国外市场以生产营销产品或服务。

learning 学习 从经验中产生的个人行为变化。

licensing 许可经营 一个进入国外市场的方式，公司与国外市场上的受许可方签订协议，通过交纳费用或保证忠诚度来提供使用生产过程、商标、专利、商业秘密或其他有价值的项目。

lifestyle 生活方式 一个人在他的生活、兴趣和理念中所表现出来的生活模式。

line extension 产品线延伸 通过使用一个成功的品牌名称，在该品牌下既定的产品分类中推出另外的商品，比如说新的口味、形式、颜色、附加成分或包装的大小。

local marketing 本地化营销 把品牌和促销定位于本地顾客群的需要和欲望，包括城市、居民区域，甚至具体的商店。

macro environment 宏观环境 影响微观环境的更大的社会力量，包括人口统计、经济、自然、技术、政治和文化力量。

Madison & vine M&V 它代表了一种将广告和娱乐结合的新型方式，开创了向顾客传递令人兴奋的信息的新途径。

management contracting 管理合同 国内公司提供管理的实

践知识，而国外公司提供资本的共同投资方式。国内出口的是管理服务而不是产品。

Manufacturers sales branches and offices　厂家的销售部门和办事处　通过卖方或买方而不是通过独立的批发商，来进行批量销售。

market　市场　所有实际和潜在的购买者的产品或服务的集合。

market centered company　市场导向型公司　在制定它的市场战略时同时注重消费者和竞争者的公司。

market challenger　市场挑战者　一个处于市场第二的公司，往往非常努力地竞争来提高它在某个行业中的市场份额。

market development　市场开发战略　通过为现有的公司产品辨认和发展新的细分市场以实现成长的战略。

market follower　市场跟随者　一个处于行业第二的公司，希望在这个行业中保持它的市场份额，但并不扰乱市场上的竞争格局。

market leader　市场领导者　在一个行业中具有最大市场份额的公司。

market nicher　市场补缺者　服务于行业中其他公司忽视或不感兴趣的小细分市场的公司。

marketing offering　市场供应品　向市场提供的旨在满足顾客需要或者想法的产品、服务、信息或者体验的某种组合。

market penetration　市场渗透　在不改变产品的基础上，通过在现有细分市场上提升现有产品的销量以实现公司成长的战略。

Market penetration pricing　市场渗透定价　为新产品制定低价格，为了吸引大量的购买者来获得大的市场份额。

market segment　细分市场　对于既定的市场努力反应比较相似的消费者群体。

market segmentation　市场细分　把一个市场分为不同的购买者群体，这些群体有不同的需求、特征或行为，或可能要求独立的产品市场营销组合。

market skimming pricing　市场撇脂定价　为一个新的产品制定一个高的价格，从那些愿意付高价的细分市场上，层层撇掉最大的收益。公司做的生意数量少，但是每笔生意获利大。

market targeting　目标市场选择　评估各细分市场吸引力并选择一个或者几个细分市场作为目标市场的过程。

marketing　营销　一个社会或管理过程，个人或群体通过生产和与他人交换产品及价值来获得他们需要或想要的东西。

marketing audit　营销审计　对公司的环境、目标、战略和活动进行综合、系统、独立和定期的检查，来判断问题和机会，建议一个行动计划来提高公司的市场营销绩效。

marketing channel（distribution channel）　营销渠道（分销渠道）　一个相互联系的组织，从事把产品或服务供应于消费者或商业使用者的消费或使用。

marketing concept　营销理念　市场营销管理哲学，认为要达到组织的目标，需依靠于目标市场上的需求和欲望，并比竞争者提供更有效的期望满意度。

marketing control　营销控制　度量和评价市场营销战略、计划的结果，采取修正的行动来保证目标的达成。

marketing environment　营销环境　市场营销之外的、影响市场营销管理能力的因素和力量，与目标消费者建立和保持成功的关系。

marketing implementation　营销执行　把市场营销战略和计划变为市场营销行动的过程，来完成市场营销战略目标。

marketing information system（MIS）　营销信息系统　通过人、设备和程序来收集、整理、分析、评价和分发需要的、及时的和正确的信息给市场营销策略制定者。

marketing intelligence　营销情报　对市场营销环境中的竞争者和发展的公开信息进行有体系的收集和分析。

marketing intermediary　营销中介　帮助公司来促销、销售和分销产品到最终购买者的商业单位，包括转销商、实体分销商、市场营销代理和财务中介。

marketing logistics（physical distribution）　市场物流（实体分销）　这个任务包括计划、实施和控制原料、最终产品和相关信息从产地到消费的实体流动，在一定的利润水平上来满足消费者的要求。

marketing management　营销管理　选择目标市场并且与之建立利益关系的艺术和科学。

marketing mix　营销组合　一套可控制的战术的营销工具——产品、价格、渠道（地点）、促销——公司用这些方法的组合来得到它想要的目标市场的反馈。

marketing myopia　营销短视　把过多的注意力集中在一种特定的产品上，而忽略了产品所带来的利益和体验。

marketing research　市场调研　系统地设计、搜集、分析和提交关于一个组织的具体营销情况的数据报告。

marketing strategy development　营销策略发展　为新产品设计一个初级的、建立在产品概念上的营销策略。

marketing strategy　营销战略　商业个体希望通过它来达到营销目标的营销逻辑。

marketing web site　营销网站　一个允许消费者互相沟通，从而使他们更容易产生直接购买或者其他营销成果的网站。

maturity stage　成熟阶段　产品生命周期的一个阶段。在此阶段中产量上涨缓慢或者趋于稳定。

merchant wholesaler　批发销售商　有自己独立的业务并且拥有它买卖的商品。

microenvironment　微观环境　与公司有紧密关系的个体，他们能影响公司为消费者提供服务的能力，包括公司本身、供应商、中间商、消费者市场、竞争对手、公众。

micromarketing　微观营销　针对某一细分个体或某一特定群体的需求和需要而定制产品或营销计划的做法，包括局部营销和个体营销。

mission statement　使命陈述　一个关于组织目标的陈述——在宏观营销环境中组织需要完成什么任务。

modified rebuy　**修正重购**　商业购买者处于想要改进产品规格、价格、条件及供应商的状况。

motive（or drive）　**动机（或驱动力）**　一种足够紧迫，可引导人们寻求满足的需求。

multichannel distribution system　**复合渠道分销系统**　一种分销体系，在这种体系中一个独立公司建立起两个或者更多的营销渠道，从而达到一个或者数个消费细分市场。

natural environment　**自然环境**　作为一种投入被营销人员需要或者被营销活动所影响的自然资源。

need recognition　**需求识别**　是购买者购买决策的第一阶段——消费者识别问题或者提出需求。

needs　**需要**　一种感觉到被剥夺的状态。

new product　**新产品**　一种商品、服务或者创意，被潜在消费者认为是新的。

new product development　**新产品开发**　原产品发展、产品改进、产品修正和通过公司自己研发努力而形成新品牌的过程。

new-task situation　**新任务情形**　购买者第一次消费一种商品或者服务的商业购买状态。

nonpersonal communication channel　**非人员传播渠道**　媒体携带了没有经过人们沟通或者反馈的信息，包括主要媒体、环境和事件。

objective and task method　**目标任务法**　通过以下方式发展渠道预算：定义特殊目标；决定那些必须达到这些目标的任务；评估这些任务的成本。这些成本总额是计划的渠道预算。

observational research　**观察法**　通过观察相关人员、行为、状况搜集原始资料。

occasion segmentation　**时机细分**　根据购买者的购买意愿、实际购买情况或使用产品的情况，将购买者划分成不同的群体。

off price retailer　**廉价零售店**　以低于常规批发价格购买、低于零售价格销售的零售商。比如工厂直接销售部，独立公司和厂房俱乐部。

online advertising　**在线广告**　当消费者在网上冲浪时出现的广告，包括横幅广告、滚动广告、空隙广告、高耸式广告或其他形式。

online database　**在线数据库**　通过在线商业资源或者网络进行计算机化的可能信息搜集。

online marketing　**网络营销**　公司通过网络营销产品、服务或者建立客户关系的行为。

online（Internet）marketing research　**网络市场调研**　通过网络调查和网络焦点访谈小组来进行原始数据搜集。

operating ratios　**经营比率**　挑选生产项目的比率给网络销售者从而使营销人员能够和其他公司去年、今年的业绩进行比较（或者和同年的行业标准、竞争对手比较）。

opinion leader　**意见领袖**　相关工作组中的某个人因为特殊的技能、学识、性格或者其他特征来影响其他人。

optional product pricing　**可选择产品定价**　制定可选择的产品或者成为主产品的附加产品的价格。

order routine specification　**常规购买的手续规定**　商业购买过程的一个阶段，在此过程中购买者和所选择的供应商进行订购签单、列举技术规范、数量需求、希望的传递时间、收益政策和担保。

outside sales force（or field sales force）　**外勤销售人员**　驻外销售人员通过到其他地方宣传来号召消费者。

packaging　**包装**　为产品设计和生产一个容器或外层的活动。

partner relationship management　**伙伴关系管理**　和其他公司部门内或公司外的合作伙伴一起通过紧密的合作，而共同给消费者创造更大的价值。

percentage of sales method　**销售百分比法**　以当前或预期销售量或是单位销售价格的一定百分比来确定促销预算的方法。

perception　**感知**　是个人选择、组织和解释所获得的信息，从而构造起对这个世界有意义的图像的过程。

performance review　**绩效评价**　是企业购买过程的一个阶段，即购买者根据对供应商绩效的满意程度决定是否继续、变更或放弃与其的合作。

personal communication channel　**人员传播渠道**　指两个或更多的人之间直接传播的渠道，包括面对面、工作人员与观众以及通过电话和电子邮件的交流。

personal selling　**人员销售**　指由公司的销售人员做产品展示，以达到销售或建立客户关系的目的。

personality　**个性**　指一个人所特有的心理特征，使得其与所处环境发生相对一致和持续不断的反应。

pleasing products　**取悦型产品**　指能给予顾客高度的即时性的满意感，但在长期可能会损害顾客利益的产品。

political environment　**政治环境**　由社会中影响和制约各种组织和个人活动的法律、政府机构和压力集团构成。

portfolio analysis　**组合分析**　一种管理部门识别和评估公司的各种商业活动的工具。

positioning statement　**定位陈述**　是公司或品牌定位的简要陈述，其结构是：对（目标市场或需求）而言，我们（品牌）是（定位概念），即（独特之处）。

postpurchase behavior　**购后行为**　是消费者购买过程中的一个阶段，即消费者依据购买后对产品的满意或不满意程度而采取的进一步行为。

preapproach　**准备工作**　是销售过程的一个步骤，即销售人员在访问顾客前尽可能多地了解预期顾客。

presentation　**演示**　是销售过程的一个步骤，即销售人员向顾客讲述产品的"故事"，强调产品提供的顾客利益。

price　**价格**　是为获得一个产品和一项服务所付的金额；或是顾客用于交换拥有或使用产品或服务的权利的价值总和。

price elasticity　**价格弹性**　一种衡量需求对价格变化的敏感程度的尺度。

primary data 原始数据 是出于当前的特定的目的而收集的第一手数据。

primary demand 基本需求 是对特定产品或服务市场上所有品牌的总需求。

private brand（or store brand） 私有品牌（商店品牌） 一种由转卖者创造和拥有的产品或服务的品牌。

problem recognition 问题识别 是企业购买过程的第一步，即公司中有人认识到存在某个问题，或某种需求可以通过获得某种产品或服务来解决。

product 产品 指能够提供给市场供注意、获得、使用或消费的可以满足需要或欲望的任何东西。

product adaptation 产品适应 指在国外市场中为适应当地情况或需求而对产品进行改变。

product bundle pricing 产品捆绑定价 一种将产品组合起来并减价出售的定价方法。

product concept 产品观念 认为消费者更喜欢高品质、包含更多性能和属性特征的产品，因此组织应该致力于对产品持续不断地改进；指从消费者的角度对新产品构思做出详尽描述。

product development 产品开发战略 一种通过向现有目标市场提供改进或是新产品的企业成长战略；将产品概念开发成实体产品，以检验产品构思能否开发成可操作的产品。

product invention 产品创新 一种为市场创造新的产品和服务的战略。

product life cycle（PLC） 产品生命周期 指产品在其市场生命周期中销售和获利的变化过程，包括 5 个不同阶段：产品开发、导入、成长、成熟和衰退。

product line 产品线 功能较类似，销售给同一客户群体，通过同类商店销售，或者都在事先确定的范围内降价的一组紧密相关的产品。

product line pricing 产品线定价 指为一个产品线中的不同产品制定价格等级，主要依据产品的成本差异、顾客对不同属性的估价和竞争者的价格。

product/market expansion grid 产品 – 市场扩展方格图 一种通过市场渗透、市场开发、产品开发和多元化来识别企业成长机会的业务计划工具。

product mix（or product assortment） 产品组合（产品集） 指一个特定销售者所提供的所有产品线和产品项目的集合。

product position 产品定位 指消费者在一些重要属性上对某一特定产品的定义——特定产品在消费者心目中相对于竞争产品的地位。

product quality 产品质量 指产品执行其功能的能力，包括产品的总体耐用性、可靠性、精确性、操作和修理的难易程度及其他的有价值的属性。

product sales force structure 产品式销售队伍结构 一种销售队伍的组织结构，即销售人员对公司的产品或产品线的一部分进行专门化销售。

product specification 产品规格 企业购买过程的一个阶段，即采购组织详细制定所需项目的最优产品技术特性。

production concept 生产观念 认为消费者更偏爱那些随处可得、价格低廉的产品的观念。

promotion mix（marketing communications mix） 营销传播组合（促销组合） 包括公司使用的广告、人员销售、销售促进和公共关系的具体组合，来达到它的广告和市场营销目的。

promotional pricing 促销定价 一种低于价目单价格，有时甚至低于成本的暂时性定价方法，为的是刺激短期销售。

proposal solicitation 方案征集 企业购买过程的一个阶段，即企业购买者征求合格的供应商提交供应方案。

prospecting 寻找 销售过程中推销员识别合格的潜在顾客的阶段。

psychographic segmentation 心理细分 根据社会阶层、生活方式、个性特征将社会划分为不同的消费群体。

psychological pricing 心理定价 该定价方法不仅考虑经济利益，而且考虑定价的心理影响；而在过去，价格被认为仅仅是产品信息的反映。

public 公众 任何对组织实现其目标的能力具有影响的群体，不管这种影响时现实的还是潜在的。

public relations 公共关系 通过引起消费者的正面注意，树立良好的公司形象，处理或消除不利的传言、事件等，与公司利益相关者建立良好的关系。

pull strategy 拉动式战略 一种促销战略，主要手段是大量的广告支出和针对消费者的促销活动。如果战略成功，消费者会向零售商增加购买产品，从而拉动零售商向批发商以及批发商向生产商的订货量。

purchase decision 购买决策 购买者关于购买哪个品牌的决策。

push strategy 推动式战略 一种促销战略，主要手段是充分利用销售网络和针对中间商的促销活动。生产商向批发商、批发商向零售商促销，从而推动零售商向顾客促销。

quota 配额 进口国家对特定产品进口数量的限制。

reference prices 参考价格 购买者头脑中关于特定产品的参考价格。

retailer 零售商 销售额主要来源于零售的企业。

retailing 零售 为最终消费者（消费用于个人的而非商用的目的）提供商品或服务的所有活动。

return on advertising investment 广告投资回报率 衡量广告效果的常用指标——等于广告净收益与广告总投资的比率。

return on marketing investment（marketing ROI） 营销投资回报率 衡量营销效果的常用指标——等于营销净利润与营销总投资的比率。

sales force management 销售队伍管理 销售活动的分析、计划、执行和控制，包括建立和设计销售队伍的战略、招募、挑选、培训、督导、激励和评估销售人员。

salesperson　销售人员　代表公司从事以下活动的个体：搜索潜在顾客、与顾客沟通、为顾客提供服务以及收集市场信息。

sales promotion　销售促进　通过短期的刺激来提高产品或服务的购买和销售。

sales quota　销售定额　规定每个销售员必须完成的数量以及公司不同产品类别各自的销售额。

salutary products　有益产品　吸引力不强，但长期而言对消费者有益的产品。

sample　样本　在营销研究中，从抽样整体中选择、用于代表整体的部分对象。

secondary data　二手数据　出于其他目的收集的、已经存在的数据。

segmented pricing　分段定价　为产品或服务制定两个或两个以上价格，并且价格差异并非来源于成本差异。

selective distribution　选择性分销　选择数量不多的中间商来分销公司产品。

selling concept　销售观念　该观念认为消费者不会购买足够多的产品，除非企业进行大规模销售和促销。

selling process　销售过程　销售员进行销售时的步骤，包括搜索和确认合格的顾客，初步接触顾客，向顾客展示和演示产品，处理顾客的拒绝和抱怨，跟踪顾客。

sense of mission marketing　使命感营销　一种先进的营销观念，要求企业从更广阔的社会角度来定义其使命，而不是狭隘地从产品出发。

service　服务　一方向另一方提供的活动或利益。这种活动或利益是无形的，并且不存在所有权的转移。

service inseparability　服务的不可分性　服务的主要特性之一，即服务的生产和消费是同时的，并且不可从服务提供者（不管是人或机器）分离出来。

service intangibility　服务的无形性　服务的主要特性之一，即服务在被提供之前，是无法被看到、品尝、感受、听到或者闻到的。

service perishability　服务的易逝性　服务的主要特性之一，即服务无法被储存以备在未来销售。

service profit chain　服务–利润链　服务–利润和员工、顾客满意之间的流程。

service variability　服务的易变性　服务的主要特性之一，即服务的质量取决于服务提供的时间、地点、人物和方式，变化很大。

share of customer　顾客份额　公司的产品在顾客所购该类型产品中所占的份额。

shopping center　购物中心　把一群零售商作为一个整体来计划、发展和管理。

shopping product　选购型产品　在挑选和购买过程中，消费者通过比较质量、价格和样式来决定购买的消费品。

social class　社会阶层　相对持久、稳定的社会群体，相同阶层的人具有相似的价值观、兴趣和行为。

social marketing　群体营销　设计、执行、控制一个项目的过程，以寻求增加针对某特定目标群体的社会观念及其原因的可接受性。

societal marketing　社会营销　企业在营销中应当综合考虑消费者的需要、公司的需要以及消费者和社会的长期利益。

societal marketing concept　社会营销观念　企业应该明确目标市场的需要、欲望和利益，通过一种至少不损害顾客和社会福利的方式，以比竞争对手更好地满足顾客。

spam　垃圾邮件　没被预订的、不受欢迎的商业电子信息。

specialty product　特制型产品　一种具有独特的特征或品牌的消费品。部分顾客会为了购买这些产品做出专门的努力。

specialty store　专卖店　经营短而深的产品线的零售店。

standardized marketing mix　标准化营销组合　一种国际营销策略。该策略要求在不同国家市场上，采用相似的产品、广告、分销渠道和其他营销组合要素。

straight product extension　产品直接延伸　对产品不作任何改动直接在国外市场销售。

straight rebuy　直接重购　购买者例行的、不作任何改动的重复购买产品。

strategic group　战略集团　产业中具有相同或相似战略的企业。

strategic planning　战略规划　制定和保持一个在公司目标、能力和变化的营销机会之间取得平衡的战略的过程，包括定义清晰的企业使命、建立支持性的目标、设计合理的商业组合和协调部门战略。

style　风格　基本的、独特的表达形式。

subculture　亚文化　由于相似生活经验和经历而具有相似价值观体系的群体。

supermarket　超级市场　量大、价格低、边际利润低、场地大、自购型的商店，通常经营食品、家用类产品。

superstore　超级商店　更大型的超级市场，除了提供例常的食品和非食品类产品，还提供诸如衣物干洗、邮局、照片冲洗、餐饮、汽车护理、宠物护理等服务。

supplier development　供应商发展　系统的打造供应商网络，以确保产品生产或者再销售所必需的产品或原材料供应。

supplier search　供应商搜寻　购买的一个阶段，在此阶段购买者的目的是找到最好的供给者。

supplier selection　供应商选择　购买的一个阶段，在此阶段购买者的目的是按照计划选择一个或多个供给者。

supply chain management　供应链管理　管理从最上游到最下游的价值附加流程，包括原料、最终产品，供给者、公司、销售商、最终顾客之间的相关信息。

survey research　调查法　一种原始数据的收集方法，主要询问调查对象关于知识、态度、偏好和购买行为的信息。

SWOT analysis　SWOT分析　对公司的强势、弱势、机会和威胁的全面分析。

systems selling **系统销售** 由一个销售商提供关于问题的一整套解决方案，从而避免了复杂情况下购买决策的不一致性。

target costing **目标成本** 当定价于理想销售价格时，目标成本确保这种定价具有可行性。

target market **目标市场** 企业决定服务的、具有相同需要的顾客集合。

team based new product development **基于团队的新产品开发** 通过公司部门之间紧密合作以开发新产品的方式，这样可以减少新产品开发过程中的重复工作，提供工作效率。

team selling **团队销售** 联合来自销售、营销、工程、金融、技术支持甚至高层管理者等多个部门的人员，为大型的、要求复杂的客户提供服务。

technological environment **技术环境** 影响新技术、新产品和市场机会创造的所有因素。

telephone marketing **电话营销** 通过电话直接向顾客销售。

territorial sales force structure **区域式销售队伍结构** 在这种组织结构下，销售员被指定在一个专门的地理区域销售企业的所有产品。

test marketing **市场测试** 新产品开发的一个阶段，这个阶段中，企业在一种更真实的市场环境中对产品或营销方案进行测试。

third party logistics provider **第三方物流提供商** 一种独立的物流提供者，帮助企业把产品送至市场。

total costs **总成本** 一定产量水平下不变成本和可变成本的总和。

trade promotion tools **贸易促销工具** 用来劝说再售商通过宣传品牌，提供货架，开展促销，以及把产品推向消费者的一种销售促进工具。

undifferentiated（mass）marketing **无差异（大众）营销** 一种市场覆盖战略。采用这种战略的企业决定通过一种提供物来覆盖整个市场，而决定忽视细分市场之间的差异。

uniform delivered pricing **统一运输定价** 采用该种战略的企业对所有顾客收取相同的价格加上运费，而不管顾客的地理位置。

unsought product **非渴求产品** 消费者不知道也根本不曾想过购买的产品。

users **使用者** 最终使用产品或服务的人。

value added pricing **增值定价** 基于公司提供的有特色的产品或服务制定较高的价格。

value analysis **价值分析** 一种降低成本的方法，该方法对产生成本的各个部分进行详细分析，以确定其是否可以通过重新设计、标准化或者通过其他更低廉的生产方式来代替，从而降低成本。

value based pricing **基于价值的定价** 以购买者对产品价值的感知而不是生产成本，作为定价的基础。

value chain **价值链** 进行价值创造活动的相关部门，设计、生产、营销、配送和支持公司产品的价值创造过程。

value delivery network **价值传递网络** 该网络由企业、供应商、分销商、最终消费者构成，各方之间彼此紧密合作，以提高整个网络的绩效。

value proposition **价值主张** 一个品牌的完全定位，在定位基础上的利益矩阵。

variable costs **可变成本** 在不同的生产水平下不同的成本。

variety seeking buying behavior **寻求多样性的购买行为** 具有低的消费者介入但显著的感知品牌差异的消费者购买行为。

vertical marketing system（VMS）**垂直营销系统** 生产者、批发商和零售商作为一个整体来运营的分销渠道结构。一个渠道成员拥有其他成员，与它们有合约，或有足够的力量控制其他成员，从而它们一起合作。

viral marketing **病毒营销** 口头市场营销的网络版本。邮件传递或其他市场事件具有很强的传播性，消费者都想把他们传递给朋友。

wants **欲望** 由文化和个体的特征来形成的人类需求。

warehouse club **仓储俱乐部** 折扣零售商，以极低的价格销售一定限度的名牌杂货产品、电器、服装和其他产品给付年费的成员。

web communities **网络社区** 在网络上成员可以聚集并就都感兴趣的话题交换意见。

wheel of retailing concept **车轮销售原则** 一种零售理念，阐述了新型的零售商通常开始作为低利润、低价格和低地位的运营，后来慢慢演变为高价格、高服务的运营商，到最后取代传统的零售商。

whole channel view **整体渠道视角** 设计国际渠道，考虑到各种各样的环节，从分销卖方的产品到最终的购买者，包括卖方的总部组织、国家之间的渠道和国内的渠道。

wholesaler **批发商** 主要从事批发业务的公司。

wholesaling **批发** 涉及销售货物和服务给那些用于分销或商业用途的公司的业务。

word of mouth influence **口碑影响** 在目标购买者和邻居、朋友、家庭成员和社团之间的关于某个产品的个人间交流。

zone pricing **区域定价** 一个地理定价策略，公司设定两个或更多的区域。在同一个区域的所有消费者付同样的价格。区域越远，价格越高。

课程名称	书号	书名、作者及出版时间	版别	定价
市场营销学（营销管理）	978-7-111-33600-6	市场营销学（第10版）（阿姆斯特朗）（2011年）	外版	68
市场营销学（营销管理）	978-7-111-31520-9	市场营销学（第3版）（拉姆）（2010年）	外版	49
市场营销学（营销管理）	978-7-111-38252-2	市场营销原理（亚洲版）（英文版·第2版）（科特勒）（2012年）	外版	79
市场营销学（营销管理）	978-7-111-31706-7	市场营销原理（亚洲版·第2版）（科特勒）（2010年）	外版	68
市场营销学（营销管理）	978-7-111-32966-4	营销管理（亚科布奇）（2011年）	外版	45
国际市场营销学	978-7-111-38840-1	国际市场营销学（第15版）（凯特奥拉）（2012年）	外版	69
国际市场营销学	978-7-111-29888-5	国际市场营销学（第3版）（拉斯库）（2010年）	外版	45
国际市场营销学	978-7-111-29200-5	国际市场营销学（英文版·第3版）（拉斯库）（2010年）	外版	56
服务营销学	978-7-111-36293-7	服务营销（第5版）（泽丝曼尔）（2011年）	外版	78
服务营销学	978-7-111-35736-0	服务营销（英文版·第5版）（泽丝曼尔）（2011年）	外版	85
营销工程	978-7-111-30904-8	营销工程（翁智刚）（2010年）	本版	32
市场营销专业英语	即将出版	市场营销专业英语（第2版）（沈铖）（2012年）	本版	25
市场营销专业英语	978-7-111-22485-3	市场营销专业英语（沈铖）（2007年）	本版	25
市场营销学（营销管理）	978-7-111-20759-7	市场营销：价值的认识与实现（钟旭东）（2007年）	本版	35
市场营销学（营销管理）	978-7-111-22123-4	市场营销管理：需求的创造、传播和实现（"十一五"国家级规划教材）（精品课）（钱旭潮）（2009年）	本版	30
市场营销学（营销管理）	978-7-111-36268-5	市场营销基础与实务（第2版）（高凤荣）（2011年）	本版	35
市场营销学（营销管理）	978-7-111-37474-9	市场营销基础与实务（精品课）（肖红）（2012年）	本版	36
市场营销学（营销管理）	978-7-111-32795-0	市场营销实务（李海琼）（2011年）	本版	34
市场营销学（营销管理）	978-7-111-29816-8	市场营销实训教程（郝黎明）（2010年）	本版	32
市场营销学（营销管理）	978-7-111-24623-7	市场营销学（兰苓）（2008年）	本版	32
市场营销学（营销管理）	即将出版	市场营销与客户关系管理（李鹏）（2012年）	本版	35
市场营销学（营销管理）	978-7-111-28089-7	现代市场营销学：超越竞争,为顾客创造价值（精品课）（杨洪涛）（2009年）	本版	35
国际市场营销学	978-7-111-39277-4	国际市场营销学（第2版）（精品课）（李威）（2012年）	本版	38
国际市场营销学	978-7-111-24308-3	国际市场营销学（精品课）（李威）（2008年）	本版	34
服务营销学	978-7-111-39417-4	服务营销学（聂元昆）（2012年）	本版	35

华章教材经典译丛（清明上河图）系列

课程名称	书号	书名、作者及出版时间	定价
财务管理（公司理财）习题	978-7-111-32466-9	公司理财（第8版）习题集（汉森）（2010年）	42
财务管理（公司理财）	978-7-111-12142-2	财务管理精要（第12版）（布里格姆）（2003年）	49
财务管理（公司理财）	即将出版	公司财务原理（第10版）（布雷利）（2012年）	108
财务管理（公司理财）	978-7-111-22995-7	公司财务原理（第8版）（布雷利）（2007年）	108
财务管理（公司理财）	978-7-111-36751-2	公司理财（第9版）（罗斯）（2012年）	88
财务管理（公司理财）	978-7-111-32633-5	公司理财（精要版）（第9版）（罗斯）（2010年）	68
电子商务	978-7-111-29969-1	电子商务：管理视角（第5版）（特班）（2010年）	79
商业伦理学	978-7-111-37513-5	企业伦理学（第7版）（乔治）（2012年）	79
商务与经济统计	978-7-111-37641-5	商务与经济统计（第11版）（安德森）（2012年）	108
管理学	978-7-111-31841-5	管理学：原理与实践（第7版）（罗宾斯）（2010年）	59
管理技能	978-7-111-37591-3	管理技能开发（第8版）（惠顿）（2012年）	98
项目管理	即将出版	项目管理（中国版）（布朗）（2012年）	49
财务会计	978-7-111-27376-9	财务会计：概念、方法与应用（第12版）（斯蒂克尼）（2009年）	78
财务会计	978-7-111-39244-6	财务会计教程（第10版）（亨格瑞）（2012年）	79
金融学（货币银行学）指导或案例	即将出版	货币金融学（第2版）学习指导（米什金）（2011年）	28
金融学（货币银行学）	978-7-111-34261-8	货币金融学（第2版）（米什金）（2011年）	75
金融学（货币银行学）	978-7-111-26584-9	金融学导论：市场、投资与财务管理（第13版）（梅利歇尔）（2009年）	75
金融市场学	978-7-111-26674-7	金融市场学（第10版）（罗斯）（2009年）	79
金融工程习题	978-7-111-30014-4	期权、期货及其他衍生产品习题集（第7版）（约翰·赫尔）（2010年）	42
金融工程	978-7-111-35821-3	期权、期货及其他衍生产品（第8版）（约翰·赫尔）（2011年）	98
金融风险管理	978-7-111-30699-3	风险管理与金融机构（第2版）（约翰·赫尔）（2010年）	56
（证券）投资学习题	978-7-111-29851-9	投资学习题集（第7版）（博迪）（2010年）	35
（证券）投资学	978-7-111-39028-2	投资学（第9版）（博迪）（2012年）	98
西方经济学习题	978-7-111-33099-8	哈伯德《经济学》学习指南（第3版）（斯卡希尔）（2011年）	45
西方经济学习题	978-7-111-31352-6	经济学精要（精要版）（第4版）学习指南（拉什）（2010年）	39
西方经济学习题	978-7-111-14326-4	曼昆《经济学原理》（第3版）学习指南（哈克斯）（2004年）	45
西方经济学（微观）	978-7-111-32767-7	经济学（微观）（第3版）（哈伯德）（2011年）	59
西方经济学（微观）	978-7-111-12676-9	经济学原理（第3版）（曼昆）（上）（2003年）	44
西方经济学（宏观）	978-7-111-32768-4	经济学（宏观）（第3版）（哈伯德）（2011年）	49
西方经济学（宏观）	978-7-111-12676-9	经济学原理（第3版）（曼昆）（下）（2003年）	44
西方经济学	978-7-111-28088-0	经济学：私人与公共选择（第12版）（格瓦特尼）（2009年）	78
西方经济学	978-7-111-27481-0	经济学原理（精要版）（第4版）（帕金）（2009年）	62
组织行为学	即将出版	组织行为学：基于战略的方法（第2版）（希特）（2012年）	49
组织行为学	978-7-111-35338-6	组织行为学精要（第11版）（罗宾斯）（2011年）	39
人力资源管理	即将出版	人力资源管理（第2版）（德斯勒）（2012年）	59
市场营销学（营销管理）	978-7-111-33600-6	市场营销学（第10版）（阿姆斯特朗）（2011年）	68
市场营销学（营销管理）	978-7-111-31706-7	市场营销原理（亚洲版·第2版）（科特勒）（2010年）	68
供应链（物流）管理	978-7-111-28895-4	供应链物流管理（第3版）（鲍尔索克斯）（2009年）	56
决策支持系统	978-7-111-25905-3	决策支持系统与智能系统（第7版）（特班）（2009年）	88
管理信息系统	978-7-111-34151-2	管理信息系统（第11版）（劳顿）（2011年）	55

发现你所不知道的营销

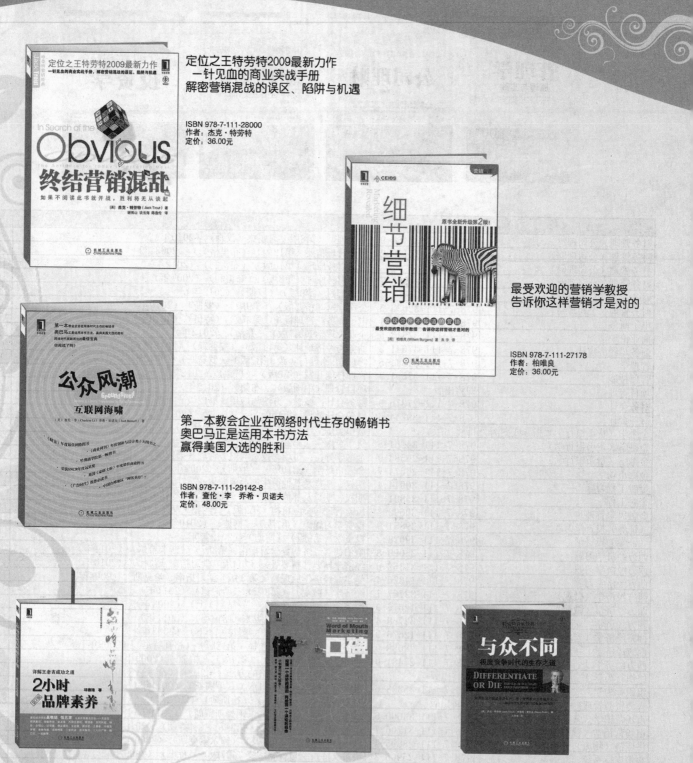

定位之王特劳特2009最新力作
一针见血的商业实战手册
解密营销混战的误区、陷阱与机遇

ISBN 978-7-111-28000
作者：杰克·特劳特
定价：36.00元

最受欢迎的营销学教授
告诉你这样营销才是对的

ISBN 978-7-111-27178
作者：柏唯良
定价：36.00元

第一本教会企业在网络时代生存的畅销书
奥巴马正是运用本书方法
赢得美国大选的胜利

ISBN 978-7-111-29142-8
作者：查伦·李　乔希·贝诺夫
定价：48.00元

ISBN 978-7-111-25471
作者：邓德隆
定价：38.00元

ISBN 978-7-111-24016
作者：安迪·塞诺威兹
定价：29.00元

ISBN 978-7-111-20045
作者：杰克·特劳特
定价：38.00元

教师服务登记表

尊敬的老师：

您好！感谢您购买我们出版的 _____ 教材。

机械工业出版社华章公司本着为服务高等教育的出版原则，为进一步加强与高校教师的联系与沟通，更好地为高校教师服务，特制此表，请您填妥后发回给我们，我们将定期向您寄送华章公司最新的图书出版信息。为您的教材、论著或译著的出版提供可能的帮助。欢迎您对我们的教材和服务提出宝贵的意见，感谢您的大力支持与帮助！

个人资料（请用正楷完整填写）

教师姓名		□先生 □女士	出生年月		职务		职称：□教授 □副教授 □讲师 □助教 □其他	
学校			学院			系别		

联系电话	办公：		联系地址及邮编	
	宅电：			
	移动：		E-mail	

学历		毕业院校		国外进修及讲学经历	
研究领域					

主讲课程	现用教材名	作者及出版社	共同授课教师	教材满意度
课程： □专 □本 □研 □MBA 人数：　　学期：□春□秋				□满意 □一般 □不满意 □希望更换
课程： □专 □本 □研 □MBA 人数：　　学期：□春□秋				□满意 □一般 □不满意 □希望更换

样书申请			
已出版著作		已出版译作	
是否愿意从事翻译/著作工作　□是　□否	方向		
意见和建议			

填妥后请选择以下任何一种方式将此表返回：（如方便请赐名片）
地　址：北京市西城区百万庄南街1号 华章公司营销中心　邮编：100037
电　话：(010) 68353079 88378995　传真：(010)68995260
E-mail:hzedu@hzbook.com markerting@hzbook.com　图书详情可登录http://www.hzbook.com网站查询